श्री शिवकृपानंद स्वामी

# हिमालय का समर्पण योग

## भाग - 1

हिमालय के एक साक्षात्कारी ऋषि की आत्मकथा

एक आध्यात्मिक प्रवास

हार्पर
हिन्दी

Celebrating
30 Years of Publishing
in India

हार्पर हिन्दी
(हार्परकॉलिंस पब्लिशर्स इंडिया) द्वारा प्रकाशित
बिल्डिंग नं. 10, टावर A, 4th फ्लोर,
डीएलएफ साइबर सिटी, फेज II, गुरुग्राम 122002, भारत
www.harpercollins.co.in



P-ISBN: 9789356296060
E-ISBN: 9789356296077



कवर डिजाइन © : श्री शिवकृपानंद स्वामी फाउंडेशन—गुरुतत्त्व
टाइपसेटिंग : निओ साफ्टवेयर कन्सलटैंट्स, प्रयागराज (इलाहाबाद)
मुद्रक : थॉम्सन प्रेस (इंडिया) लि.



HarperCollinsIn

This book is produced from independently certified FSC® paper to ensure responsible forest management.

# प्रकाशक की ओर से

'हिमालय का समर्पण योग' ग्रंथ परमपूज्य शिवकृपानंद स्वामीजी द्वारा लिखा गया एक जीवंत ग्रंथ है। उनकी लेखनशैली उनकी तरह ही सहज-सरल है। उनके लेखन में तीन भाषाओं का प्रभाव दृष्टिगोचर होता है। चूँकि गुरुदेव के गुरुजनों की भाषा पर संस्कृत का प्रभाव अधिक था, अत: गुरुदेव की भाषा पर भी उसका प्रभाव पड़ा है। दूसरा, गुरुदेव की मातृभाषा मराठी होने के कारण मराठी भाषा के शब्द सहज ही उनके लेखनप्रवाह में आ जाते हैं। तीसरा, चूँकि गुरुदेव ने स्नातकोत्तर की शिक्षा भी ग्रहण की हुई थी, अत: अंग्रेजी भाषा के शब्द भी उनके लेखन का अंग हैं। साक्षात पूज्य गुरुदेव की वाणी होने के कारण उनकी वाणी को मुमुक्षु साधकों तक यथावत पहुँचाना अत्यावश्यक था। उसी उद्देश से गैर-हिन्दी शब्दों को यथावत रखते हुए उनका अर्थ-आशय कोष्ठक में दिया गया है। दूसरा, चूँकि गुरुदेव की लेखनशैली सहज-सरल है, पाठक-साधकों से निवेदन है कि इस ग्रंथ का पठन बौद्धिक स्तर पर न करते हुए भावनात्मक स्तर पर करें।

# अनुरोध

'हिमालय का समर्पण योग' परमपूज्य शिवकृपानंद स्वामीजी के आध्यात्मिक प्रवास का स्वलिखित वर्णन है। यह कोई सामान्य पुस्तक नहीं है, बल्कि सजीव अनुभूति प्रदान करने वाला सजीव व पवित्र ग्रंथ है। इस ग्रंथ से आने वाली अनेक पीढ़ियाँ उस सजीव अनुभूति को बड़ी आसानी से प्राप्त कर सकेंगी, जिस सजीव अनुभूति को प्राप्त करने के लिए पूज्य स्वामीजी ने कई वर्षों तक कठोर साधना की।

इस ग्रंथ के माध्यम से स्वामीजी के गुरुजनों की शक्तियाँ सहज ही प्रवाहित हो जाती हैं। अत: पाठकों से सप्रेम निवेदन है कि वे इस ग्रंथ का पठन योग्य भावना के साथ करें और इस ग्रंथ की गरिमा बनाए रखें।

जय बाबा स्वामी!

आपकी

गुरुमाँ

ॐ

15/9/2007

गणेशचतुर्थी

सभी पुण्यआत्माओं को मेरा नमस्कार
आश्रम में किये गये गहनध्यान
"अनुष्ठान के बाद मेरे भीतर कोई
प्रक्रिया हो रही थी और लग रहा
था कि कुछ लिखा जाने वाला है।
पर क्या लिखा जाने वाला है? कब
लिखा जाने वाला है? और कहाँ
से वह शुरुवात होगी वह भी समझ
में नहीं आ रहा था। इस प्रकार
तीन दिन तक बेचैनी की स्थिती
बनी रही।
मैं चाहता था। इस पुस्तक की
शुरुवात भी गुरुदेव की इच्छा के
अनुसार ही हो। वे जहाँ से अपना
परीचय समाज को देना चाहे दे।
क्योंकी यह सब लिखने की
प्रेरणा भी वही दे रहे थे। तो
वही इसकी शुरुवात करे। "आश्रम"
मे 15 अप्रील 2006 को जुनागढ़
सेन्टर के साधक मिलने आये

थे। उसी दिन इस पुस्तक की शुरुवात हुई थी, और पांचमाह के बाद 15 सितम्बर 2006 को इसकी समाप्ती हुई।
इस प्रकार से 2006 मे यह कार्य भी गुरुशक्तीयो की कृपा मे घटित हो गया। मेरे व्दारा यह ज्ञान आसानी से दिया जा रहा है। पर यह मुझे आसानी से मिला नहीं है। और एक स्थान से भी मिला नहीहै, यह बात इस पुस्तक के माध्यम से गुरुशक्तियाँ बताना चाहतीहै। यह पुस्तक नहीं गुरुशक्तीयो का "रहस्यमय ज्ञान" है, जो पुस्तक के माध्यम से आप के पास आ रहाहै। यह ध्यान की एक विशेष स्थिती में जाकर ही लिखा जा सका है। एक बार व्यस्तता के कारण वह स्थिती ध्यान मे नही मिल सकी तब यह लिखना भी बंद हो गया। "गुरुपूर्णिमा जुनागढ "मे सपन्न हुई और फिर वह स्थिती

फिर से प्राप्त हो गयी और फीर से लिखा जाने लग गया, बाद में फिर सपुर्ण लिखा गया और आज भी लिखा जा रहा है। अभी तो कम से कम तीन साल तक लगातार लिखा जा सकता है। इसी लिये इसे प्रथमखंड के रूप मे आप के सामने प्रस्तुत है।

वास्तव मे यह सब मेरे प्रवचनों मे ही आना चाहिये था। पर शायद इस लिये नहीं आया क्योकी पुस्तक के माध्यम से ही आना अधीक उचीत होगा। आप बार२ पढ़ सकें थोडा थोडा कर के पढ़ सकें। यह पढ़ने में ही ध्यान लग जाता है, एक साथ अधीक पढ़ा ही नही जाता है। वास्तव मे पुस्तक के माध्यम से सिद्ध योगीयों के दर्शन होते है। उनकी उर्जा शक्तीयों पर साधको का चित्त जाता है, और गुरुशक्तियो का प्रसाद साधकों को मिलता है, "आध्यात्मीक सत्य" पुस्तक तुरन्त बाद ही यह पुस्तक लिखी गयी है, पर कितनी अलग है, यह आप पढ़ कर ही अनुभव करे।

मैं तो इस पुस्तक के माध्यम
से फिर से हिमालय की
प्राकृतीक घाटियो मे सिद्ध
महात्माओं के सानीध्य में चला
गया। मै आप जैसा ही सामान्य
मनुष्य हुं। मुझे भी जिवन मे
कैसी 2 कठीनाईयो का सामना
करना पडा। यही सब आपबीती
लिखी है।
मुझे गुरुसानीध्य मिला इसी
कारण गुरुकार्य करने का
माध्यम बन सका "समर्पण ध्यान"
आठ सौ साल पुरानी एक ध्यान
पद्धती है पर समाज में अब
आयी है यह ज्ञान की "गंगा"
कैसे अवतरीत हुई उसी का वर्णन
है।
आपके "प्रेम" के कारण ही गुरु
शक्तियों ने यह पुस्तक मुझसे
लिखवायी है, ऐसा मेरा मानना
है। इस पुस्तक से आपके
जिवन को नयी ऊर्जा शक्ती
मिले नया चैतन्य मिले यही
परमात्मा के चरणो मे प्रार्थना है।

आपका
बाबास्वामी
15/9/07

# सद्‌गुरु श्री शिवकृपानंद स्वामीजी का परिचय

सद्‌गुरु श्री शिवकृपानंद स्वामी वे 'भगीरथ' हैं जो 'समर्पण ध्यानयोग' रूपी 'भागीरथी' (गंगा), हिमालय की कंदराओं से समाज तक लाए। 'समर्पण ध्यानयोग' संस्कार का ज्ञान हिमालय में ध्यान कर रहे मुनियों, तपस्वियों तथा कैवल्य कुंभक योगियों को ही था। स्वामीजी उन तक कैसे पहुँचे? यह जानने के लिए, आइए, स्वामीजी को उनके बचपन से जानें।

स्वामीजी का जन्म एक निम्न मध्यमवर्गीय महाराष्ट्रीय ब्राह्मण परिवार में हुआ। माता धार्मिक विचारों वाली, सौम्य, शांत तथा मितभाषी महिला थीं। स्वामीजी को अपने नाना-नानी तथा माँ से धार्मिक संस्कार प्राप्त हुए थे। किन्तु उन सबसे स्वामीजी की खोज भिन्न थी... वे ईश्वर से मिलना चाहते थे... उनकी अनुभूति करना चाहते थे।

पिता की सीमित आय होने के कारण स्वामीजी ने मैट्रिक (एस. एस.सी.) से स्नातकोत्तर (वाणिज्य) तक की पढ़ाई का खर्च स्वयं वहन किया। वे अपने खाली समय में विद्यार्थियों को पढ़ाते। इससे जो आय होती उसी से शिक्षा शुल्क (फीस) तथा शिक्षण सामग्री का खर्चा चलता था।

बचपन से ही उन्हें घूमने का बहुत शौक था। बचपन में रेल की पटरी पर चलते-चलते आसपास के गाँव, खेत देख आते। थोड़े बड़े हुए तो दोस्तों की साइकिल से दूर, जंगल-पहाड़ों की यात्रा कर आते। नौकरी लगने पर उन्होंने लगभग पूर्ण भारत भ्रमण किया।

भ्रमण करते समय वे दर्शनीय स्थान तो देखते ही थे, साथ-ही-साथ स्थान विशेष के आध्यात्मिक व्यक्तियों से आध्यात्मिक चर्चा भी करते।

जप-जाप करते हुए जब भी उनका ध्यान लग जाता, ध्यान में उन्हें तीन आकृतियाँ एक के बाद एक नजर आतीं—1. श्री पशुपतिनाथ मंदिर (नेपाल) 2. एक तपस्वी जो छह फुट लंबे थे तथा जिनकी नीली आँखें, गौर वर्ण तथा लंबी, श्वेत दाढ़ी थी। 3. एक टेकड़ीनुमा स्थान पर महादेव का मंदिर।

ऐसे ही, नौकरी के कार्य के सिलसिले में वे कानपुर गए थे। तब वहाँ किसी कारण से बैंक की हड़ताल थी। वह कुछ दिन और चलने वाली है, ऐसा लगा। अतः स्वामीजी ने सोचा, क्यों न पशुपतिनाथ के दर्शन कर आएँ? वे नेपाल गए, पशुपतिनाथ के दर्शन किए। वहीं एक वृब्द्ध सज्जन जो सुदूर शिबू गाँव से आए थे, उन्होंने स्वामीजी से कहा, "शिवबाबा आपकी राह देख रहे हैं, चलिए।" स्वामीजी शिवबाबा से मिले तो जाना वे वही तपस्वी मुनि थे, जिनके दर्शन उन्हें ध्यान में अक्सर होते थे। शिवबाबा ने अपनी सभी आध्यात्मिक शक्तियाँ स्वामीजी में संक्रमित कीं तथा आध्यात्मिक प्रगति का मार्ग प्रशस्त किया। स्वामीजी नेपाल से लौट आए।

उनकी नौकरी यथावत् चल रही थी। शीघ्र उनका विवाह हुआ तथा एक पुत्ररत्न की प्राप्ति हुई। पुत्र जब डेढ़ वर्ष का हुआ, तब एक और गुरु उनके घर आए तथा पत्नी की सहमती से स्वामीजी को हिमालय ले गए। वहाँ अनेक मुनियों, तपस्वियों तथा कैवल्य कुंभक योगियों को गुरु के रूप में मानते हुए स्वामीजी ने उनकी सेवा की। गुरु सेवा करते हुए उन्हें ज्ञान प्राप्त हुआ।

प्रत्येक गुरु ने ज्ञान प्रदान कर दूसरे गुरु के पास स्वामीजी को भेजा। विभिन्न गुरुओं से ज्ञान प्राप्त करते हुए स्वामीजी को ध्यान के उस संस्कार का पता चला जो प्रत्येक आत्मा के लिए मोक्ष का मार्ग प्रशस्त करती थी। वह ध्यान संस्कार धर्म, जाति, भाषा तथा लिंग से परे है अर्थात विश्व की सभी आत्माएँ उस ध्यान संस्कार से ध्यान कर सकती हैं।

गुरु आज्ञा से स्वामीजी उस ध्यान संस्कार को समाज में लाए। गुरुओं के प्रति समर्पण भाव के कारण ही गुरुदेव इस ध्यान संस्कार को जान सके। अत: इस तरह नाम रखा गया—'समर्पण ध्यानयोग'। विश्व का प्रत्येक मानव आत्मा के पूर्ण समर्पण द्वारा इस ध्यान के ज्ञान को प्राप्त कर सकता है।

स्वामीजी के जीवन का उद्‌देश्य विश्व की सभी आत्माओं का आध्यात्मिक विकास तथा उन्हें जीते जी मोक्ष की स्थिति प्रदान करना है। इसलिए वे इस अमूल्य ज्ञान को विश्व भर में नि:शुल्क बाँट रहे हैं। स्वामीजी स्वयं चैतन्य सागर हैं, किंतु स्वयं को गुरु ऊर्जा का माध्यम मात्र मानते हैं। उनकी इस सौम्यता-सादगी को शत शत नमन!

—सहधर्मचारिणी

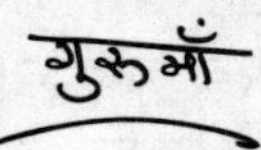

# 'समर्पण ध्यानयोग' का परिचय

'समर्पण ध्यानयोग' को सद्‌गुरु श्री शिवकृपानंद स्वामीजी ने कुछ ऐसे समझाया है—

## समर्पण

"आज विश्व में जितनी भी ध्यान की पद्धतियाँ हैं, उन पद्धतियों में या तो सांस पर चित्त रखकर ध्यान किया जाता है या दीये की ज्योति पर चित्त रखकर ध्यान किया जाता है या भस्त्रिका प्राणायाम करके ध्यान किया जाता है। समर्पण ध्यानयोग कोई भी उपरोक्त पद्धति नहीं है। समर्पण ध्यान कोई ध्यान की पद्धति नहीं है। यह तो एक पवित्र आत्मा द्वारा एक पवित्र आत्मा पर किया गया एक संस्कार है। बस, यह संस्कार पाने के लिए पवित्र आत्मा होना पड़ता है और परमात्मा के माध्यम द्वारा परमात्मा को पूर्ण समर्पित होना पड़ता है। बस, 'संस्कार' घटित हो जाता है!"

## संस्कार

"समर्पण ध्यानयोग का संस्कार पाने के लिए जंगल में जाने की जरूरत नहीं है, समाज छोड़ने की जरूरत नहीं है, यहाँ तक कि आपका कर्म छोड़ने की जरूरत भी नहीं है। आप जो भी कर्म करते हो वह अपेक्षा रहित होकर करने की जरूरत है। फिर वह 'कर्म' तुम करोगे नहीं, तुमसे होगा। जो भी 'कर्म' पहला करोगे, वह तुम अपनी इच्छा से करोगे, बाकी बाद के कर्म तुम्हारे से हो जाएँगे।

अच्छा कर्म करोगे तो अच्छी शक्तियाँ तुम्हारे पीछे हो जाएँगी, बुरा कर्म करोगे तो बुरी शक्तियाँ तुम्हारे पीछे हो जाएँगी। यह मेरे मुस्लिम गुरु कहा करते थे।"

"एक पवित्र और शुद्ध आत्मा के द्वारा एक पवित्र और शुद्ध आत्मा पर किया गया यह एक संस्कार है। इस प्रक्रिया को घटित होने के लिए और इस संस्कार हो ग्रहण करने के लिए प्रथम आत्मा होना पड़ता है। आत्मा ही इस संसार में नाशवान नहीं है। बाकी सब नाशवान हैं। जब आप इस पवित्र संस्कार को ग्रहण करते हैं और अपने भीतर विकसित करते हैं तो आप मानव से महामानव हो जाते हैं और फिर आपका शरीर तो माध्यम बन जाता है। और फिर मेरे जैसे एक सामान्य मनुष्य के माध्यम से भी 22 वर्ष में ही विश्वस्तर का कार्य हो जाता है और यह हो सकता है। इसका उदाहरण मुझे हिमालय से समाज में भेजकर 'हिमालय के गुरुओं' ने दिया है। यह केवल 'समर्पण संस्कार' से ही संभव हो सका है।"

"यह संस्कार विश्व का कोई भी मनुष्य ग्रहण कर सकता है। जो भी ग्रहण करना चाहे, 'परमात्मा' के दरवाजे सभी के लिए खुले हैं। समान भाव और निःशुल्क यह 'परमात्मा' की विशेषताएँ हैं।"

**—सद्‌गुरु श्री शिवकृपानंद स्वामीजी**

**26/11/2017**

**'समर्पण ध्यानयोग' संस्कार को थियोसोफिकल सोसायटी (यू. के), ऑल इंडिया मेडिकल एसोसिएशन, आयुष मंत्रालय, रेडक्रॉस सोसायटी ने अनुमोदित किया है।**

गुरु से बड़ा कोई नहीं है, और विश्वास से बड़ी कोई शक्ति नहीं है। श्री शिवकृपानंद स्वामी जी की हिमालय का समर्पण योग (भाग-१) यह पुस्तक आंतरिक खोज के पथ पर एक युवा व्यक्ति की अदभुत यात्रा है। यह किताब पन्ने पलटने वाली नहीं बल्कि जीवन पलटने वाली है।

यह पुस्तक पढ़ने के बाद अनेक साधकों की गुरु और परमात्मा की खोज समाप्त जाएगी, क्योंकि आत्मज्ञान का स्रोत इस पुस्तक में है।

**नितिन गड़करी**

(सड़क परिवहन और राजमार्ग मंत्री, भारत सरकार)

अब तक, मैंने इस किताब को अनगिनत बार पढ़ा है और हर बार ऐसा लगता है मानो पहली बार पढ़ रहा हूँ। ऐसा प्रतीत होता है कि यह पुस्तक वास्तव में सजीव है और मेरी समझने की क्षमता के साथ-साथ यह बदल रहा है।

**सोहमजी**

(स्पिरिचुअल टीचर, जर्मनी)

# विषय-सूची

## प्रकरण 1

# ब्रह्मानंद स्वामी के साथ

उषाकाल का समय था। एक छोटी-सी झरनानुमा नदी थी। पहाड़ी होने के कारण नदी अधिक गहरी नहीं थी। पहाड़ी क्षेत्र में प्रायः इसी प्रकार की नदियाँ पाई जाती हैं। बहता पानी था, इसलिए एकदम स्वच्छ था। नदी के एक किनारे पर मैं बैठा हुआ था और सामने वाले, दूसरे किनारे पर श्री ब्रह्मानंद स्वामी बैठे हुए थे। पिछले तीन दिनों के पैदल प्रवास के कारण मैं तो थक गया था। पैर भी दुःख रहे थे। पहने हुए जूते का तल्ला सामने दाहिनी ओर से उखड़ गया था। मेरे दाहिने पैर के पास की उठी हुई हड्डी के कारण मेरे साथ प्रायः ऐसा होता ही था, पर इस बार तो प्रवास की शुरुआत में ही हो गया था। उससे आगे के प्रवास के दौरान क्या होगा, यह चिंता थी। इतनी चलने की आदत नहीं थी, इसलिए घुटने भी दुःखने लग गए थे। ये तीन दिनों में यह हालत हो गई तो आगे क्या होगा, यह चिंता सता रही थी। ये मुझे कहाँ ले जा रहे हैं, यह पता नहीं था। कहाँ जाना है, यह पता नहीं था। कब तक ऐसा चलना है, यह पता नहीं था। क्यों जा रहे हैं, यह पता नहीं था। बस जा रहा था। एक अज्ञात लक्ष्य की ओर जा तो रहा था, पर वापसी का रास्ता पता नहीं था। वापस आऊँगा या नहीं, यह भी पता नहीं था। पिछली तीन रातें जंगलों में बिताई थीं। न ओढ़ने के लिए कुछ था, न बिछाने के लिए, इसलिए नींद भी नहीं आई थी। और तीन रातों से नींद न होने के कारण आँखें भी जलन कर रही थीं। लेकिन कल से तो हम बड़े ही निर्जन स्थान पर पहुँचे थे। कल से किसी भी मनुष्य को नहीं देखा था। आगे किसी मनुष्य को कभी देख पाऊँगा या नहीं, पता

नहीं था। मनुष्यबस्तियाँ पीछे छूट गई थीं और जंगल के घने होने के कारण अब कोई मनुष्यबस्ती मिलेगी, ऐसा नहीं लगता था। उस दिन लगा कि मनुष्य एक सामाजिक प्राणी है, इसलिए वह समूह में रहना पसंद करता है। सदैव छोटे-छोटे कबीलों में, छोटे-छोटे गाँव बनाकर रहता है। उस जंगल के घने होने के कारण 'मनुष्य एक सामाजिक प्राणी है,' ऐसा ज्ञान हुआ।

दूसरी ओर के किनारे पर गुरुदेव शांतचित्त होकर, अपने दोनों पैर नदी के प्रवाह में डालकर बैठे थे। उनके पीछे 'ब्ल्यूहिल' पहाड़ियाँ पर्वत श्रृंखला के रूप में फैली हुई थीं। उन पहाड़ियों पर नीले-नीले बादल छा गए थे और ये नीले बादल को 'ब्ल्यूहिल' पहाड़ियाँ क्यों कहते होंगे, इसका आभास करा रहे थे। आसपास घना जंगल था। यह नदी भी उस घने जंगल में से ही निकल रही थी। इतना घना जंगल था कि उस नदी के आगे का भाग भी देखा नहीं जा सकता था। गुरुदेव शांतचित्त सामनेवाली 'ब्ल्यूहिल' पहाड़ियों को निहार रहे थे। साधारणतः 6 फीट की उनकी ऊँचाई होगी। बड़ी-बड़ी सुडौल आँखें। वृद्धावस्था में भी गठीला बदन। उनके शरीर पर एक लंगोट के सिवा कुछ नहीं था। हाथ में किसी वृक्ष की एक मजबूत लकड़ी थी। वे उस लकड़ी का उपयोग प्रायः सहारा लेने के लिए करते थे। साँवला-सा रंग था पर पता नहीं, मैंने जीवन में साँवला व्यक्ति इतना आकर्षक कभी देखा नहीं था। उनके पूरे व्यक्तित्व से पवित्रता झलकती थी। ऐसा लगता था, इनका शरीर ही नहीं, इनकी आत्मा भी बहुत पवित्र होगी, इसीलिए उस भीतर की पवित्रता का प्रभाव बाहर शरीर के रोम-रोम पर दिखता है। पता नहीं क्यों, वे बीच-बीच में आँखें बंद करके बैठते थे। जब वे इस प्रकार से बैठते थे, तो मेरे अंदर कुछ तो भी होता था। मुझे तब ऐसा लगता था, वे मेरे अंदर ही झाँक रहे हैं। अंदर कुछ-कुछ होने लगता था। वे बहुत कम बोलते थे, पर जब बोलते थे, तो लगता था—आकाशवाणी हो रही है। बड़ी गंभीरता से बोलते थे। उनके शब्दों में बड़ी गहराई थी और उनके मुख से निकला हुआ प्रत्येक शब्द सत्य प्रतीत होता था। वे जो बोलते थे, तो कानों को ऐसा आभास होता था—उनके शब्दों को शब्दों के आभामंडल के साथ ही ग्रहण कर लिया जाए। पिछले तीन दिनों में प्रायः बहुत कम ही बोले और जो बोले, वह मुझे प्रोत्साहन देने के

लिए ही बोले। उनके शब्दों में भी निश्चितता थी। हम कहाँ जा रहे हैं, वह निश्चित उन्हें पता था। हम क्यों जा रहे हैं, यह भी निश्चित पता था। आगे का सारा भविष्य एक निश्चित था, जो वे जानते थे और मैं नहीं। इसलिए वे निश्चितता से भरे थे। लेकिन मैं नहीं जानता था, इसलिए मैं अनिश्चितता से भरा था।

पता नहीं क्यों, उनको मैं दूर रहकर देख पाता था, पर पास आने के बाद उनके चरणों के ऊपर नजर ही नहीं उठती थी। मानो मेरा चित्त मुझसे कह रहा हो, 'अपनी औकात में देख। तेरी औकात केवल गुरुचरण तक ही है और उसी तक सीमित रह।' एक भययुक्त प्रसन्नता लगती थी। भय शायद मुझे मेरे कारण ही लगता होगा, क्योंकि मेरा चित्त शुद्ध नहीं था। पता नहीं कौन-कौन-सी भूतकाल की यादें भरी हुई थीं! और इस अशुद्ध चित्त के कारण मुझे उनके शुद्ध चित्त से आदरयुक्त भय लगता था। अचानक उन्होंने अपनी आँखें खोलीं और मुझसे कहा, "जानता है? एक दिन अब ऐसा आने वाला है—लाखों लोग तेरे दर्शन के लिए तरसेंगे। तुझसे मिलने के लिए बड़ी लंबी-लंबी कतारें लगेंगी। दुनिया के कोने-कोने से लोग तेरे दर्शन के लिए आएँगे। तेरी एक झलक किसी को मिल जाए तो अपने जीवन को सार्थक समझेगा। तेरी एक दृष्टि उन पर पड़े, ऐसा वे लोग चाहेंगे। उन लोगों को परमात्मा तक पहुँचाने के लिए तू निमित्त बनेगा। तेरा इतना बड़ा विशाल संसार है। मालूम है? तू अपनी अज्ञानता के कारण अपने परिवार को ही अपना संसार समझकर बैठा था। अब देखना, मैं तुझे तेरे अपने संसार से मिलाऊँगा।" मैंने आसपास देखा, वहाँ पर कोई कुत्ता भी नहीं था और मन में सोचा, "ये तो मुझे निर्जन स्थान की ओर लेकर जा रहे हैं और इधर कह रहे हैं—लाखों लोगों को मिलाऊँगा। शायद मेरे अगले जन्म की बात कर रहे हैं।" मैंने मूर्खतापूर्वक कहा, "गुरुदेव, यहाँ तो कोई कुत्ता भी नहीं है और आप मुझे निर्जन स्थान पर लेकर जा रहे हो और कह रहे हो—लाखों लोग तेरे दर्शन के लिए तरसेंगे।" गुरुदेव ने शांत रह कर ही उत्तर दिया, "उन लाखों आत्माओं तक पहुँचने का मार्ग इस निर्जन स्थान से ही जाता है। मुझे मालूम है कि तुझे आज की परिस्थिति में यह सच नहीं लग रहा होगा, पर कल यही सच होने वाला है। बस, जब यह सच होगा, तब मैं इस दुनिया में नहीं रहूँगा

क्योंकि मेरा कार्य समाप्त हो चुका होगा। मुझे अंतर्दृष्टि के कारण भविष्य का दिख रहा है, तुझे नहीं। हम दोनों के बीच समय का अंतराल है। जिस दिन समय का यह अंतराल समाप्त होगा, दोनों को सत्य का सूर्य दिखेगा। सत्य सदैव एक होता है, निश्चित होता है। किसी को मालूम जल्दी होता है, किसी को सत्य जानने में समय व्यतीत करना पड़ता है। बस, हम दोनों में यही एक अंतर है। क्योंकि गुरु अपने आध्यात्मिक स्तर से बात कर रहे होते हैं और शिष्य अपने स्तर पर रहकर बात सुन रहा होता है, इसलिए दोनों के बीच संवाद नहीं हो पाता और इसी कारण गुरु की बात शिष्य को उस समय समझ में नहीं आती है। शिष्य की दृष्टि सीमित होती है, वह केवल उसके आसपास ही देख पाता है। और गुरु की दृष्टि विशाल होती है, वह शिष्य के पीछे का भूतकाल और शिष्य के आगे का भविष्यकाल, दोनों ही जानता है। दोनों के बीच समय का अंतराल होता है और अंतराल बीते बिना गुरु द्वारा कही गई बात शिष्य के समझ में नहीं आती है।" और इसी कारण से उस समय मुझे उनकी बात समझ में नहीं आ रही थी, लेकिन वे आश्वस्त थे।

थोड़े समय के बाद हम दोनों ने उत्तर दिशा की ओर चलना प्रारंभ किया। पहाड़ियों पर गोल परिक्रमा करके चढ़ते थे और इसी प्रकार से उतरते भी थे। पाँच दिनों के प्रवास के बाद उनके स्थान तक पहुँचे। तब तक शाम हो चुकी थी। एक पहाड़ी के ऊपर से एक झरना बह रहा था। उस झरने के पास से गुरुदेव ने नीचे उतरना शुरू किया और मैंने भी उनके पीछे-पीछे नीचे उतरना शुरू किया। कुछ नीचे उतरने के बाद एक छोटा-सा जलाशय था। उसके पास उनकी गुफा थी। ऊपर से देखने पर तो वह गुफा कभी दिख ही नहीं सकती थी। अंदर जाने के बाद देखा, पहाड़ी के ऊपर से गुफा में एक-एक बूँद पानी लगातार टपक रहा था। और एक ही स्थान पर पानी के वर्षों टपकने के कारण उस चट्टान में खड्ढा हो गया था। उस खड्ढे के पानी को पीने के लिए इस्तेमाल किया जाता था। वहाँ पानी अधिक हो जाने पर बह-बहकर बाहर के जलाशय में इकट्ठा होता था और वही पानी आगे जाकर नीचे गिरकर उस बड़े झरने के पानी में शामिल हो रहा था। बड़ा ही सुंदर दृश्य सामने था। गुफा के बाहर, जलाशय के पास बैठो तो रोज सुबह का उगता

हुआ सूरज दिखता था। गुफा की दाहिनी ओर एक जलप्रपात था, जहाँ पर बहुत ऊपर से जब पानी नीचे गिरता था, तो दूध-जैसा सफेद झाग निर्मित होता था। गुरुदेव कुछ कंद-मूल तोड़कर लाते थे। वे जो देते थे, वह खाता था। पहले आठ-दस दिन तो उन्होंने मुझे वहाँ की प्रकृति के साथ जुड़ना सिखाया। वे कहते, "यह झरने का पानी बह रहा है, उसे देखो, गौर से देखो और देखते ही रहो। वह एक निश्चित व्यवस्था के अधीन बह रहा है। वह पहले कैसे गिरता है, बाद में कैसे गिरता है और बाद में किस क्रम में गिरता है, उसका एकाग्रता से अध्ययन करो। उसमें प्रकृति एक संदेश दे रही है, उसे समझो। उस पानी के प्रवाह में एक-समान ताल है, उस ताल के ऊपर अपना चित्त रखो। उस झरने के बहने में एक सुर है, उसे पहचानो। उस संगीत को सुनो, उसके संदेश को सुनो और उस बहने वाले पानी के झरने की आवाज को अपने भीतर महसूस करो, तो तुम्हें गहराई में उतरने पर लगेगा—वह झरना व पानी बाहर नहीं, तुम्हारे भीतर ही कहीं बह रहा है। उस आवाज का तुम्हारे मन के ऊपर क्या प्रभाव पड़ता है, वह अनुभव करो। अब विचार करो—यह पानी का उद्‌गम कहाँ से हुआ होगा और यह पानी किस मार्ग से आया होगा? और कौन-कौन-से जंगलों से आया होगा? अब यह पानी आगे किस-किस मार्ग से जाएगा? और उसका अंतिम लक्ष्य क्या है? तो जानोगे, उसका ही नहीं, पानी की प्रत्येक बूँद का अंतिम लक्ष्य सागर ही है। प्रत्येक बूँद को अंततः सागर में जाकर ही मिलना है। अब धीरे-धीरे उस पानी को तुमने पिया है, ये सोचो और उस पानी का स्वाद जानने का प्रयत्न करो। और तुम देखोगे कि पानी को पिए बिना ही तुम्हें पानी का स्वाद मालूम पड़ रहा है। अब यह विचार करो कि तुम पानी में कूद गए हो और उस पानी के भीतर कूदकर तुम नहा रहे हो। अब पानी का स्पर्श और पानी का सान्निध्य भी महसूस होने लगेगा। अब महसूस करो, तुम्हें कैसा लग रहा है। पानी की अनुभूति को सिर पर अनुभव करो, गर्दन पर अनुभव करो, वक्षस्थल पर अनुभव करो, पेट पर अनुभव करो, पैरों पर अनुभव करो और महसूस करो पानी ऊपर से शरीर में घुसकर नीचे पैर के तलुवे से निकल रहा है।" इस प्रकार से काफी दिनों तक उन्होंने मेरा चित्त उस पानी के प्रवाह में रखा था और इन दिनों में मैंने महसूस किया

मुझे विचार आने बंद हो गए हैं। मैं धीरे-धीरे बाकी जगत् को भूल गया और एक पानी का झरना ही मेरा संपूर्ण जगत् हो गया है। यह झरना बह रहा था। रोज नए-नए पानी के कणों के साथ चित्त की एकाग्रता होने से, चित्त धीरे-धीरे शुद्ध होता चला जा रहा था। या यूँ कहें कि झरने के पानी के सान्निध्य में चित्त धुल रहा था। दिन-प्रतिदिन शुद्ध, और शुद्ध हो रहा था।

कुछ दिनों के बाद गुरुदेव जंगल में कंद-मूल तोड़ने जाते थे, तो मुझे भी साथ लेकर जाते थे। अलग-अलग वृक्षों के बारे में जानकारी देते थे। उस वृक्ष की विशेषताएँ बताते थे। उसके फल के बारे में बताते थे। उस वृक्ष के पत्तों के बारे में बताते थे। उन पत्तों के क्या गुण थे, वे बताते थे। वे जो भी बताते थे, वह सबकुछ समझ में नहीं आता था, लेकिन जब वे बताते थे तो ऐसा लगता था—जीवनभर वे इसी प्रकार बोलते रहें, मैं जीवनभर इसी प्रकार से सुनता रहूँ। उनके बोलने में एक रिदम थी, नाद था, जैसा कि मैंने उस झरने में अनुभव किया था, बस मन को भाता था। कभी-कभी ऐसा लगता था कि वे जो बोल रहे हैं, और वे जो बिना बोले कर रहे हैं—वह अलग-अलग हैं। ऐसा लगता था, वे बातें करने के बहाने, वृक्षों की जानकारी देने के बहाने मेरा चित्त सदैव अपने ऊपर रख रहे थे। वे क्या कर रहे थे, यह निश्चित कुछ नहीं कह सकता, बस उनका सान्निध्य मेरे मन को भा गया था। उनके साथ वृक्षों की जानकारी लेने के कारण मैं प्रकृति के ज्यादा निकट जा सका, प्रकृति को ज्यादा समझ सका। उन्होंने प्रकृति के चक्र का रहस्य बताया कि एक वृक्ष जड़ से ऊर्जा ग्रहण करता है, उसी ऊर्जा को अलग-अलग बड़ी शाखाओं में पहुँचाता है। बड़ी शाखाएँ उसी जीवन ऊर्जाशक्ति को छोटी शाखाओं को पहुँचाती हैं। छोटी शाखाएँ उसी ऊर्जाशक्ति को बड़ी टहनियों में पहुँचाती हैं। वे बड़ी टहनियाँ उस प्राप्त ऊर्जा को छोटी टहनियों में पहुँचाने का कार्य करती हैं और ये छोटी टहनियाँ उस ऊर्जाशक्ति को प्राप्त कर एक नई कली को जन्म देती हैं। लगातार प्राप्त होने वाली जीवन-शक्ति के कारण ही एक कली विकसित होती है। एक कली विकसित होकर एक फूल बन जाती है और उसी फूल के बाद फल विकसित होता है। एक ओर इस प्रकार फल के रूप में विकसित होकर बीज अपने उत्कर्ष की चरमसीमा तक पहुँचता है

और दूसरी ओर, फल को विकसित करने वाली छोटी-छोटी टहनियाँ छोटे-छोटे नए कोमल पत्तों को जन्म देती हैं। वे ही कोमल पत्ते लाल सुंदर रंग लिए होते हैं। ये ही पत्ते बड़े होते हैं, विकसित होते हैं, गहरे हरे रंग के हो जाते हैं। पत्ते कुछ समय पश्चात पीले होने लग जाते हैं। पीले होकर जब वे महसूस करते हैं कि वे अब किसी काम के नहीं रहे, तो पत्ते स्वतः ही गिर जाते हैं। वे बेकार झाड़ पर बोझ बनना नहीं चाहते। वे जब तक वृक्ष को मदद कर सकते हैं, तब तक ही वृक्ष पर बने रहते हैं। बाद में वृक्ष से गिरकर फिर वृक्ष की जड़ को अपना अस्तित्व समर्पित कर देते हैं। और समर्पित किए गए अस्तित्व के कारण उनका रूपान्तरण हो जाता है और वे खाद का कार्य करते हैं। यानी वृक्ष से अलग होकर भी अपनी अंतिम साँस तक वृक्ष की भलाई के लिए सोचते हैं और वैसा करते भी हैं। वृक्ष का प्रत्येक भाग ऊर्जा को आगे बढ़ाने का कार्य करता है। कोई भी अपने को प्राप्त ऊर्जा को संग्रहित कर अपने तक सीमित नहीं रखता है, सदैव प्राप्त ऊर्जा को औरों को बाँटने का कार्य करता है। ठीक इसी प्रकार, एक साधक को भी केवल माध्यम बनकर कार्य करना चाहिए। परमात्मारूपी झाड़ से जुड़े होने के कारण जीवन में जो भी ज्ञान मिला है, वह ज्ञान अपनी संपूर्ण क्षमता से ग्रहण करना चाहिए और संपूर्ण ग्रहण कर औरों को बाँट देना चाहिए। क्योंकि जो कुछ ज्ञान मिला है, वह बाँटने के लिए ही है। ज्ञान सदैव बाँटने के लिए होता है। ज्ञान बाँटने में ही ज्ञान ग्रहण करने की सार्थकता है। ज्ञान बाँटने के कारण सदैव हमारा चित्त दूसरे को देने की ओर होता है। हम सदैव दाता रहते हैं, याचक नहीं। और यह देने की क्षमता ही हमको विकसित करती है। प्रत्येक साधक को अपने-आपको परमात्मारूपी वृक्ष की एक छोटी-सी टहनी समझना चाहिए और परमात्मारूपी वृक्ष से जो भी मिलता है, उसे बाँटना चाहिए। बाँटना ही सही अर्थ में साधक का जीवन है। जो बाँट रहा है, वही सही अर्थ में जुड़ा हुआ है और जो जुड़ा हुआ है, वही सही अर्थ में जीवित है।

मनुष्य-जीवन का सारा रहस्य इस 'बाँटने' में छुपा हुआ है। आप किसे बाँट रहे हो, कौन ग्रहण कर रहा है, कितना ग्रहण कर रहा है, वह उस ज्ञान का सदुपयोग करेगा या नहीं करेगा, ग्रहण करने वाला योग्य व्यक्ति है या नहीं है, ये देखना भी साधक का क्षेत्र नहीं

है। क्योंकि साधक यह ज्ञान उस व्यक्ति के विकास के लिए नहीं दे रहा है। वह साधक वह ज्ञान दूसरे को इसीलिए दे रहा है कि वह जितना अधिक ज्ञान बाँटेगा, उतना अधिक उसे प्राप्त होगा। साधक स्वयं की ही आध्यात्मिक प्रगति के लिए दे रहा है। और साधक वह ज्ञान देकर सामने वाले व्यक्ति पर उपकार नहीं कर रहा, वह स्वयं अपने पर उपकार कर रहा है।

एक वृक्ष प्रकृति के साथ जुड़ा हुआ है। इसीलिए साधक के लिए प्रकृति को समझने के लिए एक वृक्ष को समझना अत्यन्त आवश्यक है। एक वृक्ष में प्रकृति का सारा रहस्य छुपा हुआ है। एक टहनी को अपनी ऊर्जा की एक सीमा तक आवश्यकता है और उस निश्चित सीमा के बाद उस ऊर्जा को बाँटकर ही प्रसन्नता लगती है। और छोटी-छोटी टहनियों और पत्तों में ऊर्जा बाँटकर वह अपने निजी संबंध को विस्तृत कर लेती है। उसके साथ इतने ग्रहण करने वाले हो जाते हैं यानी इतने ग्रहण करने वाले उसे माध्यम के रूप में लेते हैं और सैकड़ों छोटी-छोटी टहनियाँ और हजारों पत्ते जिस टहनी को माध्यम बनाकर उससे जीवनशक्ति ग्रहण करते हों तो वृक्ष की आवश्यकता हो जाती है कि उस टहनी तक जीवनऊर्जा पहुँचाए ही, क्योंकि उस टहनी पर सैकड़ों टहनियों का और हजारों पत्तों का जीवन निर्भर करता है। सदैव साधक को भी परमात्मारूपी वृक्ष की वह टहनी बनना चाहिए जिस टहनी पर सैकड़ों छोटी टहनियाँ और हजारों पत्ते निर्भर हैं। परमात्मा से प्राप्त ज्ञान को आपके माध्यम से हजारों लोगों तक पहुँचाना चाहिए।

और निकाले यह सही भी है, ऐसा मुझे भी लगा। एक मनुष्य की आवश्यकता सीमित है। अधिक से उसे प्रसन्नता व खुशी नहीं मिल सकती। फिर अगर वह अधिक खुशी पाना चाहता है, तो उसे जो मिला, वह बाँटने में ही आनंद है। एक व्यक्ति का भोजन 4 रोटी है। अगर उसे 100 रोटियाँ दे दी जाएँ तो उसे अधिक रोटियों से अधिक प्रसन्नता नहीं होगी, वे भले 25 गुना अधिक रोटियाँ हैं। तो 25 गुना अधिक आनंद मिलना चाहिए, तो वह केवल रोटी से संभव नहीं है। उन रोटियों के साथ अलग-अलग माध्यम भी मिलते हैं। और उन अलग-अलग लोगोंरूपी माध्यमों को आप रोटियाँ बाँटते हैं। तो

दूसरों को बाँटकर, दूसरों को खिलाकर, दूसरों का पेट भरकर ही हमें अधिक आनंद प्राप्त हो सकेगा। रोटियाँ निर्जीव हैं, मनुष्य की भूख सजीव है। जब तक भूखे व्यक्ति आपको नहीं मिलेंगे, तब तक वे निर्जीव रोटियाँ आपको आनंद नहीं दे सकती हैं। क्योंकि केवल दूसरे व्यक्ति मिलना ही काफी नहीं है, भूखे व्यक्ति मिलना आवश्यक है। तभी वे व्यक्ति उस भूख के कारण आपकी दी हुई रोटियाँ खाएँगे और आपको प्रसन्नता मिलेगी।

उस दिन मैंने भी सोचा, "अगर परमात्मा से कभी मुझे ज्ञानरूपी रोटियाँ अधिक मात्रा में मिलती हैं, तो मैं भी मेरे जीवन में उन भूखे व्यक्तियों की खोज करूँगा, उन्हें ढूँढूँगा और प्रेम से परमात्मा की ज्ञानरूपी रोटी उन्हें खिलाऊँगा और आत्म-आनंद प्राप्त करूँगा। क्योंकि आवश्यकता से अधिक ज्ञान की मुझे भी कोई आवश्यकता नहीं है, फिर उस ज्ञान को बाँटने में ही सार्थकता है।"

यह ज्ञान जब गुरुदेव के सान्निध्य में प्राप्त हुआ और एक वृक्ष से मुझे परमात्मा के जीवनचक्र का रहस्य प्राप्त हुआ, तो मेरे लिए तो वह वृक्ष ही परमात्मा हो गया। मैं ऐसा सोच ही रहा था कि गुरुदेव ने पूछा, "क्या सोच रहे हो? सोचो मत, इसे आत्मसात् करो।" यह कहकर उन्होंने एक पत्ते पर किसी वृक्ष का निकला हुआ गोंद मुझे खाने के लिए लाकर दिया और कहा, "इसे खा जाओ।" वह क्या था, क्या मालूम, मैंने शीघ्र खा लिया। मैं तो उनके हाथ से ज़हर भी खाने के लिए राजी था, तो फिर दी हुई चीज क्या है, यह जानना मेरे लिए कोई महत्त्वपूर्ण नहीं था। वह गोंद थोड़ा कड़वा था, लेकिन मैंने खा लिया, यह देखकर गुरुदेव के चेहरे पर जो समाधान देखा, वह देखकर वह कड़वा गोंद भी मुझे मीठा प्रतीत हुआ और शाम होने वाली थी। हम दोनों वापस धीरे-धीरे अपनी गुफा की ओर चल दिए। और वहाँ पर पहुँचने तक मैं पूर्णत: थक चुका था। उस गोंद को खाने के कारण मेरी भूख समाप्त हो गई थी। मैं जाकर सीधे सो गया।

अगले चार दिनों तक मुझे भूख ही नहीं लगी। उस गोंद को खाने के बाद भूख समाप्त हो गई थी। वे चार दिन कैसे बीते, कुछ याद नहीं। ऐसा लगा मानो एक पल ही बीता हो।

रोज की दिनचर्या होती थी—सुबह उठकर जंगलों में जाते थे, दिनभर जंगलों में घूमते थे और शाम के समय वापस आते थे। आसाम में इस प्रकार के कई घने जंगल हैं। दिनभर धूप में घूमों तो भी धूप नहीं लग सकती है, इतने घने बड़े-बड़े जंगल हैं।

एक दिन एक वृक्ष के पास बैठकर गुरुदेव जंगल और वन का अंतर समझा रहे थे। उनका कहना था, "जंगल प्रकृतिप्रदत्त होते हैं। वह प्रकृति की स्वयं की रचना होती है। इसीलिए प्रकृति अच्छे, रसदार फल देने वाले वृक्ष का भी निर्माण करती है और उसी वृक्ष के पास एक काँटेवाले वृक्ष का भी निर्माण करती है। वह भेदभाव नहीं करती, दोनों प्रकार के वृक्षों को वह विकसित करती है। प्रकृति में समानता है। वह सबसे एक जैसा व्यवहार करती है। इसलिए जंगल में अच्छे वृक्ष भी होते हैं, खराब वृक्ष भी होते हैं। प्रकृति सबको बढ़ने का समान अवसर देती है। कौन किस दिशा में बढ़ता है, वह उस वृक्ष के ऊपर निर्भर करता है। इसीलिए परमात्मा जब कृपा करता है तो वह सब पर समान करता है। उस परमात्मा की कृपा का कौन कैसा उपयोग करता है, यह उस पर निर्भर होता है। जीवन में परमात्मा सभी मनुष्यों को आध्यात्मिक प्रगति के समान अवसर देता है, परंतु मनुष्य की लेने की स्थितियाँ अलग-अलग होती हैं। प्रत्येक मनुष्य को जीवन में समान अवसर प्राप्त होते हैं।"

"प्रकृति परमात्मा की स्वयं की रचना है। इसलिए दोनों में यह समानता दिखती है। इसीलिए देखा गया है कि जंगल में सदैव विभिन्न प्रकार के वृक्ष पाए जाते हैं और जंगल प्रकृति के द्वारा निर्मित होने के कारण पर्यावरण में एक संतुलन बनाकर रखते हैं। एक जंगल को विकसित होने में सैकड़ों साल लगते हैं, पर जंगल नष्ट तो थोड़े समय में भी हो सकता है। 'जंगल' मनुष्य को प्रकृति का अनुपम उपहार है। जंगल मनुष्य को पर्यावरण का एक संतुलन देते हैं।"

"दूसरा 'वन' सदैव मनुष्य-निर्मित होते हैं। मनुष्य स्वार्थी है। वह सदैव उन वनों का निर्माण करेगा जिससे उसको लाभ मिलेगा। इसलिए 'वन' केवल लाभदायी वृक्षों के ही होते हैं। जो वृक्ष फल देते हैं, अच्छी लकड़ी देते हैं, इसी प्रकार के वन मनुष्य लगाता है।

वन हरियाली ला सकते हैं, पर प्रकृति का संतुलन बनाकर नहीं रख सकते। इसलिए वन प्रकृति के संतुलन का कार्य नहीं करते हैं। 'वन' के साथ मनुष्य की बुद्धि, मनुष्य का स्वार्थ जुड़ा होता है।"

"कई वृक्ष मनुष्य की दृष्टि से उपयोगी नहीं हैं, पर पर्यावरण के संतुलन की दृष्टि से बहुत उपयोगी होते हैं। और ये वृक्ष जंगल में ही पाए जाते हैं। सब प्रकार के वृक्ष जब स्वाभाविक रूप से एक साथ, एक स्थान पर उगते हैं और जिन्हें कोई नहीं उगाता, प्रकृति उगाती है, ऐसे जंगलों में मनुष्य को प्राकृतिक आत्मशांति मिलती है। इसलिए वन के सान्निध्य से अधिक जंगल का सान्निध्य मनुष्य को अधिक भाता है। क्योंकि समानता, विभिन्नता, प्राकृतिकता और सामूहिकता, इन सबसे मिलकर, प्राकृतिक रूप से बना वातावरण केवल 'जंगल' में होता है, 'वन' में नहीं।"

इस प्रकार से गुरुदेव ने 'जंगल' और 'वन' का अंतर मुझे समझाया मुझे भी अच्छा लगा, यह मेरे लिए नई जानकारी थी। गुरुदेव ने आगे कहा, "इसीलिए साधनारत ऋषि, मुनि सदैव ईश्वर का ध्यान करने के लिए जंगल में ही रहना पसंद करते हैं। जंगल में प्राकृतिक वातावरण रहता है और जंगल पर किसी व्यक्ति-विशेष का स्वामित्व नहीं रहता है। जंगल किसी व्यक्ति के नहीं होते हैं। 'जंगल' आध्यात्मिक साधना के लिए इसीलिए उपयुक्त होते हैं।"

"भूमि का भी ऐसा ही है। भूमि किसके स्वामित्व में है, उस स्वामित्व के ऊपर निर्भर करता है कि भूमि फलदायी है या नहीं। एक बंजर जमीन भी अगर किसी संत के स्वामित्व में आती है, तो वही जमीन उपजाऊ बन जाएगी। लोगों का स्वामित्व जमीन की उर्वराशक्ति समाप्त कर रहा है। क्योंकि 'स्वामी' की ग्रहण करने की क्षमता नहीं है तो वह भूमिस्वामी अपनी भूमि से भी ग्रहण नहीं कर सकता। और जब भूमिस्वामी ग्रहण नहीं करता है तो भूमि स्वयं तो कुछ दे नहीं सकती, जब तक अतिरिक्त ग्रहण करने वाला न हो। इसलिए साधक को ध्यान-साधना करते समय स्थान का सदैव 'ध्यान' रखना चाहिए। सभी स्थान ध्यान करने के योग्य नहीं होते हैं। कई स्थानों पर बैठकर किया गया 'ध्यान' साधक के लिए हानिकारक सिद्ध हो सकता है।"

“बुरे कर्म मनुष्य अपने स्वार्थ के लिए करता है, पर बुरे कर्म के कारण वह मनुष्य तो बुरा बनता ही है, वह उस स्थान को भी बुरा कर देता है जिस स्थान पर बैठकर उसने वह बुरा कार्य किया है। एक व्यक्ति अपने स्वार्थ के लिए एक स्थान पर बैठकर बुरा कार्य करता है तो उस निश्चित स्थान पर उस बुरे कार्य का प्रभाव बन जाता है। और ठीक उसी स्थान के ऊपर, आकाश में उस खराब कार्य का आभामंडल तैयार हो जाता है।”

“जब कोई अच्छा व्यक्ति भी उस स्थान पर पहुँचता है, तो स्थान का खराब प्रभाव और उसी स्थान के खराब आभामंडल से वह अच्छा व्यक्ति भी आहत होता है। इसलिए सभी स्थान ध्यान करने योग्य नहीं होते हैं।”

“एक बार एक राजा ने अपने पड़ोसी राज्य के ऊपर आक्रमण कर दिया और उस पड़ोसी राज्य की सेना को पराजित कर दिया और उसके बाद पड़ोसी राज्य की राजधानी पर हमला कर वहाँ के सब निहत्थे गाँव के लोगों को भी मार डाला। कुछ समय बाद वह राजा भी स्वयं मर गया। लेकिन जिस स्थान पर उसने निरपराध लोगों की हत्याएँ की थीं, उस स्थान पर वह दुष्ट प्रभाव निर्मित हो गया और ठीक उस स्थान के ऊपर उसका आभामंडल भी निर्मित हो गया। आज सैकड़ों साल होने के बाद भी उस स्थान पर आज भी निरपराध लोगों की मृत्यु होती है। कभी दुर्घटना होती है, कभी आग लगती है, कभी भूकंप होते हैं, कभी बाढ़ आती है। यानी कारण अलग-अलग हैं, पर आज भी वहाँ निरपराध लोगों की मृत्यु होती रहती है। इसलिए ध्यान ‘किसी भी’ स्थान पर बैठकर नहीं करना चाहिए। इसलिए सदैव सद्‌गुरु-सान्निध्य में ध्यान-साधना सर्वश्रेष्ठ होती है। क्योंकि सद्‌गुरु के प्रभाव के कारण वह स्थान पवित्र, शुद्ध एवं अधिक ग्रहण करने की क्षमता वाला हो जाता है और ऐसे स्थान पर बैठकर ध्यान-साधना करना सदैव अत्यंत उपयोगी सिद्ध होता है। मैं इस स्थान के साथ इसलिए रह रहा हूँ, क्योंकि यहाँ पर मेरे ‘गुरुवर’ का स्थान था और उन्होंने इस स्थान पर ध्यान-साधना करके इस स्थान को पवित्र कर दिया था। इस स्थान पर सदैव उनके आभामंडल का प्रभाव रहता है।

यहाँ पर मैं ही नहीं, ये पशु-पक्षी भी उस आभामंडल का आनंद लेते हैं। इसलिए इस स्थान पर आसपास के जंगल से अधिक पशु-पक्षी विद्यमान रहते हैं। अच्छे आभामंडल का प्रभाव सभी प्रकार के पशु-पक्षियों को आकर्षित करता है। यही कारण है कि 'जिस स्थान पर सुरक्षितता अनुभव होती है, पक्षी उसी स्थान पर अपने घोंसले बनाते हैं। अच्छे आभामंडल के प्रभाव में प्राणी को सुरक्षितता अनुभव होती है और प्राणी को उस स्थान पर अच्छा लगता है, उस स्थान पर अधिक समय तक रहने की इच्छा होती है। और जिस स्थान पर अच्छा प्रभाव नहीं होता, उस स्थान पर बिल्कुल रहने की इच्छा नहीं होती है।' गुरुदेव के सान्निध्य में कब सुबह से शाम होती थी, वह पता भी नहीं चलता था। दिन ऐसे जा रहे थे, मानो समय को पंख आ गए हों।

गुरुदेव की गुफा के आगे के भाग में एक जलाशय था और ठीक सामने सूर्योदय होता था। दाहिनी ओर एक जलप्रपात था। उसकी आवाज इतने जोर से होती थी कि 'गुफा के बाहर बातें करो तो ठीक से सुन भी नहीं सकते थे। विभिन्न प्रकार के पक्षी, पशु वहाँ पर पानी पीने के लिए आते थे।' ऐसी ही एक सुबह थी। गुरुदेव ने कहा, "मैंने इसलिए तुम्हें उस जलप्रपात के पानी पर एकाग्रता करने के लिए कहा था, क्योंकि पानी केवल शरीर को शुद्ध नहीं करता, बल्कि आत्मा को भी शुद्ध करता है, चित्त को भी शुद्ध करता है और आध्यात्मिक प्रगति के लिए चित्तशुद्धि अत्यंत आवश्यक है। चित्तशुद्धि आध्यात्मिक प्रगतिरूपी भवन की आधारशिला है। बिना चित्तशुद्धि के आध्यात्मिक प्रगति संभव ही नहीं है। चित्तशुद्धि किए बिना आध्यात्मिक प्रगति की शुरुआत ही नहीं की जा सकती है। चित्तशुद्धि किए बिना हम हमारे काम के भी नहीं हैं और दूसरों के काम के भी नहीं हैं। चित्तशुद्धि कर हम अपने-आपको खाली और निखालिस कर लेते हैं। हमारा चित्त अधिकतर आसक्त होता है। मनुष्य के स्वभाव में आसक्ति होती ही है। सदैव मनुष्य अपनी आसपास की परिस्थिति से संतुष्ट नहीं होता है। "यह ऐसा है, यह ऐसा नहीं होना चाहिए था, ऐसा होता तो अच्छा होता।" मनुष्य सदैव, जो उसके पास है, उससे अधिक पाने का प्रयास करता है। और मनुष्य के प्रयास से अधिक गति से उसका चित्त दौड़ता है। मनुष्य के

इस स्वभाव के कारण चित्त सदैव दौड़ते रहता है। सदैव दौड़ने के कारण चित्त चंचल हो जाता है। और यह दौड़ने वाला चित्त जब तक स्थिर नहीं होता, तब तक आध्यात्मिक प्रगति नहीं हो सकती है।"

"मनुष्य के चित्त की गति अत्यंत तीव्र होती है। वह एक क्षण में एक स्थान से दूसरे स्थान पर चला जाता है। सबसे अधिक शक्तिशाली होने के बावजूद चित्त सदैव अत्यंत गतिशील भी होता है। चित्त उस गतिमान घोड़े के समान है, जिस पर अगर ठीक से नियंत्रण नहीं किया जाए, तो वह गलत दिशा में जाकर हमें भटका सकता है। इस चंचल चित्तरूपी घोड़े पर मनुष्य का अत्यंत नियंत्रण होना चाहिए, अन्यथा मनुष्य का चित्त मनुष्य को भटका सकता है। इसलिए इस आसक्ति के कारण चित्तरूपी घोड़े को केवल 'संतोष' रूपी लगाम ही रोक सकती है। आप आपके जीवन में समाधान को प्राप्त हो जाओ। फिर आप कहोगे, "हमें हमारे जीवन में सबकुछ मिला ही नहीं है, फिर समाधान कैसे मान लें?" अरे बाबा, समाधान जीवन में किसी को कभी न मिला है, न मिलेगा। यह सदैव हमें मानकर ही संतोष करना होता है। क्योंकि समाधान तो आत्मा की शुद्ध भावना है, फिर वह बाहर कैसे मिल सकता है? और जो पाने की बात कर रहे हो, वह पाकर भी समाधान थोड़े मिलने वाला है। वह जो पाना चाहते हो, वह पाकर आसक्ति की आग और भड़केगी। 'और', 'और' पाने की इच्छा होगी। हमें आसक्ति को 'समाधान' से ही रोकना होगा। यह चंचल चित्त "यह मिलना चाहिए" कहकर भविष्य में ले जाता है। "यह मिलना चाहिए" मतलब "यह मिला नहीं है" और "यह मिला नहीं है" मतलब अतृप्ति, असमाधान। सब साथ में ही लगा रहता है। इसलिए जो मिला है, उसके लिए ईश्वर का आभार मानना चाहिए। और पाने की आसक्ति, लालसा नहीं करनी चाहिए। क्योंकि "यह मिलना चाहिए", ऐसा हम जब सोचते हैं, तब हम कभी वर्तमान में नहीं रहते हैं। और आध्यात्मिक प्रगति तो वर्तमान में ही हो सकती है।"

"जिस प्रकार से चित्त असमाधान के कारण भविष्य में जाता है, वैसे ही वह भूतकाल में भी जाता है। जब एक बालक जन्म लेता है, तब पाँच साल का होने तक उसे पूर्वजन्म की बातें याद रहती हैं

और वह पूर्वजन्म के भूतकाल में ही रहता है। फिर धीरे-धीरे उसे वह भूतकाल याद नहीं रहता है, क्योंकि इस जन्म के अनुभवों की परतें चढ़नी प्रारंभ हो जाती हैं। जिस प्रकार हम घर से निकलते समय 'शुभ्र वस्त्र' धारण कर निकलते हैं और जैसे-जैसे यात्रा में आगे बढ़ते हैं, वैसे-वैसे हमारे 'शुभ्र वस्त्र' मैले होने लगते हैं। यात्रा के मार्ग में शुभ्र वस्त्रों पर दाग, मैल, धूल लगने लगती हैं और शुभ्र वस्त्र भी मलीन हो जाते हैं। ठीक इसी प्रकार से बालक जैसे-जैसे अपनी जीवनयात्रा पर आगे बढ़ता है, उस बालक का चित्तरूपी 'शुभ्र वस्त्र' भूतकाल की धूल और मैल से मलीन होने लगता है। 'शुभ्र वस्त्र' जितना मलीन होगा, उतना उसे स्वच्छ करना कठिन होगा। जो बालक वर्तमान में नहीं रहता, सदैव भूतकाल को ही याद करता रहता है, उस बालक का चित्तरूपी 'शुभ्र वस्त्र' सदैव मलीन ही रहता है। क्योंकि वह बालक भूतकाल को यादकर उस भूतकाल के दाग पर और परत चढ़ा रहा है। इस प्रकार से मनुष्य के चित्त को भूतकाल और आसक्ति अस्थिर करते हैं, क्योंकि दोनों के साथ होने पर चित्त वर्तमान में नहीं रहता है। और जो चित्त वर्तमान में नहीं है, वह अस्थिर है और अस्थिर चित्त अशक्त चित्त होता है। और एक अशक्त चित्त से शक्तिशाली परमात्मा को कैसे पाया जा सकता है? अशक्त चित्त से परमात्मा की प्राप्ति कभी संभव ही नहीं है।"

उसी समय सूर्योदय हुआ और गुरुदेव ने सूर्यदेवता की वंदना की और आगे कहना शुरू किया, "कोई भी मनुष्य न तो भूतकाल को भूला सकता है और न ही आसक्ति पर नियंत्रण कर सकता है। आज तक कोई मनुष्य न ऐसा कर सका है और न कर सकेगा। क्योंकि मनुष्य की जो जीवनशक्ति है, उससे अधिक चित्तशक्ति सशक्त है। इसलिए एक मनुष्य की जीवनशक्ति से चित्तशक्ति पर कभी भी नियंत्रण नहीं किया जा सकता है। चित्तशक्ति पर नियंत्रण करने के लिए मनुष्य को अपनी जीवनशक्ति बढ़ाने की आवश्यकता है। यह जीवनशक्ति केवल जीवनशक्ति की सामूहिकता में ही बढ़ सकती है। और यह जीवनशक्ति की सामूहिकता सद्‌गुरु के पास होती है। वह हजारों-लाखों आत्माओं के जीवन के साथ जुड़ा हुआ होता है और हजारों-लाखों आत्माएँ जन्मों-जन्मों से अपने सद्‌गुरु के साथ जुड़ी होती हैं।

"इसी कारण 'सद्‌गुरु' इन हजारों-लाखों आत्माओं के पालनहार होते हैं। इसलिए उनके साथ उन आत्माओं की सामूहिकता होती है। और इन सद्‌गुरु के माध्यम से हम इन लाखों आत्माओं के साथ जुड़ सकते हैं। और जुड़ने का रास्ता यह है—इस उच्च स्तर पर जुड़े हुए आत्माओं की सामूहिकता पाना। उच्च स्थिति के आत्माओं की सामूहिकता सद्‌गुरु के चरणों में होती है। इसीलिए आध्यात्मिक प्रगति में गुरुचरणों का महत्व है। क्योंकि आप जितने झुकेंगे, उतनी ही आपकी ग्रहण करने की क्षमता बढ़ेगी और सद्‌गुरुरूपी माध्यम का सबसे नीचे का सिरा गुरुचरण हैं, इसलिए अधिक से अधिक ग्रहण करने के लिए अधिक से अधिक झुकना आवश्यक है। यह मनुष्य का झुकना मनुष्य के 'मैं' के अहंकार को कम करता है। और यह 'मैं' का अहंकार जितना कम होगा, उतना ही अपने अलग होने का एहसास कम होगा। और यह अलग होने का एहसास जितना कम होगा, उतना ही सामूहिक चेतना का एहसास अधिक होगा। इसलिए गुरुचरण ही वह स्थान है, जहाँ पर मनुष्य अपने जीवन का भूतकाल और आसक्तिरूपी पुष्प समर्पित कर मोक्ष प्राप्त कर सकता है।"

इस प्रकार जैसे ही गुरुदेव ने कहा, वैसे ही मन ही मन मैंने भी मेरे जीवन के भूतकाल और आसक्ति को पुष्प समझकर गुरुदेव के चरणों पर समर्पित कर दिया और अनायास ही मेरा चित्त भी उनके श्रीचरणों पर चला गया और मेरी आँखें बंद हो गईं, मानो ये गुरुचरण मैं मेरे मन-मंदिर में भर लेना चाहता हूँ। जब आँखें खोलीं तो गुरुदेव मुस्करा रहे थे।

एक दिन सुबह एक विचित्र आवाज आ रही थी और उससे मेरी नींद खुल गई। तब बाहर तो अँधेरा था, पर गुरुदेव उनकी शैय्या पर नहीं थे। एक बहुत बड़ी पत्थर की शिला थी जो पहाड़ के अंदर की दीवार से सटकर थी और एक ओर से ऊँची थी, मानो प्रकृति ने ही गुरुदेव के लिए सिरहाना बनाया हो। उस पर काफी घास-फूँस पड़ी थी। उसी पर गुरुदेव शयन करते थे। पता नहीं क्यों, वे जब उस शैय्या पर सोते थे, तो मुझे उनके चरण दबाने में बहुत अच्छा लगता था। वे कब शैय्या पर सोये और कब मैं चरण दबाऊँ, इसका मैं इंतजार करता था। जैसे ही रात का समय होता था, तो मैं उन्हीं

के आसपास मँडराने लग जाता था, और पूरा चित्त उनके चरणों पर होता था। मुझसे शरीर से दूर जाया ही नहीं जाता था। उनके चरण जब मेरे हाथ में होते थे, तब पता नहीं क्यों, एक स्थिरता का अनुभव करता था, शांति का अनुभव करता था। ऐसा लगता था—जीवन में सबकुछ प्राप्त कर लिया, बस इसी स्थिति में ही मेरा जीवन समाप्त हो जाए। सारा जीवन सार्थक हो गया, ऐसा भाव आ जाता था।

उस दिन सुबह गुरुदेव शैय्या पर नहीं थे यानी सुबह हो गई थी। मैं गुफा के बाहर आया। दिखा कुछ नहीं, पर आवाजों से पता चला—हाथियों का झुंड उस झरने के पास पानी पीने के लिए आया है और वे आपस में जलक्रीड़ा कर रहे हैं और आवाजें निकाल रहे हैं। थोड़ी सुबह होने पर देखा तो उनके साथ उनके छोटे-छोटे बच्चे भी थे। तभी देखा, हथिनी का बच्चा किनारे से पानी में गिर गया। तो पास में एक बड़ा हाथी था। उसने सूंड से उस बच्चे को किनारे पर ढकेला और उसकी माँ ने एक पैर के सहारे उस हाथी के बच्चे को किनारे पर ढकेला दिया। बच्चा ऊपर निकलकर बहुत खुश हुआ। फिर वह अन्य बच्चों के साथ खेलने लग गया।

हाथियों को देखा, जो समूहों में रहते थे और सामूहिकता में रहकर अपने समूह की रक्षा करते, एक दूसरे की मदद करते थे। सामूहिकता का पाठ इन हाथियों से सीखा जा सकता है। हाथियों को पानी में खेलना, पानी में लेटना और पानी में जलक्रीड़ा करना अच्छा लगता है। सभी हाथी प्रसन्न थे।

कुछ समय बाद गुरुदेव आए। उनके हाथों में बड़े जामफल जैसे कुछ फल थे। उन्होंने कहा, "इसे स्काश कहते हैं।" उन्होंने दो फल मुझे खाने के लिए दिए, लेकिन वे फल इतने बड़े थे कि एक ही फल में मेरा पेट भर गया और मैं एक ही फल खा पाया। उस स्थान के आसपास ये फल काफी मात्रा में लगे हुए देखे थे, लेकिन उन्हें खाते हैं या नहीं, यह तब तक मुझे मालूम नहीं था। स्वाद में कच्चे जामफल जैसे लगते थे। ये फल आसानी से उपलब्ध होते थे। जंगली केलों के बहुत से पेड़ थे। यह केला आकार में मोटा और बड़ा होता था। लेकिन इस केले के बीच में काले रंग के बीज होते थे। साधारण केले से कम मीठा रहता था। थोड़ा उग्र-सा स्वाद भी

रहता था। इस प्रकार के केले के झाड़ भी जगह-जगह मिल जाते थे। इस स्थान पर भी कोई मनुष्य नहीं था। संपूर्ण निर्जन स्थान था। पशु और पक्षी बड़ी तादाद में थे।

जलाशय के पास, गुफा के बाहर फिर गुरुदेव बैठे और फिर चर्चा प्रारंभ हुई तो उन्होंने बताया, "एक मनुष्य कभी भी अपनी जीवनशक्ति के सहारे चित्त पर नियंत्रण नहीं कर सकता है क्योंकि मनुष्य की चित्तशक्ति जीवनशक्ति से कई गुना अधिक शक्तिशाली होती है। इसलिए मनुष्य को सामूहिक जीवंत शक्ति का सहारा लेना पड़ता है। एक बार मनुष्य का चित्त पवित्र व शुद्ध हो जाता है, तो धीरे-धीरे चित्त सशक्त होना प्रारंभ हो जाता है। और एक सशक्त चित्त बहुत प्रभावशाली होता है। एक प्रभावशाली चित्त परमात्मा की शक्ति का माध्यम बन जाता है। एक प्रभावशाली चित्त वाला मनुष्य, मनुष्य के समाज के लिए भी कल्याणकारी होता है। ऐसे प्रभावशाली चित्त वाले व्यक्तियों को एक विशिष्ट स्थिति प्राप्त हो जाती है। इस कारण ऐसा व्यक्ति कोई भी प्रार्थना करता है, तो उस व्यक्ति की प्रार्थना शुद्ध चित्त होने के कारण परमात्मा पूर्ण करता है। ऐसे मनुष्य का परमात्मा की शक्ति पर पूर्ण विश्वास होता है। और इस संपूर्ण विश्वास के कारण यह व्यक्ति सकारात्मकता से भरा हुआ होता है। यह मनुष्य परमात्मा के सत्य स्वरूप को जानता है, परमात्मा के सत्य स्वरूप को पहचानता है। और इसी कारण ऐसे मनुष्य की प्रार्थना में संपूर्ण विश्वास और आस्था होती है।"

"परमात्मा पर विश्वास संपूर्ण रूप से करने के पूर्व उसके सत्य स्वरूप को जानना बहुत आवश्यक है। जिस प्रकार से मंजिल ही पता नहीं हो तो रास्ता ढूँढ़ना तो और कठिन होता है। इसी प्रकार से, ईश्वर के स्वरूप का, स्थान का पता ही नहीं हो, तो प्रार्थना किसे करें, किस दिशा में करें? उस प्रार्थना की दिशा ही स्पष्ट नहीं होती है। जब तक प्रार्थना को सही दिशा नहीं है, तब तक संपूर्ण विश्वास नहीं होगा। और जब तक विश्वास ही नहीं है, तो हृदय की गहराई से प्रार्थना की ही नहीं जा सकती है। और जब तक हृदय की गहराई से कोई प्रार्थना न की जाए, वह प्रार्थना पूर्ण कैसे हो सकती है? प्रार्थना करने में हृदय का बड़ा महत्वपूर्ण स्थान है। हृदय का भाव

ही प्रार्थना की शक्ति होती है और यह ह्रदय के भाव का निर्माण आस्था के कारण होता है।"

"आध्यात्मिक क्षेत्र में चित्त का महत्वपूर्ण स्थान है। इसीलिए चित्त-शुद्धि के लिए ही प्रतीकात्मक गणेश-पूजन प्रत्येक धार्मिक कार्य में होता है। श्री गणेश को पवित्रता का प्रतीक माना गया है। आध्यात्मिक क्षेत्र में प्रथम चित्त की पवित्रता है, चित्त की शुद्धता है। यह पवित्रता चित्त को सशक्त करती है। और मनुष्य का भूतकाल चित्त को कमजोर करता है। और मनुष्य की आसक्ति चित्त को स्थिर नहीं होने देती है। इसीलिए इन दोनों से बचने पर ही चित्त शुद्ध, पवित्र होकर सशक्त बनता है और सशक्त चित्त से प्रार्थना पूर्ण होती है।"

"आसक्ति किसी की भी हो, घातक है। और किसी स्त्री के प्रति आसक्ति चित्त को दोहरा नुकसान पहुँचाती है। 'स्त्री' की आसक्ति को समझने के पूर्व स्त्री को समझने की आवश्यकता है। 'स्त्री' का निर्माण परमात्मा ने 'शक्ति' के रूप में किया है। मनुष्य की शक्ति को क्रियान्वित करने के लिए परमात्मा ने 'स्त्री' का निर्माण किया है। 'स्त्री' एक शक्ति है, बशर्ते तुम उसे शक्ति समझो। 'स्त्री' में ग्रहण करने की अपार शक्ति होती है। वह ग्रहण की गई शक्ति को ठीक से विकसित कर सकती है, विकसित कर पूर्णत्व प्रदान कर सकती है। इस प्रकार की केवल शारीरिक संरचना नहीं होती है, वह इसको सभी ओर, सभी क्षेत्रों में कर सकती है। पुरुष और स्त्री समाजरूपी रथ के दो पहिए हैं। इन दोनों के बिना समाज विकसित नहीं हो सकता है। 'स्त्री' की शक्तियों का ज्ञान, स्त्रियों के पूर्व ही पुरुष को हो गया था। शक्तियों के कारण अपने ऊपर उनका वर्चस्व न हो जाए, यह जानकर मनुष्य पुरुषों ने स्त्रियों को दबाना प्रारंभ किया और आज हजारों सालों से स्त्री-शक्ति का दमन हो रहा है और अनजाने में समाज में एक असंतुलन का निर्माण हो रहा है।"

"'स्त्री-शक्ति' को संतुलित किए बिना समाज का संतुलित विकास संभव नहीं है। 'स्त्री' पुरुष की पत्नी कम होती है, माता अधिक होती है क्योंकि माता का स्वभाव ही उसका मूल स्वभाव है। जो भी आध्यात्मिक संत-महात्मा हुए हैं, उन सबके जीवन में कहीं

न कहीं उनकी प्रेरणा के रूप में 'स्त्री-शक्ति' का हाथ रहा ही है। किसी के जीवन में परोक्ष रूप में, तो किसी के जीवन में अपरोक्ष रूप में। इसीलिए देवी-देवताओं में भी 'स्त्रियों' को विशेष सम्मान का दर्जा दिया गया है।"

"इस प्रकार से स्त्री एक शक्ति है और उस शक्ति के प्रति शारीरिक आसक्ति एक ओर चित्त को नष्ट करती है, दूसरी ओर अपने भीतर की शक्ति की यंत्रणा को भी नष्ट करती है। इस प्रकार से 'स्त्री' के प्रति आसक्ति चित्त को बहुत बड़ा नुकसान पहुँचाती है। 'स्त्री' एक भोग-विलास की चीज नहीं है, 'स्त्री' शक्ति ग्रहण करने का स्थान है। हम 'स्त्री' को भोग-विलास की चीज समझकर हमारे ही शक्ति ग्रहण करने के स्थान को खराब कर रहे हैं। और जब शक्ति ग्रहण करने का स्थान ही खराब हो जाएगा तो शक्ति ग्रहण करेंगे कैसे? और जब शक्ति ग्रहण करेंगे नहीं तो, कोई भी जीवन का कार्य होगा कैसे? हम हमारे शरीर के शक्ति ग्रहण करने के स्थान को खराब कर हमारे ही पैरों पर कुल्हाड़ी मार रहे हैं। इसलिए आसक्तियों में स्त्री की आसक्ति मनुष्य को दोहरा नुकसान पहुँचाती है। इसलिए मनुष्य को किसी स्त्री की आसक्ति से बचना चाहिए। 'काम' से अधिक 'कामवासना' घातक है। काम की वासना शरीर के साथ मनुष्य के चित्त को भी नष्ट कर देती है।"

"'स्त्री-शरीर' की संरचना ऐसी है कि वह शीघ्र समाधान को प्राप्त करती है, जबकि पुरुष को समाधान की स्थिति प्राप्त करने में काफ़ी समय लगता है। यह केवल शारीरिक स्तर पर नहीं, मानसिक स्तर पर भी है। 'स्त्री' को वस्तु का उपभोग करने से अधिक वस्तु को बाँटने नें आनंद आता है। ग्रहण करने की क्षमता स्त्री में अधिक होती है। संगोपन की क्षमता स्त्री में अधिक होती है और बाँटने की क्षमता स्त्री में पुरुषों की अपेक्षा अधिक होती है। ये सब स्त्रीसुलभ विशेषताएँ हैं। जितना स्त्रीतत्त्व शुद्ध व पवित्र होगा, उतनी ही अधिक मात्रा में ये विशेषताएँ स्त्री में देखी जा सकती हैं।"

"अपना सबकुछ दाँव पर लगाने की क्षमता 'स्त्री' में जन्मजात होती है। एक स्त्री जब किसी बालक को जन्म देती है, तब उस बालक को अपने गर्भ में अपना सर्वस्व दे देती है। इसीलिए जब भी

कभी आध्यात्मिक क्रांति इस जगत में आएगी, तो उस आध्यात्मिक क्रांति का क्रियान्वयन 'स्त्री-शक्ति' से ही होगा। स्त्रीसुलभ गुण है—वह अपने जीवन में एक साथ कई रिश्तों से, कई नातों से जुड़ी हुई होती है। वह शरीर से एक होकर भी अनेक रूपों में समर्थता के साथ जीती है। जब वह एक ओर गर्भ में अपने शिशु की माँ होती है, उसी समय वह अपने पति की पत्नी भी होती है। जबकि पुरुष अपनी पत्नी का पति होता है, पर बाप नहीं होता। वह अपने शिशु से अलिप्त रहता है। जब तक स्त्री-शक्ति को समान दर्जा नहीं दिया जाएगा, तब तक समाज में कोई आध्यात्मिक क्रांति संभव नहीं है। क्योंकि तब तक समाज पंगु होगा। पंगु समाज कभी दौड़ नहीं सकता है।"

"'स्त्री-शक्ति' का सम्मान कर हम स्त्रियों पर उपकार नहीं कर रहे हैं। हम 'स्त्री-शक्ति' को मजबूत कर मानव समाज को संतुलित कर रहे हैं और संतुलन किसी भी समाज की प्रगति के लिए आवश्यक है। 'स्त्री-शक्ति' के सम्मान के लिए पुरुष को अपने 'मैं' के अहंकार पर नियंत्रण करना होगा क्योंकि पुरुष को पुरुष होने का बड़ा अहंकार होता है, जबकि पुरुष का जन्म भी स्त्री से हुआ है। 'स्त्री' का अपमान कर, 'स्त्री' को दूसरा दर्जा देकर वह अपने ही जन्म को भूल रहा है यानी अपनी जड़ पर प्रहार कर रहा है। वह अपनी माँ को भूल रहा है। जो पुरुष अपनी माँ से अधिक अनुराग रखता है, वह कभी भी किसी स्त्री का अपमान नहीं कर सकता है।"

"इस बात को अनेक संतों ने जाना है। इसीलिए अनेक संतों ने बार-बार इसके लिए प्रयास किए हैं और वर्तमान के संत भी यह प्रयास कर ही रहे हैं और भविष्य में आने वाले संत भी इस ओर प्रयास करते ही रहेंगे। क्योंकि पुरुष और स्त्री में इतना अधिक असंतुलन है कि उस असंतुलन को ठीक करने में अभी कई साल लगेंगे। सब संतों को मालूम है कि उनके प्रयास से भी यह असंतुलन ठीक होने वाला नहीं है, फिर भी प्रत्येक संत अपने जीवनकाल में स्त्री व पुरुष के असंतुलन की इस खाई को अपनी ओर से पाटने का, कम करने का प्रयास करता ही रहता है और करता ही रहेगा।" ऐसा कहकर गुरुदेव ने आँखें बंद कर लीं और उनका कोई संदेश मेरे भीतर तक चला गया, ऐसा मुझे आभास हुआ।

इन गुरुदेव की गुफा एक बड़ी खाई के अंदर बहुत नीचे स्थित थी। इसलिए खाई के ऊपर से कोई भी अंदाजा भी नहीं लगा सकता था कि इतनी बड़ी खाई में नीचे कोई गुफा भी होगी। उत्तर दिशा से नीचे उतरने के लिए एक सँकरा मार्ग था। और खाई में काफी नीचे उतरने पर दाहिनी ओर मुड़ने पर जैसे-जैसे हम उस जलप्रपात के पास जाते थे, पानी की आवाज बढ़ जाती थी। उत्तर दिशा से उतर कर नीचे दाहिने मुड़ने पर जलप्रपात और उत्तर दिशा के बीच पश्चिम दिशा में यह गुफा थी। वह खाई इतनी गहरी और बड़ी थी कि ऊपर से गिरता हुआ पानी तो ऊपर से देखा जा सकता था, पर कहाँ जाकर गिर रहा है, वह ऊपर से नहीं दिखता था। ऊपर से नीचे देखने पर घना जंगल और अँधेरा लगता था और नीचे से तो उगते समय सूर्य दिखता था, पर अधिक ऊपर आने पर धूप जमीन पर नहीं पड़ती थी। सदैव कोहरा छाया रहता था। प्रकाश बहुत कम मात्रा में दिन में पहुँचता था। धूप सीधी न गिरने के कारण गर्मी भी नहीं थी, एकदम ठंडा वातावरण था। बस उस जलप्रपात के कारण ही एक जीवंत वातावरण बना हुआ था।

वहाँ पक्षी सुबह और शाम में ही दिखते थे। क्योंकि वहाँ पर पक्षियों ने सुंदर घोंसले बनाए हुए थे और सभी पक्षी सुबह दाना चुगने चले जाते थे और शाम के समय वापस आ जाते थे। वहाँ पर घने वृक्ष कम थे और चौड़े-बड़े वृक्ष कम थे, पर ऊँचे-ऊँचे वृक्ष खूब थे। खूब ऊँचे वृक्ष थे। वृक्ष बहुत पास-पास यानी इतने पास थे कि कोई वृक्ष कभी उखड़ गया और गिर पड़ा तो भी वह जमीन पर पूर्ण नहीं गिर पाता था, वह आसपास के वृक्षों पर गिरकर अटक जाता था और नीचे छोटे-छोटे झाड़ीनुमा वृक्ष होते थे। वहाँ पर एक विशेष प्रकार के पीले फूलों के और सफेद फूलों के छोटे-छोटे पौधे थे। मैं जब वहाँ रहा, तब एक बार ही उसमें बहुत बहार आई थी। उस फूल की बहार से गुरुदेव साल की गणना करते थे, ऋतु समझते थे। गुरुदेव भी बचपन से वहाँ पर उनके गुरुजी के साथ रहे थे। मैं अधिक नहीं पूछता था। वे ही कभी कोई घटना हो जाती थी, तो बताते थे।

उनकी बातों से ही पता लगा कि गुरुदेव काफी सालों से वहाँ निवास कर रहे थे। लेकिन बीच-बीच में उन्होंने हिमालय की भी कई यात्राएँ की थीं। वे बीच-बीच में हिमालय की भी घटनाएँ बताते थे। पता नहीं क्यों, उनसे कुछ पूछने की इच्छा नहीं होती थी। क्योंकि उनके सान्निध्य में मन में प्रश्न ही नहीं आते थे, तो फिर कुछ पूछने का कोई सवाल ही नहीं आता है। उनके साथ समय का पता ही नहीं चलता था। वे थोड़े गंभीर स्वभाव के ही लगते थे। और ऐसा लगता था, मैं जो उनको जान पाया हूँ, वह बहुत थोड़ा है, वे काफ़ी जानकारी रखते हैं। पानी का, मौसम का, वृक्षों का, पत्तों का, पशुओं का, पक्षियों का, उनके आसपास के सारे क्षेत्र का उन्होंने बड़ी सूक्ष्मता के साथ अध्ययन किया था। उन्हें सभी बातों की बहुत जानकारी थी। वे प्रकृति में रहते-रहते प्रकृतिमय हो गए थे। उनके चलने का तरीका धीमा था। एक लकड़ी लेकर चलते थे, लेकिन चलने में एक संतुलन था। बड़ी आकर्षक चाल थी। कदम एकदम नाप-तौल कर उठाते थे। और जब मैं उनके कदमों की ओर देखता था, तो लगता था कि वे धरती पर कदम नहीं रख रहे हैं, केवल पद से धरती को हल्का-सा स्पर्शमात्र कर रहे हैं। उनके पैर के नीचे कोई हरा पत्ता भी दब ज़ाता था तो उनके कदम उठाने पर वैसा का वैसा फिर खड़ा हो जाता था, जैसे कोई पत्ता किसी स्प्रिंग से वापस खड़ा हो गया हो।

मेरा ध्यान सदैव उनके चरणों पर ही होता था, मानो उनके चरणों में ही मेरी दुनिया सिमट गई थी। मुझे शुरू-शुरू में थोड़ा विरोधाभास लगा। इधर मुझे कह रहे हैं, "तुझे मिलने के लिए लाखों लोग तरसेंगे, लंबी-लंबी कतारें लगेंगी" और इधर व्यवहार में मुझे इस बड़ी भारी खाई में लेकर आए, शायद वे मेरे अगले जन्म की बात कर रहे होंगे। यानी वह सब असंभव लग रहा था। और ऐसा लगा, "मैं जीवनभर इनकी तरह इस खाई में रहूँगा और कभी वापस घर नहीं जा पाऊँगा, क्योंकि खाई से बाहर निकलना अकेले तो असंभव था। क्योंकि एक जगह भी पैर फिसला, तो नीचे की खाई में जाने पर जीवन की समाप्ति हो जाएगी। ये यहाँ कहाँ लेकर आ गए, क्या मालूम?" लेकिन इस प्रकार के नकारात्मक विचार मेरे पहले के दिनों में आए, फिर धीरे-धीरे कम हो गए और बाद में तो पूर्ण समाप्त

ही हो गए थे। उस जगत में ही मेरा सर्वस्व सिमटकर रह गया था। शुरू-शुरू में जानवरों की आवाजें आती थीं, बड़ा डर लगता था। गुफा में कोई दरवाजा नहीं था। कोई भी जानवर अन्दर आ सकता था। लेकिन धीरे-धीरे यह डर कम हो गया। फिर अँधेरे में डर लगता था क्योंकि हवनकुंड में जलने वाली लकड़ी का ही प्रकाश होता था। अँधेरे में पता नहीं, मैं किन-किन अज्ञात जानवरों की कल्पना कर लेता था! कभी-कभी लगता था, "कोई भूत-प्रेत आया तो!" लेकिन तुरंत लगता था, "गुरुदेव हैं ना! उनके सामने कोई भूत-प्रेत नहीं आ सकता है!" इन सब बातों को गुरुदेव जान रहे थे। वे बात-बात में जान-बूझकर इस प्रकार के डर के विषय निकाल कर परोक्ष रूप से मेरा भय, डर दूर करने का प्रयास करते थे।

कभी-कभी विचार आता था, "ये सब झमेले शिवबाबा के कारण ही उत्पन्न हुए हैं। न वे मेरे जीवन में आते और न उनके कारण ये गुरुदेव मुझे पकड़कर लाते और न मैं इस खाई में आता। पता नहीं, यह खाई है या पाताल लोक?" मैंने पाताल लोक के बारे में बचपन में पुस्तकों में कहानियाँ पढ़ी थीं। कभी-कभी लगता था, "पाताल लोक, पाताल लोक बोलते हैं, वह यहीं होगा। क्योंकि ऊपर से नीचे कितना आए, क्या मालूम? और नीचे से ऊपर का तो कुछ दिख ही नहीं रहा है।" मैं सोच रहा था, इस खाई में शायद ही कोई मनुष्य कभी आया था। लेकिन वह खाई प्राकृतिक दृष्टि से बहुत ही सुंदर और शांत थी। प्रकृति के साथ समरसता स्थापित करने के लिए बहुत ही उपयुक्त स्थान था।

वहाँ पर कोई मनुष्य ही नहीं था, तो मनुष्य के विचार भी नहीं थे और न ही किसी प्रकार का वैचारिक प्रदूषण था। विचार अप्राकृतिक हैं। विचार हमें प्रकृति से दूर करता है। क्योंकि जैसे ही हम प्रकृति के सान्निध्य में जाते हैं तो विचार स्वयं ही समाप्त हो जाते हैं। गुरुदेव ने मुझे इतना व्यस्त रखा था कि विचार करने के लिए समय ही नहीं था और सब कार्य प्रकृति के सान्निध्य में आकर करने होते थे, तो अनजाने में प्रकृति के सान्निध्य में रहने का अवसर मिलता था। और प्रकृति से बहुत कुछ सीखने को मिलता था। कभी-कभी लगता था कि प्रकृति का नियम है, "जो शक्तिशाली है, वह जीवित रहता

है। जो कमजोर प्राणी है, वह मारा जाता है।" लेकिन कई घटनाएँ ऐसी देखीं—जो कमजोर प्राणी है, पर समूह में है, तो वे शक्तिशाली प्राणी पर भी भारी पड़ते हैं। यानी सामूहिक शक्ति एक शक्तिशाली प्राणी पर भी भारी पड़ती है।

हमारी गुफा के पास बहुत से तेजपत्ते के झाड़ थे। हम उनके पत्तों को तोड़कर मसाले के समान उनका इस्तेमाल करते थे। एक दिन मैं ऐसे ही झाड़ पर चढ़कर वे पत्ते तोड़ रहा था, तो देखा एक बड़ी-सी चिड़िया और चिड़े ने मिलकर एक घोंसला बनाया था। उस घोंसले में तीन अंडे भी दिए हुए थे। वह चिड़ा ही बाहर जाता था। वह चिड़िया प्रायः अपने घोंसले में ही रहती थी। बाद में उनका घोंसला ही मेरा आकर्षण का केन्द्र बन गया। वह चिड़िया भी बाहर जाती थी, लेकिन आसपास जाकर जल्दी वापस आ जाती थी। वह चिड़ा सुबह जाता था और शाम के समय ही घर लौटता था। बाद में एक दिन क्या हुआ, मालूम नहीं, वह चिड़ा शाम को लौटा ही नहीं। बेचारी चिड़िया दुःखी हो गई और उसकी राह देखती रही। लेकिन बाद में वह कभी लौटा ही नहीं। चिड़िया कुछ दिन दुःखी रही, लेकिन धीरे-धीरे वह दुःख भूल गई।

कुछ दिन के बाद उन अंडों से दो बच्चे निकले। एक अंडा शायद नीचे गिरकर टूट गया था। फिर रोज सुबह चिड़िया बाहर जाती थी और शाम को जब आती थी तो अपने चूजों के लिए दाने मुँह में भर कर लाती थी, बड़े प्रेम से खिलाती थी। और उसके आने का समय होता था तो उसके बच्चे उसकी राह देखते थे। एक शाम देखा तो चिड़िया आई, लेकिन वह जगह-जगह, बार-बार गिर रही थी और वह उस झाड़ के नीचे जाकर गिर गई। और मैंने पास जाकर देखा तो वह खून से लथपथ थी और एक छोटा-सा तीर उसे लगा हुआ था। एक बार उसने अपने बच्चों की तरफ देखा शायद बच्चों से माफ़ी माँग रही थी, कि अब मैं तुम्हारी रक्षा नहीं कर सकूँगी? अब मैं तुम्हें भोजन नहीं दे सकूँगी?" और मेरी ओर शायद इस आशा से देखा कि अब तुम्हीं मेरे बच्चों की देखभाल करना। मैंने काफी देर तक उसे पानी के छींटे मारे, पानी पीने के लिए दिया, लेकिन वह न बच सकी। उसने अपने प्राण छोड़ दिए। और जब

मैंने उसे पानी पिलाया तो उसके मुँह से चावल के छोटे-छोटे चार दाने बाहर निकले। मैंने वह दाने झाड़ पर चढ़कर उनके बच्चों को खिलाए—"तुम्हारी माँ का ये अंतिम कौर है, वह बिचारी यहाँ तक लाई थी।" वे कुछ समझे नहीं, लेकिन गर्दन ऊपर करके अपनी माँ की राह देखते रहे। पर मैं जानता था कि वह माँ अब कभी नहीं आएगी। फिर मैंने उनकी माँ को उसी झाड़ के नीचे दफ़नाया और उस चिड़िया को तीर मारने वाले इंसान के बारे में सोचने लगा कि मनुष्य कितना क्रूर प्राणी है! अच्छा है, गुरुदेव ने मुझे इंसान से दूर रखा है। उस इंसान को पता भी नहीं होगा—जिसे मैं तीर मार रहा हूँ, वह छोटे-छोटे बच्चों की माँ है और उनके लिए दाने लेकर जा रही है। बाद में रोज उन बच्चों को मैं कुछ न कुछ खाने के लिए देता था। धीरे-धीरे वे बड़े हो गए और उड़ गए। तब मुझे लगा कि मैंने उस चिड़िया की आशा को पूर्ण किया। चिड़िया की घटना ने मुझे माँ के ह्रदय का एहसास कराया था। मैं समझ गया था, यह चिड़िया नागालैंड की सीमा की ओर गई होगी। उस भाग में आदिवासी सब पक्षियों को खा जाते हैं। इसलिए उस भाग के आकाश में पक्षी दिखते ही नहीं हैं।

वहाँ के निवासी पक्षियों का शिकार करते हैं। कुत्तों को भी खाते हैं। मैं सोच रहा था कि किसी को जन्म देने की प्रक्रिया कितनी बड़ी और कठिन है! उससे बड़ी प्रक्रिया उस बच्चे का संगोपन होता है। और उसे मारना क्षण में हो जाता है। मनुष्य जिसका निर्माण नहीं कर सकता, उसे नष्ट करने का मनुष्य को क्या अधिकार है? हिंसा सदैव अप्राकृतिक है। हम रास्ते पर चल रहे हैं और अनजाने में हमारे पैर के नीचे कोई चींटी आकर मर जाती है, तो इस प्रकार की अनजाने में हुई हिंसा तो समझ में आती है, पर जानबूझ कर किसी की हत्या करना प्रकृति के खिलाफ है। प्रकृति ने हमें मनुष्य की योनि में जन्म दिया और मनुष्य का स्वभाव है—प्रेम करना और हम हिंसा कर हमारे ही मूल स्वभाव के विरुद्ध कार्य कर रहे हैं। यह मानवता की अधोगति है।

इसीलिए अहिंसा पर अनेक धर्मों में जोर दिया हुआ है। किसी भी प्रकार की हिंसा धर्म के खिलाफ है, मानव धर्म के खिलाफ है

और आध्यात्मिक प्रगति में तो अपने ही पैरों पर कुल्हाड़ी मारने जैसा है। एक ओर हम हमारे भीतर की मानव शक्तियों को जगाते हैं और भीतर की जीवंत ऊर्जा को जगाते हैं और दूसरी ओर मरे हुए प्राणियों को खाकर मरी हुई ऊर्जा ग्रहण करते हैं। तो भीतर की जीवंत शक्ति कैसे जागृत हो सकती है? कैसे आगे बढ़ सकती है? हिंसक साधक की आध्यात्मिक प्रगति संभव ही नहीं है।

अहिंसा बड़ा व्यापक शब्द है। हमारे द्वारा किसी भी प्राणी को जाने-अनजाने में भी कोई दुःख न पहुँचाया जाए। इसी तरह गलत शब्दों का प्रयोग या शब्द के द्वारा किसी को दुःखी करना, आँखों से अपमानित कर किसी को आहत करना, व्यंग्यात्मक बोल कर किसी को दुःखी करना, सब एक प्रकार की हिंसा ही होती हैं। हम जब किसी को दुःखी करते हैं, तब हम हमारे स्वभाव के विरोध में कार्य करते हैं। आध्यात्मिक प्रगति में देखा जाता है, आपसे कितने लोग प्रसन्न हैं, आप कितने लोगों को सुख दे सकते हो, आप कितने लोगों को प्रेम देते हो। इनसे ही आध्यात्मिक प्रगति होती है। और ये सब अपने हृदय से, भीतर से होना चाहिए।

एक दिन सुबह एक बहुत बड़ी चट्टान के पास मैं गुरुदेव के साथ में बैठा था और मन में विचार आया, "गुरुदेव बार-बार—चित्त पवित्र करो, चित्त शुद्ध करो, चित्त सशक्त करो—कहते हैं, पर चित्त यानी निश्चित क्या होता है? और उसे कैसे जाना जा सकता है?" यही विचार चल रहे थे कि गुरुदेव ने मेरी ओर देखा और पूछा, "क्या सोच रहे हो?" मैंने कहा, "कुछ नहीं।" क्योंकि जो दिमाग में चल रहा था, वह बहुत गहरा था। उतना ऊपर नहीं था कि मैं आसानी से जान सकूँ कि क्या सोच रहा हूँ और इसीलिए उन्हें आसानी से बता भी नहीं सकता था। क्योंकि "इस विषय पर सोच रहा हूँ," यह मेरा मुझे भी मालूम नहीं था। गुरुदेव ने बड़ी गहरी दृष्टि से मेरी ओर देखा, मानो मेरे भीतर की बात का पता लगाना चाहते हों और फिर उन्होंने कहना प्रारंभ किया: "जिस प्रकार से हमारे शरीर में आँखें होती हैं और आँखों से हम जो स्पष्ट है, वह देख सकते हैं। जो प्रकाश में है, वह देख सकते हैं। जो प्रकाशमान है, वह देख सकते हैं। यानी आँखें सबकुछ देखने के लिए पर्याप्त नहीं

हैं। आँखों को देखने के लिए प्रकाश की आवश्यकता होती है। बिना प्रकाश के आँखें स्वयं किसी काम की नहीं हैं। प्रकाश होने पर भी आँखों की अपनी एक सीमा है। उस सीमा के भीतर ही कोई वस्तु आएगी तो आँख देख सकती है। उस सीमा के बाहर की वस्तु आँखें नहीं देख सकती हैं। यानी आँखें प्रकाश होने पर, अपनी सीमा में आई वस्तु को देख सकती हैं और मस्तिष्क को वस्तु की जानकारी देती हैं। अगर वह वस्तु पहले भी देखी गई है, तो आँखों से प्राप्त चैतन्य की जानकारी मस्तिष्क जान जाता है कि जो दिख रहा है, वह क्या है। कभी-कभी आँखें वह भी देखती हैं जो आज तक कभी नहीं देखा गया है या कुछ नया ही अनुभव करती हैं।"

"प्रत्येक मनुष्य के शरीर के भीतर एक आत्मा होती है। यूँ समझें कि वह भी एक न दिखने वाला छोटा-सा शरीर ही है। चित्त उस आत्मा की आँख होती है। आत्मा शरीर से अधिक शक्तिशाली होता है। इसीलिए आत्मा की शक्ति भी शरीर से अधिक शक्तिशाली होती है। जिस प्रकार शरीर की आँखें होती हैं, वैसे आत्मा की भी आँखें होती हैं। उसी को चित्त कहते हैं। यानी चित्त को आत्मा की आँख कह सकते हैं।"

"यह आत्मा की आँख होने के कारण यह शरीर की आँखों से अधिक शक्तिशाली होती हैं। इसे देखने के लिए प्रकाश की आवश्यकता नहीं होती है। यह अँधेरे में भी देख सकती है। दूसरा, इसकी कोई सीमा नहीं होती है। यह एक स्थान से हजारों मील दूर का भी देख सकती है। एक क्षण में देख सकती है। इसकी बहुत गति होती है। यह विश्व में सबसे अधिक गति वाली होती है। यानी चित्त को हम आत्मा की आँख कह सकते हैं।"

"यह चित्त जितना भीतर होगा, उतना स्थिर होगा और जितना स्थिर होगा, उतना सशक्त एवं प्रभावशाली होगा। और जितना प्रभावशाली होगा, उतना सूक्ष्म होगा। एक सूक्ष्म चित्त के द्वारा हजारों किलोमीटर दूर की यात्रा एक स्थान पर बैठकर हवा और आवाज की गति से भी अधिक गति से क्षणभर में की जा सकती है। जिस प्रकार से एक मनुष्य के सामने आने पर आँखें उसके बाहरी व्यक्तित्व की जानकारी देती है, ठीक उसी प्रकार अगर आप अपना प्रभावशाली

चित्त उस व्यक्ति पर डालें तो वह उस व्यक्ति के विचारों की, भूतकाल की व भविष्यकाल की जानकारी दे सकता है। प्रभावशाली चित्त के द्वारा ही अंतर्यामी शक्ति प्राप्त हो सकती है।"

"एक मनुष्य निरंतर 12 साल तक ध्यान-साधना कर अपने चित्त पर नियंत्रण कर यह स्थिति प्राप्त कर सकता है। एक प्रभावशाली चित्त होने पर उस व्यक्ति में चुंबकीय शक्तियाँ निर्मित हो जाती हैं। उसके भीतर से सदैव सकारात्मक ऊर्जा बहती रहती है। वह सदैव रचनात्मक एवं सर्जनात्मक कार्य में ही लगा रहता है और यही कार्य उससे सदैव होते रहते हैं। स्पंदन सदैव सकारात्मक रूप में शरीर से बाहर निकलने के कारण वे नकारात्मक, निराश, हताश स्पंदन वाले व्यक्तियों को बड़ी ऊर्जा देने का कार्य करते हैं। ऐसे नकारात्मक स्पंदन वाले व्यक्ति सकारात्मक स्पंदन वाले व्यक्ति की ओर बहुत आकर्षित होते हैं और उनके नकारात्मक स्पंदनों में भी बदलाव आता है।"

"एक प्रभावशाली चित्त वाला मनुष्य प्रकृति के साथ आसानी से समरस हो जाता है और वह प्रकृति से आसानी से ऊर्जा ग्रहण कर सकता है और उस प्राप्त ऊर्जाशक्ति को अपनी इच्छानुसार दूसरों में प्रवाहित कर सकता है। उसका अपने चित्त पर नियंत्रण होता है, इसीलिए वह उस ऊर्जा के प्रवाह पर भी आसानी से नियंत्रण कर लेता है। जिस प्रकार से पहले शारीरिक शक्ति का युग था—बड़ी शक्ति वाले योद्धा गदाधारी होते थे और जिसके पास शारीरिक शक्ति थी, वह सर्वश्रेष्ठ योद्धा होता था। यानी शारीरिक शक्ति श्रेष्ठता का प्रतीक होती थी। आज बुद्धि का युग है। एक बुद्धिमान व्यक्ति, भले ही वह शरीर से कमजोर हो, एक बम का बटन दबाकर बड़े से बड़े शक्तिशाली व्यक्ति को मार सकता है। क्योंकि अब शक्ति का प्रतीक शारीरिक शक्ति नहीं है, अब बुद्धि श्रेष्ठता का प्रतीक हो गई है।"

"अब आने वाला समय चित्तशक्ति का होगा। जिस मनुष्य का चित्त सशक्त है, वह व्यक्ति चित्त से सब पर भारी रहेगा। अब श्रेष्ठता का प्रतीक चित्त होगा। जिस व्यक्ति का चित्त जितना सशक्त व प्रभावशाली होगा, वह व्यक्ति मानव समाज में उतना ही सर्वश्रेष्ठ

होगा। यानी श्रेष्ठता का प्रतीक चित्त होगा। यह आने वाले समय में होगा। अब चित्त, शक्ति का हथियार होगा, चित्त ही शक्ति का माध्यम होगा।"

"हमारा चित्त सदैव भीतर होना चाहिए, क्योंकि वह जितना भीतर होगा, वह उतना ही स्थिर होगा और जितना स्थिर होगा, उतना सशक्त होगा। साधारण मनुष्य इसे भूतकाल की बीती बुरी यादों, बुरी घटनाओं को याद कर नष्ट करता है या दूसरे मनुष्य के दोष ढूँढ़ने में खर्च करता है। और दोनों ही परिस्थितियों में चित्तशक्ति नष्ट होती है और चित्त कमजोर होता है। इस पर नियंत्रण करने का सतत अभ्यास करना होता है या ऐसे अभ्यास करने वाली सामूहिकता में रहा जा सकता है। इस प्रकार अपनी दिनचर्या में चित्त को भीतर रखकर सशक्त किया जा सकता है।"

फिर कुछ दिनों तक गुरुदेव मुझे लगातार जंगल में ले गए। वहाँ पर छोटी-छोटी झाड़ियाँ थीं, जिन पर एक बीज निकलता था। वह मोती के आकार जैसा होता था, लेकिन वह आधा काला व आधा लाल रंग का होता था। वे रोज बीज तोड़कर लाते थे और गुफा के सामने खड्डे में उसे जमा करते थे। ऐसा बहुत दिनों तक चला। उस झाड़ी की पत्तियाँ खट्टी-मीठी लगती थीं। छोटी-छोटी पत्तियाँ होती थीं, जैसी इमली के झाड़ की होती हैं। और फिर धीरे-धीरे वह खड्डा उन बीजों से भर गया। करीब 6 फीट लंबा, 1 फीट गहरा और 3 फीट चौड़ा खड्डा था।

तो फिर एक दिन उन्होंने मुझे उसमें लेटने के लिए कहा और फिर प्रतिदिन 2-3 घंटे उस खड्डे में लेटने के लिए कहते थे। फिर उन्होंने एक दिन बताया, "इन्हें गुंज कहते हैं। इनका गुण है—ये शरीर की गर्मी को खींच लेती हैं। और शरीर की अतिरिक्त गर्मी निकल जाने के बाद चित्त शांत रहता है।" सचमुच कुछ दिनों के बाद मुझे उस खड्डे में सोना अच्छा लगने लगा। यह अभ्यास भी कई दिनों तक चला। वे उस झाड़ी की पत्तियाँ अन्य एक झाड़ी की पत्तियों के साथ खाने के लिए कहते थे और उस खड्डे में लेटने के लिए कहते थे। यह क्रम महीनों तक चला था।

इसके साथ वे कुछ वनस्पतियों का रस निकालकर प्रतिदिन सुबह खाली पेट पीने के लिए देते थे। उस रस का स्वाद इतना अच्छा नहीं होता था, इसलिए उसे पीना मुश्किल होता था। लेकिन वे इतनी मेहनत से तोड़कर लाते थे और पीसकर उसका रस निकालते थे, वह देखकर मेरा 'नहीं' बोलने का कभी मन नहीं करता था। उन्हें जड़ी-बूटियों का, वनस्पतियों का बहुत ज्ञान था। हम लोग भोजन के रूप में स्काश के फल, केले, कुछ झाड़ों की पत्तियाँ और कुछ फल खाते थे। दिन में एक समय ही खाते थे। कभी-कभी 4-5 दिनों के बाद ही खाते थे। वहाँ पर भोजन की नियमित रूप से आवश्यकता महसूस नहीं होती थी। दिन-प्रतिदिन मेरे ऊपर उनके अलग-अलग प्रयोग होते थे। वे पेट साफ रखने पर अधिक जोर देते थे। उनका कहना था, "शौच अगर साफ होता है, तो पेट साफ रहता है। और पेट साफ रहता है, तो शरीर में विजातीय तत्त्व जमा नहीं होते हैं और निर्मित नहीं होते हैं।" कभी-कभी वे इसके लिए नाभि के ऊपर कुछ पत्ते बाँधने के लिए भी देते थे। वहाँ पर जो गतिविधि चल रही थी, उससे कहीं भी ऐसा नहीं लग रहा था कि मैं कोई आध्यात्मिक साधना कर रहा हूँ। मुझे ऐसा लगता था जैसे ये कोई वैद्य हैं और मैं किसी प्राकृतिक चिकित्सा केंद्र में आकर रह रहा हूँ। शायद वह उनके कार्य करने का तरीका होगा। सारा जोर शरीर को एक बड़ी आध्यात्मिक साधना के लिए तैयार करने पर ही था। लेकिन रोज वे आगे बढ़ रहे थे। वे किसी निश्चित शारीरिक स्थिति तक मुझे पहुँचाना चाहते थे। कहाँ तक जाना है, वह उन्हें निश्चित पता था, लेकिन वह मुझे मालूम नहीं था। लेकिन वे प्रतिदिन की प्रगति से प्रसन्न थे। वे प्रसन्न रहें, बस यही मेरे जीवन का एकमात्र उद्देश्य था।

ऐसा महसूस हो रहा था—वे प्राकृतिक रूप से मेरे शरीर को किसी विशिष्ट साधना के लिए तैयार कर रहे हैं। और इसके लिए वे प्रकृति के सान्निध्य का उपयोग कर रहे थे। वे सदैव चित्त को सकारात्मक रूप से तैयार करने का प्रयास करते लगते थे। फिर उन्होंने शुक्ल पक्ष की प्रथम तिथि से चंद्रमा के प्रकाश में बैठकर चंद्रमा पर चित्त एकाग्र कर ध्यान करना सिखाया। रोज अभ्यास की समयावधि बढ़ती गई और पूर्णिमा की रात संपूर्ण रातभर कराया।

"चित्त को चंद्रमा पर एकाग्र करो और स्वयं के और चंद्रमा के बीच एक सूक्ष्म संबंध कायम करो और यह महसूस करो कि तुमने अपना संपूर्ण समर्पण चंद्रमा को देवता मानकर कर दिया है। और चंद्रमा की शीतल, पवित्र ऊर्जा चंद्रमा के प्रकाश के रूप में अपने ऊपर बरस रही है और आप उस चंद्रमा के प्रकाश में शीतलता अनुभव कर रहे हो। और वह शीतलता तुम सूर्यनाड़ी के ऊपर विशेष रूप से अनुभव कर रहे हो। और धीरे-धीरे लिवर ठंडा हो रहा है और उस साधना से आत्मशांति अनुभव हो रही है।"

एक दिन सुबह गुरुदेव भूमि पर बैठे थे और उन्होंने मुझे भी भूमि पर बिठाया और उन्होंने कहा, "तुम सोचो—तुम अपनी माँ की गोद में ही बैठे हो। वैसी ही निश्चिंतता से, अपनेपन से भूमि के ऊपर बैठो और पूर्ण समर्पित होकर आप धरा से प्रार्थना करो कि मैं आपकी ओर संपूर्ण समर्पित हूँ, मेरे चित्त को शुद्ध व सशक्त करने की कृपा करें। तुम महसूस करोगे—तुम्हारे अन्दर की खराब ऊर्जा में स्पंदन होना शुरू हो गया है और तुम्हारा चित्त सशक्त व शुद्ध होता जाएगा। भूमि में गुरुत्वाकर्षण शक्ति होती है। जब हम प्रार्थना के द्वारा उस गुरुत्वाकर्षण शक्ति के साथ समरसता स्थापित करते हैं, तो हमारे चित्त की शुद्धि हो जाती है।"

"भूमि हमारी चित्तशुद्धि करने में बड़ी सहायक होती है। जब चित्त सशक्त हो जाता है, तो शरीर भी स्वस्थ हो जाता है। भूमि की गुरुत्वाकर्षण शक्ति चित्त को और शरीर को संतुलन में लाने का कार्य करती है, बशर्ते हम उस संतुलन के लिए तैयार हो जाएँ। प्राकृतिक शक्तियों का उपयोग स्वेच्छा से किया जा सकता है। जबरदस्ती के साथ किसी को भी प्रकृति के साथ जोड़ा नहीं जा सकता है।" कुछ दिन अभ्यास करने के बाद मैंने अनुभव किया कि कुछ समय तक भूमि पर बैठकर ध्यान-साधना करने पर चित्त जल्दी एकाग्र होता था और बाद में बड़ा शांत और अच्छा लगता था और शरीर में भी एक हल्कापन महसूस होता था।

एक दिन सुबह गुरुदेव ने अपनी हिमालय-प्रवास की बातें बताना प्रारंभ किया, उन्होंने बताया, "हिमालय पर्वत श्रृंखला के पास छोटे-छोटे कबीले हैं, छोटे-छोटे गाँव हैं। वहाँ पर अपने शरीर की बीमारियाँ

ठीक करने के लिए लोग पृथ्वीतत्त्व का उपयोग करते हैं। जब हमारे शरीर में विजातीय तत्त्व बढ़ जाते हैं, तब शरीर में बीमारियाँ पैदा होती हैं। इसलिए आवश्यक है—हमारा पेट साफ रहे। आवश्यक है—हमारा चित्त साफ रहे ताकि गंदे, बुरे, नकारात्मक विचार हमें न आएँ और नकारात्मक विचारों से बीमारियाँ भी न आएँ। इसीलिए वे आदिवासी लोग पृथ्वीतत्त्व का सहारा लेते हैं। हमारा शरीर पंचतत्त्वों के सहयोग से बना है—पृथ्वी, आकाश, जल, अग्नि, वायु। इसमें पृथ्वीतत्त्व के कारण हमें पवित्रता मिलती है। पृथ्वीतत्त्व हमारे शरीर को और चित्त को शुद्ध करता है और हमें शारीरिक और मानसिक स्थिरता प्रदान करता है।"

"इसके लिए पहले पृथ्वीतत्त्व को एक महान शक्ति मानना होगा और अपना संपूर्ण समर्पण पृथ्वीतत्त्व को करते हुए पृथ्वीतत्त्व से समरसता स्थापित करनी होगी। और यह समरसता स्थापित करने के लिए प्रार्थना से अच्छा कोई मार्ग नहीं है। इसीलिए वे आदिवासी लोग पृथ्वी पर बैठकर प्रथम पृथ्वी को नमस्कार करते हैं, झुकते हैं। पृथ्वी के आगे अपने-आपको नतमस्तक करते हैं। और बाद में पूर्ण आस्था से, पूर्ण श्रद्धा से भरकर प्रार्थना करते हैं कि आपको हम हमारा संपूर्ण समर्पण कर रहे हैं। आपकी गुरुत्वाकर्षण शक्ति के द्वारा हमारी यह बीमारी ठीक हो। और बाद में चमत्कारिक रूप से उन आदिवासी लोगों की बीमारियाँ ठीक होती हैं।"

"वास्तव में वे लोग पृथ्वी के सान्निध्य में संतुलित होते हैं। पृथ्वी संतुलन और स्थिरता प्रदान करती है। लेकिन इसके लिए—पृथ्वी एक तत्त्व है, यह ज्ञान होना चाहिए। पृथ्वी के सामने झुकना आना चाहिए। पृथ्वी के सामने आस्था के साथ समर्पण करना आना चाहिए। तभी यह संभव हो सकता है।"

"वे एक विशिष्ट झाड़ के नीचे की मिट्टी का लेप शरीर पर लगाकर भी बीमारियाँ ठीक करते हैं। मिट्टी के लेप से स्नान करके भी बीमारियाँ ठीक की जाती हैं। कई कबीलों में बीमार व्यक्ति को गले तक मिट्टी में गाड़ देते हैं। उस व्यक्ति को एक लंबे-बड़े खड्डे में खड़ा किया जाता है और बाद में उसके आसपास मिट्टी भर दी जाती है। उसे दिनभर, कई तरह की बीमारियों के लिए और

रातभर भी जमीन में गाड़कर रखा जाता है। ये सब एक कुशल, अनुभवी, बुजुर्ग व्यक्ति के सान्निध्य में और देख-रेख में होता है। वह बुजुर्ग व्यक्ति बीमार व्यक्ति के चेहरे से, साँस की गति से, व्यक्ति की नाड़ी की परीक्षा कर यह निर्णय लेता है। कई बीमारियाँ तो केवल आँखों से ही पता लगा ली जाती है। उन आदिवासी बस्तियों में कोई वैद्य या चिकित्सक नहीं होता है। यह एकदम पिछड़ा इलाका है। न उनके पास कोई दवाइयाँ हैं और न कोई उपकरण। वे सभी प्रकृति पर और प्रकृति के स्पंदनों पर ही निर्भर रहते हैं। कई बार मिट्‌टी का लेप कपाल व सिर पर लगाकर बुखार उतारा जाता है। इस प्रकार की प्राकृतिक चिकित्सा में उस चिकित्सक पर मरीज की आस्था होनी चाहिए। उस मरीज की आस्था के कारण ही अच्छे व सकारात्मक परिणाम प्राप्त हो सकते हैं। उन आदिवासी लोगों के पास इस चिकित्सा के अलावा कोई अन्य चिकित्सा का विकल्प ही नहीं है, तो उन्हें यह चिकित्सा आस्था के साथ करवानी ही पड़ती है। इस प्रकार से पृथ्वीतत्त्व के द्वारा भी शरीर की बीमारियाँ ठीक की जा सकती हैं।”

“हम अगर अपने दाहिने हाथ का पंजा पूर्णतः जमीन पर रखें और आँखें बंद कर चित्त को एकाग्र करें तो पृथ्वी के अन्दर की गतिविधियों को भी जाना जा सकता है। पृथ्वी के भीतर की आवाजों और भीतर के स्पंदन को भी जाना जा सकता है।” ऐसा कहकर उन्होंने अपने दाहिने हाथ का पंजा पूर्णतः जमीन पर टिकाया और आँखें बंद कर चित्त को एकाग्र किया और मुझे भी करने के लिए कहा, तो सचमुच में पहले मुझे हल्के से स्पंदन महसूस हुए, बाद में मैंने पृथ्वी के अन्दर होने वाली हलचल को महसूस किया। पृथ्वी के नीचे की कौन-सी परत खिसक रही है, किस ओर खिसक रही है, वह महसूस हुआ और मन शांत हो गया ।

“इस प्रकार अभी आपको यह अनुभव कराया, ऐसा जब हम जीवन में अनुभव करते हैं, तब हमारा चित्त प्रकृतिमय हो जाता है। और उस कारण चित्त को एक विशालता प्राप्त हो जाती है और हम ‘मैं’ के अहंकार के अस्तित्व के बाहर आ जाते हैं। पृथ्वीतत्त्व से जुड़ने के बहाने कहीं न कहीं हम हमारी जड़ों से जुड़ जाते हैं,

क्योंकि मिट्टी हमारे जीवन का अभिन्न अंग है। हमारी उत्पत्ति में, हमारे संगोपन में वह मिट्टी बड़ी महत्वपूर्ण भूमिका निभाती है। और हम उम्रभर उस मिट्टी से अपना अस्तित्व अलग समझते हैं, फिर भी मिट्टी को मृत्युपर्यंत हमारे शरीर को स्वीकार करने में कोई संकोच नहीं होता। मनुष्य को इसीलिए मिट्टी का पुतला कहा जाता है।"

"यह शरीररूपी मिट्टी का पुतला मिट्टी से निर्मित होता है और अंत में मिट्टी में ही मिल जाता है। यह मिट्टी ही अंतिम सत्य है। आत्मा को मोक्षप्राप्ति में सहायता करने के लिए पृथ्वी एक वाहन के रूप में आत्मा को यह मिट्टी का शरीर प्रदान करती है। मोक्ष अगर एक मंजिल है, तो उस मंजिल तक पहुँचने का वाहन यह मिट्टी का पुतला है। मिट्टी का पुतला बनकर आत्मा को एक साधन प्रदान करती है, ताकि वह अपने जीवन में, अपने समय में मोक्षता को प्राप्त कर सके। कई बार कई संत इस धरती पर अवतरित होते हैं और किसी स्थान विशेष को पवित्र करते हैं। उनके कारण उस स्थान की स्पंदन शक्ति बढ़ जाती है। उन संतों के सान्निध्य के कारण उस स्थान विशेष का प्रभाव बढ़ जाता है।"

"उनके लिए कोई भूमि अच्छी या कोई भूमि खराब नहीं होती। वे भूमि की अच्छी या खराब स्थिति नहीं देखते हैं। वे समूची भूमि की शक्ति से जुड़े होते हैं। इसी कारण संत किसी भी भूमि पर निवास करें, किसी भी स्थान पर बैठें, किसी भी स्थान को उनके चैतन्यपूर्ण शरीर का सान्निध्य मिले, वह स्थान विशेष पवित्र हो जाता है, क्योंकि उनके सान्निध्य से प्राप्त चैतन्य उस स्थान पर सदैव बना ही रहता है। संत का शरीर नाशवान है, पर शरीर का चैतन्य चिरस्थाई होता है। वे संत नश्वर देह को त्यागने के पश्चात भी सैकड़ों वर्षों तक अनुभूतियाँ प्रदान करते ही रहते हैं। बल्कि जितना अधिक समय वे बिताते हैं, समय के बीतने के साथ चैतन्य का स्तर बढ़ता ही जाता है, क्योंकि उस स्थान पर निसर्ग से अधिक चैतन्य होता है। और इसी कारण आसपास के वातावरण का चैतन्य भी वहाँ नैसर्गिक रूप से एकत्र होने लगता है। अच्छे स्थान पर अच्छे चैतन्य की सामूहिकता निर्मित हो जाती है। इसीलिए समय के साथ वह बढ़ती ही जाती है, क्योंकि उस स्थान पर उस संत की संकल्पशक्ति विद्यमान होती है।

और उस अतिरिक्त चैतन्यशक्ति के कारण उस स्थान पर कोई भी प्राणी जाता है, तो उस स्थान के चैतन्य से प्रभावित होता है। और उस स्थान पर जाने के पश्चात वह प्रकृतिमय हो जाता है, क्योंकि उस स्थान पर प्रकृति की शक्तियों का केंद्रीयकरण हुआ है।"

"कोई भूमि अच्छी या बुरी नहीं होती, उस पर रहने वाले लोग और उनके विचार और उनके कर्म वहाँ अच्छे या बुरे प्रभाव का निर्माण करते हैं। प्रकृति से जुड़े हुए, समरसता प्राप्त किए हुए मनुष्य का प्रभाव सदैव अच्छा रहता है। और अपना अस्तित्व प्रकृति से अलग बनाकर रखने से बुरे प्रभाव का निर्माण होता है। अलग अस्तित्व का निर्माण होने पर मनुष्य को लघुता प्राप्त होती है। और अस्तित्व की लघुता मिलने पर जीवन की अनेक समस्याएँ खड़ी हो जाती हैं और उस मनुष्य का प्रभाव और खराब होने लग जाता है। प्रकृति से अलग अस्तित्व वाला मनुष्य कमजोर मनुष्य होता है। इसलिए मनुष्य के विचारों के अनुसार मनुष्य के घर के ऊर्जास्थान कमजोर या शक्तिशाली बन जाते हैं। जिस प्रकार से मनुष्य साँस लेता है, वनस्पति साँस लेती है, ठीक उसी प्रकार से स्थान भी साँस लेता है। अगर एक स्थान को चारों ओर से लगातार अच्छी ऊर्जाशक्ति प्राप्त होती है, तो वह स्थान संतुलित हो जाता है।"

गुरुदेव ने एक प्रयोग कर समझाने का प्रयास किया। एक ही झाड़ के दो बीज लिए। एक बीज एक स्थान पर बो दिया और दूसरे बीज को एक विशिष्ट स्थान पर बोया। उस विशिष्ट स्थान वाले बीज को गुरुदेव रोज अलग दिशाओं से, चारों ओर से ऊर्जा देते थे। पहले वे बीज की पूर्व दिशा में बैठकर ऊर्जा ग्रहण करते और बीज को ऊर्जा देते। फिर दक्षिण दिशा में बैठते और बीज को ऊर्जा देते। और फिर पश्चिम दिशा में बैठकर ऊर्जा ग्रहण करते थे और ऊर्जा प्रदान करते। फिर उत्तर दिशा में बैठते, ऊर्जा ग्रहण करते और बीज को ऊर्जा प्रदान करते थे। जब आठ दिन बाद मैंने देखा तो जिस बीज को गुरुदेव नियमित ऊर्जा प्रदान कर रहे थे, वह बीज अंकुरित हो गया और उसमें पत्ते भी निकल आए, जबकि दूसरा सामान्य बीज अंकुरित भी नहीं हुआ।

गुरुदेव ने कहा, “देखो, चारों ओर से ऊर्जा ग्रहण करने के कारण एक संतुलित ऊर्जा से इस बीज का शीघ्र विकास हुआ है। ऊर्जा देने का क्रम पूर्व, दक्षिण, पश्चिम, उत्तर इस निश्चित क्रम से ही होगा तो वह अधिक प्रभावशाली होगा। ठीक इसी प्रकार से मनुष्य को अपने निवास स्थान के आसपास की चारों दिशाएँ खुली रखनी चाहिए, ताकि चारों ओर से उसके निवास को ऊर्जा मिल सके। इसी आधार पर ही वास्तुशास्त्र बना हुआ है। इन दिशाओं की ऊर्जा का ज्ञान पशु व पक्षियों को भी होता है। स्थान को सदैव चारों ओर से ऊर्जा मिलना अत्यंत आवश्यक है। मनुष्य विचार कर-कर के अपने आसपास खराब ऊर्जा निर्मित कर लेता है। इसी कारण बाहर से मिलने वाली ऊर्जा उसे नहीं मिल पाती है।”

“साधारणतः हमारा चित्त जहाँ पर केंद्रित होता है, तो थोड़े समय के बाद उसके विचार हमें आने लगते हैं। यही स्वप्न की दशा में होता है। अनजाने में ही अगर मनुष्य चित्त में कुछ भीतर भरकर रखता है, वही उसके स्वप्न में भी दिखता है। लेकिन स्वप्न में जो दिखता है, चित्त की बहुत-सी बातों का मिश्रण होता है। इसलिए जीवन के अलग-अलग कालखंड जुड़कर स्वप्न का निर्माण होता है।”

“मनुष्य अपने चित्त की शुद्धि अच्छी चित्तशक्ति वाले मनुष्यों की सामूहिकता के सान्निध्य में रहकर कर सकता है। सद्गुरु अच्छी सामूहिकता पाने का एक माध्यम होता है। अगर हम हमारा चित्त सशक्त करना चाहते हैं, तो हमें अपने चित्त को शाश्वत वस्तुओं पर केंद्रित करना होगा। क्योंकि अगर हम हमारा चित्त भौतिक वस्तुओं पर रखेंगे तो भौतिक वस्तुएँ सदैव नष्ट होने वाली हैं, इस कारण उन पर रखा गया चित्त भी नष्ट होगा। इसीलिए आवश्यक है कि हम हमारा चित्त अविनाशी वस्तुओं पर केंद्रित करें। हम चित्त को एक इंद्रिय भी कह सकते हैं। जैसे आँखों से हम देखते हैं, कानों से हम सुनते हैं, वैसे ही चित्त से हम अनुभूति कर सकते हैं। चित्त से हम जान सकते हैं। यह सब अभ्यास से धीरे-धीरे संभव हो सकता है। चित्त शुद्ध करने से चित्त पर नियंत्रण करना अधिक कठिन होता है। इसलिए हम चित्त पर जितना नियंत्रण कर सकें, हमें उतना ही

अपने चित्त को शुद्ध करना चाहिए, अन्यथा शुद्ध व पवित्र, लेकिन अनियंत्रित चित्त हमारे स्वयं के लिए ही घातक सिद्ध हो सकता है।"

एक दिन अलस्सुबह मुझे गुरुदेव ने जगाया और अपने साथ लेकर गुफा के बाहर निकले और फिर उत्तर दिशा की ओर चलना प्रारंभ किया और काफ़ी दूर तक चलते रहे। आगे चलने पर दो बड़ी-बड़ी चट्टानें दिखाई दीं। उन दो चट्टानों के बीच से एक रास्ता किसी गुफा में जा रहा था। उस गहरे रास्ते पर हम चलते रहे। मुझे चलने में परेशानी हो रही थी और हम लगातार नीचे, और नीचे उतरते जा रहे थे। मैं मन में सोच रहा था कि वैसे ही धरती के ऊपर से उस खाई में आए थे, वह वैसे ही काफ़ी नीचे थी और ये तो हम और नीचे जा रहे थे! गुरुदेव कहाँ ले जा रहे हैं, क्या मालूम? लेकिन मेरी उनसे यह पूछने की हिम्मत नहीं थी। काफी नीचे जाने के बाद वे थोड़ी देर रुके। वे बोले, "थोड़ी देर विश्राम कर लो। अब मैं तुम्हें एक दूसरी दुनिया में लेकर जा रहा हूँ। यह दुनिया तुम्हारी कल्पना से परे होगी।"

थोड़ी देर आराम करने के बाद हमने फिर चलना प्रारंभ किया। हमारे पास प्रकाश के लिए एक झाड़ की जड़ी थी जो मशाल जैसे जलती थी, जिस प्रकार से एक बड़ी मोमबत्ती जलती हो। मुझे वह रास्ता भी ऐसा लग रहा था कि चलना कठिन था। बार-बार रुकना पड़ता था, बैठना पड़ता था। आसपास पूरा अँधेरा था। रास्ते में पैर के नीचे की जगह ही बड़ी कठिनाई से दिख रही थी। गुरुदेव तो बाद में रास्ता बनाकर आगे बढ़ने लगे। कई छोटी-छोटी झाड़ियाँ थीं, पत्थर थे, पर वे निश्चिंत थे। वे मेरे लिए रास्ता बनाकर आगे बढ़ते, मैं उनके पीछे हो लेता। मन में डर भी लग रहा था—यहाँ पर कोई जानवर आया तो दिखेगा भी नहीं। उनके पीछे चलना मेरी मजबूरी थी, क्योंकि वापस तो मैं बाहर निकल ही नहीं सकता था। 'मरता क्या न करता' जैसी मेरी स्थिति थी।

कुछ आगे चलने पर मुझे धीरे-धीरे पानी बहने की आवाज़ आने लगी। हम जैसे-जैसे आगे बढ़ रहे थे पानी की आवाज तेज होती जा रही थी। और आगे बढ़ने पर आवाज़ बहुत तेज हो गई थी। मुझे समझ में आ गया था कि गुरुदेव मुझे किसी पानी वाले स्थान

की ओर ले जा रहे हैं। कई घंटों से हम चल ही रहे थे। कुछ समय पश्चात जब हम गुफा से बाहर निकले तो सामने का दृश्य देखकर मेरी आँखें खुली की खुली रह गईं, अद्‌भुत दृश्य था। बेहद खूबसूरत! प्रकृति का अनोखा नजारा मेरे सामने था। एक बड़ा जलप्रपात। हम जलप्रपात के एकदम नजदीक से उस गुफा के बाहर निकले थे। वह जलप्रपात एक बहुत बड़ी गुफा के अन्दर जा रहा था। हम उसी गुफा में पानी के साथ-साथ अंदर की ओर चलने लगे। अंदर के दृश्य बड़े ही मनमोहक थे। अलग-अलग वनस्पतियाँ थीं। पानी के पास दीवारों पर अलग-अलग प्रकार की गहरे नारंगी रंग की लकीरें खींची थीं। उस पानी में आयरन (लोहे) की मात्रा अधिक थी। उस कारण जब पानी का स्तर अधिक रहा होगा, तब पास की दीवारों पर उस आयरन भरे पानी से रंग उभर आये होंगे। नारंगी, पीले, सफेद, कहीं-कहीं हरे, ऐसे विभिन्न रंगों के द्वारा मानो पानी के दोनो सिरों की दीवारों पर पेंटिंग (चित्रकारी) की गई हो। हम आगे बढ़ते जा रहे थे और पानी का बहाव कम और कम होता जा रहा था, क्योंकि पानी विभिन्न दिशाओं में फैल रहा था।

बाद में ऊपर देखने पर पानी की बूँदें टपकती दिखाई दीं। जोकि हज़ारों वर्षों से टपक रही थीं, उनके इस तरह अनवरत टपकने से, छोटे शिवलिंगनुमा आकार तैयार हो गए थे। टपकने वाली पानी की बूंदों में जो खनिज द्रव्य था, वह उसी स्थान पर जम गया था। हमने कुछ देर वहाँ पर विश्राम किया और फिर आगे चलना प्रारंभ किया। मैं राह देख रहा था कि वापसी कब होगी, क्योंकि उतना ही वापस भी जाना था।

वहाँ पर जो दिख रहा था, वह बहुत ही सुंदर प्राकृतिक नजारा था, पर डर भी लग रहा था—कहाँ से कहाँ आ गए हैं? ऊपर से आयरनयुक्त पानी लगातार गिरकर प्राकृतिक आकृतियाँ बन गई थीं। आगे जाकर एक चट्टान पर गुरुदेव बैठ गए और सामने वाली एक चट्टान पर मुझे बिठाया और कहा, "अब थोड़ी देर आँखें बंद करके बैठो।" ऐसा कहकर वे आँखें बंद करके बैठ गए और बाद में मेरी आँखें स्वयं ही भारी हो गईं और कब ध्यान लगा, पता ही नहीं चला।

जब ध्यान में से बाहर आया तो देखा—गुरुदेव मेरी ओर ही देख रहे थे। ध्यान के बाद बहुत शांत लग रहा था। आसपास के वातावरण का एक प्रकार का भय मन में कहीं था। कहीं आशंका थी—इस स्थान के बाहर मैं निकल पाऊँगा या नहीं? यानी बाहर निकलने की भीतर कहीं इच्छा थी। लेकिन अब विचार कर रहा था—जाना भी कहाँ था? बाहर क्यों जाना है? बाहर की दुनिया भी तो सत्य नहीं है। बाहर का जीवन भी तो सत्य नहीं है। उस जगत में भी एक दिन जाना ही है, फिर उस जगत में जाकर क्या करें? मैं आया कहाँ से हूँ? मेरा कौन-सा शाश्वत ठिकाना है? और 'मैं' कौन हूँ ? कौन हूँ 'मैं'? ये कान मेरे हैं, ये बाल मेरे हैं, ये हाथ मेरे हैं, ये पैर मेरे हैं, पर 'मैं' कान नहीं हूँ, 'मैं' बाल नहीं हूँ, 'मैं' हाथ नहीं हूँ, 'मैं' पैर नहीं हूँ। ये सब मेरे हैं, पर 'मैं' कौन हूँ? इस 'मैं' को जाने बिना इन सबका क्या महत्व है? इन सब कान, बाल, हाथ, पैर का मालिक कौन है? क्या इन सबके साथ जो शरीर बना हुआ है, क्या यह शरीर मतलब 'मैं' हूँ? नहीं। यह मेरा शरीर है, मतलब 'मैं' शरीर भी नहीं हूँ। 'मैं' शरीर भी नहीं, लेकिन यह शरीर मेरा है। मतलब यह शरीर 'मैं' का माध्यम है। लेकिन इस शरीर के अलावा 'मैं' का कहीं अस्तित्व निश्चित है। कान, बाल, हाथ, पैर ये सब दिख रहे हैं, पर वह नहीं दिख रहा है जिसका यह सबकुछ है। इन सबसे निर्मित शरीर भी दिख रहा है, पर वह नहीं दिख रहा है जिसका यह शरीर है। क्या 'मैं' शरीर हूँ? नहीं। मैं यह शरीर भी नहीं हूँ, पर यह शरीर मेरा है। फिर सोचा—'मैं' शरीर नहीं हूँ, पर यह शरीर मेरा है, यह कैसे संभव है? अपना जीवन ही एक अनबूझी पहेली लगने लग गई। मैंने खूब प्रयास किए कि जान पाऊँ कि 'मैं' कौन हूँ, लेकिन नहीं जान पाया। गुरुदेव मेरे मन की दशा जान गए।

उन्होंने कहा, "अगर अपने-आपको जानना है, तो अपने-आप से ही प्रश्न करो कि मैं कौन हूँ? इस प्रकार से तीन बार प्रश्न करो तो जान जाओगे कि तुम कौन हो।" मैंने भी आँखें बंद की और अपने-आप से ही प्रश्न किया, "मैं कौन हूँ? मैं कौन हूँ? मैं कौन हूँ?" धीरे-धीरे आँखें कब बंद हो गई, पता भी नहीं चला। हम यह प्रश्न जैसे ही स्वयं से करते हैं, हमारा चित्त भीतर की ओर चला जाता है। हम दुनियाभर की खोज करते हैं, पर अपने-आपको कभी नहीं

खोजते हैं। जो खोज करना आवश्यक है, वह छोड़कर बाहर सब खोजते रहते हैं। और जैसे ही यह प्रश्न जानने का प्रयास करते हैं, तो हमारी भीतर की यात्रा प्रारंभ हो जाती है। और जब भीतर की यात्रा प्रारंभ हो जाती है, तो हम जान जाते हैं—"शरीर और 'मैं' अलग-अलग हैं।" और 'मैं' शरीर से अलग हो जाता है और एक आध्यात्मिक क्रांति घटित होती है।

गुरुदेव ने आगे का बताना शुरू किया। उन्होंने कहा, "जैसे ही यह प्रश्न हम स्वयं से करते हैं, हमें ज्ञान हो जाता है—'मैं' और 'शरीर' अलग-अलग हैं। 'मैं' शरीर नहीं हूँ। फिर शरीर के द्वारा किए गए कार्यों का मिथ्या अहंकार भी टूटकर गिर जाता है कि यह कार्य मैंने किया। और फिर शरीर के द्वारा किए गलत कार्यों की आत्मग्लानि का भाव भी समाप्त हो जाता है कि यह गलत कार्य मैंने किया क्योंकि यह बोध हो जाता है कि यह गलत कार्य शरीर के द्वारा हो गया। तो जब मैंने पाप किया ही नहीं है, तो "मैं पापी हूँ" का भाव भी स्वयं समाप्त हो जाता है। मनुष्य के असंतुलन के दो सिरे हैं। एक "मैंने किया" का अहंकार और दूसरा, "मैं पापी हूँ" की आत्मग्लानि। दोनों ही मिथ्या हैं।"

"मनुष्य इन दो सिरों के बीच में ही झूलते रहता है। इसलिए अब तुम्हारे शरीर के द्वारा जो अच्छे कार्य हुए, वे तुमने नहीं किए, यह समझो और "मैंने यह कार्य किया"का अहंकार छोड़ दो। दूसरा, जीवन में जो खराब कार्य किए, वे शरीर के द्वारा हुए होंगे, तुमने नहीं किए, ऐसा सोचकर उन्हें भी छोड़ दो। आत्मग्लानि मत करो। यानी जीवन में प्राप्त सफलता का भी अहंकार मत रखो और जीवन में मिली असफलता की भी आत्मग्लानि मत करो। अपने-आपको एक आत्मा समझो और "मैं एक आत्मा हूँ, बस यही सत्य है। बाकी सब मिथ्या है।" यह ध्यान रखो। तो ही जीवन में इस शरीर के मायाजाल से बाहर निकल पाओगे, अन्यथा कभी भी सत्य को जान ही नहीं पाओगे और जीवनभर भटकते रहोगे। मैं एक आत्मा हूँ, यही सदैव ध्यान में रखो और इसी बात का अभ्यास करो। सुख और दुःख, राग और अनुराग, द्वेष, ईर्ष्या, माया, मोह, भय, डर, मृत्यु का भय ये सब शरीर के स्तर की भावनाएँ हैं। आत्मा इन सबसे अलिप्त होती

है। जैसे ही स्वयं को आत्मा समझोगे, इन सबसे मुक्त हो जाओगे। सारे रिश्ते, नाते, संबंध इस शरीर के हैं, आत्मा इन सब शरीर के बंधनों से मुक्त होती है। "मैं एक आत्मा हूँ" का एहसास होना ही आध्यात्मिक प्रगति का पहला कदम है। चलो उठो, अब वापस चलते हैं।" कहकर उन्होंने वापस रास्ते की ओर चलना प्रारंभ किया।

जाते समय मुझे वह रास्ता बड़ा लंबा लगा था और मुझे चलने में भी भारी लग रहा था। मैं बेमन से ही गया था। पर वापसी की यात्रा में मुझे हल्कापन लग रहा था और विशेष ये था कि मेरा डर समाप्त हो गया था। उस स्थान पर मैं अभ्यस्त हो गया था। गुरुदेव ने कहा, "इस स्थान पर आने वाले तुम दूसरे व्यक्ति हो। मेरे और तुम्हारे अलावा इस स्थान पर हजारों सालों से आज तक कोई भी नहीं पहुँच सका है!" उन्होंने झुककर पानी के किनारे पर लगी कुछ वनस्पति की पत्तियाँ मुझे खाने के लिए दीं और उन्होंने आगे चलना प्रारंभ किया। आते समय मैं चारों ओर देख रहा था। मेरी चलने की गति भी कम हो गई थी। भय समाप्त हो गया था। इसीलिए गुरुदेव और मेरे में बहुत अंतर भी हो गया था। मैं सृष्टि के अनुपम उपहार-सा स्थान देखते हुए चल रहा था। पता नहीं क्यों, जंगलों में भूख, प्यास, पेशाब, शौच ये सब गतिविधियाँ एकदम कम हो जाती थीं। साँस तक धीमे-धीमे चलती थी।

पानी के पास की उन दीवारों पर सचमुच बहुत सुंदर कलाकृतियाँ बन गई थीं। कभी कोई आकृति हाथी के समान लगती थी, तो कोई आकृति मगर के समान लगती थी। और मछली के समान तो कई आकृतियाँ लग रही थीं, पर आदमी के समान कोई भी आकृति नहीं लग रही थी। मानो प्रकृति और मनुष्य का कोई मेल नहीं बैठता हो या प्रकृति भी अपने आसपास के वातावरण से प्रभावित होती हो। बहता हुआ पानी एकदम स्वच्छ था, इतना स्वच्छ कि पानी के नीचे के पत्थर भी स्पष्ट दिखाई दे रहे थे।

पानी ठंडा था, लेकिन पानी पीने की दृष्टि से भारी था। जल्दी हजम हो, ऐसा नहीं था। हम धीरे-धीरे उस जलप्रपात के पास पहुँचे। वहाँ पर गुरुदेव ने भी स्नान किया और मैंने भी स्नान किया। पानी काफी गहरा नहीं था, पर बहाव काफी तेज था। पानी का बहाव

इतना तेज था कि उसके नीचे खड़ा रहना मुश्किल था। नहाने के बाद हमने फिर उन्हीं अँधेरी गुफाओं में चलना प्रारंभ किया। वापसी के समय मैं उन गुफाओं को भी ठीक से देखते आ रहा था। ये गुफाएँ कैसे बनी होंगी? यह मिट्टी, ये चट्टानें अनुसंधानकर्ताओं के लिए एक विषय हो सकती हैं। रास्ता बनाकर चलना पड़ता था। कई बार रास्ते में पानी का बहाव मिलता था। कुछ स्थानों पर बड़ी चट्टानों पर कुछ पौधे उग आए थे जो शायद पानी की वनस्पतियाँ होंगी। उनके सफेद से फूल भी कहीं दिख रहे थे। धीरे-धीरे हम बाहर निकल आए। दो बड़ी चट्टानों के बीच में से जब बाहर आए तो लगा—हम वापस अपनी दुनिया में आ गए। सारी यात्रा एक स्वप्न के समान लग रही थी। अपनी गुफा के नजदीक पहुँचने पर सामने की तरफ लगे पौधों पर काफी फूल आ गए थे। यानी हम इस यात्रा में काफी दिनों तक थे।

वहाँ पर समय का ध्यान ही नहीं रहता था। कितने दिन बीत गए और कितनी रातें बीत गई, कुछ अंदाज नहीं था। जीवन में ऐसा ही होता है। जीवन का अच्छा समय कब बीत जाता है, पता ही नहीं चलता है। कितने दिन बीते कितने साल कुछ पता ही नहीं चलेगा। और मुसीबत का समय, कष्ट का समय, जीवन के बुरे क्षण होते हैं पलभर के, पर जीवनभर पीछा नहीं छोड़ते हैं। कई बुरे पल, हम समझते हैं, समाप्त हो गए, पर हमारे चित्त में कहीं वे सँजोए हुए ही रखे रहते हैं और कई वर्षों के बाद भी उनकी चुभन हृदय को घायल और मन को दुःखी कर देती है। और फिर जख्म हरे हो जाते हैं। फिर खून निकलने लग जाता है। इसलिए हम उन घटनाओं से उतने दुःखी नहीं होते जितने उन्हें याद करके होते हैं।

बचपन की वे कठिनाइयाँ, वह जिल्लतभरी (अपमानित) जिंदगी, वे बुरी घटनाएँ, बचपन के वे बुरे लोग, उनका बुरा व्यवहार हमारे चित्त पर अमिट छाप छोड़ता है। भूतकाल के इन जख्मों को फिर से कुरेदकर भी कई लोग आनंद लेते हैं। बुरी घटनाओं को याद करते रहते हैं और दुःखी होते रहते हैं। और उस दुःख में एक आनंद मिलता है, वह आनंद कि हमने जीवन में कितनी प्रगति की! पहले हम क्या थे और कहाँ से कहाँ पहुँच गए! हम एक रंक से राजा बन

गए। यानी अनजाने में हम हमारे ही अहंकार की पुष्टि करते रहते हैं और उन दुःखों को यादकर बाद में आज से उस समय की तुलना कर मन ही मन प्रसन्न होते हैं। और बच्चों को भी बताते हैं—हमारा बचपन क्या था, अब (हम) क्या हैं! हमारा बचपन कैसा खराब बीता, तुम्हारी जिंदगी कितनी अच्छी है!

इस प्रकार की तुलना कर मन को बड़ा आनंद मिलता है कि हमारे जीवन में कितनी प्रगति हो गई, जीवन में उच्च शिखर पर पहुँच गए हैं। और विशेष रूप से यह तुलना केवल आर्थिक स्तर की ही होती है। पहले से अधिक अच्छी आर्थिक स्थिति हो गई है, यह बात प्रमुखता से मनुष्य के ध्यान में आती है। लेकिन तू न तब सुखी था, न अब सुखी है। तब धन नहीं था, इसलिए दुःखी था। और अब धन है, पर "तब धन नहीं था", इसलिए आज दुःखी हैं। जबकि यह समझ में नहीं आता कि धन रहकर भी आज सुखी नहीं हैं, तो धन रहकर मैं बचपन में सुखी कैसे रह सकता था।

धन एक निर्जीव साधन है। उसके रहने से कोई सुखी नहीं रह सकता और उसके न रहने से कोई दुःखी नहीं रह सकता। सुख और दुःख मन की मनोदशाएँ हैं। आपके मानने पर सुख है और आपके मानने पर ही दुःख। आप परिस्थिति को स्वीकार कर लो तो ही सुख है, स्वीकार न करो तो दुःख है। कल दुःख धन का था, आज शरीर का दुःख है। यानी दोनों ही नाशवान हैं। न किसी व्यक्ति को धन सुख दे सकता है, न शरीर सुख दे सकता है क्योंकि मैं न धन हूँ और न शरीर हूँ। फिर ये दोनों जब मैं नहीं हूँ तो ये दोनों मुझे कैसे सुखी कर सकते हैं? ये दोनों निर्जीव हैं, मिथ्या हैं क्योंकि मेरा अस्तित्व इनसे अलग है। मैं जान गया हूँ कि मैं एक आत्मा हूँ। मैं शरीर और धन नहीं हूँ। मुझे शरीर व धन सुख नहीं दे सकते, केवल आत्मा ही मुझे सुख दे सकती है। वही सच्चा सुख होगा। वह सुख आत्मसुख कहलाएगा।

आत्मा का आनंद इकट्ठा करने में नहीं है, जोड़ने में नहीं है, जमा करने में नहीं है। आत्मा को आनंद सदैव बाँटने में ही मिलता है। जमा किया हुआ धन शरीर को सुख दे सकता है क्योंकि शरीर और धन दोनों नाशवान हैं। एक नाशवान, दूसरे नाशवान को अवश्य

सुखी कर सकता है। इसीलिए विभिन्न धर्मों में दान को महत्व दिया गया है ताकि धन को जमाकर आप जीवन में शरीर-सुख तो प्राप्त करेंगे ही, लेकिन उसके साथ-साथ आत्मसुख भी प्राप्त करें और आत्मसुख केवल और केवल दान करके ही प्राप्त कर सकेंगे। वह दान ही आपके आत्मा को सुखी और प्रसन्न कर सकता है। इसलिए दान का आध्यात्मिक क्षेत्र में बहुत महत्व है कि दान कर आप आत्मसुख प्राप्त करें और आत्मसुख से ही आध्यात्मिक प्रगति संभव है। क्योंकि आत्मा सुखी होगी तो सशक्त होगी। और सशक्त होगी तो ही आध्यात्मिक साधना करेगी। और आध्यात्मिक साधना करेगी तो आध्यात्मिक प्रगति होगी।

जब हम अपने से प्रश्न पूछते हैं, "मैं कौन हूँ" तो भीतर से आवाज आती है, "मैं एक आत्मा हूँ"। और "मैं एक आत्मा हूँ" का बोध होता है। तभी हमें ज्ञात होता है—जो मैं, मेरा का अहंकार मैं कर रहा था, वह शरीर का अहंकार था। 'मैं' वास्तव में तो आत्मा है—वह आत्मा, जो है पर दिखती नहीं है; जो शरीर का संचालन करती है, पर संचालन करते हुए दिखती नहीं है। आत्मा के सिवा इस शरीर का कोई अस्तित्व नहीं है। वह आत्मा अगर इस शरीर से निकल गई तो लोग इसे गाड़कर आएँगे या जला देंगे और इस शरीर को नष्ट कर देंगे।

यह शरीर सबकुछ लगता है, पर सबकुछ है नहीं। और जो सबकुछ है, वह कुछ भी नहीं लगता है। यानी जो है, वह है नहीं। और जो नहीं है, वही सबकुछ है। हमारे शरीर से ही सारे अध्यात्म को समझा जा सकता है। एक आत्मा को समझ लें तो परमात्मा को जाना जा सकता है।

जगत रूपी शरीर में इस जगत को चलाने वाली शक्ति परमात्मा है जिसका अस्तित्व कहीं भी दिखता नहीं है, पर सब में, सारे जगत में उसका अस्तित्व है। उस परमात्मा के बिना यह जगत मुर्दा है, जो मुर्दा केवल नष्ट करने के लिए ही होता है। जिस दिन इस जगत से परमात्मा हट जाएगा, यह जगत भी समाप्त हो जाएगा, एक मुर्दा हो जाएगा। एक आत्मा को समझ लो तो परमात्मा का ज्ञान हो जाएगा।

स्वयं के आत्मा के अस्तित्व को समझे बिना परमात्मा को जाना ही नहीं जा सकता है।

उसी दिन शाम को यही बात गुरुदेव के मुख से भी निकली। मानो मैं और वे एक स्तर पर एकरूप हो गए हों, या उसे इस प्रकार समझा जा सकता है कि उनके प्रभाव के कारण ही, उनके आभामंडल में रहने के कारण ही मैं उनकी इच्छानुसार ही सोच रहा था। उन्होंने कहा कि जो ब्रह्मांड में है, वही सब हमारे पिंड में भी होता है। पिंड अगर पानी की एक बूँद है, तो ब्रह्मांड सागर। लेकिन बूँद हो या सागर, पानी पानी ही है। पानी के गुणधर्म में कोई अंतर नहीं है। ठीक इसी प्रकार से, आत्मा के रूप में परमात्मा का छोटा-सा स्वरूप हमारे पास विद्यमान होता है। जिसने उसे नहीं जाना वह परमात्मा को कैसे जान सकता है? और जिसने अपने भीतर के परमात्मा को जान लिया, वह बाहर के परमात्मा को भी जान ही लेगा। परमात्मा एक है। परमात्मा सर्वत्र है। भीतर भी परमात्मा है, बाहर भी परमात्मा है। लेकिन भीतर के परमात्मा को जानना आसान है। क्योंकि वह ज्यादा करीब है, आपका है, आपके लिए है, आपकी सुविधानुसार है, आपके अनुरूप है, आपकी स्थिति के अनुसार है, आपकी पकड़ में है, आपकी पहुँच में है। वह और आप अलग नहीं हैं। आपका उसके सिवा कोई अस्तित्व नहीं है। आप जिसे 'मैं' समझ रहे हैं, वह 'मैं' शरीर का अहंकार है। आपको जैसे ही आपका बोध हो जाएगा, आपके शरीर का सारा अहंकार टूट जाएगा, क्योंकि आप जान चुके होंगे कि आप एक आत्मा हैं।

मनुष्य शरीर के आवरण के साथ जन्म लेता है और शरीर के आवरण में ही रहता है। और आवरण गिर जाने के बाद उसे पता चलता है—यह तो आवरण था जो अब नहीं रहा। शरीर वाहन है, आत्मा ड्राईवर (वाहनचालक) है। बिना वाहन के ड्राईवर आगे नहीं बढ़ सकता है। लेकिन यह भी सच है बिना ड्राईवर के गाड़ी भी आगे नहीं बढ़ सकती है। इसलिए किसको किसकी जरूरत है, यह कभी जाना नहीं जा सकता है। दोनों अपने-अपने स्थान पर योग्य हैं और दोनों एक-दूसरे के पूरक हैं। इसलिए अपनी मंजिल प्राप्त करने के लिए हमें दोनों को समझना आवश्यक है। दोनों का तालमेल और

दोनों का संतुलन अगर हम रख पाते हैं, तो ही मंजिल तक पहुँच सकते हैं।

जो हमारा शरीर है, साधनरूपी वाहन है। जिस प्रकार से गाड़ी का रख-रखाव जरूरी होता है, ठीक उसी प्रकार से, शरीर का रख-रखाव भी अत्यंत जरूरी है। कुछ धर्मों में शरीर के रख-रखाव को, शरीर के महत्व को सिरे से ही नकार दिया गया है और आत्मा पर ही जोर दिया गया है। यह भी योग्य प्रतीत नहीं होता है। क्योंकि शरीर की आवश्यकता ही आत्मा को नहीं होती तो वह आत्मा शरीर को धारण ही क्यों करता? आत्मा ने भी शरीर के महत्व को समझा है और इसीलिए आत्मा ने शरीर धारण किया है। और कई आत्माएँ उपयुक्त शरीर न मिलने के कारण, अनुरूप शरीर न मिलने के कारण अटकी पड़ी हैं, शरीर के लिए प्रतीक्षारत हैं।

जब आत्मा शरीर की प्रतीक्षा करती है, तो शरीर व्यर्थ या महत्वहीन कैसे हो सकता है? आत्मा ने जिस शरीर को बड़ी प्रतीक्षा के बाद पाया है, उस शरीर की देखभाल करनी ही चाहिए। यह हमारा कर्तव्य नहीं, आत्मा की आवश्यकता है। इसलिए शरीर की ओर ध्यान देना ही चाहिए। शरीर को स्वच्छ, पवित्र, विचाररहित, प्राकृतिक रखना ही चाहिए। स्वस्थ शरीर के बिना मोक्ष संभव नहीं है। एक खटारा गाड़ी जो चल ही नहीं सकती, उस गाड़ी का ड्राईवर क्या कर सकता है? ड्राईवर कितना भी कुशल हो, गाड़ी खराब होने पर कोई काम का नहीं है। एक कुशल ड्राईवर गाड़ी के बिना स्वयं कुछ नहीं कर सकता। शरीर स्वस्थ नहीं है, तो आत्मारूपी ड्राईवर भी बेकार है। वह भी कोई काम का नहीं है।

जिस प्रकार गाड़ी महत्वपूर्ण है, उसी प्रकार से ड्राईवर भी महत्वपूर्ण है। बिना ड्राईवर के गाड़ी दौड़ नहीं सकती। गाड़ी न चलने पर अटाला (कचरा) हो जाती है, गाड़ी भंगार में चली जाती है। ठीक इसी प्रकार, जब शरीर में आत्मा ही नहीं है, तो वह शरीर तो मुर्दा है और मुर्दा किस काम का? थोड़े समय पश्चात तो वह मुर्दा बदबू देने लग जाएगा। कितना ही सुंदर शरीर हो, कितने ही प्रिय जन का शरीर हो, मुर्दे के साथ कोई रहना पसंद नहीं करता। इसीलिए शरीर की कीमत केवल आत्मा के कारण है। आत्मा चले

जाने पर शरीर को नष्ट कर दिया जाता है। यानी बिना आत्मा के शरीर बेकार है। कई धर्मों में शरीर को अधिक महत्व दिया गया है। शरीर के लिए दुनियाभर के नियम बनाए गए हैं। शरीर की पवित्रता पर अधिक जोर दिया गया है। यह भी अति है।

हमें शरीर और आत्मा दोनों को समान महत्व देना चाहिए, दोनों को समान विकसित करना चाहिए, क्योंकि एक स्वच्छ व पवित्र शरीर में एक स्वच्छ और पवित्र आत्मा वास करती है। हमें शरीर के विकारों से बचने के लिए अपने-आपको आत्मा समझना चाहिए। हमें शरीर में रहना है, पर आत्मा बनकर रहना है। ऐसा बनकर अगर हम शरीर में रह सके, तो हम इस शरीर के माध्यम से अपने जीवन में अपनी आत्मा को मोक्ष-प्राप्ति तक अवश्य पहुँचा पाएँगे। और प्रत्येक आत्मा का अंतिम लक्ष्य मोक्ष पाना है। उसी के लिए आत्मा ने यह शरीर का आवरण ओढ़ा हुआ है, यह बात हमें सदैव याद रखनी है।

एक दिन गुरुदेव मुझे बाहर, पूर्व दिशा की ओर ले गए। उस ओर वह बड़ा जलप्रपात था। उस मुख्य जलप्रपात के आसपास बहुत से छोटे-छोटे जलप्रपात थे। वहाँ पर सुबह-सुबह खूब पक्षी जमा थे। सुबह का वातावरण होने से पक्षी खूब चहक रहे थे। विभिन्न पक्षी विभिन्न प्रकार की आवाजें निकाल रहे थे। गुरुदेव ने कहा, "उस झाड़ पर देखो, वह चिड़ियों का समूह क्या बातें कर रहा है। समझने का प्रयास करो।" मैंने देखा तो सैकड़ों की तादाद में वहाँ पर चिड़ियाँ जमा थीं और वे बहुत जोर से आवाजें कर रही थीं। गुरुदेव ने कहा, "प्रथम तो वे शोरगुल बेकार में कर रही हैं, ऐसा सोचना छोड़ दो और यह सोचना शुरू करो—वे बेकार शोरगुल नहीं कर रही, वे कुछ बातें कर रही हैं, जो मुझे समझ में नहीं आ रही, इसलिए मुझे उनकी भाषा शोरगुल लग रही है।"

"अब वे अपनी भाषा में क्या कह रही हैं, वह समझने का प्रयास करो। वे क्या आवाज निकालती हैं, उस पर एकाग्रता करो तो मालूम होगा—वे एक ही आवाज कई बार निकाल रही हैं। एक ही आवाज कई बार निकाल रही हैं, यानी कुछ कह रही हैं जो सुना नहीं जा रहा है, इसीलिए बार-बार कहना पड़ रहा है। फिर बार-बार क्या प्रसन्नता से कहती हैं या अप्रसन्नता से कहती हैं, यह अध्ययन करो।

किसी एक विशिष्ट चिड़िया का अध्ययन करो। उसके हाव-भाव का अध्ययन करो। उसके ऑरा का अध्ययन करो। वह जब बोलती है, तब उसके आभामंडल पर होने वाले प्रभावों का अध्ययन करो, तो उसके आभामंडल से समझोगे कि वह क्या कह रही है। देखो, ऊपर की डाल पर बैठी वह चिड़िया बड़े जोर से कुछ कह रही है। उसकी बात नहीं मानी जा रही है, इसलिए और जोर देकर कह रही है।"

"वह चिड़िया एक अनुभवी चिड़िया है। वह उस स्थान पर जाने के लिए मना कर रही है, जहाँ पर ये सब चिड़ियाँ कल गई थीं। वहाँ पर कल इन्हें काफी मात्रा में दाने खाने के लिए मिले थे और इसीलिए सब चिड़ियाँ वापस उसी स्थान पर जाने की बात कर रही हैं। यह अनुभवी चिड़िया इसका विरोध कर रही है। वह कह रही है—पिछले आठ दिनों से हम उसी स्थान पर जा रहे हैं। उस स्थान पर दाने सुरक्षित हैं, वहाँ पर कभी भी जाकर प्राप्त कर सकते हैं। वह हमारा एक प्रकार का सुरक्षित भंडार है। हमें उस सुरक्षित भंडार को समाप्त नहीं करना चाहिए। हमें उसे हमारी आपातकालीन स्थिति के लिए सुरक्षित रखना चाहिए। हमें आज नए स्थानों की खोज करनी चाहिए। अब वर्षाऋतु आने वाली है। उस समय वह दाने का भंडार पास में होने के कारण उपयुक्त होगा, इसलिए उसे सुरक्षित रखना चाहिए।"

"इस बात को बाकी चिड़ियाँ जो कम अनुभवी हैं, नहीं मान रही हैं। इसीलिए अनुभवी चिड़िया वह (बात) बार-बार कह रही है और उनमें बहस चल रही है—आज दाना चुगने किस दिशा में जाया जाए।" अंत में वह अनुभवी चिड़िया अपनी बात बाकी चिड़ियों को समझाने में सफल रही। और इसलिए सफल रही क्योंकि उसने अपने अनुभव के साथ उम्र का भी जोर दिया। उसने कहा, "मैं तुम सब में उम्र में बड़ी हूँ, इसलिए मेरी उम्र के अनुभव का ध्यान रखा जाना चाहिए।" वास्तव में वह सब में सबसे बड़ी थी और सबने उसकी उम्र को सम्मान देते हुए उसकी बात मानने का निर्णय लिया था। और बाद में सब चिड़ियाँ उसकी बात मानकर एक साथ समूह में झुंड बनाकर आकाश में उस दिशा में चल दीं, जिस दिशा में वह अनुभवी चिड़िया लेकर जा रही थी।"

गुरुदेव ने आगे कहा कि किसी भाषा को सीखना हो तो पहले उसका अध्ययन करो, उस भाषा से आत्मीय संबंध निर्माण करो, तो ही किसी भी भाषा को सीखा जा सकता है। हम किसी की भाषा को शोरगुल समझेंगे, हल्की समझेंगे, अपमानित करेंगे तो पशु-पक्षियों की भाषा तो क्या, मनुष्य की भाषाएँ भी नहीं सीख सकते हैं। पशु-पक्षियों की भाषा में शब्द नहीं होते हैं, क्योंकि उन्हें शब्द का ज्ञान नहीं होता है। उनकी भाषा में एक विशिष्ट वाक्य के लिए विशिष्ट आवाज होती है और विशेष आवाज के माध्यम से वे अपनी बात कहते और समझते हैं।

मनुष्य भले ही पशु-पक्षियों की भाषा न समझे, पशु-पक्षी मनुष्य की भाषा समझ जाते हैं। वे अध्ययन करते हैं—मनुष्य के आभामंडल का, मनुष्य के चैतन्य का। उस आभामंडल पर पड़ने वाले प्रभाव की सहायता से वे मनुष्य की भाषा समझते हैं। जिस प्रकार से पशु-पक्षी बात करते हैं और उनकी भाषा में शब्द नहीं होते हैं, वैसे ही कई आदिवासी कबीलों की भाषाएँ हैं जिनमें शब्द नहीं होते हैं। एक आवाज ही एक वाक्य होता है। जब एक वाक्य में होने वाली बात एक आवाज में ही हो सकती है, तो इतना बड़ा वाक्य बोलने की क्या आवश्यकता है? जैसे माँ बच्चे को पुकार रही है, "तुम कहाँ हो?" इस वाक्य के लिए चिड़िया केवल एक 'ची' करके आवाज निकालेगी। बस! उसकी आवाज का अर्थ है—वह बच्चे को कह रही है, "तुम कहाँ हो?" बच्चा 'चु' करके आवाज देगा- "मैं यहाँ हूँ।" बस, हो गया काम!

भाषा ऐसी होनी चाहिए जिसमें आत्मीयता हो। बिना आत्मा के शरीर मुर्दा है, वैसे ही बिना आत्मीयता के भाषा मुर्दा है। दोनों के बीच संप्रेषण (संवाद) होना चाहिए। अगर दोनों के बीच संप्रेषण नहीं होता है, तो भाषा का कोई मतलब ही नहीं है, महत्व ही नहीं है। बोलने वाले का सुनने वाले के साथ आत्मीय संबंध होना चाहिए। दोनों के बीच एक स्तर के ऊपर संवाद स्थापित होना चाहिए। नहीं हो तो कई बार आत्मीयता के अभाव में या स्तर के अलग-अलग होने पर संवाद स्थापित नहीं होता है। गुरु और शिष्य के बीच यह साधारणतः होता है।

शिष्य की गुरु से आत्मीयता होनी चाहिए। आत्मीयता होगी श्रद्धा से। जब तक श्रद्धा नहीं होगी, तब तक आत्मीयता नहीं होगी और जब तक आत्मीयता नहीं होगी, श्रद्धा नहीं आएगी। यह सब एक दूसरे से जुड़ा होता है। आत्मीयता होने पर ही गुरु की बात उसी अर्थ में समझी जा सकती है, जिस अर्थ में गुरु बोल रहे हैं। गुरु की बात जब तक शिष्य उसी अर्थ में नहीं लेता, तब तक गुरु अटक जाते हैं। वे उसी बात को बार-बार तब तक दोहराएँगे, जब तक शिष्य उनकी बात को उनके कहे गए अर्थ में नहीं लेता है। उम्र का, अनुभव का, ज्ञान का, अनुभूति का स्तर—गुरु का अलग होता है, शिष्य का अलग होता है। इसलिए स्तर पर तो समानता है ही नहीं। गुरु बहुत ऊपर के स्तर पर बोलते हैं, शिष्य बहुत नीचे के स्तर पर समझता है। दोनों में स्तर का एक बड़ा अंतर निर्मित हो जाता है। यह अंतर केवल आत्मीय संबंध से ही पाटा जा सकता है।

मेरी भी कही गई सब बातें तुम्हारे भी समझ में न आएँ, तुम्हें ऐसे अनुभव नहीं, तुम्हें उनका ज्ञान नहीं, तुम्हें उनकी अनुभूति भी नहीं हुई है, तो मेरी बातों पर विश्वास रख। उन्हें तभी समझ पाएगा। अगर विश्वास नहीं करेगा तो वे अविश्वसनीय लगेंगी ही, क्योंकि समय का एक बड़ा अंतराल बीच में है। क्योंकि मैं सबकुछ अपने अनुभवों के आधार पर बोल रहा हूँ, तू तेरे अनुभवों के आधार पर सुन रहा है। तू उसे सुन मत। सुनना शरीर से होता है। श्रद्धा से उस पर विश्वास कर कि गुरुदेव कह रहे हैं, तो यही सही होगा। और जो कह रहे हैं, वह मेरे हित के लिए ही है। यह श्रद्धा ही तुझे, वह अनुभव न होते हुए भी, उस बात का ज्ञान करा देगी। दूसरा, मेरे जीवन में आए अनुभव वैसे ही तेरे जीवन में भी आएँगे, ऐसा नहीं है क्योंकि मेरे जीवन के समय और तेरे जीवन में समय का अंतर होगा ही। लेकिन जीवन का एक अनुभव जो हमें कीमत न चुकाते हुए मिला है, वह मार्गदर्शन करेगा, ऐसा भी हो सकता है। मनुष्य को सदैव अनुभव से सीखना चाहिए। अनुभवों से डरने की या भयभीत होने की कोई आवश्यकता नहीं है। इस प्रकार की घटनाएँ केवल गुरु और शिष्य में नहीं होती, पिता और पुत्र में भी होती हैं। दोनों में 25-30 साल का अंतर होता है। दोनों का समय का अंतराल अलग होता है। जो बुरे अनुभव पिता के जीवन में आए हों, वे आवश्यक

नहीं कि पुत्र के जीवन में आएं, लेकिन पिता के अनुभव पुत्र को बिना मूल्य दिए, निःशुल्क मिलते हैं।

दूसरा, पुत्र को पिता की मानसिकता का आदर रखना चाहिए। पिता केवल यह चाहता है—जो कठिनाइयाँ उसके जीवन में आईं, वही कठिनाइयाँ पुत्र के जीवन में न आएँ। और जो बुरी घटनाएँ, जो बुरे अनुभव उसके जीवन में आए, वे बुरे अनुभव पुत्र के जीवन में न आएँ। वह केवल पुत्रमोह से पुत्र को समझाता रहता है। उसमें उसका उद्‌देश्य पुत्र का भला करना ही होता है। यह भी हो सकता है, नई समयावधि के कारण पुत्र के जीवन में और नए ही संकट खड़े हों जो पिता के जमाने में भी खड़े न हुए हों। ऐसा भी हो सकता है, लेकिन कम से कम पिता के जीवन की गलतियों को सुधारा जा सकता है।

पिता जाने-अनजाने में, जो गलतियाँ उसने अपने जीवन में कीं, वे पुत्र के जीवन में न हों, यह चाहता है। वास्तव में देखा जाए तो पिता पुत्र के रूप में दूसरा जीवन जीता है। तो स्वाभाविक ही है कि पिता अपने पहले जन्म की गलतियाँ फिर पुत्र के रूप में, दूसरे जन्म में नहीं होने देगा। लेकिन हो सकता है, पुत्र के जीवन में कोई नए अविष्कारों के संकट आएँ, जो अविष्कार शायद पिता के जीवन के समय थे ही नहीं! संकट, समस्या और उनका निदान भी समय के साथ-साथ परिवर्तनीय होता है। मनुष्य समय-समय पर अपने जीवन में आई समस्याओं का निदान करता रहता है। समस्या और समाधान की इसी धूप-छाँव को ही जीवन कहते हैं। जीवन है, तो यह खेल तो चलता ही रहेगा। यह चलते रहना ही जीवन है।

ठीक यही बात गायन और वादन में भी होती है। एक गायक ने या एक वादक ने अपने गुरु से अगर श्रद्धा से, विश्वास से, समर्पण से विद्या ग्रहण की हो, आत्मसात की हो, तो ही वह दूसरे सुनने वालों की आत्मा तक गायन या वादन पहुँचा सकता है। गायन अथवा वादन तो माध्यममात्र है एक आत्मा से दूसरी आत्मा तक पहुँचने का। लेकिन एक गायक के गायन में अपने श्रोताओं को प्रभावित करने का गुर तब होगा, जब उसने गायन सीखा न हो (अपितु) अपने गुरु की आत्मा से अपनी आत्मा तक आत्मसात किया हो।

इसीलिए शास्त्रीय संगीत में, शास्त्रीय गायन में गुरु और शिष्य परंपरा है। शारीरिक स्तर पर केवल शिक्षक होता है। लेकिन जब बात आत्मिक स्तर की, की जा रही हो तो शिक्षक नहीं, गुरु होते हैं। शरीर का शिक्षक होता है, आत्मा के गुरु होते हैं। आत्मा का ज्ञान न सिखाया जा सकता है, न सिखा जा सकता है, यह केवल एक आत्मा से दूसरी आत्मा आत्मसात करती है। शास्त्रीय वादन, शास्त्रीय गायन, इसी प्रकार की आत्मसात करने वाली कलाएँ हैं, जो हजारों वर्षों से आज तक इसी प्रकार से चल रही हैं और आज भी उतनी ही प्रभावशाली हैं जितनी पहले थी। एक गायक अपने गुरु की आत्मा से संबंध स्थापित कर जब गाता है, तब वह अपने गुरु के आभामंडल से प्राप्त चैतन्य को अपने श्रोताओं तक पहुँचाता है। वह केवल माध्यममात्र हो जाता है। उसका स्वयं का 'मैं का अहंकार' समाप्त हो जाता है। फिर गायक के मुख से गाना नहीं, चैतन्य बरसता है। बस ऐसा गायक ही अपने जीवन में अपना एक मुकाम बना पाता है।

जिस प्रकार से वादन, शास्त्रीय गायन में है, ठीक इसी प्रकार से ध्यान में है। ध्यान का ज्ञान आत्मा से आत्मा तक पहुँचा हुआ ज्ञान है। ध्यान कोई सिखा नहीं सकता है और कोई भी सीख नहीं सकता है। यह सीखने और सिखाने के ऊपर की विद्या है। सदैव जो सीखा जाता है, वह शरीर से या बुद्धि से ही होता है और ध्यान तो शरीर और बुद्धि से परे होता है। ध्यान सिखाने के लिए गुरु स्वयं कुछ नहीं कर सकते, ध्यान सिखाना गुरु के बस में नहीं है। कोई भी गुरु इस दुनिया में ध्यान नहीं सिखा सकते क्योंकि गुरु ने भी अपने गुरु से ध्यान सीखा हुआ नहीं होता है।

ध्यानमार्ग में गुरु का कोई महत्व ही नहीं है। गुरु ध्यानमार्ग में कोई काम के नहीं हैं क्योंकि वे इसमें कुछ भी नहीं करते हैं। गुरु स्वयं अपने लिए कुछ नहीं करते हैं, वे शिष्य के लिए क्या कर सकते हैं? शारीरिक स्तर पर गुरु बेकार हैं। शरीर और बुद्धि के स्तर पर गुरु के पास से सीखने जैसा कुछ नहीं होता, उलटा गुरु को व्यवहारिक जगत के आचार-विचार का, सामाजिक व्यवहार का कोई ज्ञान नहीं होता है। गुरु का आचरण भी लेने सरीखा नहीं होता। वे आचरण

भी ऐसा नहीं करते कि कोई आचरण से कुछ ज्ञान ग्रहण कर सके। गुरु का बोलना भी असंगत ही होता है। बोलते समय उसकी बातों को भी कभी नहीं समझा जाता है। सामान्यत: गुरु की बातें उनके जीवनकाल में समझी ही नहीं जाती हैं। यानी गुरु प्रवचन भी नहीं दे सकते। उनसे सुनकर भी कुछ ज्ञान नहीं मिल सकता, क्योंकि उन्होंने सुनकर वह प्राप्त ही नहीं किया है।

जिस प्रकार ध्यान उन्हें प्राप्त हुआ है, जब तक उस तरह आप प्राप्त नहीं करते, तब तक उनकी सब बातें बकवास होती हैं। वे तुम्हें मूर्ख बनाते रहते हैं। वे तब तक मूर्ख बनाते रहेंगे, जब तक तुम बनने के लिए राजी हो। जब मूर्ख बनकर तुम थक जाओगे और तब तुम सोचोगे कि गुरु क्या बार-बार ये बकवास बातें करते रहते हैं, फिर भी हम लोग क्यों इनकी बकवास सुनने आते हैं? क्यों आते हैं? क्यों हमें इनके सान्निध्य में अच्छा लगता है? कौन-सा ऐसा आकर्षण है इनमें, जिस कारण हम खिंचे चले आते हैं। न तो ये सुंदर हैं, न इनकी भाषा सुंदर है। न अच्छा चलते हैं, न इनके पास कोई बुद्धि है। न ये बुद्धिमान है, न ये कोई ज्ञानी हैं। ये कोई भी तो नहीं हैं। फिर भी इनके सान्निध्य में क्यों अच्छा लगता है? हम क्यों बार-बार आते हैं? क्यों? क्यों? क्यों?

जब आप इस 'क्यों ' की ओर सोचोगे तो स्वाभाविक ही आपका ध्यान उन गुरु के शरीर के परे उनकी शक्तियों पर जाएगा और एक क्षण में घटना घटित हो जाएगी। और इसी क्षण का प्रत्येक गुरु पलकें बिछाए इंतजार करते रहते हैं। गुरु का शरीर निमित्त है चैतन्य का। जहाँ आप झुके कि उसका रास्ता बन गया। फिर आप चाहें, न चाहें, आप पर चैतन्यरूपी अमृत बस बरसता ही जाएगा। गुरु की आत्मा के सामने झुके बिना, गुरु स्वयं शरीर से कुछ भी नहीं दे सकते हैं। गुरु स्वयं कुछ दे नहीं सकते, गुरु से लेना पड़ता है; झुककर। जिसे झुकना आ गया, वह खुद ही पा लेगा।

वास्तव में, 'झुकना' यानी एक आत्मा का, एक आत्मा के सामने अपनी ग्रहण करने की इच्छाशक्ति दर्शाना है, क्योंकि ध्यान आत्मज्ञान से प्राप्त हो सकता है और (यह) केवल शारीरिक स्तर पर नहीं होना चाहिए। मान लो, एक बहुत बड़ी पानी की टंकी है और उस टंकी

में एक पाइप डाली हुई है। और उस पाइप का दूसरा सिरा किसी ने मुँह में पकड़कर रखा है। और ऐसा सिरा मुँह में जीवनभर भी पकड़कर रखे तो भी उस व्यक्ति को टंकी में रखा हुआ पानी पीने के लिए नहीं मिलेगा। उस सिरे को मुँह में रख कर पानी को ऊपर की और खींचना होगा, तभी पानी मुँह में आ सकता है।

दूसरा, स्वयं पाईप में पानी नहीं है, जो पाईप को मुँह में रखने से पानी मुँह में आ जाए। पाईप एक माध्यममात्र है। पानी टंकी के अंदर है। पाईप के द्वारा आ सकता है, पर पानी उस पाईप में नहीं है, यह ध्यान रखना होगा। ठीक उसी प्रकार से गुरु सदैव चैतन्य से जुड़े हुए होते हैं, पर गुरु में चैतन्य नहीं है और न गुरु स्वयं चैतन्य दे सकते हैं। गुरु के ही माध्यम से चैतन्य मिल सकता है। तो गुरु के शरीर के माध्यम के परे ही जाना होगा, तभी ध्यान की प्राप्ति हो सकती है। हाँ, यह बात जरूर है, जिसके मुँह में ही पाईप नहीं है, उससे, जिसके मुँह में पाईप है, उसे पानी मिलने की अधिक संभावना है। क्योंकि पाईप खोजना नहीं है, खोजा हुआ है, पकड़ा हुआ है, बस पाईप का उपयोग करना बाकी है। गुरु को पकड़ना ही काफी नहीं है। गुरु के शरीररूपी माध्यम के परे झाँकने की आवश्यकता है।

आध्यात्मिक क्षेत्र में गुरु सान्निध्य का समय जीवन का सर्वश्रेष्ठ समय होता है। पर ऐसा सान्निध्य का समय साधक को उसके पूर्व कर्म के अनुसार ही प्राप्त होगा। यह साधक के जीवन का सुनहरा पल होता है। प्रायः देखा गया है, जीवन में सुनहरे पल कम ही रहते हैं। बाकी समय तो उन पलों को याद करके ही निकालना होता है। इसलिए यह समझना होगा कि ध्यान वह ज्ञान है जो आत्मा से आत्मा के द्वारा प्राप्त किया जाने वाला एक सर्वोत्तम ज्ञान है। स्वयं की चित्तशुद्धि के बिना यह ज्ञान प्राप्त करना असंभव होता है।

गुरुदेव को आग जलाने में निपुणता हासिल थी। वे दो चकमक पत्थरों के पास घास रखकर आग जलाते थे और इतनी आसानी से जलाते थे कि कभी-कभी लगता था—दो पत्थरों से चिंगारी निकलती है या वे पत्थरों को माध्यम बनाकर अपनी चित्त-शक्ति से आग जला लेते हैं? दो बड़े पत्थर थे। उन्हें घिसकर वे आग जलाते थे। प्रायः यह भी बहुत कम बार ही होता था, क्योंकि प्रायःउनकी गुफा में आग

जलती ही रहती थी। एक खड्डा था। उसमें हवनकुंड के समान आग जलती ही रहती थी। पास में रखी लकड़ियाँ उसमें डाली जाती थीं। कई लकड़ियाँ सुगंधित होती थीं। जब वे लकड़ियाँ डाली जाती थीं तो गुफा में बहुत सुगंध ही सुगंध फैल जाती थी और सारा वातावरण बड़ा प्रसन्न व आनंददायक हो जाता था।

'चित्त' के बारे में गुरुदेव ने अग्नि में लकड़ी डालते हुए कहना प्रारंभ किया—'कामवासना' इस अग्नि के समान है। जितना ईंधन दोगे, उतनी बढ़ेगी। और कामवासना चित्त को सबसे अधिक कमजोर करती है। कामवासना एक शारीरिक क्रिया है और शरीर की आवश्यकता भी है। कामवासना की तृप्ति से मिलने वाला सुख शाश्वत सुख नहीं है, क्षणिक सुख है, लेकिन यह अनुभव करके ही जाना जा सकता है। क्योंकि यह शाश्वत सुख होता, तो कामवासना की तृप्ति वाले सभी लोग सुखी होते। लेकिन ऐसा नहीं है। वे लोग भी सुखी नहीं हैं। लेकिन जब तक कामवासना की तृप्ति नहीं होती, तब तक वही तृप्ति का सुख सबकुछ लगता है। इसलिए जिन्होंने नहीं पाया, वे इसलिए अतृप्त हैं कि कामवासना की तृप्ति नहीं हुई और जिन्होंने यह तृप्ति का सुख पा लिया, वे अतृप्त हैं क्योंकि इसमें तृप्ति है नहीं, यह उन्होंने जान लिया।

आध्यात्मिक क्षेत्र में यह कामवासना की अतृप्ति लेकर कभी आगे नहीं बढ़ना चाहिए, क्योंकि यह अतृप्ति आपके आध्यात्मिक पतन का कारण बनेगी। जिस प्रकार एक गुब्बारे में एक छोटा-सा छेद हो, पर गुब्बारा फुलाने पर वही छोटा-सा छेद बड़ा हो जाएगा, गुब्बारा उसी छेद के कारण फूट जाएगा। ठीक इसी प्रकार से कामवासना की अतृप्ति लेकर कभी भी आध्यात्मिक प्रगति नहीं की जा सकती है। कामवासना को जबरदस्ती नियंत्रित करना भी ठीक नहीं, क्योंकि फिर काम का वेग गलत तरीके से बाहर आता है।

कई बार ऐसा होता है कि एक साधक जीवनभर कामवासना के ऊपर जबरदस्ती नियंत्रण करता है और अपनी वृद्धावस्था में किसी छोटी लड़की पर बलात्कार का पाप करता है। यानी जबरदस्ती से दबाया गया आवेग गलत तरीके से बाहर आ गया। इसलिए इसमें जबरदस्ती से किया गया नियंत्रण घातक सिद्ध होता है। एक साधक

शारीरिक स्तर को पार कर आत्मिक स्तर पर पहुँच जाए, तो उसका कामवासना पर स्वाभाविक रूप से नियंत्रण हो जाता है। नियंत्रण स्वाभाविक रूप से ही होना चाहिए। नियंत्रण कभी भी जबरदस्ती से नहीं हो सकता है। वह कामवासना का दमन है, जो गलत है। क्योंकि जो जबरदस्ती से किया जाता है, वह सदैव शरीर से ही होता है और जो स्वाभाविक रूप से होता है, वही शाश्वत होता है।

कई लोग आध्यात्मिक प्रगति के लिए ईश्वर के नाम पर उपवास रखते हैं। वह भी गलत है। साधक ने खूब अधिक भी नहीं खाना चाहिए और उपवास भी नहीं करना चाहिए। मध्यमार्ग में रहो। जब हम भोजन में से चित्त निकालने के लिए उपवास करते हैं, तो भोजन में से चित्त निकलने की जगह भोजन में चित्त अधिक लगने लगता है। फिर हर समय, हर जगह भोजन ही भोजन दिखता है। यह भी गलत है और चित्त के लिए नुकसानदायक भी है। आप ध्यान में इतने मग्न हो जाएँ कि आपको भोजन करने की भी सुध न रहे, यह उपवास है। उपवास घटित हो जाता है। जबरदस्ती से करते हैं, वह उपवास नहीं होता। इसलिए, इस प्रकार से जबरदस्ती उपवास नहीं करना चाहिए। स्वाभाविक रूप से हो जाए, तो ठीक है। भोजन शरीर की एक आवश्यकता है। जिस प्रकार से भोजन शरीर की आवश्यकता है, ठीक उसी प्रकार से कामतृप्ति भी शरीर की आवश्यकता है। कामवासना का दमन नहीं करना चाहिए। ब्रह्मचर्य का अर्थ वीर्य-नियंत्रण से लगाया जाता है। वास्तव में वीर्य का तो प्राकृतिक रूप से निर्माण होता है। वह भीतर रह नहीं सकता। अति होने पर बाहर किसी न किसी रूप में आ ही जाएगा। ब्रह्मचर्य का अर्थ, केवल, शारीरिक स्तर पर वीर्य-नियंत्रण नहीं है; ब्रह्मचर्य का अर्थ विचारों से भी ब्रह्मचर्य है—आपके चित्त में कामवासना के विचार भी न आएँ! ब्रह्मचर्य को अधिक विशाल स्तर पर लेने की आवश्यकता है। वीर्य को पुरुषों का मासिक स्राव कह सकते हैं। जैसे स्त्रियों को मासिक स्राव होता है, वैसे ही यह एक स्वाभाविक स्राव है और उसे अस्वाभाविक रूप से दबाना ठीक नहीं है, नहीं तो वह विकृति को जन्म दे सकता है।

कुछ साधक वीर्य-नियंत्रण को युद्धस्तर पर लेते हैं। कई लोग उसके लिए गाँजा का सहारा लेते हैं और उसे दबाने का प्रयास करते हैं, कई जड़ी-बूटियाँ खाते हैं। यह सब शारीरिक स्तर पर करने की आवश्यकता ही नहीं है। कामवासना में स्त्री समाधान को प्राप्त कर सकती है, पुरुष नहीं। यह दोनों की शारीरिक बनावट के कारण होता है। कुछ वर्षों के बाद स्त्री कामवासना से मुक्त हो जाती है, पर पुरुष कब्र में पैर डाले हुए हो तो भी कामवासना से मुक्त नहीं हो पाता है। इसीलिए इससे मुक्ति पुरुष की तुलना में स्त्री के लिए अधिक आसान होती है। यह होना चाहिए, शारीरिक जबरदस्ती से नहीं होना चाहिए।

मेरी सुबह कब होती थी और शाम कब होती थी, इसका मुझे जंगल में पता ही नहीं चलता था। मुझे यहाँ पर आए कितने दिन हो गए थे, क्या मालूम? मैं यहाँ आते समय एक छोटा कैलेंडर साथ में लाया था और रोज नियम से, सूर्योदय होने पर उस दिन की तारीख को काट देता था। ऐसा काफी दिनों तक चला। लेकिन बीच में जो बड़ी गुफा में गुरुदेव के साथ गया था, वहाँ से कुछ हिसाब गड़बड़ हो गया, ऐसा लगता था। कुछ अधिक दिन ही बीत गए हैं, ऐसा प्रतीत हो रहा था। अब अँधेरे का डर, जंगल में जानवरों का डर, इसी जंगल में रह जाने का डर, मर जाने का डर समाप्त हो गया था। अब घंटों मैं उस जलप्रपात को गिरते हुए देखता था। कई बार काफी दिनों तक गुरुदेव ध्यान में ही होते थे। मैं गुफा की साफ-सफाई करना, लकड़ियाँ तोड़कर इकट्ठा करना, फल तोड़कर रखना, आसपास के परिसर को स्वच्छ रखना, अग्नि सदैव प्रज्ज्वलित रखना, ये कार्य करता। अग्नि का साथ, मेरा पक्का साथ था।

कई पशु-पक्षी मेरे मित्र हो गए थे जो मुझे मिलने नियमित रूप से आते थे। मैं उनसे बातें करते रहता था, वे उनकी भाषा में बातें करते थे। मैं उनकी भाषा को समझना चाहता था और उनकी आवाजों की भाषा को समझने का प्रयास करता था। मैं उनके आभामंडल का अध्ययन करता था। उनका आभामंडल सदैव स्वाभाविक ही रहता था। वे विचार नहीं करते थे, पर एक निश्चित समय पर उनसे निश्चित क्रियाएँ होती थीं, पर वे भी निर्विचारिता

में। वे सदैव निर्विचार स्थिति में ही होते थे। मैंने वहाँ पर अपना मन लगा लिया था। अब वहीं पर मुझे अच्छा लगने लग गया। उसी वातावरण में मैं रम गया था। अब वहाँ के खाने की भी आदत हो गई थी। खाना नियमित रूप से नहीं होता था—जब भूख लगी तो कुछ खा लिया। लेकिन भूख ही बहुत कम लगती थी। ऐसा क्यों होता था, पता नहीं। पीने के लिए अच्छा, स्वच्छ पानी होता था। मेरे पास पहनने के लिए एक लुंगी थी। वही कभी चादर की तरह बिछाता था, कभी कंबल के समान ओढ़ता था, कभी तौलिये के समान उसी से बदन पौंछता था। एक कुर्ता भी था। एक झोला भी साथ में लाया था। एक टॉर्च लाया था, पर उसके सेल खत्म हो गए थे। एक सफेद धोती थी। उसकी पत्तियाँ बनाकर लंगोट जैसा लगा लेता था। एक नाड़ा था जो कमर को बाँधा हुआ था, उसी के सहारे उस कपड़े की लंगोट बनाकर रहता था। बाकी कपड़े झोले में थे, पहनता नहीं था। सामान के नाम पर अधिक कुछ नहीं था। दाढ़ी, मूँछ और बाल बहुत बढ़ गए थे। जूते थे, पर वे पहनता नहीं था, ऐसे ही पड़े थे। जूते से पैर फिसलने का डर था। एक छोटा कैलेंडर था, उस पर तारीख रोज सुबह काटता था। बाद में पेन की स्याही खत्म हो गई तो उस तारीख को पेन से छेद करता था। एक छोटा-सा चाकू था जिससे नाखून थोड़ा काटकर बाद में उखाड़ता था। राख से दाँतों का मंजन करता था। नहाने के लिए एक साबुन लाया था, वह कबका खत्म हो गया था। झाड़ के पत्तों से ही साबुन जैसे घिसता था और नहाता था। नहाना भी नियमित नहीं था।

कई दिनों से किसी मनुष्य को देखा ही नहीं था। गुरुदेव के अलावा किसी को देखा नहीं था। इसलिए पूरा ध्यान उन्हीं पर होता था। उनकी छोटी-छोटी बातों पर, उनकी छोटी-से-छोटी गतिविधि पर ध्यान रहता था। उनमें जबरदस्त आकर्षणशक्ति थी। और दूसरा कोई था ही नहीं, इसलिए देखने के लिए केवल वे ही थे।

वे थोड़े गंभीर स्वभाव के ही थे। उनको हँसते हुए मैंने कभी देखा नहीं था। फिर चेहरा सौम्य था, आकर्षक था। लकड़ी की आवश्यकता थी, ऐसा प्रतीत नहीं होता था, पर लकड़ी की उन्हें आदत थी। वे सदैव लकड़ी लेकर ही चलते थे। कभी-कभी वे शून्य

में देखते थे, मानो भविष्य में झाँक रहे हों। ऐसे ही एक दिन शून्य में झाँकते हुए उन्होंने मुझसे कहा, "तुम्हारा हंडा बहुत बड़ा है। इसीलिए शिवबाबा ने अपनी शक्ति तुम्हारे भीतर डाली है और मैं भी मेरी शक्तियाँ तुम्हारे भीतर डाल रहा हूँ। ध्यान-साधना के लिए एक जन्म कम होता है। इसके लिए जन्मों-जन्मों तक साधना करनी होती है। एक जन्म में चैतन्य लेना व देना, दोनों कभी नहीं हो सकता है। और ग्रहण करके अधिक चैतन्य देना, अनुभूति देना अत्यंत कठिन है। क्योंकि उसके लिए बड़ा विशाल हृदय चाहिए, बड़ी उदारता चाहिए। क्योंकि जो स्वयं ने मेहनत से, कठिनाइयों से पाया हो, संघर्ष कर पाया हो, वह ज्ञान दूसरे को आसानी से कैसे दिया जा सकता है? कभी दिया ही नहीं जा सकता है। यह ज्ञान देना, अपना सर्वस्व देना है। यह दुनिया में केवल माँ ही दे सकती है। इस जगत में केवल माँ ही है जो अपनी संतान के लिए अपना सर्वस्व जीवन दाँव पर लगाती है और संतान को जन्म देती है। तुम माँ हो। तुम्हारे भीतर माँ का हृदय है। तुम्हारे भीतर अपना सर्वस्व देने की क्षमता है। तुम अपना सर्वस्व किसी को दे सकते हो। तुम किसी को नया जीवन दे सकते हो, तुम किसी को नया जन्म दे सकते हो। तुम माँ बन सकते हो। तुम्हारे भीतर माँ बनने की पूरी-पूरी संभावना है। उस संभावना को जगाओ, उस माँ बनने की क्षमता को जगाओ। वह क्षमता हमारे गुरुजगत की एकमात्र आशा की किरण है, उस किरण को जगाओ। तुम उस किरण को जगाओ। तुम अपने भीतर वह इच्छा जागृत करो कि मुझे मेरा सर्वस्व देना है। तुम चाहो तो दे सकते हो। मातृत्व का भाव तुम्हारे भीतर जन्मजात है। उस मातृत्व के भाव को जगाओ। तुम्हारे भीतर स्त्री-सुलभ भावना है, उसे जगाओ। पुरुष पा सकता है, लेकिन दे नहीं सकता। स्त्री पा भी सकती है, दे भी सकती है। इसलिए समाज को ज्ञान स्त्री से मिल सकता है, पुरुष से नहीं। इसलिए अपने भीतर के स्त्रीतत्त्व को जगाओ, वह स्त्रीतत्त्व मानवजाति को कुछ नवजीवन दे सकता है।"

गुरुदेव क्या कहना चाह रहे थे, वह समझ में नहीं आ रहा था। मैं तो पुरुष हूँ, तो मैं स्त्री कैसे बन सकता हूँ? फिर ये मुझे स्त्री बनने के लिए क्यों कह रहे हैं? ऐसे कोई पुरुष स्त्री बन सकता है क्या? ये क्या बोल रहे हैं, कुछ भी समझ में नहीं आ रहा है। हंडा बड़ा है

यानी क्या बड़ा है? स्त्री बन यानी क्या? माँ बन यानी क्या? मातृत्व की भावनाएँ जगा यानी क्या? वे क्या कह रहे हैं, वह समझ में नहीं आ रहा था। उनके सान्निध्य में यह मैं समझ गया था कि ये कोई मजाक नहीं कर रहे हैं। यह जानकर मैं और गंभीर हो गया। क्या यह मुझे स्त्री बनाना चाहते हैं? मैंने अपना सिर उस दिन खूब धुना, पर मुझे समझ में नहीं आया। फिर दूसरे दिन की सुबह, मैंने ध्यान के बाद गुरुदेव से प्रार्थना की कि आप क्या कह रहे हैं, वह मुझे रत्तीभर भी समझ में नहीं आया है। इसलिए मैं आपसे प्रार्थना करता हूँ, मैं आपकी इच्छानुसार स्त्री बनूँ। आप जो अपेक्षाएँ मुझसे कर रहे हैं, मैं आपकी अपेक्षाओं को पूर्ण कर पाऊँ, बस यही आशीर्वाद दीजिए। मुझे उस समय गुरुदेव के ही शब्द याद आ रहे थे, "गुरु कहते अपने स्तर पर हैं, शिष्य सुनता अपने स्तर पर है। दोनों में संवाद नहीं हो पाता है।" ठीक ऐसा ही हो रहा था। वे बोल अपने स्तर पर रहे थे, मैं समझ अपने स्तर पर रहा था। इसीलिए दोनों में संवाद नहीं हो रहा था और उनकी बात मेरी समझ में नहीं आ रही थी। मैं उनसे कुछ ज्ञान ग्रहण करने के उद्‌देश्य से आया था और वे ज्ञान देने की जगह मेरे ही भीतर के किसी ज्ञान को जगाने का प्रयास कर रहे थे, ऐसा मालूम हो रहा था। तो वह क्या है जो मेरे भीतर है? और वे क्या बाहर निकालने का प्रयास कर रहे थे?

मैंने मेरा ही आत्मचिंतन किया। परमात्मा को जानने की तीव्र इच्छा मन में थी। और ईश्वर को जानकर वह मार्ग दूसरों को भी बताने की तीव्र इच्छा थी और बस इसी उद्‌देश्य से मैं इस मार्ग में आया था। पर परमात्मा तो अभी मुझे ही नहीं मिला था तो उसका मार्ग मैं दूसरों को कैसे बता सकता हूँ? दूसरों को ईश्वरीय ज्ञान बाँटने की इच्छा भीतर प्रबल थी, पर ईश्वरीय ज्ञान तो मुझे ही नहीं मिला था तो बाँटने का सवाल ही नहीं आता है। कोई चीज बिना मिले कैसे बाँटी जा सकती है? दूसरा, ये गुरुदेव भी कुछ देने की बात नहीं कर रहे हैं और बाँटने की बात कर रहे हैं। जैसे-जैसे सोचता गया, मेरी गंभीरता बढ़ती गई। कुछ तो भी मेरे भीतर है जिसके बाहर निकलने की आवश्यकता है। कोई तो ज्ञान का खजाना भीतर है, वह बाँटा जाना है। वह क्या है, यह प्रश्न अभी अनुत्तरित था, लेकिन गुरुदेव की बातों से बाहर की खोज बंद हो गई, बाहर खोजना,

बाहर भटकना बंद हो गया और अपने ही भीतर झाँकना प्रारंभ हो गया। मेरे भीतर की यात्रा प्रारंभ हो गई—कुछ मेरे भीतर छुपा हुआ है और उस तक मुझे पहुँचना है। मेरे अंदर क्या हो सकता है? मैंने जीवन में क्या पाया है जो भीतर होगा! कुछ भी तो नहीं पाया है।

फिर अचानक मेरे दिमाग की बत्ती जली कि मैंने कुछ प्राप्त नहीं किया है। लेकिन शिवबाबा के शब्द याद आने लगे। उन्होंने कहा था, "मैंने मेरा सर्वस्व तुझे सौंप दिया है।" ये गुरुदेव जो कह रहे हैं, वह शायद वही होगा। क्योंकि शिवबाबा ने कहा था—मैंने मेरा सर्वस्व सौंप दिया है। जबकि मुझे स्वयं में, कुछ प्राप्त किया है, ऐसा कुछ भी नहीं लगा। शिवबाबा कह रहे थे, मैंने मेरा सर्वस्व तुझे दे दिया है और गुरुदेव कह रहे थे कि तेरे ही भीतर है, बस उसे बाँटना है। दोनों में कुछ समानता प्रतीत हो रही थी। दोनों अपने स्तर पर कह रहे थे। वे दोनों समझ रहे थे, वे दोनों जान रहे थे, बस अनजान मैं ही था। मैं ही मूर्ख था, जो समझ नहीं पा रहा था। मैंने आने वाले समय का इंतजार करना ही उचित समझा, क्योंकि वही आगे का मार्ग बता सकता था। इसलिए मैंने आने वाले समय का ही इंतजार करने का निर्णय लिया क्योंकि गुरुदेव की ही इच्छा थी कि जो कुछ भीतर है, वह बाहर आए और मेरे द्वारा जन-जन तक वह पहुँचे। केवल ये इस जन्म की बात कर रहे हैं या अगले जन्म की... क्योंकि यहाँ पर तो कई दिनों से किसी जन को देखा तक नहीं है।

गुरुदेव बात को बड़ी गहराई के साथ कहते थे और मैं था कि उस गहराई को समझ ही नहीं पा रहा था। ऐसा लगा, जब कुछ समझ में न आए तो अपने गुरुशक्तियों के प्रति संपूर्ण समर्पण का भाव ही श्रेष्ठ कार्य प्रतीत होता है। "मुझे कुछ भी समझ में नहीं आ रहा है" यह कबूल कर लो तो समझने का अहंकार गिर जाएगा। और "आप जो समझ रहे हो तो फिर आपकी इच्छानुसार ही हो।'' यानी यह ऐसा ही हो जाता है, जैसे बचपन में माँ के साथ घूमने जाते हैं और जब ज्यादा चलने के कारण पैर दुखने लग जाते हैं तो हम माँ को समर्पण कर देते हैं और कहते हैं, "अब मुझसे चला नहीं जाता। अब मैं नहीं चल सकता हूँ। और अब चला नहीं जाता, मुझे माँ गोद में ले लो।" ठीक वैसे ही, "आप क्या कह रहे हो, मुझे नहीं

समझता। आप समझ रहे हो तो आपकी इच्छानुसार ही हो" कहकर पूर्ण समर्पण कर दो। पर पूर्ण समर्पण के लिए पूर्ण श्रद्धा और पूर्ण विश्वास की आवश्यकता होती है, क्योंकि श्रद्धा और विश्वास किए बिना पूर्ण समर्पण नहीं हो सकता है।

ऐसा समर्पण करने के बाद मैं उन्हें धीरे-धीरे समझने लग गया। वे मुझे भीतर जाने के लिए प्रेरित कर रहे थे और उनका उद्देश्य मुझे भीतर ले जाना और जो भीतर शिवबाबा की शक्तियों का खजाना रखा था, उसका एहसासभर दिलाना था। शिवबाबा ने 40 साल ध्यान-साधना करके अपने गुरुदेव से जो प्राप्त शक्तियों का खजाना लेकर संभालकर रखा था, वही खजाना गुरुदेव मुझे याद दिला रहे थे। वह शक्ति-संग्रह है और शक्तियाँ संग्रहित केवल बाँटने के लिए की जाती हैं।

गुरुतत्त्व सदैव प्रकृति में जाकर प्रकृति से समरसता स्थापित करता है और प्रकृति से ग्रहित अनुभूति का सुप्त (भीतरी) ज्ञान, सजीव ज्ञान ग्रहण करता है और इस प्रकृति के बहुमूल्य खजाने को अपने बाँटने के स्वभाव के कारण जनसामान्य तक बाँटता है। इस बाँटने के स्वभाव के कारण ही प्रकृति की शक्तियाँ इनके पास खिंची चली आती हैं। अचानक मुझे गुरुदेव के शब्द याद आए, "तुम्हारे देने की क्षमता पर ही तुम्हें परमात्मा से प्राप्त होता है।"

सचमुच, प्रकृति की तरफ देखो तो प्रकृति सबको देती ही रहती है। बादल पानी देते हैं। छोटी नदी बड़ी नदी को, बड़ी नदी समुद्र को पानी देती है। कहीं बादल पृथ्वी को पानी देते हैं। पृथ्वी वृक्ष को, वृक्ष पक्षियों को फल देते हैं। प्रकृति का गुणधर्म है—देना। इसीलिए जो प्रकृतिमय हो गया, वह देना स्वयं ही सीख जाएगा। प्रकृति सबको समान रूप से देती है, किसी से भी भेदभाव नहीं करती है। उसके लिए सब समान हैं। नदी पर जाओ, नदी सब जातियों के, सब रंगों के, सब धर्मों के, सब भाषाओं के लोगों को समान पानी देती है। वह धर्मात्मा व दुरात्मा, दोनों को समान पानी देती है। शायद ये सब भेद मनुष्य के द्वारा बनाए गए हैं। ये अलग-अलग भेद बनाकर मनुष्य प्रकृति से दूर होता जा रहा है। प्रकृति के सान्निध्य में व्यक्ति प्रकृतिमय हो जाता है और वह प्रकृतिमय व्यक्ति कोई भेदभाव नहीं

कर सकता है। ध्यान करने वाले भी प्रकृति के साथ रहते-रहते प्रकृति के समान हो जाते हैं और वे भी सभी असमानताओं के ऊपर की सोच रखते हैं। या स्वयं ही यह प्रक्रिया घटित हो जाती है।

काफी दिनों से मैं समाज से दूर था, इसलिए एक अलगाव अपने-आप में महसूस होने लग गया था और प्रकृति का सान्निध्य ही अच्छा लग रहा था। ऐसा लग रहा था, मानो जीवन यहाँ पर थम जाए और जीवनभर मैं इस सृष्टि के सौंदर्य का आनंद लेता रहूँ। वहाँ पर कोई मनुष्य नहीं था, तो स्वाभाविक हो गया कि वहाँ के वृक्षों से, वहाँ की लताओं से, वहाँ के पत्थरों से, वहाँ की माटी से लगाव हो गया था। मैं वृक्षों से बातें करता था। कई पक्षी व पशु मेरे मित्र हो गए थे। उनसे आत्मीय संबंध बन जाने के बाद उनकी आवश्यकता बिना बताए भी पता चल जाती थी। यह ठीक वैसा ही था कि बच्चा क्यों रो रहा है, माँ स्वयं ही जान जाती है।

इस प्रकार के शांत जीवन में उस दिन वज्रपात हुआ, जब गुरुदेव ने कहा, “तुम्हारी मेरी ओर से शिक्षा समाप्त हो गई है। अब तुम्हें मैं आगे की शिक्षा के लिए किसी और गुरु के पास भेज रहा हूँ। कल सुबह हमें यहाँ से प्रस्थान करना है।” वह सुनकर मैं बड़ा विचलित हो गया। मैं तो समझ रहा था कि मुझे इन्हीं गुरुदेव के चरणों में ही जीवन व्यतीत करना है। उस रात जब मैं गुरुदेव के चरण दबा रहा था, तो सोच रहा था, “यह अवसर अब मुझे कभी भी नहीं मिलेगा। इन्होंने ऐसा क्यों किया? क्या मेरे से ही कोई गलती हुई थी? क्या मालूम?” गुरुदेव ने मेरे भाव को समझ लिया और उन्होंने ही समझाना शुरू किया, “गुरु एक माली के समान होते हैं। एक छोटी-सी नर्सरी (पौधाघर) में वह एक छोटे-से बीज को लगाते हैं। बीज से पौधा बनने तक वह राह देखते हैं, बीज को खाद देते हैं, पानी देते हैं। जब बीज से पौधा बन जाता है, तब वे उस पौधे को किसी नए, अच्छे व ऐसे स्थान पर स्थानांतरित करते हैं जहाँ पर पौधा वृक्ष बनकर विकसित हो सके। वे सदैव अपने पौधे की प्रगति चाहते हैं। कभी माली अपने पौधों की कटाई भी करता है तो भी इसी उद्देश्य से कि पौधा अच्छे तरीके से विकसित हो सके। यानी माली की क्रियाएँ कुछ भी हों, माली का उद्देश्य सदैव पौधे को विकसित

करना है। कई बार कई माली ऐसे पौधे को जीवनभर विकसित करते हैं, पर आवश्यक नहीं कि उस विकसित किए गए पौधे के फल उनके जीवन में ही मिले, फल आने वाली पीढ़ियों में कोई खाता है। माली कभी भी अपने पौधे का अहित कर ही नहीं सकता है। ठीक इसी प्रकार से गुरु का होता है। गुरु अपनी शक्तियों का बीज अपने शिष्यों में डालते हैं और शक्तियों का वह बीज विकसित हो, यह चाहते हैं। गुरु के कुछ शिष्य उनके बीज को विकसित कर पाते हैं, कुछ नहीं कर पाते हैं। लेकिन गुरु के सारे प्रयत्न, शिष्य के रूप में बीज विकसित हो, ऐसे होते हैं। गुरु के तो अनेक शिष्य होते हैं, मेरा तो तू केवल एक ही शिष्य है। तो मेरी सारी भविष्य की संभावनाएँ तेरे पर ही आकर समाप्त होती हैं। मैंने मेरे जीवन में मेरे गुरु से जो कुछ प्राप्त किया, वह सब संभाल कर रखा था। अब सब मैंने तेरे हंडे में डाल दिया, क्योंकि तेरे हंडे से अच्छा मार्ग और कुछ हो ही नहीं सकता था।"

"मुझे तेरा आगे का भविष्य मालूम है। मैं अपने गुरु की शक्तियाँ तुझे सौंपकर निश्चिंत हो गया और मेरे जीवन का कार्य समाप्त हो गया। अब मैं इस गुफा में निश्चिंत होकर प्राण त्याग सकूँगा। जिसने जन्म लिया, उसकी मृत्यु निश्चित है। जन्म के साथ मृत्यु का चक्र साथ-साथ चलता है। मेरा तो यह आखरी जन्म है, क्योंकि यह शक्ति तेरे तक पहुँचाने का कार्य ही मेरे गुरु ने मुझे सौंपा था और कहा था, "यह कार्य पूर्ण करके मोक्ष प्राप्त कर।" मेरे गुरु ने मुझे मोक्ष की स्थिति तो आज से कई वर्षों पहले ही दी थी, बस गुरुदक्षिणा के लिए यह कार्य सौंपा था। मैं अपने-आपको इस कार्य से भी मुक्त पा रहा हूँ। इस गुरु-आज्ञा के बंधन में मैं जकड़ा हुआ था। अब मेरी आत्मा इससे भी मुक्त हो गई है। जिस प्रकार एक नदी के जीवन का एक ही उद्देश्य होता है—सागर तक पहुँचना। बस, मेरा भी एक ही उद्देश्य था—सागर तक पहुँचना। अरे पगले! रो क्यों रहा है? तू ही मेरा सागर है। मैं तुझे सागर मान रहा हूँ, ऐसा नहीं है, तू सागर ही है। तुझे पता नहीं, कितनी नदियाँ तुझमें समाने वाली हैं। बस, मुझे आगे का दिख रहा है, तुझे नहीं। बस, हम दोनों में यही एक अंतर है।" गुरुदेव क्या बोल रहे थे, वह तो मुझे समझ में नहीं आ रहा था। मैं उनके चरण बड़े जोर से पकड़ रहा था। ऐसा लग रहा

था कि मेरी पकड़ से कहीं गुरुचरण छूट न जाएँ। और वे लगातार समझा रहे थे और मैं लगातार रो रहा था।

गुरुदेव ने आगे समझाना शुरू किया, "अरे पगले! जो आया है, उसे जाना ही है। मनुष्य आता ही जाने के लिए है। लेकिन बहुत कम मनुष्य ऐसे भाग्यवान होते हैं जो जीवन में मोक्ष के लक्ष्य को प्राप्त कर पाते हैं। प्रत्येक जीवन का लक्ष्य मोक्ष की प्राप्ति है। प्रत्येक आत्मा का जन्म लेने का लक्ष्य ही मोक्ष-प्राप्ति है। इसीलिए आत्मा अलग-अलग योनियों में जन्म लेती है। और आत्मा की इस उत्क्रांति की प्रक्रिया के तहत अंत में वह मनुष्य-जन्म लेती है। मनुष्य-जन्म ही एक ऐसी योनि में जन्म है, जहाँ पर मोक्ष-प्राप्ति की जा सकती है। यह मनुष्य-योनि अन्य योनियों व परमात्मा के बीच की महत्वपूर्ण कड़ी है। या यूँ समझ लें, मनुष्य-योनि वह पुल है, जिसे पार करके ही परमात्मा तक पहुँचा जा सकता है।''

"मनुष्य इस योनि में जन्म लेता है और इस मनुष्य-शरीर रूपी पुल को ही अपना अंतिम ठिकाना समझ लेता है। जो ऐसा समझता है, वह इसी पुल पर अटक जाता है। और वह तब तक अटका रहता है, जब तक वह किसी को पुल पार करते हुए नहीं देखता है। तब तक इस पुल के आगे भी कुछ है, इसका एहसास उसे नहीं होता है। जब वह किसी को मोक्ष प्राप्त करते हुए देखता है, तब उसे एहसास होता है—मैं मनुष्य-शरीर को ही अपना घर समझ रहा था, यह तो धर्मशाला है। अपना घर तो अलग ही है। लेकिन इसके लिए आवश्यक है, कोई आत्मा उसके सान्निध्य में आए जो धर्मशाला से अपने घर गई हो। वह आत्मा इसे भी एहसास कराएगी कि धर्मशाला धर्मशाला है, घर आखिर घर ही होता है।"

"एक आत्मा जब मनुष्य-योनि में जन्म लेकर मनुष्य-शरीर का उपयोग, परमात्मा की प्राप्ति में पुल के समान करती है और पुल पार करके अपने मोक्षरूपी घर जाती है, तब वह पुल पर अटकी हुई कई आत्माओं के भीतर जागृति करती है। उस पुल पर अटकी हुई कई आत्माएँ जो पुल पर ही सोई पड़ी हुई हैं, वे जागती हैं और पुल के पार अपने मोक्षरूपी घर जाने का प्रयास करती हैं। यानी कोई एक आत्मा मोक्ष-प्राप्ति नहीं करती, वह कई लोगों का आदर्श

बनती है। और तू तो वह आत्मा है जो अनेक आत्माओं को पुल पार करवाएगी। अपने-आपको पहचान! तू अपने-आपको जान! तेरे भीतर ही सारा ज्ञान भरा पड़ा है।"

"अभी तेरी स्थिति कस्तूरी मृग के समान है, जिसके भीतर से कस्तूरी के कारण खुशबू निकल रही है और वह पागल जगह-जगह ढूँढ़ता फिर रहा है कि खुशबू कहाँ से आ रही है? मैंने मोक्ष प्राप्त किया है और तुझे हजारों आत्माओं को मोक्ष-प्राप्ति करवानी है। बस, इतना सदैव याद रख, इस मनुष्य-शरीर रूपी पुल पर अटके हुए हजारों लोग अब तुझे मिलने वाले हैं। बस, वह दृश्य देखने मैं नहीं रहूँगा। मेरे पौधे के फल मैं न खा सका तो क्या हुआ, मेरे पौधे के फल किसी के काम तो आ सके, यह क्या कम है? गुरुशक्तियों का कार्य बड़ा विशाल है। किसी गुरु को उसके जीवन में उसके द्वारा लगाए गए वृक्ष के फल खाने नहीं मिलते हैं। क्योंकि अच्छे फल लगने में नारियल के वृक्ष को सदैव बहुत साल लगते हैं।"

"मेरे जीवन में लगाए गए वृक्ष के फल मैं न देख सकूँगा। ठीक ऐसा ही तेरे जीवन मे भी होने वाला है। तेरे द्वारा लगाए हुए वृक्ष के फल तू भी तेरे जीवन में नहीं देख पाएगा। तेरे द्वारा लगाए गए फलों के बगीचे तेरे जीवन के बाद ही फलेंगे-फूलेंगे। इसलिए उठ और तैयार हो जा। फल का विचार भी मत कर। अपना कार्य कर। आज कार्य ही तेरे हाथ में है।"

"और आज तू भी जो फल खा रहा है, वह भी कहाँ तेरे द्वारा लगाए गए वृक्ष का है? तू भी किसी के द्वारा लगाए गए वृक्ष के फल खा रहा है। यह गुरुशक्ति का प्राकृतिक चक्र है। इसी में से हमें जाना है। यह गुरुशक्ति का कार्य भी ऐसे ही चला है और चलेगा। तेरी मोक्ष-प्राप्ति के बाद गुरुशक्ति के आठ सौ सालों के एक युग की समाप्ति होगी। पिछले आठ सौ सालों से जो आत्माएँ पुल पर अटकी हुई थीं, वे सब अब एक साथ, सामूहिक रूप से पुल को पार करेंगी। सामूहिकता तेरी शक्ति है। सामूहिकता तेरे जन्म का उद्देश्य है। तू अथाह सागर है। तू सागर ही बनेगा। हजारों छोटी-छोटी नदियाँ आकर एक बड़े महासागर का निर्माण करती हैं। मुझे सब साफ-साफ दिखाई दे रहा है। मैं तब नहीं रहूँगा, लेकिन आज मैं मेरी दिव्य

दृष्टि से सब देख रहा हूँ। मैं बहुत प्रसन्न हूँ कि एक बड़े महासागर के निर्माण में मुझे भी योगदान करने का अवसर मेरे गुरु ने दिया। मैं इसके लिए गुरु का आभारी हूँ।" मेरे गुरुदेव और भी कुछ कह रहे थे। आगे का सुनना तब योग्य न रहा होगा, इसीलिए शायद मुझे नींद लग गई। वे आगे क्या बोले, क्या मालूम?

सुबह जब आँख खुली तो देखा, मैं गुरुदेव की शैय्या के पास ही सो गया था और गुरुदेव शैय्या पर नहीं थे। थोड़ी देर बाद वे स्नान करके आए। मैं बाद में स्नान करने गया। आज सुबह मैं बड़ा दुःखी था। इन पत्थरों को छोड़कर मैं जा रहा हूँ। यह गुरुस्थान छोड़कर मैं जा रहा हूँ। सुबह-सुबह सब झाड़ों से मिलकर आया, सब वृक्षों से मिलकर आया, सब पशु-पक्षियों से भेंट की जिनसे रोज मिलता था। वे भी मानो सब स्तब्ध थे। उस सुबह बड़े भारी मन से मैं उस सुंदर प्रकृति के स्वर्ग को छोड़कर गुरुदेव के पीछे हो लिया।

हम फिर से उत्तर दिशा की ओर चल दिए और एक निश्चित स्थान के बाद गुरुदेव ने ऊपर की ओर चढ़ना प्रारंभ किया। मैं समझ गया, यह वही मोड़ है जहाँ से रास्ता खाई से ऊपर की ओर जाता है। फिर काफी ऊपर चढ़ने के बाद जब हम ऊपर पहुँचे, तब तक शाम हो गई थी। हम दोनों एक बड़ी पत्थर की चट्टान के सहारे रुक गए। और रात को मैंने प्रार्थना की, "गुरुदेव आप थक गए होंगे। मैं आपके चरण दबाता हूँ। कहते हैं न, गुरु के चरणों में ही स्वर्ग होता है।" गुरुदेव ने गर्दन हिलाकर सम्मति दी और मैं चरण दबाने लग गया। और गुरुदेव ने कहना प्रारंभ किया, "भारतीय संस्कृति में गुरुचरण का बड़ा महत्व बताया गया है। पर यह प्रतीकात्मक है। गुरुचरण प्रतीकात्मक हैं। मैं तुझे नाराज नहीं करना चाहता, इसलिए दबाने दे रहा हूँ। बाकी यह प्रतीकात्मक है। अपने गुरुदेवरूपी आराध्य देवता के सामने अपना सर्वस्व अर्पण कर देना है, बस यही भाव है। आप आपका सर्वस्व अर्पण करोगे यानी आप सर्वस्व रूप से झुक जाओगे। गुरुदेव जमीन पर खड़े हैं, तो उनके सामने कल्पना करो कि तुम पूर्ण रूप से झुक गए। तो स्वाभाविक है कि तुम्हारा मस्तक और उनके चरण इन दोनों का केंद्रस्थान चरण ही होंगे। वास्तव में, संपूर्ण झुकना यानी अपने अस्तित्व को गुरुदेव के अस्तित्व के साथ जोड़ना

है और इस प्रकार से हम हमारे अहंकार को समाप्त करते हैं। हमारा जो 'मैं' का अहंकार है, जो हमें परमात्मा से अलग रखता है, वह समाप्त हो गया तो बस हम 'स्वाभाविक' हो गए, हम प्राकृतिक हो गए, क्योंकि यह अहंकार का अस्तित्व लेकर हम पैदा नहीं हुए हैं। गुरुदेव के चरण तो निमित्त हैं हमें झुकाने के लिए। हमारा किसी भी स्थान पर झुकना ही अधिक महत्वपूर्ण है। जिसके प्रति हमारे मन में प्रेम होता है, जिसके ऊपर हमारी संपूर्ण श्रद्धा होती है, उस स्थान पर झुकना हमारे लिए आसान होता है। 'झुकना' अपने अस्तित्व को मिटाने की एक कला है। यह जिसे आ गई, बस उसका बेड़ा पार! यह लाई नहीं जा सकती है। यह कला है, कुदरती है। यह कुदरती रूप से ही आती है।" फिर बाद में मुझे भी नींद आ गई थी, क्योंकि पहाड़ चढ़कर मेरे भी पैर दुख रहे थे।

हमने दूसरे दिन सुबह उत्तर दिशा की ओर चलना प्रारंभ किया और दिनभर चलते रहे। और शाम के समय आदिवासी लोगों की एक बस्ती के पास हम पहुँचे, दो आदिवासियों ने हमें दूर से ही पहाड़ चढ़ते हुए देख लिया। और मैं आगे क्या देखता हूँ गुरुदेव का स्वागत करने उस बस्ती का आदिवासी राजा स्वयं सात-आठ लोगों के साथ सामने आया। गुरुदेव को वह बड़े सम्मान के साथ गाँव में ले गया। एक बड़ी कुटीर में गुरुदेव की और बाहर की कुटीर में मेरे रहने की बड़ी सुंदर व्यवस्था की गई थी। मैंने कई दिनों के बाद कोई मनुष्य देखे थे। जो देखे, वे अजीब प्रकार के थे, पर मनुष्य, यह देखकर ही मुझे बड़ा अच्छा लगा। रात के समय फलों का भोजन किया। रात में कब नींद लग गई, पता ही नहीं चला था। सुबह जब नींद खुली तो आदिवासी लोग अपनी सुबह की प्रार्थनाएँ कर रहे थे। फिर उस दिन बड़ा अच्छा दृश्य देखा। बाँस की बनी छोटी-छोटी टोकरियों में पत्ते और उसके ऊपर फूल सजाकर और रंग-बिरंगी पोशाकों में आदिवासी आते थे और गुरुदेव के सामने आकर वह गुलदस्ता रख देते थे और नीचे बैठकर दोनों हाथ पीछे बाँधकर अपना कपाल जमीन पर स्पर्श करते थे। वे वज्रासन में बैठकर क्रम से ऐसा कर रहे थे। वह देखना बड़ा मोहक लग रहा था। यहाँ पर गुरुदेव को बड़ा सम्मान प्राप्त था। और मैं गुरुदेव के साथ आया था, तो बड़ी आदर की दृष्टि से वे लोग मुझे भी देख रहे थे।

मुझे उनकी भाषा भी समझ में नहीं आ रही थी और न उनकी वेशभूषा मैंने कभी देखी थी। वहाँ की स्त्रियाँ एक लंबी लुंगी जैसा नीचे पहने थीं, ऊपर भी एक बड़ा पोलका (कुरती) पहने थीं। अलग रंग के मोतियों की माला पहने थीं। पुरुष केवल नीचे की लुंगी ही पहने थे। लुंगी भी छोटी थी। सिर पर विशिष्ट प्रकार का कपड़ा बाँधे हुए थे। वे गुरुदेव को पहले से ही जानते थे। वे गुरुदेव को एक देवता समझते थे। वे जब भी कभी मुसीबत में रहते, संकट में रहते तो गुरुदेव के माध्यम से परमात्मा से प्रार्थना करते थे। उनके पास बाँस के प्याले थे। बाँस में जहाँ पर गाँठ होती है, उसके 8-10 इंच ऊपर बाँस को काटते थे और पानी या कोई भी पेय पीना हो तो पीते थे। वे चाय के समान कोई पेय पीते थे, जिसमें तेजपत्ता होता था और अदरक होती थी। बड़ा तीखा लगता था। वह तो मुझे किसी काढ़े के समान ही लगता था। वे देते थे, मैं पीता था। पीता क्या था, पीने का नाटक करता था, क्योंकि वह मुझे पसंद नहीं आया था। मैं नजर बचाकर फेंक देता था। वे लोग बड़े भाव से देते थे। उनकी भावनाओं का आदर करते हुए मैं वह ले लेता था। वे बीमारियाँ ठीक करने के लिए विभिन्न प्रकार की जड़ी-बूटियाँ इस्तेमाल करते थे। कुछ विशिष्ट पत्तों से झाड़-फूँक भी करते थे। उस झाड़-फूँक को मैंने गौर से देखा तो पता चला कि वे उस झाड़ की पत्तियों के झाड़-फूँक से सामने वाले व्यक्ति का ऑरा साफ करते थे, आभामंडल साफ करते थे। जब मनुष्य बुरे विचार करता है, नकारात्मक विचार करता है, तब उस व्यक्ति का आभामंडल दूषित हो जाता है। और आभामंडल दूषित हो जाने पर वह शरीर आवश्यक ऊर्जा ग्रहण नहीं कर पाता है और बीमार हो जाता है।

ये लोग झाड़-फूँक कर, उस व्यक्ति ने जो-जो नकारात्मक विचार कर आभामंडल को दूषित कर रखा होता था, उस दूषित प्रभाव को दूर करते थे। वे विशिष्ट जड़ियों को आदमी के आसपास घूमाते थे और बाद में उन्हें आग में डाल देते थे। वे कहते थे—जो बुरी आत्माओं की नजर लगी थी, वह हमने उतार दी। और वह आदमी एकदम ठीक महसूस करने लग जाता था। मेरे बचपन में मेरी नानी लाल मिर्ची और राई के दानों से मेरी नजर उतारती थीं और वह भी बाद में मिर्ची और राई के दाने आग में डाल देती थी।

यह विशेष रूप से तब किया जाता था, जब किसी बड़े कार्यक्रम में कई लोग मुझे गोद में उठाते थे, तो बाद में अगर मुझे बुखार आया तो नानी कहती थी—इतने सारे लोग मिले न, इसलिए किसी की तो इसे नजर लग गई। इसलिए वह शाम को मुझे जमीन पर बिठाती थी, लाल मिर्ची और राई के दाने अपने हाथों में लेकर एक बार बाएँ से दाएँ और दाएँ से बाएँ हाथ ले जाती थी और ऐसे सात बार करती थी। उसे 7 चक्रों का कोई ज्ञान नहीं था, पर यह करने की परंपरा चली आ रही थी। उन आदिवासियों का झाड़-फूँक भी कुछ ऐसा ही लग रहा था। इसके लिए गाँव का एक विशिष्ट व्यक्ति होता था। वह काफी बुजुर्ग होता था। झाड़-फूँक करने के लिए उसकी एक विशिष्ट झोपड़ी होती थी। उसी जगह पर यह कार्य वह करता था। उसे दोंडाई कहते थे। वह पूरे वर्षभर गाँव के सब लोगों के लिए झाड़-फूँक व प्रार्थना करता था। उसके बदले में ग्रामवासी सालभर उसे फसल आने पर अनाज दे देते थे और उसका उदर-निर्वाह हो जाता था। ऐसे व्यक्ति को कुछ लोग ओझा भी कहते हैं।

इनके हिसाब से बुरी आत्माओं के प्रभाव से आभामंडल दूषित होता है और बीमारियाँ आती हैं। ये लोग आत्माओं में और मृत-आत्माओं में विश्वास करते थे। ये लोग बड़े पवित्र व सरल मन के थे। ये प्राकृतिक चिकित्सा पद्धति पर ज्यादा निर्भर थे। यह भी कहा जा सकता है कि प्रकृति पर ही निर्भर रहना उनकी मजबूरी भी थी, क्योंकि वहाँ की परिस्थिति ही ऐसी थी, जिस स्थान पर आधुनिक जगत की चिकित्सा व्यवस्था पहुँची भी नहीं थी। जब जंगलों में घूमता था तो लगता था कि धरती कितनी बड़ी है, कितनी विशाल है और मनुष्य ने एक थोड़े से भू-भाग को विकसित कर लिया है और सोचता है कि मानव-जाति विकसित हो गई। वास्तव में यह मनुष्य का अज्ञान है जिस अज्ञान के कारण वह इस प्रकार सोचता है। अभी भी कई कबीले ऐसे हैं, कई स्थान ऐसे हैं जहाँ पर आधुनिक जगत का मनुष्य आज तक पहुँचा भी नहीं है। ऐसी-ऐसी जगह है, जहाँ हम सोच भी नहीं सकते कि कोई व्यक्ति रह भी सकता है।

ये आदिवासी लोग बड़े निष्कपट थे तथा इनका पुनर्जन्म पर विश्वास था। उनका विश्वास था, अगर हम इस जन्म में कुछ कर्म

करते हैं और कर्म को समर्पित नहीं करते तो उन्हें भोगने के लिए हमें दूसरा जन्म लेना पड़ता है। वह घटना इसी प्रकार की हुई थी। वह आदिवासी राजा एक पहाड़ की ऊँचाई पर रहते थे। उनके घर गुरुदेव को और मुझे भोजन के लिए आमंत्रित किया गया। उनके घर के आसपास अदरक की बहुत खेती होती थी। उस दिन सुबह 11 बजे का समय था। सामने के पहाड़ से एक बूढ़ी आदिवासी स्त्री अपनी पीठ के ऊपर बाँधी हुई टोकरी में बहुत-सी लकड़ियाँ लेकर उस राजा के घर के सामने से निकली। तो राजा ने उस बुढ़िया से वे लकड़ियाँ खरीद लीं और उन लकड़ियों के बदले बाँस के चार प्याले भरकर उसे चावल दिए। ऐसे वस्तु-विनिमय का सौदा तय किया गया था। उस स्त्री ने चार प्याले इस राजा से उन लकड़ियों के एवज में माँगे थे। बाद में वह स्त्री अपने घर चली गई। मैंने राजा से पूछा, "आपके पास इतनी तो लकड़ियाँ हैं, फिर आपने उस बूढ़ी स्त्री से और लकड़ियाँ क्यों खरीदीं?" उस राजा ने उत्तर दिया, अगर मैं लकड़ियाँ नहीं खरीदता, तो वह यह पहाड़ पार कर गाँव में जाती, तो उसे कितना कष्ट होता, इसलिए मैंने खरीद ली। वास्तव में, लकड़ियाँ खरीदना तो मेरा एक बहाना था, मुझे उसकी मदद करनी थी। बाद में हमारा भोजन हुआ। भोजन होने के थोड़ी देर के बाद हम बाहर ही बातें करते हुए बैठे थे, तो वह बूढ़ी स्त्री वापस आई और उसने राजा को कुछ चावल वापस किए। उसने कहा, "मैंने घर जाकर देखा तो चार प्यालों की जगह पाँच प्याले चावल थे। एक प्याला अधिक था। इसलिए वह अधिक चावल वापस करने मैं आई हूँ।" राजा ने उसे कहा, "अरे! थोड़े चावल मैंने तुझे ज्यादा दे दिए, तो क्या हुआ? मुझे कुछ कमी नहीं है और न कमी पड़ेगी।" उस बुढ़िया ने बड़ा मार्मिक उत्तर दिया, "थोड़े से चावल से तुझे तो कमी नहीं पड़ेगी, पर मुझे वे तेरे चावल वापस चुकाने के लिए दूसरा जन्म लेना पड़ेगा। मैं इसी जन्म में मोक्ष चाहती हूँ, मैं दूसरा जन्म नहीं चाहती। इसलिए तेरे चावल का कर्ज भी मैं मेरे ऊपर नहीं चाहती और मैं नहीं चाहती कि मुझे तेरे थोड़े से चावल के कर्ज के लिए दूसरा जन्म लेना पड़े, इसलिए तेरे चावल मैं इसी जन्म में वापस कर देती हूँ। ऋण, हत्या और वैर मनुष्य को कभी-ना-कभी चुकाने पड़ते हैं।"

वह स्त्री ऐसा कहकर वे चावल वापस कर के चली गई। मुझे यह घटना बड़ी मार्मिक लगी। मैंने गुरुदेव से कहा, "हम इन आदिवासियों को पिछड़े हुए कहते हैं, लेकिन इनके विचार कितने साफ व सुधरे हुए हैं!" मुझे इस घटना ने बहुत प्रभावित किया। यह पिछड़ा हुआ अविकसित समाज होने पर भी किसी का कुछ लेना नहीं चाहता है। बाद में राजा ने कहा, "मैंने जान-बूझकर ज्यादा चावल दिए थे। मैं तो मदद करना चाहता था, लेकिन उसके स्वाभिमान को रखने के लिए वह अधिक दिए गए चावल मैंने वापस ले लिए।" मेरे मन में रात को एक ही प्रश्न उठ रहा था—विकसित समाज यह है या हमारा आधुनिक समाज? कौन विकसित है और कौन पिछड़ा है, यह सोचते-सोचते मेरी आँख कब लग गई, पता ही नहीं चला।

बकरियों की आवाज के कारण सुबह मेरी नींद खुली। तो देखा, दो बकरी के बच्चे अपनी माँ के पास जाने के लिए आवाजें निकाल रहे थे। उनकी माँ उनको बुलाने के लिए आवाजें निकाल रही थी। सफेद रंग के बच्चे थे और उन पर कहीं-कहीं काले दाग थे। बड़े सुंदर लग रहे थे। वे अभी बिल्कुल ही छोटे थे, फिर भी तेज थे। हाथ में पकड़ना चाहा तो भी नहीं आ रहे थे। बाद में बड़ी मुश्किल से एक बच्चा पकड़ में आया। साधारण बकरी से इन बकरियों का आकार बड़ा छोटा था, ठिंगनी थीं। बच्चे भी छोटे-छोटे थे, उनकी माँ भी छोटी-सी थी। बाद में एक-एक कर दोनों बच्चों को माँ के पास पहुँचाया। माँ भी खुश हो गई और बच्चे भी आनंदित हो गए और दोनों बच्चे माँ का दूध पीने लग गए। वे दूध इतने जोर-जोर से पीने लगे थे कि बेचारी छोटी-सी बकरी माँ हिल रही थी। वह एक जगह कहीं खड़ी नहीं हो पा रही थी।

बाद में हाथ-मुँह धोने कुएँ के ऊपर गया, तो पास की झोपड़ी के सामने आँगन में ही कुआँ था। कुआँ भी बड़ा छोटा-सा था। एक बड़े ड्रम का आकार होता है वैसा ही था, 10-12 फीट पर ही पानी था। रस्सी बाल्टी से पानी निकाला और पास की एक बाल्टी में रातभर से मेरे लिए पानी निकालकर किसी ने व्यवस्था के रूप में रखा ही था, वह मैंने बाद में देखा। और बाल्टी भी मिट्टी की थी। जैसे बगीचे के गमले होते हैं, वैसे थी। लेकिन उसमें रखे हुए पानी

के कारण उस बाल्टी के पास के किनारे पर रातभर में पीला-लाल रंग आ गया था। यानी यहाँ के पानी में भारीपन था। आयरन (लोहे) की मात्रा पानी में अधिक थी और थोड़ा तेल-सा भी लग रहा था। पानी हजम होने में भी भारी था।

ये लोग अदरक की खेती करते थे और उस अदरक को आसपास की बस्तियों में बेचकर अन्य सामान खरीदते थे। रुपए-पैसे की जानकारी किसी को नहीं थी, पुरातन वस्तु-विनिमय प्रणाली ही चलती थी। चावल की भी खेती होती थी। कुछ सब्जियाँ भी वे उगाते थे। वे सब लोग सुखी व समाधानी थे। नाच-गाना मनोरंजन का मुख्य साधन था। कपास का धागा निकालते थे। हाथ से कपड़ा भी बुनते थे। बाहर की दुनिया से उनका कोई संबंध नहीं था। वे अपनी दुनिया को ही संपूर्ण दुनिया समझकर जी रहे थे। उन्हें मेरी दुनिया की कोई जानकारी नहीं थी और मैं भी नहीं देना चाहता था। वे मुझे गुरुदेव के इलाके का समझते थे। मैंने उनके मीठे भ्रम को नहीं तोड़ा और मैंने अपने बारे में ज्यादा कुछ नहीं बताया। धीरे-धीरे हाव-भाव से, इशारों से भी संवाद स्थापित होने लग गया। वे टूटी-फूटी असमी भाषा बोलते थे, मैं भी टूटी-फूटी असमी भाषा उनसे बोलता था। उनके राजा का नाम झींगा था। वह उनके कबीले का सबसे अमीर व सबसे अधिक प्रगतिशील व्यक्ति लगता था। वह बात कम करता था, सुनता बड़े गौर से था। गठीला बदन, ठिंगना, पर उसकी आँखें बड़ी गंभीर थीं। उसके स्वभाव के विरुद्ध उसकी पत्नी बड़ी खुशमिजाज थी। दोनों बड़ी उम्र के थे, पर थी पत्नी बड़ी दयालु, बड़ी अच्छी भी। मेरा दोनों बहुत ख्याल रखते थे। गुरुदेव वहाँ भी ध्यान में ही अधिक होते थे। उनके पास जाने की भी कोई हिम्मत नहीं करता था। सब उनका आदरयुक्त डर महसूस करते थे। गुरुदेव का निवास गाँव के बाहर बड़े वृक्षों के बीच रखा गया था। मैं भी उनकी सब बातें समझता नहीं था, फिर भी मैं प्रसन्न था—मैं मनुष्यों के बीच था। शाम को उन लोगों के नंग-धड़ंग बच्चे मेरे पास जमा हो जाते थे। उनके लिए मैं एक नया प्राणी था।

सबसे अधिक, बच्चे भी मुझे कौतूहल से देखते थे। उनके लिए मैं शायद किसी बाहरी ग्रह का प्राणी था। ये छोटे बच्चे भी बड़े

ताकतवर थे। छोटे-छोटे बच्चे एक-एक हाथ में एक-एक नारियल पकड़कर मुझे लाकर देते थे। पानी वाला नारियल तो बड़ा वजनदार होता है। ऐसे हरे नारियल वे लाते थे। शायद प्रकृति में रहते-रहते ये बच्चे भी प्रकृतिमय हो गए थे। मुझे जहाँ ठहराया था, वह मिट्‌टी की बनी हुई झोपड़ी थी और उसके ऊपर बारीक घास की छत थी। और जब राजा ने बताया कि इस छत को मैं बचपन से देख रहा हूँ। इसे करीब सौ साल हो गए हैं, फिर भी छत वैसी-की-वैसी ही है और अभी भी उसमें से यह बरसता पानी नहीं चुता है; यानी घास की छत भी सौ साल तक रहती है, यह मेरे लिए आश्चर्य था। एकदम बारीक घास थी और करीब एक फुट की लेयर (परत) उस झोपड़ी पर थी। यह इस प्रकार से बाँधी गई थी कि न तो उसमें से पानी टपकता था और न वह आँधी से उड़ जाती थी। एकदम पक्के सुरक्षा कवच के समान थी।

वे सुबह ठंड में तालाब पर नहाने ले जाते थे। वह तालाब किसी छोटी नदी से बना था और उसका पानी गरम था और बाहर खूब ठंड थी। वे कहते थे—लेकिन पानी गरम है। और वास्तव में जब मैंने तालाब में डुबकी लगाई तो ठंड भाग गई और तालाब में और नहाना चाहिए, ऐसा मन करने लग गया। लेकिन मैं जल्दी-जल्दी नहाया। आज गुरुदेव ध्यान से बाहर आने वाले थे। मुझे सुबह बुलाया था। मैं जल्दी-जल्दी तैयार होकर गुरुदेव की कुटीर के सामने जाकर बैठ गया। थोड़ी देर के बाद गुरुदेव भी बाहर आए और वे मुझे पहाड़ के ऊँचे छोर पर ले गए। वे एक सामने वाली पहाड़ी की ओर संकेत करके कहने लगे, “वह सामने जो पहाड़ी है, उस पहाड़ी पर एक मुनि रहते हैं। वे प्रायः ध्यान में ही रहते हैं। मेरी आज उनसे बात हुई है। मैं तुम्हें अगली ध्यान-साधना के लिए उनके आश्रम में भेज रहा हूँ। वहाँ जो बारीक-सी नदी दिख रही है, उसी के ऊपर की पहाड़ी पर उनका आश्रम है। यह पूर्ण पहाड़ी उतरकर तुम्हें सामने वाली छोटी पहाड़ी पार करके जाना है। बाद में ऊपर चढ़ना है। तुम्हें वहाँ तक पहुँचने में 8-10 दिन लग सकते हैं, आवश्यक सामान की तैयारी कर लो और कल सुबह तुम्हें निकलना है।” वे इतनी जल्दी-जल्दी बोल गए कि मुझे एकदम हलचल हो गई थी। “मैं तुम्हें उन्हीं के पास भेजने के लिए ही इतने दिनों से तैयार कर रहा था। अब मेरी

उम्र हो गई है। मेरी आध्यात्मिक-साधना की ज्योति अब तुम्हारे भरोसे सौंप रहा हूँ। इस ज्योति को कभी बुझने मत देना। मैं आज के बाद तुम्हारे रूप में ही जिंदा रहूँगा। मेरे जीवन का उद्देश्य समाप्त हो गया है। तुम्हें कल विदा करके मैं मेरी गुफा में वापस चला जाऊँगा। यह जवाबदारी मेरे गुरु ने मुझे सौंपी थी और कहा था, "साधना का संस्कार महत्वपूर्ण है। वह जिंदा रहना चाहिए। मनुष्य तो आते हैं, जाते हैं। कोई महत्वपूर्ण नहीं। हमें इस साधना के सुसंस्कारों को अगली पीढ़ी तक पहुँचाना है। आने वाली पीढ़ियों के लिए समय अनुकूल नहीं है, यह बात हम जानते हैं, अगली पीढ़ी नहीं जानती। इसीलिए इस साधना के संस्कार की ज्योति अखंड जलनी चाहिए, क्योंकि जो अँधेरे में भटक रही रास्ता खोज रही आत्माएँ हैं यह उनका एकमात्र सहारा है।" ऐसा कहकर यह साधना का संस्कार मेरे गुरुदेव ने मुझे सौंपा था। वह मैं तुम्हें सौंपकर निश्चिंत हो गया। अब मैंने अपने गुरु को दिया आश्वासन पूर्ण कर दिया। अब जीने का न कोई उद्देश्य रह गया है और न आवश्यकता है। अब मैं वापस अपनी गुफा में जाकर देहत्याग करूँगा। उस गुफा में मेरे गुरुदेव का वास है। उनकी गोद में जाकर उन्हें कहूँगा, "गुरुदेव, मैंने आपकी आज्ञा का पालन किया है और ध्यान-साधना के संस्कार की ज्योति को आगे की मानवजाति के लिए, भविष्य के लिए सुयोग्य हाथों में सौंप दिया है। अब मुझे मोक्ष-धाम जाने की अनुमति दें।" ऐसा मैं जाकर उनसे कहने वाला हूँ।"

मैं उनसे बिछुड़ने की कल्पना से ही सिहर उठा और रोने लगा। उन्होंने कहा, "जीवन महत्वपूर्ण नहीं है। महत्वपूर्ण है, जीवन में प्राप्ति। आप कितना जिए, वह महत्वपूर्ण नहीं है। महत्वपूर्ण है, आपने क्या पाया। प्रत्येक मनुष्य के जीवन का एक ही लक्ष्य है, वह है—शरीर के सान्निध्य में आत्मा की मुक्ति। इसी मुक्ति के उद्देश्य से मनुष्य जन्म लेता है। मैंने भी अपने जीवन में मोक्ष की स्थिति प्राप्त कर ली थी। लेकिन मैं मेरे गुरुदेव की आज्ञा के बिना, मोक्ष को प्राप्त करके भी देहत्याग नहीं कर सकता था। अब इस देह के जीवन का उद्देश्य समाप्त हो गया। गुरुदेव से प्राप्त साधना के संस्कारों की ज्योति सौंपने का कार्य भी हो गया। मुझे तुझ पर पूर्ण विश्वास है, इस ज्योति को तू कभी बुझने नहीं देगा। मुझे आने वाला कल दिख

रहा है। हजारों नदियाँ तुझे आकर मिलेंगी। तू साधना के संस्कारों का सागर बनेगा।"

दूसरे दिन सुबह मैं फल आदि सामान साथ रखकर तैयारी कर रहा था। उस राजा की रानी ने एक हरे-नीले चौकड़ी वाले आकार का एक वस्त्र मुझे भेंट किया। वे बोलीं, "ये 72 गाँव के राजा हैं। इन्हें 72 कबीलों में सम्मान प्राप्त है। यह शाल राजघराने के सम्मान का प्रतीक है। यह दर्शाती है कि इसे पहनने वाले व्यक्ति राजघराने के गुरु हैं। आगे कई कबीले नरभक्षी हैं, इसलिए तुम्हारी सुरक्षा की दृष्टि से यह मैं भेंट कर रही हूँ। यह तो मेरा भाव है। इसे स्वीकार करिए। इससे आपको आगे जंगलों में अन्य कबीलों से भी मदद मिलेगी। इस लुंगी का आकार-प्रकार ही सब बता देगा।" एक मोटे कपड़े की सामान्य-सी शाल थी, बस उसकी बनावट थोड़ी भिन्न थी। वह मुझे तो इतनी खास नहीं लगी, लेकिन मैंने वह उसका दिल रखने के लिए रख ली।

मैंने गुरुदेव से कहा—वे मुझे जानते नहीं हैं। वे मुझे पहचानेंगे कैसे? गुरुदेव ने कहा, "वे तुम्हें जानते भी हैं, पहचानते भी हैं। तुम वहाँ जाकर अच्छा महसूस करोगे। वे जैसा कहें, वैसा करना। आगे का कल्याण का मार्ग वही बताएँगे। सुनो, मनुष्य के मोक्ष का मार्ग सामूहिकता में है। जब तक दूसरों के लिए कुछ नहीं करते, यह मार्ग नहीं खुलता है। कहते हैं न, मनुष्य को पुत्र-प्राप्ति के बिना मोक्ष नहीं मिलता है। इसमें बड़ा गहरा अर्थ है। मोक्ष आत्मिक स्तर की बात है, तो निश्चित रूप से यह बात संपूर्णतः आत्मिक स्तर पर ही कही गई है। लेकिन मनुष्य शरीर के स्तर पर होता है तो सब बातें शरीर के स्तर पर लेता है। वह, शरीर से एक दूसरे शरीररूपी पुत्र को पैदा करना—यह इस बात का अर्थ लेता है। वास्तव में इसका सही अर्थ शारीरिक स्तर पर नहीं, आत्मिक स्तर पर है। इसका सही अर्थ है, आपके जीवनकाल में आप एक आत्मा को जन्म दें, एक आत्मा की जागृति करें। एक आत्मा से एक आत्मा को जन्म मिलता है तो वह उसका पुत्र ही हुआ ना! तो आवश्यक है—आत्मा का आत्मा से जन्म होना। जितने आत्माओं की जागृति का आप निमित्त बनते हैं, उसमें ही आत्मिक प्रगति का राज छुपा है। इसीलिए कई ऋषि-मुनि

शरीर से कोई पुत्र पैदा नहीं करते हैं, पर वे कई पुत्ररूपी आत्माओं को जन्म देते हैं और मोक्ष प्राप्त करते हैं। मोक्ष एक स्थिति है जो मनुष्य आत्मा की जागृति करके प्राप्त करता है। हम जागृति के जैसे ही माध्यम बनते हैं, वैसे-वैसे हमारी आत्मा भी विकसित होती है।" गाँव के सब लोगों ने मुझे भाव-भीनी विदाई दी और दो गाँव वाले भी पहाड़ की उतराई तक मुझे छोड़ने आने वाले थे। विदाई के समय गुरुदेव के पैर पड़ने के लिए मैं झुका तो उन्होंने मुझे रोक दिया और मुझे डाँटने लग गए, "अरे पगले! तू मेरे क्या पैर पड़ता है? तेरे पैर के नाखून के बराबर भी मेरी औकात नहीं है! मैं तो केवल निमित्त बना हूँ यहाँ तक तुझे लाने में!" ऐसा कहकर उन्होंने मुझे विदाई दी।

## प्रकरण 2

# तीसरे गुरु के साथ

मैं उनके शब्दों पर ही सोच रहा था—उन्होंने ऐसा क्यों कहा? वे 95 साल के थे, इतने वृद्ध थे पर बहुत पहुँचे हुए महापुरुष थे, अंतर्ज्ञानी थे। मैं तो एक सामान्य मनुष्य था। तो मुझे ऐसा क्यों कहा होगा प्रश्न उठ रहा था, "मैं कौन हूँ?" क्योंकि वे अगर सत्य कह रहे थे तो "मैं कौन हूँ" जानना आवश्यक प्रतीत हो रहा था। और वे कभी झूठ बोलेंगे, ऐसा संभव नहीं था। और वे झूठ क्यों बोलेंगे? उनके शब्द मेरे भीतर कहीं गूँज रहे थे, "अरे पगले! तू मेरे क्या पैर पड़ता है? तेरे पैर के नाखून के बराबर भी मेरी औकात नहीं है!"

मैं कब पहाड़ी के ऊपर से नीचे उतर गया, यह पता भी नहीं चला। वे दोनों आदिवासी मुझसे मिलकर वापस घर की ओर रवाना हो गए। मैंने एक चट्टान के पास दो फल खाए और रात को विश्राम का निर्णय लिया, क्योंकि कल पहाड़ी पर चढ़ना था।

यह सारा इलाका मेरे लिए एकदम नया था। मैं धीरे-धीरे उस छोटी पहाड़ी पर चढ़ रहा था। शाम तक चढ़ता रहा। फिर सूर्यास्त का समय हो चला और एक बड़े झाड़ के पास विश्राम किया। थोड़ी आग जलाई और उसके पास ही लेट गया। खाने के लिए एक फल खा लिया। और इतना थक गया था कि लेटते ही नींद आ गई। चिड़ियों के चहचहाने से मेरी नींद खुली। चिड़ियाँ कहीं विशिष्ट स्थान पर जाने के लिए एकत्र हो रही थीं। मेरे पास का अंतिम फल भी समाप्त हो गया था। फिर मैंने आसपास जंगल में तलाश की। कुछ केले के झाड़ दिखे, लेकिन वे ऐसी जगह पर थे कि वहाँ पर पहुँचा नहीं जा सकता था और उन तक पहुँचने में काफी परिश्रम व

समय लग सकता था। मैंने यह देखकर अपना इरादा बदल लिया और आगे बढ़ गया। आज रात के पहले उस पहाड़ी पर पहुँचने का लक्ष्य रखा था। मैं चलता, बैठता, चलता, ऐसे कर रहा था। इतने दिनों से जंगल में रहते-रहते अब जंगल की आदत हो गई थी। पता नहीं क्यों, एकदम निर्विचार स्थिति हो गई थी। बस यंत्रवत चल रहा था। ज्यादा चढ़ाई चढ़ता था तो आराम करता था। बस चल रहा था। बड़ी विचित्र स्थिति थी। कहाँ जाना है, वह स्थान भी निश्चित था, पर अज्ञात था। ऐसे अज्ञात स्थान की ओर मैं जा रहा था। अभी मैं मुझे ही जानने का प्रयत्न कर रहा था। विदाई के समय के शब्द अभी भी मेरे कान में गूँज रहे थे। गुरुदेव को मेरे बारे में सबकुछ पता था तो फिर इतने दिन बताया क्यों नहीं? और वे जो कह रहे हैं, इसका अर्थ क्या है? क्या वास्तव में मेरे भीतर कोई अज्ञात शक्तियाँ हैं जिनका ज्ञान उन्हें हैं और मुझे नहीं। लेकिन वे शक्तियाँ प्राप्त करने के लिए मैंने तो साधना की नहीं और कभी कोई शक्तियाँ मिलें, ऐसा प्रयत्न भी नहीं किया। तो ये शक्तियाँ आई कैसे? और आई क्यों? और इन शक्तियों का आने का क्या उद्देश्य है? और उन शक्तियों ने मुझे ही माध्यम के रूप में क्यों चुना? 'क्यों' का कोई जवाब नहीं मिल रहा था। और ये सब विचार करते-करते मैं कब पहाड़ी पर चढ़ गया, पता ही नहीं चला। फिर रात में दो बड़े पत्थरों के बीच में अपना स्थान बनाया और वहीं पर सो गया।

सुबह बरसात से मेरी नींद खुली। एक बड़ा-सा बादल आकर पहाड़ से टकराया और बादल के कारण मैं पूरा गीला हो गया था। सूर्योदय हो गया था, पर मैं बादल में ही था। इसलिए स्पष्ट नहीं दिख रहा था। मैंने इंतजार करना उचित समझा। लेकिन एक के बाद एक बादल पहाड़ की ओर खींचे चले आ रहे थे और मुझे गीला कर रहे थे। और सामने का जब कुछ दिख ही नहीं रहा था तो जाऊँ तो कहाँ? मैंने बादलों से भीगने का खूब आनंद लिया।

करीब 2-3 घंटों तक मैं ऐसे ही भीगता रहा। फिर कुछ दिखना प्रारंभ हुआ। फिर नीचे उतरना प्रारंभ किया। पीछे के पहाड़ की ओर देखा तो बस्ती तो स्पष्ट नहीं दिख रही थी, पर कुछ घरों से निकलने वाला धुआँ दिख रहा था। क्योंकि इतने घने जंगल थे कि बस्ती तो

उन जंगलों में ही छिप गई थी, वह बस्ती जो मैं छोड़कर आया था, जहाँ पर मैं गुरुदेव के साथ रहा था। सब बस्तियाँ आँखों से ओझल हो गई थीं, बस रह गया था धुआँ! वही घरों से निकलने वाला धुआँ ही दिख रहा था। मानो वह दृश्य कह रहा था—जिस प्रकार से बस्तियाँ ओझल हो गई, रह गया धुआँ, वैसे ही एक दिन यह शरीर भी समाप्त हो जाएगा और रह जाएगा कर्म, जो कर्म करके जाएँगे और उन कर्मों के निशान बाकी रह जाएँगे।

और मैं सोचने लगा—बादल मनुष्य को नहलाए, यह मनुष्य की औकात नहीं है। अन्यथा मनुष्य तो बरसात की एक-एक बूँद के लिए तरसता है और यहाँ बादल नहला रहे हैं! वास्तव में आज बादल नहीं नहलाते तो आज मैं यहाँ स्नान नहीं कर सकता था। मनुष्य को बादल नहलाए, यह औकात मनुष्य की नहीं है। यह औकात है ऊँचाई की। ऊँचाई के कारण ही मनुष्य इतना ऊपर पहुँचा कि बादल ने उसे नहलाया और मनुष्य को ऊँचाई प्रदान की इस पहाड़ ने। अगर पहाड़ ही नहीं होता तो मैं इतना ऊपर कैसे चढ़ सकता था?

पता नहीं क्यों, मुझे लगा कि पहाड़ गुरुदेव का स्वरूप है, जिसके सहारे मैंने आध्यात्मिकता का शिखर प्राप्त किया है। और इतना ऊँचा शिखर प्राप्त किया कि परमात्मा की चैतन्यरूपी कृपा बादलों के रूप में मुझ पर बरसी है। इन सबमें पहाड़ की भूमिका ठीक गुरुदेव जैसी ही थी। मैंने मन ही मन पहाड़ को ही गुरुदेव मानकर नमस्कार किया और लगा मानो मैंने गुरुदेव को नमस्कार किया, ऐसा समाधान मुझे मिला। फिर वही शब्द मेरे कानों में गूँजे, "अरे पगले! तू मुझे क्या नमस्कार कर रहा है? तेरे पैर के नाखून के बराबर भी मेरी औकात नहीं है!" फिर जो मन का तालाब शांत हुआ था, वह फिर अस्थिर हो गया कि उन्होंने ऐसा क्यों कहा? उनके ये शब्द मेरे में कहीं भीतर तक हलचल पैदा कर रहे थे। मैं पूर्णत: सिहर उठता था इन शब्दों से। ये शब्द मुझे भीतर की यात्रा पर लेकर जाते थे। मैं कौन हूँ? ये शक्तियाँ मैंने तो प्राप्त की नहीं है, फिर किसकी हैं? कौन-सी ऐसी शक्तियाँ हैं जिनके सामने 95 साल का एक मुनि भी नतमस्तक हो रहा है? और फिर इतने दिन उन्होंने कैसे बिताए जबकि एक दिन भी मुझे ऐसा कोई एहसास नहीं कराया।

दिनभर चलता था। रात में कहीं विश्राम करता, फिर चलता था। जब चढ़ाई होती थी, तब दिनभर कम अंतर में आगे बढ़ता था। जब ढलान होती थी तो ज्यादा अंतर में उतरता था। बस चल रहा था, दिन-प्रतिदिन आगे बढ़ रहा था। जब कभी चढ़ाई चढ़ता तो ढलान की प्रतीक्षा करता—बस इतनी चढ़ाई है, बाद में तो ढलान ही ढलान है।

कभी लगता था—यही चढ़ाई और पहाड़ की यही ढलान मानव-जीवन का ही तो प्रतिबिंब हैं। मनुष्य के जीवन में अच्छे दिन आते हैं, बुरे दिन आते हैं। अच्छे दिनों में भी समय की गति वैसी ही, एक-सी रहती है। घड़ी का काँटा उसी एक ही गति से घूमता रहता है। लेकिन अच्छे दिनों में मनुष्य का ध्यान घड़ी के काँटे के ऊपर कम ही जाता है। और जब जाता है, तो उसकी अपेक्षा से अधिक समय बीत चुका होता है। जीवन में अच्छा समय बड़ी जल्दी बीतता है, मानो समय को पंख लग गए हों! जीवन में कितना भी अच्छा पल आए, मनुष्य उस पल को कितना भी चाहे, तो भी उस पल को पकड़कर नहीं रख सकता है। ना कोई राजा पकड़कर रख सकता है, ना कोई रंक पकड़कर रख सकता है। समय की अपनी एक गति है। उस गति से वह आगे बढ़ ही जाता है। समय भी भगवान जैसा प्रतीत होता है। सबसे परमात्मा जैसा समान व्यवहार करता है। किसी के साथ कोई भी भेदभाव नहीं करता है। समय का एक ही गुण है—सदैव आगे बढ़ना। उसे कोई न पकड़ पाया है, न पकड़ पाएगा। जीवन के कितने भी सुनहरे पल हों, पकड़ में कोई नहीं आएँगे। मानो समय कह रहा है—सुनहरे पल भी मिथ्या हैं। तू मान रहा है—ये सुनहरे पल हैं। वास्तव में 'सुनहरे पल' जैसा कुछ भी नहीं है। न कोई सुनहरा पल है और न कोई खराब पल है। मनुष्य अपनी स्थिति के अनुसार पल को सुनहरा या खराब समझता है। और यह समझ मनुष्य की अपनी है। प्रत्येक पल अपने-आप में केवल एक निश्चित पल है—न तो वह सुनहरा है और न बुरा है। पल, बस पल है।

जब मनुष्य के जीवन में खराब समय चलता है, तो मानो एक पल एक घंटा और एक घंटा एक दिन लगने लगता है। और अपने खराब पलों में मनुष्य का चित्त बार-बार घड़ी पर जाते रहता है और

मनुष्य सोचते रहता है, यह समय जल्दी बीतता क्यों नहीं है? कभी-कभी तो मनुष्य को इतना गुस्सा आता है घड़ी पर कि लगता है—मैं ही काँटे पर लटक जाता हूँ और समय को आगे बढ़ा देता हूँ। समय जैसे थम गया है, आगे ही नहीं बढ़ रहा है। खराब समय बिताना बड़ा भारी होता है। लेकिन मनुष्य का यह खराब समय भी कभी रहता नहीं है, वह भी चला जाता है। यानी मनुष्य के हाथ में कुछ नहीं है। न तो सुनहरे पल को कैद कर सकता है और न ही खराब पल को आगे ढकेल सकता है। वह दोनों भी नहीं कर सकता है बस, प्रत्येक पल की परिभाषा मनुष्य स्वयं निर्धारित करता है। वह निर्धारित करता है—यह अच्छा पल है। वही निर्धारित करता है—यह खराब पल है। यानी पल स्वयं में कोई सुनहरा या खराब नहीं होता, यह मनुष्य के मानने पर है कि वह अपने जीवन के पल को कैसे जिए। अगर वह शरीर के स्तर पर जिएगा तो पल अच्छे भी लग सकते हैं और बुरे भी लग सकते हैं। जो पल को अच्छा समझेगा, वह पल को बुरा भी समझ सकता है। मनुष्य के जीवन में प्रायः अच्छे पल कम ही आते हैं, बुरे पल ज्यादा आते हैं। यानी शारीरिक स्तर पर पल को भोगने में नुकसान ही नुकसान है।

अब आवश्यक है, मनुष्य इस पल के ऊपर रहे, आत्मिक स्तर पर रहे और प्रत्येक पल का अलग रहकर निरीक्षण करे, तो उसे पता लगेगा कि कोई पल न तो अच्छा है और न खराब है, सब पल समान हैं। जीवन भी पल के समान है। वह न तो अच्छा होता है और न खराब होता है। वह तो बस बीतता है। इसीलिए किसी का जीवन पूरा अच्छा या पूरा बुरा नहीं होता है। जीवन में सदैव अच्छा व बुरा जुड़ा होता है—कुछ अधिक रहता है, कुछ कम रहता है। और जो कमी जीवन में जब पूरी होती है, तब वह जो अधिक था, उसकी कीमत देकर ही वह कमी पूरी होती है। यानी यूँ कहें कि '+' और '-' दोनों ही सदैव होते हैं। जो आज मायनस (ऋण) '-' है, वह कल '+' हो जाएगा। लेकिन जो आज '+' है, वह '-' हो जाएगा। यानी हम आज भी पूर्ण '+' नहीं हैं और कल भी '+' नहीं होंगे। परिस्थितियाँ सदैव एक जैसी ही रहेंगी। इसके लिए इन परिस्थितियों से ऊपर मनुष्य को उठना होगा और "मैं एक आत्मा हूँ " यह भाव जितने समय रहेगा, उतने समय ही मनुष्य इन सबसे बचा रहेगा। सब पलों

का जीवन में निरीक्षण करो। अच्छे पल हैं, निरीक्षण करो; बुरे पल हैं, निरीक्षण करो। किसी पल से चिपको मत—"यह सुनहरा पल है। यह दुःख का पल है।" आप उस पल को अच्छा या बुरा परिभाषित मत करो, बस आगे बढ़ो।

और मैं भी पहाड़ी पर काफी आगे बढ़ गया। इस पहाड़ ने मुझे मनुष्य के जीवन का रहस्य समझाया था। मैंने अपने-आपका भी निरीक्षण करने का फैसला किया। गुरुदेव कह रहे हैं, "शक्तियाँ हैं" और मैंने प्राप्त नहीं की है, यह मुझे मालूम है। यानी ये किसी और की धरोहर है। मैं केवल एक हमाल हूँ जो उन शक्तियों को ढो रहा हूँ। और सामने की पहाड़ी पर एक जगह काफी प्रकाश दिख रहा था। क्या था, क्या मालूम? लेकिन मेरे अंदर उस प्रकाश से प्रकाश आ गया और याद आया कि शिवबाबा ने कहा था, "मैं मेरी सारी शक्तियाँ तुझे सौंप रहा हूँ। मैंने मेरा सर्वस्व तुझे सौंप दिया है।" उन्होंने क्या सौंपा, वह तब तो नहीं समझा, पर गुरुदेव के वाक्य से शिवबाबा की कही गई बात समझ में आ गई। मुझे पता नहीं क्यों लगा कि मैं किसी भारी क्रियाकलाप का सूत्रधार बनाया गया हूँ और भविष्य में कुछ होने वाला है। क्या होगा, वह मालूम नहीं। मैंने भी भविष्य में न झाँकने का फैसला किया। जो होगा, दिखेगा ही। चलो, अभी आज का ही पल जीएँ।

रोज सुबह होती थी और शाम होती थी, पर मेरी यात्रा थी कि खत्म होने का नाम ही नहीं ले रही थी। सब में आशा की किरण एक ही थी—गुरुदेव ने दिखाई हुई नदी, जो एक रेखा जैसी दिखाई दी थी, अब उसका पानी भी चमकता हुआ दिखाई दे रहा था, यानी मैं उस नदी के किनारे तक जा रहा था। नदी अब काफी करीब लग रही थी। पहाड़ी इलाकों में दूरी का अंतर ज्यादा नहीं होता है, पर पहाड़ चढ़ना और पहाड़ उतरना, इसमें ही अधिक समय व्यतीत होता है। यानी एक पहाड़ी से दूसरी पहाड़ी तक पहुँचने में दो-तीन दिन लग जाते हैं, जबकि दिखने में पहाड़ी सामने ही दिखती रहती है। सामने दिखने वाले पहाड़ी पर भी आसानी से नहीं पहुँचा जा सकता है।

रास्ते में बड़े-बड़े घने जंगल थे जिन्हें पार करने में दिशाभ्रम होने का खतरा सदैव बना रहता था। जंगल पार करते समय अगर सामने वाली पहाड़ी की ओर ही गए तो ठीक है, नहीं तो कोई गलत दिशा में जा सकता था। फर (एक वनस्पति) के जंगल थे। शहर में जो फर का पौधा बड़े अच्छे से सजाकर रखा जाता है, वह यहाँ पर जंगल की तरह फैला पड़ा था। उसे काटकर रास्ता बनाना पड़ता था। केले के बड़े-बड़े जंगल थे। जो मसालों में तेजपत्ता इस्तेमाल होता है, उसके बहुत जंगल थे। यहाँ के आदिवासी अपने घरों में तेजपत्ते का एक गट्ठा रसोईघर में लटकाकर रखते थे। जब किसी व्यंजन में तेजपत्ता डालना हो तो तुरंत तोड़कर डाल देते थे। तेजपत्ते से उनके द्वारा बनाए गए खाने के व्यंजन में स्वाद आ जाता था। यहाँ के वृक्षों की विशेषता थी कि वृक्ष घने कम होते थे, वृक्ष चौड़े कम होते थे, लेकिन सभी वृक्ष खूब ऊँचे होते थे। वृक्षों की ऊँचाई का जमीन की गुरुत्वाकर्षण शक्ति के साथ कुछ संबंध प्रतीत होता था। जहाँ पर गुरुत्वाकर्षण अधिक, वहाँ के वृक्ष घने, पर कम ऊँचाई वाले, और जहाँ पर गुरुत्वाकर्षण अधिक नहीं, वहाँ पर वृक्ष कम घने, लेकिन उनकी ऊँचाई बहुत होती थी। या तो यहाँ की मिट्टी में झाड़ों की, वृक्षों की जड़ें अधिक गहरी नहीं जाती थीं या फिर मिट्टी में पकड़ नहीं थी। बरसात के पानी में जड़ के ऊपर की मिट्टी बह जाती थी। और जब ऊपर की मिट्टी बह जाती थी तो जमीन की पकड़ उस वृक्ष पर कम हो जाती थी और वह वृक्ष गिर जाता था। इसलिए जड़ गहरी न होने से पकड़ अच्छी नहीं होती थी, इसलिए भी वृक्ष ऊपर की ओर अधिक विकसित होते थे। दूसरा यह था कि लताएँ बहुत मात्रा में थीं। बिना लता के शायद ही कोई झाड़ या वृक्ष होता था। प्रत्येक वृक्ष पर लताएँ बड़ी मात्रा में रहती थीं, पर फूल एक-दो प्रकार की लताओं पर ही थे। प्रायः लताएँ केवल पत्तों वाली ही थीं, पर बड़ी घनी थीं। और प्रायः सभी वृक्ष लताओं से आच्छादित ही होते थे। इतनी शांति थी कि एकाध सूखे पत्ते पर भी पैर पड़े तो जोर से उसकी आवाज होती थी। पहाड़ियों पर कई जगह से पानी निकल रहा था, जो छोटे झरनों का निर्माण कर रहा था। पानी की कोई समस्या नहीं थी, जगह-जगह पानी होता था। फिर एक जगह मुझे जंगली केलों के वृक्षों का समूह दिखा। वहाँ पर रुककर उस केले के

वृक्ष को नमस्कार किया और प्रार्थना की, "हे वृक्षराज! मुझे भूख लगी है, इसलिए मैं आपसे दो केलों की भिक्षा माँग रहा हूँ। कृपया मुझे दो केले देने की कृपा करें।" ऐसी प्रार्थना कर फिर मैंने दो केले तोड़े। यह मुझे गुरुदेव ने ही सिखाया था। प्रत्येक झाड़ बड़ी कठिनाई से विकसित होती है। तो उस विकसित झाड़ के फल के ऊपर अपना कोई अधिकार नहीं होता। और जंगल में यह किसी के अधिकार क्षेत्र में नहीं आता है और न ही इसकी कोई देख-रेख करता है, यानी इसका कोई रखवाला नहीं होता है। इसलिए हमें वृक्षों की अनुमति से ही फल खाने चाहिए। एक छोटा-सा बीज कभी किसी तरीके से जमीन पर गिरता है, तो वह नन्हा बीज प्रसन्न हो जाता है, खुश हो जाता है—"मुझे विकसित होने के लिए स्थान मिल गया" और अपने जीवन को धन्य समझता है। और बीज भी गिरते ही, जमीन में पड़े-पड़े सपने देखना शुरू करता है—मैं भविष्य में बड़ा विकसित होऊँगा, मैं भी एक बड़ा वृक्ष बनूँगा। ऐसे विचार उसे केवल जमीन मिल जाने पर ही आना शुरू हो जाते हैं। इन भविष्य के सपनों पर आघात तब होता है, जब आँधी से कुछ छोटे-छोटे पत्थर उसके ऊपर आकर गिरते हैं। जो पहाड़ से लुढ़ककर अकस्मात गिरे हैं, बीज को इन पत्थरों की कोई कल्पना नहीं होती है। बीज के भविष्य के सपनों में पत्थर कभी नहीं होते हैं, न उसने पत्थर की कभी कल्पना की होती है। इन अचानक आए हुए पत्थरों से पहले तो बीज घबराता है, डरता है। उसे अपना भविष्य अंधकारमय लगने लगता है। वह बीज तो छोटा-सा होता है और उसके ऊपर गिरे हुए पत्थर तो बड़े-बड़े होते हैं। उन पत्थरों के बोझ से बीज तो दब ही जाता है और सोचता है कि अब यह क्या हो गया? ऐसा भी जीवन में कभी बुरा हो सकता है, यह सोचा भी नहीं था। अब क्या किया जाए? उसकी आँखों के सामने अँधेरा छा जाता है और जीवन में निराशा छा जाती है। और वह सोचता है, "बस, अब मेरे जीवन का शायद यही अंत है। अब जीवन बस खत्म हो गया! मैं कितने छोटे आकार का, ये पत्थर कितने बड़े-बड़े! अब इनको हटाना चाहूँ तो हटाऊँ कैसे? ये कभी मुझसे हट ही नहीं सकते, कितने भारी पत्थर हैं! मैंने इनका क्या बिगाड़ा था? ये मेरे ही ऊपर क्यों गिरे? मैं कितना छोटा, ये कितने बड़े! उन्हें शर्म भी नहीं आई इतने छोटे-से बीज पर गिरते हुए! बेशर्म

कहीं के! मेरे ऊपर गिरकर हँस रहे हैं! मुझे दबाकर खुश हो रहे हैं! मुझे चिढ़ा रहे हैं कि बड़ा वृक्ष होने वाला था न, ले अब वृक्ष बनकर दिखा! बड़ा चला था वृक्ष बनने, अपने आकार को तो देख पहले।"

बीज बेचारा छोटा-सा होता है। उन बड़े-बड़े पत्थरों की सब बातें सुनता है। पत्थर उसे खूब चिढ़ाते हैं। वह कर भी क्या सकता है? एक तो वह अकेला छोटा-सा बीज और ये पत्थर बड़े-बड़े और इतनी बड़ी संख्या के साथ, अब किया ही क्या जा सकता है? यही मेरी नियति है और यही मेरा अंत है, यह सोचकर बीज बेचारा चुपचाप पड़ा रहता है। क्या किया जाए, कोई मार्ग नहीं दिखता है। अब शायद जीवन में मैं कभी वृक्ष नहीं बन पाऊँगा, वह छोटा बीज ऐसा सोचता है। फिर थोड़ी देर शांत रहने के बाद उसे विचार आता है—ये आसपास के इतने बड़े-बड़े वृक्ष हैं, इनके भी जीवन में समस्या आई होगी। ये भी तो कभी छोटे बीज रहे होंगे, तो इनके ऊपर भी पत्थर गिरे होंगे। तो फिर ये कैसे जीवित रहे हैं? चलो इनका तो मार्गदर्शन लिया जा सकता है। अचानक बीज की दृष्टि अपने पास में शान से झूल रहे एक बड़े वृक्ष पर जाती है। एक बड़ा भारी वृक्ष। वह आकार से इतना बड़ा था कि ये पड़े हुए पत्थर उसके सामने कुछ भी नहीं थे। बीज ने निर्णय लिया कि यह आदर्श वृक्ष है, चलो इस वृक्ष को ही गुरु बनाया जाए। इसी से पूछा जाए कि तू इतना कैसे विकसित हुआ और तेरे जीवन में जब तू बीज था तो तेरे ऊपर भी पत्थर गिरे होंगे, तब तूने क्या किया? लेकिन अब समस्या यह थी कि बीज छोटा-सा, नन्हा-सा और यह वृक्ष तो आकाश को छू रहा था। अब इतने बड़े वृक्ष से बात कैसे की जाए? इस बड़े वृक्ष से संवाद कैसे स्थापित किया जाए? बीज ने सोचा—इस वृक्ष तक अपनी बात तो कभी पहुँच ही नहीं सकती। वह इतना बड़ा है, मैं इतना छोटा, मेरी बात तो उससे कभी होगी ही नहीं। अब क्या किया जाए? बीज ने सोचा—मैं आकार में छोटा हूँ, यह आकार में बड़ा है। हम दोनों में आकार का बड़ा अंतर है। आकार के स्तर पर तो बात कभी हो नहीं सकती, इसलिए आकार के स्तर पर बात न की जाए। पहले यह सोचा जाए कि मैंने इससे मार्गदर्शन लेने का निर्णय क्यों लिया? इसलिए यह निर्णय लिया था कि मैं एक बीज हूँ और यह एक बीज था। हम दोनों में एक ही समानता है, हम दोनों

के बीच एक ही संबंध है; वह है—हम दोनों बीज हैं। तो अब वृक्ष के बीजतत्त्व से ही संपर्क किया जाए और उससे ही प्रार्थना की जाए कि बाबा, तू कैसे विकसित हो पाया? मैंने तो तुझे देखकर विकसित होने का विचारमात्र किया था कि पत्थर आकर मेरे ऊपर गिर पड़े। फिर बीज ने उस वृक्ष के बीज से संपर्क किया। उस वृक्ष का बीज तो अभी भी जमीन में ही था। यहाँ बीज उस बीज तक आसानी से पहुँच सकता था, क्योंकि दोनों ही जमीन में थे। वह वृक्ष कितना भी बड़ा हो गया हो, लेकिन यह बीज जमीन में ही था। हाँ, उसका बीज वृक्ष की जड़ों में बदल गया था। इसीलिए जैसे ही नन्हे बीज ने पड़ोस के वृक्ष के बीज से प्रार्थना की तो नन्हे बीज से मिलने पड़ोसी बड़े वृक्ष का बीज जमीन के अंदर से जड़ के रूप में आया। फिर इस नन्हे बीज ने उस बड़े वृक्ष के बीज से प्रार्थना की, "मैं भी आप जैसा वृक्ष बनना चाहता हूँ। लेकिन क्या करूँ, मेरे ऊपर ये बड़े-बड़े पत्थर पड़े हैं।" पड़ोसी वृक्ष के बीज ने जड़ के रूप में आकर संदेश दिया और कहा, "तेरे में और मेरे में एक ही अंतर है। तू अपने-आपको बीज कह रहा है—यह 'मैं' बीज है। इस 'मैं' के अहंकार को समाप्त कर दे। मैंने अपना समर्पण परमात्मा को पूर्ण कर दिया, तो बीज होने का 'मैं' का अहंकार पूर्ण समाप्त हो गया और मैं बीज नहीं रहा और वृक्ष हो गया। तू भी बीज होने का अपना अहंकार समाप्त कर दे तो तू भी वृक्ष हो जाएगा।" फिर नन्हे बीज ने पूछा, "ठीक है। मैं भी परमात्मा को समर्पण कर देता हूँ, पर इन पत्थरों का क्या करें? यही तो मेरे जीवन की समस्या है।" बड़े वृक्ष ने उसे बताया, "यह पत्थरों की समस्या छोटे बीज की है। तू वृक्ष बन जा, यह समस्या ही नहीं रहेगी। देख, मैं कितना बड़ा वृक्ष हूँ और ये पत्थर तो मेरे सामने कितने छोटे हैं!" नन्हे बीज ने कहा, "लेकिन मैं तो इतना छोटा हूँ, ये पत्थर कितने बड़े-बड़े! मैं इन्हें हटाऊँगा कैसे?" बड़े वृक्ष की जड़ ने कहा, "तू अपना पूर्ण समर्पण परमात्मा को कर दे। अपना बीज का अहंकार छोड़ दे। बीज का अहंकार ही तुझे छोटे होने का एहसास करा रहा है। वह अहंकार जैसे ही छोड़ोगे, आगे का मार्ग स्वयं ही खुल जाएगा।" उस बड़े वृक्ष की बात उस नन्हे बीज ने मान ली और अपना बीज होने का 'मैं' का अहंकार छोड़ दिया और एक घटना घटित हुई—बीज नष्ट हो गया और उसमें से एक

अंकुर का जन्म हुआ जो अंकुर परमात्मा में लीन था। इसलिए वह परमात्मा की ओर चल पड़ा। उसकी राह में भी पत्थर आए, लेकिन उस अंकुर का पूरा ध्यान परमात्मा पर था। उसका ध्यान रास्ते के पत्थरों पर नहीं था, तो उस अंकुर ने पत्थरों पर ध्यान नहीं दिया और पड़ोस से रास्ता बनाया और धीरे-धीरे विकसित होता चला गया और एक दिन बड़ा वृक्ष बन गया। और रास्ते में पड़े पत्थर वैसे के वैसे ही रहे। यह सब जब निसर्ग में देखा तो लगा कि बीज को ही गुरु मान लेना चाहिए। मुझे बीज में ही गुरुदेव के दर्शन हुए। मानो गुरुदेव बीज के रूप में मेरा मार्गदर्शन कर रहे हों।

अब रात होने वाली थी और अँधेरा हो चला था। और अब दिशाभ्रम होने की आशंका थी। इसलिए मैंने विश्राम करने का निर्णय लिया। अब नदी का पानी रात में भी चमक रहा था। यानी मैं नदी के किनारे के पास पहुँच चुका था। मैंने फिर रात में उसी पत्थर की आड़ में विश्राम करने का निर्णय लिया। सुबह जब उठा, तब देखा मैं सचमुच उस नदी के पास आ गया था। अब जब वापस पहाड़ की तरफ देखा तो वह पहाड़ दूर लग रहा था जिस पहाड़ से मैंने यात्रा शुरू की थी। कितना लंबा सफर हो गया था, लेकिन गुरुदेव के सान्निध्य में इतने लंबे सफर में कभी एहसास ही नहीं हुआ—कैसे पहाड़ों को पार किया, किस तरह रातें बिताई, कैसी-कैसी बाधाएँ पार की, कुछ भी पता नहीं चला। ऐसा ही सफर, मानो, मनुष्य के जीवन का भी है। जीवन में भी प्राय: देखा जाए तो, आत्मारूपी सफर में तो वह अकेला ही होता है। बाकी सब लोग तो सफर में साथ होते हैं। साथ होने वाले लोग—कोई रिश्ते के कारण देह के साथ होते हैं, कोई मित्रता के कारण साथ होते हैं और कुछ आत्माओं का साथ मनुष्य को पूर्वजन्म के कारण भी मिलता है। कुछ पूर्वजन्म के संबंधों के कारण भी साथ होता है। शरीर की उम्र के हिसाब से देखा जाए तो मनुष्य को सबसे बड़ा साथ उसकी पत्नी का ही होता है, क्योंकि माँ और बाप का साथ बड़ी पीढ़ी के कारण उम्रभर नहीं हो सकता है, बच्चों का साथ अगली पीढ़ी के कारण बाद में होता है। मनुष्य का सबसे बड़ा साथी उसकी पत्नी है। यह साथ मनुष्य को कैसा मिलता है, इसी में मनुष्य के जीवन की सफलता और असफलता का रहस्य छुपा हुआ है। मनुष्य के जीवन में पत्नी

का साथ इसलिए भी महत्वपूर्ण है कि शारीरिक स्तर पर भी एक निकट संबंध पत्नी के साथ होता है। उस आंतरिक संबंध के कारण पत्नी से एक विशेष भावनात्मक संबंध भी रहता है, एक विशेष प्रेम भी रहता है। इस प्रेम के कारण ही मनुष्य अपने जीवन में सफलता या असफलता पाता है। मनुष्य के जीवन में सफलता मिलना या न मिलना इस संबंध पर निर्भर करता है। पति और पत्नी का संबंध साइंस लैब (प्रयोगशाला) में रखी 'यू' ट्यूब (U के आकार की नली) जैसा होता है। यानी कि 'यू' ट्यूब के एक सिरे में आप 100 ग्राम पानी डालो, 50 ग्राम पानी दूसरे सिरे में स्वयं ही पहुँच जाएगा। उसे पहुँचाना नहीं पड़ता, खुद-ब-खुद पहुँच जाता है। जिस प्रकार से 'यू' ट्यूब के बाहर से अलग-अलग सिरे होने पर भी, वह नीचे से जुड़ी हुई रहती है, ठीक इसी प्रकार से पति और पत्नी दो शरीर होने के बावजूद भी शारीरिक संबंध के कारण एक ही होते हैं। जब आप अपनी आत्मा की साधना से कुछ आध्यात्मिक शक्तियाँ ग्रहण करोगे, तो आपकी आधी शक्तियाँ आपकी पत्नी में स्वयं चली जाएँगी और आप तब तक संपूर्ण प्रगति नहीं कर सकते, जब तक वह नहीं करती है। यानी आध्यात्मिक प्रगति दोनों की साथ-साथ होती है। इसलिए मनुष्य के लिए पत्नी से बड़ा दोस्त और पत्नी से बड़ा दुश्मन इस दुनिया में कोई नहीं होता है। प्रत्येक पुरुष को पत्नी के साथ जीवन का एक लंबा सफर पार करना होता है। इसलिए पति और पत्नी जीवनसाथी कहलाते हैं। देखा गया है, प्रायः यह निकट का संबंध भी जीवनभर एक-सा नहीं होता है। वह समय के अनुसार कम और अधिक होता है, लेकिन सदैव रहता जरूर है। जैसे कि पुरुष की शादी होती है तो पत्नी का आकर्षण पुरुष को खूब होता है। और वह स्वाभाविक ही है क्योंकि उसके अपनी पत्नी के साथ अंतरंग संबंध स्थापित होते हैं, तो स्वाभाविक रूप से भावनात्मक संबंध भी स्थापित हो जाएँगे। यह निकट का रिश्ता 10-15 साल तक बहुत निकट का होता है और बाद में पुरुष तो नहीं बँटता, पर स्त्री बँट जाती है। स्त्री, पुरुष से अधिक अपने बच्चों पर ध्यान देने लगती है। इधर पति अपने बच्चों में इतना अटकता नहीं है, जितनी पत्नी अटकती है। पति अपनी नौकरी-व्यवसाय, इस बीच की उम्र में 10-15 साल, इनमें ही व्यस्त रहता है। अपनी पत्नी से पति की दूरी

हो जाती है। बाद में बच्चे बड़े होते हैं। उनकी शादियाँ हो जाती हैं, उनके संसार बस जाते हैं। बाद में पति-पत्नी के फिर करीब आता है। अब जो करीब आता है, वह शारीरिक आकर्षण के कारण नहीं, भावनात्मक आकर्षण के कारण। क्योंकि पति महसूस करता है कि बड़े लंबे अंतराल में इन दोनों में भावनात्मक संबंध स्थापित हो गए हैं। और फिर बुड्ढे के लिए बुड्ढी और बुड्ढी के लिए बुड्ढा ही रह जाते हैं। उन दोनों की ही एक दुनिया बस जाती है। और देखा गया है, पत्नी को बाद में फिर एक बार माँ की भूमिका निभानी पड़ती है और इस बार उसका बुड्ढा ही उसका बच्चा होता है। यानी यह प्रतीत होता है कि स्त्री थोड़े समय की प्रेमिका और अनंत समय की माँ ही होती है। फिर बुढ़ापे में पति-पत्नी एकदम करीब आ जाते हैं, क्योंकि उन दोनों का संबंध फिर पास का हो जाता है। जैसे शून्य होता है जो ऊपर के सिरे से जुड़ा हुआ होता है और नीचे के सिरे से भी जुड़ा हुआ होता है, बस बीच में ही दूरी लगती है। इसलिए मनुष्य-जीवन में उसका सबसे बड़ा साथी उसकी पत्नी ही होती है। और मुझे भी लगा कि पत्नी के सहयोग के कारण ही आज मैं यहाँ तक पहुँचा हूँ, क्योंकि अगर वह विरोध में नकारात्मक भाव रखती तो भी मेरी साधना में दिक्कतें ही खड़ी करती। उसने कोई विरोध नहीं किया, यह मेरे जीवन में अच्छा था।

मनुष्य का जीवन कैसे बीत जाता है, यह पता भी नहीं चलता। हमारा चित्त जहाँ होता है, वहाँ से हम ऊर्जा ग्रहण करते रहते हैं। फिर शरीर से हम कहीं भी हों, कोई फर्क नहीं पड़ता है। हमें जीवन में सुख और दुःख का एहसास दिलाने वाली एक मन की स्थिति है, एक भ्रम है। उसके पार चले जाओ तो न कोई सुख है, न कोई दुःख है। अब हमारा एक भ्रम है जो शाश्वत नहीं है। जितने हम देह स्तर पर होंगे, उतना ही सुख और दुःख का एहसास होगा। सुख और दुःख शारीरिक स्तर पर और आत्मिक स्तर पर भी होते हैं। भौतिक साधनों से शारीरिक सुख पाया जा सकता है। और भौतिक साधनों की एक सीमा है, उससे अधिक सुख भौतिक साधन नहीं दे सकते हैं। तब हमें और सुख पाने के लिए उनका उपयोग दूसरों को बाँटने के लिए ही करना होगा।

जैसे एक मनुष्य के पास 100 स्वेटर हैं, उस व्यक्ति को अगर आप एक स्वेटर भेंट देते हैं, तो उसको उस नए स्वेटर से अधिक खुशी प्राप्त नहीं होगी। वह उसे लेकर उन 100 स्वेटरों के साथ रख देगा। अगर उसे अधिक खुशी पानी हो तो उसे वह स्वेटर ऐसे मनुष्य को देना चाहिए जिसे उस स्वेटर की आवश्यकता है, जिसके पास एक भी स्वेटर नहीं है। क्योंकि ऐसे मनुष्य को स्वेटर देकर यह व्यक्ति उस मनुष्य के द्वारा खुशी प्राप्त कर सकता है। यानी अधिक खुशी के लिए हमें किसी अन्य मनुष्य की आवश्यकता होगी।

"सेवा आत्मा का सुख है," बशर्ते सेवा का प्रदर्शन न किया जाए। सेवा करने से, मदद करने से आत्मा को बड़ा सुख प्राप्त होता है। यह सेवा-भाव एक आत्मा का पवित्र भाव है। बस, यह सेवा का कार्य किसी दिखावे के लिए न किया जाए, अन्यथा वह अहंकार बढ़ाता है और बड़ा घातक हो जाता है। इसीलिए प्रत्येक धर्म में दान का बड़ा महत्व है। आप दान कर आत्मसुख को प्राप्त करो। और आत्मसुख प्राप्त करोगे तो आत्मा सशक्त होगी और आत्मा सशक्त होगी तो आपकी आध्यात्मिक प्रगति होगी। इसलिए सेवाकार्य भी आध्यात्मिक प्रगति का साधन होता है। लोग सेवा करते हैं, पर सेवा का अर्थ नहीं समझते। सेवा शारीरिक स्तर पर किया जाने वाला कार्य नहीं है, यह आत्मा का सात्विक आहार है। यह सब समझने के लिए सचमुच सही गुरु की आवश्यकता होती है। मैं परमात्मा को धन्यवाद देता हूँ कि उन्होंने मुझे ऐसे गुरुदेव दिए जिनसे यह सब ज्ञान मैं ग्रहण कर सका।

कई भाषाएँ प्रचलित नहीं हैं क्योंकि उनकी लिपि नहीं है। वे केवल बोली जाती थीं और बाद में जो बोलने वाले लोग थे, वे चले गए तो वह भाषा भी समाप्त हो गई। और कई भाषाएँ अभी ऐसी प्रचलित हैं जो अभी केवल बोली जाती हैं, उनकी लिपि नहीं है। वे एक पीढ़ी से दूसरी पीढ़ी को सिखाई जाती हैं। सिखाने का माध्यम केवल जीवंत व्यक्ति होता है क्योंकि वह भाषा किसी निर्जीव पुस्तक में नहीं होती है। यह भाषा सजीव इसलिए कहलाती है क्योंकि इसके माध्यम सजीव ही होते हैं। ठीक इसी प्रकार से निर्जीव पुस्तकों से निर्जीव ज्ञान प्राप्त किया जा सकता है। निर्जीव पुस्तकों से यह जाना

जा सकता है कि गाय कैसी होती है। गाय का वर्णन पढ़ा जा सकता है। गाय का चित्र देखा जा सकता है। बस, सजीव गाय का दूध सजीव गाय के द्वारा ही प्राप्त किया जा सकता है।

निर्जीव पुस्तकें जीवंत अनुभूति को छोड़कर सब कुछ ज्ञान दे सकती हैं। अनुभूति एक जीवंत प्रक्रिया है, इसलिए निर्जीव पुस्तकें सजीव अनुभूति नहीं दे सकती हैं। हाँ, अधिक पुस्तकें पढ़ने से ज्ञान का अहंकार आ सकता है। ऐसा अहंकार आने पर मनुष्य सब ज्ञान केवल पुस्तक से ही प्राप्त करना चाहता है। क्योंकि पुस्तक के ज्ञान के बाहर भी कोई ज्ञान है, इसकी वह कल्पना भी नहीं कर सकता है। इसलिए ऐसे बुद्धिवादी व्यक्तियों को 'ध्यान' तो करना होता है क्योंकि ध्यान से प्राप्त अच्छे परिणाम वे अपनी बुद्धि के आधार पर जाँच चुके होते हैं। उन्हें 'ध्यान' करना जँचता है, पर सद्‌गुरु का माध्यम नहीं चाहिए होता है। यानी दूध चाहिए, पर गाय नहीं चाहिए। उन्हें सजीव ज्ञान का कोई ज्ञान नहीं होता है, इसलिए 'ध्यान' एक सजीव अनुभूति पर आधारित पद्धति है, यह समझ में नहीं आता है। जीवंत अनुभूति है तो स्वाभाविक है कि जीवंत गुरु होंगे ही। सजीव ध्यान की पद्धति सदैव अनुभूति पर आधारित होती है। यह सजीव अनुभूति भी भाषा की तरह एक जीवंत माध्यम से दूसरे जीवंत माध्यम तक पहुँची है। यह पद्धति किसी पुस्तक में लिखी नहीं है।

इन सब बातों के साथ मैं कब नदी के किनारे पहुँच गया, इसका मुझे पता ही नहीं चला। नदी का पानी बहुत तेज बहाव का था। यह नदी हिमालय से आ रही थी तो पानी बहुत ही ठंडा था, पर स्वच्छ था। कुछ पत्थर लुढ़कते रहने के कारण गोल आकार के हो गए थे। लेकिन नदी में ज्यादा गहराई नहीं थी, नदी छोटी ही थी, पर अच्छी थी। मैं उस नदी के किनारे पर बैठा रहा। एक पत्थर पर बैठकर दोनों पैर नदी में डाले तो बड़ा अच्छा लगा। मेरी सारी थकान चली गई। पैर जो दर्द कर रहे थे, वे भी ठीक हो गए। पानी में कुछ छोटी मछलियाँ भी बहकर आ गई थीं। वे भी निर्भय होकर मुझे मिलने के लिए आई। और जब उस नदी में नहाने उतरा तो इतनी मछलियाँ मेरे आसपास इकट्‌ठा हो गई थीं कि मुझे ही डर लगा कि कहीं कोई मछली मेरे पैर के नीचे न आ जाए। शरीर के

इतने पास इतनी मछलियाँ मैंने कभी नहीं देखी थीं। मैं स्नान कर नदी के बाहर आया और एक बड़े पत्थर की ओट में आग जलाकर बैठा रहा और रात हुई तो सो गया। सुबह उठकर स्नान किया और बाद में बाहर आया तो देखा—नदी के किनारे बहुत-सी संख्या में केकड़े थे जो पत्थरों के नीचे छुपकर रहते थे।

बाद में मैंने पहाड़ में चढ़ने का निर्णय किया और जैसे ही धीरे-धीरे पहाड़ चढ़ने लगा, मुझे अचानक निर्विचारिता की स्थिति लगने लग गई। मेरे भीतर की ऊर्जाशक्ति बढ़ गई और मैं कब पहाड़ पर चढ़ा, इसका पता भी नहीं चला। उस पहाड़ के शिखर के पहले, पास में छोटी-सी टेकड़ीनुमा (टीलेनुमा) जगह थी। उस जगह की ओट में गुरुदेव का कुटीर था। कुटीर अच्छा बड़ा था। उसके पास में ही उनकी यज्ञशाला थी। यज्ञशाला भी एक छोटा कुटीर ही था। तीसरा एक और कुटीर था जहाँ पर लकड़ियाँ, समिधा, जड़ी-बूटियाँ व अन्य सानान था। ये तीनों कुटीर पूर्वोन्मुख थे। इनका मुख पूर्व दिशा की ओर था और पीछे का हिस्सा पश्चिम दिशा की ओर था। पीछे की ओर एक छोटी टेकड़ी थी। मैं जब वहाँ पहुँचा तो शाम होने वाली थी। सूर्यास्त होने वाला था और गुरुदेव यज्ञशाला में हवन कर रहे थे। मैं बाहर खड़ा इंतजार करता रहा। उनके हवन होने के बाद जब वे मेरी ओर आए तो देखा कि वे सामान्य कद-काठी के ही थे। इनकी भी उम्र काफी प्रतीत हो रही थी। पूरे शरीर से उनका तेज झलक रहा था। उन्होंने पीछे की ओर बाल बाँधकर रखे थे। उनकी दृष्टि बड़ी भेदक थी। जैसे ही वे मेरे पास आए, मैंने गुरुदेव को साष्टांग दंडवत प्रणाम किया। उन्होंने मुझसे कहा, “आओ, पहले स्नान कर लो। उधर एक कुंड है।” उन्होंने एक कुंड की ओर इशारा किया जो अभी तक मैंने देखा नहीं था। मैं उस कुंड के पास गया। अपना झोला वहीं पर रखा और कुंड में स्नान किया। और सोचने लगा—यह शायद उस बड़ी पहाड़ी से आया हुआ पानी होगा। तभी मेरा ध्यान एक बाँस के टुकड़े पर गया। यह टुकड़ा पहाड़ी में घुसाया गया था और पहाड़ी का पानी उस बाँस के टुकड़े में से नल की धारा जैसे कुंड में गिर रहा था। बाद में गुरुदेव ने कुछ फल खाने के लिए दिए और यज्ञशाला के पास जो कुटीर था जिसमें लकड़ियाँ रखी थीं, वहाँ पर रहने के लिए जगह दी। वह भी एक छोटा-सा कुटीर

ही था। गुरुदेव ने कहा, "आराम करो। तुम इतनी दूर से आए हो, थक गए होगे, विश्राम करो।" उस कुटीर में घास का बिछौना तैयार करके मैं उस पर सो गया। कब नींद लगी, पता भी न चला। मेरे पैर वैसे ही बड़े दुःख रहे थे। खूब थका हुआ था, सो गया।

सुबह उठा तो आश्रम में पक्षी चहचहा रहे थे। सूर्य उदय होने की लालिमा आकाश में फैली हुई थी। और सामने नदी दिख रही थी जो मैं कल देखकर आया था। नदी के पार की पहाड़ी से सूर्योदय होने वाला था। बड़ा ही सुंदर दृश्य था। गुरुदेव अपनी कुटीर में ही बैठकर ध्यान कर रहे थे। और फिर मैं भी उठा और सारे आश्रम को झाड़ू लगाकर साफ किया और बाद में स्नान करने के लिए चला गया। वापस आया तो सूर्योदय हो चुका था। गुरुदेव उनकी यज्ञ-विधि की तैयारी में व्यस्त थे। फिर उनका हवन आदि चलता रहा। मैं बाहर बैठकर सब देख रहा था। गुरुदेव को मंत्र आदि का बड़ा ज्ञान था। उनकी वाणी स्पष्ट व सुमधुर थी।

उनकी यज्ञविधि हो गई। बाद में वे मुझे यज्ञशाला में ही लेकर बैठे। एक ही हवनकुंड था जो मिट्टी और पत्थरों से बना हुआ लग रहा था, लेकिन अच्छा-खासा बड़ा था। "तुम्हें यहाँ आने में कोई असुविधा तो नहीं हुई?" मैंने कहा, "नहीं।" फिर उन्होंने कहा, "तुम्हारे गुरुदेव को मैं अच्छी तरह जानता हूँ। जब उन्होंने मुझे तुम्हारे बारे में बताया तो मुझे लगा कि तुम्हें यहाँ बुलाना चाहिए। हम दोनों शारीरिक रूप से कभी मिले नहीं हैं, पर आत्मिक रूप से हमारा एक ही मार्ग है। ठीक इसी प्रकार मेरी और तुम्हारे गुरुदेव की शारीरिक रूप से मुलाकात नहीं हुई, पर हम चित्त से आपस में संबंधित होते हैं। 'ध्यान' भी एक साधना है जो लगातार, सतत अभ्यास करने से प्राप्त होती है। साधना करते समय मन में कोई विषय-वासना नहीं होनी चाहिए। साधना शुद्ध स्वरूप में ही होनी चाहिए, अन्यथा अशुद्ध स्वरूप की साधना पूर्णत्व तक नहीं पहुँचाती है। 'ध्यान साधना' भी एक कला के समान है। एक कलाकार वह व्यक्ति होता है जो कला के माध्यम से उस शून्य शिखर तक पहुँचता है, जो शून्य शिखर परमात्मा की प्राप्ति कराता है। प्रत्येक मनुष्य में कला का होना परमात्मा की कृपा है। परमात्मा की कृपा के बिना

कला का उद्‌गम ही नहीं हो सकता है। इसलिए प्रत्येक कलाकार को तुम परमात्मा के करीब पाओगे। कला कोई भी हो—गायन, वादन, पेंटिंग विद्या चित्रकारी, मूर्तिकारी—इन सब कलाओं के कलाकार परमात्मा के विशेष माध्यम होते हैं। ये किसी जाति, धर्म, भाषा, रंग में बँधे नहीं होते हैं। ये केवल परमात्मा के माध्यम होते हैं। ये सब विशेषताएँ प्रत्येक मनुष्य में परमात्मा किसी-ना-किसी रूप में प्रदान करता है। किसी को वे अपने भीतर से विकसित करनी आ जाती हैं, किसी को नहीं। और जिनको आ जाती है, वे उन मनुष्यों में हैं जो ईश्वर की विशेष कृपा के पात्र हैं। इसीलिए ये कलाकार अपनी कला के प्रति पूर्ण समर्पण का भाव रखते हैं। और कला के माध्यम से भी कोई समर्पण करता है तो अनायास ही वह परमात्मा को पाता है। कलाकार के लिए अपनी कला ही सर्वस्व होती है। प्रत्येक मनुष्य को अपना जीवन सबसे अधिक प्रिय होता है और कलाकार को जीवन से भी अधिक अपनी कला ही प्रिय होती है। कलाकार अपने जीवन से अधिक अपनी कला से प्रेम करता है। प्रत्येक कलाकार की इच्छा होती है कि कला जिंदा रहनी चाहिए। कलाकार सदैव अपनी कला के लिए ही जीता है। इसी कारण से प्रत्येक कलाकार चाहता है—उसके जीवन की समाप्ति के बाद भी उसकी कला जिंदा रहे। वह अपने जीवन से अधिक अपनी कला से प्रेम करता है। इसीलिए प्राय: प्रत्येक कलाकार अपने जीवन में कला-साधना करता है। और अपनी सतत साधना से प्राप्त कला की धरोहर को किसी योग्य शिष्य को देकर ही वह शांति से मृत्यु को प्राप्त कर सकता है। अन्यथा कई ऐसे कलाकार हैं जिन्हें अपनी मृत्यु के बाद भी चैन नहीं मिला है, क्योंकि उनकी कला से प्रेम करने वाला कोई नहीं मिला। ऐसा अतृप्त भाव कलाकार की आत्मा को भूत योनि में डालता है। और ये कलाकार वर्षों तक भूत योनि में ही रहते हैं। जब तक उनकी कला का आगे विकास नहीं होता, तब तक ये उसी योनि में भटकते रहते हैं। एक कलाकार को मोक्ष एक कलाकार ही दे सकता है। इसीलिए प्रत्येक कलाकार अपने जीवन में अपनी साधना की यह धरोहर किसी-न-किसी को तो देकर जाता ही है।"

"यह धरोहर देकर वह किसी मनुष्य पर उपकार नहीं करता है। वह अपनी कला को आगे का मार्ग देकर अपने मोक्ष का मार्ग

खुला करता है। आज भी भूत योनि में कई कलाकारों की आत्माएँ भटक रही हैं। जब तक उन्हें कोई उपयुक्त शिष्य नहीं मिलता, तब तक वे भटकती ही रहेंगी। इन आत्माओं का चित्त अपनी कला के प्रति ही है। वे उसे आगे बढ़ाए बिना न तो नया जन्म लेना चाहती हैं और न मोक्ष-प्राप्ति भी चाहती हैं। वे अपनी कला के कारण अटक गई हैं। प्रत्येक सच्चा कलाकार चाहता है—वह रहे, न रहे, उसकी कला जीवित रहनी चाहिए। क्योंकि कलाकार को उसकी कला अपने जीवन से भी अधिक प्रिय होती है। कलाकार का निर्माण परमात्मा की अनुपम कृति है। एक कलाकार अपनी कला के कारण कितनी सारी आत्माओं को आनंद और सुख प्रदान करता है! एक कलाकार का गायन सुनकर या किसी कलाकार का वादन सुनकर श्रोता मंत्रमुग्ध हो जाते हैं, अपनी सुध-बुध ही खो देते हैं, निर्विचार स्थिति में चले जाते हैं। यह परमात्मा की विशेष कृपा के बिना संभव नहीं है। कलाकार का निर्माण ही किसी विशेष स्थिति में होता है। एक गुरु से प्राप्त कला को साधना द्वारा विकसित करना और जीवन की समाप्ति के पूर्व उसे किसी योग्य शिष्य को प्रदान करना ही अपने गुरु के प्रति 'गुरुदक्षिणा' होती है। गुरु से तुमने जो प्राप्त किया, वही तुम गुरु के नाम पर अपने शिष्य को सौंपो, यही सच्चे अर्थ में 'गुरुदक्षिणा' है। बिना गुरुदक्षिणा के मोक्ष संभव ही नहीं है, अन्यथा गुरु के कर्ज में आत्मा भटकती रहती है।"

"प्रत्येक कलाकार अपने जीवन में 'गुरुदक्षिणा' देना चाहता ही है। 'गुरुदक्षिणा' सदैव आत्मिक स्तर पर ही होती है। जब गुरु ने अपना सर्वस्व तुम्हें सौंप दिया तो तुम भी अपना सर्वस्व गुरु को सौंप दो। गुरु जो तुम्हें सौंपते हैं, वह 'गुरुकृपा' है और तुम उनका कर्ज चुकाने के लिए सौंपते हो, वह 'गुरुदक्षिणा' है। बस 'गुरुकृपा' और 'गुरुदक्षिणा' में ही जीवन है। लोग समाज में गुरुदक्षिणा का अर्थ 'धन' लगाते हैं। वास्तव में धन गुरुदक्षिणा नहीं है। धन भाव का एक माध्यम है जो भाव प्रकट करने का शिष्य का अपना तरीकामात्र है।"

"एक कला की मृत्यु कलाकार की मृत्यु है। अगर कलाकार में कला जिंदा है, तो वह जिंदा है, अन्यथा कला की मृत्यु उसकी मृत्यु है। कोई भी सच्चा कलाकार मृत्यु का वरण करेगा, पर कलाकार

कला को कभी मरने नहीं देगा। कला परमात्मा की कृपा है, इसीलिए उसे पाने के लिए आत्मा होना पड़ेगा। एक शिष्य को आत्मा होना होगा और गुरु की आत्मा से संपर्क स्थापित करके ही इस कला के रूप में ईश्वरीय कृपा को प्राप्त किया जा सकता है। अगर एक कलाकार अपने गुरु को 'गुरु' मानेगा अर्थात "वे परमात्मा हैं," ऐसा समझकर उनके सामने झुकेगा, तभी गुरु के अंदर की कला सुप्त रूप से उसे प्राप्त हो पाएगी। फिर गुरु देना चाहें, न देना चाहें, यह गुरु का अधिकार क्षेत्र नहीं होता। द्रोणाचार्य व एकलव्य की कहानी हमारे सामने उदाहरण है। यदि तुम गुरु को सामान्य व्यक्ति समझो तो वह शारीरिक स्तर पर वे सब ज्ञान दे सकते हैं जो सर्वसाधारण होता है। लेकिन गुरु को मनुष्य समझकर कलाकार कभी वह प्राप्त नहीं कर सकता जिसके कारण वे गुरु उस कला में विश्वविख्यात हुए हैं। उस मूल तत्त्व को प्राप्त करने के लिए गुरु को परमात्मा मानना ही होगा। तभी परमात्मा की कृपा से प्राप्त हुई उनकी कला को हम प्राप्त कर सकते हैं। हम गुरु को परमात्मा मानें या मनुष्य मानें, गुरु को कोई फर्क नहीं पड़ता है। फर्क पड़ता है हमें। क्योकि जब हम गुरु को परमात्मा मानते हैं तो एक—हमने परमात्मा को पा लिया, यह भाव हमें समाधान देता है। दूसरा—प्राप्त समाधान हमारी ग्रहण करने की क्षमता को बढ़ा देता है और हमारी ग्रहण करने की क्षमता को पूर्ण खोल देता है। इसलिए जितने भी बड़े-बड़े कलाकार होते हैं, उनका उनके गुरु के प्रति देवतुल्य भाव देखा जाता है।"

"गुरु को देवतुल्य मानने के कारण ही ये कलाकार विकसित हुए हैं। कला में सदैव परमात्मा की विशेष कृपा होती है। उसे परमात्मा से ही प्राप्त किया जा सकता है। इसीलिए प्रत्येक कलाकार को अपने गुरु को परमात्मा मानना चाहिए, तभी यह ईश्वरकृपा हमें प्राप्त हो सकती है। जिस प्रकार से कला एक ईश्वरकृपा है, वैसे ही 'ध्यान-साधना' भी एक कला है और जब तक यह भी 'गुरुदक्षिणा' के रूप में किसी को नहीं सौंपी जाती, तब तक मुझे भी मोक्ष नहीं मिल सकता है। इसीलिए मुझे तुम्हारी आवश्यकता थी। मैं तुम्हें खोज ही रहा था। अब तुम्हें ध्यान की साधना की धरोहर सौंपकर मैं अपना मोक्ष का मार्ग खुला करना चाहता हूँ। तुम्हारे गुरुदेव ने तुम्हें मुझे सौंपकर मेरी बड़ी मदद की है।" कितना समय बीत गया, पता

ही नहीं चला। सूर्यास्त होने को आया था। गुरुदेव का पुनः हवन का समय हो रहा था। उन्होंने हवन की तैयारी करनी शुरू की और मैं तो जैसे मूर्ति बनकर बैठ गया। मुझे सब दिख रहा था, पर मुझसे हिला भी नहीं जा रहा था।

कल जो चर्चा गुरुदेव के साथ हुई, उससे मुझे यह बात एकदम समझ में आ गई कि सजीव ज्ञान ही अनुभूति का ज्ञान है और यही सच्चा ज्ञान है। यह खरीदा नहीं जा सकता है क्योंकि यह परमात्मा की कृपा से प्राप्त होता है। और परमात्मा की कृपा कभी प्रयत्न से नहीं मिलती है। न ही इसे खरीदा जा सकता है और न ही इसका मूल्य चुकाया जा सकता है। यह सदैव निःशुल्क ही होती है। और यह सजीव ज्ञान पाना गुरुकृपा है और यह सजीव ज्ञान बाँटना ही सही अर्थ में 'गुरुदक्षिणा' है। और ध्यान-साधना भी एक प्रकार की कला है जो अनायास ही प्राप्त हो जाती है। परमात्मा की कृपा कभी भी प्रयत्न से प्राप्त नहीं होती है। बस, जब उसकी करुणा हो जाए तो ही प्राप्त हो सकती है। और करुणा का पात्र बनने के लिए आत्मीय योग्यता आवश्यक है।

आत्मा की योग्यता और आत्मा की पात्रता प्रयत्न से नहीं होती, क्योंकि प्रयत्न केवल शारीरिक स्तर पर ही हो सकते हैं। और शारीरिक प्रयत्न से गुरुकृपा नहीं होती है। गुरुकृपा एक ईश्वरीय ऊर्जा है। वह आपके आत्मा के सुपात्र होने पर ही होती है। कई साधक साधना करते समय आत्मा को सुपात्र करने के लिए किया जाने वाला 'गुरुकार्य' भी शारीरिक रूप से करते हैं। वास्तव में गुरुकार्य वह शारीरिक कार्य है, जो किया तो जाता है शारीरिक रूप में, पर उसे करने का उद्‌देश्य आत्मशुद्धि ही है। अतः इतने गहन अर्थ को समझकर गुरुकार्य किया जाना चाहिए। शारीरिक स्तर पर ही किया गया कार्य कभी भी गुरुकार्य नहीं हो सकता है। इसलिए गुरुकार्य किया तो जाना चाहिए शरीर से, पर वह अनुभव किया जाना चाहिए आत्मा के भाव से। आत्मा का संपूर्ण समर्पित भाव ही शरीर के द्वारा किए गए कार्य को आत्मिक कार्य बनाता है। कई लोग गुरु के यहाँ गुरुकार्य तो करते हैं, पर फिर भी गुरुकार्य का अर्थ नहीं जानते हैं। पहले तो गुरुकार्य आत्मा से आत्मा के लिए

किया गया कार्य होता है। और जो कार्य हम आत्मा से करते है, वह कार्य सर्वश्रेष्ठ कार्य होता है। इसीलिए गुरुकार्य वह कार्य है जो सर्वश्रेष्ठ ही किया जाना चाहिए, क्योंकि हम हमारे पूर्ण भाव से, पूर्ण एकाग्रता से उस कार्य को करते हैं। दूसरा, यह कार्य किसी को भी दिखावा करने के लिए नहीं किया जाना चाहिए, क्योंकि दिखावा तो अहंकार के कारण होता है। अहंकार शरीर का दोष होता है इसलिए गुरुकार्य चुपचाप ही किया जाना चाहिए। क्योंकि दिखाने के लिए किए गए कार्य का बुरा परिणाम हो सकता है। एक तो उससे अहंकार निर्मित होगा और दूसरा, हम वह महत्वपूर्ण अवसर भी खो देंगे, जहाँ आत्मिक विकास हो सकता है। अर्थात गुरुकार्य के दिखावे से दो प्रकार के नुकसान मनुष्य को होते हैं। हम यह समझ सकते हैं कि गुरुकार्य शरीर द्वारा किया जाने वाला केवल एक माध्यम है या प्रतीकात्मक है। वास्तव में तो यह एक शुद्ध आत्मिक कार्य होता है। और इस मार्ग से भी साधक ध्यान-साधना में अपनी प्रगति करते हैं, बशर्ते गुरुकार्य संपूर्ण समर्पण भाव से ही किया जाए। यानी गुरुकार्य करते हुए हम अपनी आत्मा की शुद्धि करते हैं और आत्मा जैसे-जैसे शुद्ध होती जाती है, वैसे-वैसे वह सशक्त होती है। सशक्त आत्मा ही गुरुकृपा के लिए सुपात्र होती जाती है। और जब कोई आत्मा सुपात्र हो जाती है, तब उस पर ही गुरुकृपा बरसती है। आत्मा की पात्रता का गुरुकृपा के बरसने से संबंध होता है। इसलिए साधनारत साधक को सुपात्र होना चाहिए।

मुझे उस आश्रम की ज्यादा जानकारी नहीं थी और गुरुदेव प्राय: अपने कार्य स्वयं कर लेते थे क्योंकि कहाँ क्या रखा है, वह उन्हें ही ठीक से मालूम था। और इसी कारण मैंने आश्रम में झाड़ू लगाने व पौधों को पानी देने का कार्य प्रारंभ कर दिया। आसपास के जंगल में जाता था, लकड़ियाँ तोड़कर लाता था, जड़ी-बूटियाँ तोड़कर व उखाड़कर इकट्ठी करता था। और कार्य करते समय—यह गुरु की सेवा कर रहा हूँ, यह भाव रखता था। उनके आसपास भी बड़ा घना जंगल था। कुटीर के पास आए बिना तो कुटीर भी नहीं दिखाता था। यह कुटीर पहाड़ की मुख्य चोटी के पास ढलान पर था।

गुरुदेव की दिनचर्या भी बड़ी सामान्य-सी थी, लेकिन वे अपनी दिनचर्या में संपूर्ण व्यस्त रहते थे। लेकिन फिर भी वे प्रतिदिन काफी समय आकाश की ओर देखते रहते थे। वे कहते थे, "आकाश में मुझे मेरे गुरुदेव के दर्शन होते हैं और वे मुझे संदेश देते रहते हैं। दूसरा, आकाश नाशवान नहीं है। इसीलिए आकाश की ओर देखने से चित्त शुद्ध व पवित्र होता है। इसीलिए मैं नियमित आकाश की ओर देखता रहता हूँ और गुरु-सान्निध्य प्राप्त करते रहता हूँ। आकाश एक विशाल तत्त्व होता है। इसीलिए आकाश को देखने से मनुष्य के चित्त में विशालता आ जाती है। हम हमारा चित्त संकुचित दायरे में रखते हैं तो वह संकुचित होता है। अगर हम बड़े विशाल दायरे में रखते हैं तो वह चित्त भी विशाल होता है। आकाश का दायरा बड़ा है। इसीलिए मैं अपने चित्त को आकाश के दायरे में ही रखता हूँ ताकि वह विशाल बना रहे। हमारा चित्त जितना विशाल होगा, उतनी हमारी ग्रहण करने की क्षमता बढ़ जाएगी। इसीलिए विकसित चित्त वाले गुरु विशाल बातें कह सकते हैं। उनका चित्त भी विशाल इसीलिए होता है, क्योंकि उन्होंने अपने चित्त को विशाल सान्निध्य में रखा है।" गुरुदेव सुबह व शाम दोनों समय यज्ञ करते थे। वे सूर्योदय के बाद और सूर्यास्त के पहले, दो बार यज्ञ करते थे। उनकी वाणी बड़ी मधुर थी। उनके उच्चारण स्पष्ट थे मानो वे संस्कृत के बड़े विद्वान हों। वे जब यज्ञ करते हुए मंत्र बोलते थे तो बहुत अच्छा लगता था। ऐसा लगता था कि वे बोलते ही जाएँ और हम सुनते ही जाएँ। गुरुदेव आंतरिकरूप से एकाग्रचित होकर मंत्र बोलते थे, मानो आकाशवाणी ही हो रही हो।

उस दिन मैंने फिर गुरुदेव से पूछ ही लिया, "गुरुदेव, मैंने मंत्र बोलते और उनका उच्चारण करते बहुत लोगों को सुना है, लेकिन आप जब उच्चारण करते हैं तो बहुत ही अच्छा लगता है। यही मंत्र मैंने अन्य लोगों के मुख से भी सुने हैं। मंत्र की तो समानता है, फिर प्रभाव में इतनी भिन्नता क्यों हो रही है?" गुरुदेव बोले, "मंत्र का अपना एक विशेष ज्ञान है। कोई भी मंत्र केवल कुछ निश्चित शब्दों का समूह नहीं होता है। हमें मंत्र किसने दिया है, किस भावना के साथ दिया है, इसका बड़ा महत्व होता है। ऐसा समझो कि मंत्र शुद्ध पानी के समान है, जिसकी अपनी विशेषताएँ और विशेष गुणधर्म

होते हैं। जिस प्रकार से किसी शुद्ध पानी में कोई भी रंग डाल दिया जाए तो वह उस रंग को प्रभावशाली बनाता है और पानी अपने अस्तित्व में रंग को समाहित करता है और प्रकटीकरण के लिए रंग को आगे करता है, ठीक उसी प्रकार से मंत्र भाव को आगे करता है। मंत्र भावपूर्ण हो जाता है और जिस भाव के साथ मंत्र का उच्चारण किया जाता है, वह उसी भाव का प्रतिनिधित्व करता है। इसीलिए गुरु के मुख से गुरुमंत्र लेने की प्रथा है। अर्थात गुरु अपने संपूर्ण समर्पण भाव से अपने शिष्य को मंत्र प्रदान करते हैं। जितने समर्पण के भाव से मंत्र दिया हो, उतना ही समर्पण का भाव शिष्य भी अनुभव करने लगता है। हम यह समझ सकते हैं कि मंत्र भाव का एक सशक्त माध्यम होता है। गुरु मंत्र को कितने ही भाव के साथ दें, उतने ही भाव के साथ शिष्य को वह ग्रहण करना आना चाहिए, क्योंकि शिष्य का उसी भाव के स्तर पर ग्रहण करना भी बड़ा आवश्यक होता है। मंत्र में भाव बड़ा महत्वपूर्ण होता है। एक स्पष्ट लय, एक स्पष्ट उच्चारण, ये भी मंत्र को प्रभावशाली बनाने में बड़े सहायक सिद्ध होते हैं।"

"कुछ मंत्र ऐसे होते हैं जिनके उच्चारण से उच्चारण करने वाले व्यक्ति में से ऊर्जा के वलय निकलना प्रारंभ हो जाते हैं। और उन आभामंडल के वलयों का आकार धीरे-धीरे बढ़ता है और धीरे-धीरे वह आभामंडल एक बड़े क्षेत्र में स्थापित हो जाता है और उस क्षेत्र में आने वाला व्यक्ति उस मंत्र के प्रभाव से प्रभावित होता है। अभी मैं जिस मंत्र का उच्चारण कर रहा था, उस मंत्र का उच्चारण इसी प्रकार का था। मंत्र के शब्द तो माध्यममात्र होते हैं, महत्वपूर्ण होता है भाव। आपको कितने भाव के साथ उच्चारण करना आता है, मंत्र उतना ही प्रभावशाली होगा। प्रत्येक मंत्र का निर्माण किसी-ना-किसी शक्ति से होता है। मंत्र शक्ति का माध्यम होता है। मंत्र का उच्चारण भी अगर सिर्फ दिखाने के लिए, शारीरिक स्तर पर किया जाए तो मंत्र का प्रभाव भी शारीरिक स्तर पर ही होगा। वास्तव में कोई भी मंत्र परमात्मा का प्रसाद है, जो गुरुकृपा द्वारा मनुष्य को प्राप्त होता है—यानी इसे पाया नहीं जा सकता, यह प्रयत्न से नहीं मिल सकता है। जो प्रयत्न से पाया जाए, वह परमात्मा का प्रसाद नहीं हो सकता, क्योंकि परमात्मा का प्रसाद केवल कृपा से ही मिलता है। ठीक इसी

प्रकार से, मंत्र के द्वारा प्राप्त शक्ति के प्रसाद को भी बड़ी विनम्रता से, बड़े समर्पण भाव से ग्रहण करना चाहिए। आपका जितना समर्पण भाव होगा, उतनी ही आपकी ग्रहण करने की शक्ति होगी। किसी मंत्र के उच्चारण से निर्मित ध्वनि कई वर्षों तक वातावरण में विद्यमान होती है। जब कभी उसे ग्रहण करने वाला व्यक्ति होता है, वह उतरती है। इसीलिए आध्यात्मिक प्रगति में मंत्र का बड़ा महत्व है।"

"यज्ञशाला में तो अग्नि के सान्निध्य में मंत्र और अधिक प्रभावशाली हो जाते हैं। अग्नि की विशेषता है—वह वातावरण को शुद्ध करती है, मनुष्य को निर्विचार करती है और अग्नि से निकलने वाला प्रकाश वातावरण में मंत्र-शक्ति के प्रभाव को फैलाने का कार्य करता है। इसीलिए यज्ञशाला में बोले गए मंत्र अधिक प्रभावशाली हो जाते हैं। यज्ञ मनुष्य के नकारात्मक विचारों को नष्ट करता है और मनुष्य को सकारात्मक भाव प्रदान करता है और सकारात्मकता से भरा हुआ मनुष्य अपने जीवन में अधिक सफल होता है। इसी प्रकार से सकारात्मकता से भरा मनुष्य अपने आध्यात्मिक जीवन में सफल होता है। सुबह जो यज्ञ करते हैं, वह शक्तियाँ ग्रहण करने के लिए होता है। सूर्योदय के समय वातावरण की सभी शक्तियाँ उर्ध्वगामी होती हैं। इसीलिए उन शक्तियों के सान्निध्य में किया गया यज्ञ हमें शक्तियाँ प्रदान करता है। और शाम को सूर्यास्त के पहले किया गया यज्ञ रात के पूर्व वातावरण को शुद्ध व पवित्र करने के लिए होता है, ताकि रात के वातावरण में नकारात्मक भाव से हम बचे रहें। नकारात्मकता का प्रभाव दिन की अपेक्षा रात में ही अधिक होता है। इसलिए उस नकारात्मक भाव से बचने के लिए शाम को यज्ञ सूर्यास्त के पूर्व करते हैं ताकि एक सकारात्मक वातावरण सूर्यास्त के बाद भी बना रहे। अग्नि का विचारों के साथ संबंध होता है। अग्नितत्त्व कम हो जाने पर मनुष्य को विचार अधिक आते हैं। ईश्वर की उपासना में मनुष्य को विचार न आएँ, इसीलिए ईश्वर की प्रत्येक उपासना में अग्नि किसी-ना-किसी रूप में विद्यमान होती ही है। इसीलिए मृत्यु के बाद भी अग्नि का मनुष्य के दाह-संस्कार में बड़ा महत्व होता है। मनुष्य का दाह-संस्कार इसीलिए किया जाता है कि मनुष्य की आत्मा शरीर के मोह से मुक्त हो सके। इसीलिए मनुष्य के शरीर का अग्नि में अंतिम संस्कार किया जाता है। मनुष्य

का शरीर पंचतत्त्वों के द्वारा निर्मित होता है। उनमें एक अग्नि तत्त्व होता है और मनुष्य के शरीर में इसका बड़ा महत्व है।" यज्ञशाला के कुंड से जो विभूति निकलती थी, वह गुरुदेव पौधों में डालते थे। उससे पौधों को बड़ी ऊर्जा मिलती थी। इसी कारण उनके आश्रम में बहुत सुंदर-सुंदर फूल उगे हुए थे। गुरुदेव एकदम शांत रहते थे। वे सब कार्य बड़ी शांति से करते थे। वे कहते थे, "गुरुकार्य कर रहा हूँ तो फिर गुरुकार्य में जल्दबाजी क्यों? अच्छी तरह आत्मीयता से करता हूँ और जल्दी कर कार्य को मैं शारीरिक स्तर पर नहीं लाता हूँ। इसीलिए प्रत्येक कार्य को संपूर्ण भाव व शांति के साथ करता हूँ।" मुझे सचमुच यह अच्छा लगा व मैंने भी अपना गुरुकार्य उनके जैसी आत्मीयता से करना सीख लिया। वास्तव में कार्य करने में बड़ा आनंद आ रहा था।

वहाँ पर कब सुबह होती थी और कब शाम होती थी, पता ही नहीं चलता था। एक दिन सुबह हवन-विधि होने के बाद गुरुदेव ने प्राकृतिक स्थिति के बारे में बताना प्रारंभ किया। उन्होंने कहा, "प्रकृति में कभी कोई विचार नहीं होते हैं और विचार प्राकृतिक नहीं होते हैं। विचार अप्राकृतिक हैं। इसीलिए ध्यान-साधना के लिए मनुष्य सदैव प्रकृति का सान्निध्य चाहता है। जब कभी हम प्रकृति के सान्निध्य में जाएँगे, तो हम पाएँगे कि हमारे विचार समाप्त हो गए हैं। विचार हमारे शरीर की निर्मिति है। शरीर नाशवान है और इसीलिए शरीर से निर्मित विचार भी नाशवान होते हैं।"

"प्रकृति का अपना एक विशिष्ट चक्र होता है और उस चक्र से सारी प्रकृति जुड़ी हुई होती है। जिस प्रकार से प्रकृति का चक्र चलता है, उसी के तहत प्राकृतिक वातावरण बनता व बिगड़ता है। प्रकृति के तहत ही सृजन व विनाश दोनों ही होते रहते हैं। विनाश भी सृजन के लिए हुआ एक परिवर्तन ही है। दोनों स्थितियाँ प्रकृति से जुड़ी हुई हैं। मनुष्य को अपने-आपको जानने के लिए प्रकृति के इस रहस्य को समझने की आवश्यकता है। प्रकृति का भी एक नाद है। उस नाद को जानना होगा, उसे सुनना होगा। जब वह सुनाई देना शुरू हो जाए तो वही नाद भीतर भी बजना प्रारंभ होता है। जब आपका चित्त भीतर होता है तो वह नाद निकलना प्रारंभ हो जाता

है। उस नाद को ब्रह्मनाद कहते हैं। प्रकृति को चलाने वाली एक शक्ति है, यह उसका नाद होता है। जब इस ब्रह्मनाद के साथ हम जुड़े हुए होते हैं, तो हम भी संपूर्णतः प्राकृतिक रूप में ही होते हैं। जब हम एकान्त में होते हैं, तब यह नाद हमें हमारे भीतर से सुनाई देता है। यह नाद उसी प्रकार का है, जैसे किसी धातु के खाली पाइप को कान लगाने पर सुनाई देता है। यह ठीक वैसा ही होता है।"

"उस प्राकृतिक चक्र के साथ जुड़े रहना ही प्रकृति का धर्म होता है। इसे हम प्राकृतिक धर्म कह सकते हैं। इस प्राकृतिक धर्म से कोई व्यक्ति जुड़ा और उसने अपने कुछ अनुभव बताए, तो वे संसार के लिए धर्म बन गए। लेकिन इन सब धर्मों का मूल आधार प्रकृति का धर्म ही है और इस प्रकृति के धर्म से ही सब धर्म निकले हैं। प्रकृति के चक्र के तहत सृजन व विनाश होते रहते हैं और विनाश भी सृजन की एक प्रक्रिया है। अब जिस प्रकार से प्रकृति के धर्म से बाहरी धर्मों का सृजन हुआ, वैसे ही अब उनका विनाश भी होगा। सब निर्मित धर्म समाप्त हो जाएँगे और फिर एक ही धर्म रह जाएगा, वह है प्राकृतिक धर्म। मनुष्य का स्वयं का प्राकृतिक धर्म यानी 'आत्मधर्म' होता है। भविष्य में शाश्वत केवल आत्मधर्म है। वही धर्म है जिसे लेकर मनुष्य जन्म लेता है। और प्रत्येक जन्म में वह आत्मधर्म उसके साथ ही रहता है। वह 'आत्मधर्म' कभी नहीं बदलता है, स्थाई है। ये बाहरी धर्म शाश्वत नहीं हैं, ये प्रत्येक जन्म के साथ अलग-अलग होते हैं। वास्तव में ये धर्म हैं ही नहीं। ये उपासना पद्धतियाँ हैं। मनुष्य अपनी अज्ञानता से उन्हें ही धर्म समझता है। धर्म केवल एक है, वह है 'आत्मधर्म'। यही सदैव मनुष्य के साथ रहा है। आत्मज्ञान से आत्मधर्म को जाना जा सकता है। इस आत्मधर्म से ही सब धर्म निकले हैं। अब फिर सभी धर्म इस आत्मधर्म में समा जाएँगे। अभी जो प्रक्रिया चल रही है, वह 'विनाश' नहीं है, वह आत्मधर्म का 'सृजन' है। इसीलिए मनुष्य को चाहिए कि आत्मज्ञान की प्राप्ति कर आत्मधर्म को जाने। इसीलिए जो महात्मा आत्मज्ञान को प्राप्त कर आत्मधर्म को जान जाते हैं, वे केवल आत्मधर्म की बात करते हैं। बाहरी धर्म की वे बात भी नहीं करते और न ही बाहरी धर्म को महत्व देते हैं। जो प्रत्येक जन्म के साथ बदलता रहता है, उस बाहरी धर्म को क्या महत्व देना! इसीलिए उस आध्यात्मिक स्थिति तक पहुँचे हुए लोग

एक ही आत्मधर्म की बात करते हैं। यह मैं किसी नए धर्म की बात नहीं कर रहा हूँ। मैं उस आत्मधर्म की बात कर रहा हूँ जो मनुष्य के साथ प्रत्येक जन्म में होता ही है। आत्मा का धर्म ही आत्मधर्म है। जब तक यह आत्मधर्म जागृत नहीं होता है, आध्यात्मिक प्रगति नहीं हो सकती है। आप बाहरी तौर पर कितने ही धर्म-परिवर्तन कर लो, सब मिथ्या हैं। उपासना पद्धतियाँ बदलने से कहीं धर्म बदलता है क्या? धर्म तो एक ही है—आत्मधर्म और आसान भाषा में कहें तो 'मनुष्य-धर्म'। प्रत्येक मनुष्य पहले मनुष्य है, बाद में वह किसी विशिष्ट उपासना वाला व्यक्ति है।"

"बाहरी धर्म प्रत्येक मनुष्य के जन्म के साथ बदलता रहता है। केवल मनुष्य-धर्म ही एक ऐसा धर्म है, जो मनुष्य के प्रत्येक जन्म में साथ रहता है। इसीलिए मनुष्य-धर्म ही प्राकृतिक धर्म है और यही शाश्वत धर्म है। इसीलिए आत्मज्ञान को प्राप्त कर चुके महात्माओं ने केवल और केवल 'मनुष्य-धर्म' की ही बात की है। जो व्यक्ति किसी भी बाहरी धर्म को नहीं मानता है, किसी भी उपासना पद्धति को नहीं मानता है, लेकिन उसके साथ आत्मधर्म तो होता ही है। आप प्राणों का त्याग कर सकते हैं, पर आत्मधर्म का त्याग नहीं कर सकते। वह शाश्वत है, एक ही है। न तो उसे बदला जा सकता है और न ही छोड़ा जा सकता है। वह धर्म सनातन है, सदैव रहेगा ही। आत्मज्ञान को प्राप्त मनुष्य, अपने भीतर के उसी आत्मधर्म को जगाता रहता है। जिस मनुष्य के भीतर आत्मधर्म का सूरज उग जाता है, उसके भीतर ज्ञान का प्रकाश हो जाता है। इसीलिए संत ज्ञानेश्वरजी ने अपने जीवनकाल में प्रार्थना की थी कि प्रत्येक मनुष्य के भीतर का आत्मधर्मरूपी सूरज उगे और प्रत्येक मनुष्य का आत्मधर्म जागृत हो। उन्होंने इसके लिए जिस समय की बात कही थी, वही सही समय अब आ रहा है। तुम्हारा यहाँ तक पहुँचना सब इसी समय के कारण ही संभव हुआ है, नहीं तो मेरे भी कई जन्म हो गए हैं और तुम भी आठ सौ सालों से भटक रहे हो, हम कभी नहीं मिले। बस यह मिलना ही इन सबका अंत था जो इस जन्म में ही हो गया। मनुष्य का स्वभाव कमजोर बातों को जल्दी पकड़ने का होता है। आत्मज्ञान का प्रचार करने में बड़े सब्र की आवश्यकता होती है, सबमें बड़ा सब्र रखना पड़ता है। क्योंकि आत्मज्ञान भीतर का ज्ञान है। जब

तक मनुष्य भीतर नहीं जाएगा, तब तक कुछ समझ नहीं सकता है। और भीतर जाने में मनुष्य को समय लगता है। और जब तक मनुष्य भीतर नहीं जाता, तब तक आपकी बात वह समझ नहीं सकता है। इसीलिए इस आत्मज्ञान को समझाने में बड़े सब्र की आवश्यकता होती है। अगर हमें सब्र रखना है, तो अपेक्षा को छोड़ना होगा। यह अपेक्षा ही हमारे सब्र को नष्ट करती है। अगर हम अपेक्षारहित कार्य करते हैं, तो ही कार्य करते समय सब्र रखा जा सकता है। प्रत्येक कार्य को गहराई में जाकर करने से कार्य करते समय सब्र अपने-आप ही आ जाता है।"

वे गुरुदेव मुझे सूर्यास्त के बाद शांतचित्त रहकर आकाश का अवलोकन करने के लिए कहते थे। वे कहते थे, "पहले शांतचित्त होकर बैठो और आकाश की ओर देखो और सूर्यास्त के बाद जो लालिमा आकाश में छा जाती हैं, उसका अध्ययन करो। सूर्यास्त के बाद आकाश में जो विभिन्न छटाएँ छा जाती हैं, उनका अध्ययन करो, लगातार अध्ययन करो। वे बादल कहाँ से आ रहे हैं, वे बादल कहाँ जा रहे हैं, इसका अवलोकन करो। बादल किस रंग के हैं, वह देखो। बादलों से क्या आकृतियाँ निर्मित हो रही हैं, उसका निरीक्षण करो। यह 'आकाश-दर्शन' की एक सतत साधना होती है। यह अभ्यास करते-करते हम सीख सकते हैं। आकाश में होने वाली एक-एक घटना का निरीक्षण करना है। जो-जो बदलाव हो रहे हैं, उनका ध्यान रखना है। बादलों की स्थिति पहले क्या थी, अब क्या है, उसका अवलोकन करना है और धीरे-धीरे अपने चित्त को और गहराई में उतारना है। और उन बादलों के पार क्या है, वह अनुभव करना है क्योंकि वह दृष्टि से परे है। और बादलों से परे देखने पर जो अनुभूति हो रही है, अब उस अनुभूति को पकड़ो। उस पर चित्त रखो और धीरे-धीरे उस अनुभूति को अपनी आँखों में, अपने भीतर भर लो और आँखें बंद कर लो और अपने भीतर के आकाश-तत्त्व को अनुभव करो। और भीतर क्या अनुभूतियाँ अनुभव हो रही हैं, उनका अनुभव करो। फिर धीरे-धीरे शून्य की स्थिति निर्मित हो जाएगी और चित्त में से आकाश कब हट जाएगा, पता भी नहीं चलेगा और चित्त विश्वचेतना के साथ जुड़ जाएगा। क्योंकि अंदर की चेतना और बाहर की चेतना एक हो जाएगी और शरीर का जो 'मैं' का

अहंकार है, वह स्वयं ही समाप्त हो जाएगा। आपका निजी अस्तित्व ही समाप्त हो जाएगा। यह 'आकाश-दर्शन' की साधना होती है। इसका अभ्यास रोज शाम को किया करो। कुछ दिनों के बाद चित्त से साधना अभ्यास द्वारा संपन्न हो जाएगी।"

वास्तव में, कुछ दिनों के अभ्यास के बाद ही मुझे शरीर में अलग-अलग तरह की अनुभूतियाँ अनुभव होने लग गई थीं और कुछ दिन साधना करने के बाद मुझे उसमें आनंद भी आने लग गया। मैं चित्त से आकाश में भ्रमण भी करने लग गया। ऐसा लगा मानो सारा शरीर एकदम हल्का हो गया और मैं नीले शांत आकाश में उड़ा जा रहा हूँ। मेरे आसपास अलग-अलग प्रकार के बादल हैं। कुछ बादल सफेद तो कुछ नीले हैं, कुछ ज्यादा ही नीले रंग के हैं। और धीरे-धीरे मेरा नीचे आना शुरू हुआ और बाद में मैं शरीर में वापस आ गया। ऐसा अनुभव एक बार नहीं, कई बार हुआ। और ऊपर आकाश से मैं अपने शरीर को देख भी पा रहा था और अनुभव हो रहा था कि मैं एक पवित्र, शुद्ध आत्मा हूँ, मेरा शरीर अलग है। मैं शरीर नहीं हूँ, मैं एक आत्मा हूँ। आत्मा और शरीर दोनों अलग-अलग हैं। इस बात का एहसास प्रतिदिन हो रहा था और मैं था कि इस साधना में आनंद ले रहा था। ऐसा ऊपर की ओर जाना और वापस देह को देखना और वापस देह में आना, इन सभी बातों से मैं समझ गया, कि यह गुरुदेव की कृपा से ही हो रहा है। उनके सान्निध्य के कारण ही पुनः शरीर में आने की क्रिया सहजता से हो रही है। मुझे इसमें शुरू-शुरू में परेशानी हुई थी। लेकिन धीरे-धीरे, जैसे-जैसे अभ्यास बढ़ता गया, मार्ग आसान होता गया और बाद में तो यह स्थिति हो गई कि मैं उस साधना की राह देखने लग गया, क्योंकि अब इसमें बहुत रस निर्मित हो गया था। गुरु-सान्निध्य में की गई सारी प्रगति को अभ्यास की आवश्यकता होती है, क्योंकि वहाँ तो गुरुदेव के आभामंडल का प्रभाव बना हुआ रहता है। हमें उनके स्थूल के साथ नहीं, उनके सूक्ष्म के साथ भी साधनारत होना आना चाहिए। यह तो जब हम साधना का अभ्यास करते हैं, तब होता है।

कुछ ही दिनों में मुझे गुरुदेव से लगाव-सा हो गया था। उन्हें बार-बार अपनी दाढ़ी को सहलाने की आदत थी। वे बड़े शांतचित्त

होकर अपनी दाढ़ी को सहलाते थे। वह दृश्य मुझे आज भी रोमांचित करता है। उनका दाढ़ी को सहलाना मुझे अच्छा लगता था। उनकी दाढ़ी सफेद रंग की थी और बहुत लंबी थी। वे एक लकड़ी की कंघी से उसे ठीक करते रहते थे। उनकी दाढ़ी में एक भी बाल काला नहीं था, सारे बाल सफेद हो गए थे। सूर्यास्त के समय सूर्य की लाल किरणें जब उनकी दाढ़ी पर पड़ती थीं, तो कुछ क्षणों के लिए ऐसा लगता था कि उनकी दाढ़ी ही नारंगी रंग की हो गई है। मुझे वह दृश्य देखना अच्छा लगता था। उनकी दाढ़ी में बड़ा आकर्षण था। ऐसा लगता था मानो उन्हें प्राप्त हुई सारी शक्तियाँ उस दाढ़ी में ही समाई हुई हों। वे जब जमीन पर बैठते थे तो उनकी दाढ़ी जमीन को छूने का प्रयास करती थी, यानी इतनी बड़ी और लंबी थी उनकी दाढ़ी। पूर्ण सफेद होने के कारण चाँदी के समान लगती थी। जब हम पड़ोस की पहाड़ी के ऊपर जाते थे, तो सूर्यास्त के समय खूब हवा बहती थी और गुरुदेव की लंबी सफेद दाढ़ी हवा से खूब उड़ती रहती थी। वह उड़ना मुझे बहुत अच्छा लगता था। उन पर सफेद दाढ़ी बहुत ही अच्छी लगती थी। वह दाढ़ी उन्हें शायद बड़ी प्रिय थी।

एक दिन सुबह गुरुदेव ने एक अलग ही साधना प्रारंभ की। वे बड़े मैदान जैसे स्थान पर बैठ गए और अपने आसपास लकड़ियों से गोलाकार बनाया और मुझे कहा, "इसके भीतर बैठकर मैं ध्यान करने वाला हूँ। तुम तीन दिनों तक आसपास की अग्नि में लकड़ियाँ डालते रहना। यह आग अगले तीन दिनों तक जलती रहनी चाहिए। और तुम पास में ही रहना ताकि अग्नि सदैव प्रज्वलित रहे, यह ध्यान रखना आसान होगा।" और प्रातः, सूर्योदय से उन्होंने सूर्य की तरफ मुँह करके अपना ध्यान प्रारम्भ कर दिया।

मैंने आसपास खूब लकड़ियाँ इकट्ठी करके रखी थीं जो मैं थोड़ी-थोड़ी देर बाद आग में डाल रहा था और अग्नि को बनाए रख रहा था। उनकी क्या साधना थी, वे ही जानें। मैं तो उनके आदेश का पालन कर रहा था। आज्ञापालन करना ही मेरे क्षेत्र का कर्तव्य था, वह कर रहा था। मेरा बस यही काम था। थोड़े-थोड़े समय बाद आग में लकड़ियाँ डालनी पड़ती थीं। शाम होने आई थी। मैं अपने कार्य की देख-रेख बराबर कर रहा था। मैं साथ-साथ यह भी ध्यान

रख रहा था कि यह और बाहर न फैले, क्योंकि गोले के भीतर तो गुरुदेव ने पूर्ण जमीन साफ कर ही रखी थी। वे शांत बैठकर ध्यान कर रहे थे। मुझे लकड़ियों की समस्या नहीं थी। मेरी समस्या थी तेज हवा। नदी की ओर से कभी-कभी तेज हवा बहती थी। उसके कारण आग बुझने का डर था, जबकि इसके लिए मैंने बड़ी-बड़ी लकड़ियाँ रखी थीं ताकि अग्नि सदैव जलती ही रहे। तेज हवा का ही सदैव ध्यान रखना पड़ रहा था। कभी-कभी आग को तेज जलाने के लिए मैं सूखी हुई घास का भी सहारा ले रहा था।

रात तो जैसे-तैसे बीत गई, पर सुबह के समय मुझे थोड़ी नींद आने लग गई थी। नींद न आए, इसलिए आग के आसपास चक्कर काट रहा था। फिर थोड़ी देर के बाद सूर्योदय हुआ। अब कहीं साधना का एक दिन पूर्ण हुआ था। फिर धीरे-धीरे सूरज ऊपर आने लग गया था। वैसे-वैसे हवा चलनी प्रारंभ हो गई और फिर हवा के कारण आग बुझने की और आग फैलने की संभावनाएँ बढ़ गईं। इसलिए मुझे बड़ा सतर्क रहना पड़ रहा था। दूसरे दिन से मुझे भी कुछ परिवर्तन अनुभव होने लग गए थे।

हम आँखों से जो भी देखते हैं, उसे देखने का प्रभाव हमारे चित्त पर होता ही है। अगर अच्छा देखेंगे तो अच्छा प्रभाव होगा और बुरा देखेंगे तो बुरा प्रभाव होगा। क्योंकि जो देखते हैं, उसका सूक्ष्म प्रभाव हमारे चित्त पर होता है। क्योंकि हमारा चित्त हमारी आँखों के द्वारा कुछ ग्रहण करता रहता है। फिर हमारी मानसिकता भी वैसी ही हो जाती है। इसीलिए देखा गया है, जहाँ पर हिंसक खेल होते हैं, खूनी खेल होते हैं; जैसे साँडों की लड़ाई, मुर्गे की लड़ाई, मनुष्यों की लड़ाई; ये जहाँ होते हैं, इन सब हिंसाओं का समाज पर भी प्रभाव पड़ता है और समाज भी हिंसक हो जाता है। खून, हत्या, अपराध भी ऐसे समाज में अधिक होते हैं। यदि हिंसा पर सामूहिकता से एकाग्रता की जाए, तो हिंसा समाज को भी प्रभावित करेगी। ऐसी हिंसा बड़ा घातक और बड़ा गहरा प्रभाव डालती है। इसीलिए संत-महात्माओं ने हिंसा का विरोध किया है। इसलिए हम आँखों से जो दृश्य देखते हैं, हमारा चित्त वह सब ग्रहण करता रहता है और हमारे ऊपर भी वैसा ही प्रभाव पड़ने लगता है। एक तो अग्नि न बुझे, यह देखने के

लिए मेरा चित्त पूरे समय पूर्ण सतर्कता के साथ अग्नि के ऊपर ही था। और अग्नि जैसे पवित्र तत्त्व पर चित्त रखने के कारण मेरा चित्त भी पवित्र होने लग गया था। और मुझे सतत गुरु-सान्निध्य प्राप्त था। उस दिन लगा कि मनुष्य जीवन में सबकुछ अपने प्रयत्न से प्राप्त कर सकता है, बस एक गुरु-सान्निध्य ही है जो प्रयत्न से प्राप्त नहीं होता है। गुरु-सान्निध्य केवल गुरुकृपा से ही प्राप्त होता है और गुरुकृपा कभी प्रयत्नों से नहीं मिलती है। गुरुकृपा वास्तव में ईश्वर की कृपा है जो किसी माध्यम से बरसती है। सद्‌गुरु का सान्निध्य भी बड़ा दुर्लभ योग है, क्योंकि उस सान्निध्य से बढ़कर दुनिया में कुछ भी नहीं है। आप प्राप्त सान्निध्य को अपने शरीर के लिए इस्तेमाल करते हो या आत्मा के लिए, इसी पर आगे का भविष्य निर्भर होता है।" मैं गुरुदेव का सान्निध्य पाकर धन्य हो गया। ऐसा लगा, यह जन्म ही उनका सान्निध्य प्राप्त करने के उद्‌देश्य से ही हुआ था।

इस सान्निध्य का वर्णन करना असम्भव है मैं बस इस सान्निध्य को अनुभव ही कर सकता हूँ। सान्निध्य की अनुभूति का आनंद वे ही लोग समझ सकते हैं जिन्होंने यह प्राप्त किया है। इस कृपा-अमृत का स्वाद जिसने चखा है, वही जानता है, यह क्या है! इसे चखना होगा। दूर से देख कर इसका अंदाजा लगाया ही नहीं जा सकता है। जिस प्रकार से आम जिसने खाया है, वही जानता है कि रसभरे आम का क्या स्वाद होता है। और आम का स्वाद तो क्षणभर का होता है और यह अक्षय आम का स्वाद है, जिसने एक बार इसे चख लिया वह जीवनभर कभी नहीं भूल सकता है। उस सान्निध्य के स्वाद की तुलना करने के लिए कोई शब्द ही नहीं है। उसका वर्णन करने के लिए शब्द माध्यम नहीं हो सकते हैं।

मैं सद्‌गुरु के सान्निध्य में अपने-आपको बड़ा प्रसन्न महसूस कर रहा था। जिस प्रकार से सागर की लहरें उठती हैं, वैसे ही गुरु-सान्निध्य में चैतन्य की लहरें उठ रही थीं। और प्रत्येक लहर गुरुदेव की कृपा से ही आ रही थी। प्रत्येक चैतन्य की लहर पर आत्मा कहती थी, "बस गुरुदेव, आपकी करुणा है। बस गुरुदेव, आपकी कृपा है। बस गुरुदेव, आपकी कृपा का अमृत है। बस गुरुदेव, आप करुणा के सागर हो, मैं तो किनारे पर पड़ा एक शंख हूँ।" प्रत्येक लहर के

साथ मेरी आत्मा नतमस्तक हो रही थी मैं जितना नतमस्तक हो रहा था, महसूस कर रहा था लहरें उतनी ही बढ़ रही थीं, मानो मेरी ओर ही खिच रही थीं।

इतना चैतन्य बरस रहा था कि आँखें बंद हो रही थीं और इधर अग्नि की ओर भी ध्यान देना था। बड़ी कठिनाई हो रही थी। मेरी बड़ी कठिन परीक्षा थी। इधर अग्नि पर ध्यान रखना था और उधर आत्मा गुरुदेव के कृपा सागर की प्रत्येक लहर पर सवार होकर भीतर, और भीतर यात्रा कर रही थी। आत्मा भीतर खींच रही थी, शरीर बाहर खींच रहा था; क्योंकि अग्नि पर ध्यान रखना था। बैठकर अग्नि पर ध्यान रखना कठिन हो रहा था। मैंने घूमने का निर्णय लिया और मैं गुरुदेव की परिक्रमा करने लगा। मेरा यह निर्णय मुझे भीतर की ओर ले जाने लग गया। मेरी स्थिति बाहर की जगह मुझे अंदर की ओर होने लगी। और रात में तो मुझे ऐसा अनुभव हुआ कि गुरुदेव के आसपास भी एक सुनहरे रंग का आग का गोला घूम रहा है। वह गोला आग से भी अधिक प्रकाशमान था, पर उस आग में शीतलता थी। उस आग के गोले में एक तरह का आकर्षण था। मैं घूमकर परिक्रमा तो कर रहा था, पर मेरा ध्यान उस आग के गोले की तरफ ही था जो गुरुदेव के आसपास दस-पंद्रह फीट के क्षेत्र में घूम रहा था। उस आग के गोले के सामने मेरी प्रज्वलित की गई अग्नि भी फीकी पड़ रही थी। ऐसा लग रहा था मानो सूरज ही धरती पर उतर आया हो। सुबह, सूर्योदय के समय सूरज जैसे उगते हुए आकर्षक लगता है, ठीक वैसे ही वह आग का गोला था, जिसका प्रकाश क्षण-क्षण में कम-अधिक हो रहा था और उस प्रकाश के साथ चैतन्य की लहरें भी हिलोरे मार रही थीं। चैतन्य की लहरियाँ भी उस प्रकाश के साथ कम और ज्यादा हो रही थीं। बाद में तीसरे दिन से तो मानो एक अलग ही विश्व की अनुभूति हो रही थी। तीसरी रात में गुरुदेव के आसपास का प्रकाश और बाहरी अग्नि का प्रकाश एकरूप हो गया था। दोनों के बीच वास्तव में बहुत अंतर था, पर प्रकाश में कोई अंतर नहीं था। दोनों के प्रकाश एकरूप हो गए थे। ऐसा लग रहा था मानो सूरज ही धरती पर उतर आया हो। चारों ओर प्रकाश ही प्रकाश था। वहाँ जंगल में कोई अन्य प्रकाश न होने के कारण यह प्रकाश का पुंज बड़ा प्रभावशाली लग रहा था।

धीरे-धीरे मेरे अंदर भी कुछ हलचल होने लगी। मेरी रीढ़ की हड्डी के नीचे स्पंदन होने लगा और वह स्पंदन धीरे-धीरे ऊपर की ओर बढ़ने लगा। आसपास इतनी गर्मी थी, आग थी और मेरे भीतर, रीढ़ की हड्डी में कोई चेतना का प्रभाव ऊपर की ओर उठ रहा था, जो एकदम ठंडा था। मुझे उस अनुभूति पर विश्वास ही नहीं हो रहा था। मैं बार-बार पीठ को हाथ लगाकर देख रहा था कि जो भीतर अनुभव हो रहा है, वैसा ठंडा वास्तव में कुछ है क्या? लेकिन हाथ से छूने पर कुछ भी नहीं लग रहा था और नीचे से ठंडी-ठंडी संवेदनाएँ लगातार गर्दन की ओर आ रही थीं। यह अनुभव मुझे पहली बार हुआ था। आज तक का सारा ज्ञान भी बता नहीं पा रहा था—यह क्या है, यह क्या घटित हो रहा है, यह हो क्या रहा है, यह क्यों हो रहा है। यह स्पंदन गर्दन से सिर और तालू भाग तक जा रहा था। अब तालू भाग पर भी स्पंदन होने लगा। सारे शरीर में चैतन्य का रोमांच अनुभव हो रहा था। इस प्रकार का अनुभव प्रथम बार हो रहा था। बुद्धि के ज्ञान-कोश में ऐसा कोई अनुभव नहीं था, जिससे इस अनुभव की तुलना की जाए। यह अनुभूति अतुलनीय थी। ऐसा लग रहा था मानो मेरे शरीर पर से मेरा सारा नियंत्रण ही चला जाएगा। मैं फिर भी घूम-घूमकर, अग्नि जल रही है या नहीं, यह बराबर देख रहा था। यह मेरी भी एक प्रकार से अग्निपरीक्षा ही थी। बाहर भी अग्निपरीक्षा और भीतर भी अग्निपरीक्षा, दोनों तरफ से ही यह अग्निपरीक्षा थी। निरंतर इतने समय तक अग्नि के आसपास रहकर भी कहीं भी अग्नि की गर्मी महसूस ही नहीं हुई। मेरे लिए यह एक आश्चर्य था।

फिर सुबह सूर्योदय के समय धीरे-धीरे गुरुदेव ने अपनी समाधि पूर्ण की और धीरे-धीरे अपनी आँखें खोलीं और गुरुदेव समाधि के बाहर आए। वे जैसे ही अग्नि को पार कर गोले के बाहर आए, वैसे ही मैंने उनकी चरण-वंदना की और कहा, "आपकी कृपा से मुझे तीन दिनों तक बड़े दिव्य अनुभव हुए। ऐसे अनुभव जीवन में कभी नहीं हुए थे।" वे केवल मुस्करा दिए। "यह तीनों दिन की समाधि मैं तुम्हें चित्त में लेकर कर रहा था। चित्त से तुम भी मेरे साथ थे। तुम चित्त से मेरे साथ रहो और तुम्हारा चित्त और कहीं नहीं जाए, इसीलिए मैंने ये तीन दिन अग्नि प्रज्ज्वलित का कार्य तुम्हें सौंपा था। अग्नि

की देख-रेख के बहाने से तुम्हारा चित्त अग्नि पर रहे और वह अग्नि के समान पवित्र बने। चित्त बाहर, अन्य जगह न चला जाए, इसीलिए यह सब किया था। यह जो तुम्हें अनुभव कराया, यह मैं जीवन में केवल एक ही बार और एक ही व्यक्ति को करा सकता था। इसमें मैंने मेरी साधना से संभालकर रखी हुई प्राण-शक्ति की धरोहर तुम्हें सौंप दी, क्योंकि मुझे यह सौंपने के लिए तुम ही सबसे अधिक उपयुक्त लगे।" मैंने कहा, "मैं तो एक सामान्य मनुष्य हूँ।" वे बोले, "यही तुम्हारी महानता है। बीज कितना भी अच्छा हो, अच्छे पेड़ का हो, जब तक अच्छी उपजाऊ जमीन नहीं मिलती, बीज बेकार होता है। ठीक इसी प्रकार, मेरी प्राण-ऊर्जा कितनी भी प्रभावशाली हो, जब तक उसे जीवंत रखने वाला नहीं मिलता, उसे वृद्धिगत करने वाला नहीं मिलता, तब तक वह मेरे पास बेकार ही है। तुम मेरी ऊर्जाशक्ति की उपजाऊ भूमि हो। अब तुम्हें यह सौंपकर मैं धन्य हो गया हूँ। तुमने उसे ग्रहण कर मेरे ऊपर बड़ा उपकार किया है। मेरा तो जीवन ही सार्थक हो गया। मेरी साधना आज फलीभूत हो गई। आज ऊर्जा एक से अनेक में पहुँच गई है। तुम नहीं जानते कि तुम कौन हो, पर मैं जानता हूँ। पर मैं भी एक सीमा में बँधा हुआ हूँ। इसलिए मैं जानकर भी बता नहीं सकता हूँ, समय आने पर पता चल ही जाएगा। अभी सूर्योदय होने में समय बाकी है। सूर्योदय होने के बाद सूरज का पता दुनिया को हो ही जाएगा।"

गुरुदेव अपने आनंद की अभिव्यक्ति कर रहे थे। वे आज बड़े खुश थे। उन्होंने बड़ी खुशी से बताना शुरू किया, "मुझे भी यह अनुभूति अपने गुरुदेव से प्राप्त हुई थी और उन्हें उनके गुरुदेव से प्राप्त हुई थी। ऐसा परंपरा से ही चला आ रहा था। अनुभूति प्राप्त होना गुरु की कृपा से होता है। और उसी कृपारूपी लहर को पकड़े रखना ही जीवन में कठिन होता है। क्योंकि कृपा पाना क्षणभर की बात है, लेकिन उस कृपा को बनाए रखना सारे जीवनभर की साधना होती है। और उसके लिए हमें कई त्याग करने पड़ते हैं। कई बातें जीवन में छोड़नी पड़ती हैं या यूँ कहा जाए, छूट ही जाती हैं। क्योंकि तुम्हारा उद्दिष्ट उस कृपा को बनाए रखने का ही बन जाता है तो स्वाभाविक उद्देश्य है, अपने जीवन के उद्दिष्ट के आगे बाकी सब बातें कोई मायने ही नहीं रखती हैं। सारे जीवनभर एक ही

बिन्दु को पकड़कर रहना इसलिए संभव हो जाता है क्योंकि अपनी दुनिया ही छोटी हो जाती है। सारी दुनिया ही उस बिन्दु के भीतर समा जाती है। उस बिन्दु के बाहर कोई अस्तित्व ही नहीं होता है। मनुष्य का सर्वस्व वही हो जाता है। और जिस मनुष्य का सर्वस्व गुरुकृपा हो जाए, उसे पता भी न चलेगा, उसका सर्वस्व गुरुकृपा हो गया है। लेकिन बाहर वाला व्यक्ति गुरुकृपा से अलग रहकर सोच सकता है कि गुरुकृपा ही मनुष्य के लिए सर्वस्व कैसे हो सकती है? जो भीतर है, उसकी दुनिया उतनी ही है। वह बाहर की दुनिया को देखना ही नहीं चाहता। और जो बाहर है, वह भीतर की दुनिया को नहीं जानता। उसके लिए भीतर की दुनिया का कोई महत्व नहीं है। इसलिए जो भीतर गया ही नहीं, वह भीतर की दुनिया को क्या जाने? ऐसा विरोधाभास होता है। लेकिन जो भीतर जाता है, वह बाहर की दुनिया से भीतर गया है। वह बाहर की दुनिया को भी जानता है और अंदर की दुनिया को भी जानता है, क्योंकि भीतर तो वह है ही। इसीलिए उसे दोनों का ज्ञान होता है। भीतर वाला बाहर की दुनिया से भीतर की दुनिया में गया और वहीं रह गया, वापस बाहर की दुनिया में आया भी नहीं। यानी हम कल्पना कर सकते हैं, वह भीतर की दुनिया अधिक श्रेष्ठ होगी, अधिक प्रिय होगी, अधिक शांति देने वाली होगी, तभी तो जो मनुष्य बाहरी दुनिया से भीतरी दुनिया में गया, वह गया। जितनी बड़ी बाहरी दुनिया है, उससे भी गहरी भीतरी दुनिया है। और उस दुनिया में बाहर वापसी का रास्ता ही नहीं है। क्योंकि मनुष्य स्वयं अपने वापसी के रास्ते बंद करके ही आगे बढ़ता है ताकि भीतर अधिक प्रगति कर सके। मेरे साथ भी ऐसा ही हुआ, जो एक बार भीतर उतरा तो गुरुकृपा के सहारे भीतर उतरता ही चला गया।"

"शक्तिपात केवल गुरुकृपा से ही होता है। पर प्राप्त शक्ति को संभालकर रखना बड़ा कठिन कार्य होता है। निरंतर साधना करनी पड़ती है। निरंतर संभालकर रखना भी एक महत्वपूर्ण बात होती है। क्योंकि जिसने हमें अपना सर्वस्व समर्पित किया है, वह इस विश्वास के साथ किया है कि वह संभालकर रखेगा। और किस तक यह पहुँचाना है, वह कार्य अपना नहीं होता है। वह कार्य भी गुरुकृपा से ही संभव होता है। जब तक सुपात्र साधक सामने नहीं आएगा, यह

बाहर निकलेगी ही नहीं। यह शक्ति बहुत अंदर तक समाई रहती है। कभी कोई सुपात्र साधक को हम देने की कोशिश करेंगे तो भी देने की क्रिया तब तक संपन्न नहीं हो सकती, जब तक वह सुपात्र साधक ग्रहण न करे। यह पाना और यह प्रदान करना, दोनों ही क्रियाएँ बड़ी अद्‌भुत होती हैं। और मेरा अनुभव यह है, इसे पाने की अपेक्षा इसे देने में मुझे अधिक आनंद आया है। वास्तव में, आप लाख किसी को देना चाहो, वह बाहर निकलनी भी तो चाहिए! और निकली ही नहीं तो दोगे कैसे? अपने हाथ में न तो प्राप्त करना है और न देना है। दोनों ही क्रियाएँ केवल ईश्वरीय कृपा में ही संभव होती हैं। यह एक जीवंत अनुभूति होती है। यह न तो प्रयत्न से प्राप्त होती है और न ही प्रयत्न से दी जाती है। यह केवल अपने सान्निध्य में बढ़ती है। और इसके सतत सान्निध्य में रहकर हम गुरुदेव के विश्वास को भी पूर्ण करते हैं, जिसने हमें यह इसी विश्वास के साथ सौंपी थी। मैंने अपने जीवन में मेरे गुरुदेव से प्राप्त किया, तुमने मेरे जीवन में आकर इसे प्राप्त किया। मैं प्राप्त कर सका, पर वह किसी को देने कहीं जा न सका। बस इंतजार करता रहा, कोई तो होगा जिसको देने के लिए मेरे गुरुदेव ने यह मुझे शक्ति सौंपी होगी। बस मैं तुम्हारा इस आश्रम में इंतजार ही करता रहा। तुम्हें सौंपकर मैं इसलिए भी खुश हूँ, क्योंकि मैं आज अपने गुरु के ऋण से मुक्त हो गया हूँ। आज मैंने अपने गुरुदेव को गुरुदक्षिणा दे दी है। बिना गुरुदक्षिणा के जीवन का कोई अर्थ नहीं है। तुम्हारी सहायता के बिना यह संभव ही नहीं था। आज मुझे हल्का-हल्का लग रहा है।" फिर मैंने अनायास ही पूछ लिया, "अब गुरुदेव मुझे भी आप की तरह किसी साधक की इस आश्रम में रहकर राह देखनी होगी?" तब गुरुदेव ने हँसते हुए कहा, "तुम नदी नहीं हो, मैं नदी था। तुम तो सागर हो! कई नदियाँ आकर तुम्हें मिलेंगी! तुम्हारा कुंभ तो बड़ा है। मैंने तो तुम्हारे आत्मयज्ञ के कार्य में एक आहुतिमात्र दी है। तुम्हारे पास, किसे देना है, यह समस्या नहीं होगी। लाखों आत्माएँ तुम्हारे पास केवल और केवल आत्मज्ञान-प्राप्ति के लिए आएँगी।" मैं घबरा गया और मैंने पूछा, "मैं कैसे पहचानूँगा कि कौन-सी सुपात्र है, कौन-सी नहीं है?" गुरुदेव ने गंभीर होकर कहा, "यह तुम्हारा क्षेत्र ही नहीं है। कौन-सी आत्मा सुपात्र है और कौन-सी नहीं, यह तुम्हारे क्षेत्र में नहीं आता

है। तुम्हारे क्षेत्र में केवल आत्मज्ञान बाँटना ही आता है। अब प्रश्न सुपात्र आत्माओं का है। उन आत्माओं का यह अंतिम ठिकाना है। इसके आगे अब यह अनुभूति उन्हें किसी को नहीं देनी है। वह जो अनुभूति मिली है, वह केवल उनके कल्याण के लिए है, उनके मोक्ष के लिए है। अब यह उन आत्माओं का क्षेत्र है, वे मोक्ष पाकर तुम्हें गुरुदक्षिणा कितने जन्मों में देंगी। क्योंकि यह जन्म उन आत्माओं का भी अंतिम जन्म होगा। पर इस बात का एहसास कितनी आत्माओं को होगा क्या मालूम? तुमसे तीन प्रकार की आत्माएँ यह आत्मज्ञान ग्रहण करेंगी। पहली तो आत्मज्ञान को प्राप्त कर इसी जन्म में उसे संभालकर रखेगी और उसके सहारे इसी जन्म में मोक्ष प्राप्त करेगी। मोक्ष प्राप्त कर इसी जन्म में गुरुकृपा के ऋण से मुक्त हो जाएगी और अपना मोक्ष प्राप्त कर अपनी गुरुदक्षिणा इसी जन्म में दे देगी। दूसरी वह आत्मा होगी जो आत्मज्ञान तो ग्रहण करेगी, लेकिन ध्यान नहीं करेगी और वह उसके अगले जन्म में मोक्ष प्राप्त करेगी। क्योंकि इस जन्म में वह सांसारिक माया में उलझकर ध्यान नहीं कर पाएगी और फिर ध्यान करने के लिए ही अगला जन्म लेगी और अगले जन्म में मोक्ष प्राप्त करेगी। अपने अगले जन्म में मोक्ष प्राप्त कर अपनी गुरुदक्षिणा तुम्हें अर्पित करेगी। और जो तीसरी आत्मा होगी, वे इसी जन्म में सारी अनुभूति ग्रहण कर लेगी, तुम्हारे सान्निध्य में समग्र ज्ञान ग्रहण करेगी, केवल इस सांसारिक मायाजाल में अटककर ध्यान नहीं करेगी। तो ये संपूर्ण ब्रह्मज्ञान ले चुकी होगी और इनकी दशा बड़ी विचित्र होगी। ये दूसरा जन्म नहीं ले पाएगी क्योंकि ये इसी जन्म में मोक्ष चाहती है। लेकिन मोक्ष के लिए अपनी स्थिति इस जन्म में बनाई ही नहीं, इसलिए मोक्ष भी नहीं मिल सकता। नया जन्म ये लेना ही नहीं चाहती है, इसलिए नया जन्म भी नहीं मिल सकता है। ऐसी आत्मा भूतयोनि को प्राप्त करेगी, क्योंकि अपने जीवनकाल में इस आत्मा ने सारा 'ब्रह्मज्ञान' प्राप्त कर लिया, पर जीवन में उसके अनुरूप आचरण नहीं किया। तुम्हारे जीवनकाल में ऐसी कई आत्माओं को भूतयोनि प्राप्त होने वाली है। फिर कोई सद्‌गुरु जब इनके लिए प्रार्थना करेंगे, इनके ऊपर कृपा करेंगे, तभी इन्हें मोक्ष की प्राप्ति होगी। तब तक ये सालों भटकती रहेंगी।"

"इस प्रकार भटक रही कई आत्माएँ इस जीवन में तुमसे मोक्ष भी प्राप्त करेंगी। ये भी वे आत्माएँ ही हैं जिन्होंने भूतयोनि इसीलिए प्राप्त की क्योंकि ब्रह्मज्ञान तो प्राप्त कर लिया पर ब्रह्म-साधना नहीं की थी। तुम्हारे मार्फत कई आत्माओं को भूतयोनि मिलेगी और कई भूतयोनि की आत्माएँ तुमसे मोक्ष भी प्राप्त करेंगी। यह प्रकृति का चक्र है। एक झाड़ को बोता है और एक झाड़ के फल खाता है। यह तो चलते रहता है। इसमें कोई कुछ नहीं कर सकता है। हम तो साक्षीभाव रखकर बस देख ही सकते हैं। हम कर कुछ नहीं सकते हैं। सद्गुरु केवल माध्यम हैं मोक्ष के, निमित्त है मोक्ष के पर वास्तव में मोक्ष प्रत्येक आत्मा को स्वयं प्राप्त करना होता है। सद्गुरु आत्मा को मोक्ष का मार्गदर्शन भर कर सकते हैं, मोक्ष दे नहीं सकते। क्योंकि मोक्ष ध्यान की उच्च अवस्था है, प्रत्येक को नियमित ध्यान-साधना कर वह प्राप्त करनी होती है। मोक्ष ध्यान की एक उच्च अवस्था है जिसमें शरीर के दोष सूक्ष्म रूप से छूट ही जाते हैं, बस स्थूल शरीर बाकी रहता है। और शरीर का अस्तित्व ही समाप्त हो जाता है और जो रह जाता है, वह आत्मा है। अब आत्मा तो परमात्मा का ही अंश है। या यह कहा जा सकता है कि शरीर का संपूर्ण बोध समाप्त हो जाता है और आत्मा परमात्मामय हो जाती है। आत्मा परमात्मा से एकाकार हो जाती है। यह समझिए कि जीते-जी मर जाना ही मोक्ष है। अब कोई आसक्ति नहीं रही, आसक्ति विहीन शरीर हो गया। सबसे बड़ी आसक्ति—वो भी जीने की, वह भी समाप्त हो गई, तो जीते-जी मोक्ष की स्थिति प्राप्त हो गई। अब शरीर की मृत्यु कभी भी आए, क्या फर्क पड़ता है? कई लोग कहते हैं कि हमें मोक्ष नहीं चाहिए, हमें तो और लोगों की सेवा करनी है। यानी अभी भी कर्ता का भाव जीवित है। कोई किसी की सेवा नहीं कर सकता है। करने वाला और करवाने वाला दोनों एक ही है, तो तुम किसकी सेवा करोगे? और सेवा के कारण ही कर्ता का भाव क्यों पकड़े हो? वास्तव में सेवा-भावना भी सीढ़ी है, उसी को पकड़ लिया! वास्तव में सेवा एक सीढ़ी है जिस सेवा की सीढ़ी से मोक्षरूपी मुकाम हासिल करना होता है। लेकिन कई आत्माएँ सेवा में ही अटककर रह जाती हैं। हम कोई भी कार्य करें, कर्ता के भाव से नहीं बच सकते हैं। इसलिए इस सेवाभाव के कर्ता के भाव से भी साधक को बचना चाहिए। कभी किसी

परिस्थिति के कारण या अपने पुण्यकर्म के कारण किसी साधक को किसी सद्‌गुरु की सेवा का अवसर मिलता है, तो उसे अहोभाग्य समझना चाहिए। क्योंकि सद्‌गुरु की सेवा का अवसर प्राप्त होना प्रत्येक आत्मा का प्रयत्न होता है। आत्मा चाहे देहधारी हो या देह के बिना, सद्‌गुरु का कार्य दोनों ही आत्माएँ करती रहती हैं। इसीलिए सद्‌गुरु के कार्य कभी नहीं रुकते हैं। हाँ, सद्‌गुरु स्वयं ही न चाहें, वह अलग बात है। अन्यथा कई मृत आत्माएँ (जो शरीरधारी न हो) भी सद्‌गुरु के छोटे से छोटे आदेश को भी लेने के लिए आतुर रहती हैं। वे राह देखती रहती हैं कि कब कोई आदेश सद्‌गुरु दें और वे कब उस कार्य को करें। क्योंकि वे गुरुकार्य कर अपने मोक्ष का मार्ग साफ करती रहती हैं। फिर वह आत्मा किसी भी व्यक्ति को माध्यम बनाकर कार्य संपन्न करा लेती हैं। इसीलिए एक सद्‌गुरु के हाथ से कम समय में बड़ा विशाल कार्य संपन्न हो पाता है। "मैं कोई विशेष पुण्यात्मा हूँ," इसलिए ऐसा गुरुदेव की सेवा का अवसर मुझे मिल रहा है, ऐसा सोचकर 'मैं' का अहंकार किया तो भविष्य में कभी अवसर नहीं मिलता है। जब भी कभी अवसर मिले तो वह सद्‌गुरु की करुणा का ही फल है, यह समझकर करुणा को पकड़ना चाहिए क्योंकि उसके माध्यम से ही यह अवसर मिला है और उसके माध्यम से ही अगला अवसर भी मिलेगा। यह सब मैं अपने अनुभव के, ज्ञान के आधार पर बता रहा हूँ। तुम्हें तुम्हारे जीवन, तुम्हारे समय की परिस्थिति के आधार पर अनुभव आएँगे। अनुभव, अनुभूतियाँ सदैव समय व परिस्थिति के अनुसार अलग-अलग होती रहती हैं। तुम्हें तुम्हारे अलग अनुभव आएँगे।"

उस जंगल में भी जंगली केलों के जंगल थे। वहाँ के पशु भी वे खाते थे, विशेष तौर पर बंदर आदि। उन केलों का आकार सामान्य केलों की अपेक्षा बड़ा था और बीच में एक लंबी काली धारी वाले बीज होते थे और सामान्य केले से उनका स्वाद थोड़ा अलग ही था। हम साधारणतः उनके छिलके निकालकर उन्हें धूप में सूखाकर रखते थे। बाद में उन्हें कंदमूल की तरह खा सकते थे। एक लाईपत्ता होता था। वह भी बड़ी मात्रा में सब जगह पाया जाता था। उस लाईपत्ते को पत्थर के बर्तन में उबालकर खाते थे। कभी बड़े-बड़े मोटे हरे बाँस में पानी और वे पत्ते भरकर, उसे बंद कर आग में डाल

देते थे। बाँस के अंदर का पानी उबलता था और पत्तों को बाँस के रस में पकाता था। उस सब्जी को वहाँ सब खाते थे।

सुबह से लेकर रात तक बाँस का उपयोग अलग-अलग रूप में होता था। बाँस के पत्तों को उबालकर खाते थे। अच्छे खट्टे-मीठे लगते थे। बाँस की गाँठ जिस स्थान पर रहती, उस स्थान से थोड़ा ऊपर काटकर पानी पीने के लिए प्याला बनाया जाता था। और अधिक काटकर उस बाँस का उपयोग खाना पकाने के काम आता था। उस बाँस के टुकड़े में कंदमूल डालकर ऊपर से केले के पत्ते से बंद कर दिया जाता था और बाद में केले के पत्ते से बंद सिरे को ऊपर रखकर बाँस को आग में रखकर पकाया जाता था। लेकिन एक बाँस का टुकड़ा एक ही बार इस्तेमाल किया जा सकता था, क्योंकि ऐसे पकाने पर बाँस का रस भी उस कंदमूल में मिश्रित होकर एक लंबा रोल बन जाता था, जिसे सदैव बाँस को खड़ा काटकर ही निकाला जाता था। उसका स्वाद भी खट्टा-मीठा लगता था। कभी-कभी केलों को बाँस में तेजपत्तों के साथ भी पकाया जाता था। बाँस का उपयोग नल के समान भी किया जाता था। पहाड़ पर जिस स्थान से पानी आता था, बाँस को खड़ा काटकर, उसके दोनों सिरे नुकीले बनाकर एक सिरा पहाड़ में उसी स्थान में घुसा दिया जाता था और दूसरा सिरा नुकीला बनने के कारण पानी को एकधार बनाने में काम आता था। और यह बाँस का टुकड़ा नल के समान काम करता था। कच्चे बाँस को चबाकर सुबह दाँत माँजने के काम में भी लेते थे। कुटीर बनाने में बड़ी मात्रा में बाँस का उपयोग होता था। हवन में भी बाँस का उपयोग होता था। पर बाँस को हवन में डालते नहीं थे, बाँस को जलाते नहीं थे। बाँस की चटाई बनाने पर वह आसन का कार्य करती थी। बाँस से बनी टोकरी बरसात में छतरी जैसी प्रयोग होती थी। वास्तव में बाँस जंगलों में सहजता से बड़ी मात्रा में उपलब्ध होते थे। बाँस कई-कई वर्षों तक रहते हैं। उनके पेड़ों की आयु भी बहुत होती है।

एक बार गुरुदेव मुझे बाँस के जंगल में ले गए और एक विशेष बाँस के झाड़ की तरफ इशारा करके बोले कि मैंने अपने जीवनकाल में यहाँ बहुत बाँस देखे हैं, पर इस बाँस पर फूल मैंने पहली बार

देखा है। उस बाँस के झाड़ पर खूब फूल खिले थे। पूरा बाँस का झाड़ फूलों से भरा हुआ था। 50 साल पूर्ण होने के बाद ही बाँस के झाड़ में फूल आते हैं। सामान्यतः मनुष्य अपने जीवनकाल में एक बार ही यह बहार देख पाता है। मुझे भी वह दृश्य दुर्लभ लगा। मैंने भी मन में सोचा, "शायद इस झाड़ की दूसरी बहार मैं भी नहीं देख पाऊँगा।" ऐसा कहते हैं कि ये फूल अगर जंगली चूहे खाएँ तो उनकी जनसंख्या अचानक बढ़ जाती है। ये फूल कामोत्तेजक होते हैं। इससे कामोत्तेजना बढ़ती है और यौनशक्ति बढ़ती है। बाँस का डंडे की तरह उपयोग सर्वसाधारण होता है, पर यहाँ पर तेज धार वाले पत्थरों को आगे बाँधकर डंडे का उपयोग हथियार जैसे भी होता था, जो पेड़ से फल-पत्ते काटने आदि में काम आता था। बाँस की फाँस बनाई जाती थी जो कील के समान कार्य करती थी। यहाँ के जंगलों में बाँस का आकार भी सामान्य बाँस से काफी बड़ा होता था और बड़े अच्छे किस्म के बाँस यहाँ पाए जाते थे। यहाँ बाँस के झाड़ों के समूह के समूह होते हैं। बरसात में इनमें एकदम हरियाली छा जाती है। प्रत्येक बाँस ऊँचा, और ऊँचा होना चाहता है। एक बाँस का प्रयत्न सदैव जीवन में सबसे अधिक ऊँचाई प्राप्त करना होता है और इस ऊँचाई के लिए बाँसों में स्पर्धा ही चलती है। एक ऊँचा हुआ तो दूसरा उससे ऊँचा होना चाहता है, तीसरा और ऊँचाई लेना चाहता है। इन्हें रोज बढ़ते देखना बड़ा आनंदमय होता है। रोज-रोज प्रगति दिखती है, हालाँकि इनकी प्रगति बड़ी धीमे-धीमे होती है। बाँस जब हरे हों तो उन्हें आग में गरम कर और बाद में पानी में ठंडा करके मोड़ा जा सकता है। अच्छे बाँस की विशेषता है कि उसकी ऊँचाई बहुत रहती है और बड़ी लचक रहती है। बाँस से दूध भी निकलता है। इसे बाँस का रस भी कह सकते हैं। इसका स्वाद छाछ जैसा खट्टा ही लगता है। बाँसों के वन साधारणतः साँपों के घर ही होते हैं। नुकीला बाँस घायल भी कर देता है। इसके काटे हुए सूखे ठूँठ बड़े खतरनाक होते हैं। आसाम में बड़े अच्छे किस्म के बाँसों के जंगल पाए जाते हैं। शायद यहाँ की जलवायु, यहाँ की आबोहवा बाँस के वृक्षों के लिए अधिक उपयुक्त होती हो। साधारण झाड़ों से भी अधिक बाँस के झाड़ होते हैं। उनकी ऊँचाई की प्रगति का रहस्य उनकी लचक और झुकने की प्रकृति ही है। उनकी झुकने की कला

में ही उनकी प्रगति का रहस्य छुपा हुआ है। कितने भी तूफान आएँ, कितनी भी आँधियाँ आएँ, ये कभी नहीं टूटते हैं, क्योंकि झुकने की कला इन बाँसों ने जन्म से ही सीखी होती है। ये प्रत्येक तूफान में तूफान के सामने बड़े विनम्र हो जाते हैं। इतने झुक जाते हैं कि तूफान भी उन्हें क्षमा कर देता है और इन्हें उखाड़ता नहीं है। और अपनी विनम्रता के कारण ये हर बड़े से बड़े तूफान में भी अपना अस्तित्व बनाए रखने में सक्षम हो जाते हैं। इनके इस गुण को देखकर मैं भी नतमस्तक हो गया और मैंने बाँस के झाड़ को साष्टांग दंडवत प्रणाम किया, क्योंकि इनमें मुझे शिवबाबा नजर आए जो मुझे कह रहे थे, "जीवन में झुकना सीख जा, ऊँचाई खुद-ब-खुद मिल जाएगी।"

हमारे गुरुदेव के सान्निध्य में बंदर बड़ी संख्या में आते थे। रोज नहीं आते थे, पर जब आते थे तो आठ-दस दिन आसपास रहते ही थे। वहाँ पर मुझे बंदरों का निरीक्षण करने का बड़ा अवसर मिला था। मनुष्य और बंदर में कोई विशेष फर्क मुझे नजर नहीं आया। बस यह समझा कि मनुष्य का मस्तिष्क ज्यादा विकसित है और वह उसी के कारण एक क्षण में भूतकाल में जा सकता है, अपनी स्मृतियों को याद कर सकता है और एक क्षण में भविष्य के सपने देख सकता है। बस, बंदर ऐसा नहीं करते हैं। उनके सामने वर्तमान में जो रहता है, वहीं पर उनका चित्त होता है। वे सब जल्दी भूल जाते हैं। मनुष्य का विकास जिस मस्तिष्क के कारण हुआ है, वह मस्तिष्क ही उसके असंतोष का कारण भी सिद्ध हुआ है। क्योंकि अपनी भूतकाल की यादें, भूतकाल के बुरे अनुभव वह भूला नहीं पाता है और पता नहीं, उन्हें याद कर अपना वर्तमान का कितना समय वह बर्बाद करता रहता है। मनुष्य का भूतकाल को याद करना किसी भी मायने में उचित प्रतीत नहीं होता है क्योंकि भूतकाल का अर्थ है—बीता हुआ काल, बीता हुआ समय; जो बीत गया, जो अपना नहीं है, उसे क्या याद करना! क्योंकि जीवन की भूतकाल की यादें अगर खराब हैं, बुरी हैं तो हमें आज भी दुःखी करेंगी। तो ऐसे जख्मों को कुरेदने की क्या आवश्यकता है? बुरी घटनाएँ, जीवन की बुरी यादें जितना भूल जाएँ, उतना ही अच्छा है। "कई लोग भूतकाल के जहर से वर्तमानकाल का अमृत खराब करते रहते हैं।" और समझो भूतकाल खूब अच्छा भी था, तो भी, वर्तमान आज खराब है,

यह तो प्रतीत होता ही है। ऐसी भावना से भी आत्मग्लानि होती है कि कल मैं कितने बड़े उच्च शिखर पर था, आज कितना नीचे गिरा हूँ! तो अच्छे भूतकाल को भी याद क्यों करना है? प्रगति वर्तमान में रहकर होती है। मनुष्य को सदैव वर्तमान में ही रहना चाहिए क्योंकि वर्तमान वह समय है, जिसके उचित उपयोग से भविष्य अच्छा बनाया जा सकता है। इस विकसित मस्तिष्क ने मानवसमाज की प्रगति की है, पर यही मस्तिष्क मनुष्य को व्यक्तिगत रूप से परेशान भी कर रहा है। जानवर बेचारे भूतकाल और भविष्यकाल के चक्कर में नहीं रहते हैं, वे सदैव वर्तमान में ही रहते हैं। कहते हैं न, "अति में कोई बात अच्छी नहीं होती है। सब कुछ मध्य में रहना चाहिए।" क्योंकि भूतकाल और भविष्यकाल के मध्य में वर्तमानकाल है। वर्तमानकाल ही सृजन का काल होता है।

एक मैंने यह देखा कि बंदरिया के बच्चे अपनी माँ से चिपककर रहते हैं। वह कई दिनों तक उसे अपने साथ ही रखती है। बच्चे के पालन-पोषण में नर वानर की विशेष भूमिका नहीं होती है। बंदरिया को अपने बच्चे से बड़ा प्रेम होता है। एक दिन ऐसा भी दृश्य देखा कि एक बंदरिया का बच्चा किसी बीमारी से मर गया तो भी उसकी माँ अपने बच्चे के शरीर को लेकर कई दिनों तक भटकती रही, लेकिन उसे छोड़ा नहीं। उस बंदरिया में 'माँ' के भाव के दर्शन हुए।

"इस दुनिया में सबसे पवित्र व सबसे श्रेष्ठ कोई रिश्ता है तो वह माँ का रिश्ता है।" किसी को अपने गर्भ में स्थान देना, उसे विकसित करना और वेदना सहन कर उसे जन्म देना, यह केवल माँ ही कर सकती है। माँ अपना सर्वस्व अस्तित्व दाँव पर लगाकर ही बच्चे को जन्म देती है। इसलिए माँ के रिश्ते से बड़ा इस दुनिया में कोई रिश्ता नहीं है। ऐसा मुझे उस बंदरिया की घटना को देखने के बाद लगा। वे कुछ दिनों तक आश्रम के आसपास रहते और बाद में चले जाते थे। आश्रम का परिसर बहुत छोटा-सा ही था, लेकिन आसपास घना जंगल था। बड़े-बड़े, अच्छे किस्म के वृक्ष थे। विभिन्न जड़ी-बूटियाँ थीं। एक नई वनस्पति ऐसी थी जो मोमबत्ती की तरह ही लगातार जलती रहती थी। वह रात के अँधेरे में रास्ता देखने में काम आती थी। उसे मशाल जैसे जलाकर हम चलते थे। जंगल

होने के कारण रात में बहुत मात्रा में जुगनू होते थे। कभी-कभी तो कुटीर में इतने भर जाते थे कि लगता था—चाँदनी रात में आकाश के नीचे ही सो रहे हैं। वे बड़े-बड़े होते थे और आठ-दस इकट्ठा हो गए तो एक दीपक जितना प्रकाश हो जाता था। वे रात में ही नजर आते थे क्योंकि रात में अँधेरा होता था और वे प्रकाश करते थे, इसलिए स्पष्ट रूप से देखा जा सकता था। इनका भी जीवनकाल छोटा ही रहता था, पर अपने जीवनकाल में ये प्रकाश देते रहते थे। उन जुगनू के समान ही एक इल्ली होती थी। वह भी प्रकाशित होती थी। और वह झाड़ पर, पत्थर पर चढ़ती थी तो रात के समय स्पष्ट दिखती थी क्योंकि वह भी प्रकाशित होती थी। पर यह कभी कुटीर में नहीं आती थी। यह सदैव जंगल में ही रहती थी।

गुरुदेव का अधिक समय ध्यान और हवन में बीतता था। वे मंत्र के भी अच्छे ज्ञाता थे। संध्या समय का दृश्य बड़ा सुहाना होता था। जब वे हवन आदि समाप्त कर लेते तो मुझे लेकर पहाड़ी के शिखर पर जाते थे। वह स्थान इसलिए भी मुझे प्रिय हो गया था, क्योंकि वहाँ बैठकर मुझे उनके साथ आराम से बात करने मिलती थी। उनका शरीर ही बोलता था। उनकी आँखों से चैतन्य बरसता था। वे कभी-कभी आँख बंद कर लेते तो मैं भी कहीं भीतर चला जाता था। प्रत्येक दिन एक नया संचार, एक नया संदेश लेकर आता था। एक दिन ऐसे ही पहाड़ी के शिखर पर बैठे तो उन्होंने बोलना प्रारंभ किया। लगा कि मानो आकाशवाणी ही हो रही है। "प्रत्येक शिष्य अपने गुरु से गुरुकृपा में ही अनुभूति को प्राप्त करता है। सद्‌गुरु का जन्म उस शिष्य के लिए ही हुआ होता है और उस शिष्य का उस गुरु के लिए। ये दोनों प्रकृति के एक चक्र के तहत बँधे हुए होते हैं। दोनों एक-दूसरे के पूरक होते हैं। गुरु शिष्य को आत्मज्ञान की अनुभूति देकर न शिष्य पर कोई उपकार करते हैं और न शिष्य गुरु से आत्मज्ञान पाकर उन पर कोई उपकार करता है। दोनों प्रकृति के चक्र के दो सिरे मात्र होते हैं। कोई भी सिरा बड़ा या छोटा नहीं होता है। दोनों अपनी-अपनी जगह पर उचित ही होते हैं। यह ठीक उसी प्रकार की घटना है—माँ के स्तन में अपने बच्चे के लिए ही दूध आता है और बच्चा दूध को ग्रहण कर माँ को दूध पिलाने का समाधान देता है। अगर बच्चा दूध न पिए तो माँ को मुसीबत हो सकती है। गुरु और

शिष्य का रिश्ता भी माँ और बच्चे जैसा ही है। एक बार यह रिश्ता बन जाए और शिष्य आत्मज्ञान न ग्रहण करे तो गुरु को तकलीफ होती है। इसीलिए गुरु अपने पूरे जीवन में सुपात्र शिष्य की खोज में ही होते हैं, क्योंकि उस शिष्य को देने के लिए उन्होंने अपने गुरु से आत्मज्ञान प्राप्त किया है। गुरु ने कितना भी समझाया, कितनी भी देने की इच्छा रखी तो भी यह ज्ञान जब तक शिष्य ग्रहण करने की इच्छा नहीं करता, गुरु दे नहीं सकते हैं। यह गुरु की मजबूरी होती है। इसलिए इसमें दो हाथ से ही ताली बजती है। किसी एक के हाथ से होने वाली प्रक्रिया ही नहीं है। गुरुदेव को इस प्रक्रिया को प्रारंभ करना होता है और शिष्य इस प्रक्रिया को समाप्त करता है। यह ठीक वैसा ही है, जैसे माँ गेहूँ को पीसकर आटा तैयार करती है, आटे की लोई बनाती है। बाद में रोटी को बेलन से बेलती है, फिर तवे पर सेकती है, फिर अपने हाथ जलने का खतरा उठाकर उसे तवे से उतारती है और फिर उसके छोटे-छोटे टुकड़े करती है। फिर उस एक टुकडे को सब्जी के साथ अपने पुत्र के मुँह में कौर के रूप में भर देती है। इसके आगे का कार्य संपन्न हो और उसका लड़का वह कौर चबा-चबाकर बाद में निगल ले, यह वह चाह सकती है। पर निगलने की प्रक्रिया तो लड़के को ही करनी होगी, वह चाहकर भी यह प्रक्रिया नहीं कर सकती है। अब लड़का उस कौर को न निगले और थूँक दे तो माँ बेचारी क्या कर सकती है? माँ की कितनी ही बड़ी प्रक्रिया हो, कितनी ही मेहनत हो, उस सारी प्रक्रिया को संपूर्ण करना लड़के की प्रक्रिया पर ही निर्भर करता है। लड़का इस प्रक्रिया को पूर्ण करे ही, यह आवश्यक नहीं है। ठीक इसी प्रकार से गुरु और शिष्य का होता है। सबसे पहले, गुरु जो आसानी से दे रहे हैं, वह सब आसान नहीं होता है। पाने की प्रक्रिया ही आसान है, देने की प्रक्रिया बड़ी जटिल होती है। लेकिन शिष्य को गुरु आसानी से देते हैं, इसलिए उस जटिल प्रक्रिया का शिष्य को अंदाजा भी नहीं होता है। यही दोनों में फर्क होता है। प्रत्येक शिष्य ऐसे ही ग्रहण करता है और वह, गुरु बन जाने पर, ऐसे ही प्रदान करता है। इस संपूर्ण प्रक्रिया में बाधक होता है 'शरीर'। शरीर जिस माता-पिता से प्राप्त हुआ, गर्भावस्था में गर्भ में पिंड पर उनके क्या संस्कार हुए, यह बहुत मायने रखता है। इस शरीर पर पड़ा माता-पिता के विचारों का

प्रभाव, माता-पिता के संस्कार—दोनों ही इस प्रक्रिया में बाधक या सहायक सिद्ध होते हैं क्योंकि इन सबके साथ यह शरीर बना हुआ है। अब आत्मज्ञान पाना चाहती है आत्मा, लेकिन शरीर के भोग भोगे बिना आत्मा का मार्ग नहीं खुलता है। इस शरीर में भोगों के कारण ही ग्रहण करने की क्षमता कम होती है। लेकिन दूसरा, आत्मा की स्थिति के कारण, क्या बहुमूल्य मिल रहा है, इसका एहसास आत्मा साधक को कराती रहती है।"

"जब शरीर के भोग से अधिक आत्मा का एहसास होता है तो धीरे-धीरे शरीर पर व शरीर की गतिविधियों पर आत्मा नियंत्रण करने लग जाती है। जब आत्मा साधक को, क्या बहुमूल्य मिल रहा है, यह एहसास कराने में सफल हो जाती है तो आत्मज्ञान पाने की घटना घटित हो जाती है। कई बार इस आत्मज्ञान के महत्व का एहसास न होने के पूर्व ही अगर किसी परिस्थितिवश आत्मज्ञान ग्रहण कर लिया जाता है तो अनुभूति का ज्ञान लेने के बाद साधक के जीवन में मुसीबतों का पहाड़ टूटता है। एक के बाद एक मुसीबतें आती हैं, समस्याएँ एक साथ आती हैं, समस्याओं की आँधी बनकर आती है। यह इसलिए होता है कि जो भोग जीवनभर भोगने थे, वे एक साथ भोगने पड़ रहे हैं। क्योंकि योग हो जाने के बाद फिर जीवन में भोगने जैसा कुछ रहता ही नहीं है, इसलिए जीवन में जितने कष्ट भोगने होते हैं, वे सब एक साथ, एकदम भोग लिए जाते हैं। क्योंकि बाद में जीवन शांत और बिना समस्या वाला हो जाता है। यह एक दृष्टि से अच्छा है। जवानी में जब प्राणशक्ति शरीर में खूब होती है, तब कष्ट भोग लो और जब शरीर बूढ़ा हो जाए, कमजोर हो जाए तो कष्टविहीन जीवन व्यतीत करो। शरीर धीरे-धीरे क्षीण होता है। इस शरीर की प्रक्रिया के साथ यह मेल होना उचित ही प्रतीत होता है।"

"शरीर कमजोर होता है, शरीर बूढ़ा होता है, लेकिन वासना बूढ़ी नहीं होती है। एक जवान मनुष्य की और एक जर्जर, वृद्ध व्यक्ति की वासना समान होती है। शरीर की बाधा से अधिक वासना की बाधा है। वासना के क्षेत्र में—मैं बूढ़ा हो गया हूँ, अब वह परिस्थिति नहीं है, अब वह समय नहीं रहा, यह होश नहीं होता है। शरीर स्वयं

कुछ भोगने की स्थिति में भी नहीं होता है, पर वासना प्रबल होती है। आत्मज्ञान प्राप्ति में यह वासना प्रबल बाधा के रूप में उभरती है। इसलिए इस बाधा को पार किए बिना आगे का मार्ग संभव नहीं है। दूसरा, कई लोग इसका दमन कर आगे बढ़ते हैं। लेकिन उन्होंने इसका दमन किया है, पर वह समूल नष्ट नहीं हुई है। अनुकूल परिस्थिति निर्मित होने पर वह फिर उभर आएगी। क्योंकि उसकी जड़ तो भीतर थी। केवल पानी नहीं मिला, इसलिए वृद्धिगत नहीं हुई। पानी मिलने पर फिर विकसित हो जाएगी। इसलिए वासना का दमन करना उचित नहीं है, क्योंकि दमन में ही चित्तशक्ति खर्च हो जाती है। और दूसरा, वासना के उभरने का खतरा सदा बना ही रहता है जो कभी भी उभर सकता है। इसलिए दमन उचित प्रतीत नहीं होता है। मान लो, एक साधु ने अपनी कामवासना का दमन किया और जीवनभर ध्यान-साधना करता रहा और जब वह बूढ़ा हो गया, तब बुढ़ापे में अवसर पाने पर उसने एक सोलह साल की कन्या के साथ बलात्कार किया। यानी इतने साल जबरदस्ती से दबाकर रखी गई कामवासना बुढ़ापे में विकृत स्वरूप में बाहर आ गई। इस प्रकार की कामवासना ही नहीं, कोई भी वासना जब हम दबाते हैं, तब वह बहुत छोटे स्वरूप में होती है; इसीलिए तो हम दबा पाते हैं; लेकिन जब वह बाहर आती है तो बड़ी गति के साथ, प्रवाह के साथ आती है क्योंकि इतने साल दबाने के कारण उसमें एक गति निर्मित हो जाती है। इसलिए आध्यात्मिक क्षेत्र में कोई भी वासना लेकर बढ़ना ही नहीं चाहिए क्योंकि इस क्षेत्र का गुण है—संपूर्ण विकास, समग्र विकास यानी वह आपको विकसित करती है, फिर आपके भीतर अगर कामवासना है या कोई भी वासना है तो वह भी आपके साथ-साथ उसी अनुपात में ही विकसित होगी जिस अनुपात में आप विकसित हो रहे हैं। इसलिए इस क्षेत्र में संपूर्ण शुद्ध हुए बिना आना ही नहीं चाहिए। क्योंकि एक छोटी-सी वासना के साथ अगर आपने इस क्षेत्र में प्रवेश किया तो वह एक वासना ही आपके पतन का कारण बन जाती है। वासना से मुक्ति का साधन है—एक तो उसे भोग लो ताकि उसमें चित्त कभी जाए ही नहीं और उसे भोगकर उससे बाहर आ जाओ या आत्मज्ञान से वासना को जान लो। आपका जान लेना भी वासना से आपको बाहर निकालता है,

क्योंकि वासना को जान लेने के बाद आपको यह एहसास हो जाता है कि इसमें शाश्वत सुख है ही नहीं, यह तो शरीरसुख है—क्षणभर का। फिर आप शाश्वत सुख की खोज में आगे बढ़ जाते हैं और इस प्रकार वासना छूट जाती है। और यह कार्य आत्मिक स्तर पर होता है और आप पवित्र, शुद्ध आत्मा बन जाते हैं, ऐसी आत्मा जो वासनारहित होती है।"

"इस प्रकार संपूर्ण पवित्र शिष्य अगर किसी गुरु को मिलता है तो गुरु को लगता है—मेरी साधना पूर्ण हो गई, मेरा जीवन सफल हो गया, मेरे जीवन का उद्‌देश्य समाप्त हो गया। बस आज ऐसी ही स्थिति मेरी है। मैं तो एक माध्यम बना तुम्हें देने के लिए, आत्मज्ञान पाने के अधिकारी पुरुष तो तुम थे ही, अन्यथा मैं दे भी नहीं सकता था। आज मैं खुश हूँ कि मेरे आत्मज्ञान का खजाना मैं अपने जीवनकाल में सही हाथों तक पहुँचा सका।"

मैंने कहा, "आप बड़े दयालु हैं। आप करुणा के सागर हैं। यह सब मुझे समझाना आपके ज्ञान की विशालता व उदारता का प्रतीक है। आपने जो बहुमूल्य ज्ञान मुझे दिया, अब मुझे आशीर्वाद भी दें कि मैं भी ऐसी पवित्र आत्माओं तक यह पहुँचा सकूँ क्योंकि यह सब पाने का मेरा उद्‌देश्य ही प्रतीक्षारत आत्माओं को देना था।" गुरुदेव ने कहा, "यह एकमात्र, पवित्र उद्‌देश्य ही है जो तुम्हें औरों से अलग दर्जा देता है। तुम्हारी सबसे बड़ी विशेषता है कि तुम्हारा जन्म देने के लिए ही हुआ है। यह तुम्हारे जीवन का रहस्य आज तुम्हें बता रहा हूँ। तुम्हारा निर्माण ही इस बाँटने के उद्‌देश्य से किया गया है। तुम्हारे जन्म की इच्छा कई आत्माओं ने की है। हजारों आत्माएँ तुम्हारे जन्म के लिए प्रतीक्षारत थीं, सालों से इंतजार कर रही थीं कि कब वह मोक्षदाता आएगा और कब हमें मोक्ष मिलेगा। तुम्हारे जन्म में हजारों आत्माओं का प्रयत्न है, प्रार्थना है, इच्छा है। तुम्हारा जन्म ही सामूहिकता में हुआ है। तुम एक बहुत बड़े आत्माओं के सागर का नेतृत्व करोगे। लाखों आत्माएँ तुम से आकर जुड़ेंगी। तुम्हारे आत्मज्ञान के कुंड में लाखों आत्माएँ मोक्ष पाने के लिए डुबकी लगाएँगी। तुम एक युगपुरुष हो क्योंकि तुम्हारे जीवन के साथ एक आध्यात्मिक युग की समाप्ति होगी। एक बहुत बड़ी आध्यात्मिक क्रांति

के तुम सूत्रधार बनोगे। यह सब इसलिए होने वाला है कि तुम्हारा जन्म ही उन लाखों आत्माओं की प्रार्थना से हुआ है। केवल तुम्हें इसका कोई ज्ञान नहीं है। समय आने पर यह सारा ज्ञान भी स्वयं ही हो जाएगा। तुम क्या हो, यह तुम नहीं जानते। तुम बस यही जान लो, सब प्राप्त हो जाएगा क्योंकि सब भीतर ही है। तुम्हारे ही भीतर है, पर तुम्हें प्राप्त नहीं है, तुम्हें ज्ञान नहीं, बस यही तुम्हारे में और मेरे में अंतर है।" गुरुदेव बोले जा रहे थे, मैं नतमस्तक होकर सुन रहा था। मैं ऐसे ग्रहण कर रहा था—मानो यह सब हो, यह इच्छा गुरुदेव कर रहे हैं और ये उनके द्वारा मुझे दिए जा रहे आशीर्वाद हैं जो मुझे ग्रहण करने चाहिए। इसीलिए मैं ग्रहण कर रहा था।

एक दिन सुबह गुरुदेव मुझे लेकर नीचे की नदी की ओर चल दिए। नदी पर पहुँचकर स्नान किया और वापस आश्रम की ओर आए। आते समय गुरुदेव ने दोनों हाथों की अंजुलि बनाकर उसमें पानी लिया। वे अपने आश्रम में रखे शिवलिंग पर वे जल चढ़ाना चाहते थे। पर आश्रम आते-आते वह सारा पानी उनकी उँगलियों से बह जाता था। वे फिर वापस नदी पर जाते थे, स्नान करते थे, फिर पानी हाथ में लेते थे और आश्रम की ओर आते थे और आश्रम पहुँचते-पहुँचते फिर पानी समाप्त हो जाता था, फिर नदी पर जाते थे। वे नदी पर जाते, मैं नदी पर जाता। वे आश्रम आते, मैं उनके साथ आश्रम आता था। ऐसा वे दिन में बार-बार कर रहे थे। वे ऐसा क्यों कर रहे हैं, यह पता नहीं चल रहा था। और ना ही मेरी पूछने की हिम्मत थी। यदि वे ऐसा बार-बार कर रहे हैं तो उसके पीछे उनका कोई तो उद्‌देश्य होगा ही, यह जानकर मैं उनके पीछे हो लेता था। क्योंकि सामान्य व्यक्ति भी समझ सकता है कि इतने अधिक समय तक हाथों में पानी रह ही नहीं सकता तो फिर हाथ से पानी लेकर जाने का क्या औचित्य है? लेकिन मैंने पूछना उचित नहीं समझा। मैंने अपना सीधा-सादा अर्थ लगाया कि यह कोई क्रिया है जो मेरे भले के लिए ही हो रही है। क्योंकि गुरुदेव मंगलमूर्ति हैं तो उनके हाथ से मेरा सब मंगल ही होने वाला है। उनके जीवन में अमंगल का कोई स्थान नहीं है। यह भी घटना कोई मंगलकारी घटना ही होगी, कोई मंगलकार्य होगा, ऐसा सोचकर मैं उनके पीछे-पीछे नदी पर जाता; वे आश्रम आते, उनके पीछे-पीछे आश्रम आ जाता। वे क्या

क्रिया कर रहे हैं, मेरा उधर ध्यान नहीं था। मैं तो प्रसन्न था कि मुझे इस क्रिया के बहाने गुरुदेव का सान्निध्य मिल रहा था, दिन में नदी की स्वच्छ धारा में नहाने क़ा अवसर मिल रहा था। आश्रम में ही जल का एक कुंड था तो इस नदी पर नहाने के लिए आने का अवसर कम ही मिलता था। और अब तो पिछले तीन दिनों से यही प्रक्रिया दोहराई जा रही थी। मैं पहले तो इस प्रक्रिया का बड़ी सूक्ष्मता से अध्ययन कर रहा था कि शायद इस प्रक्रिया का कोई रहस्य मेरी समझ में आ जाए। लेकिन कुछ भी समझ में नहीं आया। बाद में मैंने उधर भी ध्यान देना छोड़ दिया। पूरी प्रक्रिया में नदी में जाकर स्नान करना मुझे सबसे अच्छा लग रहा था। बाकी प्रक्रिया में मैं गुरुदेव के साथ रहता था। ऐसे तीन दिन बीत गए। चौथे दिन सुबह फिर गुरुदेव मुझे लेकर नदी पर गए। हमने फिर स्नान किया और फिर उन्होंने अपने हाथों में पानी भर लिया और मुझे कहा, "मैं भी यह जानता हूँ कि इस हाथ से बनी अंजुलि में पानी इतने समय कभी नहीं रह सकता, जितना समय हमें आश्रम पहुँचने में लग जाता है। आश्रम पहुँचते-पहुँचते तो हाथ पूर्णतः सूख जाते हैं, तो पानी वहाँ तक रहने का प्रश्न ही नहीं आता है। मैं तो केवल तुम्हारे धैर्य की परीक्षा ले रहा था कि तुम्हारे में कितना धैर्य है और इस प्रक्रिया के बारे में तुम कब मुझे पूछोगे। लेकिन तुम मेरी इस परीक्षा में उत्तीर्ण हुए। पिछले तीन दिनों से यह विचित्र प्रक्रिया मैं कर रहा था, फिर भी तुमने कभी नहीं पूछा कि यह क्या कर रहे हो? यह कभी भी संभव है क्या? ऐसा न पूछकर तुमने बड़े धैर्य का परिचय दिया है। मैं तुम पर बड़ा प्रसन्न हूँ।" ऐसा कहकर उन्होंने वह हाथों में लिया पानी नदी में प्रवाहित कर दिया। गुरुदेव उस समय बड़े प्रसन्न लग रहे थे। मैंने उनके चरण धोने की अनुमति माँगी। उन्होंने सहर्ष वह दे दी। मैंने आसपास जाकर थोड़े पत्ते तोड़े और थोड़े फूल तोड़े। गुरुदेव एक पत्थर पर बैठे थे। मैं नीचे बैठकर नदी से पानी लेकर उनके चरण धो रहा था। मेरी परीक्षा लेने के कारण उनके चरण भी चल-चलकर धूल से भर गए थे। उनके चरणों की धूल मैंने अपने माथे को लगाई और उनके चरण धोए। पत्तों का रस लगाकर उन्हें साफ किया। उनके चरणों पर कुछ पत्ते घिसे ताकि उनके चरणों की गर्मी थोड़ी कम हो सके।

गुरु के शरीर से एक प्रक्रिया अविरत चलती रहती है, वह है शिष्य के चित्त के शुद्धिकरण की प्रक्रिया। शिष्य के चित्त की अशुद्धि गुरु सदैव ग्रहण करते ही रहते हैं। इसीलिए गुरु के शरीर में उस अशुद्धि के कारण गर्मी आ जाती है और वह गर्मी गुरु के पैरों के तलुवों में महसूस की जा सकती है। शिष्य के चित्त को शुद्ध करने में यह अनायास ही आ जाती है। इसीलिए शिष्य का यह कर्तव्य है कि उसके कारण आई हुई गर्मी व दोष दूर करने में वह अपने गुरु की सहायता करे। इसीलिए गुरुपूर्णिमा में गुरु के पादपूजन का कार्यक्रम किया जाता है। गुरु ने सालभर तक जो शिष्य के चित्त को शुद्ध किया, इसका ऋण तो शिष्य अपने जीवन में कभी चुका नहीं सकता, लेकिन वह एक कृतज्ञता व्यक्त करने के भावस्वरूप पादपूजा करता है। इसीलिए आध्यात्मिक क्षेत्र में गुरु की पादपूजा का बड़ा महत्व होता है। यह एक प्रकार की कृतज्ञता व्यक्त करने की प्रक्रिया होती है। बस ऐसा ही कुछ पवित्र भाव रखकर मैं भी उस नदी के किनारे मेरे गुरुदेव की पादपूजा कर रहा था। आज का दिन मेरे जीवन का सर्वश्रेष्ठ दिन लग रहा था। मानो ऐसा लग रहा था कि बस अब समय यहीं रुक जाए। लेकिन ऐसा होता नहीं है। वह सुनहरा क्षण भी बीत रहा था। मैं कुछ जंगली फूल तोड़कर लाया था जो मैंने उनके श्रीचरणों पर रखे। कुछ फल तोड़कर लाया था जो उन्हें भेंट किए। और आशीर्वाद माँगा, “गुरुदेव, जो विश्वास आपने मुझ पर व्यक्त किया है, उस विश्वास पर मैं खरा हो सकूँ। आपको यह जीवन समर्पित है। आपकी इच्छा के अनुसार मेरा जीवन व्यतीत हो। आज से आप मेरे माध्यम से जिएँ। मैं एक माध्यम बनूँ—आपके विचारों का, आपके लक्ष्य का, आपकी योजना का। आपके आध्यात्मिक क्रांति के अभियान में मैं एक पवित्र, शुद्ध, अच्छा माध्यम सिद्ध होऊँ, बस गुरुदेव यही आशीर्वाद चाहिए। आज से मेरा आपसे कोई अलग अस्तित्व न रहे। ‘मैं’ संपूर्ण समाप्त हो जाए और आप ही आप रहें।” मेरी भावपूर्ण बातें सुनकर गुरुदेव अभिभूत हो गए। उन्होंने कहा, “गुरुतत्त्व परमात्मा की शक्ति का एक प्रवाह होता है जो निरंतर बहते रहता है, जो अनादिकाल से अविरत बह ही रहा है। वह गुरुतत्त्व का प्रवाह कल के युग में भी विद्यमान था, आज के वर्तमान युग में भी विद्यमान है और आने वाले

कल के युग में भी बहता रहेगा। यह शाश्वत व सत्य प्रवाह है। सत्य सदैव एक होता है। सत्य अविनाशी है। इस सत्य को निरंतर बहना ही पड़ता है। गुरुतत्त्व कोई शरीर नहीं है जो नाशवान हो। गुरुतत्त्व शाश्वत होता है। वह समय-समय पर परिस्थिति के अनुसार अपना माध्यम बदलता रहता है। इस माध्यम का चुनाव भी गुरुतत्त्व नहीं करता, माध्यम गुरुतत्त्व का चुनाव करते हैं। जो भी शरीरधारी आत्मा अपने अस्तित्व को मिटाने के लिए तैयार हो जाए, जो भी अपने 'मैं' के अहंकार को छोड़ने के लिए राजी होता है, गुरुतत्त्व उसमें बहने के लिए राजी होता है। वह गुरुतत्त्व तो माध्यम में बहने के लिए तैयार ही बैठा हुआ रहता है—कौन-सी शरीरधारी आत्मा इसके लिए तैयार हो रही है? उसे शरीरधारी आत्मा की ही आवश्यकता होती है, क्योंकि उसे वर्तमान समय में प्रकट होना पड़ता है। गुरुतत्त्व परमात्मा की वह शक्ति है जो धरती पर अवतरित होने के लिए सदैव तैयार रहती है। जिस प्रकार से सूरज अपना प्रकाश देने के लिए सदैव तैयार होता है, सूरज अपना प्रकाश सबको समान रूप से देते रहता है, वह कोई भेदभाव नहीं करता है, परमात्मा की भी यही विशेषताएँ हैं। वह सबको उपलब्ध रहता है। बस उसे ग्रहण करने के लिए कोई तैयार होना चाहिए। अगर हम हमारे घर के दरवाजे, खिड़कियाँ बंद करके रखेंगे तो हमारे घर में अँधेरा होगा और फिर हम शिकायत करेंगे सूरज से कि तू पड़ोसी के घर प्रकाश देता है और हमारे घर में प्रकाश नहीं देता है! तो सूरज क्या करे? सूरज की भी अपनी सीमा है। वह दरवाजा तोड़कर घर में नहीं घुस सकता है। अगर आप भी अपने घर में प्रकाश चाहते हो तो आप अपने घर के दरवाजे खोलो। आपके दरवाजे आपको खोलने होंगे। जब आप अपने दरवाजे खोलोगे तो पाओगे कि सूरज आपके दरवाजे पर आपके दरवाजा खोलने की राह देख रहा है। बिल्कुल ऐसे ही, गुरुतत्त्व भी परमात्मा की वह शक्ति है जो प्रत्येक मनुष्य के लिए एक समान रूप से प्रकाशित होती है। हाँ, उनके घर में अधिक प्रकाशित होती है जो अपने घर के दरवाजे, खिड़कियाँ अधिक रूप से खोलते हैं। साधक अपना अस्तित्व जितना समाप्त करेगा, उतना ही अधिक वह परमात्मा का माध्यम बनेगा।"

"एक शिष्य अपना संपूर्ण समर्पण 'गुरुचरणों' पर कर देता है। वास्तव में वह गुरु के शरीर के चरणों पर नहीं, गुरु के भीतर से बहने वाली शक्ति पर समर्पण कर रहा है। वास्तव में 'गुरुचरण' तो निमित्त हैं गुरुतत्त्व को आमंत्रित करने के लिए क्योंकि गुरु धीरे-धीरे अपने चरण हटा लेते हैं और आत्मा को परमात्मा के साथ जोड़ देते हैं। आत्मा और परमात्मा के संबंध के बीच सबसे बड़ी बाधा मनुष्य का शरीर ही है। उसका अहंकार खत्म होना ही समर्पण है। क्योंकि जैसे ही समर्पण होता है, वह मनुष्य रिक्त हो जाता है, खाली हो जाता है और खाली हो जाने के कारण, रिक्त होने के कारण गुरुतत्त्व उसमें समा जाता है। इसीलिए कोई गुरु शरीर नहीं होते। गुरु का अर्थ ही है—जो शरीर में हैं, पर शरीर 'मैं' नहीं हैं। ऐसा 'मैं'- विहीन शरीर गुरु होते हैं। जो शरीर में रहकर गुरुतत्त्व का माध्यम बन गए, वे गुरु हैं। तो फिर गुरु का शरीर गुरु कैसे बन सकता है? इसलिए गुरुतत्त्व के माध्यम बदलते रहते हैं और जो बदलते रहते हैं, वे केवल माध्यममात्र हैं और जो नहीं बदलता, वह गुरुतत्त्व है। बिना गुरुतत्त्व के गुरु नहीं हो सकते हैं, लेकिन बिना गुरु के गुरुतत्त्व होता ही है।"

मेरा सारा ध्यान 'गुरुचरणों' पर ही केंद्रित था, जिनका प्रकाश मेरे भीतर भी महसूस हो रहा था। ऐसा लग रहा था मानो समाधि में चला जा रहा हूँ और बाहर आना ही नहीं चाहता। आनंद क्या होता है, उस आत्मा के आनंद की अनुभूति हो रही थी। गुरुदेव कहे जा रहे थे। वे भी किसी उच्च स्थिति में जाकर बोल रहे हों, ऐसा लग रहा था। वे कह रहे थे, "प्रत्येक मनुष्य गुरु बन सकता है। मनुष्य-योनि ही ऐसी योनि है जिसमें नर से नारायण तक की यात्रा की जा सकती है। यह मानवजन्म ही वह जन्म है जिसमें जन्म लेकर कोई भी आत्मा गुरु बन सकती है। कोई भी मनुष्य अपने-आपको रिक्त कर सकता है; कोई भी यानी कोई भी। सभी मनुष्यों को इसके लिए समान अवसर प्राप्त है, निःशुल्क प्राप्त है। परमात्मा की यह विशेषता होती है—वह सबको समान रूप से देता है। इसमें जाति का, धर्म का, देश का कोई भेदभाव नहीं होता है। और परमात्मा निःशुल्क प्रदान करता है क्योंकि परमात्मा के राज्य में व्यवहार की कोई जगह नहीं है। निःशुल्क इसलिए भी होता है—परमात्मा अमूल्य है तो परमात्मा

की कृपा भी अमूल्य होगी। इस कृपा को पैसे से खरीदा नहीं जा सकता। बस अपने अस्तित्व को कम कर अपने भीतर जगह बनानी पड़ती है। आप अपना 'मैं' का अहंकार जितना कम करोगे, उतना ही परमात्मा आपके भीतर प्रवेश करेगा। मैं भी निमित्त ही बना हूँ तुम्हारे और गुरुतत्त्व के बीच। वास्तव में तुम तो खाली ही थे, निखालस ही थे। बस समय का इंतजार है कार्य के प्रारंभ होने के लिए। अभी बहुत कुछ है जो प्राप्त होना बाकी है। वह कार्य संपन्न होने पर तुम्हारा कार्यक्षेत्र ही बदल जाएगा। कोई क्षेत्र की सीमा तुम्हारे कार्य को बाँध नहीं सकती, क्योंकि तुम्हारा कार्यक्षेत्र प्रत्येक मनुष्य के हृदय में है। वहाँ तक तो तुम्हें पहुँचना ही होगा।"

मेरे गुरुदेव सबकुछ करके भी, कुछ भी नहीं किया, यह भाव रख रहे थे। मैं तो कृतार्थ हो गया ऐसे गुरुदेव के सान्निध्य में रहकर! वे ही सब कर रहे थे, उनकी कृपा में, उनकी करुणा में सब हो रहा था, लेकिन फिर भी कर्ता का कोई भाव न था। वे इतने परमात्मारत हो गए थे कि परमात्मा और वे अलग-अलग लगते ही न थे। मेरे लिए तो वे परमात्मा ही थे।

वे रोज सुबह 'श्री गणपति अथर्वशीर्ष' का पाठ करते थे। उनका स्वर बहुत अच्छा था। उनका संस्कृत का उच्चारण बहुत अच्छा था। रोज सुबह मेरे कानों पर उनका पाठ पड़ता ही था। वे जब यह पाठ करते थे, तो बस सुनते ही रहो, ऐसा लगता था। यह पाठ रोज सुनते-सुनते ही मैं यह पाठ सीख गया। यह पाठ उन्होंने मुझे कभी भी सिखाया नहीं था। बचपन में मैंने यह पाठ सीखना चाहा था, पर कोई ब्राह्मण यह मुझे सिखाने के लिए तैयार नहीं था। क्यों? इसका उत्तर पाठ की वह पुस्तक देखने के बाद पता चला। उसमें ऐसा लिखा था कि यह पाठ किसी कुपात्र व्यक्ति को सिखाया तो पाप लगेगा और इस पाप के डर के मारे यह मुझे किसी ने भी सिखाया नहीं था। लेकिन यहाँ मैं गुरुदेव के सान्निध्य में ऐसे ही सीख गया। एक दिन सुबह मैंने उनसे उस पाठ के बारे में पूछा तो उन्होंने कहा, "यह पाठ करने से चित्त शुद्ध होता है। इसलिए प्रतिदिन सुबह के समय यह पाठ करता हूँ ताकि सुबह-सुबह ही चित्त शुद्ध हो जाए और दिनभर सभी कार्य शुद्ध, पवित्र चित्त

से हों। यह मैंने भी मेरे गुरु से सुनकर ही सीखा था। आध्यात्मिक क्षेत्र में चित्तशुद्धि का बड़ा महत्वपूर्ण स्थान होता है, क्योंकि चित्त से हम ग्रहण करते हैं। इस चित्त को आत्मा की आँख कह सकते हैं। जिस प्रकार शरीर इन दो आँखों से देखता है, वैसे ही आत्मा चित्त से देखती है। चित्तशुद्धि धीरे-धीरे करनी चाहिए, क्योंकि चित्तशुद्धि होने के साथ-साथ चित्त-नियंत्रण भी अत्यंत आवश्यक हो जाता है। अन्यथा नुकसान है क्योंकि अगर हमने चित्त-शुद्धि बहुत बड़े स्तर पर कर ली और अगर हमारा नियंत्रण चित्त पर न रहा तो बड़ी समस्या निर्मित हो जाएगी। क्योंकि चित्त जितना शुद्ध होगा, उतना ही सशक्त होगा। और जितना सशक्त होगा, उतना ही सूक्ष्म होगा। और जितना सूक्ष्म होगा, उतना उस पर नियंत्रण करना आवश्यक हो जाएगा। क्योंकि अति चित्तशुद्धि तो हम कर लेते हैं और दूसरों के दोष देखने की हमारी मनुष्य सहज प्रकृति पर हमारा नियंत्रण नहीं है, तो हम चित्त पवित्र करने पर भी दूसरों में डालेंगे। और जैसे ही हम दूसरों के दोष देखेंगे, वे दोष हम कचरे की तरह जाने-अनजाने में ग्रहण कर लेंगे और हम गंदे हो जाएँगे। पथभ्रष्ट योगी इसी कारण निर्मित होते हैं। मृत आत्माओं की दुनिया में पथभ्रष्ट योगियों की संख्या बहुत संख्या में इसीलिए होती है। जिस प्रकार से सफेद, श्वेत वस्त्र पहनना तो सबको बहुत अच्छा लगता है, पर सफेद, श्वेत वस्त्र को स्वच्छ रखना भी बड़ा कठिन कार्य है क्योंकि सफेद, श्वेत वस्त्र पर कोई भी दाग तुरंत दिखता है। इसलिए सफेद, श्वेत वस्त्र को पहनने के पूर्व, इस वस्त्र को मैला होने से कैसे बचाना चाहिए, यह सीखना अत्यंत आवश्यक होता है। इसलिए चित्त-शुद्धि से भी अधिक आवश्यक है—चित्त-नियंत्रण। इस चित्त पर नियंत्रण रहे और हमें किसी के दोष न दिखे, इसीलिए, "ना रहेगा बाँस और न बजेगी बाँसुरी"—यह सोचकर ध्यानस्थ तपस्वी एकांत में ही रहते हैं। यानी कोई मनुष्य दिखा ही नहीं तो मनुष्य के दोष दिखने का भी प्रश्न नहीं होता है।"

मैं यह सुनकर और घबरा गया और बोला, "गुरुदेव, यह तो और कठिन हो जाएगा। मैं तो एक सामान्य मनुष्य हूँ, तो मैं अपने चित्त पर नियंत्रण कैसे कर सकता हूँ?" गुरुदेव ने उत्तर दिया, "सबसे आसान तरीका है—समर्पण। आप अपने गुरु को समर्पण

करो तो चित्त-शुद्धि और चित्त-नियंत्रण दोनों ही साथ-साथ आ जाएँगे, कुछ करना ही नहीं पड़ेगा। क्योंकि कुछ करना पड़ा और किया तो फिर 'मैं' आ गया और 'मैं' आ गया तो फिर नियंत्रण कहाँ रहेगा? जिस प्रकार हम बीमार होते हैं तो किसी वैद्य को अपने-आपको सौंप देते हैं। फिर वैद्य बीमारी की आवश्यकता के अनुसार दवाइयाँ देता है और दवाई लेने के बाद हम ठीक हो जाते हैं, जबकि उन दवाइयों का हमें कोई ज्ञान नहीं होता है। इसी प्रकार से सौंप देना आना चाहिए। जीवन में सबकुछ सीखा नहीं जा सकता है, क्योंकि सीखने के लिए बहुत है और जीवन बड़ा छोटा है। इसलिए छोटे-से जीवन में बड़ा ज्ञान सीखने के लिए हमें सौंपना आना चाहिए, समर्पण करना आना चाहिए। जो आवश्यक है, वह खुद-ब-खुद सीख ही जाते हैं। सीख जाते हैं, कहने की अपेक्षा यह कहना चाहिए, खुद-ब-खुद आ जाता है।" यह सुनकर मैंने भी मन ही मन निश्चय कर लिया, मैं भी अपने-आपको समर्पित कर दूँगा और अपना चित्त उनके ऊपर ही रखूँगा। मैंने भी तब से प्रतिदिन प्रातः नहा-धोकर, गुरुदेव पर चित्त रखकर, एक बार श्री गणपति अथर्वशीर्ष का पाठ करने का निर्णय लिया।

कल चल रही चर्चा को फिर आज सुबह आगे बढ़ाते हुए गुरुदेव ने कहा, "'समर्पण' शब्द में ही सबकुछ आ गया है, पर 'समर्पण' शब्द का अर्थ लोग ठीक से नहीं समझ पाते हैं। 'अर्पण' यानी आपके पास जो कुछ अच्छा है, उसमें से कुछ अर्पण करना, वह भी अच्छे भाव के साथ। यह हुआ अर्पण। और समर्पण का अर्थ है—आपके पास जो कुछ है, वह सब ही समर्पित कर देना! लोग, सब समर्पित कर देना यानी सब धन-संपत्ति दे देना, सारा शरीर कार्य के लिए दे देना या गुरु के कार्य जीवनभर करने का प्रण कर लेना—इस प्रकार के अर्थ लगाते हैं। इस प्रकार के अर्थ गलत हैं। 'गुरु' शब्द आत्मिक स्तर का है और धन-संपत्ति भौतिक स्तर की होती है। यानी धन-संपत्ति का समर्पण से कोई संबंध नहीं है। शरीर से जीवनभर गुरु का कार्य करना या शरीर ही गुरु के कार्य में सौंपना भी समर्पण नहीं है, क्योंकि 'गुरु' शब्द आत्मिक स्तर का है और आप शरीर सौंपने की बात कर रहे हैं। जब धन-संपत्ति सौंपना समर्पण नहीं है, शरीर सौंपना समर्पण नहीं है तो फिर समर्पण क्या है और कैसे किया

जाए? सबसे पहले 'समर्पण' शब्द का अर्थ समझना आवश्यक है। 'समर्पण' शब्द आत्मिक है, 'गुरु' शब्द आत्मिक है तो किए जाने वाले समर्पण का भाव भी आत्मिक ही होना चाहिए। 'समर्पण' शब्द का अर्थ—अपने-आपको शारीरिक रूप से संपूर्ण नष्ट कर आत्मिक रूप से अपने गुरु की आत्मिक शक्तियों में समाहित हो जाना है। जिस प्रकार से दूध में शक्कर घोलते हैं तो शक्कर दूध में ही घुल जाती है। शक्कर का अलग अस्तित्व ही नहीं होता है। हाँ, दूध में शक्कर घुलने से दूध मीठा लगने लग जाता है यानी स्वाद बदल जाता है। ठीक इसी प्रकार, शिष्य जब गुरु को समर्पण करता है तो शिष्य का अस्तित्व ही समाप्त हो जाता है। जब शिष्य का अलग अस्तित्व ही नहीं है तो फिर शिष्य अपनी संपत्ति, अपना शरीर गुरु को कैसे सौंप सकता है? क्योंकि वह उसका रहा ही नहीं तो सौंपने का प्रश्न ही कहाँ आता है? 'मैं' धन समर्पित कर रहा हूँ मतलब 'मैं' अभी जीवित है। 'मैं' शरीर सौंप रहा हूँ यानी 'मैं' अभी जीवित है। यह संपत्ति सौंपना व शरीर सौंपना आसान है क्योंकि यह सौंपकर भी 'मैं' जीवित रह ही जाता है—मैंने संपत्ति सौंपी, मैंने शरीर सौंपा। समर्पण करना यानी संपत्ति सौंपना, शरीर सौंपना नहीं है। समर्पण का अर्थ—'मैं' को ही सौंप देना है। मनुष्य का यह 'मैं' बड़ा धूर्त होता है। यह आपको संपत्ति सौंपने को कहेगा, ताकि वह खुद बचा रहे। वह आपको शरीर सौंपने को कहेगा ताकि वह 'मैं' बचा रहे। हमें इस 'मैं' के झाँसे में नहीं आना है। हमें इस 'मैं' को ही सौंप देना है और यह 'मैं' को सौंप देना ही सच्चा समर्पण होता है। समर्पण यानी अपने अस्तित्व को नष्ट कर शून्य कर देना है, खाली कर देना है ताकि गुरुकृपा में परमात्मा की ऊर्जा उतर सके। जब हम किसी को समर्पण करते हैं, जिन गुरु को समर्पण करते हैं, वे गुरु भी माध्यम ही होते हैं। वास्तव में गुरु के माध्यम से हम परमात्मा को ही अपना समर्पण करते रहते हैं। तो हम ही परमात्मामय हो जाते हैं। लेकिन यह समर्पण आत्मिक स्तर पर होना चाहिए, अन्यथा 'मैं' कभी भी आपको किसी भी स्तर से गिरा सकता है।"

"गुरु के प्रति समर्पण का भाव केवल झुकने से ही निर्मित हो जाता है, बशर्ते झुकना शारीरिक न होकर भीतर से होना चाहिए। क्योंकि झुकने के साथ-साथ हम शुद्ध होते जाते हैं। गुरु भी हमारे

परमात्मा के सामने झुकने के निमित्तमात्र ही होते हैं। इन सबका अभ्यास करना होता है। इन सबकी साधना करनी होती है। एक बार में समर्पण का भाव लाने से समर्पण नहीं हो जाता है, यह निरंतर करने की प्रक्रिया है ताकि यह समर्पण बनाए रखा जा सके। जैसे एक बर्तन है, जो गंदा है, दाग लगे हैं, तो हम उसे माँजते हैं। और लगातार कई बार माँजते हैं तो कहीं जाकर वह स्वच्छ होता है। और वह चाँदी का बर्तन स्वच्छ होने के बाद अगर ऐसे ही रख देंगे कि स्वच्छ हो गया तो वह समय के साथ फिर गंदा हो जाएगा। यानी वह चाँदी का बर्तन स्वच्छ हो जाने के बाद इसलिए भी माँजना पड़ता है ताकि वह स्वच्छ ही बना रहे, गंदा न हो। ठीक इसी प्रकार से, एक बार पूर्ण समर्पण भी कर दिया तो भी उस भाव को बनाए रखना पड़ता है, ताकि अपने समर्पण का भाव सदैव एक-सा बना रहे, उस पर समय की धूल न पड़े। यानी समर्पण करना और किए गए समर्पण के भाव को बनाए रखना, ये दोनों महत्वपूर्ण कार्य हैं। बनाए रखना अधिक महत्वपूर्ण है क्योंकि न बनाए रखने पर पाया हुआ सब खो सकते हैं। इसलिए समर्पण बनाए रखना अधिक महत्वपूर्ण होता है और यह निरंतर साधना की तरह रोज की जाने वाली प्रक्रिया है। एक पत्थर भी पड़ा रहे तो उस पर भी धूल व कचरा जमा हो जाता है। समर्पण तो जीवित व्यक्ति के आत्मा का भाव है। इस पर भी आसपास के लोगों का बुरा प्रभाव पड़ सकता है। इसीलिए समर्पित साधक के लिए अपना समर्पण का भाव बनाए रखना आवश्यक हो जाता है। क्योंकि हम जिन लोगों के साथ रहेंगे, उनका भी बुरा प्रभाव हम पर पड़ता ही है। और जो समर्पित नहीं होते, उनका तो प्रभाव पड़ना ही है। क्योंकि उनका 'मैं' ईर्ष्या को रखता है—मैं अभी तक पूर्ण समर्पित नहीं हो पाया, यह कैसे पूर्ण समर्पित हो गया? यानी आध्यात्मिक क्षेत्र में भी ईर्ष्या रहती है। इसलिए यहाँ अच्छा है, तुमसे ईर्ष्या करके तुम्हें दूषित करने वाला कोई नहीं है क्योंकि तुम यहाँ पर अकेले ही हो। तुम्हें चित्त को भीतर की ओर ले जाना चाहिए, क्योंकि तुम्हारे भीतर ही सब कुछ खजाना रखा हुआ है। वह खजाना तुम्हें भीतर गए बिना प्राप्त नहीं हो सकता है क्योंकि वह पाने में तुम सफल हो जाओ तो सत्यप्रेमी आत्माओं के लिए एक नई संभावना का द्वार खुलेगा। भीतर जाओ, और भीतर जाओ और खोजो कि

मेरा अस्तित्व क्या है? भीतर जाओगे तो पाओगे कि सारा ज्ञान का सागर भीतर ही भरा पड़ा है। एक कस्तूरी मृग जैसी तुम्हारी स्थिति है। कस्तूरी मृग की नाभि से कस्तूरी की खुशबू फैलती रहती है। और सब आनंद लेते रहते हैं, बस उसे ही नहीं मालूम रहता कि कस्तूरी की सुगंध उसी की नाभि से आ रही है और उस सुगंध की खोज में, सारे जंगल में उस सुगंध को ढूँढ़ते रहता है। बस तुम भी ऐसे ही कस्तूरी मृग हो कि तुम्हें मालूम नहीं कि सुगंध बाहर से नहीं, तुम्हारे ही भीतर से आ रही है।"

मैं बड़ा गंभीर हो गया। कौन-सा ज्ञान भीतर भरा हुआ है? ये गुरुदेव भी पुराने गुरुदेव की तरह भीतर जाने के लिए ही कह रहे हैं। इसमें कोई-ना-कोई रहस्य अवश्य है। मैं अपने-आपको ही एक रहस्यमय व्यक्ति समझने लग गया। और एकदम लगा कि गुरुतत्त्व बाहर से अलग-अलग लगे, लेकिन अलग होते नहीं हैं। दोनों गुरुदेव एक ही बात कह रहे थे—भीतर झाँको, भीतर जाओ। यही-की-यही बात पहले वाले गुरुदेव ने भी कही थी। पता नहीं क्यों, ऐसा लगा—ये दोनों गुरुदेव मुझे गणित का वह सवाल सुलझाने को दे रहे हैं जिसका उत्तर ये जानते हैं, जो इन्हें मालूम है, मुझे मालूम नहीं है। मैंने भविष्य में झाँकना ठीक नहीं समझा। जब वे बताना नहीं चाहते तो शायद इस समय जानना मेरे लिए ठीक नहीं है। मैंने फिर इस विषय पर सोचना ही छोड़ दिया। जो भविष्य में होगा, सामने आ जाएगा। आज को क्यों उस कल के बारे में सोचकर गवाँऊँ, यह सच प्रतीत हुआ। मैं आज में प्रसन्न था, खुश था। गुरुदेव के सान्निध्य में था। रात होने वाली थी। मैंने भी सोना ही उचित समझा और सोने चला गया।

दूसरे दिन गुरुदेव की व्यस्तता के कारण बात नहीं हो सकी। लेकिन शाम के समय मैं गुरुदेव के साथ पहाड़ के शिखर तक गया। वहीं पर हम दोनों बैठे रहे। अचानक ही गुरुदेव ने कहना प्रारंभ किया, "मनुष्य का चित्त अगर किसी वस्तु पर जाता है, तो उसका चित्त पर थोड़ा-सा प्रभाव होता है। लेकिन एक ही वस्तु पर बार-बार जाता है, तो उसका अधिक प्रभाव होता है और किसी मनुष्य पर जाता है, तो भी अधिक प्रभाव होता है। और एक ही व्यक्ति पर बार-

बार जाता है, तो उसमें चित्त नष्ट ही हो जाता है। कहीं भी चित्त गया तो क्षणिक होना चाहिए। जैसे पानी का एक बुलबुला क्षण में उभरा और क्षण में ही समाप्त हो गया या कहीं चित्त गया तो दूसरे क्षण हट जाना चाहिए। चित्त इतना नियंत्रित होना चाहिए। चित्त का माध्यम आँखें होती हैं। तुम किसी व्यक्ति को देखो और उसकी आँखों में मत देखो, तो उस व्यक्ति में चित्त नहीं जाएगा। और चित्त नहीं जाएगा तो चित्त नष्ट भी नहीं होगा। चित्त पर नियंत्रण करने का अभ्यास करना होता है। यह कुछ समय में होने वाली घटना नहीं है।"

"मैंने उस दिन जानबूझकर तुम्हारे धैर्य की परीक्षा ली थी कि तुममें कितना धैर्य है। क्योंकि यह आत्मज्ञान का बीज बोना ही केवल हाथ में है, बीज अंकुरित करना अपने हाथ में नहीं होता है। जिस प्रकार से एक किसान जमीन में बीज बो देता है और बाद में बरसात की राह देखता है और प्रभु को प्रार्थना करता है कि जल्दी-जल्दी पानी बरसाए ताकि उसके द्वारा बोया गया बीज अंकुरित हो सके। प्रार्थना करने के अलावा किसान और कुछ भी नहीं कर सकता है। ठीक वैसे ही गुरु भी अपना आत्मज्ञान का बीज शिष्य को दे सकते हैं और प्रभु से प्रार्थना कर सकते हैं कि वह बीज की तरह अंकुरित हो, पर गुरु स्वयं कुछ नहीं कर सकते हैं। जिस प्रकार से प्रत्येक बीज में वृक्ष बनने की संभावनाएँ छुपी होती ही हैं, वैसे ही प्रत्येक शिष्य में भी गुरु बनने की संभावना छुपी होती है। इसलिए इसमें आत्मज्ञान का बीज बोने के बाद गुरु को भी धैर्य से काम लेना पड़ता है। और हमारे काल तक एक गुरु एक शिष्य को आत्मज्ञान देते हैं, तो एक ही शिष्य होने के कारण धैर्य कम रखना पड़ता है। तुम्हारे जीवनकाल में तो आत्मज्ञान का प्रसार होने वाला है। यह आत्मज्ञान लाखों लोगों तक अनुभूति के माध्यम से पहुँचने वाला है। इसलिए तुम्हें तो धैर्य की बड़ी आवश्यकता होगी। वास्तव में ऐसा कहा है कि "कर्म करो पर फल की इच्छा मत करो" पर इस आत्मज्ञान के प्रसार में आत्मज्ञान देने का भी कर्म घटित नहीं होता। क्यों? क्योंकि यह देने की स्थिति ही तब प्राप्त होती है, जब कर्ता का भाव पूर्णतः नष्ट हो जाए। और दूसरा जब तक सुपात्र शिष्य न हो, तब तक यह दिया ही नहीं जाएगा। यानी यहाँ भी दिया नहीं जाता, स्वयं ही चला जाता है। इसलिए भी कर्ता का भाव नहीं होता है। तुम्हारे जीवनकाल

में यह कार्य सामूहिक रूप से होगा। लाखों लोग तुम्हारे माध्यम से प्राप्त करेंगे। लाखों लोगों के मोक्ष का मार्ग तुम्हारे द्वार से खुलेगा। इतनी बड़ी घटना के तुम माध्यम बनोगे। इसीलिए धैर्य का तो तुम्हारे जीवन में बड़ा महत्व है।"

"तुम्हारे माध्यम से इस आत्मज्ञान को लाखों लोग प्राप्त करेंगे, इसलिए यह कैसे घटित हो सकता है, वह समझना आवश्यक है। पहले तो यह ध्यान रखना—जो व्यक्ति तुम्हारे सामने आ गया, वह इसके योग्य ही है, अन्यथा वह सामने आएगा ही नहीं। और सामने आया भी तो वह टिकेगा ही नहीं। इसलिए किसी की योग्यता पर विचार करना कि जो आया है, वह योग्य है या नहीं, यह कार्यक्षेत्र में नहीं है। तुम सागर हो। जिस प्रकार सागर तक पापी व पुण्यवान दोनों पहुँच सकते हैं और वह दोनों को ही ह्रदय से अपनाता है। क्योंकि उसकी विशालता के कारण किसे अपनाना और किसे न अपनाना, यह नियंत्रण संभव नहीं होता है। इस समुद्र की तरह तुम्हारा स्वरूप भी बड़ा विशाल है। तुम भी उस विशालता को प्राप्त करोगे और फिर किसे अपनाना चाहिए और किसे नहीं, यह प्रश्न नहीं होगा। इसलिए योग्यता और अयोग्यता का प्रश्न ही नहीं उठता है। जो सामने आ गया और टिक गया, वह योग्य ही है। अयोग्य आत्मा तुम्हारे तक पहुँचेगी ही क्यों? वह आत्मा निश्चित आत्मज्ञान का बीज पाने के योग्य ही है, इसीलिए पहुँची है। आत्मज्ञान का बीज प्राप्त करना और उस बीज को अंकुरित करना, इन दोनों के बीच काफी समय लगता है। कई बार तीन-चार जन्म भी लग जाते हैं।"

"कई आत्माएँ वर्तमान परिस्थितियाँ अनुकूल हो जाने पर आत्मज्ञान का बीज प्राप्त तो कर लेती हैं, पर भीतर से चित्त कहीं और होता है। इसलिए आत्मा को आत्मज्ञान का बीज तो मिल गया पर वह उस बीज को अंकुरित नहीं कर सकी तो बीज तब तक वहीं पड़ा रहेगा, जब तक भीतर उसे उपयुक्त वातावरण नहीं मिलता है। अब वह भीतर का वातावरण अनुकूल करना उसी आत्मा का स्वयं का कार्यक्षेत्र है। उसमें तुम क्या करोगे, यह तुम्हारा क्षेत्र ही नहीं है। कई आत्माएँ तुम्हारे जीवन में आने वाली हैं। जो बीज ही इस जीवन में पाने की योग्यता रखती है, बीज को अंकुरित करने

की योग्यता नहीं रखती तो वह इस जन्म में बीज प्राप्त करेगी और अगले जन्म में बीज अंकुरित होगा। अधिकतर ऐसा ही होता है। आत्मज्ञान का वृक्ष निर्मित होने में अनेक जन्म लगते हैं, इसलिए तुम्हें केवल बीज बोने का ही कार्य करना है। वे बीज अंकुरित ही हों, यह मत सोचना। इसलिए यदि वे अंकुरित नहीं हुए तो निराश मत होना। वे अंकुरित अवश्य होंगे क्योंकि यह एक अच्छी किस्म का बीज है। इसलिए यह बीज अंकुरित अवश्य होगा। हाँ, यह बीज कब अंकुरित होगा, यह पता नहीं है। ऐसा इसलिए होगा कि ये वे आत्माएँ हैं जिन्होंने आत्मज्ञान के बीज को न जानते हुए ग्रहण किया है। वे आत्माएँ सांसारिक मायाजाल में इतनी लिप्त होंगी कि इस बीज का एहसास ही उन्हें नहीं होगा। क्या तुमने उन्हें दिया, यही एहसास न होगा। जब उस आत्मज्ञान के बीज का कोई महत्व ही मालूम नहीं है तो स्वाभाविक ही है कि जो मिल गया, आसानी से ले लिया। क्योंकि तुम्हारे देने की और उनके लेने की घटना बड़ी आनंददायी होगी, इसलिए वे लेने के लिए आसानी से राजी हो जाएँगे, भले ही वे उसे जानते भी नहीं हो। और तुम क्या हो, यह भी जानना उन्हें आवश्यक नहीं है।"

"यह तो ऐसा ही है कि एक दरिद्र मनुष्य को बहुमूल्य हीरा दिया जाए। हीरे की चमक और देने वाले देवता का आकर्षक रूप देखकर हीरा ले तो लिया, पर, यह बहुमूल्य हीरा है, यह पता नहीं है। उसे लिया और रख लिया। अब जब तक उसे यह ज्ञान कराने वाला न आए कि तुमने जो लिया है, वह हीरा है, तब तक उस हीरे का मूल्य ही नहीं है। ऐसा ही लोगों के साथ होगा, क्योंकि ठीक ऐसा ही तुम्हारे साथ भी तो हुआ है। तुम्हें तुम्हारे गुरु ने क्या दिया है, उस आत्मज्ञान के खजाने को तुम जानते ही नहीं और वे देने वाले साक्षात परमात्मा थे, यह भी जानते नहीं हो। न तुम देने वाले को जानते हो और न ही जो तुम्हें शिवबाबा ने दिया है, वह क्या है, यह जानते हो। यहाँ तक की तुम स्वयं को भी जानते नहीं हो। और मेरी अवस्था तो ऐसी है कि आज कुआँ ही प्यासे के पास चला आया है। तुम जो बाहर खोज रहे हो, वह सब तुम्हारे ही भीतर है। हम सभी गुरु एक ही कार्य कर रहे हैं। तुम्हें देने वाले श्री शिवबाबा को तुम जानो, तभी तुम्हें उन्होंने क्या दिया है, वह जानोगे। और वह जाना

तो ही स्वयं को भी जान पाओगे। सारा रहस्य भीतर है। भीतर जाओ और अपने गुरु को जानो। हम सब गुरु जानते हैं कि तुम्हारे भीतर क्या है। ये पशु-पक्षी जानते हैं कि तुम्हारे भीतर क्या है। बस तुम ही नहीं जानते कि तुम्हारे भीतर क्या है।"

मैंने गुरुदेव से प्रार्थना की, "गुरुदेव, आपने मुझे मार्गदर्शन दिया कि आत्मज्ञान के बीज को अपने गुरु पर चित्त रखकर अंकुरित करना चाहिए। तो कृपया उन आत्माओं का भी मार्गदर्शन करें जो मेरे माध्यम से बीज तो प्राप्त करेंगी पर इस जन्म में अंकुरित नहीं कर पाएँगी—वे इसी जन्म में ही अपना आत्मज्ञान का बीज अंकुरित कर सकें। आप करुणा के सागर हैं। आप यह रहस्य बता दें तो बड़ी कृपा होगी। जैसा मैं आपसे लाभान्वित हो रहा हूँ, मैं यहाँ तक पहुँचा, वे आत्माएँ थोड़ी पहुँच पाएँगी। इसलिए कृपया उन आत्माओं की प्रगति का मार्ग बताने की कृपा करें।"

उसी समय गुरुदेव की आँखों में आँसू आ गए और वे बड़े भावपूर्ण होकर बोले, "अरे पगले! मैं आज जान गया कि दूसरों को आत्मज्ञान मिले, तेरी इसी इच्छा के कारण ही श्री शिवबाबा ने तुझे अपना माध्यम बनाया है। श्री शिवबाबा साक्षात परमात्मा थे। तुम सचमुच भाग्यवान हो कि तुम्हें उनका सान्निध्य प्राप्त हुआ था। आत्मज्ञान में प्रगति का मार्ग एक ही होता है। जो मार्ग मैं तुम्हें बता रहा हूँ, वही मार्ग तुम उन्हें बता दो। प्रत्येक आत्मा के लिए अलग-अलग मार्ग थोड़े ही होता है। आत्मज्ञान ही मोक्ष-प्राप्ति का एकमात्र मार्ग है। जैसे मैं तुम्हें कह रहा हूँ कि श्री शिवबाबा को जानो तो उन्होंने क्या दिया है, वह जान पाओगे। जब उन पर चित्त रखोगे तो उनकी करुणा तो होगी ही। ठीक उसी प्रकार जिन आत्माओं ने तुमसे बीज प्राप्त किया है, वे अगर तुम पर चित्त रखकर तुमसे जुड़ेंगी तो अनायास ही उन्हें वह स्थिति प्राप्त हो जाएगी जो तुम्हें मिली है। तुम्हें अपना अस्तित्व समाप्त कर गुरु के साथ समाहित हो जाना है। उन आत्माओं को तुममें समाहित होना है। और तुम तो गुरुओं के गुरु 'सद्‌गुरु' हो, तुमसे जुड़ना आसान होगा। क्योंकि जुड़ने वाली लाखों की सामूहिकता को इस इतनी बड़ी सामूहिक शक्ति के साथ जुड़ना आसान होगा। अरे बाबा! एक मिट्‌टी में पड़ा हुआ बीज अगर

किसी बड़े वृक्ष को बार-बार देखेगा तो वह न चाहते हुए भी अंकुरित हो जाएगा और उस बीज को वृक्ष बनने की प्रेरणा मिलेगी। और वह बीज कब अंकुरित होकर वृक्ष बन गया, यह उस बीज को भी पता नहीं चलेगा। सब परमात्मा की कृपा से हो जाएगा। और जो जीवन में होता है, वह, और जो हम करते हैं, उससे अधिक और बड़ी मात्रा में होता है। वह इसलिए भी होता है कि हम सोचते हैं हमारी औकात के अनुसार परमात्मा देता है, तो वह उसकी औकात के अनुसार होता है। इसलिए जो मार्ग मैंने आत्मज्ञान का बताया है, वही मार्ग तुम भी लोगों को बता सकते हो। सत्य को जानने का, पाने का केवल एक ही मार्ग होता है, एक ही रास्ता होता है। साधारणतः मनुष्य कहाँ है, किस स्थान पर है, यह उसके जीवन में उतना महत्वपूर्ण नहीं होता है। महत्वपूर्ण होता है—उस मनुष्य का चित्त किस स्थान पर है। जिस स्थान पर चित्त है, वह उस स्थान से ऊर्जा ग्रहण करेगा। एक शिष्य को बीज जिस गुरुकृपा में प्राप्त हुआ है, उस बीज को वृक्ष बनने की ऊर्जा उसी स्थान से ही मिलेगी, क्योंकि बीज बोते वक्त उन गुरु ने अवश्य ही यह सकारात्मक भावना रखी होगी कि यह बोया हुआ बीज एक वृक्ष अवश्य बने। ऐसी उदार भावना नहीं हो तो बीज बोने की प्रक्रिया ही नहीं हो सकती है। यह भावना बीज बोने वाले गुरु ही कर सकते हैं। उसी भावना को ही माध्यम बनाना होगा। उस भावना ने ही आत्मा को आत्मज्ञान का बीज दिया है और भावना ही बीज के वृक्ष बनने का मार्ग प्रशस्त करेगी। शिष्य को अपने गुरु के इस करुणा के भाव को पकड़ना होगा। यह करुणा की भावना की लहर जब आती है, तब अपने भीतर के अस्तित्व को समाप्त करना होगा। क्योंकि जब तक अपना अलग अस्तित्व होगा, तब तक उस करुणा की लहर से एकरूपता स्थापित नहीं हो सकती है। आत्मा को अपने बूँद के अस्तित्व को भुलाकर अपना अस्तित्व सागर में समाहित करना होगा। यह शिष्य को स्वयं ही करना होता है। वह कार्य एकदम निजी है। वह प्रत्येक व्यक्ति को स्वयं ही करना होता है। और कभी-कभी तो लगता है कि यह केवल एकमात्र कार्य ही तो है जो करना है, बाकी सब कार्य तो जीवन में गुरुकृपा से ही घटित हो जाते हैं। यही एकमात्र कार्य है जो करना होता है। जिस प्रकार एक बीज अपने अस्तित्व को नष्ट करता है, वह यह कार्य

स्वयं अपनी इच्छा से करता है। बस यही एकमात्र कार्य है जो वह करता है, बाकी बीज से वृक्ष बनने का कार्य तो परमात्मा स्वयं ही प्रकृति के माध्यम से कर लेता है। परमात्मा एक विश्वव्यापी शक्ति है जो प्रकृति का संचालन करती रहती है। यह सर्वत्र व्याप्त होती ही है। बस उस परमात्मा की विश्वव्यापी शक्ति का अनुभव करने के लिए आत्मा की सुपात्र स्थिति चाहिए।" ऐसा कहकर गुरुदेव ने यह चर्चासत्र समाप्त किया।

उस जंगल में 'टॉपियोका' नामक झाड़ काफी मात्रा में उगते थे। एक झाड़ को अगर उखाड़ा जाए तो उसके नीचे पच्चीस-तीस किलो कंद-मूल निकलते थे। यह कंद-मूल सदैव संग्रह करके रखे जा सकते थे। एक झाड़ को तोड़कर उस झाड़ के चार टुकड़े कर जमीन में गाड़ देते थे। उन्हें छह इंच अंदर और बारह इंच बाहर रखकर, थोड़ा तिरछा करके गाड़ा जाता था और बाद में वे भी चार झाड़ बन जाते थे। ये झाड़ बड़ी मात्रा में उपलब्ध थे और उनके जड़-मूल भोजन में उपयोग किए जाते थे। हाथ के पंजे के आकार के उनके पत्ते होते थे। ये पत्ते भी उबालकर खाते थे। इन झाड़ों को तोड़ना और बाद में चार टुकड़ों को लगाना और कंद-मूल इकट्ठा करना और उन्हें आग में भूनकर केले के पत्तों पर गुरुदेव को परोसना मेरा प्रिय कार्य था। बाँस को गाँठ के नीचे काटा जाता था व उसके ऊपरी भाग में यह कंदमूल डालकर आग में सेका जाता था। बाँस हरा होने के कारण जलता नहीं था। फिर भी यह भीतर से अच्छी तरह भुन जाता था और उस कंदमूल में बाँस का रस भी मिल जाता था। उसमें भूनते समय कुछ अदरक व तेजपत्ते और एक विशिष्ट प्रकार की फलियाँ डाली जाती थीं और कुछ समय बाद आग से बाहर निकाल लिया जाता था। बाद में बाँस को काटकर उसके भीतर से टॉपियोका को निकाल लिया जाता था। कभी टॉपियोका को भूनकर खाते थे, तो कभी उबालकर खाते थे। यह वहाँ का प्रमुख खाद्य था। बाँस के रस के साथ वह अच्छा लगता था।

एक दिन सुबह हवन आदि कार्य होने के बाद गुरुदेव कहने लगे, "तुम्हारा जीवन तो अश्वमेध यज्ञ जैसा है। एक बहुत बड़े पवित्र व महान कार्य को करने के उद्देश्य से तुम्हारा जन्म इस धरती पर

हुआ है। तुम्हारा परिवार बहुत बड़ा है। ऐसे सामूहिकता वाले परिवार के सान्निध्य का अवसर मुझे मेरे इस जीवन में नहीं मिलेगा और इस जीवन के बाद तो जीवन ही नहीं है। तुम्हारे बड़े महान कार्य में मैं भी शामिल हो सकूँ, इसलिए मेरे पास जो कुछ था, वह सब मैंने तुम्हें दे दिया है। अब तुम्हारे इस कार्य के लिए अग्रसर होने का समय आ गया है, क्योंकि मैं तुम्हें बाँधकर नहीं रखना चाहता हूँ। मैं तुम्हारे कार्य की गति में बाधक नहीं बनना चाहता, इसलिए इस बात को कह रहा हूँ। हम कितने कम समय साथ रहे हैं, लेकिन एक पवित्र कार्य को आगे बढ़ाने के लिए रहे हैं। सदैव याद रखना—विचार अप्राकृतिक होता है। विचार करके हम प्रकृति से दूर चले जाते हैं। इसीलिए प्रकृति के सान्निध्य में विचार समाप्त हो जाते हैं। हम प्रकृति के जितने सान्निध्य में रहेंगे, उससे हम उतने ही परमात्मा के सान्निध्य में रहेंगे। अतिविचार करके लोग वातावरण में प्रदूषण फैलाते हैं और इस वैचारिक प्रदूषण से वातावरण गर्म और दूषित होने लगता है। यह गरम-दूषित वातावरण ही इस नई दुनिया का सबसे बड़ा खतरा है, क्योंकि इसमें साँस लेना भी दूभर हो जाएगा, इसलिए सदैव चित्त को भीतर ही रखो। सारा ज्ञान तुम्हारे भीतर ही है। सजीव ज्ञान कभी पुस्तकों में लिखा नहीं जा सकता है, वह तो अनुभूति से ही प्रवाहित होता रहता है। एक गुरु से एक शिष्य को, एक शिष्य से दूसरे शिष्य को, इस प्रकार से सजीव ज्ञान का प्रसारकार्य सदैव अपने पारंपरिक तरीके से चलते ही रहता है। यह ईश्वरीय ज्ञान है। इसे लिखा नहीं जा सकता है। क्योंकि जो अनुभूति को प्राप्त होता है, वह लिखने की स्थिति में नहीं होता। वह अनुभूति प्राप्त होने की स्थिति में अपनी आँख भी नहीं खोल सकता तो वह लिख कैसे सकता है? वास्तव में लिखना या बोलना यह एक शारीरिक क्रिया है और जब ईश्वरीय सजीव ज्ञान की क्रिया घटित होती है, उस समय शरीर की समस्त आवश्यक क्रियाएँ समाप्त हो जाती हैं, बंद हो जाती हैं, तो उस समय लिखने की क्रिया कैसे संभव होगी? इसलिए परमात्मा की अनुभूति को आज तक लिखा नहीं गया है। लेकिन तुम्हारे जीवनकाल में यह अनुभूति का अनुभव लिखा भी जाएगा। तुम्हारे से यह इसलिए लिखा जाएगा क्योंकि तुम्हारी देने की क्षमता पाने की क्षमता से बहुत अधिक है। तुम सदैव देने का ही

सोचते हो। देने की इस अपार इच्छा के कारण ही अनुभूति के तुम माध्यम बन जाओगे और अनुभूति में भी परमात्मा तुमसे यह कार्य करा लेगा। कैसे? यह नहीं मालूम। लेकिन यह कार्य संपन्न अवश्य होगा ही। तुम्हारी देने की क्षमता के कारण ही तुम्हें मिलना निर्भर होता है और देने की क्षमता के कारण अनेक गुरु तुम्हें माध्यम के रूप में चुनेंगे। तुम एक योग्य व सुपात्र, शुद्ध माध्यम बनोगे, क्योंकि तुम्हारा खुद का कोई अस्तित्व नहीं है। जिसका खुद का कोई अस्तित्व नहीं होता, उसे माध्यम बनाने में बड़ी आसानी हो जाती है। आसानी इसलिए हो जाती है, क्योंकि उसमें से देने के लिए शक्ति का प्रवाह शीघ्र निकलना प्रारंभ हो जाता है। ज्ञान का प्रसार ही ज्ञान का उद्‌देश्य होता है। तुम्हारा सजीव ज्ञान पाने का उद्‌देश्य ही सजीव ज्ञान का प्रसार है। इसी कारण हर कोई तुम्हें अपनी अनुभूति का ज्ञान सौंप रहा है। अरे बाबा, फूटे हुए मिट्‌टी के दीये में कोई भी तेल नहीं डालता है। सदैव उसी दीये में तेल डाला जाता है जो जलने को तैयार है और तेल ग्रहण करने के लिए भी योग्य है। और तुम्हारे दीये का पात्र तो बहुत बड़ा है। काफी तेल उसमें आ सकता है। मुझे मेरे जीवन में उसमें तेल डालने का अवसर मिला, यह मेरा अहोभाग्य है, ऐसा मैं समझता हूँ। क्योंकि तुम्हारे दीये के प्रकाश में दुनिया का अज्ञान का अँधेरा दूर होने वाला है।"

"कल सुबह तुम्हें यहाँ से प्रस्थान करना है। कल मैं तुम्हें यहाँ से नदी तक छोड़ने आऊँगा। वहाँ पर बाँस की एक नौका बनाकर तुम प्रवास शुरू करोगे। यही नदी आगे जाकर ब्रह्मपुत्र नदी में मिलती है। उस ब्रह्मपुत्र नदी का किनारा अब तुम्हारी अगली ध्यान-साधना का क्षेत्र होगा। जिस प्रकार से छोटी नदी से बड़ी नदी में जाने वाले हो, ठीक इसी प्रकार ज्ञानगंगा की भी मैं एक छोटी नदी हूँ, अब तुम्हें मैं और बड़ी नदी के पास भेज रहा हूँ। उन गुरु तक पहुँचाने के लिए ही मैं तुम्हें तैयार कर रहा था। वे गुरुदेव ब्रह्मपुत्र नदी के किनारे ही रहते हैं। आगे अब तुम्हें उनके पास जाना है।"

दूसरे दिन सुबह मैं उठा तो सोचा कि परमात्मा मुझे ऐसे सुंदर स्थानों पर क्यों भेजता है, जहाँ पर मैं रह नहीं सकता। मैं बड़ा दुःखी व भावुक हो गया। उस आश्रम से मुझे थोड़े समय में ही लगाव

हो गया था। मैंने कहा, “गुरुदेव, मुझे आपके आश्रम से लगाव हो गया है। यहाँ पर रहना मुझे अच्छा लग रहा है। यहाँ से जाने को जी नहीं चाहता है।” उन्होंने कहा, “मेरी भी यही स्थिति है। मैं भी तुमसे इतने कम दिन में प्रेम करने लगा हूँ। मुझे भी तुमसे लगाव हो गया है। तुम्हारी विनम्रता व दूसरों को ज्ञान बाँटने की इच्छा से मैं बड़ा प्रभावित हुआ हूँ। लेकिन तुम्हारी और मेरी भावनाओं से बढ़कर गुरुकार्य है जो गुरुओं ने मुझे व तुम्हें इसी विश्वास के साथ सौंपा है कि तुम इस ज्ञान का प्रचार करोगे, प्रत्येक मनुष्य मात्र तक पहुँचाओगे। रही बात आश्रम की, तो मैं तुम्हें आशीर्वाद देता हूँ कि तुम्हारा भी एक बड़ा विशाल व भव्य आश्रम होगा जहाँ से लाखों आत्माएँ ज्ञान को ग्रहण करेंगी। चलो चलें, तुम्हें नदी पर छोड़कर मुझे वापस भी आना है।” और मैं अपने गुरुकार्य के भीतर बँधा हुआ उस स्थान से भारी मन से चल पड़ा। बाद में हम चलते-चलते उस पहाड़ के नीचे बहने वाली नदी पर पहुँचे। वहाँ पर गुरुदेव ने बाँस की चार परतों वाली एक नाव बनाकर रखी थी। नाव क्या थी, वह बाँस की चार परतों वाली एक दीवार-सरीखी थी, जिसे पानी में डालकर उस पर बैठा जाता था। वह बहती रहती थी। साधारण आदिवासी लोगों को इस प्रकार की नाव का इस्तेमाल करते देखा था। मैंने गुरुदेव से कहा, “मुझे यह चलानी भी नहीं आती है और कहाँ पर जाना है, यह भी नहीं मालूम।” उन्होंने हँसते हुए कहा, “तुम निश्चिंत होकर इस पर सवार हो जाओ। आगे तुम जहाँ जा रहे हो, वे बड़े महान तपस्वी हैं। उनका सूक्ष्म शरीर बराबर तुम्हें उनके स्थान तक मार्गदर्शन करेगा क्योंकि उन्होंने तुम्हें बुलाया है। वे अभी भी तुम्हारे ही साथ हैं। मुझे दिख रहे हैं, तुम्हें नहीं। बस यही अंतर है।” गुरुदेव ने मुझे बड़ी भावभीनी विदाई दी। मैंने उनकी चरण-वंदना की और उन्होंने खुश होते हुए आशीर्वाद दिया, “यशस्वी हो!” बाद में मुझे कुछ फल देकर उस नाव पर बैठा दिया और एक बड़ा बाँस दिया—नाव कहीं अटक जाए तो आगे बढ़ाने के लिए। उन्होंने मुझे विदाई दी और मैं इस अज्ञात सफर पर चल दिया।

## प्रकरण 3

# श्रीनाथ बाबा के साथ

एक अज्ञात स्थान की ओर मैं जा रहा था। कहाँ, वह पता नहीं। पीछे देखा तो गुरुदेव पहाड़ी पर चढ़ रहे थे और मैं आगे बढ़ रहा था। पानी का प्रवाह धीमा था, इसलिए वह नाव धीमे-धीमे आगे बढ़ रही थी। इस प्रकार की नाव में मेरी प्रथम यात्रा थी। संपूर्ण नाव ही बाँस की थी। एक बार खड़ी बाँस, उसके ऊपर आड़ी बाँस, फिर खड़ी बाँस, फिर आड़ी बाँस, ऐसी चार बाँस की परतें एक के ऊपर एक थीं। बारह फीट चौड़ी और बारह फीट लंबी और करीब 1 फीट मोटी, चौकोर आकार की एक दीवारनुमा नाव थी। इतने सारे बाँसों को, बाँसों की छाल से रस्सी के समान बाँधा गया था। बड़ा मजबूत बाँधा था। नदी में प्रवाह अच्छा था, इसलिए नाव अटकने का सवाल ही नहीं था। मैंने बाँस को अच्छे से बाँधकर रख दिया और आराम से बैठ गया। नाव आराम से नदी के प्रवाह के साथ चल रही थी। शाम होने वाली थी और धीरे-धीरे मेरी नाव मझधार में आ गई। सूर्यास्त हो रहा था और सूर्य की किरणें नदी में प्रतिबिंबित हो रही थीं। आसपास दोनों ओर घने जंगल थे। अभी तक कहीं कोई बस्ती नजर नहीं आ रही थी। केले के बड़े जंगल के जंगल लग रहे थे। और धीरे-धीरे सूर्यास्त भी हो गया।

अब रात होने को आई थी। मैं तो उस तहनुमा नाव पर लेट गया। जो होगा, देखा जाएगा। गुरुदेव ने कहा है कि गुरुदेव स्वयं सूक्ष्म रूप से हैं, तो फिर मैं क्यों चिंता करूँ कि क्या होगा? और उस स्थिति में भी मुझे नींद लग गई। और नींद सुबह खुली तो नाव की गति पहले की अपेक्षा धीमी हो गई थी। चल रही थी, पर धीमी

चल रही थी। गुरुदेव ने दो बाँस दिए थे जो मैंने बाँधकर रखे थे। और फल और मेरा एक झोला था। वह भी बाँधकर रखा था। नाव के किनारे पर जाकर मुँह, हाथ धोए, पानी पीया तो अब बड़ा प्रसन्न लग रहा था। अभी भी वही दृश्य था। आसपास जंगल थे, पहाड़ थे, पर मानवबस्ती कहीं नहीं दिखी। ऐसा नाव से सफर चल रहा था। दोपहर के समय मेरी नाव के आसपास इतनी, अलग-अलग रंगों की अनेक मछलियाँ साथ चल रही थीं! उन्हें कोई डर भी नहीं लग रहा था। इस स्थान पर पानी अधिक गहरा नहीं था। इसीलिए नाव की गति भी धीमी हो गई थी। लेकिन पानी इतना साफ था कि नीचे से जाने वाली मछलियाँ, पत्थर जो अलग-अलग आकार व रंग के थे, वे सब बड़े सुंदर लग रहे थे। अब दोपहर की गर्मी पड़ी। जोर से पड़ रही थी। कल बादल थे तो उतना पता नहीं चला, पर आज धूप थी। आज तेज धूप थी। ऐसा लगा, इसी को जीवन कहते हैं जो धूप और छाँव जैसे बदलते रहता है। मनुष्य को दोनों परिस्थितियों में रहना सीखना चाहिए।

मैं कल से अकेला सफर कर रहा था। लेकिन पता नहीं कभी ऐसा नहीं लगा कि मैं अकेला हूँ। ऐसा लगा—सदैव गुरुदेव मेरे साथ ही सफर कर रहे हैं और वे कह रहे हैं, "अरे, प्रत्येक आत्मा इस जगत में अकेली ही आती है और इसी प्रकार अकेली ही सफर करती है। आत्मा सदैव अकेली ही सफर करती रहती है। वह कभी किसी के साथ नहीं होती है। जो साथ होता है, वह शरीर होता है। शरीर के ही सब भोग हैं, शरीर के ही सब रिश्ते हैं। शरीर भी नाशवान है। इसीलिए इस शरीर के रिश्ते भी नाशवान होते हैं। कभी नए रिश्ते बनते हैं, कभी पुराने रिश्ते छूट जाते हैं। कई पुराने रिश्तेदार साथ छोड़कर आगे चले जाते हैं। कई नए रिश्तेदार जीवन में आ जाते हैं। सब रिश्तों की धर्मशाला चलती ही रहती है। शरीर से बनाए गए रिश्ते शरीर के समान ही नाशवान होते हैं। मनुष्य के सब रिश्ते अशाश्वत होते हैं। आत्मा का एक ही रिश्ता शाश्वत होता है, वह रिश्ता है परमात्मा का। क्योंकि परमात्मा से ही आत्मा का निर्माण हुआ है। आत्मा के परमात्मा उसके सद्गुरु होते हैं जो आत्मा का निर्माण करते हैं। सद्गुरु आत्मा को जन्म देने वाली माँ हैं। यह आत्मा और सद्गुरु का रिश्ता जन्मों-जन्मों का रिश्ता होता

है। यह रिश्ता शाश्वत है क्योंकि सद्‌गुरु के बिना आत्मा का जन्म ही संभव नहीं है। इसीलिए जीवन में इस रिश्ते का बड़ा महत्व है। ऐसा शाश्वत रिश्ता अभी तेरे साथ है। फिर साथ कोई है, नहीं है, क्या फर्क पड़ता है?"

ऐसे विचारों में दोपहर कब बीत गई, वह पता भी नहीं चला। दिनभर में कोई अन्य नाव या अन्य कोई गाँव कभी कुछ नहीं दिखा था। नाव आगे बढ़ रही थी। फिर शाम होने वाली थी। आज पहाड़ी के पीछे, दो पहाड़ों के बीच के भाग में सूर्यास्त हो रहा था। वह दृश्य बड़ा ही मनमोहक था। दो पहाड़ियों के बीच सूर्यास्त धीरे-धीरे हो रहा था। अभी आराम से सूर्य की ओर देखा जा सकता था। मैंने प्रार्थना कर सूर्यदेवता को नमस्कार किया और अनायास ही याद आ गई कि मैं कैसे पहाड़ी के शिखर पर बैठकर गुरुदेव के साथ सूर्यास्त देखता था। सूर्यास्त के बाद भी आकाश में काफी समय तक सूर्य की लालिमा फैली थी जो सारे आकाश में लाल रंग की छटा फैला रही थी। और धीरे-धीरे फिर रात हो गई। इस नाव पर यह मेरी दूसरी रात थी। मैं सोच रहा था—कितनी दूर जाना है, क्या मालूम? अभी तक वह ब्रह्मपुत्र नदी तो आई ही नहीं है जिसके किनारे पर गुरुदेव का आश्रम है। इनका नाम श्रीनाथ बाबा था। ये बड़े तपस्वी थे और आध्यात्मिक क्षेत्र के बड़े जानकार थे। गुरुदेव ने कहा था, "श्रीनाथ बाबा के पास पहुँचकर ही तुम्हारे आध्यात्मिक ज्ञान की शुरुआत होगी।" वे बड़े योगी पुरुष थे। उन्हें कई दैविक शक्तियाँ प्राप्त थीं। उनके बारे में गुरुदेव ने काफी कुछ बताकर रखा था। उसके कारण मेरे मन में भी श्रीनाथ बाबा से मिलने की इच्छा प्रबल हो रही थी। और उस तीव्र इच्छा के कारण ही मैं इतना साहसी सफर करने के लिए तैयार हो गया था। कभी तो लगता था कि इस सफर पर भेजने हेतु नाव में बिठाकर पानी में ढकेलने के लिए गुरुदेव ही माध्यम थे, क्योंकि मैं उतना तैयार भी नहीं था कि उन्होंने नाव को धक्का दे दिया था। मानो कि धक्का लगाना ही उनका उद्‌देश्य था। उन्होंने अगर जबरदस्ती ढकेला नहीं होता तो क्या मैं ऐसी यात्रा करने के लिए स्वयं तैयार होता? कभी भी नहीं होता। हाँ, पानी में ढकेलने के बाद मैं नाव के बीचोबीच बैठा क्योंकि किनारे पर बैठने पर वजन के कारण नाव झुक जाती थी और उसकी दिशा भी बदल जाती

थी। यानी जबरदस्ती बैठाया तो बैठ गया। और बैठ गया, तो नाव चलाना व संचालित करना सीख गया, जबकि यह कभी किया नहीं था। यानी आध्यात्मिक क्षेत्र में भी एक बार मनुष्य उतर गया तो फिर वह स्वयं भी अभ्यास से मोक्ष का मार्ग बनाकर मोक्ष पा ही लेता है। यानी सद्‌गुरु कुछ नहीं करते हैं, हमें स्वयं ही अभ्यास से सब साधना पड़ता है। हाँ, इस आध्यात्मिक क्षेत्र में जाने के लिए सद्‌गुरु एक धक्कामात्र देते हैं। वह अनुभूति का धक्का होता है। अगर वह धक्का न मिले तो कोई स्वयं आध्यात्मिक क्षेत्र में नहीं आ सकता है। यानी आध्यात्मिक मार्ग पर सद्‌गुरु कुछ करते नहीं हैं लेकिन यह भी सच है कि सद्‌गुरु के बिना आध्यात्मिक क्षेत्र में मनुष्य स्वयं कूद नहीं सकता है। क्योंकि इस क्षेत्र में कूदने के लिए एक आध्यात्मिक धक्के की आवश्यकता होती है और आध्यात्मिक धक्का महत्वपूर्ण है भी, नहीं भी।

आज पूर्णिमा की रात थी। चंद्रमा का प्रकाश बड़ा मददगार सिद्ध हो रहा था। नदी का पानी भी बड़ी हिलोरें मार रहा था। मेरी नाव के आसपास मछलियाँ पानी से ऊपर कूद-कूदकर नृत्य कर रही थीं। उन मछलियों के कूदने की स्पर्धा के कारण लगातार विभिन्न आवाजें निकल रहीं थी। मछलियों के कूदने की आवाजें जोर-जोर से सुनाई दे रही थीं क्योंकि बाकी सारा वातावरण एकदम शांत था। पूर्ण नदी में दूर-दूर तक चंद्रमा का प्रकाश ही प्रकाश दिख रहा था। दूर-दूर तक पानी ही पानी चंद्रमा के प्रकाश में चमक रहा था। मैं मध्यरात्रि तक जाग रहा था और बाद में कब नींद लगी, वह पता भी नहीं चला था।

सुबह नाव बड़े जोर-जोर से हिल रही थी और उससे मेरी नींद खुली। नदी की धारा का प्रवाह नीचे की ओर था। प्रवाह में बड़ी गति आ गई थी और नाव बड़ी जोरों के साथ आगे बढ़ रही थी। सूर्योदय होने वाला था कि मैंने देखा—नदी में अचानक बड़ा प्रवाह आ गया और मैं एक समुद्र को सामने देख रहा था। मुझे लगा कि मैं रास्ता भटक गया और ब्रह्मपुत्र नदी की जगह समुद्र में ही आ गया! चारों ओर पानी ही पानी! लहरें भी बड़ी-बड़ी उठ रही थीं। नाव अटक तो नहीं रही थी, पर खूब उछल रही थी। विशेषतः जब पानी

ऊपर से नीचे की सतह पर गिरता था तो नाव उछल जाती थी। मैं नाव पर कई बार दो-दो फीट उछल रहा था। मैं नाव से कहीं गिर नहीं जाऊँ, इसलिए नाव के बासों को लगी रस्सियों को बड़े जोर के साथ पकड़कर रखा था। कई बार तो नाव दस-दस फीट तक तिरछी हो रही थी। और बहुत तेज गति थी। आसपास तो किनारे भी नहीं दिख रहे थे। उतने में पानी का एक जोर का बहाव आया और मेरी नाव ही उलट गई! मैं नीचे और नाव ऊपर थी! मैंने नाव की बाजू में जाकर उसकी किनारे की रस्सी को पकड़ने का प्रयास किया तो एक रस्सी जो थोड़ी ढीली थी, वह मेरे हाथ में आ गई। नदी का पानी बर्फ के समान ठंडा था और मैं उस रस्सी के सहारे ही बह रहा था। चारों ओर पानी ही पानी! एक क्षण तो लगा—अब जल-समाधि का ही समय आ गया है! इस जीवन में इतना ही कार्य था, अगले जन्म में शायद मैं श्रीनाथ बाबा के पास पहुँचूँगा। क्योंकि प्रवाह इतना तेज था कि रस्सी को पकड़े रखना भी कठिन हो रहा था। उतने में याद आया कि श्रीनाथ बाबा तेरे साथ सूक्ष्मरूप में हैं, वे ही रास्ता दिखाएँगे। और आश्चर्य की बात थी कि जैसे ही गुरुदेव की बात याद आई और नाव फिर पानी के एक बड़े झटके के साथ सीधी हो गई। मैं फिर नाव पर बैठ गया। अभी पानी का बहाव बड़ा तेज था। मेरे सारे फल बह गए थे। केवल मेरा झोला बाँसों में फँसा होने के कारण रह गया था।

थोड़ा जब ठीक बैठ गया तो देखा, वह समुद्र नहीं था, नदी ही थी, लेकिन इतनी विशाल थी कि समुद्र लग रही थी। लेकिन फिर भी मुझे मेरी दाहिनी ओर का किनारा तो दिख रहा था, बाई ओर का तो किनारा भी दिख नहीं रहा था, इतना बड़ा नदी का पात्र था! फिर मुझे गुरुदेव के शब्द याद आए। "ब्रह्मपुत्र नदी पुरुषलिंगी है, बाकी सब नदियाँ स्त्रीलिंगी हैं—गंगा, नर्मदा, गोदावरी, यमुना। लेकिन ब्रह्मपुत्र एकमात्र नदी है, जो पुरुषलिंगी है। इसीलिए वह काफी बड़ी और विशाल है।" और उन्होंने ही कहा था कि इसके पानी में इतना तेज बहाव रहता है कि अगर हाथी भी गिर जाए तो वह भी बह जाएगा। सचमुच बड़ा तेज बहाव था। वह तो गुरुदेव की ही कृपा थी कि मैं बहा नहीं। पता नहीं कैसे, नाव स्वयं ही नदी की मुख्य धारा से अलग, धीरे-धीरे दाहिनी ओर खिसक रही थी और

किनारा पास-पास दिख रहा था। और मैं स्वयं कुछ कर ही नहीं रहा था, लेकिन यह हो रहा था, मानो कोई नाव धीरे-धीरे दाहिनी ओर लेकर जा रहा है। वह कौन-सी शक्ति थी जो दिख नहीं रही थी। अब मैं नदी के उस प्रमुख प्रवाह से काफी दाहिनी ओर आ गया था। यह एक छोटा-सा टापू था। यहाँ पर घना जंगल था, लेकिन यह टापू ब्रह्मपुत्र नदी के बीच ही था क्योंकि उस टापू के पीछे से भी पानी बह रहा था। नाव स्वयं ही धीरे-धीरे टापू की ओर जाने लग गई और मैंने बाँस निकालकर उस नाव को टिका दिया, ताकि नाव किनारे तक पहुँच सके। मैंने जमीन पर उतरकर नाव को एक वृक्ष के साथ बाँध दिया। और तब तक शाम होने वाली थी। रात इस वृक्ष के नीचे गुजारूँ, क्या करूँ, कुछ समझ में नहीं आ रहा था। कुछ नहीं, मैंने गीले वस्त्रों को निचोड़ा और थोड़ी देर शांत बैठकर श्रीनाथ बाबा से ही प्रार्थना की, “आपकी इच्छा से, आपकी करुणा से मैं यहाँ तक पहुँच गया हूँ। अब आगे का रास्ता भी आपकी ही करुणा में हो, यही प्रार्थना है।” प्रार्थना कर शांत बैठ गया तो ऐसा आभास हुआ सामने से कोई आ रहा है। मेरे सामने वाले जंगल से इस प्रकार का आभास हो रहा था। यह मेरा आभास था या सच था, क्या मालूम, मैंने वहीं रुकने का निश्चय किया। क्योंकि इतने घने जंगल में कुछ भी खोजना खतरे से खाली नहीं था। उस स्थान की मुझे कोई जानकारी नहीं थी और मैं शांत चित्त से उसी झाड़ के नीचे बैठ गया। उस सामने वाले जंगल से कोई आता हुआ दिख नहीं रहा था, लेकिन कोई आ रहा है, ऐसा लग रहा था। सारा वातावरण बड़ा प्रसन्नमय लगने लगा। भीनी-भीनी खुशबू आने लगी। सामने से किसी के आने का आभास होने लगा, पर कोई दिख नहीं रहा था। उस आहट का भय बिल्कुल नहीं लग रहा था, लेकिन जिज्ञासा थी कि सचमुच कोई आ रहा है या केवल आभास हो रहा है। वह मेरा केवल आभास नहीं था, सचमुच ही कोई आ रहा था! कदमों के पदचाप पास, और पास सुनाई देने लगे। और धीरे-धीरे मेरा ध्यान उन पदचापों पर ही केंद्रित हो गया, मानो कि पदचाप परिचित व्यक्ति के ही हैं। और धीरे-धीरे चित्त अनायास ही भीतर जाने लग गया और मेरा शरीर ठंडा पड़ गया, मानो बर्फ हो गया हो। और आँखों की पलकें भारी होने लग गई। मैं आँखें खुली रखना चाह रहा था, पर खुली नहीं रख पा रहा

था। और सामने ऐसी स्थिति थी कि कोई बादल ही सामने आ गया हो। चारों ओर प्रकाश ही प्रकाश था। एक बार लगा—शायद चंद्रमा का प्रकाश हो। लेकिन नहीं, वह कुछ और ही था। ऐसा अनुभव मैंने अपने जीवन में कभी किया नहीं था। मेरे शरीर पर रोम-रोम खड़े हो गए, मानो वे भी सजग व जागृत हो गए हों। और मेरी आँखें कब बंद हो गईं, मुझे पता ही नहीं चला। मेरा ध्यान लग गया और जब होश आया तो शब्द कान पर आए, "उठो बच्चे, आँखें खोलो। मैं आ गया हूँ।" और देखा कि मेरे तालू भाग पर किसी ने हाथ से हल्का स्पर्श किया। लेकिन सारे शरीर में सिरहन दौड़ गई और तालू पर तो मानो बर्फ का टुकड़ा ही रख दिया हो, इतना ठंडा उनका हाथ था। मैंने धीरे-धीरे आँखें खोली तो गुरुदेव ने कहा, "मैं ही श्रीनाथ बाबा हूँ। जागो।" मैंने देखा—सामने एक अतिवृद्ध तपस्वी खड़े थे। लंबा, लेकिन दुबला-सा शरीर था। काफी तपस्या उन्होंने की थी जिसका प्रभाव उनके शरीर पर साफ नजर आ रहा था। सारे शरीर पर झुर्रियाँ ही झुर्रियाँ थीं। उनके हाथ भी काँप रहे थे। लेकिन चेहरे पर एक दिव्य आभा थी। वे काफी बड़ी उम्र के लग रहे थे। मैंने साष्टांग दंडवत प्रणाम किया। गुरुदेव ने मुझे उठाया और हँसते हुए कहा, "ब्रह्मपुत्र में खूब डुबकियाँ लगानी पड़ी ना मेरे तक पहुँचने में! चलो, मेरी कुटिया में चलो।" मैं जान गया, ये चित्त शक्ति से जान गए थे, मैंने कैसे यात्रा की थी। मैं उनके साथ हो लिया। बड़ी वीरान जगह थी। उनके साथ कितना चला, कुछ मालूम नहीं, लेकिन अँधेरा होने से पहले हम उनकी कुटिया में पहुँच चुके थे। उन्होंने कुछ फल खाने को दिए और कुटिया के बाहर की तरफ एक और छोटी कुटीर थी, जिसमें कुछ फल-फूल रखे थे, वहाँ पर मुझे आराम करने के लिए कहा। उन्होंने कहा, "तुम काफी थक गए होगे, सो जाओ, विश्राम करो। कल सुबह बात करेंगे।" मैं इतना थक गया था कि मुझे नींद कब लग गई, पता ही नहीं चला।

सुबह जब नींद खुली तो मैं उठकर बैठ गया। थोड़ी देर तक तो यह समझ में नहीं आ रहा था—मैं कहाँ हूँ और किसके साथ हूँ, किस आश्रम में हूँ। फिर धीरे-धीरे याद आया—गुरुदेव ने मुझे नाव में बिठाया था। मैं ब्रह्मपुत्र नदी के किनारे पर पहुँचा था। वहाँ श्रीनाथ बाबा मिले थे। वे मुझे अपनी कुटीर में ले आए थे। हाँ, यानी

मैं अब उनकी कुटीर में हूँ। थोड़ी देर बाद मैं कुटीर के बाहर आकर बैठ गया, आसपास देखा तो बड़ा घना जंगल था। थोड़ी ऊँची, पहाड़ीनुमा जगह थी। यह जगह ब्रह्मपुत्र नदी के बीचोबीच ही थी। और इस टापू पर शायद गुरुदेव अकेले ही रहते थे क्योंकि वहाँ और कोई दिख नहीं रहा था। थोड़ी देर बाद देखा तो गुरुदेव नदी से नहाकर आ रहे थे। मैंने उन्हें देखा और नमस्कार किया। उन्होंने कहा, "जाओ, स्नान करके आओ।"

मैंने मेरी लुंगी को देखा, जो रातभर में सूख गई थी। मेरा झोला भी सूख गया था और अन्य कपड़े भी रातभर में सूख गए थे। वह लुंगी ही मेरा तौलिया थी। वह लेकर मैं नदी पर चला गया। नीचे नदी-किनारा था जो अधिक गहरा नहीं था। उस स्थान के पास बहुत बड़े-बड़े पत्थर पड़े थे, उससे नदी का प्रवाह थोड़ा धीमा होकर आ रहा था। मेरी नाव अभी भी बँधी पड़ी थी। मैंने बड़े अपनेपन से नाव को देखा। वह सफर में मेरी साथी थी। बाद में ब्रह्मपुत्र नदी में स्नान किया। इस ब्रह्मपुत्र नदी को क्यों पुंल्लिंगी नदी कहते हैं, उसका एहसास हो रहा था। बहुत बड़ा, समुद्र के समान उसका पात्र था। मैं स्नान करके थोड़ी देर एक बड़े पत्थर पर बैठा रहा। वहाँ एक-एक झाड़ पर, एक-एक पत्थर पर गुरुदेव के चैतन्य का प्रभाव साफ दिखाई दे रहा था। मैं वापस कुटीर गया। गुरुदेव ने कहा, "थोड़े फल आदि खा लो। बाद में बातें करते हैं।" थोड़ा फलाहार किया। बाद में गुरुदेव ने कहा, "मेरा नाम श्रीनाथ बाबा है। मैं इस टापू पर अकेला ही रहता हूँ और सालों से यहीं पर तपस्या कर रहा हूँ। यहाँ पर आने वाले तुम पहले ही व्यक्ति हो। यहाँ पर आज तक कोई नहीं आ पाया है, क्योंकि मैं नहीं चाहता कि यहाँ कोई आए। इसलिए यह सारा टापू किसी को दिखता ही नहीं है। इसलिए इस टापू पर किसी के आने का सवाल ही नहीं है। तुम्हें भी मैं स्वयं ही लेकर आया हूँ। मैंने ही तुम्हारी नाव को सही दिशा देकर यहाँ तक पहुँचाया है। तुम्हें यहाँ लाने का एक उद्देश्य है।" मैंने बड़ी विनम्रता से गुरुदेव को कहा, "मैं अपने-आपको आपके चरणों में समर्पित कर रहा हूँ। इस शरीर का जो भी उपयोग आपके उद्देश्य में हो सकता है, कीजिए। आपके किसी कार्य में सहयोग करने का अवसर मिल रहा है, यह मेरा सौभाग्य ही है।"

उन्होंने आगे गंभीरता से कहा, "प्रकृति का अपना एक चक्र है और इसी प्रकृति के चक्र के तहत हमारा जन्म होता है और इसी चक्र के तहत शरीर को मृत्यु प्राप्त होती है। प्रकृति के इस चक्र का सम्मान प्रत्येक आत्मा को करना ही चाहिए और इसी चक्र का सम्मान मैं भी करना चाहता हूँ। मैं देह-त्याग करना चाहता हूँ और मेरे देह-त्याग करने के बाद इस देह का अंतिम संस्कार तुम्हारे हाथों से ही हो, यही मेरी अंतिम इच्छा है। मैं चाहता हूँ, मेरे समाधिस्थ होने के बाद मेरा दाह-संस्कार तुम्हारे हाथों से हो ताकि मुझे मोक्ष प्राप्त हो सके। दाह-संस्कार करने का कर्तव्य पुत्र का ही होता है। मेरा कोई पुत्र नहीं है। मैं तुम्हें ही मानसपुत्र के समान स्वीकार करता हूँ। और जिस प्रकार एक पुत्र को पिता की सारी संपत्ति मिल जाती है, मैं भी मेरे प्राप्त ज्ञान की ऐसी धरोहर को तुम्हें सौंपना चाहता हूँ।" इन अप्रत्याशित बातों से मैं अचंभित हो गया। मैंने अपना भय व्यक्त करते हुए कहा, "गुरुदेव, मैंने अकेले कभी किसी का दाह-संस्कार नहीं किया है। मुझे उसकी विधि भी नहीं आती है।" उन्होंने कहा, "उसकी चिंता मत करो। वह सब मैं करा लूँगा। तुम्हें नाव चलाना कहाँ आता था? फिर भी यहाँ तक पहुँच ही गए हो न! बस, ऐसे ही दाह-संस्कार भी मैं करा लूँगा। मेरे गुरुदेव ने भी मुझे यहाँ इस प्रकार से बुलाया था। और ठीक ऐसे ही उन्होंने मुझे ज्ञान दिया था और मुझे पुत्र बनाकर, मुझे मृत्यु के बाद दाह-संस्कार करने के लिए कहा था। और बाद में वह ज्ञान तुम्हारे तक पहुँचाना ही उनका उद्देश्य था। मैं तो मेरे गुरु का एक माध्यममात्र हूँ।"

"यह आत्मज्ञान का क्षेत्र बड़ा विशाल है। इसके लिए एक जन्म कम पड़ता है। एक जन्म में इसे प्राप्त नहीं किया जा सकता है। और अगर एक जन्म में मिला तो गुरु की कृपा में ही होगा। लेकिन केवल गुरुकृपा में पाना एक अलग बात है और उसे पाने के लिए सुपात्र होना एक अलग स्थिति है। मनुष्य कर्म के बंधन में बँधा रहता है। यह कर्मभाव शरीर से जुड़ा होता है। सदैव देना, गुरु का स्वभाव है। इस पवित्र ब्रह्मपुत्र जैसा स्वभाव गुरु का होता है। वे, जो आएगा, उसे देंगे। जिस प्रकार इस ब्रह्मपुत्र नदी के किनारे पर जो भी मनुष्य आएगा, यह नदी उसकी प्यास बुझाएगी। फिर नदी पर आने वाला कोई मुनि हो, तपस्वी हो या कोई चोर हो, यह नदी दोनों की

प्यास बुझाएगी क्योंकि जो किनारे पर आया, उसकी प्यास बुझाना इसका स्वभाव बन गया है। वह यह कार्य निःशुल्क करती है और एक समान रूप से करती है। परमात्मा की ये दो विशेषताएँ हैं। वह सबको समान प्रेम करता है, सब पर समान करुणा करता है। कोई भेदभाव नहीं करता है। परमात्मा सबके लिए उपलब्ध होता है जो उसे मिलने के लिए तैयार हैं। हाँ, कोई नास्तिक परमात्मा को नहीं मानता तो भी परमात्मा उसे भी उतना ही प्रेम करता है। परमात्मा की करुणा में थोड़ी-सी भी कमी नहीं आती है। इसलिए परमात्मा के जगत में आस्तिक भी आराम से रहते हैं, नास्तिक भी आराम से रहते हैं। परमात्मा दोनों के लिए समान है। इस प्रकार परमात्मा की दो विशेषताएँ हैं—एक तो, निःशुल्क है और दूसरा, समान है। इसी प्रकार गुरु अपने अस्तित्व को ही ध्यान में समाप्त कर देते हैं और स्वयं प्रकृतिमय हो जाते हैं। तो जो प्रकृति की विशेषताएँ हैं, वे उनमें आ जाती हैं। वे भी अपना ज्ञान निःशुल्क प्रदान करते हैं और सबको समान प्रदान करते हैं। ठीक इस नदी के समान होते हैं। अब समझो, अपने पूर्वजन्म के अच्छे कर्मों के कारण किसी मनुष्य को किसी गुरु का सान्निध्य प्राप्त हो जाए तो गुरु अपने स्वभाव के अनुसार उसे ज्ञान प्रदान कर ही देंगे। वे यह नहीं देखेंगे कि यह मनुष्य योग्य है या नहीं है। और अब इस मनुष्य के ऊपर है कि यह इस ज्ञान का लाभ कब लेगा। इस मनुष्य के भीतर आत्मज्ञान भरा हुआ है। उस आत्मज्ञान के अनुसार ही आचरण करना, उस प्राप्त ज्ञान को मानना, फिर यह उस मनुष्य का निजी मामला है। आप यह आचरण का कार्य इसी जन्म में करो, यह भी आवश्यक नहीं है। हो सकता है, इस आत्मज्ञान के अनुसार आचरण मनुष्य अपने अगले जन्म में करे या और उसके अगले जन्म में करे क्योंकि 'मैं' का अस्तित्व प्रत्येक मनुष्य का निजी मामला है। वह जब तक इस 'मैं' के अस्तित्व को छोड़ेगा नहीं, तब तक आत्मज्ञान का अंकुर फूटेगा ही नहीं। और अंकुर ही फूटेगा नहीं तो आत्मज्ञान का वृक्ष बनने का प्रश्न ही नहीं आता है। 'मैं' के अस्तित्व का भाव प्रत्येक शरीर का निजी बंधन है। 'मैं' का भाव भी मिथ्या ही है। पर यह शरीर छोड़ने के बाद ही आत्मा को पता चलता है। और तब तक करने के लिए कुछ नहीं रह जाता है, क्योंकि शरीर छूट चुका होता है। और शरीर

के माध्यम के बिना आध्यात्मिक प्रगति संभव ही नहीं है। यानी अगर कोई मनुष्य शरीर छोड़ने के पूर्व शरीर के भाव को छोड़ दे, तब ही बात बन सकती है। और यह संभव नहीं हो पाता है। और इसीलिए गुरु-सान्निध्य मिलने के बावजूद भी, गुरुकृपा में आत्मज्ञान मिलने के बावजूद भी मनुष्य कई जन्मों में भटकते रहता है।"

"शरीर छोड़ने के पूर्व शरीर का भाव छोड़ने का अभ्यास करना होता है। तभी शरीर का भाव छोड़ा जा सकता है। यह ठीक वैसा ही है, जैसे किसी अच्छे किस्म के झाड़ का अच्छा बीज तो जमीन को झाड़ की कृपा में प्राप्त हो गया, लेकिन उस बीज को कब अंकुरित करना, जमीन का कार्य है। बीज स्वयं में एक वृक्ष की संभावना अपने भीतर रखता है। लेकिन जब तक वह अपने छिलके को नहीं छोड़ता, तब तक अंकुरित नहीं हो सकता है। बीज अपने स्वयं का छिलका कब छोड़े, वह तो उस जमीन के वातावरण पर ही निर्भर होता है। वृक्ष अपने देने के स्वभाव के कारण बीज दे सकता है, लेकिन बीज से वृक्ष नहीं बना सकता है। बीज से वृक्ष स्वयं बीज को ही बनना होगा। यह कब बनना है, वह स्वयं बीज का निर्णय होगा। इसमें वृक्ष कोई जबरदस्ती नहीं कर सकता है। बस, आत्मज्ञान का भी ठीक ऐसा ही होता है। आत्मज्ञान पाना व उसके अनुसार आचरण करना दोनों अलग-अलग बातें होती हैं। एक बार आत्मज्ञान प्राप्त करके आत्मा फिर किसी जन्म में उपयुक्त वातावरण मिलने पर विकसित होती है। मनुष्य के आसपास का वातावरण व सान्निध्य इसके सुचालक व कुचालक होते हैं। अपने आसपास का वातावरण कब अनुकूल होगा, यह सब सान्निध्य पर निर्भर होता है। और जीवन में यह सान्निध्य किस जन्म में मिलेगा और उस सान्निध्य को सकारात्मकता के साथ लेना कब होगा, क्या मालूम? यह कोई निश्चित नहीं होता है।"

"अपने शरीर में सात शक्तिस्थान होते हैं। इन स्थानों को साधक ने क्रियान्वित करना पड़ता है। उसके बाद ही समग्र ऊर्जाशक्ति का संचार संपूर्ण शरीर में हो सकता है। इन सबको समझने के पूर्व मानवजन्म के रहस्य को जानना अत्यंत आवश्यक है। एक पवित्र आत्मलोक है। सभी आत्माएँ इस धरती पर वहाँ से ही आई हैं।

इस आत्मलोक की स्थिति एक अलग पृथ्वी जैसी ही है और सभी आत्माएँ वहाँ पर सामूहिकता में रहती हैं। इसकी अपनी एक सीमा है। कभी-कभी सामूहिकता में अपनी पकड़ कमजोर हो जाने पर वह आत्मा उस लोक से बाहर आ जाती है। और बाहर आने पर फिर उसे अनुभव होता है कि बाहर कुछ भी नहीं है, मैं यहाँ बेकार ही कौतुहलवश आ गई। लेकिन बाहर आने पर उसकी सामूहिक शक्ति समाप्त हो जाती है और फिर वह अपनी इच्छानुसार शरीर का चुनाव करती है। प्रत्येक शरीर की बनावट, चक्रों की स्थिति से उस शरीर की कार्यक्षमता जानी जा सकती है। वह शरीर कितना अनुकूल है, यह वह जानती है। और यह जानकर वह मोक्ष-प्राप्ति के उद्देश्य से ही किसी शरीर को धारण करती है। यानी आत्मा स्वयं चुनाव करती है, किस शरीर में जन्म लेना है। माँ और पिता जब सहवास करते हैं, तब उनका जो आभामंडल होता है, वे उनकी जो वैचारिक, मानसिक स्थिति रहती है, उसके अनुसार निर्मित होता है। अगर वे केवल वासना की दृष्टि से पास आए हैं, तो आभामंडल शारीरिक स्तर का होगा। अगर किसी आत्मिक दृष्टि के भाव से आए हैं, तो आत्मिक स्तर का होगा। और अगर किसी आध्यात्मिक पुण्य-आत्मा को आमंत्रित करने की दृष्टि से आए हैं, तो वह आभामंडल बड़े उच्च स्तर का होगा। तो उनके आभामंडल का प्रभाव उनके सहवास पर होता है और उस प्रभाव में ही गर्भधारणा होगा। और जिस स्तर की गर्भधारणा होती है, उसी स्तर के बच्चे का पिंड तैयार होगा। और जिस तरह का पिंड तैयार होगा, उसी स्तर की आत्मा का आगमन उस शरीर में होगा। इसी कारण से एक ही माता-पिता के दो बेटे अच्छे व बुरे होते हैं। दोनों में जमीन-आसमान का अंतर होने का यही एकमात्र कारण होता है। फिर आत्मा उस बालक के शरीर के माध्यम से जन्म लेती है। और जन्म लेने के बाद फिर कैसी संगत मिलती है, उस पर भी काफी निर्भर करता है। कई बार आत्मा जन्म लेने के बाद जन्म लेने का उद्देश्य ही भूल जाती है और जीवन की समाप्ति पर, शरीर छोड़ने पर उसे अपने जीवन का उद्देश्य पता चलता है। लेकिन तब तक बहुत देर हो चुकी होती है। प्रत्येक जन्म के समय आत्मा उत्क्रांति की ओर अग्रसर होती है। उत्क्रांति भौतिक, शारीरिक, मानसिक सभी स्तरों पर होती रहती है। इसी उत्क्रांति के

दौर में आत्मा को किसी जन्म में आत्मज्ञान मिलता है। आत्मज्ञान मिलना और आत्मज्ञान को समझना, आत्मज्ञान को आत्मसात करना यह जन्मों-जन्मों के तहत होता है। यह एक जन्म में होने वाली घटना नहीं है। इसके लिए मनुष्य को अनेक जन्म लेने पड़ते हैं। मनुष्य के प्रत्येक जन्म में उसके साथ एक और ऊर्जाशक्ति जुड़ती है, इसका नाम है—'कुंडलिनी शक्ति'। इसमें आत्मा के प्रत्येक जन्म का लेखा-जोखा होता है। और इसके अनुसार ही आत्मा प्रत्येक जन्म में उत्क्रांति की ओर अग्रसर होती रहती है। यह कुंडलिनी शक्ति प्रत्येक जन्म में आत्मा के साथ शरीर में आती है और मृत्यु के समय शरीर से जाती है। यही वह शक्ति है जिसके सहारे आत्मा अपनी आत्मिक प्रगति कर सकती है।"

"शरीर आत्मा का साधन है। उसके बिना आत्मा मोक्ष प्राप्त नहीं कर सकती है। हम शरीर को हाड़-माँस का पुतला कहें या शरीर का महत्व कितना भी कम जानें, पर वास्तविकता यह है कि इस नश्वर शरीर के बिना मोक्ष-प्राप्ति संभव ही नहीं है। मानवशरीर को किसी भी दृष्टि से कम आँकना हमारी भूल है। शरीर प्रत्येक आत्मा का वाहन होता है। बिना वाहन के हम ही हमारी यात्रा को युगों-युगों की यात्रा बना लेंगे। कई ऐसी मृत-आत्माएँ हैं जो शरीर न होने के कारण सैकड़ों सालों से पिशाच योनि में भटक रही हैं। क्योंकि जब वे शरीर में थीं, तब शरीर का सही उपयोग नहीं किया और अब शरीर के बिना वे भटक रही हैं। अब जब तक कोई शरीरधारी महात्मा इनके लिए मोक्ष की प्रार्थना नहीं करता, ये भटकती रहेंगी। इसलिए आत्मज्ञान-प्राप्ति की इच्छा से तुम मेरे पास आ सके हो, तो पहला पाठ यह है कि शरीर के महत्व को समझो और शरीर के जीवन को समझो। ऐसे तो मनुष्य-जीवन काफी बड़ा लगता है, लेकिन मनुष्य अपने जीवन का अधिकतम समय सोने में गवाँ देता है और बाकी समय व्यर्थ के कार्यों में गवाँ देता है। अपने-आपको छोड़कर सबको जानने की कोशिश करता है। लेकिन वह यह नहीं जानता कि इसमें जीवन उसका ही समाप्त हो रहा है। मनुष्यजीवन का एक-एक पल महत्वपूर्ण है। नकारात्मकता के साथ जीना उसका स्वभाव है। उसे प्रत्येक पल को सकारात्मकता से जीना आना चाहिए।" समय काफी हो गया था। हमने हमारी चर्चा वहीं समाप्त की।

आसाम में इस ब्रह्मपुत्र नदी का बड़ा महत्व है। आसामी साहित्य में भी—कविताओं में, कहानियों में, इस नदी का उल्लेख मिलता है। यह नदी इतनी विशाल होगी, ऐसा मैंने कभी सोचा भी नहीं था। प्रातः जब नदी पर स्नान करने जाता था, तब वहाँ रखे बड़े-बड़े पत्थरों पर बैठता था। घंटों बीत जाने के बाद भी समय का पता नहीं चलता था। मुझे रहते-रहते इस नदी से लगाव-सा हो गया था। इस नदी की विशेषता थी इसका प्रवाह। इसका प्रवाह कभी एक जैसा, स्थिर नहीं होता था सदैव तेज रहता था और बदलता रहता था। पानी स्वच्छ और एकदम बर्फ के समान ठंडा होता था। आसपास का वातावरण भी काफी ठंडा था। इस नदी का पाट इतना बड़ा था कि दूसरा किनारा दिखता ही नहीं था। इतना विशाल पाट होने के बावजूद भी बहाव काफी तेज था। मैं नहाकर वापस गुरुदेव की कुटीर में चला गया। गुरुदेव की कोई निश्चित दिनचर्या नहीं थी। कभी-कभी तो ध्यान ही करते रहते थे, कभी-कभी बातें ही करते रहते थे। आज जब मैं पहुँचा तो गुरुदेव अपनी कुटीर में ही ध्यान कर रहे थे। मैं उन्हें देख रहा था। केले के सूखे पत्ते कमर पर बाँध रखे थे। शरीर पर और कोई वस्त्र नहीं था। काया कृश और कमजोर लग रही थी। एक-एक हड्डी नजर आ रही थी। मुद्रा एकदम शांत थी। इस बूढे शरीर के पीछे उनकी शक्तियाँ विद्यमान थीं, जिन शक्तियों को पाने में ही इस शरीर ने अपनी ऐसी जर्जर अवस्था कर ली थी। इस कमजोर शरीर के पीछे एक शक्तिशाली आभामंडल था। मैंने जब उनकी कमजोर काया के पीछे झाँकने का प्रयास किया तो एक शक्तिशाली प्रकाश का अनुभव हुआ। मैंने महसूस किया कि जो मैं आँखों से देख रहा हूँ, वह बाहरी है। अंदर तक देखने के लिए भीतर की आँख चाहिए। अचानक मैंने देखा, उनके तालू भाग से अग्नि के समान सुनहरा प्रकाश निकलने लगा और धीरे-धीरे बढ़ता ही गया फिर वह उनके तालू भाग से निकलकर मेरे तालू भाग पर गिरने लगा। उस क्षण मुझे लगा, मानो अमृत बरस रहा है। इस प्रकार प्रथम बार मैंने अपने जीवन में अमृत का अनुभव किया।

गुरुदेव के शब्द आकाशवाणी के समान स्पष्ट रूप से सुनाई देने लग गए। "आध्यात्मिक प्रगति के क्षेत्र में पवित्र चित्त का बड़ा महत्व होता है। कोई भी बुरा, नकारात्मक विचार चित्त को अपवित्र

कर सकता है। एक पवित्र चित्त एक पवित्र शरीर में ही वास करता है। कमजोर शरीर चित्त को भी कमजोर करता है। चित्त का संबंध मूलाधार चक्र के साथ होता है। मूलाधार चक्र का स्थान शरीर में मूत्रद्वार व मलद्वार के बीच होता है। इस स्थान से शरीर में आए बुरे विचारों की ऊर्जा पृथ्वी तत्त्व में छोड़ी जा सकती है। इस चक्र का कार्य शरीर में निर्मित विजातीय तत्त्वों को बाहर निकालना होता है। इस चक्र का शरीर के विसर्जन संस्थान पर नियंत्रण होता है। यह चक्र शरीर का मलमूत्र और विचारों का मल भी बाहर फेंकने का कार्य करता है। यह चक्र शरीर व चित्त का शुद्धिकरण की क्रिया करते रहता है। यह एक शक्तिस्थान है। शरीर में कोई भी नई ऊर्जा ग्रहण करने के पूर्व शरीर का शुद्धिकरण अत्यंत आवश्यक है। सात साल की सतत साधना के बाद यह चक्र शुद्ध होता है। मुझे एक-एक चक्र पर सात-सात साल तक साधना करनी पड़ी है। मेरे जीवन के 49 साल केवल चक्रशुद्धि करने में ही लगे हैं। यह सामान्य आदमी का कार्य नहीं है। जिसमें लगन हो और आध्यात्मिक प्रगति, यही जीवन का एकमात्र उद्‌देश्य हो, वही इस साधना में सफलता पा सकता है।"

गुरुदेव बता रहे थे और मेरे मूलाधार चक्र में मुझे कुछ स्पंदन-सा महसूस होने लग गया। अचानक लगा कि मेरे शरीर का तापमान बढ़ गया है। मैं बैठा था और मुझे आभास हुआ कि मैं अंगारों पर बैठा हूँ। इतनी गर्मी हो रही थी, लेकिन उठने की भी इच्छा नहीं हो रही थी। बड़ी विचित्र स्थिति थी। धीरे-धीरे वह स्पंदन चक्र के समान घूमने लग गया और लगा—उस मूलाधार चक्र के स्थान से गर्मी पृथ्वी में जा रही हो। और फिर मुझे भी ध्यान लग गया।

जब ध्यान से उठा तो देखा—काफी समय हो गया था। गुरुदेव आग जलाने के लिए कुछ लकड़ियाँ लगा रहे थे। मैं भी उन्हें मदद करने लग गया। गुरुदेव ने कहना प्रारंभ किया, "मेरे भीतर सतत साधना से कई अज्ञात देव-शक्तियाँ विकसित हो गई हैं। अब मैं बूढ़ा हो गया हूँ और ये प्राप्त शक्तियाँ मेरे कुछ काम की नहीं हैं। मैंने मेरे जीवन का उद्‌देश्य प्राप्त कर लिया है। और साधना के कार्यकाल में ये भीतर की शक्तियाँ विकसित हो गई हैं। हमारे शरीर में कई

देव-शक्तियाँ हैं। कई सकारात्मक शक्तियाँ होती हैं। पर जब तक हमारा चित्त बाहर होता है, वे विकसित ही नहीं होती हैं। प्रत्येक मनुष्य में नर से नारायण बनने की संभावना होती ही है। यह अवसर सबको समान रूप से उपलब्ध होता है। जब हम ध्यान करते हैं, तभी हमारा चित्त भीतर की ओर जाता है। और जब चित्त भीतर की ओर जाता है, तभी वे शक्तियाँ एक-एक करके बाहर आने लगती हैं। उन सब शक्तियों को विकसित करने के लिए एक जन्म कम मालूम होता है। यह तो आध्यात्मिक उत्क्रांति की प्रक्रिया होती है। सब धीरे-धीरे होता है।"

"मैं चाहता हूँ, जहाँ तक मैं पहुँचा हूँ, उसके आगे मैं तुम्हारे माध्यम से आगे बढ़ूँ ताकि तुम्हारे माध्यम से मैं उस उच्च शिखर तक पहुँच सकूँ, जहाँ पहुँचने के बाद पाने के लिए कुछ बाकी नहीं है। मैं अपने जीवन में जीवन कम पड़ने से उस स्थान तक नहीं पहुँच सका, लेकिन मेरी इच्छा है, तुम उस स्थान के शिखर तक पहुँचो। क्या तुम मेरी इस अंतिम इच्छा को पूर्ण करोगे?" मैंने भावुक होकर जवाब दिया, "गुरुदेव, आप किस उच्च शिखर पर पहुँचने की बात कर रहे हैं, यह मैं समझ नहीं पा रहा हूँ। लेकिन आप मुझे उस स्थान पर पहुँचाना चाहते हैं, जहाँ आप नहीं पहुँच पाए। मैं चाहता हूँ, मेरा 'मैं' यहीं गिर जाए और आप उच्च शिखर तक पहुँचें। और आपका नहीं, मेरे 'मैं' का जीवन समाप्त हो जाए। आशीर्वाद दीजिए गुरुदेव कि मैं आज से 'मैं' नहीं, आप बनकर ही जीऊँ। आज मैं अपना सारा अस्तित्व ही आपके चरणों पर समर्पित कर रहा हूँ। आज से मेरी प्रत्येक साँस आपकी इच्छानुसार ली जाए। मेरा प्रत्येक क्षण आज से आपके सान्निध्य में ही बीते। आज मैं मर जाऊँ और आप जीवित रहें। बस अब जीवन में आप ही आप रहें। आज मेरा 'मैं' समाप्त कर दीजिए। बस, अब जीवन में तू ही तू, तू ही तू रहे। आज से मैं अपना सारा जीवन आपके रूप में ही जीऊँगा। आज मैं मेरे 'मैं' को आपको समर्पित कर रहा हूँ। लोग भगवान को फूल चढ़ाते हैं, मैं अपना अहंकार आपको समर्पित कर रहा हूँ। कृपया इसको स्वीकार कीजिए।" इसके बाद मैं रोने लग गया।

सुबह जब उठा तो देखा, मेरा सारा शरीर एकदम हल्का हो गया है। सुबह बड़ा प्रसन्न लग रहा था। बड़ी शांति का अनुभव हो रहा था। गुरुदेव ध्यान में बैठे थे। मैं नदी पर नहाने के लिए चल दिया। आजकल नदी का किनारा मेरा प्रिय स्थान था। नदी के किनारे से नदी तक पहुँचने में भी काफी रास्ता, छोटे-छोटे गोल पत्थर, बड़े-बड़े गोल पत्थर पार करके जाना पड़ता था। बड़े सुंदर-सुंदर पत्थर थे। नदी में सालों पानी के प्रवाह में बहने के कारण वे चिकने व गोल हो गए थे। लेकिन सतत पानी के बहाव में रहने के कारण उनकी ऊर्जा का स्तर बहुत अच्छा हो गया था। कुछ पीले रंग के, सफेद रंग के, काले रंग के, लाल रंग के, हरे रंग के, अलग-अलग प्रकार के पत्थर होते थे। कुछ तो कांच जैसे चमकते भी थे। काले रंग के और सफेद रंग के शालिग्राम मैंने वहाँ इकट्ठा करके रखे थे। रोज उनको अलग-अलग आकार से सजाता था। बस यही खेल था।

ये पत्थर ही मेरे साथी थे। यही मेरे मित्र थे। मुझे उन्हीं के साथ अच्छा लगता था। दिनभर खेलता था, नहाता था। कब दिन बीत जाता था, यह पता भी नहीं चलता था। कई मछलियाँ मेरी मित्र हो गई थीं। उनके खाने के लिए मैं कुछ विशिष्ट बीज लाता था। वह बीज वे खाती थीं। वे बीज उन्हें अच्छे लगते थे, यह प्रयोग से सीखा था। यहाँ पर प्रयोग करके ही सीखना पड़ता था। जब नहाने जाता था तो खूब मछलियाँ इकट्ठा हो जाती थीं। जब पानी के भीतर नहाता था, तो मुझे काटती थीं तो बड़ी गुदगुदी होती थी। ऐसे ही मस्ती करती रहती थीं। मैं थक जाता था तो किसी बड़ी चट्टान के पीछे छाया में बैठ जाता था क्योंकि पानी के आसपास कभी कहीं वृक्ष नहीं रहता था। मेरे तीन-चार स्थान नहाने के निश्चित थे। मैं उन्हीं निश्चित स्थानों पर ही नहाने जाता था। मेरे पास जितना समय रहता था, वैसा स्थान रहता था। जब गुरुदेव ध्यान में रहते थे, तब मैं दूर के स्थान पर नहाने जाता था। जब नहीं रहते, तब पास के स्थान पर नहाने जाता था। जब दूर के स्थान पर नहाने जाता था तो शाम के समय ही कुटीर में वापस आता था। उस नदी के किनारे, पत्थरों पर पीले रंग की एक वनस्पति उगती थी। वह सब जगह नहीं होती थी। कभी-कभी मिलती थी तो वह भी खाता था। एक बड़े मोटे बाँस में छोटे-छोटे कंकड़ भर, बाद में उस बाँस

को पत्ते से बाँधने पर उसका बड़ा अच्छा 'वाद्य' बन जाता था। वह बाँस संगीत देने का कार्य करता था। एक झुनझुना बन जाता था। वैसे वाद्य बनाकर मैंने जगह-जगह गाड़कर रखे थे। वहाँ पर कोई मनुष्य नहीं था, इसलिए एक वस्तु एक स्थान पर रखने पर, वह कई दिनों तक भी उसी स्थान पर मिलती थी।

जब पूर्व दिशा की ओर देखता था तो बर्फ के बड़े-बड़े पहाड़ दिखाई देते थे। दोपहर के समय उनकी बर्फ चमकती थी जो इतनी तेज होती थी कि देखा नहीं जा सकता था। नदी में मछलियों के साथ-साथ केकड़े भी थे, जो कभी-कभी ही दिखते थे। काली रंग की मछलियाँ ही अधिक होती थीं। नदी में, पानी के भीतर ही अच्छा लगता था। दिन बीत जाने पर भी पता नहीं चलता था। मैं मछलियों से बातें करता था, पत्थरों से बातें करता था। बड़ा आनंद आता था। खूब देर तक पानी में रहने के कारण भूख खूब लगती थी। एकदम सुनसान और एकांतपूर्ण स्थान था। निसर्ग के सौंदर्य से भरपूर था। प्रकृति के सान्निध्य में समय का पता ही नहीं चलता था। सूरज की स्थिति से थोड़ा-बहुत समय का अंदाजा लगाया जाता था। दूसरा, समय का अंदाजा लगाया जाता था छाया से। इस वृक्ष की छाया यहाँ पर गिर रही है यानी दोपहर हो रही है, शाम हो रही है। इस प्रकार से अंदाजा लगाया जाता था। करीब-करीब समय क्या हुआ है, यह पता लग जाता था। एकदम सही-सही समय देखने की आवश्यकता ही नहीं होती थी। और रात के समय चंद्रमा से समय का अंदाजा लगाते थे, लेकिन उसमें चंद्रमा का आकार भी ध्यान में रखना पड़ता था क्योंकि अमावस्या व पूर्णिमा में अलग-अलग समय-अंतर उगने में रहता था। पूर्णिमा की रात और नदी का किनारा—बड़ा सुंदर दृश्य होता था।

एक दिन सुबह गुरुदेव ने ही अचानक बोलना प्रारंभ किया, "हमारे शरीर के भीतर अपार शक्तियाँ होती हैं, पर हम उनको विकसित ही नहीं कर पाते हैं। अगर हमारा चित्त शुद्ध हो तो आने वाली घटना की सूचना हमें समय के पूर्व ही पता लग सकती है। हम होने वाली घटनाओं को जानकर उन घटनाओं से निपटने के लिए आवश्यक तैयारी कर सकते हैं, क्योंकि हमने घटना के पूर्व

घटना को जान लिया है। और सब स्वाभाविक ही पता लगने वाली शक्तियाँ होती हैं। उनके लिए हमें विशेष कुछ साधना नहीं करनी होती, केवल चित्त को शुद्ध करना होता है। क्योंकि चित्त शुद्ध होने पर प्रकृति में भी जो घटनाएँ होने वाली हैं या होने की संभावनाएँ हैं, उसे चित्त से जाना जा सकता है। आने वाले भूकंप के बारे में जानकारी मिलती है, आने वाले तूफान के बारे में जानकारी मिलती है, आने वाली बाढ़ के बारे में जानकारी मिलती है। एकदम सही समय का अंदाजा करना फिर अभ्यास से संभव हो सकता है क्योंकि भूकंप, बाढ़, तूफान ये सब अचानक नहीं आते हैं। इनके आने के पूर्व एक वातावरण निर्मित होने लग जाता है और उस प्रकृति के वातावरण का अंदाजा मनुष्य नहीं कर सकता है। इसलिए उसे ऐसा लगता है अचानक तूफान आया, अचानक भूकंप आया, अचानक बाढ़ आई। वास्तव में अचानक कुछ भी नहीं होता है। भूकंप आने के पूर्व पृथ्वी की चैतन्यशक्ति में बदलाव आता है। यह बदलाव भूमि के गुरुत्वाकर्षण पर भी पड़ता है। ठीक ऐसे ही तूफान आने के पूर्व इसका प्रभाव वायुमंडल पर पड़ता है। ठीक ऐसे ही बाढ़ आने के पूर्व बरसात खूब होती है। बरसात का अंदाजा भी बादलों से पता लग सकता है और बादलों की दिशा से काफी सहायता मिलती है। हमारी अपेक्षा जानवर जैसे चूहे, हाथी आदि अधिक संवेदनशील होते हैं। इसलिए प्रकृति में होने वाले बदलाव का पूर्वाभास उन्हें भी हो जाता है। वे भी अनुभव से यह ज्ञान बढ़ाते हैं। मनुष्य और जानवर में यही अंतर है कि मनुष्य विचार करता है और जानवर विचार नहीं करते हैं। मनुष्य अपनी सारी ऊर्जा भूतकाल और भविष्यकाल के विचारों में ही व्यर्थ गवाँ देता है। इसलिए ध्यान वह स्थिति है जिस स्थिति में मनुष्य अपनी ऊर्जा को खर्च होने से बचाता है और उसका उपयोग अपने भीतर की सुषुप्त पड़ी शक्तियों को जगाने में करता है। कुंडलिनी शक्ति भी एक ऐसी ही शक्ति है जो मनुष्य के शरीर में होती है, पर मनुष्य को उस शक्ति का एहसास नहीं होता है। और यही परमात्मा की शक्ति होती है। इस शक्ति के जागृत हो जाने के बाद मनुष्य के भीतर की सभी शक्तियाँ जागृत होना प्रारंभ हो जाती हैं। या हम यह भी कह सकते हैं कि मनुष्य के भीतर की शक्तियों की जन्मदात्री यह कुंडलिनी शक्ति है। यह परमात्मा की शक्ति है।

जब तक परमात्मा का सान्निध्य न मिल जाए, यह जागृत नहीं होती है। यह शक्ति अपने साथ अनेक शक्तियों को साथ लेकर चलती है। इसलिए यह परमात्मा की सामूहिकता में ही जागृत होती है। इसे जागृत किया नहीं जा सकता है। परमात्मा की एक बड़ी विशेषता है कि परमात्मा को प्रयत्न से प्राप्त नहीं किया जा सकता। क्योंकि कोई भी यानी कोई भी प्रयत्न अगर हम करेंगे तो वह प्रयत्न शारीरिक स्तर पर ही होगा, जबकि परमात्मा आत्मिक सामूहिकता का नाम है तो उसे शरीर के प्रयत्नों से कैसे प्राप्त किया जा सकता है?"

"परमात्मा की प्राप्ति आपकी शुद्ध इच्छा से ही होती है। यह आपकी इच्छा जितनी प्रबल होगी, परमात्मा की प्राप्ति का मार्ग उतना ही आसान होगा। शुद्ध इच्छा, अच्छी इच्छा सदैव पवित्र चित्त से ही निर्मित होती है। इस कुंडलिनी शक्ति में मनुष्य द्वारा किए गए कर्मों का लेखा-जोखा रहता है। यह मनुष्य के कर्म से प्रभावित होती है। कई बार कोई निर्माण किया जाता है, तो निर्माण के दोष उस निर्मित वस्तु में आ ही जाते हैं। ठीक इसी प्रकार से मनुष्य के जन्म के समय, मनुष्य के शरीर का निर्माण होते समय कुछ दोष अपने माँ और बाप के संस्कारों और विचारों के कारण आ ही जाते हैं। इसलिए ये शारीरिक दोष दूर हुए बिना आत्मा की प्रगति नहीं हो सकती है। इसलिए कई मनुष्यों का जीवन पूर्वार्ध में कठिनाइयों से भरा, असफलता से भरा होता है, लेकिन जीवन का उत्तरार्ध अच्छा होता है। कुंडलिनी जागृति के बाद प्रथम दोषपूर्ण कर्म नष्ट होते हैं। वे भोगने के बाद ही आध्यात्मिक यात्रा प्रारंभ होती है। यह कुंडलिनी शक्ति किसी अधिकारी सद्‌गुरु के सान्निध्य में, उनकी करुणा में ही जागृत हो सकती है। करुणा होना, न होना, मनुष्य की ग्रहण करने की क्षमता पर निर्भर होता है। क्योंकि किसी सद्‌गुरु की करुणा को प्रयत्न से प्राप्त नहीं किया जा सकता है। करुणा तो करुणा है, करुणा बस स्वयं ही हो जाती है।"

"तुम्हारी पाने की इच्छा से भी प्रबल तुम्हारी देने की इच्छा है और इसी कारण लाखों आत्माओं की सामूहिक इच्छा तुम्हारे भीतर स्वयं ही निर्मित हो गई है और इसी कारण तुम्हारी ग्रहण करने की क्षमता ही आम मनुष्य से लाखों गुना अधिक है। और इससे यह पता

चलता है कि लाखों आत्माएँ तुम्हारे माध्यम से आत्मानुभूति प्राप्त करेंगी। लेकिन अभी उसमें समय बाकी है। तुम्हारी लेने की अपार क्षमता तुम्हारी देने की अपार क्षमता के कारण ही अत्यधिक हो गई है। और यही तुम्हारे जीवन का उद्‌देश्य है।"

"तुम्हारी इसी इच्छा के कारण ही तुम मुझ तक पहुँचे हो और तुम्हारी इसी इच्छा के कारण ही मैं अपनी साधना से प्राप्त शक्तियाँ तुम्हें सौंपना चाहता हूँ ताकि जब लाखों लोगों तक तुम पहुँचो तो तुम्हारे माध्यम से वे शक्तियाँ अनेक लोगों तक पहुँचे। जिस प्रकार प्रत्येक माली अपने पौधे का विकास चाहता है, ठीक वैसे ही प्रत्येक तपस्वी, प्रत्येक मुनि यही चाहता है कि उसे प्राप्त हुई शक्तियाँ मनुष्य मात्र तक पहुँच जाए, क्योंकि वह मनुष्य से नहीं, सारी मानवजाति से जुड़ा हुआ है। इसीलिए गुरु सदैव विशाल दायरे में रहकर सदैव मानवजाति के उत्थान के लिए प्रयत्न करते रहते हैं। या जो मानवजाति के उत्थान के लिए प्रयत्न करते हैं, उन्हें ही वह सुनहरा अवसर मिल पाता है। यह अवसर सामान्य मनुष्य को नहीं मिलता है। तुम्हें यह अवसर मिला है और तुम्हारे माध्यम से मुझे यह अवसर मिल रहा है।"

"तुम्हारी दूसरों को देने की शुद्ध इच्छा ने ही तुम्हारी पात्रता बढ़ा दी है। आध्यात्मिक क्षेत्र में शारीरिक प्रयत्न का कोई स्थान नहीं होता है, सबकुछ मनुष्य की पात्रता पर ही निर्भर करता है। मनुष्य अपने हृदय को जितना अधिक विशाल रखेगा, जितने बड़े दायरे में सोचगा, उस मनुष्य को ठीक उतना ही बड़ा अवसर जीवन में प्राप्त होगा। इसीलिए सदैव हमें हमारी सोच पवित्र व शुद्ध रखनी चाहिए। हमारा चित्त भी उतना ही विकसित होता है। गुरुतत्त्व परमात्मा की शक्ति होती है और इस गुरुतत्त्व में जो आत्मा अपने शरीर को समाहित कर देती है, उस आत्मा के शरीर को हम 'गुरु' कहते हैं। गुरु कोई शरीर नहीं हैं। गुरु गुरुशक्ति का माध्यम हैं। गुरु से शक्ति प्राप्त करने का आसान मार्ग ही गुरु को समर्पण होता है। क्योंकि जैसे ही हम समर्पण करते हैं, हमारा 'मैं' का अहंकार टूट जाता है और हमारी ग्रहण करने की क्षमता बढ़ जाती है और हम गुरु को महसूस करने लगते हैं। गुरु महसूस करने की शक्ति है। हम जिन गुरु के

साथ हैं, उन गुरु के सान्निध्य को महसूस करो। हमारा साथ रहकर काम नहीं चलेगा, गुरु को महसूस करना होगा। महसूस करके गुरु के भीतर के गुरुतत्त्व को समझा जा सकता है, जाना जा सकता है। यह तभी हो सकता है, जब आत्मा का आत्मा के साथ संबंध स्थापित हो जाए। ऐसा होने पर स्वयं अनुभूति का ज्ञान, बाकी सब ज्ञान करा देता है। ऐसा ज्ञान कराता है, जो ज्ञान भीतर होगा, ऐसा हम कभी सोच भी नहीं सकते हैं।"

"मनुष्य सामान्यत: बाहर की जानकारी रखने का प्रयास करता है। लेकिन ये सब करने में उसका चित्त बाहर जाता है और चित्त बाहर जाता है तो कमजोर भी हो जाता है। भीतर जाकर भी बाहर के बारे में जाना जा सकता है। लेकिन यह जानना संवेदनाओं के माध्यम से ही होगा क्योंकि भीतर जाकर बाहर के बारे में जानने का मार्ग यही है। सभी प्रकार की जानकारी मनुष्य को चित्त के द्वारा मिल सकती है।"

"प्रत्येक शरीर के शक्तिस्थान पर मनुष्य को अलग-अलग संवेदनाओं की अनुभूति होती है। लेकिन संवेदना को भी अनुभव करने के लिए शुद्धता व पवित्रता की आवश्यकता होती है। आध्यात्मिक-साधना में शरीर का बड़ा महत्व होता है। कई लोग, शरीर नाशवान होता है, इसके लिए शरीर को महत्व नहीं देते हैं। लेकिन यह ठीक नहीं है। वास्तव में शरीर ही है जिसके कारण तुम्हारे पास चित्त होता है और चित्त के कारण ही योग होता है। योग का अर्थ है—जुड़ जाना। इस जुड़ जाने में चित्त की ही सारी भूमिका होती है। हम परमात्मा से इस चित्त के माध्यम से ही जुड़ते हैं और यह चित्त शरीर की ही देन है। चित्त आध्यात्मिक मार्ग का पथप्रदर्शक है। जिस प्रकार से शरीर में दो आँखें होती हैं, वैसे ही आत्मा की आँख चित्त है। अभी तक आध्यात्मिकता का मार्ग बड़ा सँकरा है। एक गुरु अपने जीवनकाल में एक ही शिष्य को अपनी साधनाशक्ति से वृद्धिगत की गई संवेदनाएँ हस्तांतरित कर सकते हैं क्योंकि उस हस्तांतरण के बाद उन गुरु की मृत्यु ही हो जाती है। अभी तक यह हस्तांतरण शारीरिक स्तर पर ही हो रहा था, क्योंकि ऐसा ही काल चल रहा था। अब तुम्हारे कार्यकाल से नए युग की शुरुआत हो रही है। यह

सूक्ष्म संवेदना हस्तांतरण का कार्य तुम्हारे जीवन में सूक्ष्म रूप से होगा। उस हस्तांतरण में शरीर की कोई भूमिका नहीं होगी। यह संपूर्ण कार्य सूक्ष्म शरीर ही करेगा। सूक्ष्म शरीर से करने के कारण इसका लाभ लाखों लोग ग्रहण कर सकेंगे और फिर शरीर रहेगा। शरीर इसलिए रहेगा, क्योंकि इस कार्य में शरीर का कोई योगदान नहीं है। यह शरीर रहे, न रहे, सूक्ष्म शरीर यह कार्य करते ही रहेगा। इस शरीर का निर्माण गुरुशक्ति की विशेष प्रार्थना से हुआ है। तो आने वाले युग के तुम जनक हो और तुम्हें शिष्य के रूप में पाकर मैं धन्य हो गया!"

"यह कार्य सूक्ष्म शरीर से होगा, इसलिए बड़ी आसानी के साथ होगा, बड़ी सरलता के साथ होगा। और सरलता ही इस मार्ग की बाधक है। अति सरल होने के कारण लोगों को आसानी से मिल जाएगा। आसानी से मिल जाने के कारण साधकों को इसका एहसास भी न होगा कि उन्हें क्या मिला हुआ है। और वे कभी जान ही न पाएँगे कि उन्हें क्या मिला हुआ है और जो मिला है, वह क्या है। यही इस मार्ग का सबसे बड़ा दोष है। क्योंकि मनुष्य-स्वभाव ही ऐसा है कि कोई भी ज्ञान बिना प्रयत्न के, बिना इच्छा के, ऐसे ही आसानी से प्राप्त हो जाए तो उस प्राप्त ज्ञान की कोई कद्र नहीं करेगा। कद्र इसलिए नहीं करेगा क्योंकि शरीर का मायाजाल उस ज्ञान की ओर ध्यान जाने ही नहीं देगा। जब शरीर छूटेगा तो शरीर का मायाजाल भी टूटेगा। और जब मायाजाल टूटेगा, तब केवल सूक्ष्म शरीर ही रहेगा। इसलिए तेरे कार्य में तेरा शरीर ही बाधक है। इस शरीर के मायाजाल से बचना किसी साधक के लिए संभव न होगा। इसीलिए तू तेरे जीवनकाल में तेरे कार्य की सफलता की फसल नहीं देख सकेगा। तू वे पेड़ लगा रहा है जिनके फल तू तेरे कार्यकाल में नहीं देख सकेगा। तेरे शरीर छोड़ने के बाद ही तेरे कार्य का प्रारंभ होगा। यह सब सुनकर तू निराश मत हो। तू तेरा कार्य कर, लेकिन कार्यफल की इच्छा मत कर, बस कार्य कर। कार्य करना ही तेरा क्षेत्र है।"

दूसरे दिन सुबह गुरुदेव ने कहा, "आज पूर्णिमा है। आज हम रात को स्नान कर एक अनुष्ठान करेंगे।" शाम के समय मुझे साथ

लेकर ब्रह्मपुत्र नदी के किनारे पर गए। वहाँ पर पानी के लिए एक मोड़ था। उस मोड़ से पानी दो भागों में बँट रहा था क्योंकि वहाँ पर काफी बड़े-बड़े पत्थर थे। अंदर की ओर से जो पानी जा रहा था, उसका बहाव कम तेज था। बाहर की ओर के प्रवाह में तो इतनी तेजी थी कि नदी में खड़े नहीं रह सकते थे। फिर गुरुदेव स्वयं पानी में उतरे, काफी गहरे में गए और मुझे भी पानी में बुलाया। पानी मेरी भी छाती तक आ गया। अब उन्होंने कहा, "अपनी नाभि पर चित्त को केंद्रित करो।" मैंने नाभि पर चित्त केंद्रित किया। उन्होंने कहा, "नाभि पर ही चित्त केंद्रित कर खड़े रहो। मैं अपनी ऊर्जा नाभि के द्वारा ही तुम्हारी नाभि पर हस्तांतरित कर रहा हूँ। उसे पूर्ण समर्पण भाव से ही ग्रहण करो। यह तुम्हारे मणिपुर शक्तिस्थान को विकसित करेगी। आध्यात्मिक प्रगति की शुरुआत सदैव इसी मणिपुर केंद्र से होगी। सबसे प्रथम शारीरिक प्रगति होनी चाहिए, फिर आत्मिक शांति प्राप्त होनी चाहिए, विचारों पर नियंत्रण होना चाहिए, उसके बाद ही इस केंद्र तक पहुँचा जा सकता है।" गुरुदेव बोल रहे थे और मुझे मेरी नाभि पर ठंडा-ठंडा अनुभव होने लग गया। ऐसा लगा, मानो कोई मछली आकर वहाँ चिपक गई हो। मैंने हाथ लगा कर भी देखा, लेकिन वहाँ कोई मछली नहीं थी। लेकिन फिर भी ठंडा लग रहा था। "आध्यात्मिक प्रगति इसी चक्र से होती है। इस चक्र को असंतोष वाला व्यक्ति कभी पार नहीं कर सकता है। इसलिए साधक को जब तक संतोष नहीं होता है, तब तक ध्यान की शुरुआत ही नहीं हो सकती है। साधक को प्रथम समाधानी बनना होगा। समाधान सदैव आत्मा की, भीतर की एक अनुभूति ही है और यह भीतर जाने पर ही प्राप्त होती है। यह बाहर से कभी प्राप्त नहीं होगी, जबकि अनाड़ी साधक समाधान को, संतोष को बाहर खोजते हैं। यह एक प्रकार का आत्मा का भाव है। यह भाव तो एक भिखारी जिसके पास कुछ नहीं है, फिर भी वह महसूस कर सकता है और एक राजा सर्वसंपन्न होकर भी इस भाव का निर्माण नहीं कर सकता है। जिसका चित्त बाहर है, उसे यह स्थापित करते नहीं आएगा। इसे स्थापित करने के लिए चित्त भीतर की ओर होना चाहिए क्योंकि यह एक भीतर की ही प्रक्रिया होती है। चित्त भीतर होने पर यह स्वयं ही हो जाती है।"

"इस भवसागर को गुरु की कृपा के बिना पार नहीं किया जा सकता है क्योंकि जब तक आपको कोई अधिकारी गुरु नहीं मिलेंगे, तब तक तुम्हें कभी यह भाव भी नहीं मिलेगा। क्योंकि कोई यह बताने वाला तो होना चाहिए कि समाधान बाहर नहीं है, भीतर है और भीतर की ओर खोजो, भीतर की ओर जाओ। यह जब तक कोई दिशा देने वाला महापुरुष हमारी जिंदगी में नहीं आता, हमें इसका पता भी नहीं चलेगा।" मैं एकदम चिल्लाया, "गुरुदेव! नाभि पर कुछ गोल-गोल घूम रहा है।" गुरुदेव ने कहा, "यह चक्र क्रियान्वित हो रहा है, होने दो। समाधान बाहर से प्राप्त होने वाली चीज ही नहीं है। साधक समाधान नाशवान वस्तुओं में खोजते हैं। कोई लोग नशा करके उसमें समाधान प्राप्त करते हैं। लेकिन वास्तव में वह एक अनुभूति है और कोई भी अनुभूति सूक्ष्म संवेदना से ही प्राप्त होती है। और जब तक मनुष्य में 'मैं' है, संवेदना का निर्माण नहीं हो सकता है। 'मैं' सदैव महत्वाकांक्षी होता है। 'मैं' कभी भी समाधानी नहीं होता, 'मैं' कभी भी संतोषी नहीं होता है। इसीलिए 'मैं' के मायाजाल से निकलना बड़ा कठिन है, क्योंकि 'मैं' नए रूप और नए आवरण बुद्धि के सहारे लेते रहता है और छुपकर वार करता है। 'मैं' वह शत्रु है जो हमने अपने भीतर पाला हुआ है, जो हमारे मित्र के रूप में भीतर ही छुपा हुआ होता है। वह कभी समाधान को भीतर स्थापित नहीं होने देगा क्योंकि समाधान स्थापित होगा तो 'मैं' की मृत्यु निश्चित ही हो जाएगी।" गुरुदेव बोल रहे थे। उनका बोलना शायद इसीलिए था कि निर्विचार हो सकूँ क्योंकि उनकी वाणी से ही चैतन्य बरस रहा था।

वह रात आज भी मुझे याद है। पूर्णिमा की रात थी। नदी का पानी ठंडा था। इतने गहरे पानी में खड़े रहने का यह मेरा प्रथम ही अनुभव था, लेकिन भय कहीं भी नहीं था। यह क्या प्रक्रिया हो रही है, यह जिज्ञासा अवश्य थी। पूर्णिमा के चंद्रमा का प्रकाश सारे नदी के पानी पर पड़ रहा था। नदी का पानी चमक रहा था। मानो चाँदी की नदी हो, ऐसा अनुभव हो रहा था। बीच-बीच में मछलियाँ उत्तेजित होकर पानी के बाहर छह-छह फीट ऊँची छलांगें मार रही थीं, मानो वे सब एकदम समाधानी हो गई थीं। और मेरे चारों ओर मछलियाँ ही मछलियाँ थीं। कभी-कभी वे मेरे शरीर को भी छूती थीं

तो गुदगुदी होती थी। मैं सोच रहा था—मछुहारे मछली पकड़ने के लिए मारे-मारे फिरते हैं और तब भी मछलियाँ उन्हें नहीं मिलतीं। मैं मछलियों की अपेक्षा नहीं कर रहा हूँ, उलटा मैं चाहता हूँ—मछलियाँ मेरे पास न आएँ, फिर भी मेरे पास आ रही हैं। मानो गुरुदेव मुझे मछलियों के माध्यम से समाधान का पाठ पढ़ा रहे हैं। वे कह रहे हैं, "समाधान को बाहर खोजोगे, भटकोगे तो जीवन में समाधान बाहर कभी नहीं मिलेगा। और समाधान को बाहर नहीं खोजोगे और भीतर जाओगे तो समाधान की बरसात होगी।" मैंने मन में उनकी कृपा के लिए उनका आभार माना। नाभि के पास दाहिनी ओर से बाई ओर कुछ धीरे-धीरे घूम रहा था। और उसका दायरा बढ़ता गया। पहले एकदम सूक्ष्म संवेदना मात्र ही थी, लेकिन बाद में तो लगा—कोई बड़ा चक्र ही मेरे पेट पर चल रहा है। और धीरे-धीरे उसका दायरा इतना बढ़ गया कि मेरा सारा शरीर उसमें व्याप्त हो गया। और उसका प्रभाव लगातार बढ़ रहा था। चंद्रमा के प्रकाश जैसा एक तेजपुंज मेरे आसपास निर्मित हो रहा था और धीरे-धीरे वह तेजपुंज गुरुदेव तक बढ़ता गया और मैं और गुरुदेव दोनों उस प्रकाशपुंज में आ गए। और मैं चाहकर भी आँखें खुली नहीं रख पाया, क्योंकि अब वह प्रकाश मेरी सहन करने की सीमा के बाहर हो गया था। मुझे एक प्रकार से ग्लानि का अनुभव हो रहा था। ऐसा लगा कि मैं शायद नदी में खड़ा भी न रह पाऊँ और मछलियाँ थीं कि मुझसे बिना डरे आकाश में कूदने की प्रतियोगिता कर रही थीं! और धीरे-धीरे मेरी आँखें बंद हो गईं। आगे क्या हुआ, वह पता नहीं, लेकिन मैं स्वयं को एक चक्र में पा रहा था, जो चक्र तेजी से घूम रहा था। सारा शरीर बर्फ के समान हो गया था। शरीर की सारी संवेदनाएँ समाप्त हो गई थीं। एक शून्य की स्थिति निर्मित हो गई थी। और ऐसी शून्य की स्थिति कब तक रही, पता नहीं चला। और जब पता चला तो देखा सुबह होने वाली थी। गुरुदेव नदी में नहा रहे थे। वह रात बीत चुकी थी और सुबह हो गई थी। अब मेरे नाभि चक्र का स्पंदन भी बंद हो गया था। गुरुदेव की महानता थी कि वे कर्ता का भाव नहीं लेते थे क्योंकि वे इस कर्ता के भाव से बहुत ऊपर पहुँच गए थे। लेकिन मैं जान चुका था—गुरुदेव अपना अस्तित्व खो चुके थे। वे अपने-आपको सामूहिक विश्वचेतना में समाहित कर चुके थे।

इसीलिए वे कर तो कुछ नहीं रहे थे, लेकिन विश्वचेतना के संपूर्ण माध्यम वे ही थे।

मुझे कल रात जो भी सजीव ज्ञान प्राप्त हुआ, वह उन्हीं के माध्यम से ही प्राप्त हुआ था। मेरी तो विश्वचेतना वे ही थे, मेरे परमात्मा तो वे ही थे क्योंकि मुझे परमात्मा उन्हीं के माध्यम से मिला है। मैं परमात्मा की सीढ़ी को कैसे भूल सकता था। और मेरा अहोभाग्य था कि उनके साथ कुछ दिन रहने का मौका मुझे जीवन में मिला था। क्या मालूम क्यों, सदैव ऐसा लगता था—ये सब गुरु शरीर से अलग-अलग हैं, न ये एक-दूसरे से कभी मिले हैं और न ही रंग में, रूप में, आचरण में, साधना में, कहीं भी कोई समानता है, फिर भी ये सब गुरु भीतर ही भीतर जुड़े हुए हैं। इन सबका एक निश्चित उद्‌देश्य था। वे क्या कर रहे हैं, वे उसे जानते थे। सब अपने जीवन की सर्वोच्च आध्यात्मिक स्थिति में थे। सब में सजीवज्ञान दूसरों को बाँटें—यह भाव था। इनके रास्ते अलग-अलग होते हुए भी सब रास्ते एक ही स्थान पर जाकर पहुँचते थे। सब ने बड़ी कठिन साधना करके यह स्थिति प्राप्त की थी। मुझे सबका सान्निध्य एक-सा लगता था। कभी भी ऐसा नहीं लगा कि मैं किसी एक गुरु से दूसरे गुरु के पास आया हूँ। सब एक से ही लगते थे। सारे मेरे बारे में जानते थे और भविष्य में मेरी क्या भूमिका रहने वाली है, यह भी जानते थे। मैं स्वयं को ही नहीं जानता था, बाकी सब मुझे जानते थे, ऐसी मेरी स्थिति थी। किसी अज्ञात मार्ग पर मैं चला जा रहा था, जिस मार्ग पर चलने वाले सभी पथिक जानते थे कि वे कहाँ जा रहे हैं, बस मैं ही एक ऐसा था जो नहीं जानता था कि मैं कहाँ जा रहा हूँ। किसी अज्ञात शिखर की ओर मैं चला जा रहा था।

एक दिन मैंने देखा ही कि गुरुदेव इस विषय पर स्वयं ही बोल पड़े, "तुम मार्ग हो। मार्ग न कहीं से आता है और मार्ग न कहीं जाता है। मार्ग तो अपने स्थान पर ही स्थित होता है। तुम न तो कहीं से आए हो और न तुम्हें कहीं जाना है। तुम न तो कहीं से प्रारंभ होते हो और न ही कहीं तुम्हारा अंत होता है। तुम एक स्थाई मार्ग हो जिस मार्ग का आज से आठ सौ सालों पूर्व निर्माण हुआ था। इस मार्ग का निर्माण मनुष्य की आध्यात्मिक प्रगति की इच्छा के कारण

हुआ है, मनुष्यों ने जब सामूहिकता में आध्यात्मिक प्रगति की इच्छा की। और उन्हीं की इच्छा के कारण इस मार्ग का निर्माण हुआ है। इसे निर्माण करने में हजारो-लाखों पुण्यात्माओं की सतत साधना है और उन्हीं की साधना के कारण इस मार्ग का निर्माण संभव हो सका है। इस मार्ग का निर्माण तो अच्छी सामूहिक शक्ति के कारण हुआ है, पर आज इस राजमार्ग का अवलंब कोई भी आत्मा अपनी आध्यात्मिक प्रगति के लिए कर सकती है। यह खुला पथ है। इस पर कोई बंधन नहीं है, कोई भेदभाव नहीं है; सबके लिए है। यह पथ उन सभी के लिए है जो इस पर चलना चाहें। आध्यात्मिक प्रगति करने की बस आत्मा की इच्छा होनी चाहिए। क्योंकि इन्हीं इच्छाधारी आत्माओं के कारण ही इस मार्ग का निर्माण हुआ है। तुम्हारा जन्म लाखों आत्माओं की इच्छा के कारण हुआ है। आत्मिक प्रगति सदैव सामूहिकता में होती है। इस रहस्य को जिन आत्माओं ने जाना, उन्हीं आत्माओं ने सामूहिकता में प्रयास किया और उन्हीं आत्माओं के सामूहिक प्रयास के कारण ही तुम्हारा जन्म हुआ है। जिस प्रकार अगर हीरा कीचड़ में गिरा तो कुछ कीचड़ हीरे को भी चिपक सकता है, ठीक उसी प्रकार से, जिस शरीर के द्वारा तुम्हारा जन्म हुआ, उस शरीर के भोग भी आ गए, तो वे सब भोग भोगने के बाद ही तुम गुरुकार्य कर पाओगे। प्रत्येक को अपने शरीर के भोग भोगने ही होते हैं। वे भोग भोगने के बाद ही आत्मा मुक्त होती है और बाद में गुरुकृपा में सशक्त होती है।"

"अभी तुम शरीर के प्रभाव में हो, इसलिए मेरी सब बातें तुम्हारी समझ में नहीं आएँगी। लेकिन जब यह शरीर के प्रभाव वाला क्षेत्र पार कर लोगे, तभी आत्मा के क्षेत्र में पहुँचोगे। आत्मा का क्षेत्र ही शाश्वत क्षेत्र है क्योंकि आत्मा में ही परमात्मा निवास करता है। शरीर नश्वर है, इसलिए शरीर का क्षेत्र भी नाशवान है। बदलाव भी प्रकृति की देन है। कभी कोई शरीर एक समान नहीं होता है। प्रकृति का रहस्य प्रकृति के बदलाव में ही छुपा हुआ है। प्रकृति से जुड़ी हुई प्रत्येक चीज में बदलाव होता ही रहता है। मनुष्य का जन्म भी प्रकृति के एक निश्चित क्षेत्र के अधीन हुआ है। इसलिए वह समय-समय पर बदलता रहता है। बदलना ही प्रकृति का स्वभाव है। इसलिए प्रकृति में बदलाव आते ही रहते हैं। तुम आठ सौ साल पूर्व बने एक

प्राचीन मार्ग हो जिस मार्ग का उद्देश्य आत्म-उन्नति कराना है। जो आत्माएँ आत्म-उन्नति करना चाहती हैं, वे ही तुम्हें अपना सकती हैं। आत्म-उन्नति की इच्छा करना प्रत्येक आत्मा का निजी क्षेत्र है। जब आत्मा यह चाहती है, वह कर सकती है। यह किया नहीं जा सकता है। जब वह आत्मा अपनी आत्म-उन्नति की इच्छा करती है, आत्म-उन्नति गुरुकृपा में हो जाती है। जिनके द्वारा आत्म-उन्नति होती है, वे भी करते नहीं, बस उनके द्वारा हो जाती है क्योंकि वे भी केवल माध्यम ही होते हैं।"

"ऐसे तुम भी एक माध्यममात्र हो। तुम स्वयं कुछ नहीं करोगे, पर तुमसे यह कार्य संपन्न हो जाएगा। तुम कुछ करोगे नहीं, पर तुम्हारे बिना यह कार्य होगा भी नहीं। यह सब मैं इसलिए बता पा रहा हूँ क्योंकि मैं शरीर के प्रभावक्षेत्र से बाहर आ गया हूँ। तुम भी एक दिन बाहर आ जाओगे तो तुम स्वयं ही जान पाओगे। और तुम स्वयं ही जान पाओ, इसके लिए शरीर के प्रभाव के भी भीतर जाने की आवश्यकता होती है। जब हमारी दिशा भीतर की ओर होती है, तभी हमारी यात्रा भी भीतर की ओर होती है। हम सब गुरुओं की तुम्हें भीतर की यात्रा की दिशा देने की इच्छा है। क्योंकि भीतर जाने पर ही तुम जान पाओगे कि तुम कौन हो। अपने-आपको जाने बिना आत्मिक प्रगति नहीं हो सकती है। सब कुछ तुम्हारे जीवन में निश्चित किया गया है। सब कुछ ठीक समय पर ही होगा। उस ठीक समय की प्रतीक्षा करो क्योंकि वह न उसके पहले हो सकता है और न ही बाद में हो सकता है।"

मैं दूसरे दिन भी वही विचार कर रहा था—कल गुरुदेव ने क्या कहना चाहा था। मैं उनका सारा संकेत नहीं समझ पाया था और मैं मन-ही-मन प्रार्थना कर रहा था, "गुरुदेव, आपकी कृपा से मैं वह सब समझ पाऊँ जो आप समझाना चाहते हैं।" फिर आज पूर्णिमा थी और पूर्णिमा की रात गुरुदेव नदी में रातभर ध्यान का विशेष कार्यक्रम रखते थे। गुरुदेव के साथ फिर मैं शाम के समय नदी पर पहुँचा। आज कुटीर से ही देर से निकले थे। इसलिए रास्ते में ही रात हो गई। नदी तक पहुँचने में गोल-गोल पत्थरों का एक बड़ा रास्ता तय करना था। हम नदी के पानी को चमकता हुआ दूर से देख रहे थे,

पर अभी पानी तक पहुँचे नहीं थे। पैरों के नीचे के पत्थर गोल होने के कारण पैर रखने पर खिसक जाते थे और पत्थर के खिसकने की आवाज शांति को भंग करती थी।

हम नदी के पानी तक पहुँचे, तब तक अच्छी रात हो गई थी। चंद्रमा का प्रकाश सारे पानी पर चमक रहा था मानो चाँदी की नदी हो। पानी काफी ठंडा था। किनारे से जैसे-जैसे नदी के भीतर जाने लगे, पानी और ठंडा लगने लगा। फिर थोड़े समय बाद ठंड बढ़ने लग गई थी। गुरुदेव पानी के बीच जाकर खड़े हो गए। मैं भी उनके साथ खड़ा हो गया। संभलकर खड़ा होना पड़ता था, अन्यथा पानी का बहाव आगे ढकेल देता था। बड़ी कठिनाई के साथ स्थिर खड़ा हो सका। लेकिन जैसे ही स्थिर खड़ा हुआ, पानी में मछलियाँ आसपास जमा होने लग गई। गुरुदेव कह रहे थे, "मछलियों पर ध्यान मत दो, ठंड पर ध्यान मत दो, अपना ध्यान अपने शरीर के भीतर ले जाने का प्रयास करो।" फिर उन्होंने कहा, "अपनी नाभि पर पहले बाएँ हाथ की हथेली रखो, फिर दाहिने हाथ की हथेली रखो और अनुभव करो कि हाथों के माध्यम से तुम तुम्हारा चित्त भी नाभि के ऊपर केंद्रित कर रहे हो।" फिर देखा, धीरे-धीरे नाभि के ऊपर कुछ स्पंदन होने लग गए थे।

इस बार की अनुभूति में ठंडा-सा स्पर्श हो रहा था। लग रहा था मानो ठंडे बर्फ का गोला नाभि पर घूम रहा है। धीरे-धीरे ये स्पंदन बढ़ने लग गए। और जब आँखें खोलीं तो बाहर, गुरुदेव की नाभि से एक वलय निकल रहा था और मेरी नाभि पर आकर समाप्त होता था। फिर दूसरा वलय निकलता था, मेरी नाभि पर जाकर समाप्त हो जाता था। वलय एकदम धीमे-धीमे था और उसकी सूक्ष्म संवेदनाएँ अनुभव हो रही थीं। यह क्रम लगातार चल रहा था। अभी तो ठंड भी अनुभव नहीं हो रही थी, क्योंकि मैं स्वयं ही पूरा ठंडा हो गया था। सारा शरीर मानो बर्फ-सा हो गया था तो बाहर के ठंड की अनुभूति ही नहीं हो रही थी। मछलियाँ अभी भी मेरे पैर के पास जमा हो रही थी। मुझे वह समझ में आ रहा था, लेकिन मैं कुछ भी करने की स्थिति में ही नहीं था। यही क्रम रातभर चलता रहा। चंद्रमा का प्रकाश सारी नदी में चमक रहा था। बड़ा ही सुंदर लग रहा

था। शायद भीतर व बाहर एक ही सुंदर अनुभूति का आनंद अनुभव हो रहा था। सुबह होने आई थी, फिर भी गुरुदेव अभी भी नदी में ही खड़े थे। वे दिखाई भी स्पष्ट नहीं दे रहे थे। उनका आभामंडल का प्रकाश ही उनकी उपस्थिति को दर्शा रहा था। फिर जैसे-जैसे उजाला होने लग गया, उनका आभामंडल धुँधला होने लग गया था। बाद में वे ध्यान में से बाहर आए और बोले, "चलो, अब नहा लो।" फिर हम दोनों ने ही स्नान किया।

स्नान करके उन्होंने सूर्य को अर्घ्य दिया। फिर मैंने भी अनुकरण किया। बड़ी प्रसन्नता लग रही थी। अपने भीतर एक आत्मिक शांति का अनुभव कर रहा था। ऐसा अनुभव हो रहा था कि जीवन में अब सब कुछ पा लिया है। एक प्रकार की तृप्ति अनुभव हो रही थी। गुरुदेव शांत ही थे। फिर हम वापस कुटीर की ओर चल दिए। रास्ते में गुरुदेव मौन ही थे। मैं था कि कल रात हुई अनुभूति को ही याद कर रहा था। अपना अस्तित्व देना कितना कठिन कार्य है! और यह कठिन कार्य गुरुदेव ने कितनी आसानी से कर दिया! सचमुच, गुरुदेव की महानता है कि वे यह कार्य आसानी से कर सके। उन्होंने यह कितनी साधना से प्राप्त किया होगा और यह अनुभूति पाने के बाद कितने वर्ष उस अनुभूति को संभालकर रखा होगा! और इतनी संभालकर रखी हुई अनुभूति कितनी सरलता और सहजता से उन्होंने मुझे सौंप दी! मैं तो धन्य हो गया था! ऐसे गुरुदेव का सान्निध्य पाकर मैं बड़ा प्रसन्न था। मैं सुबह नदी-किनारे ही बैठा था। कल जो अनुभूतियाँ गुरुदेव के सान्निध्य में हुई थीं, उन्हीं के बारे में विचार कर रहा था। अध्यात्म भी एक विशिष्ट विषय है। इस आत्मा के विषय को लेकर जो लोग सालों चले हैं, जिन्होंने सालों इस विषय पर निरंतर अभ्यास किया है, इस विषय को जाना है, इस विषय को ही पसंद किया है, इस विषय का अध्ययन किया है, उन्होंने इस विषय का अध्ययन कर, इस विषय में अनुभूति प्राप्त कर सजीव ज्ञान प्राप्त किया है। और प्राप्त हुए अपने अनुभव को दूसरों को बाँटा है। बाँटा है, इसीलिए बढ़ा है। यानी ये तीन चरण हैं—पहला, अपने गुरु से ज्ञान प्राप्त करना; दूसरा, उसका अध्ययन करना और अध्ययन करके स्वयं उस सजीव ज्ञान की अनुभूति प्राप्त करना और तीसरा, उस अनुभूति के अनुभव को बाँटना। ये तीनों कार्य जो करते

हैं, वे 'आध्यात्मिक गुरु' कहलाते हैं। यह विषय आत्मिक ज्ञान का विषय है। इसीलिए इस ज्ञान को प्राप्त करने के लिए आत्मा बनना होगा, आत्मा के स्तर तक जाना होगा और सामने वाले माध्यम को भी आत्मा मानना होगा। जिस प्रकार शारीरिक स्तर पर ज्ञान देने वाला 'शिक्षक' कहलाता है, उसी प्रकार आत्मिक स्तर पर ज्ञान देने वाले 'गुरु' कहलाते हैं। कार्य दोनों का समान होता है। शिक्षक बुद्धि के स्तर पर, शारीरिक स्तर पर ज्ञान देते हैं। 'गुरु' भी शिक्षक ही हैं, पर वे आत्मिक ज्ञान प्रदान करते हैं। इसलिए उस आत्मिक ज्ञान को ग्रहण करने के लिए उन्हें आत्मा समझना होगा। इसलिए उन्हें गुरु कहते हैं। जिस प्रकार गणित सिखाने के लिए गणित का शिक्षक होता है, भाषा सिखाने के लिए भाषा का शिक्षक होता है और विज्ञान सिखाने के लिए विज्ञान का शिक्षक होता है, ठीक इसी प्रकार से, आध्यात्मिक ज्ञान प्राप्त करने के लिए आध्यात्मिक शिक्षक होता है। उन्हें 'गुरु' कहते हैं। आध्यात्मिक ज्ञान वह ज्ञान है जो प्राप्त करने से मनुष्य को आत्मशांति का अनुभव होता है। जब मनुष्य शारीरिक व बौद्धिक ज्ञान प्राप्त कर लेता है, तब वह आत्मिक ज्ञान प्राप्त करना चाहता है। यह सर्वश्रेष्ठ ज्ञान है। जब तक शारीरिक ज्ञान और बौद्धिक ज्ञान प्राप्त न हों, तब तक आध्यात्मिक ज्ञान प्राप्त करने की इच्छा नहीं होती है। ये सब मनुष्य के स्तर होते हैं—शारीरिक स्तर, मानसिक स्तर और आध्यात्मिक स्तर।

शारीरिक स्तर पर प्राप्त किए गए ज्ञान को प्रदर्शित किया जा सकता है और बौद्धिक स्तर पर प्राप्त किए गए ज्ञान को भी प्रदर्शित किया जा सकता है, लेकिन आध्यात्मिक स्तर पर प्राप्त ज्ञान को प्रदर्शित नहीं किया जा सकता है। यानी यह प्रदर्शित नहीं होता है, इसे केवल अनुभव किया जा सकता है। शारीरिक स्तर पर प्राप्त ज्ञान का अहंकार हो सकता है क्योंकि वह ज्ञान शारीरिक स्तर पर है और अहंकार भी शारीरिक स्तर पर है। इसीलिए शारीरिक स्तर पर प्राप्त हुआ ज्ञान अहंकार को पुष्ट करता है। ठीक इसी प्रकार से बौद्धिक स्तर पर प्राप्त ज्ञान भी अहंकार को पुष्ट करता है क्योंकि बुद्धि के स्तर पर अहंकार साथ होता ही है। जब मनुष्य के शारीरिक स्तर पर ज्ञान की प्राप्ति और उसका प्रदर्शन हो जाता है तथा बौद्धिक स्तर पर ज्ञान की प्राप्ति और प्रदर्शन हो जाता है और

दादागुरुदेव श्री शिवबाबा (भावनगरवाले)

श्री गुरुदेव ने पूज्या गुरुमाँ से कहा, “तेरा पति मुझे सौंप दे।
इसके हाथ से विश्वस्तर पर आध्यात्मिक कार्य होगा।”
(सम्बन्धित घटना का जिक्र पृष्ठः xii पर)

झरनानुमा नदी में पाँव डुबोए बैठे हुए गुरुदेव श्री ब्रह्मानंद स्वामी और परमपूज्य स्वामीजी।

(सम्बन्धित घटना का जिक्र पृष्ठ: 1 पर)

गुफा के सामने 'गुंज' नामक बीज से भरे एक खड्डे में लेटे हुए
परमपूज्य स्वामीजी।
(सम्बन्धित घटना का जिक्र पृष्ठ: 30 पर)

आयरनयुक्त पानी से बनी सुंदर प्राकृतिक आकृतियों से युक्त गुफा में चट्टानों पर ध्यानस्थ बैठे गुरुदेव श्री ब्रह्मानंद स्वामी और परमपूज्य स्वामीजी।
(सम्बन्धित घटना का जिक्र पृष्ठ: 39 पर)

"यह अवसर अब मुझे कभी नहीं मिलेगा..." यह सोचते हुए,
गुरुदेव श्री ब्रह्मानंद स्वामी की चरणसेवा करते हुए परमपूज्य स्वामीजी।
(सम्बन्धित घटना का जिक्र पृष्ठ: 68 पर)

विदाई के समय परमपूज्य स्वामीजी गुरुदेव श्री ब्रह्मानंद स्वामी के पैर पड़ने के लिए झुके, तो उन्होंने रोक दिया और डाँटने लग गए, "अरे पगले! तू मेरे क्या पैर पड़ता है? तेरे पैर के नाखून के बराबर भी मेरी औकात नहीं है।"

(सम्बन्धित घटना का जिक्र पृष्ठः 78 पर)

गुरुदेव के साथ यज्ञशाला में बैठे हुए परमपूज्य स्वामीजी।

(सम्बन्धित घटना का जिक्र पृष्ठ: 95 पर)

सूर्यास्त के समय पूज्य गुरुदेव की सफेद दाढ़ी नारंगी रंग की प्रतीत होती थी।

(सम्बन्धित घटना का जिक्र पृष्ठ: 109 पर)

पूज्य गुरुदेव का प्रकाशपुंज चारों ओर लगाई गई अग्नि से
अधिक प्रकाशमान था, पर उसमें शीतलता थी।
(सम्बन्धित घटना का जिक्र पृष्ठ: 110 पर)

अंजलि में पानी भरकर नदी से आश्रम जाते हुए पूज्य गुरुदेव और परमपूज्य स्वामीजी।

(सम्बन्धित घटना का जिक्र पृष्ठ: 129 पर)

अज्ञात सफर पर चल पड़े परमपूज्य स्वामीजी अपने गुरुदेव को पीछे मुड़कर देखते हुए।

(सम्बन्धित घटना का जिक्र पृष्ठ: 148 पर)

परमपूज्य स्वामीजी ध्यान से बाहर आए तो शब्द सुनाई पड़े,
"उठो बच्चे, आँखें खोलो। मैं आ गया हूँ।" और लगा कि तालू भाग पर
किसी ने हाथ से हल्का स्पर्श किया।

(सम्बन्धित घटना का जिक्र पृष्ठ: 155 पर)

पूर्णिमा की रात में ब्रह्मपुत्र नदी के ठंडे पानी में पूज्य गुरुदेव के सान्निध्य में ध्यानस्थ खड़े परमपूज्य स्वामीजी।

(सम्बन्धित घटना का जिक्र पृष्ठ: 172 पर)

फूल-पत्ती लगी टोकरी में गुरुदेव श्रीनाथ बाबा को पहाड़ी के शिखर पर ले जाते हुए परमपूज्य स्वामीजी।

(सम्बन्धित घटना का जिक्र पृष्ठ: 298 पर)

देहत्याग करने के पूर्व गुरुदेव श्रीनाथ बाबा परमपूज्य स्वामीजी को नमस्कार करते हुए।

(सम्बन्धित घटना का जिक्र पृष्ठः 329 पर)

ये दोनों करने के बाद जब पूर्ण आनंद नहीं मिलता और अब ज्ञान, प्रदर्शन के लिए नहीं, स्वयं को जानने के लिए, पाने की इच्छा करता है और आत्ममुखी बनता है और स्वयं को जानने की इच्छा होती है, तभी अपनी आत्मा की ओर उसकी यात्रा प्रारंभ होती है। और स्वयं को जानने की इच्छा से जब मनुष्य अपने जीवन की यात्रा प्रारंभ करता है, तब जो मार्ग मिलता है, वह मार्ग ही आध्यात्मिक गुरु है। वह मार्ग अपनी जगह स्थाई होता है। आध्यात्मिक आनंद प्राप्त करने वाली आत्माएँ उनका समय आने पर उस तक पहुँचती हैं।

इसीलिए कल गुरुदेव ने मुझे 'मार्ग' कहा होगा कि तू मार्ग है जो आठ सौ साल पुराना है। कल मुझे उन्होंने मेरे जीवन का उद्‌देश्य बताया था। मुझे मुझसे ही मिलाया था। मेरे आत्मा के दर्शन मुझे ही कराए थे। लेकिन मेरे जीवन में भी यह तब हुआ, जब जीवन में शारीरिक स्तर पर ज्ञान प्राप्त कर लिया और शारीरिक स्तर पर प्राप्त ज्ञान का प्रदर्शन कर लिया, बौद्धिक स्तर पर ज्ञान प्राप्त कर लिया और बौद्धिक ज्ञान का प्रदर्शन भी कर लिया; लेकिन जीवन में समाधान को प्राप्त नहीं हुआ। कुछ जीवन में पाना है, ऐसा लगा। और वह पाना केवल भीतर से ही हो सकता है, ऐसा लगा और यह भीतर की यात्रा प्रारंभ हुई। ऐसा लगा, मानो प्रत्येक ज्ञान के पीछे प्रदर्शन का छुपा अहंकार था ही। कहीं तो भीतर, कोने में, किसी को बताने की, प्रदर्शन की इच्छा थी। मुझे मेरा जीवन ही एक चलचित्र के समान लगने लग गया। बचपन में कुश्ती में रुचि लेता था। इसीलिए उसके लिए भी उस्ताद से गंडा बँधवाया था। (गंडा यानी धागा होता है। जिन्हें हम उस्ताद बनाना चाहते हैं, उनसे यह बँधवाया जाता है।) उस्ताद के कहने के अनुसार कुश्ती के दाँव-पेंच सीखे। उस्ताद के कहने के अनुसार खान-पान में, व्यायाम में सुधार किया। उस्ताद रोज अखाड़े की मिट्‌टी को खोदने का व बाद में उसे समतल करने का व्यायाम कराते थे। अखाड़े में हौद की मिट्‌टी लाल रंग की होती थी। और जब यह कार्य करता था, उसके बाद अपनी शरीर की ओर ध्यान जाता था—मेरी जंघाएँ कैसी पुष्ट हो रही हैं! मेरे बाजू कैसे मजबूत हो रहे हैं! कितने कम समय में मैं यह कार्य कर रहा हूँ! और जब अखाड़े से घर जाते समय चेहरे पर लगी लाल मिट्‌टी को देखकर रास्ते में कोई पूछता था, "क्या अखाड़े से

आ रहा है?" तो मैं वहाँ गर्व महसूस करता था। कई साल सुडौल, सशक्त शरीर बनाने में लग गए और समय-समय पर मैं अपने सुडौल शरीर का प्रदर्शन भी जाने-अनजाने में करता था। और वह प्रदर्शन मेरे अहंकार को ही बढ़ावा देता था। जब कबड्डी के खेल में मैं सामने वाले पक्ष के पाले में जाता था तो मेरी जंघाओं को देखकर सामने वाले खिलाड़ी डर के मारे घबराते थे और उनका घबराना कहीं मुझे आनंद देता था। बाद में उस्ताद ने कहा, "अब तू तैयार हो गया है। अब कुश्ती भी खेल।" तब उस्ताद के साथ अलग-अलग अखाड़ों में जाकर अलग-अलग पहलवानों के साथ कुश्ती खेलना मुझे बहुत अच्छा लगता था। मेरे उस्ताद मुझे जानबूझकर मुझसे बड़े और शक्तिशाली पहलवानों के साथ कुश्ती लड़ाते थे, इसलिए मुझे कुश्ती जीतने में बड़ा परिश्रम करना पड़ता था। मैंने भी धीरे-धीरे उसमें से रास्ता निकाल ही लिया था। लंगी और कैंची, इन दो दाँवों में महारत हासिल कर ली थी। उस दाँव में सामने वाले पहलवान को पकड़कर मैं कुश्ती जीत ही लेता था। उस समय उस्ताद मुझे अलग-अलग कुश्ती के अलग-अलग दंगलों में लेकर जाते थे। उस समय जीवन का उद्देश्य सर्वश्रेष्ठ पहलवान बनना था। और मेरे उस्ताद को भी मुझ पर बड़ा विश्वास था। वे कहते थे कि तू एक दिन देश का बड़ा पहलवान बनेगा। इस प्रकार से, शारीरिक स्तर पर प्राप्त किए हुए इस ज्ञान के पीछे प्रदर्शन का उद्देश्य छुपा हुआ था ही। इस शारीरिक स्तर के ज्ञान को प्राप्त कर जब इस मार्ग के सर्वोच्च शिखर तक पहुँचा तो अचानक अनुभव होने लग गया, "यह तेरा मार्ग नहीं है। तुझे और कहीं जाना है।" फिर ऐसा लगा—जब यह अपना मार्ग ही नहीं है और इस मार्ग पर आगे चलना ही नहीं है तो इस मार्ग पर आगे ही क्यों बढ़ूँ? और फिर भीतर से आवाज आई, "उस मार्ग को खोज जिस मार्ग पर चलना है।"

इस प्रकार शारीरिक स्तर पर प्राप्त किया गया ज्ञान अंतिम नहीं था। और फिर धीरे-धीरे पढ़ाई की ओर ध्यान देने लग गया। स्नातक हो गया। स्नातकोत्तर शिक्षा ग्रहण की। नौकरी की। नौकरी में अपने बौद्धिक ज्ञान का उपयोग किया। नौकरी में मैं ईमानदार, लेकिन अनुभवहीन कहलाता था। मेरे मालिक कहते थे, "अनुभव तो समय के साथ आ जाता है, आदमी ईमानदार होना चाहिए। अपने

से श्रेष्ठ व्यक्तियों से कार्य करा लेने की कला प्रबंधन है।" वह प्राप्त कर ली थी। मैं मेरे अधीनस्थ छोटे-से-छोटे व्यक्तियों का भी ध्यान रखता था। मुझे याद है, एक बार रामप्रसाद नामक एक चपरासी को लेकर एक फ़ैक्टरी में ऑडिट (लेखापरीक्षण) करने गया था। वह फ़ैक्टरी वास्तव में बंद पड़ी थी। पुराना हिसाब-किताब देखना था। मैं भोजन के समय कार लेकर शहर आ गया और शहर से वापस फ़ैक्टरी आते समय रामप्रसाद के लिए नया टिफिन (खाना रखने का डिब्बा) खरीदकर खाना लेकर आया था। वह खाना वह रामप्रसाद जीवन में कभी नहीं भूला था—"उस दिन आप मुझे याद रखकर उस वीरान जगह मेरे लिए खाना लेकर आए थे।" इसलिए मेरे आने पर प्रत्येक कर्मचारी खुश रहता था।

नौकरी में ईमानदारी के साथ-साथ अनुभव भी प्राप्त कर लिया। सदैव सब कार्य करने के लिए तैयार रहता था। नौकरी करते समय भी कुछ तो खोज जारी थी। सदैव मंदिरों में जाता था, किसी को खोजने। मुझे जीवंत गुरु की खोज थी। कोई जीवंत गुरु ही मेरी पहली मंजिल मालूम होती थी। मुझे आज भी याद आ रहा है कि कोलकाता में ऑफिस के बाद मैं हावड़ा ब्रिज के पास बने गंगा नदी के घाटों पर चला जाता था। घंटों नदी के पानी को निहारता था और सोचता था, "यह पानी कभी-ना-कभी, कहीं-ना-कहीं तो समुद्र में मिलेगा ही... कहीं-ना-कहीं तो समुद्र होगा ही... मेरे जीवन में समुद्ररूपी गुरु कब आएँगे...? और उनके पास जाकर मैं शांत हो जाऊँगा।" नदी के घाट पर एक बाबा धूनी लगाकर बैठते थे। उनके पास शाम के समय हमाल इकट्‌ठा होकर भजन गाते थे। मैं उन बाबाओं को ही निहारता रहता था। वे बाबा भी कभी-कभी मुझे देखते थे, बस इतनी ही पहचान थी।

उस समय भी ऑफिस की ओर से होटलों में पार्टियाँ होती थीं। पार्टियों का उद्‌देश्य व्यावसायिक ही होता था। मैं उनके आयोजन का खर्च स्वीकृत करता था, पर उन माँसाहार व शराबवाली पार्टियों में मैं कभी शामिल नहीं हुआ। शुरू-शुरू में मेरे साथ के प्रबंधकों ने मुझसे शराब पीने का आग्रह किया, पर जब बार-बार कहने पर भी मैंने उनका आग्रह स्वीकार नहीं किया, तो वे मुझे 'पंडित महाराज'

कहकर चिढ़ाने लगे। लेकिन बाद में उन्होंने मुझे कभी भी आग्रह नहीं किया। लेकिन मैंने महसूस किया—वे मेरा आदर करते थे। वे कहते थे, "यह सब जैसा नहीं है। यह कुछ अलग ही है।" मुझे याद आ रहा है, उन दिनों मेरे चित्त की दशा बड़ी विचित्र हो गई थी। मुझे सदैव मेरे गुरु की याद आती थी। वे कौन होंगे, कैसे होंगे, मैं कैसे उन तक पहुँचूँगा? एक बार मैं दक्षिणेश्वर में श्री रामकृष्ण के स्थान के पास बैठा सोच रहा था, "आप भूतकाल के गुरु थे, पर आप मेरे किस काम के? मुझे अपने काल के गुरु चाहिए जो मुझे अनुभूति करा सकें। काश, मैं आपके जीवनकाल में होता! आप कोई शरीर नहीं थे, शक्ति के माध्यम थे। आपके शरीर से शक्ति बहती थी। शक्ति तो शाश्वत होती है। वह आज भी होगी। आज शक्ति किस रूप में होगी? कौन-सा शरीर उसका माध्यम बना होगा? कौन-से माध्यम से शक्ति बह रही होगी? कौन-सा शरीर होगा जो शारीरिक और मानसिक स्तर के सर्वोच्च शिखर को प्राप्त करके अपने आत्मिक स्तर पर पहुँचा होगा? कौन वह होगा जो शरीर से तो जीवित होगा, पर उसके जीने का उद्‍देश्य जीना न होगा? कौन होगा जिसकी जीने की आसक्ति भी समाप्त हो गई होगी? जीवनकाल में ही जीवन की आसक्ति भी समाप्त हो जाना तो मोक्ष की स्थिति है और जिसे मोक्ष की स्थिति प्राप्त हो जाए, वह तो विश्वचेतना का माध्यम बन ही गया होगा। कौन होगा और मुझे कब मिलेगा? बस यही ध्यास (उत्कंठा, उत्सुकता) मुझे लगी हुई थी। मैंने वहाँ बैठकर प्रार्थना की, "ठाकुरजी, मुझे मेरे गुरु से मिला दीजिए।" मैं उस समय ऐसा महसूस कर रहा था, मानो किसी मेले में एक बालक अपनी माँ से बिछुड़ जाए और फिर वह बालक अपनी माँ से मिलने के लिए भटके, फिर आप उसे चॉकलेट दो, बिस्किट दो, वह कुछ नहीं लेगा। वह चिल्लाता रहेगा, "माँ!", "माँ!" और "माँ!" बस ऐसी ही कुछ मेरी भी स्थिति थी। मेरे जीवन में रस नहीं रह गया था। मेरी स्थिति पागलों जैसी हो गई थी। सब स्थानों पर गुरु को ही खोजता था। एक शाम मैं गंगा नदी के किनारे हमालों के भजन सुनते हुए बैठा था। वहाँ बैठे साधु ने कहा, "तेरा अब समय आ गया है। तू अब तारकेश्वर की यात्रा कर। तेरा आगे का मार्ग वहीं से खुलेगा।" मैं दूसरे ही दिन कलकत्ते से तारकेश्वर चला गया। वहाँ कुछ नहीं, एक छोटा-सा गाँव था। एक छोटा-सा शिव

मंदिर था। वहाँ दर्शन किए और वापस आ गया। वहाँ जाकर ऐसा नहीं लगा कुछ मिला। एक सामान्य-सा मंदिर था, सामान्य-सा गाँव था। वहाँ पर कोई भी नहीं मिला और न कुछ प्राप्त हुआ, ऐसा लगा। कभी-कभी लगता है कि हम इस दुनिया में आकर इतने जड़ हो जाते हैं कि कहीं अगर कुछ आत्मिक स्तर का मिले तो वह मिला, इसका एहसास ही हमें नहीं होता है। बस ऐसा ही कुछ वहाँ पर हुआ था। आध्यात्मिक अनुभूति अनुभव करने के लिए अतिसंवेदनशील होने की आवश्यकता होती है। और अतिसंवेदनशीलता अतिसूक्ष्म चित्त होने पर ही प्राप्त होती है। और अतिसूक्ष्म चित्त निर्विचारिता की स्थिति से प्राप्त होता है। मनुष्य भूतकाल, भविष्यकाल के, निरर्थक विचार कर अपने चित्त को कमजोर करता रहता है और इससे मनुष्य की संवेदनशक्ति कम होती जाती है। मैं वहाँ जाकर वापस कलकत्ता आ गया। बाद में भी मेरे दिन वैसे ही चल रहे थे। किन्हीं जीवंत गुरु से मिलने की तीव्र इच्छा हो रही थी, जो मेरे जीवन की खोज समाप्त कर दे। शिवबाबा के दर्शन होने के पहले का, आखिरी साल बड़ा बेचैनी भरा व्यतीत हुआ था। यानी जीवन में पहले गुरु के दर्शन की प्यास खूब जगी और बाद में ही बुझी थी।

नदी के किनारे बैठे-बैठे कब शाम हो गई, इसका मुझे पता भी नहीं चला। अँधेरा होने आया था। मैंने गुरुदेव के कुटीर की ओर प्रस्थान किया और जब कुटीर तक पहुँचा तो काफी अँधेरा हो गया था। घना जंगल था और घने जंगल की आवाज सुनाई दे रही थी। कभी-कभी लगता था, जंगल में भी एक शांत, मधुर संगीत बजता रहता है। वह सुनने के लिए मुँह सदैव बंद व कान संपूर्ण खुले होने चाहिए तथा अपने चलने से किसी भी प्रकार की आवाज नहीं होनी चाहिए। और जंगल की शांति मेरे चलने से भंग न हो, इसका ध्यान रखते हुए मैं गुरुदेव की कुटीर में पहुँचा था। कान उस जंगल के संगीत पर लगाने से कानों की संवेदनशीलता बढ़ जाती थी और छोटी-छोटी, दूर-दूर की आवाजें भी सुनाई आती थीं। गुरुदेव अधिकतर समय ध्यान ही करते रहते थे। बहुत कम समय वे ध्यान के बाहर आकर मिलते थे। लेकिन दोनों स्थितियों में वे मिलते ही थे। ध्यान की अवस्था में सूक्ष्म चित्त के द्वारा मिलते थे। उनके शरीर में एक जबरदस्त आकर्षण था। एक बार देखा तो सदैव ही देखते

रहने की इच्छा होती थी। उनका शरीर खूब सुंदर और सुडौल था, ऐसा नहीं था। उनकी आत्मा बड़ी सुंदर और आकर्षक थी। सालों ध्यान करते-करते शरीर कमजोर हो गया था, पर आत्मा शुद्ध व पवित्र हो गई थी। इसीलिए उस भीतर की आत्मा का प्रकाश उनके शरीर पर प्रतिबिंबित होता था। इसी कारण उनके शरीर में चुंबकीय शक्ति निर्मित हो गई थी। उनके सान्निध्य में आत्मशांति मिलती थी।

कभी-कभी लगता था—परमात्मा का ध्यान करते-करते सद्‌गुरु इतने लीन हो जाते हैं कि उनका स्वयं का कोई अस्तित्व नहीं होता है। और खुद का अपना अलग अस्तित्व समाप्त हो जाता है, तो परमात्मा की शक्ति वहाँ स्वयं प्रकट हो जाती है। फिर सद्‌गुरु का वह शरीर, शरीर नहीं रहता है, परमात्मा की शक्ति का माध्यम बन जाता है और उस माध्यम से परमात्मा की शक्ति बहने लगती है। और उस परमात्मा की शक्ति के सान्निध्य में हमारी आत्मा आनंदित होती है, पुलकित होती है। और वह आनंद हमारी आत्मा के कारण केवल हम ही अनुभव कर सकते हैं। इसे न तो देखा जा सकता है और न ही प्राप्त आनंद को लिखा जा सकता है। उस आत्मा के आनंद को केवल अनुभव किया जा सकता है। इसलिए ऐसा लग रहा था, सद्‌गुरु न तो कुछ देते हैं, क्योंकि वे तो देने के भी परे चले गए हैं; और न ही हम उनके सान्निध्य में कुछ पाते हैं, क्योंकि यह सब तो केवल भौतिक स्तर पर होता है और जबकि सद्‌गुरु का सान्निध्य अनुभव करने की बात होती है। ये सद्‌गुरु अपने-आपको प्रदर्शित भी नहीं करते। इस कारण इन तक पहुँचना ही कठिन होता है। हमारी आत्मा की शुद्धता ही हमें उनके करीब लेकर जाती है।

गुरुदेव के शरीर के रोम-रोम से चैतन्य बहता रहता था। वे जब चलते थे, तो उस जमीन पर जहाँ वे पैर रखते थे, उन पत्थरों पर जहाँ वे हाथ रखकर आगे बढ़ते थे, उन जड़ पदार्थों में भी चैतन्य का अनुभव होता था। यह सब क्षणिक सान्निध्य का ही चमत्कार था। कभी-कभी लगता है कि परमात्मा सबको अवसर प्रदान करता है। कोई उस परमात्मा के चैतन्य को पकड़ पाता है, कोई नहीं। चैतन्य के बरसते समय हमारा चित्त कहाँ है, उसी पर सब निर्भर होता है।

एक दिन सुबह-सुबह गुरुदेव ध्यान में से जागे और मुझे साथ लेकर स्नान करने के लिए नदी की ओर चल दिए। वे आगे-आगे चल रहे थे और मैं पीछे-पीछे। मैं उनके पीछे चलते हुए सदैव ध्यान रखता था कि जिस जगह गुरुदेव ने अपने पैर रखे हैं, उस स्थान पर मेरा पैर कभी न पड़े। क्योंकि जहाँ पर गुरुदेव ने पैर रखे हैं, वह माटी ही चैतन्यमय हो गई थी। वह रज मेरे लिए माथे पर लगाने के योग्य हो गई है तो मैं भला उस माटी पर पैर कैसे रख सकता था? उन पवित्र स्थानों को वंदन करते हुए मैं उनके पीछे-पीछे खींचा चला जा रहा था। मेरा सारा ध्यान उन स्थानों पर ही रहता, जहाँ पर गुरुदेव अपने पैर रखते। और थोड़े अभ्यास के बाद इस प्रकार से उनके पीछे-पीछे चलना संभव हो पाया। हम दोनों ने नदी में साथ में ही स्नान किया। मैंने तो किनारे पर ही रहकर स्नान किया, लेकिन गुरुदेव ने गहरे पानी में जाकर स्नान किया। नदी के किनारे छोटे-छोटे केकड़े भी घूम रहे थे। शायद अभी हाल ही में उन्होंने जन्म लिया था। वे सब पानी की ओर ही जा रहे थे। गुरुदेव, स्नान करने के बाद, हमारी पहाड़ी के सामने वाली पहाड़ी की ओर चल दिए। वे वहाँ क्यों जा रहे हैं, यह पूछने की मुझमें हिम्मत नहीं थी। मैं भी उनके पीछे-पीछे पहाड़ी की ओर चल दिया। रास्ता था ही नहीं, पत्थर हटाकर और झाड़ियाँ हटाकर पहाड़ की ऊँचाई की ओर चलना पड़ रहा था। यानी रास्ता बनाना पड़ रहा था। लेकिन जैसे-जैसे ऊपर की ओर जा रहे थे, मेरा चलना कठिन हो रहा था। एक तो ऊँचाई बढ़ रही थी और दूसरा, मैं बार-बार ध्यान में जाने लग गया था, इतना चैतन्य सारे पहाड़ पर महसूस हो रहा था।

अब हम काफी ऊपर आ गए थे। ऊपर से नदी का दृश्य बहुत अच्छा लग रहा था। सामने वाले पहाड़ को भी देखा जा सकता था। वह इस पहाड़ से काफी छोटा था। उस छोटे पहाड़ पर ही गुरुदेव का कुटीर था, लेकिन इतना घना जंगल था कि कुटीर कहीं भी दिखाई नहीं दे रहा था। हम काफी ऊपर तक आ गए थे। लेकिन इतने अधिक समय से हम चल रहे थे, यह पता भी नहीं चला। लेकिन अब सूर्यास्त होने वाला था यानी हम दिनभर चलकर इस पहाड़ी पर पहुँचे थे। पहाड़ी पर चढ़ने का रास्ता ही नहीं था, बार-बार रास्ता बनाकर आगे बढ़ना पड़ रहा था। रास्ते में बड़े सुंदर पक्षियों

के घोंसले मिले थे। शाम होने के कारण सब पक्षी अपने घोंसलों की ओर वापस आ रहे थे। शाम होते-होते हम उस पहाड़ी के उच्च शिखर तक पहुँचने में सफल हो गए थे। उस उच्च शिखर पर जाकर मैंने देखा तो ओटले के समान सपाट एक बहुत बड़ी शिला थी। उस शिला पर जाकर गुरुदेव बैठ गए और मुझे भी पास में बैठने का संकेत किया और मैं भी बैठ गया। और जैसे ही बैठा, उस शिला में से एक ठंडी लहर मेरे मूलाधार चक्र से सहस्रार की ओर बहने लगी, मानो शरीर में ठंडे चैतन्य का विद्युत-प्रवाह ही प्रवाहित कर दिया गया हो। और बाद में लगा—पूरे शरीर में से चैतन्य बह रहा था और सारा शरीर ही चैतन्यमय हो गया था। और अपने शरीर का बोध समाप्त हो गया था।

रात हो गई थी, गुरुदेव का शरीर सुनहरे दिव्य प्रकाश का पुंज बन गया था। धीरे-धीरे मुझे उनका शरीर दिखना बंद हो गया। यह सब कैसे हो रहा था, यह मेरे लिए अलग ही अनुभव था। ऐसा अनुभव जीवन में कभी नहीं हुआ था। वह काले पत्थर की शिला बर्फ-सी लग रही थी। वह इतनी ठंडी थी। मेरी चेतना धीरे-धीरे समाप्त हो रही थी। उस पहाड़ी पर दिनभर चढ़ने की थकान कब दूर हो गई, इसका आभास ही नहीं हुआ। और धीरे-धीरे मेरी चेतनाशक्ति पूर्णतः समाप्त हो रही थी। ऐसा लगा, मानो मैं ही समाप्त हो रहा था। मेरे अंदर का 'मैं' पूर्णतः समाप्त हो गया। फिर 'मैं' का अस्तित्व न रहकर 'वह' ही बन गया था। और आगे क्या हुआ, वह मालूम नहीं। मैं चेतना खो चुका था।

एक सुबह जब जागा तो देखा कि मैं गुरुदेव के साथ उसी बड़ी शिला पर बैठा था। कितने दिन बीत गए, पता नहीं था। मेरी चेतना वापस आ गई थी, पर अभी भी मेरे शरीर पर मेरा नियंत्रण नहीं था। सारा शरीर ही सुन्न पड़ा हुआ था। फिर थोड़े समय बाद मैंने पैर की उँगली में हलचल अनुभव की। बाद में हाथ की उँगलियों में हलचल अनुभव की। थोड़े समय बाद शरीर पर नियंत्रण होने लग गया। मैं हाथ हिला सका था, मैं पैर हिला सका था।

फिर मैंने प्रकाश में उस पत्थर की शिला को देखा जो बहुत बड़ी थी। उसका एक भाग एकदम सपाट था और नीचे का भाग

भी सपाट था। नीचे का भाग तो ओटले जैसा ही लगता था। इतनी ऊँचाई पर यह शिला कैसे आई होगी, आश्चर्य था। उस पत्थर पर बैठकर नीचे की नदी का नजारा देखा जा सकता था। उस पत्थर के आसपास भी घना जंगल था और बड़ी शांत जगह थी। थोड़े समय बाद गुरुदेव ने कहना शुरू किया, "इस पत्थर पर बैठकर ही मैंने तपस्या की है। और सालों से यहीं पर बैठकर तपस्या कर रहा था। इस स्थान का चुनाव मेरे गुरु ने किया था और इसी स्थान पर मेरे गुरुदेव ने देहत्याग किया था और उनके देहत्याग के बाद उनका अंतिम संस्कार मैंने यहीं पर किया था। और तभी से मैं इस स्थान के साथ बँध-सा गया हूँ। यह स्थान मैं कभी नहीं छोड़ सकता हूँ। तुम्हें मिलने के लिए उस सामने वाली पहाड़ी पर कुटीर बनाया था और तुम्हारा वहीं इंतजार कर रहा था।" "परमात्मा सभी को समान रूप से पैदा करता है। सभी को आध्यात्मिक उन्नति के समान अवसर प्रदान करता है। कोई आत्मा उस अवसर का लाभ लेती है, कोई नहीं लेती है। प्रत्येक आत्मा की मोक्ष-प्राप्ति की समान संभावना होती है। तुम्हारे में और मेरे में कोई अंतर नहीं है। दोनों को परमात्मा ने समान पैदा किया है। कोई श्रेष्ठ आत्मा या कनिष्ठ आत्मा नहीं होती है। यह ठीक वैसा ही है, जैसे पानी की बूँद आकाश से गिरते वक्त एक ही समान स्वच्छ व पवित्र होती है। बाद में वह बूँद जिस सान्निध्य में आती है, उस पर निर्भर है, वह कैसा रूप ग्रहण करती है। इसलिए तुम भी अपने अंदर आत्मविश्वास जागृत करो कि तुम भी मेरे जैसी ध्यान की अवस्था तक पहुँच सकते हो।"

"प्रत्येक आत्मा का मूलस्वरूप परमात्मा ने एक समान निर्माण किया है। प्रत्येक जन्म के साथ सान्निध्य का प्रभाव उस आत्मा के साथ जुड़ता जाता है और उसी प्रभाव पर उसकी यात्रा निर्भर होती है। हम जिस संगत में रहते हैं, उस संगत का प्रभाव हम पर पड़ता है। यह भी ठीक वैसा ही है। परमात्मा—वह विश्व का संचालन करने वाली शक्ति है जो सारे विश्व का संचालन करती है। उस शक्ति का कोई प्रिय या अप्रिय नहीं होता है। उसके लिए सब समान होते हैं। प्रत्येक आत्मा के पास उत्क्रांति की पूरी-पूरी संभावनाएँ होती हैं। बस उत्क्रांति हमारे आसपास की सामूहिकता पर ही निर्भर है। हमें कैसी सामूहिकता मिली, सब उसी पर निर्भर होता है। आज से वर्षों

पहले इसी शिला पर बैठकर यही ज्ञान मुझे मेरे गुरुदेव ने दिया था और इसी ज्ञान के कारण मुझमें आत्मविश्वास जगा कि मैं भी एक दिन अपने गुरु जैसा बन सकता हूँ। आज मैं भी इस ज्ञान को तुम्हें इसलिए दे रहा हूँ कि तुम्हारा भी आत्मविश्वास जगे कि तुम भी मेरे जैसे बन सकते हो। यह ज्ञान देकर मेरे गुरुदेव ने इसी शिला पर देहत्याग किया था और उनकी इच्छा थी कि मैं उनके मोक्ष की प्रार्थना कर उनका दाह-संस्कार करूँ। और मैंने उनकी इच्छा के अनुसार उनके लिए प्रार्थना की और बाद में मैंने उनका दाह-संस्कार किया।"

"मेरी भी इच्छा है—मैं जब देहत्याग करूँ तो इसी शिला पर मेरा दाह-संस्कार हो और तुम ही मेरे लिए प्रार्थना कर मेरा दाह-संस्कार करो। गुरुतत्त्व एक शक्ति है जो विश्व में सकारात्मक रूप से बहती रहती है। व्यक्ति तो उसके माध्यम हैं, वे समय के अनुसार बदलते रहते हैं। गुरुतत्त्व कभी नहीं मरता है। गुरुतत्त्व शिष्य के रूप में सदैव जीवित रहता है। मरता है शरीर। तो जो शरीर मरता है उसका मोह क्यों? मेरे गुरुदेव ने देहत्याग किया तो वह गुरुतत्त्व का प्रवाह मेरे रूप में वर्तमान में जीवित रहा और कल मैं देहत्याग करूँगा तो तुम्हारे रूप में वह गुरुतत्त्व जिंदा और जीवित रहेगा। अरे बाबा, जब तक गुरुतत्त्व जीवित है, तब तक ही यह विश्व चलता रहेगा क्योंकि वह गुरुतत्त्व ही सारे विश्व का सकारात्मक संतुलन बनाकर रख रहा है। गुरुतत्त्व अच्छी सकारात्मक शक्तियों का एक समूह होता है और गुरुतत्त्व का माध्यम सद्‌गुरु का शरीर होता है। इसलिए गुरुतत्त्व को पकड़ना कठिन है, पर सद्‌गुरु के शरीर को पकड़ना आसान है। "सद्‌गुरु के शरीर को पकड़ने" से मेरा आशय, वास्तव में उनके शरीर को पकड़ने से नहीं है, उस शरीर के आसपास बने आभामंडल को चित्त से पकड़ने से है। वह केवल उनके नामस्मरण से भी संभव होता है। हम सद्‌गुरु का नामस्मरण भी करेंगे तो हम उनकी गुरुतत्त्व की शक्तियों की सामूहिक शक्ति को प्राप्त करेंगे। सद्‌गुरु के पास अपना खुद का कोई अस्तित्व नहीं होता। वह अपना अस्तित्व खो देता है, इसीलिए वह गुरुतत्त्व का माध्यम बनता है। 'गुरुतत्त्व' सकारात्मक, सामूहिक शक्तियों का प्रवाह होता है।" गुरुदेव बोलते-बोलते एकदम शांत हो गए और

आसमान की ओर देखने लग गए। वे क्या देख रहे थे, वह समझ में नहीं आ रहा था। मैं शिला की विशालता को देख रहा था। इतनी विशाल शिला इस पहाड़ी के शिखर पर कौन लाया होगा? क्योंकि यह पहाड़ी का पत्थर नहीं लगता था। यह एक सिंहासन जैसा था। इसके एक भाग से टिककर बैठा जा सकता था। पहाड़ी के आसपास के पत्थर हल्के लाल रंग के थे। बस यही पत्थर गहरे काले रंग का था। यानी यह इस पहाड़ी का तो नहीं था। फिर इतना विशाल पत्थर इस पहाड़ी पर कहाँ से लाये होंगे और इसे इतने ऊँचे शिखर पर कैसे चढ़ाया होगा, सब कल्पना से परे ही लग रहा था। और यह शिखर इतना ऊपर था कि स्वयं को चढ़ने में ही दिनभर लग गया था, तो इतने विशाल पत्थर को लेकर कैसे चढ़ सकते हैं? यह दस हाथियों के आकार का था। और आसपास की पहाड़ी पर भी ऐसे काले रंग के पत्थर कहीं नहीं थे। हाँ, काले रंग के पत्थर नदी में थे, लेकिन वे बहुत छोटे-छोटे थे। मैं सब तरीकों से सोच रहा था, पर इतना विशाल पत्थर इतने ऊँचे शिखर पर कैसे रखा गया, यह अंत तक नहीं समझ पाया था। मेरे गुरुदेव मेरी उलझन को पहचान गए। उन्होंने कहा, "पत्थर मेरे गुरुओं के गुरुओं ने अपने शिष्यों के लिए मंत्र-शक्ति से इस शिखर पर चढ़ाया था। 'मंत्र' केवल शब्दों का समूह नहीं है, वह गुरुशक्तियों का समूह होता है। मंत्र में बड़ी शक्ति होती है। सद्‌गुरु के शब्दों में बड़ी शक्ति होती है।"

"हमारे प्राचीन समय में नवजात शिशु का 'नामकरण संस्कार' किसी सद्‌गुरु के द्वारा संपन्न होता था। सद्‌गुरु उस बच्चे को कोई नाम देते थे और उस नाम देने के बहाने सद्‌गुरु का चित्त उस बालक पर आता था। और उनके दिए गए नाम के साथ उनका आशीर्वाद होता था जो आशीर्वाद जीवनभर उस बच्चे के साथ रहता था। जब एक अच्छी सामूहिकता का सान्निध्य बच्चे को जन्म से मिल जाए तो वह बच्चा उस अच्छी सामूहिक शक्ति के संगत में, सान्निध्य में ही बड़ा होता था। वह सामूहिकता बच्चे को संतुलित करने में बड़ी सहायक होती थी। इसलिए यह नामकरण का संस्कार बड़ा महत्वपूर्ण संस्कार है। बस आवश्यकता है—इसके महत्व को समझकर, संपूर्ण आस्था व विश्वास के साथ इसे ग्रहण किया जाए। क्योंकि आस्था व विश्वास ही हमारी ग्रहण करने की क्षमता को

विकसित करते हैं। किसी भी गुरु से ज्ञान प्राप्त करने के लिए गुरु पर विश्वास व आस्था बहुत आवश्यक होती है। सद्‌गुरु उस बच्चे का भविष्य जानते हैं। और भविष्य में उस बच्चे के जीवन में क्या घटनाएँ होने वाली हैं, वे भी जानते हैं। और उन घटनाओं में से इस बच्चे को संतुलित करने में किन शक्तियों की आवश्यकता है, वे यह सब जानते हैं। यह सब जानकर ही सद्‌गुरु उस बच्चे का नामकरण करेंगे। सद्‌गुरु उस बच्चे की आवश्यकताओं को जानकर उसके व्यक्तित्व को निखारने के लिए आवश्यक तत्त्व उस बच्चे को प्रदान करते हैं। उस बच्चे को दिए गए नाम का बड़ा अर्थ होता है। लेकिन वह अर्थ बच्चे के जीवनकाल में समझ में आ सकता है। प्रत्येक नाम के साथ एक अलग सामूहिक शक्ति होती है। और किस बच्चे की क्या आवश्यकता है, वे यह सब जानते हैं और उस बच्चे की आवश्यकता के अनुसार सद्‌गुरु उस बच्चे में वे शक्तियाँ जोड़ते हैं। उससे वह बच्चा अपने जीवन में संतुलित जीवनयापन करते हुए एक संतुलित व सफल व्यक्ति बनता है।"

"हम यह भी कह सकते हैं कि उस नामकरण से सद्‌गुरु उस बच्चे के भविष्य को सुरक्षा प्रदान करते हैं। अपने बच्चे का जीवन सुरक्षित करने के लिए और अपने बच्चे की मंगल-कामना की दृष्टि से प्राचीन समय से लोग सद्‌गुरुओं से अपने बच्चे का नामकरण कराते रहे हैं। सद्‌गुरु बच्चे का नामकरण बच्चे का रंग देखकर, बच्चे का रूप देखकर, बच्चे का आकार देखकर नहीं करते हैं। सद्‌गुरु बच्चे की आत्मा देखकर बच्चे का नामकरण करते हैं। सद्‌गुरु उस बच्चे की आत्मा को पहचानते हैं—वह आत्मा किस स्तर की है, उस आत्मा के पिछले जन्म में कौन-से कर्म थे। उन सब कर्मों का लेखा-जोखा देखकर इस जन्म में उस आत्मा का क्या उद्‌देश्य है और उस आत्मा की कौन-सी दिशा है, वह दिशा सद्‌गुरु जानते हैं। और जीवन में उस निश्चित दिशा में जीवन का प्रवास हो और इस जगत के मायाजाल में भी वह आत्मा निर्मल बनी रहे और अपने जीवन में अपने जीवन के उद्‌देश्य को प्राप्त करे, इसके लिए सद्‌गुरु उसे नाम से संबोधित कर अपने आशीर्वाद उसके साथ जोड़ देते हैं। प्रत्येक नाम के साथ एक आभामंडल होता है। और उस आभामंडल को जानकर उसे उपयुक्त शरीर के साथ नाम के रूप में जोड़ना

एक बहुत महत्वपूर्ण घटना है। प्रत्येक आत्मा के जीवन के उद्देश्य अलग-अलग होते हैं और प्रत्येक नाम का आभामंडल अलग-अलग होता है। दोनों को जानकर, दोनों को पहचानकर, दोनों को उपयुक्त रूप में जोड़ना और उन्हें एकत्र कर, जोड़कर फिर अपनी सामूहिक शक्ति उस बंधन में प्रवाहित करना, ऐसा त्रिवेणी संगम सद्‌गुरु द्वारा रखे गए नामकरण में होता है।"

"'नामकरण' का संस्कार एक महत्वपूर्ण संस्कार होता है जो बालक के भविष्य का निर्धारण करता है। लेकिन लोग इसे देखा-देखी कराते हैं, पर इसके महत्व को और गहन अर्थ को नहीं समझते हैं। सद्‌गुरुओं के द्वारा इस प्रकार से नामकरण किए हुए बच्चे अपने जीवनकाल में एक सफल और सक्षम व्यक्ति बने हैं। ये बच्चे केवल स्वयं ही संतुलित नहीं हुए, उन्होंने समाज को भी संतुलित करने का कार्य किया है। जिस प्रकार से बगीचे में लगाए गए पौधे को कितना पानी देना चाहिए, वह बगीचे का माली पूर्णतः जानता है और उस छोटे-से पौधे की आवश्यकता के अनुसार माली उस पौधे को पानी देता है। क्योंकि अगर पौधे को आवश्यकता के अनुसार पानी दिया तो ही वह पौधे को जीवन दे सकता है। अन्यथा, आवश्यकता से अधिक पानी उस पौधे को दिया तो अधिक पानी से पौधा मर भी सकता है। पौधे के लिए पानी जीवन भी है और मृत्यु का कारण भी है। इसीलिए इस पौधे की पानी की आवश्यकता केवल माली ही जानता है।"

"ठीक इसी प्रकार, किस बच्चे को किस शक्ति की, किस संतुलन की आवश्यकता है, यह सद्‌गुरु ही जानते हैं और उन शक्तियों के साथ, उस सकारात्मक ऊर्जा के साथ उस बच्चे को जोड़ देते हैं। सद्‌गुरु भी विश्वचेतना से संपर्क करके ही उस बच्चे का भविष्य जानते हैं और उसी के अनुसार उसे नाम प्रदान करते हैं। कई बार कुछ माता-पिताओं के द्वारा रखे गए गलत नाम के कारण ही बच्चे का जीवन बर्बाद हो जाता है क्योंकि वे उचित शरीर को उचित नाम के साथ नहीं जोड़ पाते हैं। क्योंकि बच्चे को गलत नाम देने से बच्चे के साथ गलत नाम का आभामंडल जुड़ गया और गलत आभामंडल जुड़ जाने से गलत प्रभाव का निर्माण हो गया। और

इसका नुकसान बच्चे को अपने जीवन में भोगना पड़ सकता है। यानी बच्चे के नाम का प्रभाव भी बच्चे को बना व बिगाड़ सकता है। प्रत्येक नाम अपने साथ आभामंडल रखता है। और कोई आभामंडल अच्छा या बुरा नहीं होता, पर प्रत्येक आभामंडल का प्रभाव अलग-अलग होता है। और कोई भी प्रभाव अति में नहीं होना चाहिए। प्रभाव का भी संतुलन होना चाहिए। और यह संतुलन वही बना सकता है जो उनके प्रभावों से परिचित हो। कई बार इस असंतुलन से भी बच्चे जीवनभर संघर्ष करते रहते हैं, जीवनभर परेशान रहते हैं, जीवन में अल्पायु भी होते हैं। इस नाम के प्रभाव को पहचाने बिना नाम नहीं रखना चाहिए। नाम उस बच्चे के जीवन की सफलता व असफलता का निर्धारण करता है। बच्चे की योग्यता व आवश्यकता के अनुरूप ही सदैव उसका नाम होना चाहिए।"

"कई बार लोग महापुरुषों के नाम पर नामकरण करते हैं, पर वह बालक की आवश्यकता हो, यह आवश्यक नहीं है। बालक की आवश्यकता कुछ अलग भी हो सकती है। और जब सद्‌गुरु नामकरण करते हैं तो आवश्यकता के अनुसार नामकरण करते हैं और उस दिए गए नाम को माध्यम बनाकर अपनी शक्तियाँ संक्रमित करते हैं। सद्‌गुरु के पास सामूहिकता की विशाल शक्ति होती है। कई बार कई असफल व्यक्तियों का सारा जीवन केवल नाम बदलते ही बदल गया है। नाम में बड़ी शक्ति होती है। प्रत्येक नाम के शब्दों के द्वारा एक मिश्रित आभामंडल बनता है। जैसे 'राम' शब्द में 'रा' व 'म' का आभामंडल है और 'रामपाल' में रा, म, पा, ल—चार अक्षरों का आभामंडल। वास्तव में अक्षर तो शक्तियों के बीजमंत्र हैं और सबमें अलग-अलग प्रभाव है। आपके बच्चे के लिए कौन-सा प्रभाव आवश्यक है, वह जानना आवश्यक होता है। उचित बच्चे के साथ जीवन में उचित प्रभाव को जोड़ने मात्र से ही बच्चे के जीवन में सफलता कदम चूमती है।"

"ये सब बातें मैं तुम्हें इसलिए समझा रहा हूँ क्योंकि मुझे तुम्हारा भविष्य दिखाई दे रहा है। हजारों लोग तुम्हारे पास बच्चे का नामकरण कराने आने वाले हैं। और तुम्हारे माध्यम से गुरुशक्ति उन बच्चों का नामकरण करने वाली है। तो जो कार्य तुम्हारे माध्यम से

होने ही वाला है, कम से कम उस कार्य का महत्व तो तुम्हें भी पता होना ही चाहिए। इसीलिए ये सब बातें मैं बता रहा हूँ।"

मैंने प्रार्थना की, "गुरुदेव, मैं अपने-आपको आपका माध्यम बनाने के लिए प्रस्तुत कर रहा हूँ। आप मेरे शरीर का जो उपयोग करना चाहें, कर सकते हैं। आज मैं अपना सारा अस्तित्व ही आपके चरणों पर समर्पित कर रहा हूँ। अब मैं अपने जीवन की प्रत्येक साँस भी आपकी इच्छानुसार लूँ, यही मेरी शुद्ध इच्छा है।" ऐसा कहकर मैंने उन्हें नमस्कार किया, तो उन्होंने मुझे उठाया और मेरे कंधों पर हाथ रखकर बोले, "तुम ही मेरे भविष्य हो। मैं तुम्हारे माध्यम से ही अब जीऊँगा। तुम नहीं जानते, तुम्हारा हंडा कितना बड़ा है! तुम्हारे माध्यम से इस जगत में लाखों आत्माएँ मोक्ष प्राप्त करने वाली हैं। तुम सामूहिकता में मोक्ष-प्राप्ति का द्वार हो। तुम नहीं जानते, तुम कौन हो और तुम्हें अपना शिष्य पाकर मैं धन्य हो गया। मेरा सारा जीवन तुम्हें पाकर सफल हो गया। अब जीवन में कोई इच्छा ही नहीं रह गई। जीवन का उद्‌देश्य ही पूर्ण हो गया। बस अब आगे का जीवन तुम्हारे सान्निध्य में जीऊँगा। मैं जीवन में किसी को मोक्ष-दान नहीं दे सका। इसका भी अब कोई गम नहीं है। लाखों आत्माओं के मोक्षदाता का गुरु बन सका, यही मेरा सौभाग्य है। आज मेरा हृदय प्रेम से अभिभूत हो रहा है। आज मैं जीवन में तृप्त हो गया हूँ। आज मैं समझा, मेरे गुरु ने मुझे सालों से इस स्थान पर क्यों बैठाकर रखा था। क्योंकि यहाँ तुम आने वाले थे। तुम्हारे मोक्षदान यज्ञ में शामिल होने का अवसर मुझे प्राप्त होने वाला था। सब मेरे गुरु जानते थे, पर मैं नहीं जानता था।"

"मोक्षदान का एक महायज्ञ तुम्हारे माध्यम से आयोजित होने वाला है। उस महायज्ञ में एक आहुति डालने का स्वर्णिम अवसर मुझे प्राप्त हुआ, यह मेरा सौभाग्य है।" मैं अवाक होकर गुरुदेव की बातें सुन रहा था। माध्यम... महायज्ञ... मोक्षदान... इन सब शब्दों के अर्थ मुझे समझ में नहीं आ रहे थे। मेरी स्थिति देखकर गुरुदेव ने कहा, "यह सब भविष्य में दिख रहा है। यह सब भविष्य में होने वाला है। ये सब बातें तुम्हें कुछ समय बीत जाने के बाद ही समझ में आएँगी। चलो, अब काफी समय यहाँ हो गया। अब हम अपनी कुटीर की ओर

प्रस्थान करेंगे।" और फिर हम वहाँ से चलने के लिए उठे। फिर उस बड़ी शिला की ओर मैंने देखा। वह एक सिंहासन जैसा ही प्रतीत हो रहा था। और वहाँ की प्रकृति में वह सर्वोच्च शिखर था। मानो यहाँ सिंहासन पर बैठकर राजा आसपास के अपने राज्य को निहारता है, ऐसा वहाँ बैठकर लगता था। नीचे नदी बह रही थी। पहाड़ के उच्च शिखर पर बैठकर आसपास का नजारा दूर-दूर तक देखा जा सकता था। आसपास भी इतना घना जंगल था कि कहीं खाली भूमि दिखती ही नहीं थी। सब जगह वृक्षों की चादर-सी फैली थी। गुरुदेव ने मुझे लेकर पहाड़ी से उतरना प्रारंभ किया। हमें आधे रास्ते तक पहाड़ी से उतरना था और बाद में सामने वाली पहाड़ी की तरफ जाकर उस पहाड़ी पर चढ़ना था। हम हमारी कुटीर तक पहुँचे, तब तक रात हो गई थी। बाद में मैंने गुरुदेव से कहा, "गुरुदेव, हम पहाड़ पर से उतर जल्दी गए, चढ़ना ही कठिन था।"

गुरुदेव ने मुस्कराते हुए कहा, "अरे बाबा, जीवन की पहाड़ी पर भी उत्कर्ष और आत्मा की उत्क्रांति की ओर बढ़ना ही सदैव कठिन होता है। जीवन में चढ़ने के अवसर कम और गिरने के अवसर ही ज्यादा होते हैं। और लोग जीवन में, कौन कितना चढ़ा, उस पर ध्यान नहीं देते; कौन कितना गिरा, उधर ध्यान देते हैं। मानवसमाज का यह नकारात्मक भाव सदैव होता है। हमें इससे दूर रहना चाहिए।" फिर हम अपनी कुटीर में चले गए। मैं इतना थका था कि लेटते ही नींद लग गई।

सुबह जब पक्षियों की आवाजें आने लग गई थीं, तब नींद खुली। आज सुबह एकदम ताजगी व प्रसन्नता लग रही थी। कल की थकान बिल्कुल नहीं थी। मैंने देखा—मेरे हाथों और पैरों के नाखून बहुत बढ़ गए हैं। उन्हें देखकर मैंने अंदाज लगाया कि उस सामने वाली पहाड़ी पर, उस बड़े ओटलेनुमा पत्थर पर मैं गुरुदेव के साथ काफी दिन रहा था। कितने दिन रहा, यह पता नहीं था। ध्यान की अच्छी अवस्था में समय का पता ही नहीं चलता था। ना समय का पता चलता और ना दिनों का पता चलता था। कब समय निकल गया, पता ही नहीं चला था। ऐसा ही जीवन में होता है। जीवन का अच्छा समय बड़ी जल्दी बीत जाता है। मैंने भोजन के लिए कुछ

लाईपत्तों के बीज डाले थे। वे पौधे बनकर बड़े-बड़े हो गए थे। ये पत्ते वहाँ पर उबालकर खाता था। वे पालक के पत्तों के समान होते थे, पर उनका आकार पालक के पत्तों से चार गुना बड़ा होता था। यहाँ पर ये पत्ते ही मेरा मुख्य भोजन थे। इनके पौधों की छोटी-छोटी क्यारियाँ बनाकर रखी थीं और मैं बड़े हल्के हाथ से उनके विकसित पत्ते तोड़ा करता था। वे मुझे अच्छे लगते थे। उन पत्तों के बीच के डंठल मैं पक्षियों को खिलाता था। वे उस डंठल को बड़े चाव से खाते थे। वहाँ के पक्षी मेरे मित्र हो गए थे। एक काली चिड़िया थी जिसने मेरे सामने ही अंडे दिए थे, वह चिड़िया अपने दोनों बच्चों को लेकर डंठल खाने आई थी। बच्चे बड़े हो गए थे, पर अभी भी बच्चों को दाना चुगना नहीं आ रहा था। चिड़िया अपनी चोंच से डंठल को चुगकर बच्चों के मुँह में डाल रही थी। अंडे से निकले ये बड़े-बड़े बच्चे और मेरे द्वारा डाले गए बीजों में से निकले लाईपत्तों के बड़े-बड़े पौधे मुझे बता रहे थे कि मैंने सामने वाली पहाड़ी पर काफी दिन बिताए थे। कितने दिन बिताए, यह अभी भी प्रश्न था। शायद महीनों बिताए होंगे, ऐसा लग रहा था।

मेरे गुरुदेव काफी वृद्ध थे और काफी कमजोर भी थे। उन्होंने अपनी आवश्यकताएँ भी काफी कम कर ली थीं। वे एक दिन कह रहे थे, "मनुष्य की उम्र जैसे-जैसे बढ़ती है, मनुष्य को अपनी आवश्यकताएँ कम कर लेनी चाहिए, क्योंकि वास्तव में मनुष्य की आवश्यकताएँ कम ही हो जाती हैं। मनुष्य को सब वस्तुओं की मोह-माया से क्रमबद्ध तरीके से बाहर निकलना चाहिए, अन्यथा वृद्धावस्था में तकलीफ होती है। उम्र के बढ़ने के साथ ही आवश्यकताएँ कम होनी चाहिए। अधिक आवश्यकताएँ ही मन को अस्थिर करती हैं। मनुष्य को मृत्यु से डरना नहीं चाहिए, लेकिन, मृत्यु एक सत्य है, इसे भूलना भी नहीं चाहिए। मृत्यु एक अवश्यम्भावी घटना है और मृत्यु तो आनी ही है, यह ध्यान में रखना चाहिए। मृत्यु की याद मनुष्य को सदैव अच्छे कार्य करने के लिए प्रेरित करती है और बुरे कार्य करने से रोकती है। मृत्यु मनुष्य को लोक-मोह से बचाती है और सबकुछ यहीं छूट जाएगा, इसका ज्ञान कराती रहती है। मृत्यु प्राणीमात्र को दिया गया एक वरदान है।"

"मृत्यु सदैव मनुष्य को याद दिलाती रहती है—यह जीवन क्षणभंगुर है। मनुष्य अपने-आपको बहुत बड़ा समझकर आँकता है। वह सदैव इसी चिंता में रहता है कि मेरे बाद क्या होगा, मेरी पत्नी का क्या होगा, मेरे बच्चों का क्या होगा, मेरे कार्य का क्या होगा? जबकि यह सब मोह-माया का ही खेल होता है। इस विश्व में एक मनुष्य की स्थिति एक कीटक के समान होती है। वह रहा या नहीं रहा, क्या फर्क पड़ता है? कोई फर्क नहीं पड़ता है। चार दिन आसपास के लोग दुःखी होते हैं और फिर आगे चलने लगते हैं क्योंकि मरे हुए व्यक्ति के साथ मरा नहीं जा सकता है। जो जीवित हैं, उन्हें जीवित रहना है और जीने के लिए आज में, वर्तमान में रहना पड़ता है। भूतकाल में रहकर जिंदा नहीं रहा जा सकता है। जो व्यक्ति मर गया, वह भूतकाल है। उसे कब तक याद किया जा सकता है? इसलिए प्रत्येक मनुष्य को इस दुनिया में अपनी हैसियत समझनी चाहिए और मेरे मरने के बाद क्या होगा, इसकी चिंता नहीं करनी चाहिए, क्योंकि यह चिंता ही मनुष्य को बुढ़ापे में शांति से मरने नहीं देती है। और वह जीवन में कभी नहीं जान पाता है कि यह चिंता मिथ्या है। हाँ, मरने के बाद जान जाता है कि मरने के बाद भी कुछ नहीं बदला है। रोज के समान सूरज उग रहा है। सारी दुनिया चल रही है। सूर्यास्त हो रहा है। सारी दुनिया एकदम व्यवस्थित तरीके से चल रही है। मैं बेकार ही मेरे जीवनकाल में इस दुनिया को पकड़कर बैठा था। मरने के बाद हम जान जाते हैं कि कोई भी मनुष्य कितना ही बड़ा हो, कितना ही महान हो, किसी व्यक्ति के बिना कोई कार्य नहीं रुकता है। इस जगत की एक गति है। उस गति के प्रभाव में सारे जीवित व्यक्तियों को बहना ही पड़ता है।"

"प्रायः यह भी कहा जाता है—मृत्यु के समय मनुष्य झूठ नहीं बोलता है। और यह सही भी है, बशर्ते कि मरने वाले व्यक्ति को यह एहसास कराया जाए कि अब तुम मरने ही वाले हो और तुम्हें अब सच-सच बोलना है। सच बोलना मनुष्य का प्राकृतिक स्वभाव होता है और मर रहे हैं, यह एहसास मनुष्य को स्वयं को नहीं होता है, आखिरी समय तक भी नहीं होता। यह एहसास किसी अन्य व्यक्ति को उसे कराना होता है। क्योंकि मैं मर सकता हूँ, यह सोच उसकी सोच के बाहर ही होती है। क्योंकि कोई मनुष्य नहीं सोच सकता है

कि वह मर सकता है। मनुष्य मृत्यु से डरता है, पर मृत्यु को मानता नहीं है। मृत्यु जीवन का सत्य है। और यह एक प्राकृतिक घटना है। किसकी मृत्यु कब होने वाली है, यह कोई नहीं जानता है। यह विषय ऐसा है कि मनुष्य को इसे परमात्मा पर छोड़ देना चाहिए—जब मरना है, तब मरेंगे। मृत्यु इतनी डरावनी व कष्टदायक नहीं होती, जितना मृत्यु का डर कष्टदायक होता है। मृत्यु तो कब होती है, उसका मनुष्य को भी पता नहीं चलता है।"

आज मैं समझ गया, गुरुदेव ने ध्यान की अवस्था में बैठकर मुझे मृत्यु का रहस्य समझाया था। मैंने कई बार अनुभव किया था कि वे ध्यान में बैठे रहते थे और उनके आभामंडल में मुझे जीवन के अलग-अलग रहस्यों का ज्ञान होता रहता था। इसीलिए वे पास में हों या ना हों, मैं जंगल में कभी भी अपने-आपको अकेला महसूस नहीं करता था।

प्रकृति के सान्निध्य में प्रकृति से सीखा कि जिस वृक्ष की सहनशीलता अधिक है, वह वृक्ष अपनी प्रगति कर पाता है। एक दिन बड़ा तूफान आया था। तब देखा—बड़े-बड़े वृक्ष उखड़ गए थे। वहाँ पर ऊँचे-ऊँचे वृक्ष थे, पर घने वृक्ष नहीं थे। और मिट्टी में पकड़ नहीं होती थी। बरसात में अगर वृक्ष के नीचे की मिट्टी बह जाती थी तो वृक्ष की मिट्टी की पकड़ कमजोर हो जाती थी और वे गिर जाते थे। इस प्रकार कई बड़े-बड़े वृक्ष गिरते रहते थे। और इतना घना जंगल था कि वृक्ष गिरकर भी गिर ही नहीं पाता था। वह वृक्ष जमीन पर गिरने के पूर्व आसपास के झाड़ों पर ही अटक जाता था। तूफानों के समय वे ही वृक्ष बच पाते थे जो सहनशील होते थे, जिन्हें मुड़ना और झुकना आता था। जंगल में वृक्ष टूटते कम थे, उखड़ते ज्यादा थे, क्योंकि मिट्टी ही बह जाती थी। मुझे लगा—मनुष्य को अपनी उम्र के साथ-साथ अपनी सहनशीलता बढ़ानी चाहिए, क्योंकि सहनशीलता की कमी असंतोष का कारण है। आज जगत में जो असंतोष बढ़ रहा है, उसका एकमात्र कारण सहनशीलता की कमी ही है। आने वाले भविष्य में मनुष्य के सुखी जीवन का मुख्य आधार सहनशीलता ही होगी, क्योंकि इस सहनशीलता की कमी मनुष्य-जगत में होने वाली है।

आज के गति के जगत में सहनशीलता की कमी हो रही है। प्रकृति के सान्निध्य में रहने वाले लोगों में बड़ी सहनशीलता व धैर्य पाया था। मुझे लगता है कि प्रकृति का यह अनुपम उपहार ही है जो प्रकृति के सान्निध्य में मनुष्य को प्राप्त हो जाता है। सहनशीलता आत्मा की शक्ति है। आत्मा जितनी सशक्त होगी, उतनी ही सहनशीलता अधिक होगी। मनुष्य जैसे-जैसे ध्यान करता है, वैसे-वैसे वह प्रकृतिमय होते जाता है और प्रकृतिमय हो जाने से सहनशीलता उसमें स्थापित होनी शुरू हो जाती है। और इस सहनशीलता के कारण मनुष्य कठिन से कठिन समय में भी शांत रहता है। मनुष्य को सहनशीलता एक सशक्त आत्मा की देन है। सहनशीलता एक ऐसी शक्ति है जो ध्यान करने से मनुष्य के भीतर ही विकसित होती है। प्रत्येक मनुष्य को यह स्वयं विकसित करनी पड़ती है। इसे बाहर प्राप्त नहीं किया जा सकता है। जो वृक्ष सहनशील होते हैं, वे ही वृक्ष बड़े से बड़े तूफान को भी सहन कर सकते हैं और बड़े से बड़े तूफान में अपना अस्तित्व बचाकर रखने में सफल हो जाते हैं।

मैंने थोड़े लाईपत्ते तोड़े और उन्हें एक बड़े बाँस में डालकर और बाँस में पानी भरकर आग में उबालने के लिए रख दिया। और जब बाँस का हरा रंग बदलने लग गया, तब मैं समझ गया कि इस बाँस का रस उन पत्तों में चला गया है और पत्ते उबल गए हैं। फिर उन पत्तों को निकालकर खाया और उस बाँस में भरा हुआ पानी ठंडा करके पिया। उस पानी में बाँस का खट्टा स्वाद आ गया था। और मैं यहाँ पर प्रायः इन्हें ही पकाकर खाता था। ये पत्ते यहाँ पर आसानी से उग जाते थे। और जल्दी तैयार हो जाते थे और बड़ी जल्दी पक जाते थे। मेरी माँ हमेशा कहा करती थी, "कहीं भी जाएँ तो वहीं के लोगों के अनुसार हमारा भोजन होना चाहिए, क्योंकि वह भोजन वहाँ की आबोहवा और वहाँ की प्राकृतिक स्थिति के योग्य ही बना होता है।" ठीक इसी प्रकार, ये पत्ते यहाँ के प्राकृतिक वातावरण की दृष्टि से उपयुक्त भोजन थे। जंगल में जो भी मिलता है, बस जीवित रहने की दृष्टि से खाना होता है। खाने का इतना महत्व नहीं होता है। एक तो कोई भी यह भोजन भरपेट नहीं करता है। दूसरा, यह भोजन शीघ्र पच भी जाता है। गुरुदेव का भोजन तो और भी कम था। वे कम खाते थे, कम बोलते थे। लेकिन जब बोलते

थे, आकाशवाणी-सा प्रतीत होता था। उनके शब्दों में ही अमृत बहता था और मेरा तो ध्यान ही लग जाता था। कभी-कभी लगता है कि परमात्मा ही उनके माध्यम से बोलते थे।

जंगल में आग जलाना बड़ा कठिन कार्य होता था। दो चकमक पत्थरों को रगड़ने से जो चमक निकलती थी, उससे सूखी घास को जलाया जाता था और सूखी घास से सूखी लकड़ियों को। लेकिन मुझे इसका अभ्यास न होने के कारण मुझे आग जलाने में घंटों लगते थे। और कभी-कभी दो सूखे बाँसों को रगड़कर भी आग निर्मित की जाती थी। लेकिन बाँसों की अपेक्षा पत्थरों से आग जलाना आसान मालूम होता था। कभी ज्यादा दिन ध्यान में रहे, तभी ही आग बुझती थी, अन्यथा आग सदैव प्रज्ज्वलित ही रखी जाती थी, ताकि बार-बार आग जलाने की प्रक्रिया न करनी पड़े। इसलिए आग सदैव जलती ही रहती थी। गर्मी के दिनों में कई बार दो सूखे वृक्ष भी आपस में टकरा जाते थे और उनके घर्षण से भी आग उत्पन्न हो जाती थी। और फिर वह आग सारे जंगल में फैल जाती थी, क्योंकि जिस दिशा की ओर हवा हो, आग उस दिशा की ओर लग जाती थी। ऐसे समय में पशु-पक्षियों को अपनी जान बचाकर जंगल से भागना पड़ता था। ऐसे लगी आग की लपेट में उनके बच्चे अधिक आ जाते थे। बच्चे माता-पिता के साथ नहीं भाग पाते थे। प्रकृति में रहते-रहते पशु-पक्षी भी सब ज्ञान व अनुभव प्रकृति से सीखते ही रहते थे।

प्रकृति के वातावरण में एक सुंदर, शांत संगीत सदैव बजता रहता है। और उस शांत वातावरण में एक पत्ता भी खड़खड़ा जाए तो उसकी गूँज बहुत दूर तक सुनने में आती है। उस शांति का भी अपना एक संगीत होता है। इसी शांति का आनंद प्रकृति में रहने वाले लोग लेते रहते हैं। इसलिए प्रकृति के सान्निध्य में रहने वाले लोग कम बोलते हैं और ज्यादा सुनते हैं। सुनना जंगल में महत्वपूर्ण होता है। पशु-पक्षी भी सुनते ही रहते हैं। सुनने की अधिक क्षमता के कारण ही आने वाले खतरे को वे सुनकर भाँप लेते हैं। पशु-पक्षियों के जीवन में सुनना जीवंत रहने के लिए एक आवश्यक क्रिया है, क्योंकि सुनने की क्रिया के कारण ही अपने ऊपर होने वाले हमले से अपने-आपको बचाया जा सकता है। और दूसरी ओर, सुनने की

क्रिया के कारण ही अपने भोजन हेतु अन्य पशु-पक्षियों का शिकार ढूँढ़ा जा सकता है और किया जा सकता है। यानी जंगल के जीवन में सुनना एक बड़ी जीवन-रक्षक क्रिया है।

जंगल में पशु-पक्षियों की भाषा में शब्द नहीं होते हैं, केवल विशिष्ट समय पर विशिष्ट प्रकार की आवाज होती है; जैसे किसी को बुलाने की आवाज, आने वाले खतरों से अपने साथियों को आगाह करने की आवाज, भोजन के उपलब्ध होने की सूचना देने की आवाज, माँ बच्चों को बुलाती है—वह आवाज, बच्चे माँ को ढूँढ़ते हैं—वह आवाज, मादा नर को आकर्षित करती है—वह आवाज, नर मादा को रिझाता है—वह आवाज, दोनों के मिलन के समय होने वाली दोनों की आवाजें, बच्चों को भूख लगने पर निकलने वाली आवाज, अपने शिकार पर हमला करते समय निकलने वाली आवाज। कई शिकारी जानवर तो एक विशिष्ट आवाज से अपने शिकार को भयभीत कर देते हैं और जब शिकार घबराकर बेहोश हो जाता है तो पकड़ लेते हैं। कई बार मृत्यु के आगोश में पकड़े जाने पर निकलने वाली आवाज... जंगल में केवल आवाज ही होती है, शब्द नहीं होते।

और यही आदत जंगल में रहने वाली आदिवासी जातियों में पाई गई है। वे एक वाक्य को बोलने के लिए एक विशिष्ट आवाज निकालते हैं। किसी को बुलाना हो तो एक आवाज होती है। आदिवासी लोगों के गीत तक विशिष्ट आवाजों के समूह होते हैं। इसीलिए आदिवासी लोगों के पास शब्द नहीं होते, आवाजें होती हैं। कभी-कभी लगता था—जब एक आवाज से ही काम चल जाता है तो शब्दों को चुनने, वाक्य बनाने की क्या आवश्यकता है? कभी-कभी लगता था कि शब्द मनुष्य की बुद्धि की उपज हैं। पशु-पक्षियों में तो शब्द नहीं होते हैं, फिर भी उनका जीवन तो चलता ही रहता है। प्रकृति के प्रत्येक वातावरण में परमात्मा भी प्रकृति के माध्यम से बोलते रहते हैं, हमें संदेश देते रहते हैं, पर प्रकृति से जुड़े न होने के कारण वे संदेश हम नहीं समझ पाते। परमात्मा के संदेश में शब्द नहीं होते हैं, केवल आवाजें होती हैं। वे आवाजें वही सुन सकता है, जिसे उन आवाजों को सुनने की आदत हो। उन आवाजों को सुनने का

अभ्यास करना पड़ता है। परमात्मा तो मनुष्य के भीतर से भी बोलता है, बस परमात्मा को सुनने की हमें फुर्सत होनी चाहिए। मनुष्य अपने ही विचारों में व्यस्त रहता है। भूतकाल के विचारों के कचरे का भंडार उसमें भरा पड़ा रहता है। बाकी बचे भविष्य के विचार। वह भविष्य का विचार करता रहता है। तो मनुष्य को समय कहाँ है परमात्मा की आवाज सुनने के लिए? और न उसे उसकी आवश्यकता मालूम होती है। परमात्मा हमारी माँ है। माँ भी अपने बच्चों के साथ बात करना चाहती है, पर बच्चों को माँ के लिए फुर्सत ही नहीं है। माँ की भाषा में शब्द नहीं होते हैं क्योंकि माँ को वह भाषा बोलनी पड़ती है जो प्रत्येक मनुष्य सुन पाए, समझ पाए। क्योंकि सारे मनुष्य उस परमात्मा के बच्चे हैं। परमात्मा एक शक्ति है जिसने मनुष्य को जन्म दिया है। मनुष्य के माता-पिता तो निमित्त हैं उसे शरीर, केवल शरीर प्रदान करने में। वास्तव में मनुष्य की माँ और बाप तो परमात्मा ही है। वह परमात्मा भी अपने द्वारा पैदा किए गए बच्चों से संवाद करना चाहता है, बात करना चाहता है और संदेश देना चाहता है। वह संदेश सुनने के लिए आवश्यक है कि आपको वह सुनने की फुर्सत हो, आप भविष्य व भूतकाल के विचारों से मुक्त हों, आप सकारात्मक व नकारात्मक विचारों से मुक्त हों। इन सब विचारों से जब आप मुक्त होंगे, तब ही आप परमात्मा की पुकार को समझ पाएँगे। मैंने यह भी अनुभव किया—मनुष्य-योनि परमात्मा के पास है, लेकिन फिर भी पास है, इसका एहसास उसे अपने जीवनकाल में कभी नहीं होता है। मनुष्य-योनि पाकर आत्मा निश्चिंत हो जाती है कि हमने मोक्ष की मंजिल पा ली और वह मनुष्य-योनि में आकर सुस्ताने लगती है। और जब जागती है तो देखती है कि गए जन्म में मैं मंजिल के करीब पहुँच चुका था, पर अब तो मंजिल बहुत दूर चली गई है, क्योंकि जीवनभर विचार करता रहा और परमात्मा का संदेश नहीं सुना कि वह क्या कह रहा है।

पशु-पक्षियों में सबकी मैंने एक विशेषता देखी है कि वे कभी विचार नहीं करते हैं। सारे विचार करने का ठेका उन्होंने मनुष्य-जाति को ही दे दिया है। पशु-पक्षी कभी भी विचार नहीं करते हैं। हाँ, जब उन्हें भूख लगती है तो वे शिकार ढूँढ़ने की क्रिया करते हैं, पर ढूँढ़ने का भी विचार कभी नहीं करते हैं। परमात्मा की भाषा चैतन्य

की भाषा है और चैतन्य की भाषा में शब्द नहीं होते हैं, केवल चैतन्य होता है। इस पृथ्वी पर मनुष्य की इतनी बड़ी जमात है, सब परमात्मा की संतान हैं। परमात्मा ने सब निर्मित किया है। परमात्मा ही सबकी माँ है। और माँ जब सभी बच्चों से बात करना चाहे तो उसकी एक ही भाषा होगी। वह भाषा चैतन्य की भाषा है। वह सब मनुष्यों को मालूम है, पता है, पर अधिक विचार करके मनुष्य वह भाषा भूल गया है। क्योंकि मनुष्य ने जिन माता-पिता के माध्यम से इस धरती पर जन्म लिया, उन माता-पिता को ही पकड़ लिया, उन माता-पिता के धर्म को पकड़ लिया, माता-पिता की भाषा को पकड़ लिया और माता-पिता के रहन-सहन को पकड़ लिया। ये माता-पिता भी अस्थाई हैं तो उनकी भाषा भी अस्थाई होगी, उनका धर्म भी अस्थाई होगा और उनका रहन-सहन भी अस्थाई होगा। तो जो अस्थाई है, उसे मनुष्य पकड़ रहा है और जो स्थाई माता-पिता हैं, उन्हें भूल गया है, उनकी भाषा भूल रहा है। मनुष्य को सजीव ज्ञान नहीं है और इस सजीव ज्ञान की अज्ञानता के कारण ही यह सब हो रहा है। अगर मनुष्य को सजीव ज्ञान हुआ तो वह जानेगा कि ये माता-पिता तो प्रत्येक जन्म के साथ बदलेंगे तो उनका धर्म भी बदलेगा, भाषा भी बदलेगी। और फिर वह अपनी स्थाई माँ, परमात्मा की भाषा को ही समझने का प्रयास करेगा और परमात्मा के ही संदेश सुनना चाहेगा। ऐसा मैं अनुभव कर रहा था कि गुरुदेव कहने लगे, "जा, मनुष्य के समाज में जा और उन्हें अपने स्थाई माता-पिता की याद दिला। और उन्हें विचारों से मुक्ति देकर, परमात्मा क्या कह रहा है, परमात्मा का क्या संदेश है, वह सुनने के लिए कह। जा और समाज को जगा!"

मैंने भी निर्णय लिया—मैं समाज में अवश्य जाऊँगा। समाज के मनुष्यों को उनकी स्थाई माँ से मिलाऊँगा। उनको माँ के संदेश सुनने के लिए कहूँगा और विचारमुक्त समाज का निर्माण करूँगा। हो सकता है, ऐसा समाज मैं अपने जीवनकाल में न देख सकूँ, पर आने वाले जगत में अगली पीढ़ियाँ अवश्य इस प्रकार के समाज का निर्माण करेंगी, जिस समाज की भाषा एक होगी, धर्म एक होगा, जाति एक होगी और आत्मा एक होगी। ऐसे विश्व की रचना एक दिन अवश्य होगी और ऐसे समाज का निर्माण करने का गुरुकार्य गुरुदेव ने मुझे सौंपा है। और मैं शांत होकर आने वाली आवाजें सुन

रहा था। गुरुदेव के माध्यम से परमात्मा बोल रहा था। परमात्मा की भाषा चैतन्य की आवाज के रूप में सुनने में आ रही थी। शंखनाद हो रहा हो, ऐसा प्रतीत होता था। मैंने परमात्मा से प्रार्थना की, "हे परमात्मा! मैं आपके संदेश को अवश्य मनुष्य-जाति तक पहुँचाऊँगा कि तुम्हारी माँ एक ही है। उस माँ की भाषा एक ही है। तुम्हारी माँ का धर्म एक ही है। तुम सब उसी एक माँ की संतान हो। अपनी माँ को पहचानो और अपनी मातृभाषा को मत भूलो। आपकी माँ एक है, इसलिए माँ की भाषा एक है। उस भाषा को याद करो, उस भाषा को जानो। वह एक ही भाषा है क्योंकि एक ही माँ है। ये अलग-अलग भाषाएँ तुमने बनाई हैं। ये अलग-अलग धर्म तुमने बनाए हैं। परमात्मा की तो एक ही भाषा है—चैतन्य की भाषा। वह सारे जगत में एक है। सारे जगत में एक ही धर्म है, वह है—मनुष्यता का धर्म, मानवधर्म। परमात्मा, मैं आपके संदेश को अवश्य समाज तक पहुँचाऊँगा। आपने आपका संदेश देने के लिए मुझे माध्यम बनाया, इसलिए मैं हृदय से आपका आभारी हूँ। आपका संदेश मैं विश्व के अधिक से अधिक मनुष्यों तक पहुँचा सकूँ, ऐसा मुझे आशीर्वाद दीजिए। आपने ही कार्य सौंपा है, आप ही यह कार्य करने की शक्ति मुझे प्रदान करना। आपकी आज्ञा से यह कार्य करने के लिए मैं मेरा बाकी बचा जीवन लगाऊँगा। आपसे प्रार्थना है कि आप अपनी चैतन्य की भाषा में मुझसे संपर्क करते रहिए, अपने आदेश देते रहिए। आपके चरणों में यही प्रार्थना है।"

उसी दिन यह जान लिया कि परमात्मा एक है। परमात्मा सबकी माँ है। परमात्मा की भाषा चैतन्य की भाषा है। परमात्मा का धर्म मनुष्य-धर्म है। परमात्मा सभी मनुष्यों से बात करना चाहता है; बस मनुष्य जब तक अपने शरीर से निर्मित विचारों पर नियंत्रण नहीं करता, तब तक परमात्मा की चैतन्य की भाषा समझ में नहीं आ सकती। इसलिए निर्विचारिता आवश्यक है और निर्विचारिता के लिए 'ध्यान' आवश्यक है। ध्यान मनुष्य को जगाएगा और इस संदेश के सुनने के योग्य बनाएगा।

परमात्मा का संदेश प्रत्येक मनुष्य को समान मिलता है। कुछ मनुष्य उन संदेशों को सुन पाते हैं, कुछ नहीं सुन पाते हैं। यह ठीक

वैसा ही है, जैसे कुछ बच्चे अपने माता-पिता की बात सुनते हैं, कुछ नहीं सुनते हैं। कई मनुष्य जीवनभर अपने ही विचारों के जंजाल में फँसे रहते हैं। उन्हें उन विचारों से फुर्सत नहीं मिलती कि वे परमात्मा के संदेश सुन सकें। परमात्मा के संदेशों को अनुभव करना होता है, क्योंकि वे मनुष्य के भीतर की आत्मा के लिए आए हुए रहते हैं। जो मनुष्य जन्मों-जन्मों से ये संदेश सुनते रहते हैं, वे अपने जीवन में इन विचारों के जंजाल से मुक्त रहते हैं। इन लोगों को ये संदेश सुनने की आदत-सी हो जाती है, क्योंकि ये अनेक जन्मों में इनसे संपर्क बनाए रहते हैं। इन संदेशों पर ही इनकी गतिविधि चलती रहती है। इन संदेशों के अनुसार ही ये इस धरती पर जन्म लेते हैं, इन संदेशों के अनुसार ही जीवनयापन करते हैं और इन संदेशों के अनुसार ही देहत्याग भी करते हैं। ये अपने अनेक जन्मों में एकांत में ही रहते हैं। ये इनके अंतिम जीवन में पहचाने जाते हैं। ये पहचाने इसलिए जाते हैं कि इनके अंतिम जन्म के समय इनकी संदेश सुनने की क्षमता बहुत अधिक बढ़ जाती है और ईश्वर से इनका संपर्क बड़ा निकटता का हो जाता है। और इतना निकटता का होता है कि इनका स्वयं का अस्तित्व परमात्मामय हो जाता है। ऐसे लोग 'सद्‌गुरु' कहलाते हैं। ये सद्‌गुरु अपने अंतिम जन्म में इसलिए पहचाने जाते हैं क्योंकि लोगों को इनके सान्निध्य में संदेश महसूस होने लगते हैं। इनके सान्निध्य में सामान्य मनुष्य को भी संदेशों की अनुभूति होने लगती है। ये सद्‌गुरु परमात्मा के संदेश के संदेशवाहक बन जाते हैं। इनके अंतिम जन्म का सान्निध्य बहुत कम, भाग्यशाली आत्माओं को मिल पाता है क्योंकि इनका जीवन अधिक नहीं होता है। ये अपने जीवन में ईश्वरीय संदेशों के कारण आते हैं और ईश्वरीय संदेश समाज को सुनाकर चले जाते हैं। उनके दिए हुए संदेश कोई सुने या न सुने, उन्हें कोई फर्क नहीं पड़ता है। इन सद्‌गुरुओं के सान्निध्य में पशु-पक्षी भी आनंद का अनुभव करते हैं क्योंकि ईश्वरीय संदेशों की अनुभूति बड़ी आनंद देने वाली व आत्मा को प्रसन्न करने वाली होती है। इनके शरीर से ही परमात्मा के संदेश बहते रहते हैं। पशु-पक्षियों के स्वयं के कोई विचार नहीं होते हैं, इसलिए वे इन संदेशों को बड़ी सरलता के साथ अनुभव करते हैं। जब मनुष्य भी इनके सान्निध्य में निर्विचारिता की स्थिति लेकर जाते हैं, तो इनके माध्यम से परमात्मा

के संदेश मनुष्य भी अनुभव कर पाते हैं। ऐसे सद्गुरु के सान्निध्य में निर्विचार स्थिति में जाना चाहिए और मौन रहना चाहिए, क्योंकि जब मौन रहेंगे तो ही परमात्मा के वे संदेश सुन सकेंगे। सद्गुरु के सान्निध्य में मौन रहकर उनके सान्निध्य को अनुभव करना सर्वोत्तम होता है। कई मनुष्य उन्हें अपनी समस्या बताने का प्रयत्न करते हैं। वास्तव में उन्हें अपने जीवन की समस्या बताने की आवश्यकता नहीं होती है। वे सब समस्याएँ जानते हैं। और जो जानते है, उन्हें क्या बताना? उनके सामने बताने से उलटा हम उनके माध्यम से बहने वाले परमात्मा के संदेश सुनने से चूक जाते हैं, क्योंकि सद्गुरु के सान्निध्य में परमात्मा के संदेश अनुभव करने की जगह हम अपना चित्त समस्या पर रखते हैं और सद्गुरु का स्तर न पहचानने के कारण हमें लगता है कि वे समस्या नहीं जानते हैं। वास्तव में यह रहता है कि वे समस्या को जान जाते हैं, हम ही उनके सान्निध्य में रहकर भी उन्हें जान नहीं पाते हैं। यह ठीक ऐसी ही स्थिति है कि भगवान के मंदिर के सामने बैठकर उन लोगों से भीख माँगना जो भगवान के मंदिर में भीख माँगने आए हैं। जो स्वयं भिखारी हैं, उनसे भिखारी भीख माँगते रहते हैं। जो भीख माँग रहे हैं, उनसे भीख माँगने की अपेक्षा उनसे भीख माँगनी चाहिए जिन भगवान से लोग भीख माँग रहे हैं।

सद्गुरु का सान्निध्य उनके अंतिम जीवन में बहुत थोड़ी आत्माओं को मिल पाता है। बहुत थोड़ी आत्माओं को दर्शन होते हैं। बहुत कम आत्माएँ सद्गुरु को जान पाती हैं और बहुत कम ही उन्हें मान पाती हैं। मनुष्य को उसके पूर्वकर्मों के कारण सान्निध्य मिलता है, पर इस जीवन की अज्ञानता के कारण वह उस सान्निध्य का महत्व नहीं जान पाता है। 'सद्गुरु' परमात्मा के संदेशवाहक होते हैं क्योंकि वे स्वयं कुछ नहीं बोलते हैं। क्योंकि उनका कोई अलग अस्तित्व ही नहीं होता, परमात्मा स्वयं उनके माध्यम से बोलता रहता है। परमात्मा के संदेश उनके सान्निध्य में स्पष्ट-स्पष्ट अनुभव किए जा सकते हैं। इसीलिए कहते हैं कि सद्गुरु देखने की नहीं, अनुभव करने वाली बात होती है। सद्गुरु को जीवन में सदैव अनुभव करना चाहिए।

मेरे गुरुदेव अपने सान्निध्य में यह सब ज्ञान मुझे बड़े सूक्ष्म रूप से संदेशों में दे रहे थे। इसी कारण वे मेरे साथ हों या वे समाधि में ध्यान कर रहे हों, मुझे कोई अंतर नहीं लगता था। जब वे ध्यान करते रहते थे, तब मेरे और उनके बड़े आत्मीय संबंध हो जाते थे, क्योंकि वे अपनी कुटीर में बैठकर ध्यान करते थे और मुझे तो वे कई दिनों तक दिखते भी नहीं थे। हाँ, उनकी ध्यानावस्था में उनकी उपस्थिति हर क्षण बड़ी नजदीक की मालूम होती थी क्योंकि वे आत्मिक रूप में पास होते थे।

सद्‌गुरु मोक्ष की स्थिति तो अपने पहले जन्म में प्राप्त कर लेते हैं, फिर भी वे मोक्ष नहीं ग्रहण करते क्योंकि उन्हें अपने शिष्यों को दिए गए आश्वासन पूर्ण करने होते हैं। वे अपने आश्वासनों से बँधे होने के कारण ही अपने अंतिम जीवन को स्वीकार करते हैं और उस अंतिम जीवनकाल का संपूर्ण जीवन वे अपने शिष्यों की आध्यात्मिक प्रगति के लिए ही लगाते हैं। इस आखिरी जन्म में वे ध्यान केवल शिष्यों की आध्यात्मिक स्थिति के लिए ही करते हैं क्योंकि उन्होंने तो पहले जन्म में ही सब कुछ प्राप्त कर लिया होता है, इस जन्म में उनके पास पाने के लिए और कुछ बाकी ही नहीं रहता है। ये अपने अंतिम जीवन में, प्रायः एकांत में ही रहते हुए, अपने सारे शिष्यों को चित्त में रखकर ध्यान-साधना करते रहते हैं। इसलिए इनके ध्यान के अनुष्ठान में उन सब शिष्यों की आध्यात्मिक प्रगति हो जाती है जो उनसे जुड़े रहते हैं। क्योंकि सद्‌गुरु अपनी ध्यान-साधना के समय शिष्यों के लिए जो कर सकते हैं, वह सामान्यतः नहीं कर सकते। ध्यान-साधना के समय सद्‌गुरु और शिष्यों की आत्माओं का सीधा संबंध होता है क्योंकि उस साधनाकाल में सद्‌गुरु का शरीर सामने नहीं रहता है। इसलिए सद्‌गुरु अधिक मिलना नहीं चाहते। वे चाहते हैं कि शिष्यों का संबंध उनकी आत्मा के साथ हो। ऐसे सद्‌गुरु अपने शिष्यों को अपने शरीर के साथ नहीं जोड़ते हैं। वे अपने शिष्यों को गुरुशक्तियों के साथ जोड़ने का प्रयास करते हैं। इसीलिए शिष्यों से दूर भागते पाए गए हैं। उनका जीवन एक ही संदेश देता है—मेरे शरीर को मत पकड़ो, यह तो नश्वर है। मेरे माध्यम से जो शक्तियाँ बह रही हैं, जो परमात्मा की शक्तियाँ हैं, उन पर ध्यान दो। इसलिए सद्‌गुरु किसी विशेष रूप के परमात्मा की बात करते रहते हैं या

अपने किन्हीं गुरु की बात करते रहते हैं या अपनी शक्ति वाले सूक्ष्म शरीर की बात करते पाए जाते हैं। यानी वे सदैव एहसास कराते रहते हैं कि वे केवल माध्यम हैं। वास्तव में, वे माध्यम हैं भी और नहीं भी। ये दोनों इसलिए हैं कि शिष्य अगर निचले स्तर पर रहकर शारीरिक स्तर पर देखेगा तो वास्तव में सद्गुरु का शरीर शक्तियों का माध्यम है। इसलिए सद्गुरु कहते हैं कि वे माध्यम हैं, यह सही है। और गलत इसलिए है कि जब सद्गुरु का स्वयं का अस्तित्व ही नहीं है तो वे परमात्मा का माध्यम कैसे हो सकते हैं? क्योंकि माध्यम का तो अलग अस्तित्व होता है। इसलिए वह माध्यम नहीं है, वही परमात्मा है क्योंकि वह शरीर के स्तर से भी परमात्मामय हो गया है। इसलिए शिष्य के लिए सद्गुरु ही परमात्मा है। और सद्गुरु के लिए वे एक माध्यम हैं क्योंकि वे तब तक ही जीवित रह पाएँगे, जब तक वे अपने-आपको माध्यम कहेंगे। जब वे माध्यम समझना बंद कर देंगे, तो वे जीवनत्याग कर देंगे। क्योंकि परमात्मा का कोई अस्तित्व ही नहीं है, तो यह परमात्मामय होकर अपनी देह का अस्तित्व अलग कैसे बचाकर रख सकता है? इसीलिए सद्गुरु का जीवनकाल थोड़ा ही होता है। वे परमात्मामय होते हैं और बड़े थोड़े समय तक ही वे अपने शरीर के अस्तित्व को अलग बचाकर रख पाते हैं। उनको अपने जीवन का कोई मोह नहीं होता। ये देह-त्याग करने के लिए आतुर होते हैं। लेकिन इनका शरीर अपने शिष्यों की आत्माओं के साथ बँधा होता है। जब तक चाहेंगे, तब तक शिष्य उनके शारीरिक सान्निध्य की इच्छा कर, प्रार्थना कर उन्हें जीवित रख सकते हैं। अपने शिष्यों से बँधे होने के कारण उनका जीवन शिष्यों की प्रार्थना व इच्छा पर निर्भर रहता है। इस प्रकार ये सद्गुरु जितने अधिक समय एकांत में रहेंगे, जितने अधिक समय ध्यान में रहेंगे, उतने अधिक समय तक वे शिष्यों की आत्मिक शांति के लिए, शिष्यों की आध्यात्मिक साधना के लिए, आध्यात्मिक उन्नति के लिए प्रार्थना करते रहते हैं। ये अपनी ध्यान-साधना से शिष्यों के मोक्ष का द्वार खोलते हैं। ये देहत्याग के पूर्व अपने से जुड़े सभी शिष्यों को मोक्ष की स्थिति देकर ही जाते हैं। इसलिए शिष्य को चाहिए कि वह अपने सद्गुरु को अधिक से अधिक एकांत दे, अधिक से अधिक साधना का समय दे और उनके ध्यान-अनुष्ठान के समय चित्त के द्वारा

उनसे 24 घंटे जुड़े रहे। क्योंकि अब सद्‌गुरु के पास पाने के लिए तो कुछ रहा ही नहीं है, अब वे जो प्राप्त करेंगे, वह बाँटेंगे क्योंकि बाँटना उनका स्वभाव है। इसलिए वह तभी बाँटेगा, जब आप उसे कुछ चैतन्य प्राप्त करने देंगे। इसलिए शिष्यों की आध्यात्मिक प्रगति इस पर निर्भर है कि उनके सद्‌गुरु कितना ग्रहण कर पाते हैं और शिष्य उन्हें कितना ग्रहण करने देते हैं।

इस आध्यात्मिक क्षेत्र में शारीरिक प्रयत्न का कोई स्थान नहीं है क्योंकि सारा आध्यात्मिक क्षेत्र आत्मा की शुद्धता और आत्मा की पवित्रता पर निर्भर करता है। आत्मा जितनी पवित्र व शुद्ध होगी, उतनी सशक्त होगी। और सारी आध्यात्मिक स्थिति आत्मीयता पर ही निर्भर होती है। प्रयत्नों का कोई स्थान नहीं है क्योंकि प्रयत्न शारीरिक स्तर के होते हैं। उलटा शारीरिक प्रयत्न आध्यात्मिक क्षेत्र में बाधक ही सिद्ध होते हैं क्योंकि शारीरिक रूप से किए गए प्रयत्न मनुष्य को शारीरिक स्तर पर लाएँगे। और जब मनुष्य शारीरिक स्तर पर होगा, तब आत्मीय अनुभूति कैसे हो सकती है? इसीलिए गुरु और शिष्य के आत्मीय संबंधों में शारीरिक स्तर का कोई स्थान नहीं है। क्योंकि आध्यात्मिक स्थिति पाने के लिए भी शारीरिक स्तर पर किया गया प्रयत्न मनुष्य में सूक्ष्म अहंकार ही लाएगा। और जब भीतर अहंकार होगा, तो मनुष्य में असंतुलन भी होगा। और जब असंतुलन होगा तो मनुष्य आत्मा की कक्षा में जाएगा कैसे? इसीलिए आध्यात्मिक क्षेत्र में प्रगति करने के इच्छुक मनुष्य को यह सदैव याद रखना है कि इसमें शारीरिक प्रयासों का कोई स्थान नहीं होता है। सद्‌गुरु के प्रति शिष्य का भाव ही शिष्य के पात्र को बड़ा करता है। पात्र से हमारा आशय ग्रहण करने की क्षमता से है। शिष्य में जितना अधिक भाव होगा, उतनी ही उस शिष्य की ग्रहण करने की क्षमता होगी। और जितनी क्षमता होगी, उतना ही प्राप्त होगा। आज तक किसी को भी उसकी ग्रहण करने की क्षमता से अधिक मिला नहीं है। यानी जितना बड़ा उसका पात्र, उतनी ही परमात्मा की कृपा सद्‌गुरु के माध्यम से उसे प्राप्त होगी। परमात्मा की कृपा कभी भी पात्र से अधिक जमा होकर छलकती नहीं है, क्योंकि वह पात्र के आकार के अनुसार ही प्राप्त होती है।

अपने जीवनकाल में शिष्य को अपना पात्र बड़ा करके परमात्मा की कृपा की राह देखते बैठना पड़ता है। आई तो आई, नहीं तो, नहीं भी आई। ऐसा इसलिए होता है क्योंकि परमात्मा की कृपा प्राकृतिक होती है, उसे प्रयत्न से पाया नहीं जा सकता है; जैसे, प्रकृति की वर्षा—हो, न हो। जिस प्रकार बरसात प्रकृति पर निर्भर है, ठीक वैसे ही परमात्मा की कृपा न पाई जा सकती है, न खरीदी जा सकती है और न ही प्रयत्न से प्राप्त की जा सकती है। सारी प्राकृतिक बातें केवल होती हैं। उनके लिए कोई मनुष्य प्रयत्न कर नहीं सकता है। यह रहस्य मनुष्य को पहले समझना चाहिए। यह रहस्य वही अनुभवी सद्‌गुरु बता सकता है जिसने यह जाना है। यह भेद न समझने के कारण कई मनुष्य आध्यात्मिक क्षेत्र में प्रगति नहीं कर पाते हैं; जबकि उनकी आध्यात्मिक क्षेत्र में रुचि होती है और आध्यात्मिक प्रगति करना भी चाहते हैं, पर आध्यात्मिक प्रगति चाहकर भी नहीं कर पाते हैं। इस क्षेत्र में प्रयत्न की नहीं, भाव की प्रधानता है क्योंकि इस क्षेत्र में सबकुछ गुरु की कृपा पर ही निर्भर होता है, वह अमृत बरसाए या न बरसाए। वास्तव में यह तो गुरु के हाथ में भी नहीं होता है क्योंकि बरसात तो परमात्मा की है और सद्‌गुरु तो केवल माध्यम ही है। इसलिए माध्यम में भी परमात्मा के गुण आ जाते हैं। वह सबको समान रूप से बाँटता है। शारीरिक भेदभाव उसके पास नहीं होते हैं। जाति के, धर्म के, भाषा के उसके पास कोई भेदभाव नहीं होते हैं।

शिष्य का गुरु के प्रति भाव वास्तव में गुरु के शरीर के प्रति नहीं होता है क्योंकि शिष्य गुरु को शरीर नहीं, परमात्मा की शक्ति ही मानता है, गुरु के माध्यम से परमात्मा की अनुभूति प्राप्त करता है। गुरु का शरीर तो परमात्मा की कृपा का माध्यम होता है और माध्यम प्रसन्न होने पर ही प्रसन्नता की वर्षा कर सकता है। यह ठीक वैसा ही है, जैसे कोई भी दुःखी कलाकार किसी प्रसन्न मूर्ति का निर्माण नहीं कर सकता है। प्रसन्न व खुश मूर्ति का निर्माण करने के लिए आवश्यक है कि वह कलाकार प्रसन्नता अनुभव करे और बाद में वह प्रसन्नता उस मूर्ति में उतारे। अगर कलाकार में ही प्रसन्नता नहीं है तो वह उस मूर्ति में उसे उतारेगा कैसे? यह संभव ही नहीं है। ठीक इसी प्रकार जब तक गुरु शिष्य से प्रसन्न नहीं है, खुश नहीं है, गुरु

के माध्यम से चैतन्य बरस ही नहीं सकता है। चैतन्य का बसरना गुरु की प्रसन्नता पर ही निर्भर करता है। गुरु अच्छे भाव के कारण, प्रेम के कारण, आत्मीय भाव के कारण, सामूहिकता के कारण प्रसन्न होते हैं। और जब वह प्रसन्न होता है, वह चैतन्य बरसने के लिए उचित माध्यम बनता है। और जब उपयुक्त माध्यम बनता है, तभी उसके माध्यम से परमात्मा का चैतन्य बरसने लगता है।

सद्‌गुरु प्रसन्न होने पर वे बरस ही पड़ेंगे क्योंकि सद्‌गुरु का जन्म ही बाँटने के लिए हुआ है। वे जो मिलेगा, बाँटेंगे। वे अपने पास कुछ रख ही नहीं सकते हैं। बाँटना गुरु का ईश्वरप्रदत्त स्वभाव होता ही है। शिष्य अपने जीवन में गुरु को कितना प्रसन्न रख पाता है, उसी के ऊपर शिष्य की आध्यात्मिक प्रगति निर्भर करती है। कई बार शिष्य जब शारीरिक स्तर पर होता है, वह गुरु को शारीरिक स्तर पर रहकर भौतिक वस्तुएँ भेंट कर गुरु को प्रसन्न करने का प्रयास करता है। भौतिक वस्तुएँ भेंट कर उनके माध्यम से अपना भाव भेंट करता है। अगर भौतिक वस्तुओं की भेंट के साथ भाव हो तो गुरु उस भाव के कारण उन वस्तुओं को स्वीकार भी करते हैं, ताकि शिष्य का भाव बढ़ सके। और वह शिष्य के भाव को बढ़ाने के लिए प्रार्थना करता है और गुरु की उस प्रार्थना से शिष्य का भाव बढ़ता है। भौतिक वस्तु के माध्यम से अभिव्यक्त भाव बीज बन जाता है और एक दिन शिष्य अपना सर्वस्व समर्पित कर देता है। जब कोई शिष्य अपने पास जो है, उसका कुछ भाग समर्पित करता है तो वह समर्पण नहीं, अर्पण कहलाता है यानी अपने पास कुछ बाकी रखा। लेकिन जब शिष्य अपने पास कुछ नहीं रखता, सब समर्पित कर देता है, तभी वह संपूर्ण समर्पण कहलाता है। गुरु सदैव शिष्य के अहंकार का समर्पण चाहते हैं। और अहंकार का समर्पण शिष्य के द्वारा सबसे आखिर में होता है। शिष्य अपना सबकुछ समर्पित कर देगा, लेकिन अहंकार को अपने पास ही रखेगा। शिष्य का अहंकार सबसे बाद में समर्पित होता है। और अहंकार समर्पित होने के बाद शिष्य, शिष्य नहीं रहता, गुरु हो जाता है क्योंकि शिष्य का अपना कोई अलग अस्तित्व ही नहीं रहता है। यह क्षण शिष्य के जीवन में जितना जल्दी आए, उतना अच्छा है क्योंकि इस क्षण के बाद ही शिष्य की मोक्ष की यात्रा प्रारंभ होती है। गुरु भी शिष्य के अहंकार

के समर्पित होने का केवल इंतजार कर सकते हैं, उस शिष्य के लिए प्रार्थना कर सकते हैं, पर वे खींचकर ले नहीं सकते, खींचकर ग्रहण नहीं कर सकते क्योंकि अहंकार एक निजी मामला होता है। यह प्रत्येक को स्वयं होकर ही समर्पित करना होता है। कोई किसी को समर्पित करा नहीं सकता है। अपने अहंकार का समर्पण करना, उस शिष्य की आत्मा की अतिशुद्धता के बाद ही संभव हो पाता है। यह नियमित सान्निध्य से धीरे-धीरे होता है। कई बार कोई घटना माध्यम हो जाती है और अहंकार समर्पित हो जाता है। पर यह घटना है। यह घटना बिना पूर्वकर्म के नहीं घट सकती है। यह एक घटना ही शिष्य को गुरु बना देती है। प्रत्येक गुरु का अंतिम लक्ष्य शिष्य की आत्मा को जगाना होता है। और गुरु चाहते हैं कि शिष्य की आत्मा जागृत हो और वह आत्मा इतनी सशक्त हो कि वह आत्मा ही शिष्य की गुरु हो जाए। यह हो जाना तभी संभव होता है, जब अहंकार का समर्पण भी शिष्य कर देता है।

मानवसमाज में आए प्रत्येक गुरु को एक ही अनुभव हुआ है कि मनुष्य अपनी समस्याओं के कारण और अपने जीवन के आए संकट के कारण गुरु की शरण में आता है। और गुरु जानते हैं कि यह संकट निमित्त है, उसे उसके पास लाने के लिए, वास्तव में शिष्य के आत्मोत्थान का ही समय आ गया है। फिर गुरु के सान्निध्य में, शिष्य का चित्त समस्या से हटकर कब परमात्मा की ओर चला जाता है, यह शिष्य को पता नहीं चलता है। शिष्य के जीवन में आए संकट ही 'सेतु' बन जाते हैं, भवसागर को पार करने के लिए। इसलिए मनुष्य को जीवन में आए संकटों से घबराना नहीं चाहिए। उन संकटों को प्रसाद समझकर ग्रहण करना चाहिए। परमात्मा ने हमें जीवन में इतना कुछ दिया है, इसके लिए हमें परमात्मा को धन्यवाद देना चाहिए। जो दिया है, उसके लिए धन्यवाद और जो नहीं दिया है, वह इतना छोटा है, उसकी क्या शिकायत करें! कई बार जीवन में आए संकट ही मनुष्य को अहंकाररहित करते हैं। मनुष्य के अहंकार के कारण जीवन में आए संकट को मनुष्य प्रथम प्रयत्न करके दूर करने का प्रयास करता है और दूसरा प्रार्थना करके और बाद में जब प्रार्थना भी काम नहीं आती है तो भीख माँगने लगता है, गिड़गिड़ाने लगता है। यह उसका गिड़गिड़ाना ही उसके अहंकार को तोड़ता है

और अहंकार दूर हो जाने पर वह रोने लगता है। अहंकार शरीर से निकलते समय बड़ा कष्ट देता है, शिष्य को बहुत रुलाता है। क्योंकि रोने से ही शिष्य की आत्मशुद्धि होती है, आत्मा का मैल साफ होता है, इसीलिए गुरु के सान्निध्य में शिष्य रोता हुआ रहता है।

गुरुओं की अपनी एक सीमा होती है। वे सदैव उस आत्मा की सीमा में रहकर ही बोलते हैं। उनकी बात समझने के लिए शिष्य को उस आत्मा के स्तर पर जाना होता है। कई बार गुरु शिष्य से उसका सिर माँगते हैं और इस समय सिर का अर्थ शरीर का सिर नहीं, अहंकाररूपी सिर होता है। गुरु कहते अपने स्तर पर हैं, शिष्य समझता अपने स्तर पर है। इसलिए गुरु के जीवनकाल में उनकी बातों को समझना बड़ा कठिन होता है। इसलिए गुरु के सान्निध्य में न ही शारीरिक स्तर पर जाए और न ही उनकी बातों को शारीरिक स्तर पर ले, तो ही शिष्य गुरु की बातों को समझ सकता है। गुरु-शिष्य का संबंध ही आत्मिक है। यह एकमात्र संबंध ही इस जगत में आत्मिक है और अनूठा है क्योंकि यह शारीरिक संबंध से ऊपर उठकर होता है। आत्मीय संबंध अर्थात आत्मा का आत्मा से संबंध है। और गुरु का संबंध परमात्मा से है। यही एक संबंध शिष्य के जीवन में आध्यात्मिक क्रांति लेकर आता है, क्योंकि इसी संबंध के कारण परमात्मा की कृपा मनुष्य पर बरसती है। और उसके बाद पाने के लिए मनुष्य के जीवन में कुछ रह ही नहीं जाता है क्योंकि मनुष्य को आत्मिक सुख प्राप्त होता है। आत्मिक सुख ही जीवन का सबसे बड़ा सुख होता है। जीवन में सुख और दुःख दोनों आते हैं। क्योंकि मन जीवन की दशा है जिस दशा में मनुष्य सुख और दुःख, दोनों का अनुभव कर सकता है। क्योंकि इस दशा में रहते हुए मनुष्य जीवन में कभी सुख का अनुभव करता है तो कभी दुःख का अनुभव करता है। सुख और दुःख दोनों एक ही सिक्के के दो पहलू हैं। क्योंकि जो सुख का अनुभव कर सकता है, वह दुःख का भी अनुभव कर सकता है। और ध्यान इन दोनों से ऊपर की दशा है।

'ध्यान' करने के बाद मनुष्य शारीरिक स्तर से उठकर आत्मिक स्तर पर पहुँच जाता है। और फिर उसकी आत्मा से रस की धार निकलती है और वह उस रसधार में आत्मा का सुख भीतर से

अनुभव करता है। यह सुख जिसने प्राप्त कर लिया, वह सदैव सुखी रहता है और वह अपने ही आनंद में मस्त रहता है। और ऐसे समय में बाहरी स्थितियाँ उसे प्रभावित नहीं करती हैं। फिर उसका शरीर बाहरी स्थितियों से प्रभावित नहीं होता है और न ही सुख और दुःख से प्रभावित होता है। वह अपना साक्षीभाव रखकर जीवन की परिस्थितियों को देखता है, पर परिस्थितियों से प्रभावित नहीं होता क्योंकि वह जान जाता है कि परिस्थितियाँ सदैव अस्थाई होती हैं, वे सदैव बदलती रहती हैं। बाहरी परिस्थितियाँ कभी भी स्थाई नहीं होती हैं। उन परिस्थितियों से कभी प्रभावित न होते हुए, प्रत्येक परिस्थिति में वह साक्षीभाव में रहकर परिस्थिति को देखता है, पर परिस्थिति में नहीं रहता है। और उस परिस्थिति में न रहने के कारण वह उस परिस्थिति से प्रभावित नहीं होता है। और साक्षीभाव सदैव बना रहने के कारण "परमात्मा के सब खेल हैं," ऐसा सोचकर रहता है। और साक्षीभाव होने के कारण परमात्मा की शक्ति से सदैव जुड़ा होता है और आत्मा के सुख का आनंद अनुभूति के रूप में प्राप्त करता रहता है। एक बार यह करना आ गया तो फिर बाहरी परिस्थिति कैसी भी हो, वह मनुष्य सदैव सुखी ही रहता है। "आत्मसुख ही शाश्वत सुख होता है। वह सदैव होता ही है क्योंकि यह सुख भीतर से प्राप्त होता ही रहता है।"

आज मैं नतमस्तक हो गया कि गुरुदेव ने आज मुझे जीवन के आत्मसुख के रहस्य को समझाया था। फिर एक बार मैंने मन-ही-मन गुरुदेव का आभार माना कि वह ज्ञान जो आज उन्होंने अपने सान्निध्य में दिया था। मैंने कई बार अनुभव किया था—गुरुदेव जब दिखते नहीं थे, पास नहीं होते थे, तब वे अनुभव बहुत होते थे। उनके एकांत के समय उनकी अनुभूतियाँ सदैव होती ही रहती थीं। क्योंकि जब वे एकांत में अपने कुटीर में होते थे तो वे दिखते नहीं थे। और दिखते नहीं थे, जब उन्हें देख ही नहीं सकता था तो मेरा चित्त सदैव उनकी शक्तियों पर ही जाता था, क्योंकि शरीर दिखता ही नहीं था तो चित्त का उनके शरीर पर जाने का प्रश्न ही नहीं होता था। इसलिए जब चित्त उनकी शक्तियों पर जाता था तो उनकी शक्तियाँ प्रतिदिन नए-नए अनुभव कराती थी और मैं महसूस करता था कि वे शक्तियों के रूप में पास में ही हैं। वास्तव

में गुरुदेव तो एक ही स्थान पर रहते थे और उनकी शक्तियाँ भी एक ही स्थान पर रहती थीं, बस मैं ही चित्त से उनकी शक्तियों के करीब पहुँच जाता था। और उस दिन मुझे अनुभव हुआ कि सद्‌गुरु कभी भी पास या दूर नहीं होते हैं, वे शिष्य से एक निश्चित दूरी बनाकर रखते हैं। वह दूरी वे सदैव रखते ही हैं, पर शिष्य ही कभी पास या कभी दूर होता रहता है। सद्‌गुरु तो शिष्य के पास ही होते हैं। जब चित्त गुरुदेव की शक्तियों के आभामंडल पर हो तो शिष्य अपने-आपको गुरुदेव के पास पाता है। हाँ, लेकिन जब गुरुदेव मेरे सामने रहते थे, तब मेरा चित्त उनकी शक्तियों पर नहीं रहता था यानी उनका शरीर ही इसमें रुकावट डालता था। लगता था—मेरे गुरुदेव अनुभव करने के लिए हैं, देखने के लिए नहीं हैं। और सही है, गुरुदेव शरीर थोड़े ही हैं, वे तो शक्तियों के माध्यम हैं। और शक्तियाँ सदैव, देखने के लिए नहीं, आँख बंद करके अनुभव करने के लिए होती हैं। जिस प्रकार से किसी पुस्तक को अगर स्पर्श करना हो, तो बात अलग है, पर अगर किसी पुस्तक को पढ़ना हो, तो पुस्तक आँखों से चिपकाकर नहीं पढ़ी जा सकती है, हमें अपनी आँखों से एक-दो फीट दूर रखकर ही पढ़नी होगी। अगर हम अपनी आँखों से ही पुस्तक लगा लें तो पुस्तक का स्पर्श अनुभव कर सकते हैं, पर पढ़ नहीं सकते हैं। और पुस्तक सदैव पढ़ने के लिए होती है, स्पर्श करने के लिए नहीं। ठीक उसी प्रकार, मुझे लगा था कि उन्हें दूर से ही अनुभव करना चाहिए। लेकिन बड़े अभ्यास के बाद यह समझ सका था—गुरुदेव कोई शरीर थोड़े ही हैं या सामान्य मनुष्य थोड़े ही हैं जो उन्हें देखा जाना चाहिए; मेरे गुरुदेव शक्तियों के माध्यम हैं, उन्हें तो अनुभव ही करना होगा और अनुभव करने के बाद ही महसूस करना होगा। मुझे लगा कि जिस प्रकार से गुलाब के फूल के पास से भी हम गुजरें तो भी फूल की 'सुगंध' आ ही जाती है तो फिर उस फूल को तोड़कर अपने हाथ में लेने की क्या आवश्यकता है? आवश्यकता है हमें उस गुलाब के फूल के पास जाने की। ठीक उसी प्रकार, मेरे गुरुदेव मेरे सामने ही हों, यह कोई आवश्यक नहीं है। मेरे लिए आवश्यक है—मैं अपने चित्त से उनके पास जाऊँ यानी मैं अपना चित्त सदैव उन पर ही रखूँ।

कभी-कभी लगता है, कई शिष्य अपने गुरुदेव के शरीर के अतिनिकट होने के कारण गुरुदेव को अनुभव नहीं कर पाते हैं। क्योंकि पुस्तक जिस प्रकार आँखों से चिपकाकर पढ़ी नहीं जा सकती है, वैसे ही गुरुदेव के शरीर के सान्निध्य में अनुभव नहीं किया जा सकता है। और अनुभव करने के लिए गुरुदेव से पर्याप्त दूरी बनाना अत्यंत आवश्यक होता है। शिष्य यह बात समझे या न समझे, गुरुदेव तो यह बात जानते ही हैं। इसलिए गुरुदेव अपने शिष्य को सदैव दूर ही रखते हैं।

मेरा सारा समय इन सब बातों में कब बीत गया, पता ही नहीं चला। और अब रात काफी हो गई थी मैंने सोने का निर्णय किया। कल सुबह उठकर आश्रम की सफाई करने का कार्यक्रम मैंने सोचकर रखा था, इसलिए सुबह उठना आवश्यक था। और सुबह उठने के लिए जल्दी सोना भी आवश्यक था। फिर मैं कब सो गया, पता भी नहीं चला।

सुबह-सुबह उठा और अपने आश्रम की सफाई के कार्य के लिए जुट गया। पहले जो कुछ लकड़ियाँ ऊपर से गिरी थीं, वे हटाईं। फिर जो पत्ते सूखकर गिरे थे, वे हटाए और फिर झाड़ू लगाने का कार्य किया। झाड़ू लगाने का कार्य मैं सदैव देर से करता था, ताकि थोड़े उजाले में साफ-सफाई अच्छे से हो सके। और उजाला भी हो ही रहा था। सब पक्षी चहचहा रहे थे। वे भी कार्यक्रम बना रहे थे—आज दाना चुगने कहाँ जाना है? मैंने उनके व्यवहार से ही यह जान लिया था।

कई दिनों से मानवबस्ती से दूर था और इस जंगल में भी सैकड़ों मिलों तक कोई भी मानवबस्ती नहीं थी। और इसी कारण मुझे विचार भी नहीं आते थे, सदैव निर्विचारिता की, शून्य की स्थिति बनी रहती थी। पर पता नहीं क्यों, उस दिन लगा कि गुरुदेव कह रहे हैं, "विचार एक छूत की बीमारी है जो एक शरीर से दूसरे शरीर को लगती है। और यह बीमारी दिखती भी नहीं है। प्रत्येक व्यक्ति का एक निजी आभामंडल होता है। लेकिन वह आभामंडल अगर आसपास के सामूहिक वैचारिक प्रदूषण से दूषित हो जाए तो हमारे उस दूषित हुए आभामंडल के कारण हमें विचार आते हैं। और हमारे

आसपास जो लोग रहते हैं, हम उनके विचारों से प्रभावित हो जाते हैं, क्योंकि प्रत्येक मनुष्य अपने विचारों से हवा में एक प्रकार का प्रदूषण करता है और जब एक ही प्रकार का प्रदूषण वातावरण में हो तो हम उस खराब वातावरण से प्रभावित होंगे ही। क्योंकि भीड़ में हमारा अस्तित्व छोटा हो जाता है और भीड़ का बड़ा। भीड़ भरे स्थान में हम अपना अस्तित्व ही खो बैठते हैं। फिर हम ही अपने-आपको जान नहीं पाते हैं कि हम स्वयं क्या हैं? जो आसपास का समूह सोचता है, वैसा हम भी सोचते हैं। हमारी सोच उनसे अलग नहीं होती है। जो भीड़ सोचती है, वैसा ही हम भी सोचते हैं। यह सब इसीलिए होता है, क्योंकि हमारे आभामंडल पर अन्य मनुष्यों के आभामंडल का प्रभाव पड़ता है और उस प्रभाव में स्वयं का निजी प्रभाव ही समाप्त हो जाता है।"

"इसीलिए हमारे यहाँ 'अच्छी संगत' का बड़ा महत्व बताया गया है। वह इसीलिए बताया गया है कि हम जिन लोगों के सान्निध्य में रहेंगे, उनके विचारों का प्रभाव तो हमारे विचारों पर भी पड़ेगा ही क्योंकि विचारों की भी सामूहिक शक्ति होती है। जो लोग सोचते हैं, वह हम सोचते हैं। इसलिए किसी स्थान-विशेष में हम पाते हैं—सभी लोग एक जैसे ही विचार रखते हैं। कोई विचार बार-बार सुनने पर वे उस व्यक्ति के भीतर समा जाते हैं। इसीलिए मनुष्य के जीवन में सफलता या असफलता मिलना बहुत-सा इन विचारों के कारण भी होता है। क्योंकि अच्छे विचार करेगा, तभी तो अच्छे कर्म करेगा और अच्छे कार्म करेगा तभी तो अपने जीवन में सफल होगा। वास्तव में अतिविचार करना या निरर्थक विचार करना या नकारात्मक विचार करना, ये सब विचारों की बीमारियाँ हैं। वे मनुष्य को इन विशिष्ट विचारों की संगत से लगती हैं। वास्तव में, प्रत्येक विचार मनुष्य की ऊर्जा को कम करता है। मनुष्य अपने जीवन में सबसे अधिक ऊर्जा इन विचारों पर ही खर्च करता है और इस बात का मनुष्य को पता भी नहीं चलता है। अपनी शक्ति, अपनी ऊर्जा नष्ट न हो, इसलिए ऋषि-मुनि जंगलों में जाकर 'ध्यान-साधना' करते हैं। मनुष्य के विचार ही अप्राकृतिक हैं। इसीलिए जब भी वह प्रकृति की गोद में जाएगा, उसके विचार समाप्त हो जाएँगे। इसीलिए अपने स्वयं के क्या विचार हैं, यह मनुष्य को प्रकृति की गोद में जाकर ही पता

चलता है। वास्तव में तो प्रकृति की गोद में विचार कम होते हैं और धीरे-धीरे समाप्त ही हो जाते हैं।"

"जिस प्रकार वैज्ञानिक बाहर की खोज करते हैं; चंद्रमा पर जाते हैं, मंगल ग्रह पर जाते हैं; वैसे ही कुछ ऋषि-मुनि अपने भीतर की यात्रा करते हैं। लेकिन भीतर की यात्रा पर जो लोग जाते हैं, वे भीतर की यात्रा का वर्णन नहीं कर पाते हैं, दूसरों को अपना अनुभव नहीं बता पाते हैं क्योंकि वे बताने की स्थिति में ही नहीं रह पाते हैं। इसीलिए इस भीतर की यात्रा के बारे में किसी को कुछ भी पता नहीं है। इसीलिए सामान्य मानव-समाज इस सजीव ज्ञान से अनभिज्ञ है। सजीव ज्ञान का एक बहुत बड़ा भंडार भरा पड़ा है, जिस सजीव ज्ञान के भंडार से मनुष्य अनभिज्ञ है। इस सजीव ज्ञान को पा लेने के बाद फिर कुछ शारीरिक कर्म करने की इच्छा ही समाप्त हो जाती है। इसीलिए इस अनुभव को लिखना या बताना, ये दोनों ही कार्य नहीं हो पाते हैं।" मुझे उस दिन लगा—सजीव ज्ञान का कितना बड़ा भंडार इन मुनियों के पास है! यह भंडार लेकर ये एक दिन इस दुनिया से चले जाएँगे और दुनिया को इस भीतर की यात्रा का पता भी नहीं चलेगा। मैंने मन-ही-मन प्रार्थना की, "गुरुदेव, इतनी सारी शक्तियाँ लेकर आप इस घने जंगल में बैठे हो। इस घने जंगल में आपकी इच्छा के बगैर कोई आ नहीं सकता है। और जब सामान्य मनुष्य यहाँ आएगा ही नहीं तो ये ज्ञान उसे मिलेगा कैसे? क्योंकि आप तो कभी इस जंगल से समाज में जाओगे ही नहीं। आज मानव-समाज बहुत दुःखी है, बड़ा परेशान है। इन विचारों के मायाजाल में आज सारे विश्व का मानव-समाज फँस गया है। और इस मायाजाल में से यह समाज निकलने की चेष्टा कर रहा है। इन दुःखों से, इन परेशानियों से निजात पाने के लिए मानव-समाज तड़प रहा है और इससे निकलने के लिए उसके पास जो साधन उसे मिलते हैं, वे अपनाता है। कई लोग हैं जो पूजा-पाठ करते हैं। कुछ लोग मंदिरों में जाते हैं। कुछ हवन करते हैं। कुछ लोग जाप करते हैं। यानी भीतर जाने के लिए मानव प्रयास कर रहा है। भीतर भी जाना चाहता है। वह शाश्वत आनंद की प्राप्ति करना चाहता है। कभी कहीं बड़ी भारी पूजा करके आरती के समय एक क्षण भी शाश्वत आनंद मिलता है तो एक क्षण को ही पाकर खुश हो जाता

है। कोई अलग तरीकों से खोजने की कोशिश कर रहा है, तो कोई इस भयानक स्थिति से भागने की कोशिश कर रहा है। और इस भयानक स्थिति से भागने के लिए व्यसनों का सहारा ले रहा है। कोई शराब पी रहा है, तो कोई गाँजा पी रहा है। कोई वेश्यागमन कर रहा है; संभोग में एक क्षण में अपने-आपको भुला रहा है। यानी अपनी तकलीफों को भुलाना चाहता है। और इस प्रकार से परिस्थिति से भागना पलायनवाद है। और यह इस परिस्थिति से पार होने का मार्ग नहीं है। और उस शाश्वत आनंद की प्राप्ति का मार्ग ही समाज को पता नहीं है। गुरुदेव, आप सबकुछ जानते हैं—मैं किसी परिस्थिति से भागकर आपके पास नहीं आया हूँ और न ही किसी शाश्वत आनंद की खोज में आपके पास आया हूँ। मैं तो भेजा गया हूँ। किसी सद्‌गुरु ने मुझे आपके पास भेजा है। यानी मैं भी स्वयं आप तक पहुँचने की योग्यता नहीं रखता हूँ और न ही इसके योग्य हूँ। वह तो गुरुकृपा है कि उन्होंने एक लात मारी और मैं आपके पास पहुँच गया हूँ। अब आ ही गया हूँ तो मेरे जीवन का एक ही उद्‌देश्य है—जो मुझे प्राप्त हो, वह समाज में बाँटने के लिए प्राप्त हो या फिर न हो। और जो मैं मानव-समाज को न दे सकूँ, ऐसा कोई ज्ञान मुझे नहीं चाहिए। ऐसा कोई शाश्वत आनंद मुझे नहीं चाहिए। उस शाश्वत आनंद को मैं अकेला लेकर क्या करूँ? क्योंकि मुझे तो वह पाने की चाहत ही नहीं है। अगर फिर भी आप ये ज्ञान देना ही चाहते हैं तो इस आशीर्वाद के साथ दीजिए कि उन सुपात्र आत्माओं तक यह ज्ञान पहुँचा सकूँ जो इस ज्ञान को पाने के लिए ही इस धरती पर आई हैं। मैं आपके सजीव ज्ञान का संदेशवाहक बनना चाहता हूँ। गुरुदेव, मुझे अपना माध्यम बनाइए। मैंने उन आत्माओं को आश्वासन दिया है—जब ज्ञान की प्राप्ति मुझे होगी, तब वह ज्ञान मैं आपको दूँगा ही। और इसी आशा से आज आठ सौ सालों से ये आत्माएँ मेरे साथ यात्रा कर रही हैं। इन सबकी आशाएँ मेरे साथ लगी हैं। उन्हें मार्ग का पता नहीं है; भटक रही हैं, मार्ग खोज रही हैं। यह मेरा आखिरी जन्म है। मैं सब प्राप्त कर चुका हूँ, पर वह मेरे लिए है। मैं अकेला यह लेकर जाना नहीं चाहता। लेकिन अब मेरा भी जाने का समय हो गया है। मैं अपने आश्वासनों से बँधा हूँ। इन आश्वासनों को पूर्ण किए बिना मुझे भी मोक्ष प्राप्त नहीं हो सकता है। कृपा कीजिए और

यह सजीव ज्ञान बाँटने का उपाय बताइए। गुरुदेव, मेरी स्थिति को समझिए। बड़ी खराब मेरी स्थिति हो रही है। मैं ही अटक गया हूँ। मेरी स्थिति उस माँ के समान है जिसके स्तनों में बच्चों के लिए बहुत दूध आ गया है, वह माँ अपने बच्चे को दूध पिलाना चाहती है, उसका बच्चा दूध पीना चाहता है; पर माँ पिलाना नहीं जानती और बच्चा पीना नहीं जानता है। गुरुदेव, माँ को पिलाने का ज्ञान दीजिए और बच्चे को पीने का, अन्यथा स्तन में आया यह दूध माँ के लिए तकलीफदायक है। गुरुदेव, समाज यहाँ नहीं पहुँच सकता, आप समाज में नहीं जा सकते तो यह मार्ग मानव-समाज को पता कैसे चलेगा? गुरुदेव, कृपा कीजिए।”

मैं बार-बार गिड़गिड़ा रहा था, रो रहा था। और रोते-रोते मेरी कब समाधि लग गई, इसका पता भी नहीं चला। लेकिन जब उठा, तब गुरुदेव ने मेरे सिर पर हाथ रखा हुआ था। यह समझ में आ रहा था। गुरुदेव का वह पवित्र स्पर्श अनुभव हो रहा था, पर आँख नहीं खुल पा रही थी। और महसूस कर रहा था कि गुरुदेव के हाथ से चैतन्य का प्रवाह फूट पड़ा है और मेरे शरीर में ठंडे पानी की धारा बह रही है। मैं रोते हुए ही बोला, “गुरुदेव, बाँटने का ज्ञान दीजिए। यह ज्ञान बाँटना सिखाइए। जो ज्ञान मैं बाँट न सकूँ, वह मेरे किस काम का? मुझे तो इसकी आवश्यकता ही नहीं है। मैंने सबकुछ पा लिया है। आपको पाकर अब तो मोक्ष की कामना भी नहीं है। आपका सान्निध्य छोड़कर मैं मोक्ष भी पाना नहीं चाहता हूँ। गुरुदेव, जीवन में कुछ भी बाँटना बड़ा कठिन है, पर बाँटने के लिए ही मैं जन्मा हूँ, अन्यथा मुझे जन्म लेने की आवश्यकता ही क्यों थी? गुरुदेव, मेरे जीवन का उद्देश्य ही बाँटना है। अगर वह उद्देश्य ही प्राप्त नहीं हुआ तो यह जीवन व्यर्थ है। मैं अब जीना ही नहीं चाहता। अगर जीवन में बाँटने को न मिले तो मुझे कुछ भी नहीं चाहिए क्योंकि मुझे आवश्यकता नहीं है। यह अधिक ज्ञान मेरे लिए बोझ हो रहा है। मैं बड़ा भार अनुभव कर रहा हूँ और यह बोझ बढ़ते ही जा रहा है। मैं क्या करूँ? गुरुदेव, कुछ मार्ग बताइए।” मैं ऐसा कहकर रोने लगा।

गुरुदेव ने कहा, “आँखें खोलो। देखो, यह विश्व कितना सुंदर है! और इस सुंदर, संतुलित विश्व में तुम इस संतुलन को बनाए

रखने के लिए आए हो। जो प्रकृति में हैं, वे सब संतुलित हैं। जो प्रकृति से दूर हो गए, असंतुलन की समस्या उनकी है और उन्हीं का असंतुलन दूर करने के लिए तुम्हारा जन्म हुआ है। आज तुम्हें तुम्हारे ही जन्म का रहस्य बताता हूँ। तुम्हारा जन्म उन पवित्र आत्माओं के मार्गदर्शन के लिए हुआ है जो पिछले आठ सौ सालों से प्रत्येक जन्म में तुम्हारे साथ-साथ चल रही हैं। और तुम ही उनकी आशा की एकमात्र किरण हो, इसलिए केवल वे ही आत्माएँ तुम तक पहुँचेगी और तुमसे मोक्ष-प्राप्ति का ज्ञान ग्रहण करेंगी, क्योंकि यह रिश्ता आठ सौ साल पुराना है। उन्होंने मोक्ष-प्राप्ति के लिए तुम्हारा माध्यम चुना है। इसलिए तुम्हारे इस जन्म का उद्देश्य इस मोक्ष-प्राप्ति के ज्ञान को उन तक पहुँचाना है। और तुम्हें बाँटने में इसलिए आनंद आता है, क्योंकि बाँटना तुम्हारा स्वभाव बन गया है। बिना बाँटे तुम रह ही नहीं सकते हो। जीवन का उद्देश्य ही बाँटना है। जिस क्षण बाँटना समाप्त हो गया, जीवन समाप्त हो जाएगा। जिन आत्माओं के लिए तुम्हारा जन्म हुआ है, वे ही पवित्र आत्माएँ तुम्हें समझ सकेंगी और वे ही तुमसे ज्ञान ग्रहण करेंगी। इसलिए तुम अपने स्वभाव के कारण मानव-समाज में बाँटोगे, लेकिन सब लोग तुम्हारा बाँटा हुआ ज्ञान संभालकर रख नहीं पाएँगे क्योंकि अभी उनका समय नहीं आया है।"

"इसलिए समाज में, यह ज्ञान पाने वाले और इस ज्ञान को संभालकर रखने वाले लोग कम ही होंगे जो यह रख पाएँगे। इसलिए बाँटते समय कभी भी यह अपेक्षा मत रखना कि वह मनुष्य ज्ञान को संभालकर रखेगा ही। वास्तव में संभालकर रखने का प्रश्न तब आता है, जब पता हो कि क्या मिला है और देने वाला कौन है। ये दो बातें बड़ी महत्वपूर्ण हैं क्योंकि ये दो बातें समझे बिना इस ज्ञान को संभालना असंभव है। क्योंकि जो मिला है, उसका मूल्य ही मालूम नहीं है तो मनुष्य संभालेगा ही क्यों? संभालने के लिए क्या मिला है, उसका ज्ञान होना चाहिए। किससे मिला है, उसका ज्ञान होना चाहिए। इसमें देना ही आसान है, पर लेना बड़ा कठिन है। लेने के लिए बड़ी साधना चाहिए, बड़ी योग्यता चाहिए, अन्यथा लेकर भी लोग खो देते हैं और फिर भी खोजते रहते हैं। और पाकर भी खोते रहते हैं।"

"मेरा आशीर्वाद तेरे साथ हैं। तू तेरे जीवन में अपने उद्‌देश्य को प्राप्त करेगा। और जिन पवित्र आत्माओं ने तुझे माध्यम के रूप में माना है, वे आत्माएँ तुझ तक अवश्य पहुँचेंगी और तेरे जीवन का उद्‌देश्य पूर्ण होगा। तू इन आत्माओं को दिए गए आश्वासन के बंधन से बँधा हुआ है। तुझे तेरे जीवन में अनुभव होगा कि प्रयत्नों का कोई स्थान नहीं है, क्योंकि तू प्रयत्न करके भी उन तक नहीं पहुँच सकता है और वे ही बिना प्रयत्न किए तुझ तक पहुँच जाएँगी। तुम्हारा जीवन और उन पवित्र आत्माओं का जीवन एक-दूसरे के लिए पूरक सिद्ध होंगे, क्योंकि एक-दूसरे को प्राप्त किए बिना दोनों का ही मोक्ष संभव नहीं है। इसलिए जीवन में प्रयत्न कर, पर अपने समाधान के लिए प्रयत्न कर। प्रयत्न से कुछ फल की प्राप्ति होगी, यह सोचकर प्रयत्न मत कर क्योंकि इन प्रयत्नों से कुछ भी नहीं होगा। इसलिए सदैव याद रख कि तू परमात्मा का केवल माध्यममात्र है। माध्यम का अपना 'निजी', ऐसा कोई अस्तित्व नहीं होता है और न ही 'निजी', ऐसे कोई प्रयत्न होते हैं। माध्यम केवल माध्यम होता है। स्वयं को एक निखालस, खाली, पवित्र व शुद्ध माध्यम बनाए रख। यह स्वरूप बनाए रखने में तू जितना सफल होगा, उतना ही एक माध्यम के रूप में तुझसे कार्य होगा या तेरा उतना ही अधिक उपयोग होगा, क्योंकि वह उपयोग ही तेरे जीवन का उद्‌देश्य है। माध्यम के सदैव दो सिरे होते हैं। एक सिरे से वह पाता है और दूसरे से वह देता है। हममें और तुझमें अंतर है। हमारा देने वाला सिरा भी एक ही होगा और पाने वाला भी एक ही होगा। हमारे पास आत्माओं की सामूहिकता नहीं है। एक आत्मा से प्राप्त किया और एक आत्मा को दिया, बस इतना ही जीवन है। लेकिन तेरा ऐसा नहीं है। तुझे देने वाली आत्माएँ भी अनेक हैं और पाने वाली आत्माएँ भी अनेक हैं। इन देने वाली आत्माओं की सामूहिकता के कारण ही पाने वाली आत्माओं की सामूहिकता हो जाएगी। और जहाँ सामूहिकता होगी, वहाँ पर उनका अलग अस्तित्व ही विलीन हो जाएगा। इसलिए जीवन में तू कुछ करेगा नहीं, बस तेरे माध्यम से होगा। तू किसी को कुछ देगा नहीं, बस तेरे माध्यम से लोग प्राप्त करेंगे। तू कुछ अनुभव कराएगा नहीं, तेरे माध्यम से लोग अनुभव प्राप्त करेंगे।"

"एक गुरु हो तो उनके अनेक शिष्य होते हैं। और तेरे तो अनेक गुरु हैं। अनेक गुरुओं का अपने शिष्यों तक पहुँचने का माध्यम तू ही है। इसी कारण अनेक गुरुशक्तियों का माध्यम तू बनेगा। अपने-आपको पहचान और केवल पहचान ही नहीं, उस पहचान को सदैव याद रख ताकि सारे समय तू स्वयं को एक माध्यम समझकर रह सकेगा। और जितने अधिक समय तक माध्यम रहेगा, उतने अधिक समय तक कर्ता के भाव का कचरा नहीं अटकेगा। जितना कचरा नहीं अटका होगा, उतना पानी पाईप से अधिक बहेगा। जन्मों-जन्मों से देने की इच्छा के कारण ही इस जन्म में तुझे देने के लिए बहुत ज्ञान का भंडार मिला है। यह एक जन्म में किसी को प्राप्त नहीं हो सकता है। यह तो अनेक जन्मों का है, बस इस जन्म में मिल रहा है। तू ऐसा समुद्र है, जहाँ पर आकर कई नदियाँ मिलने वाली हैं। कई नदियों का अंतिम लक्ष्य तुझ तक पहुँचना और तुझमें समा जाना है। तेरे सान्निध्य में आकर कई आत्माएँ अपना अस्तित्व समाप्त कर लेंगी। तू कई आत्माओं का अंतिम लक्ष्य है।"

"इसीलिए, जिस प्रकार एक समुद्र सदैव एक ही स्थान पर शांत व स्थिर होता है, वैसा ही स्थिर हो जा, शांत हो जा। और अपने स्थान पर रहकर इंतजार कर उन नदियों का जो तुझे मिलने के लिए बेकरार हैं, जो नदियाँ तुझे मिलने के लिए आतुर हैं, जिन नदियों का उद्देश्य ही तुझसे मिलना है, जो तुझे मिलने का सोचकर ही अपने स्थान से निर्मित हुई हैं और बड़ी आतुरता के साथ तेरी ओर बढ़ रही हैं—अपना अस्तित्व समाप्त करने के लिए। तुझ तक पहुँचकर उनका अस्तित्व समाप्त हो जाएगा। तू वह सामूहिकता का अस्तित्व बन जाएगा जिसका अपना कुछ अस्तित्व ही नहीं है। जिस प्रकार से नदी जब समुद्र में मिलती है तो समुद्र की भरती (ज्वार) ही नदी के मिलने में रुकावट होती है। समुद्र की ओहटी (भाटा) में ही एक खाली जगह मिल जाती है नदी के प्रवेश के लिए और नदी समुद्र में प्रवेश कर जाती है। समुद्र की ओहटी नदी को अपने आगोश में लेने के लिए नदी को आमंत्रित करती है और समुद्र का आमंत्रण ही नदी की गति को बढ़ा देता है। बिल्कुल, ठीक इसी प्रकार, तू जितना प्रयत्न करेगा, उतना ही बाहर की ओर होगा। और जितना बाहर की ओर होगा, उतना ही माध्यम के कार्य में बाधा खड़ी करेगा।

और जितना शांत होगा, जितना प्रयत्नहीन होगा, उतना ही भीतर होगा। और जितना भीतर होगा, उतना ही उन आत्माओं को आकर्षित करेगा जो तुझे मिलना चाहती हैं। इसलिए शांत हो जा, स्थिर हो जा, भीतर हो जा और जगह बना ताकि आत्माएँ उसमें प्रवेश कर सके। तेरे प्रयत्न के कारण ही कई आत्माएँ पहुँच नहीं पा रही हैं, कई आत्माएँ भटक रही हैं।"

"तू आत्माओं की दिवा-दांडी (दीपस्तंभ) है। अगर दिवा-दांडी एक जगह स्थिर हो और प्रकाशित हो, बस उसका कार्य हो गया। कई भटके हुए आत्मारूपी जहाज उस दिवा-दांडी के प्रकाश को दूर से ही देख लेंगे और वह प्रकाश ही उन जहाजों को किनारे लगाने में मददगार सिद्ध होगा। और उस थोड़े से प्रकाश के सहारे कई आत्माओं की जीवन नैया मोक्षरूपी किनारे तक लग जाएगी। ये सब बातें इसलिए समझा रहा हूँ ताकि तुझे तेरे जीवन का उद्‌देश्य समझ में आए। क्योंकि मनुष्य को जन्म लेते समय ही उसका उद्‌देश्य मालूम होता है और फिर मृत्यु के बाद ही वह याद आता है। मृत्यु के बाद याद आने पर वह केवल रोता है, क्योंकि करने के लिए शरीर का माध्यम ही नहीं होता है। इसीलिए प्रत्येक गुरु का कर्तव्य है—अपने शिष्य को उसके जीवन का उद्‌देश्य याद दिलाना ताकि शिष्य अपने जीवन में ही अपने जीवन का उद्‌देश्य प्राप्त कर ले। तो मैं तो मेरा कर्तव्य कर रहा हूँ—तुझे याद दिलाने का। अब करना, न करना तेरा क्षेत्र है, मेरा नहीं। मैंने यह सब बताकर मेरा कार्य किया है, अब आगे का तू जाने।"

मैंने मन-ही-मन गुरुदेव का आभार माना कि उन्होंने मुझे मेरे जीवनकाल में ही मेरे जीवन का उद्‌देश्य बता दिया ताकि मैं अपने जीवन में ही मेरे जीवन के उद्‌देश्य को प्राप्त कर सकूँ। मेरे गुरुदेव बड़े दयालु हैं। उनकी करुणा के कारण ही, उनकी दया के कारण ही आज मैं नींद से जागा हूँ। अब ध्यान रखूँगा कि अब जगा हुआ ही रहूँ, क्योंकि एक बार जगाकर गुरुदेव ने अपना कार्य कर दिया है। अब जागकर मैं अपना कार्य करूँगा।

दूसरे दिन सुबह मैं जंगल में उस स्थान पर गया, जहाँ पर मैं कुछ दिन पूर्व लाईपत्ते के बीज डालकर आया था। यह सब पहाड़ी

जगह होने के कारण बीज बोने के लिए ऐसा स्थान ढूँढ़ना पड़ता था, जहाँ पर पत्थर न हों और मिट्टी हो क्योंकि पत्थरों पर बीज बोना बेकार ही सिद्ध होता है। और यहाँ पर बीज भी बहुत कम होते थे तो वे व्यर्थ गँवाना नहीं चाहता था। इसलिए ऐसी जमीन की तलाश में भी मिलों चलना पड़ता था। दूसरा, ऐसी भी जगह चाहिए थी, जहाँ पर बरसात का पानी जमा न हो। यानी ढलान वाली जगह होनी चाहिए। ऐसे उपयुक्त स्थानों को ढूँढ़कर वहाँ पर मैं आठ-आठ दिन के अंतराल में बीज बोता था ताकि सदैव अच्छे, ताजे पत्ते मुझे मिल सकें। कई मील चलने के बाद मैं उस स्थान पर पहुँचा, जहाँ पर मैं एक बार आकर बीज बोकर गया था। उस जगह को पहचानना भी कठिन हो गया था, इतनी घास आसपास उग गई थी। बड़ी कठिनाई से उस जगह को पहचान पाया। पर जब वहाँ पहुँचा तो बहुत प्रसन्न हो गया। वहाँ पर लाईपत्ते की बहुत बड़ी फसल लहलहा रही थी। कुछ फसल बंदर खा गए थे। मैं वह देखकर भी खुश हुआ। कोई तो साथी है जो मेरे साथ इसे खा रहा है। मैं थककर थोड़ी देर बैठ गया। और उस बड़े पत्थर पर बैठकर मैं विचार करने लग गया कि अपने पास थोड़े से ही बीज थे, इसलिए मैं उन्हें व्यर्थ बोना नहीं चाहता था। मैं उनको बोने के लिए मिलों घूमा और फिर उस स्थान को खोजा जिस स्थान पर बीज से अच्छी फसल हो सके। पर मनुष्य भी अपने जीवन में थोड़े से बीजरूपी क्षण लेकर इस धरती पर जन्म लेता है और अपने बीजरूपी क्षणों को व्यर्थ के स्थान पर ही खर्च करता है। और जब जीवनरूपी बीज समाप्त हो जाते हैं, तब मृत्यु को वरण करता है। मृत्यु होने पर रोता है—मैंने मेरा जीवन व्यर्थ गँवाया। वास्तव में मृत्यु के पूर्व ही वृद्धावस्था में, शरीर जब किसी काम का नहीं रह जाता है, उस समय मनुष्य को उसके द्वारा किए गए कार्यों से ही आत्मशांति मिलती है। जीवन में किए गए अच्छे कार्य मन को शांति प्रदान करते हैं। मन को बड़ी शांति मिलती है कि मैंने अपने जीवन में बहुत अच्छे कार्य किए। ये किए गए अच्छे कार्य ही मन को प्रसन्न कर देते हैं। इसीलिए मनुष्य को भी अपने जीवन के क्षणरूपी बीज उन स्थानों पर ही खर्च करने चाहिए जहाँ पर अच्छी फसल तैयार हो सके। मनुष्य इस धरती पर अकेला आया है और अकेला ही जाएगा। और जब वृद्धावस्था में शरीर चलने-फिरने लायक नहीं

रहेगा, फिर लोगों से मिलना भी कम ही हो जाएगा। और जो मिलने आएँगे, वे भी कर्तव्य निभाने के लिए आएँगे। तुम अभी तक जिंदा हो, इसलिए आ रहे हैं। और तुम्हें मिलकर, तुम्हारी खराब दशा देखकर तुम्हारे लिए मृत्यु जल्दी आए, ऐसी ही प्रार्थना परमात्मा से करेंगे। जब ऐसे पड़े-पड़े तुम भी मृत्यु का इंतजार करोगे और मृत्यु नहीं आएगी, इसलिए जीवित रहते हुए, उस समय तुम्हारे जीवन में किए गए कार्य ही तुम्हें प्रसन्नता देंगे। तुमने जीवन में कितने बीज अच्छे स्थान पर बोये, वह याद करके आत्मशांति मिलेगी। इसलिए ऐसे एकांत के समय मनुष्य अपनी आत्मा के साथ होता है। वह आत्मा ही है जो सदैव मनुष्य के साथ रहती ही है, चाहे वह शरीर से किसी भी अवस्था में रहे।

मेरे द्वारा बोये गए लाईपत्ते बड़े-बड़े हो गए थे। मैं वे तोड़ रहा था और इकट्ठा कर रहा था। वे अब सप्ताहभर मुझे काम आने वाले थे। उन सब लाईपत्तों को तोड़ा और इकट्ठा किया और एक बड़े पत्थर पर बैठकर उनके गट्ठे बनाने लग गया। और गट्ठे बनाते समय मैं सोच रहा था कि मेरा अहंकार कितना खुश हो रहा है कि मैंने इतने पत्तों का निर्माण किया, इतनी फसल मैं उत्पन्न कर सका, मेरे कारण इतनी फसल उत्पन्न हो गई। लेकिन वास्तव में इतनी फसल तो क्या, मैं एक लाईपत्ते का भी कभी जीवन में निर्माण कर सकता हूँ क्या? नहीं, कभी भी नहीं। बीज से पौधा, पौधे से छोटी कोंपल, छोटी-सी कोंपल से पत्ता और पत्ते से बड़ा पत्ता, सब परमात्मा निर्माण करता है। उस बीज को अंकुरित करने वाली शक्ति परमात्मा है। उसको कोंपल बनाने वाली शक्ति परमात्मा है। कोंपल से पत्ता बनाने वाली शक्ति परमात्मा है। तो फिर यह अहंकार कैसा कि मैंने निर्माण किया? कितना व्यर्थ का अहंकार मुझे है! मुझमें अहंकार था, इसीलिए मैं प्रसन्न हुआ कि कितनी फसल मैंने तैयार की है! अगर मुझमें अहंकार नहीं होता तो मैं कहता—परमात्मा की क्या कृपा बरसी है! परमात्मा की कृपा में क्या फसल तैयार हुई है! परमात्मा कितना दयालु है! परमात्मा की इस फसल पर कितनी कृपा है! लेकिन ऐसा नहीं हुआ। मैं मेरे अहंकार के कारण परमात्मा को भूल ही गया। परमात्मा की इच्छा के बिना एक पत्ता भी नहीं

हिलता, तो परमात्मा की इच्छा के बिना एक पत्ते का निर्माण भी कैसे हो सकता है?

मैंने प्रत्येक पत्ते को परमात्मा का प्रसाद समझकर इकट्ठा किया और उनका गट्ठा बनाकर कुटीर की ओर चल दिया। यह फसल परमात्मा का कृपा-प्रसाद है, ऐसा सोचने के कारण उस फसल का वजन भी नहीं लग रहा था और मैं आसानी से पहाड़ी पर चढ़ रहा था। और सबकुछ बड़ा आनंददायक लग रहा था। अब सप्ताहभर के भोजन की मेरी व्यवस्था हो गई थी। स्वयं भोजन बनाना और स्वयं ही उसे खाना, यह एक विरला अनुभव होता है। हम हमारी इच्छानुसार बनाते हैं। कैसे बनेगा, कौन खाएगा, सामने वाले को अच्छा लगेगा या नहीं लगेगा, यह सब तनाव ही नहीं होता है। इसलिए अपना बनाया हुआ खाना कैसा भी बनता है, पर उसका स्वाद बड़ा आनंददायक होता है। ऐसा ही मैं सोच रहा था और कब कुटीर तक पहुँचा, इसका पता भी नहीं चला।

शाम हो गई थी। मैंने सुबह से कुछ नहीं खाया था। अब कुटिया में आकर मैंने उन लाई के पत्तों को धोकर रख दिया और स्नान करके फिर उन्हें साफ करने बैठ गया। उन पर लगी हुई मिट्टी साफ की, उनके डंठल अलग किए और पत्ते अलग किए। फिर डंठलों के छोटे टुकड़े किए, पत्तों के भी छोटे-छोटे टुकड़े किए और एक बहुत बड़े बाँस में भरकर उसमें पानी भी भर दिया। बाँस की एक ओर गठान थी और दूसरी ओर के भाग को मैंने केले के पत्ते बाँधकर बंद कर दिया और फिर आग में पकने के लिए रख दिया। फिर थोड़े समय तक उस बाँस में उन पत्तों को पानी में उबलने दिया तो उस बाँस का रस भी उन पत्तों के साथ मिल गया। फिर उन्हें आग से निकालकर केले के पत्ते पर रखकर खा लिया। बस यही भोजन था।

इस प्रकार का भोजन कोई भी आवश्यकता से अधिक खा ही नहीं सकता है। मनुष्य बस जीने के लिए खाएगा, खाने के लिए नहीं जिएगा। कभी-कभी मैं इन पत्तों में अदरक या जायपत्ती भी डाल देता था, अगर मिल गए तो। ये पत्ते बड़े अच्छे लगते थे। उन्हें भी अलग-अलग वस्तुओं के साथ अलग-अलग प्रकार से पकाया जाता

था। कभी जंगली केलों के साथ भी पकाता था। जंगलों में जंगली केलों के बहुत झाड़ होते थे। ये केले सामान्य केलों से आकार में बड़े होते हैं, पर स्वाद अच्छा नहीं होता है। उनके भीतर बड़े, काले बीज निकलते हैं। ये केले भी उबालकर या भुंजकर खाए जाते हैं। इस प्रकार से खाना खाते-खाते जबान का स्वाद ही समाप्त हो गया था। बस कुछ भी खा लेता था। मैंने यह देखा कि सब गुरुजी शाकाहारी ही थे। ये गुरुदेव भी शुद्ध शाकाहारी थे, जबकि यहाँ खाने के लिए मछलियाँ नदी में कई प्रकार में उपलब्ध थीं। और मछलियों का शिकार न होने से उनकी संख्या भी बड़ी मात्रा में ही होती थी। और वे बड़ी निर्भीक थीं। वे ही आकर, जानबूझकर, नहाते समय मेरे शरीर को छूकर जाती थीं। मुझे अचानक उस दिन की याद आई, जब गुरुदेव ने उन मछलियों को देखकर कहा था, "इतनी बड़ी तादाद में मछलियाँ इसलिए हैं, क्योंकि यहाँ पर कोई पकड़ता ही नहीं है। और पकड़ना योग्य भी नहीं है। उन मछलियों में भी जीवन है और उनमें भी परमात्मा का एक अंश है और उस अंश से हमें समरसता स्थापित करनी है। इसीलिए आध्यात्मिक-साधना में रत व्यक्ति के लिए मांसाहार योग्य नहीं है। क्योंकि आध्यात्मिक-साधना कर मनुष्य अपने भीतर की सजीव शक्तियों को जागृत करता है, अपनी ऊर्जा को जीवित करता है, तो उस ऊर्जा को सजीव करते समय वह बाहर से प्राणियों को, मछलियों को खाकर उनके शरीर के माध्यम से मरी हुई ऊर्जा कैसे ग्रहण कर सकता है? इसलिए मांसाहार योग्य नहीं है। मनुष्य हिंसक नहीं है। यह उसका मूल स्वभाव है। और हिंसा करना मनुष्य के मूल, शुद्ध स्वभाव के विरुद्ध है। अपना जीवन बचाने के लिए दूसरे का जीवन लेना कहाँ तक उचित है? मनुष्य इन प्राणियों को मारकर कहीं-न-कहीं भीतर, अपने भीतर की मनुष्यता को ही मारते रहता है। मनुष्यता मनुष्य के भीतर की शक्ति है। उस मनुष्यता को मारकर हम कोई भी कार्य करेंगे, वह गलत ही होगा।"

"मनुष्य की आध्यात्मिक स्थिति जैसे-जैसे विकसित होती है, वैसे-वैसे इस अहिंसा का दायरा भी बढ़ते जाता है। पहले अहिंसा के दायरे में—कोई भी शारीरिक हिंसा न करना होता है, लेकिन अहिंसा के विस्तृत दायरे में वैचारिक स्वरूप भी आ जाता है। तुम्हारे द्वारा किसी भी व्यक्ति को दुःखी करना भी हिंसा के दायरे में आता है।

तुम्हारे द्वारा जाने-अनजाने में कोई ऐसे शब्द निकल जाए जिससे कोई आहत हो, वह हिंसा है। इसे शाब्दिक हिंसा कह सकते हैं। और यह शाब्दिक हिंसा तो शारीरिक हिंसा से भी अधिक घातक सिद्ध होती है। कई बार कोई व्यक्ति हमारे विचारों से, हमारी बातों से इतना घायल होता है कि वह जन्मभर घायल ही रहता है। तो यह तो बड़ा ही घातक है, क्योंकि उसके शरीर पर किया गया घाव भर जाएगा पर उसके मन पर किया गया घाव कभी नहीं भरेगा और उस घाव से वह जन्मभर दुःखी होगा। यह एक बड़ी हिंसा ही है। इसलिए अहिंसा को बड़े विशाल स्तर पर ग्रहण करना चाहिए।"

"और सामान्यत: जिस व्यक्ति के भीतर घाव होते हैं, वही दूसरे को भी घाव देता है। यानी वह दूसरे को घाव देकर कहीं अपने ही घाव को कुरेदता रहता है। यानी अपने प्रति भी वह हिंसक ही है। जिस व्यक्ति के पास घाव है ही नहीं, वह दूसरे को घाव कैसे दे सकता है? क्योंकि कुछ भी दूसरों को देने के लिए प्रथम वह स्वयं तुम्हारे पास तो होना चाहिए। किसी को गाली कोई तभी दे सकता है, जब उस व्यक्ति ने वह गाली स्वयं किसी से खाई हो। जिसने जीवन में गाली खाई ही नहीं है, तो उसे गाली मालूम ही नहीं है, तो वह व्यक्ति गाली देगा कहाँ से? क्योंकि गाली तो उसके पास है ही नहीं। गाली एक प्रकार की हिंसा है; कोई तुम्हारे प्रति करता है, वही याद रखकर तुम किसी के प्रति करते हो। इसीलिए गालियाँ खाया हुआ व्यक्ति ही गालियाँ देते रहता है। गालियाँ एक प्रकार की दुर्भावना है। जो दुर्भावना नहीं रखता, वह गाली नहीं रख सकता है। और दुर्भावना एक अच्छे, शुद्ध चित्त का प्रतीक नहीं है। जब चित्त दूषित हो तभी मुख से गाली निकल सकती है और उस निकली गाली से कोई आहत हो सकता है। और इस प्रकार से गाली भी देना एक प्रकार की हिंसा के क्षेत्र में आता है। यह गाली देने का व्यवहार भी हिंसक ही होता है। ठीक इसके विपरीत, मैंने जीवन में कई संतों को, कई ऋषियों को गाली देते हुए देखा है। कई गुरुओं से मैंने स्वयं भी गालियाँ खाई हैं। लेकिन उनकी गालियाँ खाकर मैं कभी आहत नहीं हुआ, कभी दुःखी नहीं हुआ। उलटा गालियाँ खाकर प्रसन्नता का अनुभव किया है। ऐसी प्रसन्नता इसलिए महसूस हुई क्योंकि उन्होंने वे गालियाँ किसी दुर्भावना से नहीं दी थीं और न ही उनका

गाली देने का उद्देश्य मुझे आहत करना था। जब उनका उद्देश्य ही मुझे आहत करना नहीं था तो फिर मैं आहत कैसे हो सकता था? इसलिए मैं आहत कभी नहीं हुआ और प्रसन्न इसलिए हुआ कि मेरे गुरु मेरे दोषों को गालियाँ देते थे, मेरे अहंकार को तोड़ने के लिए गालियाँ देते थे। जिस प्रकार से लोहा लोहे को काटता है, बस ऐसा ही कुछ उस व्यवहार का अर्थ था। क्योंकि गुरु के पास अमंगल ऐसा कुछ भी नहीं होता है तो वे किसी का शब्द से भी अमंगल कैसे कर सकते हैं? गुरु के शब्दों के बाण मेरे दोषों पर होते थे। मेरा अहंकार नष्ट होता था और मेरा चित्त शुब्द्ध होता था। और इस शुब्द्ध चित्त के कारण मैं प्रसन्नता अनुभव करता था।"

"वास्तव में गुरु व्यवहार से परे हैं। वे उनके द्वारा किए गए व्यवहार से जाने नहीं जा सकते हैं। क्योंकि उनका व्यवहार अलग दिखता है, पर भीतर व्यवहार कुछ अलग रहता है। हमारी देखने की दृष्टि उतनी व्यापक व समग्र नहीं होती है जितना उनका व्यवहार व्यापक होता है। इसी कारण जो व्यवहार दिखता है, वह होता नहीं है। और जो होता है, वह दिखता नहीं है। इसलिए गुरु का व्यवहार क्या है, वह कभी भी समझ में नहीं आएगा। व्यवहार से कैसा लगा, उधर ध्यान दो। तो व्यवहार कुछ भी हो, प्रत्येक व्यवहार चैतन्य बरसाता रहता है। और उसका आनंद बहुत कम भाग्यशाली अपने जीवन में ले पाते हैं। गुरु कभी भी व्यवहार से पकड़े ही नहीं जा सकता हैं। उनका व्यवहार, जो वे करते रहते हैं, उससे उलटा ही रहता है। तो व्यवहार से गुरु को पकड़ेंगे कैसे? यह संभव ही नहीं है। गुरु कोई आचार्य थोड़े ही हैं जो उनके आचरण से जाने जाएँ। गुरु व्यवहार और आचरण से भी परे होते हैं। गुरु केवल अनुभव किए जा सकते हैं। गुरु का व्यवहार धोखा है। उस धोखे से सदैव दूर रहना चाहिए। हमें क्या अनुभव होता है, हमें उधर ही ध्यान देना चाहिए। ये गालियाँ भी व्यवहार के दायरे में ही आती हैं। व्यवहार सामान्य मनुष्य का होता है, शरीर का होता है। जो शरीर ही नहीं है, उसका व्यवहार ही कैसे हो सकता है? सद्‌गुरु को व्यवहार से पहचाना नहीं जा सकता है और न ही आचरण से जाना जा सकता है।"

"सामान्य मनुष्य आचरण से जानता है और आचरण नाटक भी हो सकता है। अच्छा आचार, अच्छा व्यवहार शरीर के स्तर पर होता है, क्योंकि यह होश रहता है कि बुरा व्यवहार नहीं करना है, गलत आचरण नहीं करना है। यानी कहीं सूक्ष्म रूप में मैं और मेरा व्यवहार, मैं और मेरा आचरण—ये मैं से संबंधित ही होते हैं। यानी आचरण और व्यवहार दोनों ही 'मैं' के साथ होते हैं। और अच्छे आचरण का और अच्छे व्यवहार का दिखावा भी किया जा सकता है, क्योंकि जहाँ पर दिखाने वाली बात आई, वहाँ पर दिखने वाली बात गलत भी हो सकती है, गलत दिखने का खतरा होता है। सद्‌गुरु की स्थिति इस आचरण और व्यवहार के भी ऊपर की होती है, क्योंकि वे कुछ भी दिखाना नहीं चाहते—न अच्छा व्यवहार दिखाना चाहते हैं और न ही अच्छे आचरण से किसी को प्रभावित करना चाहते हैं। वे जैसे हैं, वैसे हैं। वे कुछ भी दिखावा नहीं करेंगे क्योंकि दिखावा बाहर का व्यवहार है और उनके पास बाहर का तो कुछ है ही नहीं। वे ही बाहर नहीं हैं, वे भीतर हैं। इसलिए उनके पास कोई दिखावा नहीं होता। वे कुछ भी दिखाकर सामने वाले को आकर्षित नहीं करना चाहते हैं। सद्‌गुरु के आभामंडल के कारण लोग ऐसे ही उस ओर खिंचे आते रहते हैं। जब ऐसे ही खिंचे आ रहे हैं तो वे खींचने का प्रयास क्यों करेंगे? उलटा ये लोगों से बचते रहते हैं। सद्‌गुरु सदैव उलटा व्यवहार करते रहते हैं, गलत व्यवहार करते रहते हैं ताकि कोई भी व्यक्ति उनके पास ही नहीं आए। जैसे, एक सद्‌गुरु ऐसे थे जिन्हें गालियाँ देने की आदत थी, बड़ी गंदी-गंदी गालियाँ देते थे। एक सद्‌गुरु पागलों जैसे, जो पास में आए, उसे पत्थर मारते थे; हालाँकि उनके पत्थर आज तक कभी किसी को लगे ही नहीं। कोई सद्‌गुरु गंदगी में, कचरे में ही रहते थे ताकि वह कचरा देखकर उन तक कोई आए नहीं। यानी लोग उनसे दूर रहें, ऐसा ही उनका सदैव व्यवहार होता है। जिस प्रकार से एक नृत्यांगना अपना नृत्य करते समय कभी-कभी नृत्य में कोई भाव-भंगिमा बना देती है, वैसा ही सद्‌गुरु के शरीर से चैतन्य निकलते समय, वह शरीर से कुछ व्यवहार करा लेता है। व्यवहार सद्‌गुरु करते नहीं हैं, व्यवहार भी होता है। और वह व्यवहार आवश्यक नहीं कि अच्छा ही हो, क्योंकि उनके पास अच्छा व्यवहार और बुरा व्यवहार नहीं होता, व्यवहार

केवल घटित होता है। इसीलिए सद्गुरु के व्यवहार पर नहीं, व्यवहार से निकलने वाले चैतन्य पर हमारा ध्यान होना चाहिए। यह व्यवहार तो हमारा ध्यान चैतन्य से हटाने के लिए किया हुआ होता है। इसीलिए सद्गुरु को अनुभव करना चाहिए। उनके प्रत्येक व्यवहार को अनुभव करना चाहिए क्योंकि सद्गुरु चैतन्यशक्ति का माध्यम हैं। वे जो भी करें, वह केवल चैतन्य के लिए होगा। इसलिए सद्गुरु को केवल अनुभव करना चाहिए। सद्गुरु आचरण करते नहीं, आचरण उनसे होता है, व्यवहार उनसे होता है। उनमें कर्ता का भाव नहीं होता है। और कर्ता और अकर्ता—ये दो व्यवहार हैं। कर्ता द्वारा व्यवहार, आचरण किया जाता है और अकर्ता से आचरण होता है। जब तक कर्ता का भाव होता है, होने की प्रक्रिया प्रारंभ नहीं होती है, क्योंकि जहाँ 'मैं' है, वहाँ पर 'वह' नहीं है। और जहाँ 'वह' आ गया, वहाँ पर 'मैं' नहीं है। 'मैं' के रहते 'वह' कभी नहीं हो सकता है। 'मैं' के साथ किए गए व्यवहार में, आचरण में उस व्यक्ति के प्रभाव होते हैं। प्रभाव अच्छे व बुरे, दोनों ही हो सकते हैं। पर 'मैं' रहित स्थिति में किए गए व्यवहार व आचरण में केवल चैतन्य ही चैतन्य होता है जो दिखता नहीं है, पर अनुभव हो सकता है। सद्गुरु व्यवहार से मुक्त हैं। वे व्यवहार करते नहीं हैं, परमात्मा उनके माध्यम से कुछ व्यवहार करवाते हैं। और परमात्मा द्वारा किए गए व्यवहार में परमात्मा किसी-ना-किसी रूप में होगा ही! और परमात्मा का कोई आकार नहीं है, इसलिए वह दिख नहीं सकता। वह शक्ति के रूप में होता है, इसलिए केवल अनुभव हो सकता है। इसलिए सद्गुरु के प्रत्येक व्यवहार से परमात्मा की शक्ति बहती रहती है, पर उनके व्यवहार पर ध्यान न रखकर हमें वह अनुभव करनी होती है। यह होता तो बड़ा कठिन है कि जो दिख रहा है, उससे आँखें मूँदना और जो नहीं दिख रहा है, वह अनुभव करना। बस यही तो अभ्यास करना होता है। जिसे यह अभ्यास करना आ गया, समझ लो, उसे फिर सब आ गया।"

"जो दिख नहीं रहा है, उसे अनुभव करना ही परमात्मा की ओर एक कदम है। एक बार इस रास्ते पर चल दिए तो फिर सब जगह परमात्मा का अनुभव होना शुरू हो जाएगा। और फिर हमें अनुभव होगा—सारा विश्व ही परमात्मामय है, मैं ही मूर्ख उसे अनुभव

नहीं कर पा रहा था। यह अनुभव करने का अभ्यास सद्‌गुरु के सान्निध्य में होता है। परमात्मा सारे विश्व के कण-कण में भरा पड़ा है। हम सदैव परमात्मा के साथ ही रहते हैं। वह सदैव हमारे साथ होता है, हम ही उसके साथ नहीं होते हैं। हम सदैव उसके साथ इसलिए नहीं होते हैं क्योंकि परमात्मा तो वर्तमान समय में होता है और हम या तो भूतकाल में जी रहे होते हैं या भविष्यकाल के विचार कर रहे होते हैं तो आज का, वर्तमान का परमात्मा हमें अनुभव होगा कैसे? वह अनुभव हो, यह संभव ही नहीं है। हम वर्तमान में नहीं होते हैं, इसलिए हमारा चित्त वर्तमान में नहीं होता है। और हमारा चित्त वर्तमान में नहीं होता है, इसलिए परमात्मा की वर्तमान की अनुभूति हमें नहीं होती है। हमारा चित्त सदैव भूतकाल की दुःखद घटनाओं पर होता है, बुरे व्यक्तियों पर होता है। और जब हमारा चित्त वर्तमान में है ही नहीं तो अनुभूति कैसे होगी? परमात्मा की अनुभूति एक जीवंत प्रक्रिया है। वह हम अपने जीवनकाल में वर्तमान में रहकर ही कर सकते हैं। लेकिन परमात्मा की अनुभूति पाने के लिए अत्यंत आवश्यक है कि हम वर्तमान में ही रहें और हमारा चित्त कहीं भी नहीं रहे, एकदम शून्य रहे ताकि वह विश्वचेतना को ग्रहण करने के लिए सदैव तैयार रहे। विश्वचेतना तो प्रत्येक क्षण हमें मिलने के लिए तैयार होती है, हम ही तैयार नहीं होते हैं। यह तैयार होना ही ध्यान है। शरीर से और चित्त से कुछ भी न करना ध्यान है। ध्यान एकदम सरल प्रक्रिया है, केवल सही मार्गदर्शन के अभाव में कठिन प्रतीत होती है। इसलिए सद्‌गुरु के सान्निध्य में वह सरल लग सकती है।" मुझे लगा, मानो गुरुदेव मुझे अपने सान्निध्य में रखकर यह सब ज्ञान दे रहे हैं।

वे मानो कह रहे थे, "एक बार एक स्थान पर परमात्मा के चैतन्य का अनुभव करना आ गया तो फिर विश्व में कहीं भी परमात्मा को अनुभव कर सकते हैं। पर यह सरल लगने वाली प्रक्रिया बड़ी कठिन है। और वह सरल प्रक्रिया इसलिए कठिन लगती है क्योंकि हम ही कठिन हैं। हम रहते कहीं हैं और सोचते कहीं हैं। यह एक विसंगत जीवन है। जीवन में रहने और होने में कोई तालमेल ही नहीं है। जब शरीर व चित्त का तालमेल हो जाए और हम चित्त से जहाँ पर हैं, वहीं पर शरीर से भी रहें तो ध्यान खुद-ब-खुद लग जाएगा।

ध्यान करने की चीज नहीं, ध्यान होने की चीज है। वह हो जाता है। ध्यान एक स्वाभाविक प्रक्रिया है, पर उसके लिए हमें ही स्वाभाविक होने की आवश्यकता होती है। हम जैसे ही स्वाभाविक हो जाते हैं तो प्रकृति की शक्ति हमारे भीतर से बहनी प्रारंभ हो जाती है और अपना स्वयं का अस्तित्व शून्य हो जाता है। फिर हम प्राकृतिक शक्तियों के माध्यम हो जाते हैं और फिर हम कार्य करते नहीं, कार्य हो जाते हैं। कार्य करना और कार्य होना—इसके बीच की कड़ी में ही ध्यान होता है। ध्यान भी किया नहीं जाता, ध्यान हो जाता है।"

इस जंगल में इतनी शांति थी कि उस जंगल की ही शांति की आवाज में लय सुनाई देने लग जाती थी। उस शांति का भी अपना एक नाद होता था। रात के समय तो यह और भी अधिक सुनाई देता था। यहाँ पर जंगल में बहुत जुगनू थे जो रात में, अँधेरे में चमकते थे। कई बार तो जंगल में जुगनुओं की बारात जैसा वातावरण हो जाता था। जुगनू सारी रात अपने शरीर के प्रकाश से अँधेरा दूर करने का प्रयास करते थे। मानो वे कह रहे हों कि जब तक जीवन है, दूसरों को प्रकाश दो और अपने आसपास का अँधेरा जितना हो सके उतना दूर करो। सारी दुनिया में फैला अँधेरा तो हम दूर नहीं कर सकते, पर कम-से-कम अपने आसपास का अँधेरा तो दूर कर ही सकते हैं और उतना ही हम हमारे जीवन में कर लें। ये जुगनू मेरे मित्र हो गए। रोज रात मेरे कुटीर में मुझसे मिलने आते थे और कुटीर में ही मानो तारों की बारात-सी आ जाती थी। वे उजाला कर कहते थे—यह मत देखो कि अँधेरा कहाँ तक है, बस अपना दीया जला लो।

उनका यह संदेश सच भी लगता था। मनुष्य का जीवन कितना छोटा है और इस छोटे से जीवन में वह सारी दुनिया को बदलना चाहता है, सारे विश्व को प्रकाशित करना चाहता है, सारे विश्व का अँधेरा दूर करना चाहता है। और देखता रहता है, खोजता रहता है कि दुनिया में अँधेरा कहाँ तक है। जीवनभर यह देखते-देखते ही कब उसका जीवन अँधेरे में खो जाता है, यह उसको स्वयं को भी पता नहीं चलता है। इस जगत की अज्ञानता का अँधेरा इतना अधिक है कि उसे हटाना किसी एक मनुष्य के बस की बात नहीं है। सारे विश्व

में अज्ञानता का अँधेरा भरा पड़ा है। हम सारा जीवन उसे खोजने बैठें तो भी वह अँधेरा जहाँ तक है, उसके दूसरे सिरे तक भी पहुँच नहीं सकते। हम जीवन में कभी यह नहीं जान सकते कि अँधेरा इस जगत में कहाँ तक है। इसीलिए मनुष्य को अपने जीवन में इस अँधेरे की खोज नहीं करनी चाहिए। हाँ, बस अपना आत्मदीपक जला लेना चाहिए। और इस प्रकार इस जगत का प्रत्येक मनुष्य अपना आत्मदीपक जला ले, तो हो सकता है कि इस जगत में अँधेरा बाकी ही नहीं रहे और सारे विश्व में उजाला ही उजाला हो।

ठीक इसी प्रकार मनुष्य भी दूसरों के दोषों को देखने में और दूसरों के दोष खोजने में, कहाँ क्या बुरा हो रहा है, कहाँ क्या ठीक नहीं हो रहा है—यह ढूँढ़ने में ही अपना सारा जीवन व्यतीत कर देता है। और दूसरों के दोष देखकर भी वह दूसरों के दोष दूर नहीं कर पाता है। जो मनुष्य खुद के ही दोष दूर नहीं कर पाता है, वह दूसरों के दोष कैसे दूर कर पाएगा? इसलिए मनुष्य ने जीवन में अपना समय दूसरों के दोष दूर करने में व्यतीत नहीं करना चाहिए। मनुष्य ने आत्माभिमुख होना चाहिए और पहले अपने ही दोष खोजने चाहिए, अपने भीतर के, मन के अँधेरे को दूर करना चाहिए। मनुष्य अपने दोष दूर कर सकता है क्योंकि वे दोष उसके अपने करीब हैं, अपने पास हैं और पास होने के कारण उन्हें दूर करना आसान होता है। मनुष्य ने सदैव जीवन में दूसरों के दोष दूर करने की जगह, अपने स्वयं के दोष दूर करने चाहिए क्योंकि मनुष्य अपने जीवन में ठीक से इतना भी नहीं कर सकता है। यानी मानव-जीवन कितना छोटा है, इसका अंदाजा इसी बात से लगाया जा सकता है। यह अंदाजा जिस दिन मनुष्य को आ जाएगा, वह अपने जीवन का बहुमूल्य समय कभी भी यूँ ही, दूसरों के दोष देखने में नहीं गँवाएगा। और फिर इन जुगनुओं की तरह पहले अपने ही दोष दूर करेगा और ज्ञान का प्रकाश, छोटा-सा ही क्यों न हो, फैलेगा। और इस जगत का अँधेरा दूर हो या ना हो, इससे उसे कोई लेना-देना न होगा, वह अपने आसपास का अँधेरा अवश्य दूर कर लेगा। और फिर भले ही इस जगत में अँधेरा हो, उसके आसपास उजाला ही होगा।

अपना आत्मदीपक जलाने के लिए पहले मनुष्य को शांत वातावरण की आवश्यकता होती है ताकि मनुष्य अपने भीतर झाँक सके, अपनी आत्मा का एहसास कर सके, अपनी आत्मा के महत्व को समझ सके और अपनी आत्मा के सान्निध्य में जा सके। वह जैसे-जैसे इसका अभ्यास करेगा, वैसे-वैसे उसका उसकी आत्मा के साथ संपर्क घनिष्ठ होगा। और जैसे-जैसे आत्मा के साथ घनिष्ठता बढ़ेगी, वैसे-वैसे आत्मा के प्रकाश का एहसास मनुष्य को होगा। और फिर भीतर से ही सारे विश्व का ज्ञान मिलना प्रारंभ हो जाएगा। मुझे एकदम लगा कि सद्‌गुरु के सान्निध्य में प्रत्येक अणु-रेणु प्रकाशित होता है। प्रत्येक स्थान पर, प्रत्येक कण-कण में उनके प्रभाव का पता लगता है। आज जीवन का इतना बड़ा रहस्य गुरुदेव ने एक जुगनू के माध्यम से समझाया। वास्तव में मेरे गुरुदेव बड़े दयालु हैं। वे अपने संदेश अलग-अलग माध्यमों से देते रहते हैं। मैं कितना ग्रहण कर पाता हूँ, कितना नहीं, यह पता नहीं, पर वे अपना देने का कार्य करते ही रहते हैं। मानो जीवन में प्रकाश देना ही उनका कार्य है और अब यही उनके जीवन का उद्‌देश्य है। यानी उन्होंने अपने जीवन में सबकुछ प्राप्त कर लिया था, अब उनके पास पाने के लिए कुछ बाकी ही नहीं रहा था। इसलिए जो उन्हें मिला है, वह आनंद वे अपने जीवन में बस लुटा रहे थे। मैं ऐसा विचार करते-करते रात में कब सो गया, मुझे इसका पता भी नहीं चला। कब आँख लग गई, क्या मालूम? मेरी आँख लग गई और मैं सो गया था। और रात में कब तक जग रहा था, यह भी नहीं मालूम पड़ा था।

दूसरे दिन सुबह खूब पक्षियों की आवाजें बड़े जोर-जोर से आ रही थीं। और इतनी आवाजें क्यों आ रही हैं, यह देखने के लिए मैंने बाहर की ओर झाँका तो देखा कि गुरुदेव ध्यान में से बाहर आ गए थे और सामने वाले वृक्ष के नीचे शांत बैठे थे। और सारे पक्षी उनके आसपास इकट्‌ठा हो गए थे। बड़ा ही मनोहर दृश्य था। मानो पक्षी उनसे बातें कर रहे थे। मैंने समझने की कोशिश की। वे कुछ प्रार्थना कर रहे थे। मैं बाहर आया और गुरुदेव की चरणवंदना की तो वे बोले, "ये सब मुझसे मोक्ष का ज्ञान सीखना चाहते हैं। और मैं उन्हें समझा रहा हूँ कि अभी तुम्हारे लिए ज्ञान सीखने का यह सही समय नहीं है। इस पक्षी की योनि में यह ज्ञान सीखकर क्या करोगे? अभी

तो तुम्हें मानव-जीवन तक एक लंबा सफर तय करना है। अभी तो तुम्हें मनुष्य-योनि में भी एक लंबा सफर तय करना है। और ये हैं कि मानते ही नहीं है!" फिर गुरुदेव उन पक्षियों को समझाने लग गए, "अरे बाबा, आत्मा अपनी जिज्ञासा के कारण, अधिक बाहर की ओर जाने के कारण परमात्मा से अलग हो जाती है और फिर कीटक, जीव-जंतु, पक्षी, पशु ऐसी हजारों योनियों में अपने जीवन का प्रवास करती है। और प्रत्येक जन्म में वह वापस परमात्मा की ओर ही जाना चाहती है, इस जीवन-मरण के प्राकृतिक चक्र से अपने-आपको अलग करना चाहती है। आत्मा उस परमात्मा का अंश है जो इस जीवन-मरण के चक्र को चलाता है। परमात्मा इस सारे चक्र को चलाता है, पर परमात्मा इस चक्र में नहीं होता है। परमात्मा तो इस प्रकृति के जीवन-चक्र से अलग होता है। तो आत्मा अपने-आपको इस जीवन के चक्र में गलती से फँसा हुआ पाती है और न चाहते हुए भी इस जीवन से जुड़ जाती है और सदैव जीना चाहती है। यह जीने की इच्छा ही सदैव उसके जीवन का उद्देश्य बन जाती है। और आत्मा बार-बार अलग-अलग योनि में जन्म लेती है और चाहते हुए भी इस जीवन-चक्र से निकल नहीं पाती है। और इस चक्र से निकलने का मार्ग केवल मनुष्य-योनि में ही उसे प्राप्त होगा, यह भी वह जानती है। और इसीलिए अब तुम सबका एक ही उद्देश्य होता है कि किसी भी तरह मानवयोनि तक पहुँचें ताकि आगे मोक्ष का मार्ग मिल सके। लेकिन तुम्हें मालूम नहीं है कि मानवयोनि में जाकर भी एकदम मोक्ष नहीं मिलता। वहाँ भी बार-बार जन्म लेना होता है। यानी फिर आत्मा मानवयोनि में ही सदैव अपने आपको फँसा हुआ पाती है। और विभिन्न योनियाँ पार इसलिए करते हो कि मानवयोनि आपको प्राप्त हो, पर तुम्हें मालूम नहीं कि मानवयोनि भी एक चक्र ही है। आत्मा उस योनि के चक्कर में ही अटक जाती है। मानवयोनि में आत्मा की उत्क्रांति भी क्रमबद्ध तरीके से, थोड़ी-थोड़ी ही हो सकती है, क्योंकि मानवयोनि में अतिबुद्धि का साथ आत्मा को मिलता है और फिर बुद्धि आई तो विचार भी आए और मानवयोनि में आत्मा धीरे-धीरे विकसित होती है।"

"आत्मा को सात जन्म तो मनुष्य-योनि में भी लेने पड़ते हैं। प्रथम बार आत्मा मानवयोनि में किसी दरिद्र आदमी के घर जन्म

लेती है। और उस जन्म में यही इच्छा करती है कि दो समय का भोजन ठीक से मिलना चाहिए। और दूसरे जन्म में फिर ठीक भोजन मिले, ऐसे उद्देश्य को प्राप्त करती है। फिर अगले जन्म में अलग इच्छा करती है। फिर थोड़े मध्यमवर्गीय घर में जन्म लेती है। फिर और अगले जन्म में किसी धनवान के यहाँ जन्म लेती है। पर धनवान होने पर वह तृप्त नहीं होती है और अतिधनवान के यहाँ जन्म लेती है। और जब अतिधनवान के यहाँ जन्म लेकर भी सुखी नहीं होती है, फिर उसे पता चलता है कि इन सब में—धन में, भौतिक सुखों में, शाश्वत सुख नहीं है। फिर कहीं वह शाश्वत सुख की खोज में जन्म लेती है और फिर आत्मसाक्षात्कार प्राप्त करती है। किसी सद्गुरु की कृपा व करुणा के कारण उसे आत्मसाक्षात्कार प्राप्त होता है और उसे "मैं एक आत्मा हूँ" यह बोध होता है। और जैसे-जैसे बोध होता है, जैसे-जैसे वह जागृत होती है, वह सारे बाहरी, भौतिक जगत से विमुख होने लगती है और फिर उसे केवल आत्मज्ञान प्राप्त करने में ही आनंद मिलता है। और फिर वह ध्यान-साधना करके अपने जीवनकाल में ही मोक्ष की एक स्थिति प्राप्त करती है। और अपने जीवनकाल में प्राप्त मोक्ष की स्थिति में ही उसकी संपूर्ण आध्यात्मिक मृत्यु हो जाती है और संपूर्ण आध्यात्मिक मृत्यु हो जाने के कारण मोक्ष प्राप्त करती है। एक संपूर्ण आध्यात्मिक मृत्यु ही मनुष्य के जीवन का उद्देश्य होता है, क्योंकि एक आध्यात्मिक मृत्यु ही मनुष्य-योनि के जीवन का अंत होता है। आध्यात्मिक मृत्यु मानव-जीवन की संपूर्ण मृत्यु है यानी अब भोगने के लिए कुछ रह ही नहीं गया है। मृत्यु तीन प्रकार की होती है। पहली मृत्यु होती है—अधिभौतिक मृत्यु यानी असमय आने वाली मृत्यु। अचानक शरीर में कोई बड़ी बीमारी हो जाए और जीवन बाकी रहा हो और मृत्यु हो जाए, तो वह अधिभौतिक मृत्यु होती है। अगर अच्छी चिकित्सा-सुविधा व उपचार हो तो इस मृत्यु से मनुष्य बच सकता है। मनुष्य अधिकतर इसी मृत्यु से मरता है। दूसरी होती है—अधिदैविक तरीके की मृत्यु। यह मृत्यु आत्महत्या करके होती है या किसी दुर्घटना के कारण होती है। इसमें भी अचानक मृत्यु हो जाती है जबकि जीवन बाकी रहता है; जीने की इच्छा बाकी रहती है और मृत्यु हो जाती है। तीसरी मृत्यु होती है—आध्यात्मिक मृत्यु। यह मृत्यु मनुष्य-योनि की समग्र मृत्यु

है। इस मृत्यु के बाद पूर्ण मोक्ष मिलता है क्योंकि न जीने की कोई इच्छा रही और न जीने का कोई उद्‌देश्य रहा। पर इस प्रकार की मृत्यु प्राप्त करने के लिए मनुष्य को भी कई जन्म लेने पड़ते हैं। इस मृत्यु में शरीर का मोह भी छूट जाता है। कई बार कई संत-महात्मा इस प्रकार की मृत्यु का वरण करते हैं। वे अपने शरीर को जर्जर अवस्था तक लेकर जाते हैं ताकि शरीर का कोई मोह मोक्ष के मार्ग में बाधा न बने। फिर उनकी आत्मा देह छोड़ती है—कभी देह न धारण करने के लिए। ऐसे संत मृत्यु का वरण करते हैं। अपनी सारी आध्यात्मिक शक्ति अलग माध्यमों में बाँट देते हैं और स्वयं शक्तिहीन हो जाते हैं। और फिर वे दूसरों की बीमारियाँ ठीक करते हैं और ठीक करने की क्रिया में वे स्वयं पर वह बीमारी ले लेते हैं। इसीलिए इन संतों को बड़ी-बड़ी बीमारियाँ होती हैं। या यूँ कहें कि चंदन की अगरबत्ती की तरह अपने अंतिम समय तक स्वयं जलकर दूसरों को सुगंध देते रहते हैं और आसपास के वातावरण को भी सुगंधित रखते हैं। और उनके चले जाने के बाद भी उनकी सुगंध उनके स्थान पर होती ही है।"

"इस प्रकार से जब दूसरे का भला करने की शुद्ध इच्छा लेकर आत्मा बार-बार जन्म लेती है, तो बाद में भला करना उसका स्वभाव बन जाता है। और इस स्वभाव के कारण जो आभामंडल शरीर के आसपास निर्मित होता है, वह शरीर त्यागने के बाद भी सदैव बना रहता है। इसीलिए संत-महात्मा की समाधि के पास हम चैतन्य की लहरियों को सालों बाद भी महसूस करते हैं। क्योंकि वहाँ वह शरीर रखा हुआ है जो शरीर अपने जीवनकाल में लाखों आत्माओं के साथ जुड़ा था और लाखों आत्माएँ उसके साथ जुड़ी हुई थीं।"

"इन चैतन्य लहरियों को हमारी आत्मा सदैव अनुभव करती है। इसीलिए ऐसे सद्‌गुरु की समाधि के पास लाखों आत्माएँ जाकर आत्मशांति पाती हैं। आत्मा इसलिए आत्मशांति पाती है, क्योंकि उस समाधि के पास जाने पर उसका अस्तित्व शून्य हो जाता है। और अस्तित्व शून्य इसलिए होता है क्योंकि समाधि के आसपास लाखों आत्माओं की सामूहिकता होती है। इस प्रकार से हम जान सकते है कि सामूहिकता में ही परमात्मा की शक्ति होती है। एक संपूर्ण,

परिपूर्ण, समग्र आध्यात्मिक मृत्यु को प्राप्त करना व अपने-आपको इस जीवन-मरण के चक्र से मुक्त करना ही प्रत्येक आत्मा का उद्देश्य होता है। नियमानुसार, मनुष्य के सात जन्म होने के बाद ही मनुष्य को मोक्ष प्राप्त हो सकता है। यह पूर्ण चक्र मनुष्य को पार करना ही पड़ता है। और कोई रास्ता नहीं है। हाँ, किसी जन्म में कोई जीवंत सद्गुरु मिल जाएँ, तो वे अपनी आध्यात्मिक शक्तियों के कारण सात जन्मों की इस यात्रा को एक जन्म में ही करा सकते हैं। पर प्रश्न यह है कि ऐसे सद्गुरु हमें मिलेंगे कहाँ और हम उन्हें पहचानेंगे कैसे और हम उन्हें मानेंगे कैसे? ऐसे सद्गुरु जीवन में तभी मिल सकते हैं, जब वर्तमान में रहकर तुम उन्हें वर्तमान में खोजो और उन्हें पा लो।"

"सामान्यतः मनुष्य सद्गुरु की खोज भूतकाल में ही करता है। क्योंकि वह स्वयं भूतकाल में रहेगा तो भूतकाल का सद्गुरु उसे किसी पुस्तक में, किसी सद्गुरु के चरित्र में मिलेंगे। और ऐसे भूतकाल के गुरु काल्पनिक होंगे, सत्य नहीं क्योंकि सद्गुरु के जीवनकाल के कई वर्षों के बाद उन पर लिखा जाता है। कितना सही, कितना काल्पनिक, क्या पता? क्यों? क्योंकि लिखने वाला उनका भक्त होगा और भक्त क्यों अपने सद्गुरु के दोषों का वर्णन करेगा? वह तो सद्गुरु के बारे में अच्छा-अच्छा ही लिखेगा। तो जो सद्गुरु का चरित्र पढ़ेगा, वह समझेगा ही नहीं कि सद्गुरु में कोई दोष भी होता है। क्योंकि सद्गुरु के चरित्र में सदैव उनके गुणों का ही गुणगान होता है। उन्हें महिमा-मंडित किया जाता है। जो होता है, उसे कई गुना बढ़ा-चढ़ाकर कहा जाता है। बढ़ा-चढ़ाकर लिखा जाना वह कभी-कभी सत्य नहीं होता, अवास्तविक लगता है। जिस प्रकार बिना मल-मूत्र के शरीर नहीं होता है; शरीर आया तो मल और मूत्र भी आएगा ही; ठीक उसी प्रकार, शरीर आया तो शरीर के दोष आएँगे ही। बिना-दोष के आज तक न कोई शरीर पैदा हुआ है और न होगा। बिना दोष का तो पुतला भी नहीं बनता है। प्रत्येक पुतला बनाने में, प्रत्येक मूर्ति बनाने में कोई-ना-कोई दोष रह ही जाता है। तो जब मूर्ति दोषरहित नहीं बन सकती है, तो मनुष्य का शरीर दोषरहित कैसे हो सकता है? एक प्रसिद्ध मूर्तिकार ने कहा था—मैंने 1065 मूर्तियों का निर्माण किया है और प्रत्येक मूर्ति में कोई-ना-कोई दोष रह ही गया। हाँ, मैं आज नई मूर्ति बनाऊँ, तो यह अवश्य कह

सकता हूँ कि उसमें 1065 मूर्तियों में पाया गया एक भी दोष नहीं होगा। फिर भी यह नई मूर्ति दोषरहित नहीं होगी। मैं इस नई मूर्ति के निर्माण में 1066वाँ दोष निर्माण करूँगा या निर्मित होगा। यह इसलिए होगा कि बिना दोष के निर्माण हो ही नहीं सकता है।"

"तो बिना दोष के सद्‌गुरु का शरीर कैसे हो सकता है? सद्‌गुरु के शरीर के पास भी दोष तो होंगे ही। और हमारी पुस्तक के सद्‌गुरु दोषरहित होते हैं, इसीलिए काल्पनिक होते हैं। और फिर हम वर्तमान में उन काल्पनिक सद्‌गुरु की खोज शुरू करते हैं। हमारी खोज की शुरुआत ही गलत दिशा में शुरू होती है। क्योंकि ऐसे सद्‌गुरु हैं ही नहीं, तो मिलेंगे कहाँ से? मनुष्य के दोष उसके जीवित होने के संकेत होते हैं। और फिर मनुष्य दोषरहित सद्‌गुरु की खोज करता है और एक सद्‌गुरु से दूसरे सद्‌गुरु के पास भटकता रहता है। क्योंकि एक सद्‌गुरु की शरण में गया, उन सद्‌गुरु के दोष देखे, उन्हें छोड़ दिया। फिर दूसरे सद्‌गुरु की शरण में गया, उनके दोष देखे, उन्हें छोड़ दिया। फिर तीसरे सद्‌गुरु की शरण में गया, उनमें दोष देखे, उन्हें छोड़ दिया और जीवनभर भटकता ही रहा। अरे, तू स्वयं ही दोषरहित नहीं है, तो तुझे दोषरहित सद्‌गुरु मिलेंगे कैसे? मनुष्य का स्वभाव ही है कि उसे दोष आसानी से, पहले दिख जाते हैं। इसीलिए किसी भी जीवित सद्‌गुरु में वह दोष देख ही लेगा। पुस्तक के, चरित्र के सद्‌गुरु जिन्हें वह मानता है, उनके दोष वह इसीलिए नहीं देख पा रहा है क्योंकि वे सद्‌गुरु उसके जीवनकाल में नहीं हैं। अगर यह शिष्य उनके जीवनकाल में होता, तो उन्हें भी नहीं मानता, उनके भी दोष देखता। जिस प्रकार शरीर पर त्वचा होती है, ऐसे ही शरीर पर दोष रहते हैं। पहले वे ही दिखते हैं। जीवंत सद्‌गुरु किसी को अपनी ओर आकर्षित नहीं करना चाहते। इसलिए वे अपने दोषों को छुपाएँगे नहीं। और वास्तव में सद्‌गुरु तो औलिया होते हैं। वे आचरण से भी परे हैं। उलटा इनका आचरण ही माया है जो हमें भ्रमित करती है। ये सद्‌गुरु अपने दोषों को भी प्रचारित करते रहते हैं ताकि वे दोष देखकर लोग दूर हो जाएँ। इन सद्‌गुरुओं के दोषों से बचने का एक ही मार्ग है, वह है—समग्र समर्पण। क्योंकि समग्र समर्पण के बाद दोष दिखेंगे ही नहीं। समर्पण सदैव, शरीर का शरीर के प्रति नहीं, आत्मा का आत्मा के प्रति होता

है। और जब आत्मा के स्तर पर आप होंगे और आपका चित्त सद्‌गुरु की आत्मा पर होगा, तो दोष दिखेंगे ही नहीं क्योंकि दोष तो शरीर के होते हैं; आत्मा तो परमात्मा का अंश है, आपको परमात्मा के दर्शन होंगे, आपको परमात्मा की अनुभूति होगी, चैतन्य अनुभव होगा। और फिर हम जीवंत सद्‌गुरु को देखेंगे नहीं, सुनेंगे नहीं, केवल उनकी उपस्थिति अनुभव करेंगे। उनके सान्निध्य का एक-एक क्षण अपने चित्त में भर लेंगे। वे क्या कर रहे हैं, उधर ध्यान नहीं होगा। वे क्या बोल रहे हैं, उधर ध्यान नहीं होगा। वास्तव में, सद्‌गुरु न तो बोलते हैं और न तो दिखते हैं, वे तो केवल अनुभूति कराते हैं। इसीलिए हमें उनके सान्निध्य में अनुभूति करनी चाहिए। मैंने भी अपने जीवन में अनेक सद्‌गुरुओं का सान्निध्य प्राप्त किया, पर दोषरहित कोई सद्‌गुरु नहीं देखा। हाँ, उनकी चैतन्य लहरियों के कारण मेरा ध्यान उनके दोषों पर कभी नहीं रह पाया था।"

"मनुष्य का मोक्ष प्राप्ति का यह एकमात्र मार्ग है—पुस्तक के सद्‌गुरु से प्रेरणा लेकर सचमुच के सद्‌गुरु को जीवंत रूप में खोजना और जीवंत सद्‌गुरु को उनके दोषों सहित स्वीकार करना और उनके प्रति संपूर्ण समर्पित होना ताकि उनके दोष न दिखकर परमात्मा की अनुभूति हो; और उस अनुभूति के सान्निध्य में ही रहना मोक्ष की स्थिति है। मनुष्य को अपने जीवनकाल में अपने शरीरसहित वह प्राप्त करनी होती है। सद्‌गुरु को परमात्मा मानो, पर यह जानते हुए कि ये एक मनुष्य हैं, परमात्मा नहीं है। ये परमात्मा का एक माध्यम हैं। इनके द्वारा परमात्मा की प्राप्ति हो सकती है, पर ये परमात्मा नहीं हैं। कोई शरीर परमात्मा हो नहीं सकता, क्योंकि परमात्मा शरीर है ही नहीं। वह एक विश्वव्यापी चेतना-शक्ति है तो फिर वह व्यक्ति कैसे हो सकता है? सद्‌गुरु परमात्मा की प्राप्ति का निमित्त होते हैं। इस प्रकार से, दोषरहित सद्‌गुरु की खोज हमें सद्‌गुरु से दूर ले जाती है। हम उनके पास रहकर भी उन्हें पहचान नहीं पाते हैं। आत्मा की प्रगति के साथ-साथ आध्यात्मिक प्रगति भी होती है। आध्यात्मिक प्रगति के साथ-साथ साधक की एक आध्यात्मिक स्थिति निर्मित हो जाती है और वह आध्यात्मिक स्थिति ही साधक को किसी सद्‌गुरु के पास ले जाती है।"

घने जंगल वाले इस वीरान टापू पर कहीं भी ऐसे कोई निशान नहीं लग रहे थे कि यहाँ पर कभी कोई मनुष्य आया हो। ऊँचे-ऊँचे पेड़ थे। उन पर लताएँ चढ़ी हुई थीं। कोई झाड़ गिरा था तो वह भी अटका ही हुआ था, जमीन पर गिर ही नहीं पाया; इतना घना जंगल था। और न ही मिलों तक कहीं किसी मनुष्य की कोई संभावना लगती थी। इसीलिए मनुष्य के विचारों का प्रश्न ही नहीं था। साधना के लिए जानबूझकर नदी के किनारे का यह टापू चुना गया था। हाँ, यहाँ पर कुछ पहाड़ियाँ अवश्य थीं। किसी भी दिशा में चलो, लकड़ी से झाड़ियाँ हटाकर ही रास्ता बनाना पड़ता था।

यह स्थान ही अपने-आप में एक छोटा-सा विश्व था और कुछ जीव-जंतु ही मेरे मित्र थे, कुछ पक्षी ही मेरे पड़ोसी थे, क्योंकि गुरुदेव तो अधिकतर अपनी ध्यान-साधना में ही मग्न होते थे। जंगली केलों के छोटे-छोटे टुकड़े करके मैं चींटियों के घरों के पास जाकर डालता था। चींटियों का आपस में बड़ा सहयोग वाला भाव होता है। डाले हुए केले का टुकड़ा मैंने कभी भी किसी चींटी को खाते हुए नहीं देखा। वे चींटियाँ उस केले के टुकड़े के भी बारीक-बारीक टुकड़े कर अपने घर के भीतर ले जाती थीं, इतनी ईमानदार चींटियाँ थीं। उनके घरों के पास बैठकर मैं घंटों उन्हें निहारता रहता था। कभी कोई बड़ा टुकड़ा डालता, तब एकाधी चींटी आकर उसे उठाने का प्रयास करती। जब नहीं उठाया जाता तो अपने घर में जाती और वापस आती तो उसके पीछे चींटियों की लंबी कतार होती थी। वे कतार में आतीं और सब मिलकर प्रयास करतीं और धीरे-धीरे उस बड़े टुकड़े को उठाकर अपने घर में ले जाती थीं। उन्हें उसे ले जाने में बड़ा कष्ट होता था। तब मैंने उनसे ही क्षमा माँगी कि अब मैं कभी इतना बड़ा टुकड़ा नहीं डालूँगा जिसे उठाने में तुम्हें तकलीफ हो। मुझे अपने-आप पर गुस्सा आया। अगर मैं छोटा टुकड़ा करके डालता तो मेरा क्या जा रहा था? मुझे ही मेरी गलती का एहसास हो गया था।

मैं कार्य के प्रति उनके समर्पण से बहुत खुश होता था। कभी-कभी तो एक छोटी-सी चींटी उसके आकार से कई गुना अधिक बड़ा टुकड़ा भी खींचकर ले जाती थी। उसे उसके लिए लगातार प्रयास

करना पड़ रहा था। बड़ी लगन व मेहनत से वह कार्य कर रही थी। फिर मेरे लिए यह एक आकर्षण ही हो गया—उन्हें निहारना, उन्हें देखना। पर मैंने आज तक किसी चींटी को खाते हुए कभी नहीं देखा है। सदैव चींटियाँ संग्रह करते हुए ही देखी गई थीं। गजब की संगठन-यंत्रणा उन चींटियों में थी। कभी उन्हें लड़ते हुए नहीं देखा। वे वापस जाती हुई, आने वाली चींटियों के मुँह के पास मुँह ले जाकर कोई संदेश देती थीं और फिर आगे बढ़ जाती थीं। कोई तो संप्रेषण उनके बीच में होता था और गजब का संवाद-साधन उनके बीच दिखता था। मुझे तब लगा, संगठन का ढाँचा इन चींटियों जैसा होना चाहिए। शायद यही हो कि प्रत्येक कमजोर व्यक्ति, गरीब व्यक्ति, निराधार व्यक्ति, जिसका कोई सहारा नहीं हो, ऐसे बेसहारा व्यक्ति, अतिविचारों से त्रस्त व्यक्ति अगर एकत्र हो जाएँ और यह पहले समझ लें कि हम समाज के कमजोर, दीन-हीन लोग हैं, तो वे सदैव यह याद रखेंगे कि अब संगठन ही हमारी सामूहिक शक्ति बन सकती है। क्योंकि अकेले तो किसी काम के नहीं हैं और संगठित रहना हमारी आवश्यकता है और इस संगठन की शक्ति से समाज के कमजोर लोग एक साथ आ सकते हैं।

ठीक इसी प्रकार से, जिन्होंने परमात्मा को पा लिया या परमात्मा को पाना ही नहीं चाहते, समाज के ऐसे लोगों को छोड़कर, जो लोग परमात्मा को पाना चाहते हैं, जिन्हें पाने की इच्छा है, पर पाने का मार्ग पता नहीं है, पाने की स्वयं की शारीरिक व मानसिक स्थिति नहीं है, ऐसे लोग पहले अपनी इस कमजोर स्थिति को जान लें और एकत्र होकर प्रयास करें और अपना एक अच्छा संगठन तैयार करें तो सामूहिकता में मोक्ष प्राप्त कर सकते हैं। क्योंकि 'मैं' मोक्ष प्राप्त कर सकता हूँ, यह 'मैं' का अहंकार उनमें नहीं होगा। 'मैं' ध्यान कर सकता हूँ, इसका अहंकार भी उनमें नहीं होगा क्योंकि वे जान जाएँगे—हम अकेले किसी काम के नहीं हैं। और जब वे यह जानेंगे तो "हम ध्यान करते हैं", "हम मोक्ष-प्राप्ति चाहते हैं"—ऐसे सामूहिकता से भरे हुए शब्दों का प्रयोग करेंगे और सामूहिकता में मोक्ष प्राप्त करेंगे। कमजोर लोगों का संगठन अधिक शक्तिशाली होता है क्योंकि उनमें अहंकार नहीं होता। और, संगठन ही हमारी शक्ति है और संगठन ही हमारी आवश्यकता है, यह वे जानते हैं।

अगर आध्यात्मिक क्षेत्र में आगे बढ़ना है तो संगठित प्रयास करना होगा। इन लोगों का संगठित प्रयास ही मोक्ष के मार्ग को सामूहिकता प्रदान करेगा। क्योंकि अब समय आ गया है कि आध्यात्मिक क्षेत्र को विकसित किया जाए; जो आध्यात्मिकता का खजाना छुपाकर रखा हुआ है, वह सब लोगों में बाँट दिया जाए और आध्यात्मिक प्रगति भी समूहों में हो। पर इसके लिए गुरुशक्तियों से प्रार्थना करनी होगी, "हे गुरुशक्तियों, आप अवतरित हों और आपकी कृपा जन-जन तक पहुँचे।" किसी को तो इच्छा करनी होगी। मैंने मन ही मन चींटियों को गुरु बनाया जिन्होंने मुझे ज्ञान दिया—कमजोर, छोटे लोगों का संगठन अधिक मजबूत होता है क्योंकि उनमें 'मैं' नहीं होता और वे जानते हैं कि संगठित प्रयास उनकी आवश्यकता है। फिर जब भी कभी समय रहता, मैं चींटियों के घर के पास आकर बैठता था।

दूसरे दिन सुबह मैं गुरुदेव के साथ फिर नदी पर नहाने गया। गुरुदेव के साथ जाने में अलग ही आनंद आता था। मैं तो रोज ही नदी पर नहाने जाता था, पर गुरुदेव के साथ नहाने का आनंद ही कुछ और होता था। गुरुदेव के सान्निध्य में सारा वातावरण चैतन्यमय हो जाता था। नदी में भी सारा नदी का पानी ही चैतन्यमय हो जाता था, मानो नदी भी गुरुदेव के सान्निध्य में प्रसन्न हो जाती हो। बड़ा आनंद आता था। सदैव ऐसा लगता था—यह क्षण बस यहीं थम जाए और इसी क्षण पर ही जीवन समाप्त हो जाए। क्योंकि अब पाने के लिए कुछ बचा ही नहीं, अब क्या जीना है! गुरुदेव स्नान के बाद मुझे लेकर पत्थरों पर बैठे और समझाने लग गए, "हमारी संस्कृति में भगीरथ की कथा है। भगीरथ ऋषि ने गंगा जो स्वर्ग में बहती थी, उसे इस धरती पर अवतरित करने के लिए तपस्या की और बड़ी तपस्या के बाद गंगा को आमंत्रित किया और फिर गंगा नदी इस धरती पर बहने लग गई। ठीक इसी प्रकार से तेरे जीवन का एक उद्देश्य है कि ज्ञान की गंगा को जन-सामान्य तक पहुँचाना। आज 'ज्ञान' एक आत्मा के द्वारा एक आत्मा तक ही पहुँच रहा है। इस 'आत्मज्ञान' को अब एक आत्मा से लाखों आत्माओं तक पहुँचाने का कार्य तुझे करना है। मेरे सान्निध्य में तू जीवन-समाप्ति की सोच रहा है। ऐसा सोचेगा तो यह आत्मज्ञान तेरे तक ही रहेगा। तेरे जीवन का उद्देश्य ही उस आत्मज्ञान को जनसामान्य तक पहुँचाना है। अब

आगे आने वाला समय विकट समय है। उस समय सामूहिक प्रयास की ही आवश्यकता है।"

"इस जगत में केवल 'आत्मज्ञान' ही सत्यज्ञान है। मनुष्य इतना भ्रमित हो गया है कि इस आत्मा की अनुभूति के ज्ञान को ज्ञान समझने के बजाय पुस्तक के ज्ञान को ज्ञान समझ रहा है। वह यह नहीं जानता कि पुस्तक का ज्ञान केवल जानकारी मात्र है। जो हो चुका है, उसकी जानकारी। जानकारी कभी अनुभूति नहीं करा सकती। 'अनुभूति' ही एकमात्र ज्ञान है जो पुस्तक से कभी प्राप्त नहीं हो सकता है। जैसे मान लें, तूने गाय के ऊपर लिखी हुई एक पुस्तक पढ़ी, तो उस पुस्तक में गाय की जानकारी होगी। गाय के चार पैर होते हैं, एक पूँछ होती है, दो सींग होते हैं। गाय सफेद, लाल, पीले, काले रंग की हो सकती है। गाय दूध देती है। दूध स्वास्थ्यवर्द्धक होता है। दूध सफेद रंग का होता है। ये सब गाय की जानकारी भर हैं। हाँ, इस जानकारी से तू पहचान सकता है कि गाय कौन-सी है और घोड़ा कौन-सा है क्योंकि पुस्तक पढ़कर तुझे गाय की जानकारी मिली है। इस प्रकार से पुस्तकें जानकारी देती हैं, पुस्तकें कभी ज्ञान नहीं दे सकती हैं क्योंकि 'ज्ञान' तो केवल 'आत्मज्ञान' है। 'आत्मज्ञान' एक अनुभूति है। पुस्तक गाय के दूध की अनुभूति नहीं करा सकती है। ठीक इसी प्रकार से, पुस्तकों से ज्ञान की जानकारी मिल सकती है; आत्मज्ञान क्या है, यह जाना जा सकता है, पर आत्मज्ञान पा नहीं सकते हैं। और आत्मज्ञान की भी व्यवस्था बड़ी उलझी हुई है। जो आत्मज्ञान को प्राप्त हो गया, वह उसमें ही लीन हो जाता है। फिर वह इस अनुभूति को दूसरे को कराएगा कैसे? और दूसरे को कराने के लिए वह बँधा हुआ है। तो वह क्या करता है, अपना शरीर-त्याग करते समय वह किसी को देकर जाता है, क्योंकि किसी को दिए बिना वह अपने गुरु के कर्ज से मुक्त नहीं होता। अपने गुरु के कर्ज से मुक्त होने के लिए वह किसी को ज्ञान प्रदान करता ही है। 'ज्ञान' एक अनुभूति है और वह तो केवल इसलिए प्रदान करता है ताकि वह स्वयं मोक्ष प्राप्त कर सके। मैं भी यह कर्तव्य आज करने वाला हूँ। मैं मेरा 'आत्मज्ञान' तुझे देने वाला हूँ ताकि मैं अपने मोक्ष का मार्ग प्राप्त कर सकूँ और मैं अपने गुरु के ऋण से मुक्त हो सकूँ। इस जगत में सारे ऋणों से बड़ा ऋण गुरु का ऋण होता है। वह हम कभी

चुका ही नहीं सकते हैं। मैं भी नहीं चुका सकता हूँ, पर मेरे गुरु के चरणों में एक अनुभूतिरूपी पुष्प तो रख ही सकता हूँ। बस यही मैं करने वाला हूँ। अनुभूति के ज्ञान का खजाना तुझे सौंपने वाला हूँ। वह मेरी आवश्यकता है, मैं तुझ पर कोई कृपा नहीं कर रहा हूँ। मैं अपना कर्तव्य पूर्ण कर रहा हूँ। इस कर्तव्य से मैं मुक्त हो जाऊँगा। मेरा मार्ग जितना आसान है, उतना तेरा मार्ग आसान नहीं है। तेरा मार्ग बड़ा कठिन है। तुझे इस 'आत्मज्ञान' को लाखों आत्माओं में बाँटना होगा। एक भूखे व्यक्ति को कुछ फल दिए जाएँ और कहा जाए कि इन फलों के छोटे-छोटे टुकड़े करके लोगों में बाँट, कितना कठिन है! क्योंकि अपनी भूख पर नियंत्रण कर लोगों में बाँटना यानी भूख की अपेक्षा बाँटने की इच्छा अधिक हो, तभी वह संभव है। यह कठिन कार्य ही तुझे करना है।"

"प्रत्येक आत्मा इस धरती पर पूर्वनिश्चित उद्देश्य के साथ आती है। और तेरी आत्मा ने इस ज्ञान को बाँटने के उद्देश्य से ही बार-बार जन्म लिया, लेकिन बाँटने का यह उद्देश्य ही पूर्ण नहीं हो सका और फिर उसी उद्देश्य को पूर्ण करने के लिए जन्म लिया है। यह चक्र चलता रहा। अब इस चक्र की समाप्ति है। क्योंकि इस जन्म में तुझे वह ज्ञान-प्राप्ति गुरुशक्ति मेरे माध्यम से करा रही है। लेकिन अनेक जन्मों के बाद जो ज्ञान तुझे मिल रहा है, वह भी तुझे मोक्ष नहीं दे सकता है, क्योंकि तू अपने आश्वासनों से बँधा हुआ है। तूने तेरे पूर्वजन्मों में लाखों आत्माओं को आश्वासन दिया था कि जब तुझे मोक्ष का ज्ञान होगा, तब तू उन्हें प्रदान करेगा। इस प्रकार का कठिन आश्वासन देकर अब तू अटक गया है। जब तक उन्हें ज्ञान नहीं देगा, तब तक तुझे मोक्ष नहीं है। उन्हें ज्ञान देना तेरी भी आवश्यकता हो गई है। तू अभी मेरे सान्निध्य में सोच रहा था न कि यहीं यह जीवन समाप्त हो जाए, पर अभी तो तेरे जीवन के कार्य बाकी हैं। अभी तो आश्वासनों को पूर्ण करना बाकी है। मेरा कार्य तो अपने तक ही सीमित था। मेरी आवश्यकता भी थोड़ी थी और मिला भी आवश्यकता के अनुसार, थोड़ा ही। पर तेरी तो आवश्यकता भी अधिक है और तुझे मिलेगा भी अधिक। तेरी देने की इच्छा के कारण ही तुझे मिलने का स्तर बड़ा हो गया है। यह ज्ञान की गंगा जो सालों से एकाकी चल रही थी, तेरे जीवन का उद्देश्य इस आत्मज्ञान की

गंगा को जनसामान्य तक पहुँचाना है। बस पहुँचाना तेरा कार्य है। जिसे मोक्ष की प्यास है, वह प्यासा तो तेरे पास सात समुद्र पार से भी आएगा ही। इसलिए मेरे देहत्याग के समय ही तू भी देहत्याग करने के बारे में मत सोच। मैंने तो अपने लिए माँगा था, मुझे मिल गया। तूने दूसरों के लिए माँगा है, तुझे दूसरों तक पहुँचना ही होगा। और यही तेरे जीवन का उद्‌देश्य है।"

मैंने गुरुदेव का आभार व्यक्त किया कि उन्होंने मुझे मेरे जीवन का उद्‌देश्य बताया, "गुरुदेव, मैं भूखा आत्मज्ञान का फल पाकर खाने ही वाला था, आपने मुझे याद दिलाया—यह तूने खाने के लिए नहीं, बाँटने के लिए प्राप्त किया है। गुरुदेव, मेरी स्थिति तो उस कमजोर चींटी जैसी है। मैं आपकी कृपा के बिना कुछ नहीं कर सकता; ना फल प्राप्त कर सकता हूँ और ना फल बाँट सकता हूँ। और मैं बाँटूँ भी तो लेगा कौन? मैं तो, न पाने के योग्य हूँ और न बाँटने के योग्य हूँ। गुरुदेव, आपने ही फल दिया है, अब आप ही मुझसे बँटवा लीजिए। मैं तो आपको पाकर कुछ करने की स्थिति में ही नहीं रह गया। मेरा तो रोम-रोम जागृत हो रहा है। मेरा सारा शरीर चैतन्य से भर रहा है। मैं तो बर्फ के समान ठंडा हो रहा हूँ। मैं तो अब पलक भी नहीं हिला सकता, आत्मज्ञान के फल क्या बाँटूँगा? आप मुझसे बँटवा लीजिए। गुरुदेव, आत्मज्ञान का फल मनुष्य ने चखा नहीं है। वह भूखा है। मिट्‌टी ही खा रहा है और उसे ही फल समझ रहा है। इतना अज्ञानी है। गुरुदेव, मनुष्य अपनी अज्ञानता के कारण पुस्तक से प्राप्त जानकारी को ही ज्ञान समझ रहा है, क्योंकि ज्ञान की अनुभूति उसने कभी की ही नहीं है। वह नहीं जानता कि ज्ञान एक अनुभूति है जो निर्जीव पुस्तकों से प्राप्त नहीं हो सकती है। गुरुदेव, कृपा कीजिए और जनसामान्य तक यह आत्मज्ञान का फल बँटवाने की करुणा कीजिए। मैं तो उस कमजोर चींटी के समान हूँ। आपकी कृपा के बिना मैं कुछ नहीं कर सकता।" ऐसा कहकर मैं रोने लग गया, उनके सामने गिड़गिड़ाने लग गया और एकदम बेसुध अवस्था में पहुँच गया।

गुरुदेव ने कहा, "तुझे इस बात का एहसास हो गया कि तू यह कार्य नहीं कर सकता यानी कर्ता का भाव समाप्त हो गया। अब

जब यह समझ गया है कि मैं नहीं कर सकता हूँ तो पूर्ण मुझे सौंप दे और तू स्वयं इस उद्देश्य में प्रयत्न छोड़ दे क्योंकि 'प्रयत्न' और 'मैं' दोनों एक-दूसरे के साथ जुड़े हुए हैं। अब बस तू मेरा माध्यममात्र बन जा, एक शुद्ध, पवित्र माध्यम। माध्यम ना तो कुछ ले सकता है और न दे सकता है। यही एक अच्छे माध्यम की पहचान है। उस माध्यम का खुद का, कोई अस्तित्व नहीं होता है, पर माध्यम के द्वारा सबकुछ प्राप्त किया जा सकता है और माध्यम के बिना कुछ भी प्राप्त नहीं किया जा सकता है। माध्यम केवल माध्यम होता है। सब के लिए समान, एक-सा होता है। अब तू माध्यम बन। जितना अच्छा माध्यम बनेगा, उतना तेरा कार्य सरल होगा क्योंकि गुरुशक्तियाँ तेरा माध्यम के रूप में उपयोग करने वाली हैं। जब तेरे माध्यम से पाने वाले लाखों हैं, तो पाने वालों को देने वाले गुरु भी अनेक होंगे ही। और मेरा आशीर्वाद है—तू एक अच्छा माध्यम बनेगा जिसके द्वारा कोई भी मनुष्य आत्मज्ञान प्राप्त कर सकेगा।"

मैंने गुरुदेव से पाद-पूजा की इच्छा व्यक्त की और गुरुदेव ने मुझे गर्दन हिलाकर अनुमति प्रदान की। फिर मैं गुरुदेव को नदी के किनारे पर एक बड़े पत्थर के पास ले गया और उस पर उन्हें बिठाया। और दोनों हाथों से पानी लेकर प्रथम गुरुदेव के चरण अच्छी तरह धोए। उन दिव्य चरणों का स्पर्श ही एक दिव्य अनुभूति थी। फिर धीरे-धीरे उनके पैर भी दबाता गया और चरण भी धोता गया। वह कब तक कर रहा था पता नहीं। फिर पास की झाड़ी से कुछ फूल चुनकर लाया और उनकी एक-एक उँगली पर रखा और बड़े अच्छे-से चरणों को सजाया। और फिर साष्टांग दंडवत प्रणाम कर उनके सामने आँख बंद करके बैठ गया और प्रार्थना करने लगा, "हे करुणानिधान, मैंने न तो परमात्मा को देखा है और न ही कभी अनुभव किया। परमात्मा की शक्ति सारे विश्व में फैली हुई है, पर विश्व की शक्ति की अनुभूति मुझे आपके माध्यम से हुई है। आप उस परमात्मा की शक्ति के माध्यम हैं। मैं जानता हूँ कि आप एक सामान्य मनुष्य हैं, पर परमात्मा की असामान्य शक्तियों ने आपको माध्यम बनाकर असामान्य बना दिया है। परमात्मा की शक्तियों की दृष्टि से आप भले ही एक माध्यम हो, पर मेरी दृष्टि से आप ही परमात्मा हैं। आपसे मिलकर मेरी परमात्मा की खोज समाप्त हो गई।

और कोई खोज समाप्त तब होती है, जब कोई परमात्मा मिल जाता है। मुझे मेरा परमात्मा मिल गया। अब मुझे परमात्मा से मिलने की कोई इच्छा नहीं रही, क्योंकि मैंने अपने जीवनकाल में परमात्मा को पा लिया है।"

"माना, परमात्मा कोई शरीर नहीं हो सकता क्योंकि परमात्मा निराकार है। उसका कोई स्वरूप नहीं है, पर वह भी प्रकट होने के लिए विभिन्न स्वरूप ग्रहण करता रहता है। समय-समय पर, आवश्यकता के अनुसार उसके स्वरूप बदलते रहते हैं। आज के परमात्मा का स्वरूप आज का होगा। हम मनुष्य भूतकाल में ही रहते हैं और इसीलिए भूतकाल में हुए परमात्मा के स्वरूप को पकड़े रहते हैं, लेकिन जीवन में कभी आज का परमात्मा नहीं खोजते हैं। आज के परमात्मा का रूप आज जैसा ही होगा, तभी तो वह आज का होगा। आपके सान्निध्य में सारी खोज समाप्त हो गई, सारी भटकन समाप्त हो गई। भीतर ही भीतर एक आत्मशांति का अनुभव कर रहा हूँ। मेरे लिए तो आप ही परमात्मा के स्वरूप हो। आपको ही परमात्मा मानकर मैं आज आपकी चरण-वंदना कर रहा हूँ, कृपया उसे स्वीकार कीजिए। गुरुदेव! सत्य तो इस संसार में एक ही है। उसे हम कहीं भी, किसी भी रूप में मान सकते हैं। वास्तव में, सत्य को स्वीकार करने में आत्मा जहाँ तैयार हो जाए, जहाँ सत्य के दर्शन हो जाए, सत्य की जहाँ अनुभूति हो जाए, बस वह स्वरूप ही सत्य है। वह माध्यमरूपी शरीर जो सत्य के दर्शन करा सका, वही सत्य इसलिए भी है क्योंकि उस शरीर में शरीर का भाव ही बाकी नहीं रहा है। शरीर जीवित है, पर शरीर का भाव नहीं है क्योंकि शरीर ही परमात्मामय हो गया है।"

"ऐसा 'परमात्मामय शरीर' जिसका शरीर का भाव ही बाकी नहीं है, जो परमात्मा का माध्यम बन चुका है, जो शरीर ब्रह्म हो गया हो, परमात्मा जिस शरीर से प्रकट हुआ हो, वह शरीर ही मेरे लिए परमात्मा का स्वरूप है। आज मुझे "गुरुः साक्षात परब्रह्म" का अर्थ समझ में आ गया है। इस पृथ्वी पर अगर साक्षात परमात्मा कोई है, तो वे गुरु हैं। बस ऐसे गुरु मिलने चाहिएँ, जहाँ जाकर परमात्मा की खोज समाप्त हो जाए। मैं आज अपने परमात्मा को नमन करता हूँ।"

"गुरुदेव, परमात्मा तो मानने पर ही निर्भर होता है। कोई किसी में परमात्मा को देखता है, कोई किसी में। वास्तव में, परमात्मा तो प्रत्येक शरीर में होता ही है। पर जब ऐसा शरीर मिल जाए जिस शरीर में शरीर का बोध समाप्त हो गया हो, जो शरीर परमात्मामय हो गया हो, तो वह शरीर ही परमात्मा का स्वरूप है। मेरी आत्मा ने आज पूर्ण रूप से आपको परमात्मा मान लिया है। और यह मानना मेरे मन का भाव है। इसलिए मैं अपना भाव ही आपके सामने प्रकट कर रहा हूँ। मैं आपको ही परमात्मा मान रहा हूँ और आपको ही आज का परमात्मा मानकर नमस्कार करके आपके श्रीचरणों में प्रार्थना कर रहा हूँ कि आप मुझे अपना माध्यम बनाइए। परमात्मा के जैसे शुद्ध, पवित्र माध्यम आप बन सके, वैसा शुद्ध माध्यम आप मुझे बनाइए। मैं जानता हूँ कि मैं इसके योग्य नहीं हूँ, पर आपकी कृपा में असंभव भी संभव हो सकता है। आपके सान्निध्य में सब हो सकता है। आप मेरे परमात्मा हैं और परमात्मा तो सबकुछ कर सकता है। मैं एक माध्यम बनूँगा, ऐसा आपने आशीर्वाद दिया है। इस आशीर्वाद का सदैव मैं ध्यान रखूँ। जीवन में कभी भी शरीर का कोई भाव मुझमें न आए, जीवन में शरीर के भाव मुझ पर न आए और जीवनभर आपके कार्य में लगा रहूँ, सारा जीवन आपकी कृपा में, आपकी करुणा में व्यतीत हो, जीवनभर आत्मज्ञान का कार्य कर सकूँ, ऐसा आशीर्वाद दीजिए। मैं जीवन में मेरी अंतिम साँस तक आपके कार्य को कर सकूँ, यही आशीर्वाद दीजिए। आपकी करुणा के बिना यह संभव नहीं है। 'गुरुकार्य' में समय कब चला जाता है, पता भी नहीं चलता है। गुरुकार्य तो एक बहाना है आपसे जुड़ने का। मैं जीवनभर गुरुकार्य करके आपसे जुड़ना चाहता हूँ और जीवनभर जुड़ा ही रहना चाहता हूँ।" ऐसा कहकर मैंने फिर उन्हें साष्टांग दंडवत प्रणाम किया।

उन्होंने मुझे बड़े स्नेह के साथ उठाया और अपने पास बिठाया और मुझे समझाने लग गए कि परमात्मा कोई शरीर नहीं है। जिन्हें हम परमात्मा समझते हैं, वे भी उनके समय के गुरु ही थे। और जिन्हें हम परमात्मा मानते हैं, उन्होंने भी अपने गुरुओं को माना है। यानी परमात्मा का निर्माण भी गुरुओं ने किया है। परमात्मा समय-समय पर बदलते रहते हैं। परमात्मा तो एक विश्वचेतना है। वह समय-समय पर इस विश्व में प्रकट होती रहती है और प्रकट होकर इस विश्व

को संतुलित करने का कार्य करती है। इस विश्व का संचालन वह अपने अलग-अलग माध्यमों से करती है। जिस शरीर का 'मैं' का भाव समाप्त हो गया, वह परमात्मा का माध्यम बन जाता है। कितने क्षण शरीर का 'मैं' का अहंकार समाप्त हुआ, वह अलग बात है। प्रत्येक मनुष्य को माध्यम बनने का पूरा-पूरा अवसर रहता है। कौन मनुष्य कितने समय 'मैं' के अहंकार से, 'मैं' के शरीर-बोध से दूर रहा, उतने समय वह परमात्मा का माध्यम हुआ। सामान्य मनुष्य को सारे जीवन 'मैं' के शरीरभाव से मुक्ति संभव नहीं है। लेकिन कुछ क्षणों के लिए क्यों न हो, कहीं-ना-कहीं क्यों न हो, मनुष्य का शरीर-भाव छूटता है। उस क्षण वह परमात्मा का माध्यम बन जाता है।

"गुरु का कार्य करना यानी ऐसा कार्य करना जो हमने अपनी आत्मा से माना है कि यह कार्य गुरु का कार्य है। और वह कार्य करते समय शरीर का 'मैं' छूट जाता है। 'मैं' का अहंकार जिस कार्य में छूट जाता है, वह गुरुकार्य है। क्योंकि गुरुकार्य तो एक साधन है जिससे हम अपने शरीर के भाव को भुलाना चाहते हैं और परमात्मा के माध्यम बनना चाहते हैं। मनुष्य इसीलिए अपनी आध्यात्मिक प्रगति के लिए गुरु के कार्य को चुनता है। वास्तव में, गुरु का सारा लक्ष्य कार्य होता है और जो उनके कार्य को पकड़ लेता है, गुरु उनके पीछे अनायास ही हो लेते हैं। गुरु को पकड़ने का आसान मार्ग उनके कार्य को पकड़ना है। जब कार्य जीवनभर करते हैं, तो गुरुकार्य स्वभाव बन जाता है। और जब यह स्थिति हो जाए तो वह शरीर परमात्मा का माध्यम हो जाता है। शरीर सदैव अपना बोध कराता ही रहता है। उस शरीर-बोध पर नियंत्रण पाना बड़ा कठिन है, पर अभ्यास से हो सकता है। तू भी मेरे जैसे शरीर के बोध से संपूर्ण मुक्त होकर जीवन व्यतीत कर सकता है। यह सब होने ही वाला है। थोड़ा समय अभी बाकी है। परमात्मा की भी एक निश्चित योजना होती है। वह उस क्षण के पहले कुछ नहीं देता है। उस क्षण का इंतजार कर। तुझे पाकर मैं प्रसन्न हो गया। तुम्हारे माध्यम से जो कार्य होने वाला है, वह मुझे दिख रहा है। ऐसे महान कार्य में मुझे मेरे जीवन में योगदान करने का अवसर प्राप्त हुआ, इसलिए मैं धन्य हो गया। अब मेरे जीवन का उद्देश्य समाप्त हो गया है।"

"यह मेरा शरीर भी अब कमजोर हो गया है। मेरी ध्यान-साधना में इस शरीर ने मेरा बहुत साथ दिया है। इस शरीर का मैं आभारी हूँ। क्योंकि अगर यह शरीर नहीं होता तो न तो मैं अपने गुरुदेव के पास पहुँच पाता और न ही उनसे उनकी कृपा-प्रसाद में मिली शक्तियाँ ग्रहण कर पाता और न ही उनको वृद्धिगत कर पाता और न ही तुम्हें सौंप पाता। यह सब इस शरीर के कारण ही हुआ है। आज शरीर को परमात्मा मानकर तूने मुझे आज इस शरीर के कर्ज से भी मुक्त कर दिया है। अब मैं शरीर से मुक्त हो गया हूँ। मुझे इस शरीर का त्याग करने के पूर्व इसका आभार मानना ही था। वास्तव में, मैं अपने इस कमजोर शरीर का बड़ा आभारी हूँ। यह शक्तिशाली शरीर केवल साधना करने में मेरी मदद करते-करते कमजोर हुआ है, थक गया है। अब यह भी आराम करना चाहता है। मैं भी अब शरीर-त्याग करना चाहता हूँ। मैं भी अपने मोक्षधाम जाना चाहता हूँ। यह शरीर तो मेरा पड़ाव था। पड़ाव में कुछ दिन रहते हैं। यह शरीर तो एक धर्मशाला है जिसमें मैं कुछ दिन रह लिया, पर अब मैं अपने घर जाना चाहता हूँ, गुरुलोक जाना चाहता हूँ।" मैं उनकी बातें सुनकर रोने लग गया। "गुरुदेव, मुझे अकेला छोड़कर मत जाइए।" "अरे पगले! मैं कहीं नहीं जा रहा हूँ। अब मैं यह शरीररूपी वस्त्र बदल रहा हूँ, अब मैं तेरे ही रूप में जीवित रहूँगा। अब हम एकरूप हो गए हैं। मैंने अपना सारा अस्तित्व ही तुझे दे दिया है। मैंने दे दिया है, कहने से ज्यादा उचित है—तुमने ले लिया है। मैं तुम्हारे साथ कार्य के रूप में जीवित रहूँगा। अरे बाबा, मैंने अपना सारा जीवन गुरुकार्य को समर्पित कर दिया तो जीवन तो तभी समाप्त हो गया और जो जीवित हूँ, तो बस उस गुरुकार्य के लिए। अब वह गुरुकार्य भी तुझे सौंप दिया। अशाश्वत शरीर है। शरीर नष्ट होता है, कार्य जीवित रहता है। मैं तेरे साथ कार्य के रूप में जीवित हूँ। जब भी गुरुकार्य करेगा तो तू भी महसूस करेगा कि मैं तेरे साथ ही हूँ।"

"अब मैं कार्य के कारण तुझसे बँध गया हूँ। अभी कुछ नहीं हो रहा है। चल, अब अँधेरा होने वाला है। अब कुटीर चलेंगे।" फिर गुरुदेव ने डूबते हुए सूरज को भी नमस्कार किया और हम कुटीर की ओर चल पड़े। जब तक कुटीर पहुँचे, तब तक रात हो गई थी। मैं सूर्यास्त की उस लालिमा को याद कर रहा था जो नदी के सारे

पानी पर पड़ रही थी और उस लालिमा के प्रकाश से ऐसा लग रहा था कि लाल पानी का एक सैलाब-सा बह रहा है। यह सोचते-सोचते मैं कब कुटीर में पहुँच भी गया, यह पता भी नहीं चला। फिर गुरुदेव भी विश्राम करने चले गए। मैं भी विश्राम करने चला गया। रात भी होने आई थी और शरीर भी थक गया था। मुझे कब नींद लगी, इसका भी पता ही नहीं चला।

दूसरे दिन सुबह जल्दी उठा। सारे कुटीर की साफ-सफाई की। कुटीर के आँगन को साफ किया और फिर गुरुदेव का इंतजार करने लग गया। थोड़ी देर बाद गुरुदेव बाहर आए। वे कुटीर के द्वार पर ही द्वार को पकड़े खड़े थे। मेरा अचानक ध्यान गया, वे एक दिन में ही कमजोर दिखने लगे थे। एक दिन में ही उनमें अंतर आ गया। वे अधिक बूढ़े और थके हुए लग रहे थे।

गुरुदेव धीरे-धीरे बाहर आए और बाहर एक पत्थर पर बैठ गए। मैंने पूछा,"आज आप इतने थके हुए क्यों लग रहे हैं?" उन्होंने कहा,"तुझे गुरुकार्य के लिए शक्तियाँ प्रदान करने के लिए, मैंने शरीर को कमजोर होने से रोककर रखा था। कल वह तेरा खजाना तुझे सौंप दिया, तो मैंने भी कल इस शरीर को मुक्त कर दिया। अब वह भी जाने के लिए स्वतंत्र है। तो शरीर की वही सालों की थकान अचानक बाहर आ गई है। मेरी ध्यान-साधना में इस कमजोर शरीर ने भी बहुत साथ दिया है। फिर मेरे भी ध्यान में आ रहा था, गुरुदेव के शरीर पर प्रत्येक दिन प्रत्येक साल जैसा प्रभाव डाल रहा था। पिछले दस दिनों में वे 10 साल बूढ़े प्रतीत हो रहे थे। लेकिन वे प्रसन्न थे, खुश थे। दूसरा, अब वे ध्यान नहीं करते थे, सदैव जागे हुए ही रहते थे। इसलिए इन दिनों में मुझे उनकी सेवा करने का भरपूर अवसर मिल रहा था, उनका जीवंत सान्निध्य मिल रहा था। मैं वह जीवंत सान्निध्य पाकर खुश हो गया। एक सुंदर-सी शाम, मैं गुरुदेव को हाथ पकड़कर बाहर लेकर आया और खुद भी उनके साथ बैठ गया। वे बोलने लगे, "मुझे बचपन से ही मोक्ष पाने की इच्छा थी और इसके लिए मैंने बचपन में प्रयास चालू कर दिए थे। मुझे पता था कि मोक्ष एक जीवंत स्थिति है। और यह किसी जीवंत गुरु के माध्यम से ही प्राप्त की जा सकती है। इसीलिए मैं बचपन

में ही घर से भागकर इस मार्ग पर चला आया। बचपन में एक बार इस मार्ग पर चलने की इच्छा व्यक्त की तो सारे घर ने विरोध किया था। इसलिए मैं बिना बताए ही घर से निकल गया और बीस साल तक भटकता रहा। और बीस साल के बाद इस निर्जन टापू पर पहुँच सका। यहाँ मेरे गुरुदेव रहते थे। वे मुझे यहाँ लेकर आए थे।"

मेरे गुरुदेव ने कहा, "मैंने तुझे 'आत्मज्ञान' का विद्यादान किया। मेरा तुझ पर ऋण है। यह तभी उतर पाएगा, जब तू किसी को यह ज्ञान दान करेगा। तब तक मोक्ष की स्थिति पाकर भी तू मोक्ष प्राप्त नहीं कर सकेगा। वह मेरी गुरुदक्षिणा है। जब तक गुरुदक्षिणा नहीं देते, प्राप्त की गई विद्या फलीभूत नहीं होती है। कई आत्माएँ इस भूतल पर गुरुदक्षिणा देने के लिए ही भटकती रहती हैं। वे अपने गुरु से आत्मज्ञान तो प्राप्त कर लेते हैं, पर अपने गुरु को गुरुदक्षिणा में कुछ नहीं दे पाते हैं। तो वे आत्माएँ आत्मज्ञान पाकर, मोक्ष की स्थिति पाकर भी मोक्ष प्राप्त नहीं कर पाती हैं, क्योंकि 'गुरुदक्षिणा' में अटकी रहती हैं। प्रत्येक शिष्य को 'गुरुदक्षिणा' में अपने-आपको पूर्ण समर्पित करना होता है। और अपने-आपको समर्पित करने के लिए कोई शिष्य फूल का, कोई शिष्य फल का, कोई शिष्य जल का, कोई शिष्य आत्मधन का सहारा लेता है। यानी कोई पुष्प को गुरुचरण पर रखकर पुष्प को गुरुदक्षिणा में दे देते हैं। तो कोई फल को गुरुदक्षिणा में देकर आत्मसमर्पण करते हैं। कोई अपनी आत्मा को ही गुरुदक्षिणा में दे देता है। यानी शिष्य अपनी इच्छानुसार गुरुदक्षिणा देता है। मैंने मेरे गुरु को 'आत्मधन' गुरुदक्षिणा में दिया था। और बाद में मेरे गुरु ने बताया था—इस आत्मज्ञान के यज्ञ को चलाने के लिए मैं तेरे पास माध्यम को भेजूँगा तो मेरे द्वारा तुझे दिया हुआ सारा खजाना उसे सौंप देना और फिर तुम शरीर-त्याग कर सकते हो। इसीलिए कई वर्षों से मैं यहाँ तपस्या कर रहा था और तुम्हारी राह देख रहा था।"

"अरे बाबा, प्रत्येक गुरु को लगता है—जो ज्ञान की धरोहर मैंने प्राप्त की है, वह अगली पीढ़ी तक भी पहुँचे, यह आत्मज्ञान का दीपक बुझ न जाए। इसीलिए प्रत्येक गुरु इसे किसी-ना-किसी को सौंपता ही है। मेरे गुरु ने इसे मुझे सौंपा और मैंने तुम्हें सौंपा। तुम आत्मज्ञान

के अंतिम पड़ाव हो। तुम अंतिम पड़ाव इसलिए हो, क्योंकि तुम्हारे साथ लाखों आत्माएँ जुड़ी हुई हैं और लाखों आत्माओं से तुम जुड़े हुए हो। पिछले आठ सौ सालों में तुमने लाखों आत्माओं को जोड़ा है और उन्हें साथ लेकर चले हो और उन आत्माओं को तुमने मोक्ष का ज्ञान देने का आश्वासन दिया है। तुम आश्वासन से बँधे हुए हो। इसलिए तुम शरीर से केवल एक हो, पर लाखों आत्माओं की इच्छा की आशा-किरण हो। तुम्हारे साथ लाखों आत्माओं का सागर-समूह मुझे साफ-साफ दिखाई दे रहा है।" गुरुदेव शून्य में देखकर बोल रहे थे। मैं वह सुनते-सुनते ही खो गया था। फिर जैसे ही मुझे होश आया मैंने गुरुदेव से पूछा, "इतनी लाखों आत्माओं तक मैं पहुँचूँगा कैसे? और मैं अपने आश्वासनों को पूर्ण कैसे करूँगा?" गुरुदेव ने कहा, "वे आत्माएँ ही भटक रही हैं, ढूँढ़ रही हैं, खोज रही हैं। वे दुनिया में कहीं भी हों, वे तुझ तक पहुँच ही जाएँगी। वे तुझे खोज ही लेंगी। जिस प्रकार से गुड़ को चींटियाँ स्वयं ही खोज लेती हैं कि गुड़ कहाँ है। अरे पगले, गुड़ थोड़े ही चींटियों के पास जाता है। 'गुड़' शांत, स्थिर होकर अपनी मिठास लिए एक स्थान पर बैठा रहता है। चींटियाँ खोजते-खोजते उस तक पहुँच ही जाती हैं। चींटियों की तरह ये लाखों आत्माएँ भी अनेक जन्म लेते-लेते तुझ तक इस जन्म में पहुँच ही जाएँगी। तुझे इस जीवन में कुछ नहीं करना है। तू केवल माध्यममात्र है। इसलिए कुछ करने की सोच भी मत, तेरे जीवन में सब हो जाएगा।"

"अरे, मेरी तो स्थिति उस पानी की तरह है जो बरसात में बरसता है और छोटी नदी में परिवर्तित होता है। छोटी नदी बड़ी नदी में परिवर्तित होती है। पर सारा पानी समुद्र तक पहुँचना चाहता है, पर पहुँच नहीं पाता; कहीं रास्ते में भाप बन जाता है। मैं तो वह भाग्यशाली हूँ, जिसने समुद्र को देखा है। मैं अपने जीवन में तुझ तक पहुँच सका, क्योंकि तू सामूहिकता का सागर है और मैं तुझ तक पहुँचकर धन्य हो गया हूँ। इसके बाद आत्मज्ञान अब एक से अनेक में बँटेगा। अब तेरे बाद आत्मज्ञान सामूहिकता में बहेगा, क्योंकि तेरे आश्वासनों के कारण तुम्हारे हाथों से इस आत्मज्ञान को सामूहिकता प्राप्त होने वाली है। शक्तियों का विकेन्द्रीकरण होने वाला है। आज तक जिसने भी शक्तियाँ प्राप्त कीं, उसने प्राप्त करने की इच्छा से

प्राप्त की, स्वयं के लिए प्राप्त की। लेकिन तुमने प्राप्त नहीं की हैं, तुम्हें शक्तियाँ स्वयं मिली हैं। शक्तियाँ स्वयं इसलिए मिली हैं, क्योंकि तुम्हारे आश्वासन बड़े हैं। और अधिक आश्वासनों को पूर्ण करने के लिए अधिक शक्तियों की आवश्यकता थी। तुम्हारे लक्ष्य को पूर्ण करने के लिए शक्तियाँ मिली हैं। लक्ष्य बहुत बड़ा है। यह बड़ा लक्ष्य ही शक्तियों को आकर्षित कर पाया है।"

"प्रत्येक जन्म में देने की इच्छा होने से तेरा पात्र बड़ा हो गया है। तेरा हंडा बहुत बड़ा है। इसका सीधा अर्थ है—इसमें काफी मात्रा में शक्ति के रूप में पानी भरा जाने वाला है और अधिक से अधिक लोग इस पानी को पीने वाले हैं। यह एकदम स्पष्ट-स्पष्ट दिख रहा है।"

"मनुष्य की देने की शक्ति अपार होती है। जो अपनी देने की शक्ति को संपूर्णतः विकसित कर लेता है, वह व्यक्ति अपार दे सकता है। क्योंकि देने की शक्ति पर ही उसकी पाने की शक्ति निर्भर होती है। जिस प्रकार से पहाड़ से ढलान की ओर पानी स्वयं ही चला जाता है, पानी को भेजना नहीं पड़ता है, ठीक इसी प्रकार से, जहाँ पर शक्तियों का उपयोग होने वाला होता है, शक्तियाँ स्वयं ही खिंचकर चली जाती हैं।"

मुझे उस दिन मेरा भविष्य बताया था। वह सुनकर मैं सोचने लग गया कि मेरी इतनी तो उम्र बीत गई है, अब क्या यह इसी जीवन में होगा? जबकि इस जीवन में मैं इस स्वर्ग को छोड़कर कहीं जाना ही नहीं चाहूँगा। तो फिर इस जन्म में तो यह संभव नहीं लगता है।

मेरी भ्रमित स्थिति को गुरुदेव पहचान गए। उन्होंने कहा, "मैं विपरीत परिस्थितियों में ये बातें बता रहा हूँ, पर मुझ पर विश्वास कर। मेरा एक-एक शब्द सत्य होगा। इसी जन्म में लाखों लोग तेरे माध्यम से आत्मज्ञान-प्राप्ति करेंगे। अरे पगले, अगले जन्म का क्या सोचता है? तेरा अगला जन्म है ही नहीं। यह तेरा अंतिम जन्म है। सब इसी जन्म में होगा। हाँ, कब होगा, यह नहीं मालूम। क्योंकि जब होगा, वह तेरे प्रयत्न से नहीं होगा। उन आत्माओं की उत्क्रांति से होगा। जो होगा, वह उन आत्माओं की अच्छी आध्यात्मिक स्थिति

होने से होगा। इसमें तेरा कोई प्रयत्न नहीं। तेरे जीवन में प्रयत्न का कोई स्थान ही नहीं है। तो इसके लिए तू प्रयत्न कैसे कर सकता है? समय का इंतजार कर।"

मैंने गुरुदेव से कहा, "बहुत समय हो गया है, अँधेरा हो गया है, अब कुटीर में चलिए।" फिर गुरुदेव ने भी गर्दन हिलाकर सम्मति दी। फिर उन्हें हाथ पकड़कर कुटीर के भीतर ले गया। वहाँ उन्हें उनकी शैय्या पर लिटाया और उनके पैर दबाने लग गया। फिर गुरुदेव को नींद आ गई और मैं अपने कुटीर में चला गया। गुरुदेव का कुटीर काफी पुराना था। जगह-जगह से टूट भी रहा था। दिन में तो कहीं-कहीं से प्रकाश भी अंदर आता था। उसकी तुलना में मेरा कुटीर अच्छी हालत में था।

मैं पड़े-पड़े सोच रहा था—बहुत लोग मेरे पास आएँगे तो मुझे एकांत तो नहीं मिल पाएगा। जब मेरे गुरुदेव मेरे पास नहीं होंगे, फिर सारा संसार साथ रहा तो किस काम का? मैं किसी भी कीमत पर उन्हें छोड़ना नहीं चाहता था। उनके देह का मुझे इतना आर्कषण हो गया था कि उन्हें छोड़कर मैं इस जगत की कल्पना भी नहीं कर सकता था क्योंकि मेरा सारा जगत मेरे गुरुदेव ही थे।

दूसरे दिन सुबह उन्होंने फिर समझाना शुरू किया, "अरे पगले, यह देह तो नष्ट होने के लिए ही है। यह प्रकृति का नियम है। जो जन्मा है, वह मृत्यु को भी प्राप्त करेगा ही। तुम रात के समय बेकार ही सोच रहे थे, विचार कर रहे थे।" मैं चौंक गया। मैं क्या सोच रहा था, यह उन्होंने नींद लगने के बाद भी जान लिया! वे तो सो गए थे और मैं बाद में अपने कुटीर में आया था, फिर उन्होंने मेरे विचार कैसे जाने? मैंने कौतुहल से पूछा, "गुरुदेव आप तो सो गए थे। फिर मैंने जो विचार रात के समय किए, वे आपने कैसे दूसरे दिन जान लिए?" गुरुदेव ने मुस्कराते हुए कहा, "बेटा, जब हम विचार करते हैं तो हम उन्हें वातावरण में छोड़ते हैं। इस स्थान पर पिछले कई वर्षों से कोई भी मनुष्य नहीं आया है। और आज ये विचार वातावरण में मैंने अनुभव किए तो मैं पहचान गया—ये सब तुम्हारे ही विचार हैं।"

"मनुष्य जो विचार करता है, वे उसके आसपास निर्मित हो जाते हैं। विचार करने से हमारा वातावरण दूषित होता है। हम

विचारों के प्रदूषण से वातावरण को प्रदूषित करते रहते हैं। विचार बहुत समय तक वातावरण में ही रहते हैं। मनुष्य अपने विचारों से वातावरण को दूषित करते रहता है। अभी मनुष्य इतना संवेदनशील नहीं है, इसी कारण प्रकृति में होने वाले इस प्रदूषण के बारे में नहीं जान पाया है। जितने लोग, उतने विचार; और वातावरण में जितने विचार, उतना वातावरण में प्रदूषण; और वातावरण में जितना प्रदूषण होता है, उतना ही मनुष्य के लिए घातक है। पर इस प्रदूषण के खतरे का मनुष्य को कोई ज्ञान नहीं है। वास्तव में, प्रकृति में तो कोई विचार ही नहीं होते, मनुष्य विचारों के प्रदूषण का निर्माण करता है और ये ही विचार वातावरण में रहते हैं। तुम भी कल मेरे शरीर के बारे में विचार करके दुःखी हो रहे थे। अरे बाबा, मैंने इस शरीर के माध्यम से अपनी साधना की। इस शरीर को लेकर मैं जीवनभर भटकता रहा। कभी इस शरीर को खाने के लिए मिला, कभी नहीं। कभी सोने के लिए मिला, कभी नहीं। यानी इस शरीर की सेवा मैंने नहीं की, फिर भी इस शरीर ने मेरी बहुत सेवा की है। अब मैं ही इस शरीर को आराम देना चाहता हूँ। अब मैं तुम्हें अपनाकर तुमसे बँध गया। अब जब तक तुम नहीं चाहोगे, मैं चाहकर भी देहत्याग नहीं कर सकता।"

"इस शरीर का मैं बड़ा आभारी हूँ। मैंने इसका ध्यान नहीं रखा, पर इसने मेरा सदैव ध्यान रखा और मुझे जीवन में अपने लक्ष्य तक पहुँचाने में मदद की। मेरा अंतिम लक्ष्य तुम ही हो, तुम्हें पाकर मैंने सब पा लिया। तुम्हारे सामूहिक जीवनकाल को मैं नहीं देख पाऊँगा, पर तुम्हारे सान्निध्य को पाकर मैं धन्य हो गया। आत्माओं का विशाल समुद्र सामूहिकता में आत्मज्ञान पाना चाहता है, यह देखकर मैं प्रसन्न हो गया। तुम्हारे कारण तुम्हारी सामूहिक शक्ति को जान पाया और इस सामूहिकता से भरे माध्यम का साथ मुझे मेरे जीवन के अंतिम दिनों में मिला, मैं तो धन्य हो गया! अरे बाबा, आत्माओं का समूह परमात्मा होता है। तुम आत्माओं के समूह हो। मेरे लिए तुम ही परमात्मा हो और तुम्हारे सान्निध्य में देहत्याग करने का अवसर पाकर मैं तो धन्य हो गया, मेरा जीवन सफल हो गया!"

गुरुदेव क्या बोलते थे, वह मुझे कुछ समझ में नहीं आता था क्योंकि वे बड़े उच्च स्तर पर बोलते थे, पर मैं उस उच्चस्तर पर नहीं था, इसलिए उनकी बातें मैं समझ नहीं पाता था। और कभी-कभी लगता था—मेरे ऊपर प्रेम के कारण बोल रहे हैं। क्योंकि आदमी 'जिससे' प्रेम करता है, उसका सारा विश्व सिर्फ 'उसी के' आसपास सिमटकर रह जाता है। ऐसा ही कुछ मेरे गुरुदेव मेरे आसपास देख रहे होंगे, ऐसा मुझे लगता था।

मैं रोज सुबह उन्हें नहलाता था। उन्होंने आजकल स्नान कराने की मुझे सम्मति दे दी थी। मैं उनके सान्निध्य में खुश था, प्रसन्न था। उनके भोजन के लिए जंगल से फल तोड़कर लाता था। पत्तों की सब्जियाँ बनाता था। उन्हें उबालकर खिलाता था। पर दिन-प्रतिदिन गुरुदेव का शरीर कमजोर होता जा रहा था। उन्होंने ध्यान-साधना करके अपने शरीर पर जो नियंत्रण रखा था, वह अब हटा दिया था। इसलिए बड़ी उम्र का प्रभाव उन पर तेजी से होने लग गया था। वे सुबह ही थोड़े फल वगैरह खाते थे, बस उतना ही उनका आहार था।

कहाँ पर क्या है, कहाँ पर कब जाना चाहिए, इन सबकी जानकारी मुझे देते रहते थे। एक-एक दिन बीत रहा था। वे कमजोर होते जा रहे थे। अब उनकी जीने की इच्छा ही नहीं रह गई थी। मैं उनका कितना भी ध्यान रखूँ और कितनी भी सेवा करूँ, वे जीना ही नहीं चाहते थे तो अब क्या हो सकता है? वे कहते थे, "अब शरीर भी थक गया है। वह भी मेरा साथ अब दे नहीं सकता। उसे भी आराम की आवश्यकता है। मैंने अपने शरीर का जीवन में ध्यान नहीं रखा, फिर भी उसने मेरा बराबर ध्यान रखा।"

एक दिन आँख बंद किए ही बोल रहे थे, "अरे, मैं गुरुलोक पहुँच गया हूँ। यहाँ पर सब गुरुओं की शक्तियाँ विद्यमान हैं। जितने गुरु इस धरती पर अवतरित हुए और उन्होंने जो साधना की, उस साधना से निर्मित शक्तियाँ गुरुलोक में रह गई हैं। गुरुओं का शरीर तो चला गया पर उनकी शक्तियाँ बाकी रह गई हैं। वे सब मेला लगाकर बैठी हैं और मैं भी उस मेले में शामिल हो गया हूँ। वे सब गुरुलोक से देख रही हैं कि कौन मनुष्य उनके किए गए कार्यों को कर रहा है, कौन मनुष्य समाज के सुख और शांति के लिए प्रार्थना

कर रहा है, कौन मनुष्य समाज का कल्याण करना चाहता है, कौन मनुष्य ध्यान कर रहा है? जो मनुष्य ध्यान कर रहा है, वह ध्यान में अपने अस्तित्व को विलीन कर रहा है?"

"जो मनुष्य अपने-आपको विलीन कर रहा है, उस मनुष्य को माध्यम बनाकर वे शक्तियाँ कार्य कर रही हैं। जब तक मनुष्य में 'अहंकार' है, 'मैं' का भाव है, तब तक वह आध्यात्मिक शक्तियों का कोई कार्य कर ही नहीं सकता। वह अहंकार के साथ ऐसे ही कार्य कर सकता है, जिन्हें वह दिखा सके। किन्तु उससे आध्यात्मिक कार्य या ऐसे कार्य कभी नहीं हो सकेंगे जिनसे अनुभूति प्राप्त हो। क्योंकि आध्यात्मिक कार्य किए नहीं जाते हैं, वे हो जाते है। मैं गुरुलोक पहुँच गया हूँ और अब मुझे मेरा शरीर साफ-साफ दिखाई दे रहा है। वहाँ से शरीर को देखकर शर्म आती है कि कितना नगण्य अस्तित्व मेरा है और मनुष्य कितना अहंकार अपने-आप पर करता है! एक कुएँ के मेंढक की तरह अपने आसपास के विश्व को विश्व समझता था। अरे, विश्व बहुत बड़ा है। यह उसे तब पता चला, जब वह मेंढक समुद्र में आ गया। एक मनुष्य की हैसियत एक छोटे कीटक से भी छोटी है। पर इस हैसियत का पता मनुष्य को शरीर में रहते हुए नहीं हो सकता है। इतने विशाल विश्व में एक मनुष्य का क्या अस्तित्व है? कुछ भी तो नहीं। पर यह बात शरीर में रहते हुए जानी नहीं जा सकती है। एक छोटे-से, नन्हे से शरीर को ही पकड़कर सारा जीवन मनुष्य गवाँ देता है। गुरुलोक से बड़े गौर से गुरुशक्तियाँ देखती रहती हैं—कौन ध्यान कर रहा है? और किसका कितना ध्यान लग रहा है? मनुष्य को केवल दो ही कार्य करने चाहिए—एक तो अच्छे कार्य करने की इच्छा करना और दूसरा, ध्यान कर अपने अस्तित्व को ब्रह्मांड में विलीन करना। इस विलीन करने की प्रक्रिया में मनुष्य का अहंकार सबसे आखिर में विलीन होता है।"

"अहंकार विलीन होने के बाद मनुष्य कार्य करता नहीं, मनुष्य के हाथों से कार्य हो जाते हैं। मनुष्य को सद्‌गुरु का सान्निध्य कितना मिला, उसके कोई मायने नहीं हैं। मायने हैं, उसने उसे कितना समझा, कितना माना, कितना ग्रहण किया, कितना अनुभव किया। क्योंकि सद्‌गुरु तो अनुभव करने की चीज है। सद्‌गुरु का सान्निध्य

तो उस आत्मा को उसके किए गए पुण्यकर्मों के कारण मिलता है। उसके पुण्यकर्म समाप्त हो जाने पर सान्निध्य समाप्त हो जाएगा। मनुष्य के लिए सबसे पहले अपने-आपको जानना आवश्यक है। मनुष्य अगर अपने जीवनकाल में अपने-आपको जान लेगा तो वह यह भी जान लेगा कि इस विश्व में उसकी हैसियत क्या है। और जब वह यह जान लेगा कि एक छोटे कीटक से अधिक उसकी कोई हैसियत नहीं है, तो फिर अपने-आप पर अहंकार करना छोड़ देगा। और अहंकार छोड़ देगा तो उसका समर्पण गुरुशक्तियों के प्रति होगा। जिस प्रकार बीज के टूटे बिना अंकुर निकलना असंभव है, ठीक उसी प्रकार मनुष्य का अहंकार टूटे बिना आत्मज्ञान संभव नहीं है। आत्मज्ञान भी अहंकार का छिलका टूटे बिना अंकुरित नहीं हो सकता है। इस विश्व में अपनी आत्मा को जानना ही ज्ञान होता है, बाकी पुस्तकों में लिखा हुआ सब तो केवल जानकारी है, दूसरे को जानना है। जब मनुष्य अपने-आपको जान जाएगा तो वह यह भी जान जाएगा कि उसका अस्तित्व ही क्या है! और उसका जीवन भी क्षणभंगुर है, कितना छोटा है! जब यह पता चलेगा कि जीवन छोटा है तो वह उस छोटे-से जीवन के एक-एक पल का सही-सही इस्तेमाल करेगा। वह जान जाएगा, एक-एक साँस की क्या कीमत है।"

"मनुष्य का व्यर्थ का अहंकार है—'मैं' कर रहा हूँ। वह जान जाएगा कि वह एक साँस भी अधिक नहीं ले सकता है। जीवन तो कुछ साँसों की डोर है। एक-एक साँस महत्वपूर्ण है। मनुष्य दस साँसें सकारात्मक लेने के बाद एक साँस भी नकारात्मक ले ले तो फिर उसी स्थान पर आ जाता है, जहाँ से दस साँस लेते समय चला था। ऐसा कर-करके मनुष्य सारा जीवन समाप्त कर लेता है। और जब देह-त्याग करता है तो देह का अहंकार भी टूट जाता है और बाद में फिर पछताता है—मैंने अपना सारा जीवन अनावश्यक विचार करने में ही गवाँ दिया। और अब यह गलती नहीं करूँगा, सोचकर फिर दूसरा जन्म लेता है। और यह जन्म-मृत्यु का चक्र समाप्त होता ही नहीं है। अहंकार, वास्तव में, शरीर के मल-मूत्र के समान होता है। उसे संपूर्ण नष्ट नहीं किया जा सकता, पर नियंत्रित किया जा सकता है। अपने-आपको जानने के बाद मनुष्य को अपनी हैसियत पता चलती है। और हैसियत का पता तब चलता है, जब वह विशालता

को ग्रहण करता है। यानी विशालता का अनुभव हुए बिना खुद का अस्तित्व पता ही नहीं चल सकता है।"

"अहंकार से मुक्ति का मार्ग सद्‌गुरु का सान्निध्य है, क्योंकि सद्‌गुरु सदैव उसके अहंकार पर ही चोट करेगा। अहंकारी व्यक्ति सद्‌गुरु को मान ही नहीं सकता है और न ही सद्‌गुरु के सान्निध्य में रह सकता है। क्योंकि सद्‌गुरु और अहंकार दोनों एक साथ रह ही नहीं सकते। क्योंकि 'सद्‌गुरु' यानी आत्मा का अधिपति। आपने अपने अंतर्मन से किसी सामान्य-से व्यक्ति को परमात्मा माना, यह जानते हुए माना कि वह परमात्मा नहीं है, परमात्मा का माध्यम है। तो मानना तो आत्मा का भाव है, शरीर का भाव समाप्त हुए बिना आत्मा का भाव प्रकट नहीं हो सकता है। और अहंकार तो शरीर का भाव है और जब तक मनुष्य में शरीर का भाव है, तब तक आत्मा का भाव प्रकट नहीं हो सकता है। इसीलिए, अहंकारी व्यक्ति कभी भी किसी को अपने से श्रेष्ठ मान ही नहीं सकता है। किसी को अपने से श्रेष्ठ मानना बड़ा कठिन है। इसलिए अहंकारी व्यक्ति भगवान की शक्तियों को भी नहीं मानते हैं। वे किसी को भी अपने से अधिक नहीं मानते हैं।"

"मनुष्य अपने अहंकार को संपूर्ण समाप्त नहीं कर सकता। अहंकार मनुष्य में छोटे-से रूप में रहता ही है और अनुकूल वातावरण मिलने पर बाहर आ ही जाता है। "मुझे बिल्कुल अहंकार नहीं है," कहना भी एक प्रकार का अहंकार ही है। मनुष्य अपने अस्तित्व को जानकर ही अहंकार पर नियंत्रण रख सकता है। और मनुष्य को सद्‌गुरु के सान्निध्य में ही अपने अस्तित्व का पता चलता है और फिर मनुष्य का अहंकार स्वयं ही धीरे-धीरे कम होने लगता है।"

"'गुरुलोक' में गुरु की शक्तियाँ विद्यमान होती हैं। और वे सदैव तैयार रहती हैं—कौन-से साधक का शरीर उसे ग्रहण करने के लिए तैयार है। साधक उन शक्तियों को लेने में जितना आतुर नहीं होता है, उससे अधिक वे शक्तियाँ देने के लिए आतुर होती हैं। ऐसा इसलिए होता है, क्योंकि साधक का ग्रहण करने का स्वभाव हो या न हो, शक्तियों का स्वभाव सदैव देते रहना होता है। यह उनका स्वभाव है कि वे सदैव देने के लिए आतुर होती हैं। मनुष्य

अपना अधिकतर समय सोने में, विचार करने में, व्यर्थ की बातें करने में, इधर से उधर जाने में, व्यर्थ के कार्य करने में, दूसरों का बुरा सोचने में खर्च कर देता है। मनुष्य अपने-आपको जानने में बहुत कम समय खर्च करता है। सारा जीवन दूसरों को जानने में ही खर्च कर देता है, पर अपने-आपको जानने की कोशिश नहीं करता है। अपने-आपको जानना बड़ा कठिन होता है। एक लंबी ध्यान-साधना के बाद ही वह संभव होता है। गुरुलोक में गुरुशक्तियाँ आकर बैठी हैं और राह देख रही हैं कि कौन-सा ऐसा शरीर है जो धरती पर रहकर भी ध्यान की साधना से गुरुलोक तक पहुँच सके। जो व्यक्ति ऐसा करेगा, गुरुशक्तियाँ उसे माध्यम बना लेंगी और उस व्यक्ति के माध्यम से इस धरती पर अवतरित होंगी। फिर ऐसा माध्यम बन जाने के कारण, शरीर से सामान्य-से दिखने वाले व्यक्ति से भी असामान्य कार्य घटित हो जाएँगे, क्योंकि वह शरीर शक्तियों का माध्यम बन पाया। माध्यम बनना आठ सौ सालों की लंबी साधना के बाद संभव होता है। ये सब बातें मैं इसलिए कह रहा हूँ, क्योंकि मैं अपने जीवनकाल में इस गुरुलोक में तब पहुँचा हूँ, जब जीने के लिए मेरा जीवन ही बाकी नहीं रह गया। यानी यह ज्ञान मैं चाहकर भी किसी को बाँट नहीं सकता हूँ। यह दोनों कार्य करना एक जीवन में असंभव है। जीवन बहुत छोटा है और साधना बहुत बड़ी है। अपने जीवनकाल में मैंने आत्मज्ञान-संपादन का कार्य किया है। अब तुम तुम्हारे जीवन में बाँटने का कार्य करो। तभी यह संभव हो सकता है। मनुष्य कुछ भी नया निर्माण नहीं कर सकता है जिससे स्वयं को जाना जाए। इसीलिए स्वयं को जानने के लिए, हमें दूसरे को मानना ही होगा और मानना आत्मा का शुब्द्ध भाव होता है।"

गुरुदेव क्या कह रहे थे, वह सब मेरी समझ में नहीं आ रहा था। मैं तो उनकी हालत के कारण चिंतित था, वे मस्त थे। वे अपनी ही मस्ती में मस्त रहते थे। वे शरीर में थे पर शरीर के मोह को छोड़ चुके थे। शरीर में इतनी तकलीफें थीं, फिर भी वे किसी शांत, गहरे सागर के समान लगते थे जो अपने भीतर सारे रहस्य समाए हो। जब गुरुदेव का बोलना समाप्त हुआ, मैंने उनसे आराम करने की प्रार्थना की और उन्हें लेटा दिया और पैर दबाते हुए उनके चरणों के पास बैठा रहा। और वहीं मेरी आँख कब लग गई, यह पता भी

न चला। काफी दिनों से रात के समय मैं गुरुदेव की शैय्या के पास ही बैठा रहता था और वहीं सो जाता था। एक पल के लिए भी मैं गुरुदेव को मेरी नजर से दूर नहीं रखता था। मुझे उनके स्वास्थ्य की बड़ी चिंता थी।

गुरुदेव की शैय्या भी पत्तों और घास से बनी हुई थी। वे बड़े आराम से उस पर लेटते थे। उनकी कुटीर में अधिक सामान नहीं था। कोई बर्तन नहीं थे। पानी पीने के लिए बाँस के टुकड़े का गिलास जैसा इस्तेमाल होता था। थाली के लिए केले के पत्ते इस्तेमाल होते थे। आजकल वे चलने-फिरने में तकलीफ महसूस कर रहे थे। कुटीर के बाहर भी उन्हें हाथ पकड़कर लाना पड़ता था। एक दिन सुबह वे बाहर बैठे हुए थे और अचानक कुछ याद करके बोल पड़े, "मेरे देहत्याग करने के बाद तुम यहाँ अकेले रह जाओगे। तब तुम्हें ध्यान-साधना करने के लिए बहुत समय मिलेगा। अभी तो मेरी सेवा में ही तुम्हारा समय व्यर्थ हो रहा है। तुम तब तक ध्यान-साधना करना, जब तक तुम्हारे यहाँ से निकलने जैसी स्थिति न बन जाए। समय आने पर वह स्थिति बनेगी। उसका इंतजार करना, पर यहाँ से स्वयं जाने का प्रयास मत करना।"

मैंने कहा, "गुरुदेव, मैं आपके चरणों को छोड़कर कहीं जाना ही नहीं चाहता। मैं सदैव यहीं रहूँगा।" गुरुदेव ने कहा, "नहीं, नहीं! तुम्हें जाना ही होगा। क्योंकि एक बहुत बड़े कार्य की जिम्मेदारी तुम्हारे कंधों पर है। यह तुम्हारा आखिरी जन्म है और इसी जन्म में उस जिम्मेदारी को तुम्हें पूर्ण करना होगा। अरे बाबा, प्रकृति का नियम होता है—जो बोया है, उसे काटना ही पड़ता है। तुमने लाखों लोगों को आश्वासन दिया है। इस अंतिम जन्म में उसे पूर्ण करना ही होगा। और इस जन्म में पूर्ण न कर सके, तो उसके लिए फिर अटक जाओगे, फिर दूसरा जन्म लेना होगा। क्यों अगले जन्म के लिए अटकते हो? इसी जन्म में अपने आश्वासनों से मुक्त हो जाओ। आत्मज्ञान देने का अपना आश्वासन पूर्ण करो, फिर उनकी वे जानें—उन्हें कब तक यहाँ रहना है। तुम तो अपना कार्य करो। समाज में जाओ और समाज को आत्मधर्म का ज्ञान दो।"

"गुरुदेव, समाज में इतने सारे धर्म हैं और इतने पुराने धर्म हैं, लोग उन्हें सालों से मानते आ रहे हैं; कौन-से लोग उन धर्मों को छोड़कर इस आत्मधर्म की बात को सुनेंगे और कौन-से लोग इस आत्मधर्म को मानेंगे? मुझे तो यह असंभव-सा प्रतीत होता है। समाज में इतनी धार्मिकता है, कोई इस नए धर्म को क्यों मानेगा? मैं समाज में गया तो भी सुनेगा कौन? और गुरुदेव, मैं मुखदुर्बल हूँ। मुझे तो ठीक से बोलना भी नहीं आता है। मुझे एक ज्योतिषी ने बताया है—तेरा बुध ग्रह कमजोर है। तू ऐसा मुखदुर्बल ही रहेगा। जब मुझे साधारण बातचीत भी करनी नहीं आती है तो मैं लोगों को क्या समझा पाऊँगा?"

गुरुदेव ने शून्य की ओर देखते हुए कहा, "ये सब ग्रह-नक्षत्र की बातें तू शरीर के स्तर की कह रहा है। जिसे गुरुछत्र मिल गया, उस पर ग्रह-नक्षत्र का प्रभाव नहीं पड़ता है। अरे बाबा, गुरु कोई व्यक्ति थोड़ी ही होते हैं, एक बड़ा, जन-सामूहिकता का, सागर होते हैं। एक सागर में तू समाहित हो गया, तो तेरा अलग अस्तित्व ही नहीं है। फिर. तुझ पर बुरा प्रभाव पड़ेगा कैसे? बुरा प्रभाव पड़ने के लिए अलग अस्तित्व होना चाहिए न? तेरा तो कोई अलग अस्तित्व ही नहीं है। और तू जो बातें कर रहा है, वे तेरे शरीर से संबंधित हैं और मैं जो बातें बता रहा हूँ, वे तेरी आत्मा से संबंधित हैं। तेरा शरीर मुखदुर्बल हो सकता है, तेरा शरीर कमजोर हो सकता है, तेरा शरीर बीमार हो सकता है, तेरा शरीर बूढ़ा हो सकता है, पर तेरी आत्मा मुखदुर्बल नहीं हो सकती, तेरी आत्मा कभी कमजोर नहीं हो सकती है, तेरी आत्मा कभी बीमार नहीं हो सकती है, तेरी आत्मा कभी बूढ़ी नहीं हो सकती है, क्योंकि वह इन सब प्रभावों से मुक्त है। तेरी आत्मा बड़ी शक्तिशाली है। तेरी आत्मा ने जन्मों-जन्मों का प्रवास ईश्वर-प्राप्ति की इच्छा से ही किया है। आत्मधर्म जागृत हुए बिना ईश्वर-प्राप्ति संभव ही नहीं है। और अपने अनेक जन्मों के प्रवास में तेरी आत्मा ने सदैव देने का ही कार्य किया और इसी कारण लाखों आत्माओं को आश्वासन दिया: जब मुझे ईश्वर-प्राप्ति होगी और जब मुझे उसका मार्ग मिलेगा, तब वह मार्ग मैं तुम्हें अवश्य बताऊँगा। यह आश्वासन लाखों आत्माओं को दिया है। तुम उन आश्वासनों से बँधे हो। इसलिए समाज में वापस जाओ और अपने आश्वासनों को पूर्ण

करो। तुम्हारा कार्य केवल मार्ग दिखाना है। तुम्हारा आश्वासन तुम पूर्ण करो। उस मार्ग पर चलना है या नहीं चलना है और उस मार्ग पर कब चलना है, यह तुम्हारा कार्यक्षेत्र नहीं है। यह उन आत्माओं का स्वयं का कार्यक्षेत्र है। वे जब चाहेंगी, वे चलेंगी। इसलिए तुम्हारे सामने ही चलेंगी, ऐसी अपेक्षा मत करना, क्योंकि तुम्हारे मार्ग पर चलने के लिए या तो आध्यात्मिक स्थिति चाहिए या तुम्हारे प्रति पूर्ण समर्पण चाहिए। इन दोनों में से एक मार्ग जब तक नहीं चुनते, तुम्हारे मार्ग पर चलना तो छोड़ो, तुम्हारे मार्ग की तरफ देखना भी कठिन प्रतीत होता है। इसलिए कभी मुड़कर मत देखना कि तुमने जो मार्ग बताया है, उस पर वह आत्मा चल रही है या नहीं। चूँकि आत्मज्ञान का मार्ग पवित्र आत्मा का मार्ग है, जब तक शरीर के विकारों से आत्मा मुक्त नहीं होती, शुद्ध नहीं होती, तब तक इस आत्मज्ञान के मार्ग पर चल नहीं सकती है। शारीरिक स्तर, मानसिक स्तर और आत्मिक स्तर पार करके यहाँ तक पहुँचा जाता है। बड़ा कठिन है।"

"इन स्तरों को पार करने में बड़े प्रयत्न हैं और बड़ा कठिन मार्ग है। दूसरा मार्ग, गुरु-समर्पण मार्ग है। यह मार्ग बड़ा आसान है, पर समर्पण बड़ा कठिन है। क्योंकि समर्पण के लिए मानना पड़ता है और अपने जैसे, हाथ-पैर के आदमी को, अपने से श्रेष्ठ मानना बड़ा कठिन कार्य है। यानी पहले मार्ग में शुरुआत आसान है, पर मार्ग में चलना कठिन है और दूसरे मार्ग में प्रवास आसान है, पर शुरुआत ही कठिन है। यह सब समझकर के ही तुम मानव-समाज में जाओ।"

"और रही बात धर्म की, तो सबसे प्राचीन व सनातन धर्म तो आत्मधर्म ही है। आत्मधर्म ही शाश्वत धर्म है। यह धर्म वह धर्म है जो आत्मा के साथ सदैव होता ही है। फिर आत्मा किसी भी योनि में जन्म ले, प्रत्येक योनि में आत्मा के साथ आत्मधर्म होता ही है। प्रत्येक जीव की उत्क्रांति-यात्रा होती है। और सब योनियों में जन्म लेने के बाद सद्गति प्राप्त करने के लिए आत्मा मानवशरीर धारण करती है। और इस मानवशरीर को बड़ी प्रतीक्षा के बाद प्राप्त करती है। वह सोचती है—मानवशरीर प्राप्त कर लेना यानी मोक्ष की प्राप्ति है। लेकिन वह यह नहीं जानती कि मानवशरीर के साथ विकार भी जुड़े ही हैं। बड़े शरीर के विकार भी बड़े होते हैं। यह बात सही है

कि मानवशरीर की संरचना मोक्ष-प्राप्ति के लिए ही बनाई गई है। पर जैसी विशाल संरचना है, ठीक उतने ही बड़े विकार भी मानवजन्म के साथ आते हैं। मानवजन्म का सबसे बड़ा विकार अहंकार होता है।"

"मनुष्य अपने जीवन में अहंकार को बड़ा संभालकर रखता है। उस अहंकार पर कहीं चोट नहीं होने देता। इसीलिए अहंकारी व्यक्ति गुरु को नहीं मानते हैं क्योंकि गुरु अहंकार पर ही चोट करते हैं। अहंकारसहित गुरु-सान्निध्य प्राप्त नहीं हो सकता है। इस मानवजन्मों के प्रवास में मनुष्य बार-बार मनुष्य जन्म लेता है और प्रत्येक जन्म में मनुष्य के बाहरी धर्म बदलते रहते हैं। वास्तव में, प्रत्येक जन्म में जो बदल रहा है, वह धर्म नहीं है; वह तो उपासना की पद्धति है। मनुष्य की उपासना की पद्धति कुछ भी हो, आत्मधर्म जागृत करने का ही उद्देश्य सभी उपासना पद्धतियों में रहा है। ये बाहरी धर्म मकान नहीं हैं, ये सीढ़ीमात्र हैं। इन सबका ठिकाना एक ही है। सब धर्म जाकर अंत में एक ही स्थान पर पहुँचते हैं। यह आत्मज्ञान वह ठिकाना है, जहाँ वे पहुँचते हैं। तो तू समाज में जाकर कोई नया धर्म नहीं बता रहा है, तू उन सब धर्मों का ठिकाना बता रहा है। तो तू समाज में जा और उनसे कह—मैं तुम्हारा धर्म बदलने के लिए तुम्हारे पास नहीं आया हूँ। क्योंकि धर्म तो एक ही है—आत्मधर्म और उसे बदला कैसे जा सकता है? आप किसी भी उपासना पद्धति को अपनाओ, संपूर्ण अपनाओ। सारी उपासना पद्धतियाँ आत्मधर्म-जागृति के लिए ही बनाई गई हैं। उपासना पद्धति तो मनुष्य के प्रत्येक जन्म के साथ बदलती रहती है। मनुष्य ने जिस घर में जन्म लिया, उस घर की उपासना पद्धति अपना ली। यानी उपासना पद्धति धर्म नहीं है। धर्म तो मनुष्य-धर्म है, आत्मधर्म है। यही एक धर्म संपूर्ण मानव-समाज का है। आज समाज उपासना पद्धति की सीढ़ी को ही धर्म समझ बैठा है; जबकि उपासना पद्धति धर्म नहीं है, उपासना पद्धति धर्म तक पहुँचने का मार्ग है। जा, समाज में जाकर उन्हें शाश्वत, सच्चे धर्म का ज्ञान दे। तू जो बताएगा, वह सत्य है। सत्य सदैव कड़वा लगता है। सत्य को समझने में समय लगता है। तो यह सत्य उन्हें भी समझ में आएगा, वह उनके हाल पर छोड़ दे। सत्य बताने का कार्य कर। जब तू समाज में जाएगा और यह सत्य बताएगा तो सत्य का तू माध्यम बनेगा। और तू सत्य का माध्यम बनेगा तो सत्य

की शक्ति तेरे भीतर से बहेगी। उस शक्ति को लोग अवश्य ग्रहण करेंगे। और जो सत्य की शक्ति सहन करने की स्थिति में नहीं होंगे वे सो जाएँगे, पर विरोध नहीं करेंगे क्योंकि उनकी आत्मा जानती है कि तू सत्य ही बोल रहा है। और रही बात मुखदुर्बलता की, तो जब तेरी आत्मा बोलने लगेगी तो उस शक्तिशाली आत्मा का प्रभाव तेरी वाणी पर पड़ेगा ही क्योंकि तू नहीं जानता कि तू कौन है, पर जगत की बाकी आत्माएँ जानती हैं कि तू कौन है। वे आत्माएँ तेरी राह देख रही हैं। समाज को तेरी बड़ी आवश्यकता है। इसलिए तू समाज में जा। तेरी कर्मभूमि यह नहीं है।"

"अपना कर्म कर। वे तेरी बात सुनें या न सुनें, तू उन्हें सुना। उनकी देह तेरी बात सुने या न सुने, उनकी आत्मा अवश्य सुनेगी। कई महान योगियों ने तुझे अपना माध्यम चुना है। उन्होंने अपनी कृपा का प्रसाद तुझे बाँटने के लिए सौंपा है। वह प्रसाद तुझे बाँटना ही है और वह तेरा कार्य है। तू तेरा कार्य कर। उनकी सामूहिकता से कार्य हो जाएगा। तेरी सशक्त आत्मा के कारण तेरे भीतर चुंबकत्व निर्माण हो गया है। यह सशक्त आत्मा का चुंबकत्व है, यह प्रत्येक आत्मा जानती है; इसीलिए तेरी ओर खिंची चली आएगी। मैं मुखदुर्बल हूँ, यह हीनभावना छोड़ दे। अरे, यह हीनभावना देह की है और यह कार्य तो आत्मा का है। देह की इस हीनभावना से बाहर निकलकर कार्य कर, रास्ता खुद-ब-खुद बन जाएगा। और जो आत्माएँ तुझे जन्मों से ढूँढ़ रही हैं, वे तो तुझ तक पहुँच ही जाएँगी। तू आज मेरा शिष्य है, इसलिए गुरु की छत्र-छाया में छिपा हुआ है और इसीलिए आज वे तुझे पहचान नहीं पा रही हैं। मेरी छतरी के बाहर निकल और स्वयं 'गुरु' बन जा। वही तेरी आत्मा का अंतिम पड़ाव है। जब तू गुरु के रूप में जाएगा, वे आत्माएँ तुझे पहचान जाएँगी। तू आध्यात्मिक गुरुओं का प्रतिनिधि है। आध्यात्मिकता का एक स्तर है। वहाँ पहुँचा हुआ व्यक्ति ही उसे पहचान सकता है। प्रत्येक उपासना पद्धति से आध्यात्मिकता की स्थिति तक पहुँचा जा सकता है। वहाँ पहुँचने के बाद कोई माने नहीं रह जाता है कि आप किस उपासना पद्धति को अपनाकर वहाँ तक पहुँचे हैं। अरे बाबा, सीढ़ी सीढ़ी है और मुकाम मकान है। किसी ना किसी सीढ़ी से चलकर ही मुकाम तक पहुँचा जाता है। अब जब मनुष्य किसी भी सीढ़ी के द्वारा अपने मुकाम

तक पहुँचने में सफल हो जाता है तो उस सीढ़ी से वह परे हो जाता है। और सीढ़ी से परे पहुँचा हुआ व्यक्ति मुकाम की बात करेगा, सीढ़ी की बात नहीं करेगा। जितनी भी उपासना पद्धतियाँ हैं, सबका अंतिम उद्देश्य परमात्मा की प्राप्ति ही है। इसलिए मनुष्य किसी भी उपासना पद्धति को अपनाए, पहुँचेगा तो एक ही मुकाम पर। पर मनुष्य उस उपासना पद्धति की सीढ़ी को ही पकड़कर बैठ जाता है, उसके आगे की नहीं सोचता है। एक बार मनुष्य को आत्मज्ञान की अनुभूति हो जाए तो ये सब सत्य बातें उसके समझ में स्वयं ही आ जाती हैं। जैसे मान लो, मैं एक कमरे में, अँधेरे में, अज्ञानता से एक साँप को ही रस्सी समझकर बैठा हूँ और आप बाहर से मुझे बता रहे हो कि जो पकड़ा है, वह साँप है, वह रस्सी नहीं है; पर मैं अपनी अज्ञानता के अँधेरे के कारण आपकी बात नहीं मानता हूँ और मैं कहता हूँ, "नहीं, यह साँप नहीं, रस्सी ही है।" और मैं अपनी ही बात को पकड़कर बैठा हूँ। मगर कुछ समय के बाद आप कमरे का दरवाजा खोल अंदर आते हो और कमरे में आकर दीपक जलाते हो, तो उस दीपक के प्रकाश में मुझे पता चल जाता है कि आप सही हो और मैं ही गलत था। और बाद में आप मुझे साँप को छोड़ने के लिए भी नहीं कहते, तो भी मैं साँप को छोड़ देता हूँ। ठीक इसी प्रकार से, मनुष्य ने अज्ञानता के कारण कई अनावश्यक बातें धर्म समझकर पकड़ रखी हैं। वे सब बातें आत्मज्ञान प्राप्त होने के बाद छूट जाती हैं और मनुष्य को आत्मशांति प्राप्त हो जाती है। फिर मनुष्य की, सीढ़ी को ही पकड़े रहने की, भटकने की, ढूँढ़ने की प्रक्रिया समाप्त हो जाती है।"

"परमात्मा की प्राप्ति की अनुभूति आपको किसी भी माध्यम से हो सकती है। परमात्मा की शक्ति सारे विश्व में फैली हुई है। वह किसी भी माध्यम से अनुभव हो, क्या फर्क पड़ता है? क्योंकि परमात्मा की शक्ति का कोई स्वरूप नहीं है और जो स्वरूप दिखता है, वह केवल माध्यम का स्वरूप है। समाज में जा और समाज को बता कि इस विश्व को चलाने वाली शक्ति परमात्मा है और उस शक्ति को पाने का मार्ग आत्मज्ञान है। और मनुष्य का एक ही धर्म है—मनुष्य-धर्म; अपना, स्वयं का आत्मधर्म। बाकी सब धर्म उपासना पद्धतियाँ है। पद्धतियाँ अलग-अलग हो सकती हैं, पर जब परमात्मा

एक है, मनुष्य एक है, तो धर्म अनेक कैसे हो सकते हैं? धर्म भी एक ही है—आत्मधर्म। यह ज्ञान मनुष्य को प्रदान कर। तेरी बताई गई बात समझने में समय लगेगा, पर समझ में आएगी जरूर। जा, उन्हें समझा। और समझा कि आत्मज्ञान पाने का हक प्रत्येक मनुष्यमात्र का है, फिर वह किसी भी भाषा का हो, किसी भी रंग का हो, किसी भी जाति का हो, किसी भी लिंग का हो, किसी भी देश का हो, किसी भी उपासना पद्धति को अपनाता हो। ये बाहरी बातें अलग-अलग होते हुए भी मनुष्य का आत्मधर्म एक ही है। आज सब पुस्तकों में सिमटकर रह गया है। पुस्तकों में जो लिखा है वह ज्ञान नहीं है, वह केवल जानकारीमात्र है। वास्तव में, ज्ञान तो केवल एक ही है, वह है—आत्मज्ञान और आत्मज्ञान-प्राप्ति के बाद फिर बाहरी जानकारी पढ़ने की आवश्यकता ही नहीं रह जाती है। क्योंकि पुस्तकों में लिखी हुई सारी जानकारी मनुष्य को अपने भीतर के आत्मज्ञान से प्राप्त हो जाती है।"

"जिस प्रकार, हम प्रकृति में देखते हैं कि एक पौधा धीरे-धीरे बड़ा होता है, फिर वृक्ष बनता है और फिर एक निश्चित समयावधि के बाद ही फल देना प्रारंभ करता है; उसी प्रकार, इस आत्मज्ञान के पौधे को आठ सौ साल लगे हैं वृक्ष बनने में। अब यह, अनुभूति का फल आया है। पर इस अनुभूतिरूपी फल की जानकारी समाज को नहीं है। जा, समाज में जा और केवल अनुभूति की जानकारी ही मत दे, अनुभूति का फल भी खिला। मनुष्य ने नहीं पहचाना तो भी उसकी आत्मा बड़ी परिपक्व है, क्योंकि आत्मा आठ सौ साल पुरानी है। वह शीघ्र पहचान जाएगी। मनुष्य का शरीर नहीं पहचान पाएगा, क्योंकि वह अभी छोटा है, उसकी उम्र कम है, उसे अनुभूति का ज्ञान नहीं है। मनुष्य को जैसे-जैसे अनुभूति होती जाएगी, वैसे-वैसे वह जान जाएगा कि परमात्मा यानी क्या, धर्म यानी क्या, परमात्मा का माध्यम यानी क्या, परमात्मा की अनुभूति का आनंद यानी क्या। इन सबकी जानकारी केवल एक अनुभूति प्राप्त करने से हो जाएगी। हम सब मुनियों की इच्छा है कि यह अनुभूति का ज्ञान मानव-समाज तक पहुँचे, क्योंकि अब वह समय आ गया है। और इसे पहुँचाने की इच्छा से ही सबने अपना ज्ञान तेरे भीतर डाला है, तुझे सौंपा है। और सौंपा हुआ ज्ञान समाज तक पहुँचाना तेरा कर्तव्य भी है क्योंकि इसी

उद्देश्य से तुझे वह ज्ञान दिया गया है। उसे समाज में बाँटे बिना तू भी अपने गुरुओं के ऋण से मुक्त नहीं हो सकता है। तुझे भी यह ज्ञान समाज में बाँटकर अपने गुरु को 'गुरुदक्षिणा' देनी ही होगी।"

गुरुदेव बहुत समय से बता रहे थे। तो, थक गए होंगे, ऐसा सोचकर मैंने थोड़ा जल लाकर पीने के लिए दिया जो उन्होंने ग्रहण कर लिया। मैंने गुरुदेव से प्रार्थना की—अब थोड़ा आराम कर लीजिए। "अरे बाबा, अब आराम करने का ही समय आ रहा है। ये सब बातें मैं तुझे इसीलिए समझा रहा हूँ ताकि मैं निश्चिंतता के साथ आराम कर सकूँ। मेरे पास जो जानकारी है, उसे एक बार तुझे दे दी तो उसे देने से मुझे एक समाधान प्राप्त होगा कि मैंने वह जानकारी तुझे दे दी है। यह सब मैं अपने आत्म-समाधान के लिए कह रहा हूँ। अरे, प्रत्येक मनुष्य जो करता है, वह अपने स्वयं के समाधान के लिए, स्वयं की आत्मशांति के लिए ही करता है। वास्तव में, करना भी माध्यम है, समाधान को प्राप्त करने का।" ऐसा कहकर गुरुदेव लेटकर आराम करने लग गए।

मैं सोचते बैठा कि गुरुदेव समाज में नहीं है, पर आज समाज में क्या चल रहा है, इसकी संपूर्ण जानकारी रखते हैं। और प्रत्येक मनुष्य के लिए उनके मन में कितनी करुणा है! प्रत्येक मनुष्य तक आत्मज्ञान पहुँचे, यह उनकी इच्छा है। और उनकी इच्छा है, तो वे यह कार्य भी कर ही सकते हैं और होगा ही। इस कार्य का माध्यम मैं बनूँगा। पर कैसे, यह पता नहीं। क्योंकि इस निर्जन स्थान से मैं बाहर निकल नहीं सकता हूँ और इस निर्जन स्थान पर कोई मनुष्य आ भी नहीं सकता है। गुरुदेव का कार्य है, वे ही जानें। मैं क्यों व्यर्थ में सोचूँ इस बारे में? उनका ही कार्य है, उन्हें ही कराना है। वे कुछ-ना-कुछ मार्ग निकालेंगे ही और कार्य करवाएँगे ही। बस, सही समय का इंतजार करना है। उचित समय आने पर ही वृक्ष फल दे सकता है। यानी एक निश्चित अवधि तक इंतजार करना होगा; मुझे भी, उन्हें भी और मनुष्य समाज को भी। क्योंकि परमात्मा की कृपा का इंतजार करना ही पड़ता है, वह कभी भी हो सकती है।

बाद में गुरुदेव बोले, "कृपा को ग्रहण करने के लिए हमें सदैव तैयार रहना चाहिए, क्योंकि कृपा परमात्मा की करुणा का फल है।

करुणा कब हो, कैसे हो, यह सब उसी पर निर्भर होता है। मैं अपने गुरु को दिए गए आश्वासन से बँधा हुआ, सालों से इस वीरान-से टापू पर परमात्मा की करुणा का इंतजार कर रहा था। जब परमात्मा की करुणा हुई तो उसने तुम्हें मेरे पास भेजा ताकि मैं अपने गुरु से प्राप्त ज्ञान का भंडार तुम्हें सौंप सकूँ, क्योंकि तुम्हें सौंपने का आश्वासन मैंने अपने गुरु को दिया था। और अब तुम्हारा यहाँ आना और अपने-आपको आश्वासन से मुक्त करना, एक घटना थी जो परमात्मा की कृपा से घटी थी। जब हम ध्यान करते हैं तो परमात्मा की शक्तियों के साथ हमारा योग होता है। हम अपना अस्तित्व धीरे-धीरे परमात्मा की शक्तियों में खोने लगते हैं। और यह प्रक्रिया बड़ी सूक्ष्म रूप से घटित होती है। यह कोई शारीरिक क्रिया नहीं है, जोकि देखी जा सके या दिखाई जा सके। यह बड़ी सूक्ष्म क्रिया है जो प्रकृति के साथ रहते-रहते घटित हो जाती है। सबसे पहले, शरीर के ऊपर हमारा नियंत्रण होता है, क्योंकि यह प्रक्रिया बाहर से भीतर की होती है। शरीर पर हमारा नियंत्रण हो जाने के बाद, हमारा शरीर का बोध, शरीर का एहसास कम होना प्रारंभ होता है और शरीर साधना के लिए साधना के अनुरूप बनता है। शरीर योग-साधना के लिए तैयार होता है। योग-साधना में जो शारीरिक रुकावटें होती हैं, वे दूर होने लग जाती हैं। शरीर की पवित्रता, शुद्धता और स्वच्छता योग-साधना में अपना योगदान देती है। फिर शरीर वही करता है, जो उस समय उसे करना चाहिए। शरीर उस समय उसी स्थिति में रहता है, जिस स्थिति में उसे रहना चाहिए। फिर धीरे-धीरे शरीर से निर्मित, मन के विचारों पर योग-साधना से नियंत्रण होने लगता है। जिस प्रकार शरीर से किए गए व्यर्थ कार्यों पर हम हमारी ऊर्जा-शक्ति खर्च करते हैं, वैसे ही मन के अनावश्यक व अनियमित विचारों से भी हमारी बहुत-सी ऊर्जा खर्च होती है। जब हम अभ्यास से, सतत की गई साधना से, इस ऊर्जा की बचत करने में सफल होते हैं, तब हमारा चित्त भी नियंत्रित होने लगता है और चित्त के पूर्णतः नियंत्रित होने पर हमारा ध्यान लगने लग जाता है। हमारा हमारे गुरु के प्रति जितना आदर-भाव होता है, जितनी हमारी श्रद्धा होती है, यह कार्य उतनी ही आसानी के साथ संपन्न होता है। क्यों? क्योंकि गुरु का शरीर परमात्मा की शक्तियों का माध्यम होता

है। पर हमें उनके शरीर के मायाजाल से परे जाकर देखना होगा और, उन्हें ही माध्यम क्यों माना है, यह सोचना होगा। और उन्हें शरीर के स्तर पर न देखते हुए, अनुभूति के स्तर पर अनुभव करना होगा। क्योंकि उन्हें माध्यम बनाते समय परमात्मा ने उनकी आत्मा को ही देखा होता है। और आत्मा अतिसूक्ष्म शक्ति है जो देखी नहीं जा सकती, केवल अनुभव की जा सकती है, श्रद्धा रखकर मानी जा सकती है। और मानना आत्मा का भाव होता है। हमें गुरु के शरीर को परमात्मा का माध्यम मानना होगा, तभी हम उन शक्तियों को अनुभव कर सकते हैं। क्योंकि जो गुरु से ग्रहण करना है, वह केवल मानकर प्राप्त किया जा सकता है। क्योंकि उसके दिखने वाले शरीर में कुछ नहीं है। हमें उसके परे जाना होगा।"

जैसा गुरुदेव मुझे कह रहे थे, वैसे मेरा भी चित्त उनके शरीर के परे जाने लग गया। और मुझे ऐसा अनुभव हुआ कि उनके आसपास प्रकाश ही प्रकाश है। जिस प्रकार से उगते हुए सूरज से सुनहरी किरणें निकलती हैं, वैसा ही कुछ दृश्य था। वह प्रकाश बढ़ता ही जा रहा था और धीरे-धीरे उस प्रकाश के वलय में गुरुदेव का शरीर धुँधला दिखाई दे रहा था। और धीरे-धीरे सारा शरीर ही कहीं लुप्त हो गया और प्रकाश का एक बड़ा पुंज बन गया। धीरे-धीरे सुनहरे प्रकाश का वह पुंज बड़ा हो रहा था। अब मैं निश्चित रूप से यह नहीं कह सकता कि सुनहरे प्रकाश का वह पुंज बड़ा हो रहा था या मैं छोटा हो रहा था। पर कुछ घट रहा था। और धीरे-धीरे मैं एक बूँद जैसा छोटा हो गया और वह सुनहरी किरणों वाला प्रकाश का पुंज सारे विश्व पर व्याप्त हो गया था। और उस विश्वव्यापी प्रकाश के पुंज में मेरा अस्तित्व नगण्य हो गया। मैं मुझे ही नहीं दिख रहा था और धीरे-धीरे, मेरा स्वयं का कोई अस्तित्व ही नहीं रह गया था। मैं भी उस प्रकाशपुंज का हिस्साभर रह गया था। परमात्मा के दर्शन मुझे हो गए थे। परमात्मा इस विश्व को चलाने वाली एक विश्वव्यापी शक्ति है, इसका एहसास उस क्षण हो गया। सारा विश्व ही परमात्मामय है और जिस 'मैं' पर मुझे अहंकार है, उसका अस्तित्व उसके सामने कुछ भी नहीं है। एक छोटे-से कीटक से भी कम अस्तित्व है। मैं कितना छोटा हूँ और परमात्मा कितना बड़ा है, उसका एहसास मुझे उस क्षण हो गया था।

बाद में देखा—सारा प्रकाश एक स्थान पर स्थिर होने लग गया, एक ही स्थान पर केंद्रित होने लग गया, एक ही बिन्दु पर इकट्ठा होने लग गया। और धीरे-धीरे वह बिन्दु मेरे गुरुदेव के शरीर के आकार-सा हो गया। पर अभी भी वह बहुत बड़ा था। पर धीरे-धीरे फिर वह गुरुदेव के शरीर के आकार का हो गया। और जैसे ही मैंने गुरुदेव को देखा, मैंने उन्हें साष्टांग दंडवत प्रणाम किया। उन्होंने उनके दाहिने पैर के अँगूठे से मेरे सिर पर स्पर्श किया और मैंने मेरे शरीर में एक बिजली-सा प्रवाह अनुभव किया। सारा शरीर बर्फ जैसा हो गया था। मैं उस अवस्था में तीन दिनों तक पड़ा हुआ था।

तीन दिनों के बाद गुरुदेव ने मुझे उठाया। तब ऐसा लगा, जैसे पता नहीं कितने ही काल के बाद मैं जागा हूँ। उन्होंने कहा, "गुरु कोई शरीर नहीं होता है। गुरु परमात्मा का जीवंत माध्यम होता है। जब हम उसे माध्यम मानते हैं, तो हमारा 'मैं' का अस्तित्व छोटा हो जाता है, अपना 'मैं' का अहंकार समाप्त हो जाता है और फिर हमारी अनुभूति करने की स्थिति बढ़ जाती है। और फिर हम, गुरु के शरीर के पीछे परमात्मा की जो शक्तियाँ कार्य कर रही हैं, उनके दर्शन कर पाते हैं, उन शक्तियों को अनुभव कर पाते हैं। और इसी माध्यम से हम ध्यान-साधना कर सकते हैं। हम माध्यम के प्रति जितनी श्रद्धा रखेंगे, जितना विश्वास रखेंगे, उतना ही हम उस माध्यम के परे जा सकेंगे। गुरु का शरीर परमात्मा की शक्तियों का माध्यममात्र है। हमें उस माध्यम से आगे देखना होगा और यह देखना केवल अनुभव से हो सकता है। इसीलिए मैंने वर्णन करने की अपेक्षा अनुभव कराना अधिक उचित समझा क्योंकि परमात्मा का वर्णन तो हो ही नहीं सकता। अरे बाबा, सब जगह परमात्मा है। तो हम भला परमात्मा में रहकर परमात्मा का वर्णन कैसे कर सकते हैं? इसलिए परमात्मा का वर्णन तो हो ही नहीं सकता है, परमात्मा को केवल अनुभव किया जा सकता है। पर परमात्मा तक हम माध्यम के द्वारा ही पहुँच सकते हैं। "परमात्मा सर्वत्र है।" फिर हम उसे देख सकें, ऐसी हमारी स्थिति नहीं होती। गुरु की कृपा से हमें वह स्थिति मिलती है कि परमात्मा की अनुभूति कर सकें। परमात्मा हमारी पहुँच के बाहर है। हमारी पहुँच में केवल माध्यम है। हमें माध्यम की सीढ़ी से परमात्मा तक पहुँचना होगा। और कैसे पहुँचना

है, वह अभी अनुभूति से तुमने अनुभव किया है। पर यह ध्यान-साधना संपूर्ण रूप से करने में 12 साल लगते हैं। 12 सालों तक माध्यम के प्रति पूर्ण समर्पण रखने पर और उसी माध्यम से ध्यान-साधना करने पर मनुष्य को यह स्थिति प्राप्त हो सकती है। यह सब आसान नहीं है, क्योंकि इतने अधिक समय तक अपनी श्रद्धा, अपनी एकाग्रता, अपनी रुचि ध्यान में बनाए रखना अत्यंत कठिन साधना है। इसलिए सर्वसामान्य मनुष्य से यह साधना हो नहीं सकती है। यह कोई शीघ्र उगने वाला लाईपत्ते का पौधा नहीं है, यह वटवृक्ष है जिसे एक लंबी निर्माण प्रक्रिया से गुजरना होता है। इन बारह सालों में साधक को नियमितता नहीं खोनी चाहिए और अपनी श्रद्धा को बनाए रखना चाहिए। यह दो कार्य किए तो बाकी साधना जीवन में ऐसे ही घटित हो जाती है। और साधना जैसे-जैसे परिपक्व होने लगती है, वैसे-वैसे मनुष्य का अहंकार समाप्त होना प्रारंभ हो जाता है। पहले शरीर, फिर मन और फिर चित्त पर उसका नियंत्रण होने लगता है। पर इस बारह साल की समयावधि के बारे में कोई गुरु कभी बताते नहीं हैं ताकि इतनी बड़ी समयावधि सुनकर शिष्य घबरा नहीं जाएँ। वह अपने शिष्य से सदैव कहेंगे—ध्यान कर, ध्यान कर; ताकि इतना समय कब निकल गया, उसका पता भी नहीं चले। क्योंकि बारह साल धीरे-धीरे कब निकल जाएँगे, इसका पता भी नहीं चलता है, पर बारह साल का अंतराल, जीवन का एक बड़ा अंतराल होता है।

“शरीर को किसी बात की, किसी नियम की, किसी साधना की आदत लगने में समय लगता है। फिर मन पर नियंत्रण करने में समय लगता है, फिर चित्त पर नियंत्रण करने में समय लग जाता है। शरीर पर नियंत्रण करने में इसलिए समय लगता है कि शरीर की अपनी पुरानी आदतें और कुसंस्कार होते हैं। उन्हें छूटने में समय लगता है। मन भी बड़ा चंचल होता है। उसके विचार करने की बुरी आदत पर नियंत्रण पाने में, आदतों पर नियंत्रण पाने में समय लग जाता है। फिर चित्तशुद्धि का कार्य प्रारंभ होता है। चित्त शुद्ध होता है, पवित्र होता है और बाद में सशक्त होता है। इस ध्यानमार्ग में पवित्रता का बड़ा महत्व है। पवित्रता इस मार्ग की नींव है। साधक शरीर व मन से ही नहीं, चित्त से भी पवित्र होना चाहिए। पवित्रता के बिना तो इस कार्य की शुरुआत ही नहीं हो सकती है। क्योंकि पवित्र व्यक्ति ही

अधिकारी गुरु हो सकता है। ‘पवित्रता से हमारा आशय शरीर की पवित्रता से नहीं है, चित्त की पवित्रता से है’ जो विचारों की पवित्रता से भी ऊपर की स्थिति है। यह चित्त की पवित्रता आत्मिक स्तर पर ही प्राप्त की जा सकती है। और यह प्राप्त होती है श्रद्धा से। श्रद्धा मनुष्य की आत्मा का सबसे निर्मल व पवित्र भाव है। और अपने गुरु पर संपूर्ण श्रद्धा ही साधक को यह स्थिति प्रदान कर सकती है।”

“एक जीवंत मनुष्य के शरीर पर संपूर्ण श्रद्धा रखना अत्यंत कठिन कार्य होता है। ध्यानमार्ग में यह श्रद्धा सबसे कठिन बात होती है। इसके लिए, प्रथम गुरु को ही जानना होगा, समझना होगा। गुरु दो बातों के योग होते हैं, सम्मिश्रण होते हैं। एक है मूल आत्मतत्त्व जो अत्यंत पवित्र होता है और प्रत्येक जन्म में समान होता है और इसकी अवधि आठ सौ सालों की होती है। इस आठ सौ सालों की अवधि में अलग-अलग शरीर धारण करके भी यह अपने लक्ष्य की ओर बढ़ते रहता है। प्रत्येक जन्म में, अपनी साधना में कुछ नए तत्त्वों को जोड़ते रहता है। प्रत्येक जन्म में, इस आत्मतत्त्व को उस जन्म के शरीर के दोषों का सामना करना होता है। वह उन दोषों पर विजय प्राप्त करता है। पर अगले जन्म में, वे दोष दूर करता है, तो नए दोष ग्रहण करता है। यानी, सरल भाषा में, बिना दोष के शरीर धारण करना असंभव है। शरीर माँ और बाप के शरीर की संयुक्त कृति होती है। इसमें माँ और बाप के संयुक्त दोषों का संगम होता है। मनुष्य के शरीर में माँ और बाप दोनों के दोष पाए जाते हैं। क्योंकि माता-पिता के संयुक्त प्रभाव का असर मनुष्य के जन्म के पूर्व से ही हो जाता है और मनुष्य इन संयुक्त दोषों के साथ जन्म लेता है। यानी आत्मतत्त्व पवित्र है, शुद्ध है और आठ सौ साल पुराना है, पर शरीरतत्त्व तो साठ साल या अस्सी साल पुराना है। शरीररूपी छिलके को न देखते हुए भीतर के फल को देखना बड़ा कठिन है। यह बात नारियल से समझी जा सकती है। शरीरतत्त्व यानी नारियल का छिलका और आत्मतत्त्व यानी भीतर का मीठा नारियल। पर भीतर का मीठा, मुलायम, नारियल का खोबरा खाने के लिए नारियल का छिलका तोड़ना आवश्यक है। ठीक उसी प्रकार से, गुरु के शरीरतत्त्व के दोषों को छोड़कर भीतर के नारियल को ग्रहण करना होगा, भीतर के आत्मतत्त्व को देखना होगा। जिस प्रकार,

बिना छिलके का नारियल नहीं हो सकता है; यह प्रकृति का नियम है; ठीक उसी प्रकार से, बिना शरीर के दोषों के गुरु का शरीर नहीं हो सकता है। क्योंकि जीवंत अनुभूति आई, तो जीवंत शरीर आएगा और जीवंत शरीर आया, तो जीवंत शरीर के दोष आएँगे ही। और दोषों को न देखकर भीतर के आत्मतत्त्व के प्रति श्रद्धा रखना बड़ा कठिन कार्य होता है। और प्रत्येक सिद्ध महात्मा को भी यह अनुभव अपनी साधना के समय आया हुआ होता है। इसीलिए वह अपने शिष्य को अपने शरीर से थोड़ा दूर ही रखता है ताकि शिष्य का ध्यान शरीरतत्त्व के दोषों पर न जाते हुए, भीतर के आत्मतत्त्व पर रहे। इसीलिए, गुरु के प्रति समग्र समर्पण किए बिना, गुरु का संग शिष्य को भ्रम में डाल देता है। यह व्यवहार जो शरीर से किया जा रहा है, वह सही है या आत्मा को जो अनुभूति हुई थी, वह सही है; क्या सही है और क्या गलत है, इसका विश्लेषण करने में ही जीवन समाप्त हो जाता है। क्योंकि विश्लेषण सालों तक चलते रहता है। सारा जीवन विश्लेषण में ही चले जाने के कारण साधना के लिए समय ही नहीं रह जाता है। शरीर के व्यवहार सदैव सामान्य मनुष्य के समान ही होते हैं। और न ही वे इन सामान्य व्यवहारों से गुरु कहलाते हैं। गुरु के सामान्य शरीर में असामान्य आत्मा होती है और वह केवल अनुभव हो सकती है। वह देखी नहीं जा सकती है।"

"इसीलिए, गुरु के करीब होने पर ही गुरु के करीब जाना चाहिए। गुरु के करीब न होने पर गुरु के करीब नहीं जाना चाहिए। यहाँ गुरु से मेरा तात्पर्य 'गुरुतत्त्व' से है। और गुरु से दूसरा तात्पर्य गुरु के शरीर से है। यानी अगर आप गुरुतत्त्व के करीब हो, निकट हो, तो ही गुरु के शरीर के निकट जाओ। क्योंकि तब आप शरीर के करीब गए तो भी शरीर के दोषों से बचे रहेंगे, अन्यथा शरीर तो भ्रमित करेगा ही। क्योंकि गुरुतत्त्व शरीर की चौखट में ही बँधा हुआ होता है, वह शरीर के व्यवहार करेगा ही। गुरु के शरीर में पवित्र आत्मतत्त्व होता है। इसी के कारण उसका प्रभाव शरीर पर पड़ता है और शरीर में चुंबकीय शक्ति निर्मित हो जाती है। और शरीर के इस चुंबकीय प्रभाव के कारण सामान्य आत्मा को उस आत्मिक तत्त्व का अनुभव होता है और वह उस ओर अनजाने में आकर्षित हो जाता है। प्रत्येक व्यक्ति की आत्मा प्रत्येक गुरु के भीतर के आत्मतत्त्व को

तो मानती ही है। इसी कारण शिष्य अपने गुरु की ओर खींचा चला आता है। गुरु शिष्य को खींच सकता है, पर शिष्य के पास नहीं जा सकता। सब अपनी सीमा में बँधे हुए होते हैं। प्रकृति का नियम है—बाहरी तत्त्व समान ही होता है। जिस प्रकार, नारियल को बाहर से देखो तो सब एक से ही मालूम होंगे, समान मालूम होंगे; ठीक उसी प्रकार, गुरु का शरीर भी सामान्य मनुष्य जैसा ही होता है। पर गुरु का शरीर आत्मतत्त्व के प्रभाव में होता है और इसीलिए उसमें एक प्रकार का जबरदस्त आकर्षण होता है। यह आकर्षण भी दिखता नहीं है, अनुभव होता है। इसीलिए जीवंत गुरु को पहचानना अत्यंत कठिन होता है और जीवंत गुरु अनुभूति से ही पहचाने जा सकते हैं।"

"गुरु आपको कैसा दिख रहा है, वह क्या कर रहा है, वह क्या बोल रहा है, इनसे अधिक महत्वपूर्ण है—क्या अनुभव हो रहा है। सबसे पहली अनुभूति—उसके सान्निध्य में अच्छा लगता है। इस जीवन के मरुस्थल में मानो ठंडे पानी का कोई झरना मिल गया हो, ऐसा अनुभव होता है। गुरु के करीब अनायास ही चले जाते हैं, पर उससे दूर होने की इच्छा नहीं होती है। सारे विचार बंद हो जाते हैं। विचार इसलिए बंद हो जाते हैं, क्योंकि विचार शरीर से निर्मित हैं और जब आप आत्मा हो गए, तो शरीर ही नहीं रहे और शरीर का भाव ही समाप्त हो गया, तो शरीर के विचार आएँगे कैसे? और यहाँ से कहीं जाना है, यह भी तो एक विचार है। यह विचार भी नहीं आएगा, तो गुरु से दूर होंगे ही नहीं। गुरु की एक झलक से भी मनुष्य की आत्मा पुलकित हो जाती है। और उस आनंदित आत्मा का आनंद सारे शरीर पर प्रभाव डालता है। मनुष्य के शरीर में स्पंदन होने लगते हैं। और ये स्पंदन मनुष्य के पंजों और तलुवों पर अधिक महसूस होते हैं, क्योंकि मनुष्य के शरीर में ये अंग अधिक संवेदनशील होते हैं। आत्मा का यह आनंद स्पंदन के रूप में शरीर पर अनुभव होने लगता है। और यह अनुभव शरीर के लिए पहला अनुभव होता है, क्योंकि आत्मा पहले कभी इस प्रकार से आनंदित नहीं हुई थी। यह आत्मा आनंदित इसलिए हो जाती है, क्योंकि आत्मा परमात्मा को जानती है। परमात्मा से हमारा आशय लाखों पवित्र आत्माओं के समूह से है। इन लाखों आत्माओं की सामूहिक शक्ति गुरु की आत्मा के साथ होती है। और उस सामूहिकता के कारण

ही गुरु की आत्मा विशेष आत्मा हो जाती है। गुरु की आत्मा वह आत्मा होती है जिसका स्वयं का कोई अस्तित्व नहीं होता। आत्मा का अस्तित्व इसीलिए नहीं होता, क्योंकि आत्माओं की सामूहिकता होती है और गुरु की आत्मा सामूहिकता में बँटी होती है। यानी गुरु की आत्मा लाखों आत्माओं के साथ होती है और लाखों आत्माएँ गुरु की आत्मा के साथ होती हैं। आत्माओं की यह शक्ति ही गुरु की आत्मा को परमात्मा बनाती है। गुरु-शरीर असामान्य नहीं है, गुरु असामान्य हैं उनकी आत्मा के कारण, जो लाखों लोगों में बँटी हुई है और उन लाखों आत्माओं की सामूहिकता ही शिष्य की आत्मा को आकर्षित करती है। एक आत्मा लाखों आत्माओं के समूह की ओर तो स्वाभाविक रूप से आकर्षित होगी। और लाखों आत्माओं की सामूहिकता के कारण एक ब्रह्मनाद का निर्माण हो जाता है। गुरु के सान्निध्य में जाने के बाद यह ब्रह्मनाद सुनाई पड़ना प्रारंभ हो जाता है।"

"यह सब अनुभव तभी हो सकता है, जब आप में झुकने की स्थिति हो क्योंकि झुकने की स्थिति ग्रहण करने की क्षमता को बढ़ाती है। बस यह झुकना शारीरिक स्तर पर नहीं, आत्मिक स्तर पर हो। न आपका शरीर झुके और न शरीर के सामने झुके। आपकी आत्मा झुकनी चाहिए और आत्माओं के समूह के सामने झुकनी चाहिए। तभी झुकने का कोई अर्थ होगा। एक आत्मा का आत्माओं के समूह के सामने झुकना, यह उस आत्मा की श्रद्धा के बिना कैसे हो सकता है? इसीलिए गुरु के प्रति श्रद्धा अत्यंत आवश्यक होती है और श्रद्धा अंधश्रद्धा नहीं होनी चाहिए। दूसरे लोग किसी पर श्रद्धा कर रहे हैं और हम भी उनकी देखा-देखी श्रद्धा करें, तो यह श्रद्धा नाटकीय होगी, अंधश्रद्धा होगी क्योंकि हमें कोई अनुभूति नहीं है, फिर भी हम श्रद्धा कर रहें हैं। ऐसी श्रद्धा अधिक समय नहीं बनी रह सकती है। इसीलिए, अनुभूति होने पर जो श्रद्धा होती है, वह शाश्वत श्रद्धा है। श्रद्धा आत्मा का पवित्र भाव होता है। वह आत्मा को आत्मा की अनुभूति आने पर ही होना चाहिए। इसीलिए अनुभूति ही श्रद्धा का आधार होना चाहिए। जब तक तुम्हें कोई व्यक्तिगत अनुभव न हो, तो श्रद्धा नहीं रखनी चाहिए। श्रद्धा का आधार आत्मीय आनंद की अनुभूति होना चाहिए। यह पवित्र व अनुभूति पर आधारित श्रद्धा ही

हमें सदैव अनुभूति से जोड़े रखती है और हमारा चित्त सदैव अनुभूति पर ही होता है। फिर गुरु-सान्निध्य में गए तो भी श्रद्धा हमारे चित्त को सदैव अनुभूति पर ही रखेगी। और अनुभूति पर चित्त होगा तो वह चित्त हमें शरीर के सामान्य व्यवहार की ओर देखने ही नहीं देगा और जब सामान्य शरीर के व्यवहार दिखेंगे नहीं, तो आत्मा के व्यवहार समझ में आएँगे। आत्मा का व्यवहार निर्मल आनंद है; वह आनंद जिसमें आत्मा को आनंद अनुभव होता है और जो शाश्वत होता है। ऐसा आनंद संपूर्ण श्रद्धा रखने पर ही मनुष्य को प्राप्त हो सकता है। यह सब धीरे-धीरे, अभ्यास से प्राप्त होता है और यह धीरे-धीरे, अभ्यास से होना चाहिए। शारीरिक कार्य गति के साथ हो सकते हैं, पर आत्मिक कार्य अनुभूति के साथ होते हैं और इसीलिए उनमें गति नहीं होती। वे अपनी प्राकृतिक गति से धीरे-धीरे ही चलते हैं।"

"आध्यात्मिक क्षेत्र की बड़ी विशेषता है कि इसमें मनुष्य के प्रयत्न का कोई स्थान नहीं है। क्योंकि कोई भी किया गया प्रयत्न शारीरिक स्तर पर ही होगा और आध्यात्मिक प्रगति आत्मिक स्तर पर प्राप्त होती है। संपूर्ण आध्यात्मिक प्रगति परमात्मा की कृपा पर निर्भर है। वास्तव में देखें तो सत्य ही मालूम होता है। मनुष्य परमात्मा की इच्छा के बिना एक साँस भी नहीं ले सकता है। मनुष्य को प्रत्येक साँस परमात्मा की कृपा में ही प्राप्त होती है। मनुष्य इस धरती पर कुछ निश्चित साँसें लेकर आता है। वह ये साँसें लेता है और फिर उसकी मृत्यु हो जाती है। परमात्मा की कृपा के बिना वह एक साँस भी नहीं ले सकता है। अब मेरे भी जीवन का उद्देश्य समाप्त हो गया है। अब मैं भी मृत्यु की प्रतीक्षा कर रहा हूँ। जितनी साँसें बाकी हैं, उतनी लूँगा और बाद में मृत्यु की गोद में विश्राम करूँगा। पर इस छोटी-सी जिंदगी में मैंने सबकुछ प्राप्त कर लिया है! अब ये सारी शक्तियाँ तुझे सौंपने के बाद मैं खुश हूँ और प्रसन्न हूँ। जिन आध्यात्मिक शक्तियों को जीवनभर मैंने संभाला, वे सही हाथों में पहुँच गई हैं! जीवन में गुरु को जितना आत्मिक सुख उसका समर्पित साधक दे सकता है, उतना कोई नहीं दे सकता। क्योंकि देना गुरु का स्वभाव होता है और लेना शिष्य का स्वभाव होना चाहिए। ऐसा लेने वाला शिष्य मिल गया, तो मानो गुरु को सबकुछ मिल गया। मैं तुम्हें पाकर बहुत प्रसन्न हूँ। लाखों आत्माओं तक पहुँचने के तुम

एक सशक्त माध्यम हो, क्योंकि तुम आत्माओं की सामूहिकता के केंद्र हो। मेरे लिए तुम ही परमात्मा हो। मेरे अंतिम समय में मुझे मोक्ष प्रदान करने आए हो। मेरी अंतिम इच्छा है—मृत्यु के बाद मेरा अंतिम संस्कार तुम ही करो और मोक्ष के लिए प्रार्थना करो।"

मैंने गुरुदेव को नतमस्तक होते हुए कहा, "आप मेरे प्रेरणास्थान हो। मैं अपने-आपको समर्पित करता हूँ। इस देह का जो उपयोग करना है, कर लीजिए। सबकुछ आपकी इच्छानुसार ही हो। अब चलिए, काफी समय हो गया है। अब आराम कर लीजिए।" ऐसा कह कर मैंने उन्हें बिस्तर पर लिटाया और फिर वे शांतमन से लेटे रहे।

मेरे मन में विचार आ रहे थे कि मृत्यु की घड़ी भी ऐसी होती है जो मनुष्य को सुख और दुःख, दोनों ही स्थितियाँ दे सकती है, क्योंकि उन दिनों मनुष्य को उसके सामने उसका सारा जीवन दिखते रहता है कि जीवन में उसने क्या-क्या किया। अगर जीवन में अच्छे कार्य किए, तो अच्छा अनुभव होगा। अगर बुरे कार्य किए, तो बुरा अनुभव होगा, आत्मग्लानि होगी, रोएगा। मेरे गुरुदेव ने अच्छे कार्य किए हैं, इसलिए वे प्रसन्न हैं, खुश हैं। और वे अनुभव कर रहे हैं कि उन्होंने अपने जीवन का अच्छा उपयोग किया। और अब, जब उनके जाने का समय आया है, तो अपने अच्छे कार्यों के कारण उन्हें आत्मसमाधान है कि वे अच्छे कार्य करके जा रहे हैं। जाना सभी को है। जो आया है, वह जाने के लिए ही आया है, पर जाना आत्मसमाधान के साथ होना चाहिए।

मनुष्य न तो किसी को जीवन दे सकता है और न मृत्यु। सब उस ऊपर वाले के हाथ में होता है। मनुष्य की गलत धारणा है कि मेरा बेटा... मेरी बेटी... मैं इस लड़के का बाप हूँ... मैं इस लड़की की माँ हूँ...वास्तव में यह सब भी माया है। न वह कोई लड़का पैदा कर सकता है, न लड़की पैदा कर सकता है। पति-पत्नी के शारीरिक मिलन के फलस्वरूप एक शरीर का निर्माण हुआ है। और उस शरीर में एक आत्मा ने प्रवेश किया, तभी वह शरीर कोई अस्तित्व प्राप्त कर सका। बिना आत्मा के तो वह शरीर लाश है। एक लाश को कोई घर में रखना नहीं चाहता है। तो माता-पिता ने केवल शरीर का निर्माण किया है। वह भी उन्होंने नहीं किया, उनके

द्वारा हो गया। और उनके माध्यम से जिस शरीर का निर्माण हुआ है, वह नाशवान शरीर है, शाश्वत नहीं है। और अशाश्वत शरीर को परमात्मा ने आत्मा प्रदान कर थोड़े समय के लिए जीवित किया है। यानी उस शरीर में आत्मा महत्वपूर्ण है। और उस आत्मा को बनाने में माता-पिता का कोई हाथ नहीं है। माता-पिता के माध्यम से आत्मा का जन्म नहीं हुआ है, केवल नाशवान शरीर का जन्म हुआ है। तो माता-पिता ने कुछ भी तो निर्मित नहीं किया है। तो माता-पिता कैसे कह सकते हैं, "हमने तुम्हें पैदा किया।" वास्तव में, माता-पिता ने कुछ भी तो निर्माण नहीं किया। जो उनके द्वारा निर्माण हुआ है, वह शरीर बिना आत्मा के मृत है। उस मृत शरीर में जान डालने वाली शक्ति परमात्मा है। वास्तव में, प्रत्येक मनुष्य को परमात्मा ने पैदा किया है। माता-पिता मिथ्या अहंकार करते हैं—हमने बच्चों को पैदा किया है, हमने बच्चों को जन्म दिया है। वास्तव में, वे कुछ नहीं कर सकते हैं। यह सब माया है। इस माया के कारण ही माता-पिता भ्रम के शिकार हो जाते हैं। प्रत्येक बच्चा एक आत्मा है जिसका निर्माण माता-पिता ने नहीं किया है। उसका स्वयं का एक अस्तित्व है। उसका अस्तित्व उसे बनाने दें, 'मेरा बेटा' और 'मेरी बेटी' कह कर उस आत्मा को बाँधे नहीं। न तुम किसी के माता-पिता हो और न ही तुम्हारे कोई बेटा-बेटी हैं। यह सब मिथ्या की माया है। तुम स्वयं की एक साँस नहीं बढ़ा सकते, तुम क्या किसी बच्चे को जन्म दे सकते हो! प्रत्येक आत्मा को अपने भोग भोगने ही होते हैं। इसी प्रकार प्रत्येक बच्चे को अपने भोग भोगने ही होते हैं। उसमें माता-पिता कोई हथेली नहीं लगा सकते हैं। इसीलिए, 'मेरा लड़का' और 'मेरी लड़की' इस भ्रम से मनुष्य को दूर रहना चाहिए।

अच्छा है, मेरे गुरुदेव इन सब भ्रमों से बचे ही रहे। जीवन के अंतिम दिनों में ये कितनी शांति का अनुभव कर रहे हैं! किसी भ्रम का निर्माण ही नहीं किया है। ये सब भ्रम हैं, शायद इसीलिए ये गुरु अकेले ही आध्यात्मिक मार्ग पर चलते हैं। क्योंकि मायाजाल का निर्माण स्वयं ही करना और बाद में उसमें फँस जाना और "मैं फँस गया," ऐसा समझना और स्वयं पकड़े रखना और "मैं फँस गया, मैं फँस गया," ऐसा चिल्लाना, उससे अच्छा है कि मायाजाल का निर्माण ही मत करो और मायाजाल से बचे ही रहो। सचमुच, यह संसार ही

एक मायाजाल है। एक मकड़ी अपने आसपास एक जाल का निर्माण स्वयं ही करती है और एक दिन उस जाल में स्वयं ही फँस जाती है और बाद में रोती है, "मैं फँस गई, मैं फँस गई," जबकि उस जाल का निर्माण वह स्वयं ही करती है।

मेरे गुरुदेव का शरीर थक गया था। उनके शरीर को शक्ति मिले, इसलिए, दूसरे दिन दो हरे बाँस काटे और उनके कोमल-कोमल पत्तों को तोड़कर, उनके छोटे-छोटे, बारीक टुकड़े किए। फिर उन्हें बाँस में ही भरकर, थोड़ा पानी डालकर उसमें तेजपत्ते डाले, काली मिर्च के थोड़े दाने डाले, थोड़े लाईपत्ते डाले और कुछ केले भी डाले। और केले के पत्तों से बाँस का दूसरा सिरा पूर्णतः बंद कर दिया। इतनी अच्छी तरह बंद किया कि अंदर के पानी की भाप भी बाहर न निकल सके। बाद में आग में रखकर खूब उबाला और बाद में वह खाना गुरुदेव को खिलाया। उनको अपने हाथ से खिलाना पड़ा। वे इतने कमजोर हो गए थे कि वे न तो ठीक से बैठ सकते थे और न ही खा सकते थे। उन्हें खिलाना पड़ता था। पानी बाँस में भरकर पिलाना पड़ता था। उनकी दृष्टि भी कमजोर हो गई थी।

जैसे-जैसे दिन बीतते गए, उनका शरीर कमजोर होता जा रहा था और अब तो उनका चलना-फिरना बंद-सा हो गया था। वे खड़े रहते तो भी पैर काँपते थे। वे शैय्या पर ही पड़े रहते। वे मल-मूत्र का त्याग भी वहीं करने की स्थिति में आ गए थे। मैं वहीं रहकर उनकी सेवा करता था। दिनभर, रातभर, प्रत्येक पल, मेरा पूरा ध्यान उन्हीं पर रहता था। अब तो मेरी ध्यान-साधना भी बंद हो गई थी। वे भी ध्यान करने नहीं बैठ सकते थे। वे आँखें बंद किए ही पड़े रहते थे। शरीर एकदम जर्जर हो गया था, लेकिन उनके शरीर के चैतन्य में जरा-सी भी कमी नहीं आई थी। आज भी वही चैतन्य का प्रवाह निकलता था। फिर एक दिन मैंने उन्हें पूछा, "गुरुदेव, आपका शरीर इतना जर्जर हो गया है, कमजोर हो गया है, फिर भी आपके चैतन्य के प्रवाह में कोई कमी नहीं आई है, ऐसा क्यों?" वे बोले, "अरे पगले, इस शरीर की स्थिति का, उस चैतन्य की स्थिति से कुछ संबंध नहीं है। वह आत्मा का चैतन्य है, और आत्मा के उस चैतन्य का प्रभाव इस शरीर पर पड़ रहा है। चाहे शरीर कमजोर हो गया होगा, पर

आत्मा का चैतन्य तो वैसा ही है। इस शरीर के कमजोर हो जाने का प्रभाव उस चैतन्य पर नहीं पड़ेगा। यह शरीर आत्मा के उस चैतन्य का माध्यम बन गया है और इतने सालों से माध्यम है कि चैतन्य अलग व शरीर अलग हो, ऐसा नहीं है, बल्कि शरीर चैतन्यमय हो गया है। इसीलिए यह शरीर कितना भी कमजोर हो, अपने चैतन्य का प्रभाव तो रखेगा ही।" मैं उनकी तरफ मूर्ख जैसा देख रहा था, क्योंकि वे जो बोल रहे थे, वह समझ में नहीं आ रहा था। वे मेरी उस स्थिति को पहचान गए और बोले, "अरे पगले, तुझे समझ में नहीं आ रहा है। मैं तुझे चंदन के उदाहरण से समझाता हूँ। चंदन के झाड़ की एक लकड़ी का टुकड़ा लेकर जब हम घिसते हैं, तब चंदन का निर्माण होता है। और फिर हम उस निकले हुए चंदन को अपने माथे पर लगाते हैं ताकि अपना चित्त शुद्ध रह सके, हमारा आज्ञाचक्र पवित्र रहे और हमारे ऊपर किसी का भी बुरा प्रभाव न पड़े। पर जब ऐसा करते हैं, तब वह चंदन की लकड़ी का टुकड़ा भी घिसता है न? और वह भी धीरे-धीरे छोटा होने लग जाता है और घिसते-घिसते एकदम छोटा हो जाता है, पतला हो जाता है, कमजोर हो जाता है। पर उस कमजोर, छोटे, पतले टुकड़े से भी चंदन की उतनी ही खुशबू आती है, जितनी बड़े टुकड़े से आती थी। इस प्रकार खुशबू देना चंदन का स्वभाव है। वह जब तक समाप्त नहीं होता, तब तक खुशबू देता ही रहेगा। वैसा ही मेरा शरीर है। कितना भी कमजोर हो, बीमार हो, बूढ़ा हो, चैतन्य का प्रवाह तो देते ही रहेगा, क्योंकि चैतन्य प्रवाहित करना उसका स्वभाव हो गया है। इसलिए, जिस प्रकार, चंदन का टुकड़ा झाड़ के साथ हो या झाड़ से अलग हो, वह खुशबू देता ही रहेगा; उसी प्रकार सिद्ध-महात्माओं का शरीर जीवित स्थिति में हो या मृत हो गया हो, वह चैतन्य प्रवाहित करते ही रहता है। इसीलिए सद्‌गुरु के शरीर का दहन नहीं करते। उनके शरीर को समाधि बनाकर रखा जाता है ताकि वह शरीर मृत होने के बाद भी, अनेक वर्षों तक अपने चैतन्य की लहरियाँ वातावरण में फैलाता रहे। अब आया समझ में कि शरीर में से चैतन्य क्यों बह रहा है? मेरे शरीर-त्याग के बाद भी वह चैतन्य बहता रहेगा, लेकिन मेरे शरीर की समाधि मत बनाना। मेरे शरीर का अग्निसंस्कार करना, क्योंकि अब मेरे करने के लिए कुछ बाकी नहीं रह गया है और मेरी

इच्छा है, मेरा सारा चैतन्य केवल तेरे माध्यम से ही बहे, मेरे चैतन्य के दो माध्यम इस जगत में न हों। मेरे चैतन्य का दूसरा माध्यम मेरा यह शरीर है, इसलिए मेरे देह-त्याग के बाद इसका दाह-संस्कार कर इसे नष्ट कर देना। फिर मेरे चैतन्य का केवल एक, तू ही, माध्यम रहेगा और तेरे द्वारा ही चैतन्य का माध्यम इस जगत में रहे, ऐसी मेरी अंतिम इच्छा है।" ऐसा कहकर वे शांत हो गए और मैं सोच रहा था कितनी शांति से कितनी बड़ी बात वे कह गए!

दूसरे दिन सुबह गुरुदेव जब जागे नहीं, तो मैं सोचने लग गया कि क्या हो गया होगा? कहीं देहत्याग तो नहीं कर दिया? वे न तो चलते-फिरते थे और न ही उनके देह के कोई व्यवहार भी थे। फिर भी मुझे उनका बड़ा सहारा लगता था। मेरी तो सारी दुनिया उन तक ही सीमित हो गई थी। वे आँख भी खोलते थे तो मेरे लिए सूर्योदय हो जाता था। उनकी आँख बंद हो जाती थी, तो मेरी रात हो जाती थी। पूरे समय उन पर ही ध्यान रहता था। मेरा तो सारा संसार गुरुदेव ही थे।

मैं उनके चरणों के पास बैठकर उनके जगने की राह देख रहा था। मेरी तो सारी दुनिया ही ये हैं। कहीं देहत्याग तो नहीं कर दिया? फिर मैंने विचार कर लिया, अगर इन्होंने देहत्याग कर दिया है तो मैं इस संसार में अकेला रह जाऊँगा और अकेला रहकर क्या करूँगा, मैं भी मेरी जीवनलीला समाप्त कर लूँगा। इनका दाह-संस्कार करके, उनकी ही चिता में कूदकर मैं भी देहत्याग कर दूँगा। मैं ऊपर भी उन्हीं के साथ जाऊँगा। उन्हें वहाँ कभी मेरी जरूरत पड़ी तो वहीं उनकी सेवा करूँगा। और मैंने बाहर जाकर बहुत अधिक मात्रा में लकड़ियाँ इकट्ठा कीं और सोचने लग गया कि अब बड़ी चिता तैयार करता हूँ ताकि उसमें दोनों के शरीर जलकर राख हो सकें। ऐसा सोचकर एक बड़ी चिता तैयार की और फिर वापस आ गया। जैसे ही मैं कुटीर में आया तो देखा—गुरुदेव ने आँखें खोल दी थीं। मेरा सूर्योदय हो गया था। मैं उनको देखकर रोने लग गया। वे बोले, "अरे पगले, मैं जीवन और मृत्यु से परे चला गया हूँ। अब मेरी जीने की इच्छा ही नहीं रह गई है। पर मैं तेरे साथ बँधा हूँ। जब तक तू अनुमति नहीं देगा, मैं तो देहत्याग भी नहीं कर सकता।

तेरी चित्तशक्ति इतनी सशक्त हो गई है कि तू जब तक चाहेगा, मुझे जीना ही होगा। मैं जीना नहीं चाहता और तू है कि मुझे मरने नहीं देता है। क्यों मेरा मार्ग रोक रहा है? अरे पगले, छोड़ मुझे!" मैंने कहा, "ठीक है, आप देह-त्याग कीजिए। पर मुझे भी एक अनुमति दें, मुझे अपने साथ लेकर चलें। मैं आपके देह का अग्नि-संस्कार कर, उसी चिता में देह-त्याग करना चाहता हूँ। मैं आपके बिना रहना ही नहीं चाहता हूँ। मैं आपके बिना रहकर क्या करूँगा? आप ही मेरा सारा संसार हो। आपके बाद मैं रहकर क्या करूँगा? आपके चैतन्य के सहारे मैं जी रहा हूँ। आपके चैतन्य की समाप्ति के बाद मेरा सहारा ही समाप्त हो जाएगा। फिर मैं जीऊँगा कैसे? गुरुदेव, मुझे भी साथ लेकर चलें। मैं आपके साथ चलना चाहता हूँ।" "अरे पगले, मेरा चैतन्य मेरे देह त्यागने के बाद या अग्निदाह के बाद समाप्त थोड़े ही होगा, वह तो तेरे माध्यम से बहेगा। और चैतन्य के दो माध्यम न हों, इसीलिए मैं मेरे शरीर के माध्यम को अग्नि में दहन कर समाप्त करना चाहता हूँ। और तूने भी अपने शरीर का दहन कर लिया, तो चैतन्य बहेगा किस माध्यम से? मेरी तो वर्षों की तपस्या बेकार चली जाएगी। मैंने तुझे जो दिया है, वह भी मेरा नहीं है। हाँ, उस चैतन्य को संभालने में मेरा योगदान है। पर यह मेरे गुरुदेव का प्रसाद है, तो क्यों मेरे गुरुदेव के प्रसाद को नष्ट कर रहा है? अरे मूर्ख, जो तुझे प्रसाद के रूप में मिला है, वह तू दूसरों को बाँटने की बजाय नष्ट करना चाहता है? वह चैतन्य का प्रसाद तुझे बाँटने के लिए मिला है। उसे बाँटना तेरा कर्तव्य है। क्यों उनके विश्वास को तोड़ता है? तेरे शरीर को नष्ट करने का तुझे कोई अधिकार नहीं है क्योंकि तूने वह शरीर मुझे समर्पित किया है। तेरे शरीर पर मेरा अधिकार है। अब मैं तेरे शरीर का जो भी उपयोग करना चाहूँ, वह करूँगा। खबरदार! जो मेरी संपत्ति को नष्ट किया तो! तेरा शरीर अब तेरा नहीं रह गया, वह अब मेरी संपत्ति हो गई है। और शिष्य ही गुरु की संपत्ति होती है। उस संपत्ति पर केवल गुरु का ही अधिकार होता है। इसलिए मेरे देहत्याग के बाद अपने शरीर को नष्ट करने का विचार मत कर। यह मेरी आज्ञा है। अरे बाबा, लाखों आत्माएँ तेरी राह देख रही हैं जो तेरे माध्यम से चैतन्य का प्रसाद पाना चाहती हैं। प्रसाद पाने के लिए जन्मों से भटक रही हैं और तूने उन्हें आश्वासन भी

दिया है। तू उनके आश्वासन से भी बँधा है। तेरा तेरे शरीर पर कोई अधिकार नहीं है। बेटा, जिस तरह पिता मर जाने के बाद पुत्र के रूप में जीवित रहते हैं, वैसे ही गुरु देहत्याग के बाद शिष्य के रूप में जीवित रहते हैं। मैं भी देहत्याग के बाद तेरे रूप में जीवित रहना चाहता हूँ, गुरु का कार्य करना चाहता हूँ। क्यों मुझे मेरा कार्य करने नहीं देता? अगर तू ही नहीं रहा तो मैं चाहकर भी यह सब नहीं कर सकूँगा। अब तू मुझे आश्वासन दे कि तू मेरे बाद भी जीवित रहेगा और मेरा कार्य करेगा।" मैंने हाथ पकड़कर उन्हें आश्वासन दिया, "गुरुदेव, मैं आपकी आज्ञा के बाहर नहीं हूँ। मैं सब आपकी इच्छा के अनुसार करूँगा।" गुरुदेव के चेहरे पर भी मैंने समाधान देखा था।

आजकल उनकी सेवा में ही सारा समय बीत जाता था। कब सुबह हुई और कब रात हुई, इसका पता भी नहीं चलता था। मैं सदैव उनके पास ही रहता था। मेरा सारा विश्व बस उस कुटीर में सिमटकर रह गया था। आज कल गुरुदेव का खान-पान भी अनियमित होता था, क्योंकि वे आँखें बंद करके पड़े रहते थे। आँखें बहुत कम खोलते थे। उनको मल-मूत्र त्यागने में कठिनाई हो रही थी। वह अनियमित ही हो रहा था। वे जब आँखें बंद करके रखते, तो मैं राह देखते बैठता था कि अब आँखें खोलेंगे, अब आँखें खोलेंगे। पर आँखें बंद हों तो उन्हें उठाने की मेरी हिम्मत नहीं होती थी। मेरे मन में उनके प्रति एक विचित्र प्रकार का भययुक्त आदर था। उनका पेट भी अब एकदम अंदर चला गया था। उनकी छाती की सारी पसलियाँ देखी जा सकती थीं। पैर भी पतले-पतले हो गए थे। हाथों में भी झुर्रियाँ अधिक दिख रही थीं। इतनी कमजोर काया थी, पर फिर भी उस शरीर में जबरदस्त आकर्षणशक्ति थी। उनके बदन से चंदन की खुशबू आती रहती थी। वे जब सोते थे तो भी घंटों उन्हें निहारते रहना मेरी आदत हो गई थी। एक नन्हा-सा बालक सो रहा हो, ऐसी पवित्रता, ऐसी अबोधिता उनके चेहरे पर होती थी। बड़े शांत चित्त के धनी मेरे गुरुदेव थे! बड़ा शांत समाधान उनके चेहरे पर सदैव होता था। उनके मल-मूत्र की सफाई करते समय मुझे कभी भी बदबू नहीं आई थी। ऐसा मेरे भाव के कारण था कि पवित्र आत्मा के साथ अपवित्र कुछ हो ही नहीं सकता है या उनकी अच्छी आध्यात्मिक स्थिति के कारण होता था, यह पता नहीं। दूसरा, उन्होंने

मुझे आश्वासन दिया था कि मैं तुझे बताकर ही देहत्याग करूँगा। इसीलिए, "कहीं उन्होंने देह-त्याग तो नहीं किया?"—ऐसा विचार भी कभी मन में नहीं आता था।

मैं उन्हें नहलाते समय देखता था—सारी हड्डियाँ उभरकर आई थीं। रीढ़ की हड्डी विशेष रूप से उभरकर आई थी। कूल्हे की दोनों हड्डियाँ भी साफ दिख रही थीं। सारा शरीर हड्डियों का ढाँचामात्र रह गया था। कहीं भी माँस नहीं रह गया था। इसलिए मैं नरम-नरम घास लाकर उस पर उन्हें बिठाता था ताकि नीचे का पत्थर उन्हें चुभे नहीं। क्योंकि चुभा तो भी वे बताएँगे नहीं। मुझे मेरा ध्यान नहीं रहता था, मेरा पूरा ध्यान पूरे समय उन पर ही रहता था। मैं उनके सारे शरीर को निहारता रहता था और पूरे शरीर का ध्यान रखता था। आज पैर दबाने बैठा तो देखा—पैरों की भी एक-एक नस दिख रही थी। उनकी काया कमजोर थी, इसलिए बड़े हल्के-हल्के से पैर दबाता था। "दबाता था," कहना ठीक नहीं होगा, सहलाता था। इसी तरह मैं दिनभर उनके सान्निध्य में रहता था। ऐसा प्रतीत होता था कि यह शरीर कभी कुछ प्रक्रिया मुझ पर कर रहा है और अपने शरीर-आकर्षण से मुझे बाँधकर रख रहा है। कुछ तो भी प्रक्रिया उस शांत वातावरण में होती थी। बाहर कभी तेज हवा चली तो पत्तों की आवाज उस शांति को भंग करती थी। फिर थोड़े समय बाद गुरुदेव ने आँखें खोलीं और कहा, "अरे बाबा! ऋण, हत्या और वैर, ये तीनों बातें मनुष्य को चुकानी ही पड़ती हैं। अब देख ना, मेरे इस शरीर के माध्यम से तुझे शक्तियाँ प्राप्त हो गई और तू इस शरीर का ऋणी हो गया है। और वह ऋण भी बाकी न रहे, इसलिए मैं जीवित रहकर उस ऋण को उतारने का अवसर तुझे दे रहा हूँ ताकि तू इस शरीर की सेवा कर इस शरीर के ऋण से मुक्त हो सके। क्योंकि मैं नहीं चाहता—मेरे शरीर का भी ऋण तुझ पर रहे। क्योंकि तू लाखों आत्माओं का माध्यम है। इसलिए माध्यम तो ऋणमुक्त होना ही चाहिए, माध्यम तो पवित्र होना ही चाहिए, माध्यम तो शुद्ध होना ही चाहिए। जब हम ऋण लेते हैं तो हमें वह इस जन्म में नहीं तो अगले जन्म में चुकाना ही पड़ता है। क्योंकि इस ऋण को चुकाए बिना मोक्ष प्राप्त नहीं हो सकता है। तो फिर इस कमजोर शरीर का ऋण मैं तुझ पर क्यों रहने दूँ? मैं उसे भी समाप्त

होने देना चाहता हूँ। ठीक इसी प्रकार मनुष्य का वैर भी जन्मों-जन्मों तक चलता है। कोई तुमसे वैर रखेगा तो तुम भी उसके साथ वैर रखोगे और यह वैरभाव चित्त को शुद्ध रहने ही नहीं देगा। और जब तक चित्त शुद्ध व पवित्र नहीं है, परमात्मा की अनुभूति कभी नहीं हो सकती है। वैर भी एक प्रकार का भाव ही है जो चित्त को गंदा करता है। और तीसरी बात है—हत्या। तुम किसी की हत्या करोगे, अगले जन्म में वह तुम्हारी हत्या करेगा। फिर उसके अगले जन्म में फिर से तुम उसकी हत्या करोगे। यानी इस हत्या के चक्कर में दोनों आत्माएँ फँसकर रह जाती हैं और दोनों को सालों तक मार्ग नहीं मिलता है। यह तब तक खत्म नहीं होता, जब तक उन दोनों में से किसी एक आत्मा का वैरभाव कोई महात्मा अपनी साधना की शक्ति से नष्ट नहीं करता है। यह भी एक बड़ी लंबी यात्रा हो जाती है। इस प्रकार ऋण, हत्या और वैर इनका लेन-देन कई जन्मों तक चलते ही रहता है। इनमें फँसना आसान है, पर निकलना उतना ही कठिन है। इनमें फँसा स्वयं की इच्छा से जाता है, पर निकलना स्वयं की इच्छा से नहीं होता। ऐसा एक तरफा मार्ग इनका होता है। इसीलिए इस शरीर की सेवा करके ऋण उतारने का अवसर दे रहा हूँ, क्योंकि मेरा और तेरा अब अगला जन्म ही नहीं है। हमको हमारे सब हिसाब इसी जन्म में समाप्त करने हैं। इसलिए ऋण, हत्या और वैर के चक्कर से मनुष्य को अपने-आपको बचाना चाहिए।"

मैं सोच रहा था—गुरुदेव मेरा कितना ध्यान रखते हैं! मेरी छोटी-छोटी बातों का, छोटी गतिविधि का भी वे ध्यान रखते हैं। कितना आगे का वे सोचते रहते हैं! वे बोले, "यह बात रही शरीर की। लेकिन गुरुतत्त्व का जो ऋण तुझ पर है, वह गुरुकार्य करके ही तुझे चुकाना होगा। जब कभी गुरुतत्त्व की कृपा में किसी भी साधक को आत्मज्ञान की प्राप्ति होती है, तो वह साधक उस गुरुतत्त्व का ऋणी हो जाता है और उस ऋण को चुकाए बिना मोक्ष प्राप्त नहीं कर सकता है। इसलिए हमारे शास्त्रों में गुरुकार्य का बड़ा महत्व बताया गया है। गुरुकार्य वह कार्य है जो कार्य साधक किसी को दिखाने के लिए नहीं करता है। साधक गुरुकार्य गुरुतत्त्व के ऋण को चुकाने के लिए करता है। यह ऋण मैंने गुरुकार्य करके ही चुकाया है और तुम्हें भी गुरुकार्य करके ही चुकाना है।"

"इसलिए गुरुकार्य के महत्व को हमें समझना होगा। गुरुकार्य करके हम गुरुतत्त्व पर उपकार नहीं कर रहे हैं, गुरुकार्य करके हम गुरुतत्त्व के ऋण को चुका रहे हैं ताकि यह ऋण भी बाकी नहीं रहे और यह ऋण भी मोक्ष के मार्ग में बाधा न बने। सबका एक ही रास्ता है—मोक्ष का मार्ग, मोक्ष की प्राप्ति और क्या? यह तेरा कर्मक्षेत्र नहीं है। तू भी कर्म के साथ बँधा है। तुझे भी तेरे कर्मक्षेत्र में जाना होगा। वह क्षेत्र तेरी राह देख रहा है। उस स्थान पर पहुँचे बिना कर्म की शुरुआत ही नहीं हो सकती। ज्ञानसंपादन का क्षेत्र अलग होता है। यह तेरा ज्ञानसंपादन का क्षेत्र है। तेरा कर्मक्षेत्र वह क्षेत्र है जिस क्षेत्र में रहकर तूने पिछले जन्म में इच्छा की थी कि इस क्षेत्र का उद्धार हो। उस क्षेत्र में साधना की। उस क्षेत्र में ही पहुँचकर कार्य का प्रारंभ होगा।" मैंने अज्ञानता से पूछा, "मैं मेरे कर्मक्षेत्र को पहचानूँगा कैसे?" गुरुदेव ने कहा, "उस स्थान की गुरुशक्ति उस स्थान पर ईश्वरीय अनुभूति करा देगी। तब समझ लेना—यही मेरी कर्मभूमि है।"

"अरे बाबा, कर्मभूमि वह स्थान है, जहाँ पर कर्म करने के लिए गुरुतत्त्व की शक्तियों के भंडार होते हैं, पर उन गुरुशक्तियों का माध्यम न होने के कारण वे निष्क्रिय रहती हैं। जब उनके पास उनका माध्यम पहुँच जाता है, तभी वे उस माध्यम के द्वारा सक्रिय हो पाती हैं। यानी माध्यम और शक्तिस्थान एक-दूसरे के पूरक हैं। इन दोनों का संगम हुए बिना कार्य घटित नहीं होता है। मुझे दिख रहा है, तुम्हें नहीं। इसलिए कह रहा हूँ—यह तेरी कर्मभूमि नहीं है। तू तो एक दिव्य आत्मा है जो आश्वासनों के कारण इस धरती पर आया है। वह आश्वासन पूर्ण करना ही तेरा कार्य है और यह कार्य यहाँ रहकर नहीं हो सकता। तुझे तेरे गुरुस्थान पहुँचना ही होगा क्योंकि तब तक तेरे जन्म का उद्देश्य ही पूर्ण नहीं होता है। तुझे यहाँ से जाना ही होगा, पर तू स्वयं जाने का प्रयास मत करना। उपयुक्त समय पर सब हो जाएगा। इसलिए कर्मक्षेत्र वह क्षेत्र है, जहाँ पर पहुँचे बिना कार्य का उत्थान नहीं होता है। मनुष्य का ज्ञानक्षेत्र और कर्मक्षेत्र अलग-अलग होते हैं। तेरे कर्मक्षेत्र का निर्माण तूने पूर्वजन्म में ही करके रखा था, बस अब इस जन्म में वहाँ कर्म करने हैं।"

मैं सोच रहा था—गुरुदेव त्रिकालज्ञानी हैं। भूतकाल, भविष्यकाल व वर्तमानकाल की जानकारी रखते हैं। मैंने कहा, "गुरुदेव, आप तो त्रिकालज्ञानी हैं। आप तो सब जानते हैं।" उन्होंने कहा, "तुम भी त्रिकालज्ञानी हो, पर इस ज्ञान का खजाना तुम्हें तुम्हारे कर्मक्षेत्र में पहुँचने पर ही प्राप्त होगा; तब तक नहीं। इस ज्ञान को प्राप्त करने के लिए "मैं कौन हूँ?" यह जानना आवश्यक है। जब "मैं कौन हूँ" का बोध हो जाता है, तो "मैं कहाँ से आया हूँ," यह भी पता चल जाता है और "मैं कहाँ जाने वाला हूँ," यह भी पता चल जाता है। यह सब चित्तशुद्धि के आधार पर ही हो सकता है। चित्त जितना शुद्ध होगा, उतना ही वह सशक्त होगा। और जितना सशक्त होगा, उतना ही अधिक संवेदनशील होगा। एक संवेदनशील चित्त रखकर समाज में रहना असंभव है। इसीलिए संवेदनशील चित्त होने के बाद तपस्वी समाज में रहना पसंद नहीं करते हैं। वे पसंद इसलिए नहीं करते, क्योंकि वे समाज में रह ही नहीं सकते। उन्हें वहाँ तकलीफ होती है। क्योंकि अतिसंवेदनशील चित्त को अतिनियंत्रित रखना पड़ता है। क्योंकि अतिसंवेदनशीलता के कारण अगर वह किसी में गया तो सामने वाले के दोषों पर चित्त न भी डालें तो उसके दोष अनजाने में ही ग्रहण कर लेता है। और इसका योगियों के शरीर पर बुरा प्रभाव होता है। इसीलिए योगी जंगल में एकांत में रहना पसंद करते हैं। जंगल में वे अधिक सुरक्षित रहते हैं। योगी प्रायः समाज में जाते ही नहीं हैं और जाते हैं तो वे आँखें नीची करके ही रहते हैं। वे ऐसा इसलिए करते हैं कि आँखें चित्त का माध्यम हैं। चित्त आँखों के द्वारा ही दूषित होता है। आँखें नीची करके रहें तो कुछ दिखेगा ही नहीं और दिखेगा ही नहीं तो चित्त जाएगा ही नहीं। कई योगी आँखें नीचे रखकर ही बात करते हैं; विशेषतः जब किसी स्त्री से बात कर रहे हों। वे आँखें नीची करके बात करेंगे, ताकि किसी स्त्री के ऊपर चित्त न जाए और कामवासना जागृत न हो, कोई विकार न आ जाए। विशेष रूप से वे स्त्री की आँखों में आँखें कभी नहीं डालेंगे क्योंकि आँखें ही चित्त के लेन-देन का माध्यम होती हैं। कई योगी जंगल में कामवासना जागृत होने पर नदी में खूब नहाते हैं। कई योगी हिमालय में कामवासना जागृत होने पर बर्फ पर लोट लगाते हैं, कई अपने आपको बर्फ में गाड़ लेते हैं। योगी हुए यानी शरीरधारी

हुए, तो शरीर के विकार के बिना शरीर कैसे हो सकता है? शरीर के विकारों का दो तरीकों से नियंत्रण हो सकता है। एक चित्त के द्वारा नियंत्रण करके या दूसरा भोग करके। तो योगी चित्त-नियंत्रण का मार्ग अवलंब करते हैं। काम का विकार भी शरीर का ही एक दोष है। यह भी शरीर का ही एक विकार है। जंगलों में स्त्रियाँ होती ही नहीं, इसलिए कामवासना से बचे रहना इन योगियों के लिए आसान होता है। इसीलिए ये जंगल में रहते है। पर समाज में रहकर कामवासना से बचे रहना कठिन है, क्योंकि समाज में पल-पल में स्त्रियाँ हैं जिनसे कामवासना के विकार का निर्माण हो सकता है। अगर समाज में आपके आसपास कामवासना के विचार चल रहे हों तो उसका प्रभाव योगियों पर पड़ता है और अधिक पड़ता है, क्योंकि उनका चित्त शुद्ध व अतिसंवेदनशील होता है। इसलिए योगियों के लिए समाज में रहना कठिन है। समाज में गृहस्थ योगी ही रह सकता है जो सबमें है और किसी में नहीं है।"

"अरे बाबा, सफेद कपड़े पहनकर घर में रहना तो सरल है, पर सफेद कपड़े पहनकर समाजरूपी कोयले की खदान में कार्य करते हुए कोयले के काले दाग से अपने वस्त्र को बचाना बड़ा कठिन है। इसलिए योगियों का जंगल में रहना आसान है, पर समाज में रहना कठिन है। और समाज गृहस्थ है, सांसारिक है और उन तक अगर आत्मज्ञान का संदेश पहुँचाना है तो उनके साथ ही रहना होगा। और उनके साथ रहना एक योगी के लिए कठिन है। इसीलिए गुरुशक्तियों ने यह मार्ग चुना है कि तुम्हारे सरीखे सामान्य मनुष्य को जो सांसारिक है, पर संसार में नहीं है, ऐसे मनुष्य को उन्होंने माध्यम बनाया है। तुम सामान्य मनुष्य के करीब जा सकते हो, सामान्य मनुष्य तुम्हारे करीब आ सकता है और करीब जाए बिना आत्मज्ञान का प्रसार संभव नहीं है।" मैंने गुरुदेव से जानना चाहा, "गुरुदेव, कौन-सा ऐसा मार्ग है जिस मार्ग से स्त्रियों के करीब रहकर भी, स्त्रियों के पास रहकर भी काम-विकार शरीर में न आए। ऐसा कोई मार्ग हो तो कृपया मुझे बताइए। गुरुदेव ने कहा, "अपनी भावना। अपनी भावना ही इसका मार्ग है। अपने मन में एक ही भाव रखो—प्रत्येक स्त्री मेरी माता है, प्रत्येक स्त्री में माता के दर्शन करो, तो कभी भी काम-विकार उत्पन्न होगा ही नहीं। कभी कोई सुंदर

स्त्री देखकर काम-विकार जागृत नहीं होता है, हमारे देखने के भीतर के भाव से काम-विकार जागृत होता है। हमारे शरीर में स्त्रीस्वरूपा कुंडलिनी शक्ति होती है। उस शक्ति के सदैव दर्शन करो। यह पुरुष में और स्त्री में समान रूप में होती है। किसी स्त्री को देखो तो उसके शरीर को मत देखो, उसकी कुंडलिनी शक्ति को देखो, जिन्हें देखते ही माता का भाव स्वयं ही आ जाएगा।"

"किसी सुंदर देवी की प्रतिमा देखते हैं, तो कामवासना जागृत होती है क्या? नहीं होती। क्योंकि तुम उस सुंदर स्त्री को देवी माँ के रूप में देख रहे हो। तो उस सुंदर स्त्री को देखकर कामवासना नहीं जागेगी, बल्कि आत्मशांति का अनुभव करोगे। अरे बाबा, स्त्रियों के डर से इन जंगलों में छिपना तो आसान होता है। पर समाज में स्त्रियों के बीच में रहकर योग-साधना करना, चित्त पर नियंत्रण करना कठिन है। वह तो तेरे जैसा महायोगी ही कर सकता है। और इसी कार्य को समाज में जाकर करने के लिए ही गुरुशक्तियों ने तेरा निर्माण किया है। इसलिए समाज में जाकर कार्य कर और कार्य करते समय प्रत्येक स्त्री में माँ कुंडलिनी के दर्शन कर। यही समाज में रहकर कार्य करने का आसान मार्ग है।"

"ये सब बातें मैं तुम्हें बता रहा हूँ, पर आज से सत्तर साल पहले मुझे मेरे गुरुदेव ने बताई थीं, जब मैं पच्चीस साल का युवक था। तब से सत्तर सालों से मैं इसी टापू पर रह रहा हूँ और इन सत्तर सालों में मैंने तेरे सिवा किसी मनुष्य को नहीं देखा। इस टापू पर आने वाला तू पहला मनुष्य है। तू भी आया नहीं है, मेरे गुरुदेव ने ही तुझे भेजा है। अब यह सब ज्ञान जो मैंने सालों से संभालकर रखा था, वह तुम्हें देकर मैं भी खाली हाथ जाना चाहता हूँ। मैं अपने साथ कुछ भी लेकर नहीं जाना चाहता। साथ लेकर जाना उचित मालूम नहीं होता है। क्योंकि यह ज्ञान भी मेरा नहीं है। मुझे किसी के लिए दिया है। फिर किसी के लिए दिया हुआ ज्ञान मैं क्यों मेरे साथ लेकर जाऊँ? अरे बाबा, जिन रस्सियों का सहारा लेकर मैं मंदार पर्वत के शिखर तक पहुँचा, अब उन रस्सियों की मुझे जरूरत ही नहीं है। क्योंकि मैं उनके सहारे उच्चतम शिखर तक पहुँचा हूँ। अब उन ज्ञानरूपी रस्सियों को, संपूर्ण विश्वास और अनुभव के साथ, शिखर

पर चढ़ने वाले व्यक्तियों के लिए फेंक सकता हूँ ताकि वे रस्सियाँ उनके भी काम आ सकें। मैं शिखर पर उन रस्सियों का क्या करूँगा? अब तो कहीं चढ़ना नहीं है तो ये रस्सियाँ मेरे किस काम की हैं?"

"अरे! शिखर पर पहुँचे हुए प्रत्येक योगी को अपनी ज्ञानरूपी रस्सियाँ दूसरे साधकों के लिए फेंक ही देनी चाहिए। अब अपनी रस्सियों का मोह नहीं करना चाहिए। ये रस्सियाँ वास्तव में मेरी भी नहीं हैं। किसी सद्गुरु ने शिखर पर पहुँचकर मेरे लिए अपनी रस्सियाँ फेंकी हैं। वे ही रस्सियाँ मैं भी फेंक रहा हूँ। आत्मज्ञान के शिखर पर ऐसे ही पहुँचा जाता है। ये ज्ञानरूपी रस्सियाँ तो मेरा ऋण है, जो मैं उतार रहा हूँ। तुझे भी तेरे अंतिम समय के पूर्व (यह ऋण) उतारना ही होगा। ये रस्सियाँ किसे फेंकनी हैं, पता नहीं; कौन इन्हें पकड़ेगा, पता नहीं; कौन इन्हें पकड़कर चढ़ेगा, पता नहीं; बस इतना पता है—जो भी वह होगा, वह इस उच्च शिखर पर चढ़ने वाला साधक होगा। ज्ञान का प्रसार ऐसे ही किया जाता है। वह किसके लिए कर रहे हैं, यह पता नहीं होता। हाँ, उस मार्ग पर चलने वाला उसका लाभ ले लेता है। हमने भी ज्ञानरूपी रस्सियाँ खोजी हैं, पकड़ी हैं, उनसे चढ़ाई की है। ऐसा ही कोई शिखर का खोजी ज्ञानरूपी रस्सी को पकड़ेगा और उससे चढ़ेगा और शिखर पर भी पहुँचेगा। यह सब समय का चक्र है। इस समय के चक्र के साथ सब चलता ही रहेगा। अब मेरे पास भी समय कम है। मेरी एक अंतिम इच्छा है—मुझे उस पहाड़ी के शिखर पर जो एक ओटलेनुमा बड़ी शिला है, उस शिला पर जाना है। वह मेरा गुरु स्थान है। वहाँ पर मेरे गुरु ने देहत्याग किया था। मुझे अब उस स्थान पर लेकर चल। मैं भी अब गुरुसान्निध्य में देहत्याग करना चाहता हूँ।" मैंने बड़े बेमन से गर्दन हिलाकर "हाँ" कहा और मैं कल की महायात्रा की तैयारी करने में जुट गया।

इतनी पहाड़ी चढ़ना तो गुरुदेव के लिए असंभव था। अब वे कुटिया में भी ठीक से खड़े नहीं हो पा रहे थे। उनके लिए खड़ा होना मुश्किल हो गया था, तो वे पहाड़ कैसे चढ़ पाएंगे? कौन-सा ऐसा तरीका है जिससे वे पहाड़ पर चढ़ सकें? क्या करना चाहिए, यही मैं सोच रहा था। क्या किया जाए, यह समझ में नहीं आ रहा

था। पहले विचार आया—एक बाँस की टोकरी बनाई जाए, उसमें उन्हें बिठाकर, खींचकर, धीरे-धीरे ऊपर, पहाड़ पर चढ़ा जाए। पर यह संभव नहीं लग रहा था। क्योंकि पहाड़ पर चढ़ने का कोई रास्ता नहीं था और न समतल जगह थी। झाड़ियाँ, काँटे हटाकर, लताएँ हटाकर मार्ग बनाना पड़ता। इतना घना जंगल था कि दिशा ठीक रखना भी कठिन होता था। क्या करूँ, समझ में नहीं आ रहा था। उस गुरुस्थान पर मैं ठीक-ठीक पहुँच सकूँ, इसीलिए कुछ दिनों पूर्व गुरुदेव ने मुझे उस स्थान की यात्रा कराई थी। दूसरा, इस समय यह उनकी अंतिम यात्रा है और मुझे वापस अकेले आना है, यह सोचकर भी यात्रा का उत्साह नहीं आ रहा था, पर केवल गुरुआज्ञा का पालन करना था। और मैं वही कर रहा था। टोकरी में बिठाकर खींचकर ऊपर ले जाना कठिन था। क्योंकि कोई भार ऊपर खींचना कठिन होता है। फिर कुछ सोचकर मैंने कुछ हरे बाँस काटे और उन बाँसों को छीलकर एक सिंहासन के समान एक टोकरी बनाई और उस टोकरी में सभी ओर पत्ते लगा दिए। बाद में फूल भी लगा दिए। और एक लता से दो फंदे तैयार किए जो मेरे दोनों कंधों पर अटकाए जा सकें। गुरुजी को टोकरी में बिठाकर और टोकरी को पीठ पर रखकर कल यात्रा करने का निश्चय किया।

रात में मैंने सोने का प्रयास किया, पर रातभर नींद ही नहीं आई। फिर सुबह उठा तो देखा, गुरुदेव की आँखें खुली हुई थीं। उन्हें उठाकर बिठाया। उन्होंने सुबह थोड़ा ध्यान किया और पृथ्वीमाता को नमस्कार किया। उन्होंने उस कुटीर के वास्तुदेवता को नमस्कार किया जिसमें गुरुदेव पिछले सत्तर सालों से रह रहे थे। सब तरफ एक बार अपनी दृष्टि डाली और मुझे इशारा किया, "अब चलो।" मैंने बाहर जो टोकरी बनाकर रखी थी, वह अंदर लेकर आया। मैंने कहा, "मैंने ऐसी योजना बनाई है—इस टोकरी में आप बैठिए, मैं आपको पीठ पर बैठाकर चलूँगा। आप दोनों हाथों से मेरे गले को पीछे से पकड़े रखिए और जब आपको रास्ते में तकलीफ होने लगे तो मुझे बताइए, मैं रुक जाऊँगा।" गुरुदेव ने कहा, "अब शरीर मैं तेरे हवाले कर रहा हूँ। अब जैसा तू करना चाहे, कर। मेरे गुरु ने तुझ पर विश्वास किया है, तो मैं भी पूरा विश्वास करूँगा। मुझे पूरा विश्वास है—तू जो भी सोचेगा, वह ठीक ही होगा। मैं तुझे इस यात्रा

में सहयोग करने के लिए तैयार हूँ।" फिर मैंने गुरुदेव को उठाकर उस आसन पर बिठाया और अपनी पीठ पर उठा लिया। और गुरुदेव की इस महायात्रा का प्रारंभ हुआ। वे इतने कमजोर हो गए थे कि उनका वजन महसूस ही नहीं हो रहा था या उनके स्नेह के कारण मुझे उनका वजन बिल्कुल अनुभव नहीं हो रहा था।

हम दोनों कुटीर से बाहर निकले तो लगा—सारे वृक्ष हमारे स्वागत में खड़े थे। सारे पक्षी बैठे तो थे, पर मौन थे। सारे फूल खिले तो थे पर झुके हुए थे। मानो सारी प्रकृति ही गुरुदेव को विदाई देने खड़ी थी। गुरुदेव ने स्वयं अपने हाथों से जो वृक्ष लगाए थे, वे वृक्ष आज उनकी ही महायात्रा के दर्शक थे। जो पक्षी गुरुदेव के सान्निध्य में जन्मे थे, बड़े हुए थे, वे भी अपने बच्चों सहित गुरुदेव का अंतिम दर्शन करने के लिए खड़े थे। बड़े बोझल मन से हमने उन सबसे विदाई ली। मानो लगा, वृक्ष कह रहे थे, आज अगर हम चल सकते तो अवश्य इस महायात्रा में शामिल होते। हम बड़े धीरे-धीरे आगे बढ़ रहे थे। मैंने पहाड़ी की सीधी चढ़ाई करने की जगह गोल-गोल घूमकर चढ़ने का निर्णय लिया। यह मार्ग लंबा था, पर सुरक्षित था व आसान भी था। मैंने हाथों में दो डंडे ले रखे थे जो बाँस के थे और आगे की ओर से छीलकर धारदार बनाए हुए थे। उनसे झाड़ियाँ काटकर आगे बढ़ रहा था। क्योंकि रास्ता बनाना पड़ रहा था। हम धीरे-धीरे आगे बढ़ रहे थे। बीच-बीच में मैं गुरुदेव से पूछता था, "गुरुदेव, कोई तकलीफ तो नहीं हो रही है?" वे, "कुछ नहीं, ठीक है, चलो," कहते और मैं चल पड़ता था। हम धीरे-धीरे आगे बढ़ रहे थे। सुबह से चल रहे थे। अब तो सूरज भी काफी ऊपर आ गया था। मैंने भी विश्राम करने के उद्देश्य से एक ऊँची चट्टान पर गुरुदेव को उतारा और उन्हें चट्टान पर बिठाकर, उनके पैरों के पास बैठकर थोड़ा सुस्ताने लग गया। मैं पसीना-पसीना हो रहा था। मैंने अपने सारे कपड़े कुटीर में ही निकालकर रख दिए थे। मैंने नीचे केवल दो केले के पत्ते बाँधकर रखे थे, बाकी कुछ पहना नहीं था। मेरा भाव था—कोई सूती वस्त्र पहनकर क्यों इस महायात्रा में शामिल होऊँ? मुझे बचपन की याद आई कि मुझे नग्न होकर ही पूजा करने के लिए मेरी नानी कहती थी। वैसा ही आज मैंने किया था।

गुरुदेव को देखा—बगल के नीचे उन्हें बाँस की पत्तियाँ चुभ रही थीं। वहाँ पर लाल निशान हो गए थे। फिर उन बाँस की पत्तियों के पास मैंने थोड़े पत्ते तोड़कर रखे ताकि पत्तियाँ गुरुदेव के शरीर को चुभे नहीं। क्योंकि चुभने पर भी उन्हें उसका एहसास नहीं होता था। उन्हें शरीर का एहसास नहीं रह गया था। इसलिए मुझे उनका ज्यादा ध्यान रखना पड़ रहा था। मैंने उन्हें पूछा भी, "आपको पता नहीं चला?" वे बोले, "ध्यान करने से विचारों का एहसास नहीं होता। फिर बाद में शरीर का भी एहसास नहीं होता है। शरीर की ओर चित्त ही नहीं जाता, तो शरीर का एहसास कैसे होगा? पर धीरे-धीरे अतिसूक्ष्म, संवेदनशील होने के कारण शरीर अति नाजुक हो जाता है। जो शरीर सर्वश्रेष्ठ स्थिति में होता है, वह अति नाजुक भी होता है। यह स्थिति ठीक गुलाब के फूल जैसी होती है। गुलाब का फूल गुलाब के झाड़ में सर्वश्रेष्ठ होता है, पर गुलाब का फूल ही गुलाब के झाड़ में सबसे नाजुक भी होता है। एक हल्का झोंका भी गुलाब के फूल को गिरा सकता है। जब हवा के एक झोंके से गुलाब के झाड़ को या गुलाब के काँटों को कुछ नहीं होता, गुलाब का फूल अति नाजुक होने के कारण टूटने का, बिखरने का खतरा सदैव उसी को ही रहता है। इसीलिए हमें गुलाब के फूल का विशेष ध्यान रखना पड़ता है। गुलाब के फूल की खुशबू लेने के लिए उसे तोड़कर हाथ में लेने की कोई आवश्यकता नहीं होती है। गुलाब के फूल की सुगंध दूर से भी ली जा सकती है। गुलाब का फूल आत्मस्वरूप स्थिति में ही पहुँचने के बाद सुगंध देता है। इसीलिए अतिसंवेदनशील भी हो ही जाता है।"

"अब मुझे शरीर का कोई आकर्षण नहीं है। इस शरीर ने बहुत साथ दिया है। अब उसे भी तो विश्राम की आवश्यकता है। यह शरीर मोक्ष मिलने का साधन है। इस नाशवान शरीर के साथ मोक्ष पाया जा सकता है, पर इस शरीर का एहसास न रखकर। यह एक अभ्यास है जो करते-करते ही होता है।" मैंने फिर गुरुदेव को अपने कंधों पर बैठाया और आगे की चढ़ाई चढ़ने लग गया। अब चढ़ाई आ गई थी। इस कारण मेरी गति एकदम धीमी हो गई थी। एक ओर चढ़ाई की परेशानी थी और दूसरी ओर रास्ता ठीक नहीं था। रास्ता बनाकर आगे बढ़ना पड़ रहा था। मैं झाड़ियाँ साफ करता और

फिर आगे बढ़ता। मेरी बाएँ हाथ की लकड़ी को टिकाकर सहारा लेता और दाहिने हाथ की लकड़ी से झाड़ियाँ हटाता था और फिर धीरे-धीरे आगे बढ़ता था। कोई भी कार्य झटके से नहीं कर रहा था, बड़ी सावधानी के साथ कर रहा था। किसी भी प्रकार का झटका गुरुदेव को न लगे, इसका मैं सदैव ध्यान रख रहा था, क्योंकि मुझे याद था कि गुलाब-सा सुकोमल शरीर लेकर मैं चल रहा था और उसका एहसास मुझे चंदन की खुशबू से आ रहा था। पूरे समय चंदन की खुशबू ही खुशबू फैली रही। वह चंदन की खुशबू पूरे रास्ते मेरे साथ-साथ थी। शाम होने वाली थी। सूर्यास्त धीरे-धीरे हो रहा था और अँधेरा भी होने ही वाला था। फिर हमने रात के समय विश्राम करने का निर्णय लिया और फिर मैंने गुरुदेव को पीठ पर से नीचे बैठाया। गुरुदेव बोले, "मनुष्य का जीवन भी इस पहाड़ की तरह ही है। जीवन में अच्छा कार्य करने के लिए, सकारात्मक कार्य करने के लिए मनुष्य को कितने प्रयत्न करने पड़ते हैं और नीचे गिरने के लिए कोई प्रयत्न नहीं करना पड़ता। गिरा एक क्षण में जा सकता है, पर जीवन में चढ़ा एक क्षण में नहीं जाता है। उसके लिए अधिक समय और अधिक प्रयास की आवश्यकता होती है। आध्यात्मिक स्थिति का भी ऐसा ही कुछ है। आध्यात्मिक स्थिति में नई ऊँचाई पाने के लिए अधिक प्रयास की, सतत प्रयास की आवश्यकता होती है। जितनी अधिक ऊँचाई, उतनी अधिक साधना करनी होती है। या तो जैसे मैंने तुम्हें अपने-आपको सौंप दिया है और निश्चिंत होकर बैठा हूँ कि तुम मुझे एक ना एक दिन इस पर्वत के उच्च शिखर पर पहुँचाओगे ही, वैसे, जो चढ़ने वाला है, उसे सौंप दो और या तो स्वयं उस पर्वत पर चढ़ो। दोनों तरीकों से पर्वत के उच्च शिखर पर पहुँचा जा सकता है। मेरे शरीर की कमजोरी के कारण ही मैं अपने-आपको तुम्हें सौंप सका। ठीक उसी प्रकार मनुष्य भी अपने जीवन में आने वाली समस्याओं के कारण परेशान होता है और अपनी समस्याएँ सुलझाने में अपने-आपको असमर्थ पाता है और फिर वह परमात्मा की शरण में जाता है। तब वह परमात्मा की मदद लेने के लिए अपने-आपको गुरु को सौंपता है या सौंपने के लिए मनुष्य की परिस्थिति ही कारण होती है। अगर परिस्थिति का निर्माण नहीं हुआ तो सौंपने का सवाल ही नहीं पैदा होता है। अर्थात जीवन में आने वाली खराब परिस्थिति

ही मनुष्य और समर्पण के बीच एक पुल का कार्य करती है। फिर कुछ समय के बाद समर्पित रहना मनुष्य का स्वभाव हो जाता है।"

"कई बार कई व्यक्ति समर्पण का अर्थ लगाते हैं—कार्य के लिए प्रयत्न न करना। वास्तव में समर्पण का अर्थ, कार्य के लिए प्रयत्न न करना, नहीं है, सामूहिक प्रयत्न करना है। समर्पण से सामूहिकता में प्रयास होता है, सामूहिकता में प्रयत्न होना है। और जब सामूहिकता में जुड़कर प्रयत्न होता है तो वह दिखाया नहीं जा सकता। क्योंकि वह प्रयत्न एक मनुष्य नहीं करता है, मनुष्य की सामूहिकता करती है। इसमें एक मनुष्य का कोई अस्तित्व ही नहीं रहता है। इसीलिए इसमें, मैंने कुछ किया, यह अहंकार की पुष्टि कभी हो नहीं सकती है। सबकुछ सामूहिकता में हो जाता है। हम यह कह सकते हैं कि 'समर्पण ध्यान' सामूहिकता में किया गया ईश्वर-प्राप्ति का प्रयास है, जो किया नहीं जाता, हो जाता है।" मैंने जंगल की कुछ वनस्पतियाँ तोड़कर भोजन किया। गुरुदेव आजकल अन्न-त्याग कर चुके थे। मुझे कुछ वनस्पतियाँ खाने की आवश्यकता थी, ताकि अगली सुबह पहाड़ चढ़ने में मुझे अच्छी ऊर्जा मिल सके। बाद में हम सो गए।

उठे, तब सुबह होने वाली थी। सारा आकाश सूर्योदय-पूर्व फैली हुई लालिमा से लाल हो रहा था। फिर सूर्योदय हुआ। हम दोनों ने सूर्य देवता को नमन किया और मैंने फिर गुरुदेव की डोली अपनी पीठ पर बाँधकर यात्रा प्रारंभ की और गुरुदेव भी अपनी आँखें बंदकर चुपचाप बैठे रहे; मानो वे इस जगत में हैं ही नहीं, वे किसी और जगत में भ्रमण कर रहे हों। मुझे इस यात्रा में अनेक ईश्वरीय अनुभूतियाँ क्षण-क्षण पर हो रही थीं। मैं धीरे-धीरे आगे बढ़ रहा था। इस सुबह कुछ निश्चित रास्ता तय होने का सोचा था। इसलिए मैं चल रहा था। प्रयत्न यह था कि यह यात्रा जितने कम समय की हो, उतनी अच्छी ताकि गुरुदेव को कम कष्ट सहन करने पड़ें। मेरा चित्त सदैव गुरुदेव पर ही होता था और इसी कारण मैं सदैव उन्हीं के लिए ही सोचता था।

अचानक एक पत्थर से मुझे चोट लगी तो मेरे दाहिने पैर के अँगूठे से खून निकलने लगा। मैंने यह यात्रा नंगे पैरों से शुरू की थी, इसलिए ऐसा हुआ। मैंने तुरंत कुछ पत्तियाँ मसलकर उनका रस

उस स्थान पर लगाया, तो खून निकलना बंद हो गया और मैं चल पड़ा। मैं जंगल के केले के पत्तों से लेकर कुछ विशिष्ट झाड़ों की छाल बाँधकर चलता था। पर इस यात्रा में गुरुदेव के सान्निध्य में नंगे पैर चलने की ही सोची थी, इसीलिए ऐसी चोट लग गई थी।

मुझे अनुभूति हो रही थी कि परमात्मा प्रत्येक जीव में है। और मनुष्य के पास का परमात्मा मेरे ज्यादा करीब का है, क्योंकि मैं मनुष्य हूँ। इसलिए मनुष्य के भीतर के परमात्मा के साथ जल्दी से समरसता स्थापित कर सकता हूँ। जीवन में मैंने मनुष्य के साथ जितनी अधिक समरसता स्थापित की, उतनी अधिक सामूहिकता की शक्ति मुझे प्राप्त हो गई। परमात्मा के साथ मेरा संबंध उतना अधिक स्थापित हो पाया। मुझे मेरा स्वयं का अहंकार विसर्जित करने के लिए परमात्मारूपी सामूहिकता की आवश्यकता होगी। जितनी अधिक सामूहिकता के साथ जुडूँगा, मेरा स्वयं का अस्तित्व उतना ही कम-कम होना प्रारंभ होगा और एक स्थिति के बाद सामूहिकता में ही विलीन हो जाएगा। पर सामूहिकता में विलीन होने के लिए सामूहिकता चाहिए। बिना सामूहिकता के समर्पण नहीं हो सकता है। समर्पण करें कहाँ और किसे? इतनी सामूहिकता लाएँ कहाँ से? यानी एक-एक मनुष्य तक पहुँचकर उससे आंतरिक संबंध बनाने होंगे, उनसे जुड़ना होगा। और इतने अधिक लोगों से जुड़ना होगा कि स्वयं का अस्तित्व ही शून्य हो जाए। और यह सब इस घने जंगल में संभव नहीं है। यानी मुझे यहाँ से जाना होगा। मानवबस्ती में जाना होगा, मानव-समाज में जाना होगा।

मैं तैरना सीख गया हूँ, तैरना चाहता हूँ, तैरने की इच्छा है, तैरने की स्थिति भी है, पर इस पहाड़ पर तैरा नहीं जा सकता है। और वास्तव में तैरना है तो मुझे समुद्र के पास जाना होगा। जब तक मैं समुद्र के पास जाऊँगा नहीं, समुद्र में कूदूँगा नहीं, तब तक मैं तैरूँगा कैसे? जिस प्रकार तैरने के लिए समुद्र की आवश्यकता है, वैसे ही मेरा अस्तित्व समाप्त करने के लिए मुझे सामूहिकता की आवश्यकता है। और जिस प्रकार समुद्र इस पहाड़ पर नहीं लाया जा सकता है, ठीक उसी प्रकार सामूहिकता को भी इस पहाड़ पर नहीं लाया जा सकता है। तुझे अगर अपने अस्तित्व को विलीन करना है,

तो सामूहिकता में जा और उसमें जाकर अपने-आपको विलीन कर ले। इस पहाड़ को छोड़कर सामूहिकता में जा। वही तेरा कार्यक्षेत्र है। जो अनुभूति मिली है, मानव-समाज में जाकर उस अनुभूति का प्रसाद बाँट, क्योंकि यह अनुभूति का प्रसाद ही एक ऐसा मार्ग है जिसमें कोई जुड़ सकता है और तू भी किसी से जुड़ सकता है। यह सजीव ज्ञान तो बहुत प्राचीन ज्ञान है, पर यह सार्वजनिक नहीं है। अभी तक इसका प्रयोग व्यक्तिगत रूप में ही हुआ है। अभी तक एक गुरु ने दूसरे, अपने शिष्य, को ही यह दिया। इस सजीव ज्ञान के रहस्य को सारे समाज तक लेकर जा! उठ ! जा! अब समाज में अशांति का वातावरण बनने वाला है। कुछ समय अधिक सक्रिय हो जाने के बाद जैसे निष्क्रियता हो जाती है, वैसी ही स्थिति आने वाली है। इस भौतिक जगत में भौतिक संसाधन अधिक हो जाएँगे और भौतिक जगत में अत्यधिक चित्त चले जाने से आत्मीयता समाप्त हो जाएगी। आत्मीयता का भाव समाप्त हो जाने से समाज एकदम सूखा व शुष्क हो जाएगा। और इस सूखेपन से मनुष्य के भीतर की शांति ही समाप्त हो जाएगी। और भीतर की अशांति असंतोष को जन्म देगी और संयम पूर्णतः समाप्त हो जाएगा। समाज के भीतर पनप रहा असंतोष छोटी-छोटी बातों पर हिंसा का रूप ग्रहण कर लेगा।

आने वाले समय में चित्त को संभालने की बहुत आवश्यकता है। चित्त बाहर की परिस्थितियों में जाकर अधिक नष्ट होगा। असमाधान का रोग सारे मानव-समाज को लग जाएगा। सामूहिकता में दोष ग्रहण किए जाएँगे। दोष सामूहिकता में ही आ जाने के बाद एक मनुष्य अपना खुद का अस्तित्व खो देगा। मनुष्य स्वयं को, अपने-आपको जाने बिना सबको जानने का प्रयत्न करेगा। इस प्रयत्न में, चित्त जानने के लिए बाहर जाएगा और नष्ट होगा। अगर इस विश्व को जानना है तो पहले अपने-आपको जानना आवश्यक है क्योंकि मनुष्य विश्व का एक घटक है। अपने-आपको जाने बिना विश्व को जानना असंभव है और इसी गलत प्रयास में वैचारिक प्रदूषण होगा और वैचारिक प्रदूषण में प्रकृति का संतुलन बिगड़ जाएगा। और इस वैचारिक प्रदूषण से मानव-जाति को बाहर निकालने के लिए मनुष्य प्रयास भी करेगा और मनुष्य के प्रयास बहुत प्रकार के होंगे। ऐसे समय एक सरल व सफल प्रयास की आवश्यकता होगी। ऐसे

प्रयास का ज्ञान समाज को न होगा। ऐसे समय समर्पण ध्यान ही ऐसा मार्ग है जो ध्यान की संपूर्णता प्रदान कर सकता है, क्योंकि इस समर्पण मार्ग से आत्मसाक्षात्कार प्राप्त होगा। मनुष्य सर्वप्रथम जानेगा—वह स्वयं कौन है। और स्वयं को जानेगा तो सारे विश्व को भी जान जाएगा क्योंकि स्वयं को जान लेने के बाद सारे विश्व की जानकारी उसे हो जाएगी। मनुष्य के भीतर ज्ञान का अपार भंडार है। वह सब ज्ञान जागृत होना शुरू होगा और उस आत्मज्ञान के प्रकाश में मनुष्य को एक नई दृष्टि प्राप्त हो जाएगी। आने वाली, वैचारिक प्रदूषण की रात में आत्मज्ञान के सूरज की आवश्यकता होगी। ऐसा सूरज भी बाहर से नहीं, मनुष्य के भीतर से उगेगा। उससे मनुष्य का आत्मधर्म जागृत होगा, क्योंकि आत्मधर्म ही मनुष्य का सत्य धर्म है। ऐसे समय तुम समाज में जाकर परमात्मा की कृपा के माध्यम बनो और समाज में फैला अज्ञान का अँधेरा दूर करने का कार्य करो। यही मेरी गुरुदक्षिणा है।

मैं भी चढ़ाई चढ़ते-चढ़ते थक गया था। फिर विश्राम करने का निर्णय लिया। अब अँधेरा भी होने लगा था। सारा दिन चलते रहने से मेरे पैर भी सूज गए थे। पर फिर भी एक आत्मसंतोष था कि अब हम उस पहाड़ी के शिखर के करीब आ गए थे। मेरे पास कुछ लाईपत्ते थे। वे खाए, पानी पिया और विश्राम का निर्णय लिया। गुरुदेव के लिए भी पत्तों से बिछौना-सा तैयार किया और मैं भी उन्हीं के पास, पत्थर के नीचे लेट गया। रात हो गई थी। सभी ओर चाँदनी फैली हुई थी। चंद्रमा भी दिख रहा था। पूर्णिमा करीब ही थी, इसीलिए चंद्रमा का प्रकाश चारों ओर फैला था। चंद्रमा का प्रकाश ऐसा लग रहा था मानो एक शांत चैतन्यप्रकाश की चादर ही इस धरती पर ओढ़ा दी गई हो। जंगल के कुछ जानवर उत्तेजित होकर अलग-अलग आवाजें निकाल रहे थे। बहुत ही शांत वातावरण था और शांत वातावरण में जंगल को सुना जा सकता था।

जंगल के एकांत का एक अलग ही संगीत होता है। जब आप शांत हों तो इस जंगल के संगीत को सुना जा सकता है। यह शांत संगीत अपने मन को भी भीतर से शांत कर देता है। और उस जंगल के शांति के संगीत को सुनते-सुनते भीतर का संगीत चालू हो जाता

है और उस जंगल के साथ आप कब समरस हो जाते हैं, उसका पता भी नहीं चलता है। फिर अपने भीतर से ही एक आत्मशांति का झरना बहने लग जाता है, जिस झरने में आत्मा नहाकर एक समाधान को प्राप्त करती है। और उस समाधान से आत्मधर्म जागृत होता है और जीवन का सारा ज्ञान मनुष्य को प्राप्त हो जाता है। फिर कुछ जानने की, पाने की, मनुष्य को आवश्यकता ही नहीं रहती है। इसीलिए तपस्वी साधना के लिए सदैव जंगल का आश्रय लेते हैं।

मैं सुबह पास में बहने वाले एक झरने पर पानी लेने के लिए गया। यह झरना पहाड़ के ऊपरी भाग से पानी लेकर आ रहा था। मेरे पास बाँस का एक बड़ा टुकड़ा था जिसमें मैं पानी लेने के लिए गया। झरने का पानी भी चमक रहा था। उस पर चाँदनी की छटा दिख रही थी। वहाँ जाकर मैंने स्नान किया और गुरुदेव के लिए पानी लेकर आया। और मैं जब गुरुदेव के पास पहुँचा तो उनके आसपास एक सुनहरे रंग के प्रकाश का आभामंडल नजर आ रहा था, जो बीच में हल्के सुनहरे-पीले रंग का था और उसके किनारे पर गहरे सुनहरे रंग की पट्टी जैसी थी। गुरुदेव के साँस के स्पंदनों पर वह कम या अधिक हो रहा था। और उस सुनहरे वलय के भीतर गुरुदेव का शरीर अदृश्य हो गया था। यही उनका सत्यस्वरूप था। उनका स्वयं का, शरीर का कोई अस्तित्व नहीं रह गया था। वे संपूर्णतः प्रकृतिमय हो गए थे। जब मैं उस प्रकाश के वलय को पार कर उन तक पहुँचा, तब कहीं उनका शरीर दिखने लगा। मैंने उनके चरण धोए। उन्हें पानी से नहलाया, स्वच्छ किया। वे भी प्रसन्न लग रहे थे।

उन्हें मैंने बताया, "अभी मैं आपके पास आ रहा था, तब मैंने आपका अतिप्रभावशाली आभामंडल देखा जो सुनहरे-पीले प्रकाश के एक बड़े वलय जैसा लग रहा था। उन्होंने कहा, "मनुष्य जैसे-जैसे ध्यान करने लग जाता है, वैसे-वैसे उसका अहंकार कम होने लग जाता है। वह अपना खुद का अस्तित्व ही खोने लगता है और प्रकृति में ही समरस होने लगता है। और यह बारह सालों की लगातार साधना के बाद ही संभव होता है। फिर उसके आसपास, उसके शरीर के जैसा एक और, प्रकाश का शरीर निर्मित होने लगता है।

यह शरीर का आभामंडल होता है। और यह शरीर का आभामंडल तब तक रहता है, जब तक यह शरीर रहता है। इसी आभामंडल से उस व्यक्ति की साधना का अंदाजा लगाया जा सकता है। एक सिद्ध-महात्मा दूसरे सिद्ध-महात्मा को इस आभामंडल के कारण ही पहचानते हैं। यह मनुष्य के द्वारा की गई साधना के प्रभाव से निर्मित होता है, पर शरीर के दाह-संस्कार के बाद यह नष्ट हो जाता है। पर प्रत्येक जीवित व्यक्ति के आसपास यह प्रकाशमय शरीर होता ही है, पर उनके रंग अलग-अलग होते हैं। उन रंगों के कारण ही उस व्यक्ति के व्यक्तित्व को जाना जा सकता है। और यह प्रकाशमय शरीर प्रत्येक मनुष्य का अलग-अलग होता है। इस संसार में जितने भी मनुष्य हैं, सबका शरीर अलग-अलग होगा। इसे विश्व के किसी भी कोने में बैठकर जाना जा सकता है, अनुभव किया जा सकता है। पर यह जानने का ज्ञान मुझे भी नहीं है। पर यह ज्ञान तुझे प्राप्त हो, यह मेरी इच्छा है। और मुझे पूर्ण विश्वास है—यह ज्ञान तुझे प्राप्त होगा क्योंकि तुम्हारे पास आत्माओं की सामूहिक शक्ति है। तुमसे सामूहिकता जुड़ी है। इसीलिए अगर तुम इच्छा करोगे तो एक ही स्थान पर बैठकर विश्व के किसी भी मनुष्य का यह प्रकाशमय शरीर अनुभव कर सकोगे। बस, जानने की तुम्हें इच्छा होनी चाहिए।"

"मेरे दाह-संस्कार के कुछ सालों के बाद मेरा सूक्ष्म शरीर निर्मित होगा और जो मनुष्य मेरा बचा हुआ कार्य करेगा, शक्ति से बना यह सूक्ष्म शरीर उस मनुष्य की मदद करेगा। पर तेरे जीवनकाल में गुरुतत्त्व की एक और प्रगति होगी। तेरे जीवित रहते हुए ही तेरा सूक्ष्म शरीर निर्मित हो जाएगा और इसी कारण तुम अपने कार्य का विस्तार अपने जीवनकाल में ही देख सकोगे। और इस कार्य के विस्तार के समय तुम्हारे शरीर का कोई अस्तित्व ही नहीं होगा, क्योंकि सूक्ष्म शरीर निर्मित हो गया यानी शरीर का अस्तित्व ही समाप्त हो गया। और शरीर का अस्तित्व समाप्त होने के सामान्यतः पच्चीस सालों के बाद सूक्ष्म शरीर का निर्माण होता है। तुम्हारे शरीर के संपूर्ण अस्तित्वविहीन हो जाने के पच्चीस सालों बाद सूक्ष्म शरीर का निर्माण होगा और यह सूक्ष्म शरीर ही तुम्हारा माध्यम होगा। इस सूक्ष्म शरीर के माध्यम से, विश्व के किसी भी शरीर के प्रकाश को तुम जान सकोगे। और जब तुम्हारा शरीर ही

माध्यम हो जाएगा, तो शरीर (स्थूल) से कुछ कार्य नहीं होगा, क्योंकि सारा कार्य सूक्ष्म शरीर ही करेगा। और सूक्ष्म शरीर के क्षेत्र की कोई सीमा नहीं है। तुम्हारे जीवनकाल में ही उस सूक्ष्म शरीर के निर्माण होने का अर्थ है, तुम्हारा कार्य बहुत बड़ा है और उसके लिए जीवन कम है। एक जीवन में अनेक जीवनों का कार्य करना है। सूक्ष्म शरीर के कारण तुम्हें जीवन के अलग-अलग अनुभव आएँगे। ये सब बातें अभी तुम्हारी समझ में नहीं आएँगी, यह मुझे मालूम है। पर मैं इसलिए बता रहा हूँ, क्योंकि जब यह सब होगा, तब मैं नहीं रहूँगा। पर तुम्हें उस समय याद आएगा कि इन सबकी पूर्ण सूचना मैंने तुम्हें पहले दी थी।"

"यह जो सूक्ष्म शरीर निर्मित होता है, यह एक दुर्लभ घटना है। यह सदैव रहता ही है। मनुष्य के जीवन के सालों बाद तक यह बना ही रहता है। जिस मनुष्य के साथ सामूहिकता की शक्ति है या जो लाखों आत्माओं के साथ जुड़ा है, उसी का सूक्ष्म शरीर निर्मित होता है। यह दिखता नहीं है, पर अनुभूति कराता है। इसे अनुभव किया जा सकता है। यानी आध्यात्मिक प्रगति इसी बात पर निर्भर है कि तुमसे कितनी आत्माएँ जुड़ी हैं या तुम कितनी आत्माओं के साथ जुड़े हो। यानी आध्यात्मिक प्रगति का रहस्य सामूहिकता में ही छिपा हुआ है। मेरा भी तुमसे जुड़ना...वास्तव में, तुम्हारे माध्यम से मैं भी सामूहिकता के साथ ही जुड़ रहा हूँ। अरे बाबा, प्रत्येक मनुष्य पानी की एक बूँद जैसा ही है और पानी के बुलबुले जैसा है उस मनुष्य का जीवन! यह वह जानता है। इसीलिए प्रत्येक बूँद का अंतिम ठिकाना समुद्र ही है। सब बूँदों को अंत में सामूहिकता के समुद्र में ही जाना है।"

"पर यह यात्रा बड़ी लंबी है। बूँद की इस लंबी यात्रा में, बूँद को अनेक नदियों, महानदियों को माध्यम बनाना पड़ता है और यही मैं कर रहा हूँ। एक अच्छा कार्य करना व अच्छे कार्य में सहयोग देना, दोनों एक जैसे ही हैं। कार्य करने के लिए न तो मेरे पास शक्ति है और न ही जीवन है। इसीलिए तेरे माध्यम से मैं यह सब करना चाहता हूँ। इस कार्य के लिए तुझे अधिकृत किया गया है। और इस आध्यात्मिक क्षेत्र में इस अधिकृतिकरण का बड़ा महत्त्व है। अधिकृत व्यक्ति का खुद का कोई अस्तित्व नहीं होता है। वह केवल माध्यम

होता है। वह कुछ करने से परे होता है। पर वह ऐसा सशक्त माध्यम होता है जिसके द्वारा सबकुछ किया जा सकता है। तुझे गुरुशक्तियों ने अधिकृत किया है और यह तू स्वयं भी नहीं जानता है। पर जो तुझे जानते हैं, वे तुझे माध्यम मानकर, उनके पास जो ज्ञान है, वह समाज को देना चाहते हैं। और समाज को यह ज्ञान देकर वे भी ऋणमुक्त होना चाहते हैं। और यही कार्य मैं भी कर रहा हूँ। मेरा ज्ञान, मेरी शक्तियाँ तुझे सौंपकर, मैं भी अपना ही मार्ग खोल रहा हूँ, क्योंकि मैं कार्य न कर सका तो क्या हुआ, कार्य में सहयोग कर सका, यही क्या कम है? अधिकृत, माध्यम वाला मनुष्य स्वयं निर्मित नहीं होता। उसका भी कोई निर्माण करता है। यानी वह अपनी इच्छा से निर्मित भी नहीं हुआ है और न ही अपनी इच्छा से जनमा (जन्म लिया) है। वह जनमा भी किसी और की इच्छा के लिए है। यानी जन्म लेना भी उसकी स्वयं की इच्छा नहीं है।"

"माध्यम का निर्माण सदैव सामूहिकता के लिए होता है, क्योंकि उस माध्यम से लाखों आत्माएँ लाभान्वित होंगी। तेरा कार्यक्षेत्र तेरे जीवनकाल में कम, पर जीवनकाल के बाद अधिक विकसित होगा। तेरे जीवनकाल के बाद ही लोग तुझे जान पाएँगे, क्योंकि जीवनकाल में शरीर की माया लोगों को जानने नहीं देगी। शरीर के त्यागने के बाद माया का आवरण भी टूट जाएगा और तुझे जानना आसान हो जाएगा। इसलिए लोग तुझे जानें, पहचानें, तुझे तेरे जीवनकाल में कोई जान ही सकेगा, यह अपेक्षा लोगों से कभी मत करना। और यह तेरे साथ ही नहीं, सभी माध्यमों के साथ हुआ है। इस धरती पर जितने भी माध्यम आए, परमात्मा के संदेश लेकर जो भी संदेशवाहक आए, वे एक आवरण लेकर आए। और उस आवरण के कारण ही वे कार्य कर सके और उस आवरण के कारण ही उनके जीवनकाल में उन्हें पहचाना ही नहीं गया। और उनकी पहचान छुपाना ही परमात्मा का सुरक्षाकवच है ताकि वे बुरे प्रभाव से बचे रहें और कार्य कर सकें। क्योंकि आध्यात्मिक क्षेत्र में कार्य का महत्व होता है। तेरे माध्यम से बहुत बड़ा कार्य होगा और तेरे जीवन में कम, जीवन के बाद ही अधिक होगा। जीवन के बाद, जो शक्तियाँ शरीर में बँधी थीं, वे सब मुक्त हो जाएँगी। और जब शक्तियाँ ही कार्य करेंगी, तो शक्तियों के कार्य की तो कोई सीमा ही नहीं है। इतने बड़े कार्य के माध्यम का

सान्निध्य मेरे जीवन में मिल सका और इतने बड़े कार्य में मैं शामिल हो सका, इसके लिए मैं प्रसन्न हूँ।"

मैंने गुरुदेव से चलने के लिए पूछा। उन्होंने गर्दन हिलाकर सहमति दे दी। वे गर्दन भी हिलाते थे तो चैतन्य बरसता था! उनकी छोटी-से-छोटी गतिविधि चैतन्य का निर्माण करती थी। उनकी आँखें तो बिना माँगे ही बहुत कुछ दे देती थीं। उन्हें देखकर बड़ा शांत लगता था। उन्हें कंधों पर बिठाकर मैं पहाड़ी पर धीरे-धीरे चढ़ने लगा। क्योंकि सूरज काफी ऊपर आ रहा था। नीचे जितनी घनी झाड़ियाँ थीं, उतनी पहाड़ के ऊपर के भाग में नहीं थीं, क्योंकि पहाड़ के शिखर पर गिरा हुआ पानी टिकता नहीं था, सब बह जाता था। लेकिन खड़ी चढ़ाई थी, इसीलिए थोड़ा समय लग रहा था। बचपन में मैं अखाड़े में जाता था। सारे अखाड़े को फावड़े से खोदता था और फिर बड़े पेड़ के एक कुंदे (लकड़ी का एक भारी टुकड़ा) को रस्सी से बाँधकर, उसे खींचकर, अखाड़े को समतल करता था। फिर खोदता था। इससे शरीर का अच्छा व्यायाम होता था और जो पहलवान कुश्ती खेलते थे, उनके लिए मिट्टी नरम हो जाती थी। कबड्डी के खेल का भी मुझे शौक था। वे सब करने से शरीर काफी सशक्त था और इसीलिए आज गुरुदेव को लेकर भी पहाड़ी चढ़ सका। मनुष्य को शरीर सशक्त रखना चाहिए। पता नहीं, जीवन में कब और कहाँ, इस सशक्त शरीर की आवश्यकता पड़ जाए। अब पहाड़ी के शिखर के काफी पास आ गया था। धीरे-धीरे वह बड़ी ओटलानुमा शिला भी दिखने लगी थी। उस जगह वह शिला एकदम अलग पत्थर की होने के कारण अलग ही दिखती थी। हम धीरे-धीरे उस बड़ी शिला तक पहुँचे। मैंने गुरुदेव को नीचे उतारा और पत्थर पर ठीक से टिकाकर बिठाया। उनसे कहा, "आपकी ही इच्छा के कारण यह यात्रा हो पाई, अन्यथा मैं जब पहली बार आया था, तो अकेला ही चढ़ाई में थक गया था।"

गुरुदेव ने बताया, "यह पत्थर चैतन्यपूर्ण पत्थर है। इस पत्थर को हाथ लगाकर देखो तो तुम्हें चैतन्य अनुभव होगा। वह इसलिए कि कई गुरुओं ने इस पर बैठकर ध्यान-साधना की है और इस पत्थर ने उनके चैतन्य को ग्रहण कर लिया है। और बाद में आकर

इसी पत्थर पर प्राणों का त्याग किया है। वास्तव में प्राणत्याग करते समय एक विशिष्ट चैतन्यपूर्ण स्थान की आवश्यकता होती है ताकि आत्मा आसानी से अपने शरीर से मुक्त हो सके और आत्मा को शरीर के प्रति कोई मोह नहीं रहे। इसीलिए पुराने जमाने में कहते थे कि काशी में जाकर अगर मृत्यु होती है तो मोक्ष मिलता है। यही कारण था। आत्मा अलग होती है, शरीर अलग होता है। शरीर के निर्माण के साथ आत्मा नहीं होती, वह बाद में शरीर की स्थिति-अनुसार आ जाती है। माँ और बाप के शारीरिक संबंध के कारण मनुष्य के शरीर का निर्माण होता है और शारीरिक संबंध होते समय जो वातावरण रहता है, जो विचारों की स्थिति होती है, उसका प्रभाव बालक के पिंड पर पड़ता है। इसीलिए प्राचीन समय में गर्भाधान का भी समय देखा जाता था। गर्भाधान के समय अच्छा वातावरण होना चाहिए, अच्छे विचार होने चाहिए और अच्छी मानसिक स्थिति होनी चाहिए। गर्भाधान भी तीन स्तरों पर होता है। एक होता है शारीरिक स्तर पर यानी इस गर्भाधान में शरीर को प्रधानता होती है। पुरुष के भीतर कामवासना जागृत हुई और उस कामवासना के आवेग में ही पुरुष ने अपनी स्त्री से संबंध कर लिया और इसमें स्त्री के भाव को देखा भी नहीं कि वह इसके लिए राजी है या नहीं, शारीरिक संबंध बनाने में स्त्री को रुचि है या नहीं। स्त्री की भावनाओं को कुचलकर, केवल अपनी ही कामवासना की तृप्ति के लिए स्त्री के शरीर को कामवासना-तृप्ति का एक साधन माना और उससे तृप्ति कर ली। इस शारीरिक संबंध का आनंद पुरुष ने लिया, पर स्त्री ने नहीं। यह तो एक प्रकार का बलात्कार ही है। पुरुष ने स्त्री की इच्छा के बगैर, केवल अपनी वासना की तृप्ति के लिए संबंध बनाया, केवल अपनी शारीरिक भूख को तृप्त करने के लिए यह शारीरिक संबंध बनाया। तो स्वाभाविक है, इसमें शरीर की वासना को ही प्रधानता होगी। और फिर ऐसे शारीरिक संबंध से जिस पिंड का निर्माण होगा, वह भी वासनाप्रधान होगा और शरीरप्रधान होगा। तो ऐसा पिंड उच्च स्तर की आत्मिक शक्ति को आकर्षित नहीं कर सकता है। तो ऐसे पिंड में अच्छे स्तर की आत्मा कभी भी नहीं आएगी क्योंकि चैतन्य ग्रहण करने की उस पिंड की क्षमता ही नहीं है। इसीलिए इस प्रकार के संबंध से ऐसा शरीर, निम्न, शारीरिक स्तर का पिंड तैयार होगा जो

हल्की ऊर्जाशक्ति को ही ग्रहण कर पाएगा। क्योंकि संभोग के समय की माता-पिता की वैचारिक स्थिति का, मानसिकता का प्रभाव इस पिंड पर पड़ेगा और इस पिंड के चक्र भी इन्हीं विचारों के कारण अविकसित ही रहेंगे। और खराब स्थान पर तो पशु-पक्षी भी बैठना पसंद नहीं करते हैं। ऐसे पिंड में जो आत्मा आएगी, वह आत्मा भी इसी निम्न स्तर की ही होगी। वास्तव में, आत्मा उच्च स्तर या निम्न स्तर की नहीं होती है। उस आत्मा के साथ जो कार्य जुड़ जाते हैं, उन कर्मों का हिसाब-किताब कुंडलिनी शक्ति के रूप में आत्मा के साथ होता है। वे कर्म ही अगले जन्म में भविष्य का निर्धारण करते हैं। और इस प्रकार से शारीरिक वासना की प्रधानता वाला पिंड भी जन्म लेने पर अपने जीवन में शरीर के साथ ही जुड़ा होगा, शरीरप्रधान ही होगा और ऐसे ही शरीरप्रधान मानसिकता वाले शरीर का निर्माण करेगा। यानी एक खराब, निम्न स्तर की श्रृंखला ही तैयार हो जाएगी। मानव-समाज के निर्माण का सारा रहस्य इस गर्भाधान की प्रक्रिया में छुपा हुआ है। देव व दानव, दोनों को यही प्रक्रिया जन्म देती हैं। इस पवित्र प्रक्रिया को कहते भी हैं—'शारीरिक संबंध'! वास्तव में, यह केवल निम्नस्तर का दृष्टिकोण है। और फिर ऐसे ही समाज का निर्माण होगा। आज की खराब सामाजिक स्थिति का कारण ही इस प्रक्रिया को केवल 'शारीरिक संबंध' समझना है और इसी कारण शारीरिक प्रधानता वाले समाज का निर्माण हो रहा है। जब बबूल के बीज बो रहे हो, तो बबूल के पेड़ ही उगेंगे। बबूल के बीज से आम के पेड़ तो नहीं आ सकते हैं। और बबूल के बीज बो कर आम की अपेक्षा करना तो केवल आम की कल्पनामात्र है, पर आम नहीं। ठीक इसी प्रकार से, अगर एक अच्छे समाज का निर्माण करना है, तो प्रथम इस पवित्र प्रक्रिया के महत्व को समझना होगा। उसके सिवा और कोई मार्ग नहीं है। माता-पिता के शारीरिक संबंध के कारण जो पिंड तैयार होता है, उसका स्वयं का एक आभामंडल का प्रभाव होता है और उसकी ग्रहण करने की क्षमता पर ही आत्मा का आना निर्भर करता है। या हम ऐसे भी समझ सकते हैं कि संभोग के समय की परिस्थिति पर ही एक आत्मा का आगमन निर्भर करता है।"

"दूसरा स्तर होता है—आत्मिक स्तर पर बना संबंध। पति-पत्नी, दोनों, एक-दूसरे से प्रेम करते हैं, दोनों का एक अच्छा भावनात्मक संबंध है, दोनों में एक दूसरे के प्रति आत्मिक भाव है तथा आत्मिक रूप से दोनों एकाकार हो गए हैं। दोनों में बड़े प्रेम के संबंध है और वे दोनों प्रेम के आवेश में एकत्र आते हैं और एक प्रेमपूर्ण वातावरण में शारीरिक संबंध हो जाता है। यानी इसमें दोनों की सहमति है, दोनों का सहभाग है और दोनों का सहभाग समान रूप से है। इस संबंध में शरीर को प्रधानता नहीं है, भाव को प्रधानता है, प्रेम को प्रधानता है। और भावपूर्ण वातावरण में, प्रेमपूर्ण स्थिति में जो संभोग स्थापित हो गया तो ऐसे संभोग से एक भावनाप्रधान पिंड का निर्माण होगा और इस पिंड के आसपास ऐसा ही प्रभाव होगा और इस पिंड के चक्र ह्रदय चक्र तक विकसित भी रहेंगे। यानी यह किसी आत्मिकस्तर-प्रधान आत्मा की ऊर्जा को अपनी ओर आकर्षित करेगा और फिर ऐसे पिंड से प्रेमप्रधान मनुष्य का निर्माण होगा। ऐसे मनुष्य में शारीरिक स्तर पर निर्मित मनुष्य जैसा सूखापन नहीं होगा। यह मनुष्य भावप्रधान होगा और संवेदनशील होगा। और संवेदनशील होने के कारण इस विश्व के अच्छे व खराब स्पंदनों को पहचानने की दृष्टि भी रखेगा। सामान्यतः ऐसे मनुष्य अच्छे और बुरे वातावरण का अंतर समझते हैं और इसी कारण, अच्छे चैतन्ययुक्त स्थान की ओर, अच्छे चैतन्ययुक्त मनुष्य की ओर ये आकर्षित होंगे तथा जीवन में अच्छी संगत में रहेंगे और जीवन में प्रगति करेंगे। ऐसे शरीरधारी आत्माओं को अगर अच्छा सान्निध्य मिल पाया तो ये आध्यात्मिक प्रगति करते हैं। ऐसी आत्माएँ अच्छी साधक हो सकती हैं। ये आत्मिक स्तर पर किसी गुरुरूपी माध्यम से आत्मीय संबंध बना सकते हैं। जीवन में शरीर सबकुछ नहीं है, इसका ज्ञान इन्हें जन्म से ही होता है। इसीलिए शरीर की सुख-सुविधाएँ, शारीरिकताप्रधान बातों में इन्हें आनंद नहीं मिलता है। ये मानने में विश्वास करते हैं; झुकने में, ग्रहण करने में विश्वास करते हैं। और ये देखते कम हैं, अनुभव ज्यादा करते हैं। ये सदैव अपनी आत्मा को कैसा लगता है, उधर ध्यान देते हैं। ये अपने जीवन में आत्मिक आनंद को अनुभव करते रहते हैं। ये लोग भौतिक और नाशवान चीजों की ओर आकर्षित नहीं होते हैं। ये आध्यात्मिक प्रगति करना चाहते हैं और महसूस करते

हैं कि उनके भीतर एक आत्मा है जो परमात्मा के पास का ही रूप है। और इनके इनकी आत्मा के साथ भी बड़े आत्मिक संबंध होते हैं और इनकी आत्मा ही इन्हें मार्गदर्शन करती रहती है कि जीवन में क्या करना चाहिए और क्या नहीं करना चाहिए। बस इनके जीवन में आत्मसाक्षात्कार कराने वाले किसी सद्‌गुरु के आने की आवश्यकता होती है ताकि ये भीतर की ओर मुड़ सकें। एक बार भीतर की ओर मुड़ गए, तो फिर वे भीतर की यात्रा पर चल पड़ते हैं क्योंकि इनका जन्म ही इसी भीतर की यात्रा के लिए हुआ है। प्रायः सभी के साथ इनके मधुर संबंध होते हैं। इस प्रकार के लोग समाज में जन्म से ही अच्छे होते हैं, पर उचित आत्मिक वातावरण मिल जाने पर इनके भीतर की सुषुप्त शक्तियाँ जागृत होने लगती हैं और उनका अनुभव भी उनके जीवन में उन्हें होने लगता है। ऐसे लोग जीवन में आध्यात्मिक प्रगति करके मोक्ष की स्थिति प्राप्त कर सकते हैं। बस उन्हें एक उचित वातावरण की आवश्यकता होती है। उचित वातावरण मिलता है उचित सामूहिकता के कारण, उचित संगत के कारण। अच्छी आत्माओं की सामूहिकता तब प्राप्त होती है, जब हम अपने-आपको किसी अच्छी सामूहिकता वाले सद्‌गुरु से जोड़ते हैं। उसके माध्यम से अच्छी आत्माओं की सामूहिकता प्राप्त हो जाती है। बस ऐसी सामूहिकता इन्हें मिल जाए, तो ये अपनी आध्यात्मिक प्रगति कर लेते हैं। ये बड़े संवेदनशील होते हैं। इनके हाथों से कोई पापकर्म हो जाए तो ये सालों तक आत्मग्लानि करते रहते हैं। इसलिए इस प्रकार के लोगों को ध्यान रखना चाहिए कि उनके हाथ से कोई पापकर्म घटित न हो। इनकी पत्नी के साथ भी इनका बड़ा आत्मीय संबंध होता है और ये भी आत्मीयता भरे मनुष्य को जन्म देने में सहायक सिद्ध होते हैं। यानी ये भी समाज में एक आत्मीयताभरी मानव-श्रृंखला का निर्माण करने में अपना योगदान देते ही हैं। ये परमात्मा को मानते हैं, क्योंकि ये आत्मा को मानते हैं। यानी, मानना, यह इनकी विशेषता होती है। और मानने के कारण ही ये नम्र होते हैं। और नम्र होने के कारण ही ये झुकते हैं। और झुकने के कारण ही इनकी ग्रहण करने की क्षमता अधिक होती है। आज समाज को इस प्रकार के लोगों की अत्यंत आवश्यकता है। क्योंकि जो है, वह तो सभी देख सकते हैं; पर जो है पर दिख नहीं रहा है, उसे भी

देखने की दृष्टि, मानने के कारण, इन्हें प्राप्त हो जाती है। इस प्रकार के व्यक्तियों की अधिकता के कारण ही एक शांतिप्रिय, अहिंसक समाज का निर्माण होता है। आज ऐसे व्यक्तियों को सामूहिक रूप में एकत्र करने की बड़ी आवश्यकता है, क्योंकि ये अलग-अलग रहकर कुछ नहीं कर सकते हैं। संसार के शरीरप्रधान लोगों की बहुलता के कारण ये अपना ही अस्तित्व नहीं पहचान पाएँगे। उन्हें उनके स्तर का ज्ञान कराना होगा। वे शरीरप्रधान लोगों से अलग हैं, बस इसका ज्ञान उन्हें कराना होगा। जैसे ही उन्हें उनके स्तर का एहसास होगा, उनका जीवन ही रूपांतरित हो जाएगा। यानी ये कपूर के समान तैयार बैठे रहते हैं। बस कोई उन्हें अग्नि छुआ दे, बस! जलने के लिए तो वे तैयार ही रहते हैं। पर जब तक कोई जगाने वाला नहीं मिलता, ये सोते ही रहते हैं। ये स्वयं उठ नहीं सकते हैं। ये मनुष्य शारीरिक स्तर के ऊपर के स्तर के मनुष्य होते हैं।"

"इस आत्मिक स्तर के ऊपर का भी स्तर है। वह है—आध्यात्मिक स्तर। इस आध्यात्मिक स्तर के मानव-समाज में बहुत कम हैं। क्योंकि जो हैं, वे समाज में नहीं हैं। इसी कारण समाज में आध्यात्मिक प्रगति नहीं हो पा रही है। एक आध्यात्मिक स्थिति होती है। उस आध्यात्मिक स्थिति में, आध्यात्मिक दृष्टि से उपयुक्त समय पर, एक आध्यात्मिक उद्‌देश्य की दृष्टि से अगर माँ और बाप एकत्र आते हैं और इच्छा करते हैं कि उनके यहाँ एक पुण्यात्मा जन्म ले, तो एक ऐसे पिंड का निर्माण होता है जो एक आध्यात्मिक स्तर की आत्मा को आकर्षित करेगा। ये सबसे उच्च स्तर की आत्माएँ होती हैं।"

"तीन प्रकार की आत्माएँ जन्म लेती हैं। अगर शारीरिक संबंध वासना के स्तर पर हुआ है, तो आसुरी स्तर की आत्मा जन्म लेगी। अगर शारीरिक संबंध मधुर और आत्मिक स्तर पर हुआ है, तो मनुष्य के स्तर की आत्मा जन्म लेगी। और इस आत्मा को अगर आसुरी आत्माओं की सामूहिकता मिलेगी, तो आसुरी आत्मा बनेगी और अगर पुण्यात्माओं की सामूहिकता मिली, तो पुण्यात्मा बनेगी। और तीसरा स्तर होता है कि शारीरिक संबंध ध्यान की उच्च आध्यात्मिक स्थिति में हो जाए, तो ऐसी उच्च अवस्था में हुआ संबंध दैवी आत्माओं को जन्म देगा। सब कुछ माता-पिता की उस समय की स्थिति पर ही

निर्भर करता है। इसी कारण एक ही माता-पिता की संतानें, घर के समान संस्कार होने पर भी दैवी आत्मा, मानवी आत्मा, आसुरी आत्मा होती है।"

"मनुष्य विश्व का एक प्रमुख अंग है क्योंकि मनुष्य के कारण विश्व का निर्माण होता है। "पिंडे ब्रह्मांडे, ब्रह्मांडे पिंडे" यानी जो ब्रह्मांड में है, वही पिंड में भी है। जो पिंड में है, वैसा ही ब्रह्मांड में है। अगर ब्रह्मांड को ठीक करना चाहते हो तो पिंड को ठीक करो, ब्रह्मांड ठीक हो जाएगा। अगर विश्व में शांति चाहते हो, तो पहले उस 'विश्वशांति' की शुरुआत आत्मशांति से करनी होगी। और उस आत्मशांति की शुरुआत अपनी आत्मशांति से करनी होगी। और आत्मशांति उचित आत्माओं के आगमन से होगी। विश्वशांति का रहस्य ही इसी बात पर निर्भर है कि कैसी आत्माएँ जन्म लेंगी। आत्माएँ स्वयं जन्म नहीं ले सकती हैं, उन्हें इस धरती पर अवतरित होने के लिए शरीररूपी माध्यम की आवश्यकता होती है। बुरी आत्माओं को अगर बुरे शरीररूपी माध्यम ही नहीं मिले तो वे इस जगत में अवतरित ही नहीं हो सकती हैं। और जब वे अवतरित ही नहीं होंगी, तो इस दुनिया में अशांति आएगी ही नहीं और इस विश्व में शांति स्थापित हो जाएगी। इस विश्वशांति को लाने के लिए आसुरी आत्माओं का आगमन ही रोकना होगा और यह आगमन रोकना है तो 'गर्भाधान संस्कार' का ज्ञान आज की पीढ़ी को शादी के पूर्व कराना होगा। माँ और बाप दोनों को एक अच्छी आध्यात्मिक स्थिति करनी होगी। यह लक्ष्य असंभव-सा लगता है, पर धीरे-धीरे मनुष्य को अपने जीवन में इस लक्ष्य की ओर पहुँचने का प्रयास करना होगा। इसमें प्रत्येक मनुष्य को अपना योगदान देना चाहिए। हो सकता है, उसके जीवनकाल में यह लक्ष्य प्राप्त न हो सके। फिर भी अगली, भावी पीढ़ी को तो वह शांत, प्रेममय विश्व मिल सकेगा और आपको ऐसे महान कार्य में अपना सहयोग देकर आत्मशांति का अनुभव करने का सौभाग्य मिलेगा। आज विश्व में अशांति का कारण ही इस 'गर्भाधान संस्कार' का महत्व न समझना है। यह एक ऐसा 'संस्कार' है जो विश्व का निर्माण करता है। आज इसका महत्व नहीं रह गया है, क्योंकि इसका ज्ञान ही मनुष्यों को नहीं है। इसीलिए समाज में यह सजीव ज्ञान पहुँचाना होगा जिस सजीव ज्ञान

के माध्यम से मनुष्य अनुभूति को प्राप्त करेंगे और अनुभूति को प्राप्त कर अपनी आध्यात्मिक स्थिति प्राप्त करेंगे।"

"आध्यात्मिक स्थिति का धर्म से कोई लेना-देना नहीं है। प्रत्येक धर्म में आध्यात्मिक स्थिति प्राप्त करने का मार्ग बताया ही गया है। मनुष्य किसी भी धर्म के सहारे चले, पहुँचेगा एक ही स्थान पर। यह ठीक वैसा ही है, जैसे एक नगर की ओर जाने के अनेक मार्ग होते हैं, पर नगर पहुँचकर सारे मार्ग समाप्त हो जाते हैं और रह जाता है केवल नगर। ठीक इसी तरह आध्यात्मिक स्थिति रूपी नगर तक पहुँचकर सारे धर्मरूपी मार्ग समाप्त हो जाते हैं। इसीलिए किस धर्म के मार्ग से आ रहे हैं, इसका कोई महत्व नहीं है। महत्वपूर्ण है—नगर आ रहे हैं। बस, इसी में सबकुछ आ जाता है। आध्यात्मिक स्थिति प्राप्त करने की सभी धर्मों में समान संभावनाएँ हैं। सवाल है कि आप अपने धर्म को ही पकड़कर बैठे हैं या धर्म के मार्ग से नगर तक पहुँच गए हैं। सामान्यतः, मनुष्य अज्ञानता के कारण धर्म के मार्ग को ही नगर समझकर उसी को पकड़कर बैठता है और उस मार्ग में बैठे-बैठे ही सारा जीवन समाप्त हो जाता है। इसलिए किस धर्म में मनुष्य ने जन्म लिया, इनके कोई मायने नहीं है। कौन-सा मनुष्य धर्म के मार्ग के द्वारा नगररूपी आध्यात्मिक स्थिति तक पहुँचा, इसका महत्व है। इसलिए आज सारा मानव-समाज इस अँधेरे में भटक रहा है। हम यह जानते हैं, पर एक अतिसंवेदनशील स्थिति प्राप्त होने के कारण हम चाहकर भी समाज में जा नहीं सकते हैं। यह वैसा ही है, जैसे सफेद कपड़े पहनकर कोयले की खदान में काम नहीं कर सकते हैं। पर इसके लिए हमारे पास उम्र ही बाकी नहीं रह गई है। जो प्राप्त था, उसे संभालकर रखने में ही सारा जीवन चला गया है। हम हमारे जीवन में 'सजीव ज्ञान' को संभालकर रखने का कार्य ही कर सके। इस ज्ञान को समाज में बाँटना चाहते हुए भी समाज में बाँट न सके, क्योंकि बाँटने का कार्य हमारा नहीं था। संभालने का कार्य हमारा था, इसलिए संभाला। अब बाँटने का कार्य तुम्हारा है, तुम अपने जीवन में बाँटो। कोई ज्ञान प्राप्त करना आसान है, बाँटना कठिन है। बाँटने के लिए अतिसंवेदनशील हृदय चाहिए जो सारी मानव-जाति को अपने भीतर समा सके, वह हंडा चाहिए जिसमें सारा विश्व समा सके। इतना बड़ा हंडा हमारा नहीं है, पर तेरा है,

इसीलिए तेरे हंडे में हमने योगदान दिया है। हमने हमारा कार्य किया, तुम तुम्हारा कार्य करो।"

मैंने फिर अपनी शंका व्यक्त की, "मैंने जीवन में कभी कुछ बाँटा नहीं है। बाँटना मुझे आता नहीं है। मैं किसी से ठीक से बात नहीं कर सकता, किसी को ज्ञान कैसे दूँगा? और जब मैं ठीक से दे ही नहीं सकता, तो यह ज्ञान कोई लेगा कैसे? और क्यों लेगा? मैं खुद ही अज्ञानी हूँ। मैंने कोई शास्त्र नहीं पढ़े हैं, न ही कोई धार्मिक ग्रंथ पढ़े हैं। मुझे कुछ भी ज्ञान प्राप्त नहीं है। न ही मैंने कोई ध्यान-साधना की है, न ही मेरे पास कोई शक्ति है और न ही कोई ज्ञान है। और अब आप भी साथ नहीं रहने वाले हो मैं अकेला क्या कर सकता हूँ? मुझसे यह नहीं होगा। आप और कोई माध्यम चुन लो। अभी देहत्याग मत करो, किसी अच्छे माध्यम को प्राप्त करने तक रुको। अपना ज्ञान किसी ज्ञानी पुरुष को देकर, फिर देहत्याग करो। आप जो जिम्मेदारी मुझे सौंप रहे हैं, मैं इसके योग्य नहीं हूँ।" गुरुदेव ने गंभीरता से कहा, "योग्य और अयोग्य का फैसला मेरा नहीं है। तुम्हारा चुनाव मेरे गुरुओं ने किया है। गुरुओं द्वारा की गई पिछले आठ सौ सालों की साधना ही तुम तक आकर खत्म होती है। तुम्हारे अंत के साथ साधना के एक युग का अंत होगा। और इन आठ सौ सालों का ज्ञान बँट नहीं सका तो उस साधना का कोई अर्थ नहीं है।"

"यह 'सजीव ज्ञान' पुस्तक का ज्ञान नहीं है, अनुभूति का ज्ञान है। पुस्तकों में तो केवल जानकारी ही होती है। सजीव ज्ञान से सारी जानकारी भीतर, आत्मा से ही हो जाती है। फिर पुस्तक पढ़ने की आवश्यकता ही नहीं होती है। तुम स्वयं पुस्तक हो, लोग तुम्हें पढ़ेंगे। पुस्तक थोड़े ही पुस्तक को पढ़ती है। अपने-आपको पहचानो। जब अपने-आपको पहचान लोगे, सारा भ्रम दूर हो जाएगा। अरे बाबा, भोजन परोसना भी एक कला है, वह प्रत्येक में नहीं होती है। और जिसे भोजन परोसना आता है, आवश्यक नहीं है कि उसे भोजन बनाना भी आता हो। भोजन बनाने वाले अनेक हो सकते हैं, भोजन परोसने वाला एक होता है। तुम परोसने वाले हो, बनाने वाले नहीं। इसलिए ज्ञान प्राप्त करने की कोई आवश्यकता ही नहीं है, वह तो गुरुकृपा में हो ही जाएगा। केवल बाँटने का कार्य करो, वही कार्य

तुम्हारा कर्मक्षेत्र है। जो कार्य सौंपा है, उसे करना प्रारंभ करो, कार्य होना शुरू हो जाएगा। उस कार्य को कैसे करूँगा, यह मत सोचो। पक्षी थोड़े ही सोचता है—इतना बड़ा आकाश है, तो मैं कैसे उडूँगा? बस उड़ने लग जाता है। क्योंकि पक्षी का जन्म ही उड़ने के लिए हुआ है। वैसे ही आठ सौ साल की इस साधना की समाप्ति तुम्हारे हाथों से ही होगी। इस ज्ञानयज्ञ में अंतिम आहुति तुम्हारे द्वारा ही डाली जाएगी। यह पूर्वनिश्चित है और तुम्हारे जीवन का यही उद्‌देश्य है। और, यह कार्य मैं कैसे करूँगा, यह शरीर के अहंकार का भाव है। उस 'मैं' को छोड़ो तो सारी स्थिति साफ हो जाएगी। यह कार्य तुम करने वाले नहीं हो, यह कार्य तुम्हारे माध्यम से संपन्न होगा। अरे बाबा, आठ सौ सालों के ज्ञान का यह भंडार तुम कैसे बाँट सकते हो? वह तुम्हारे माध्यम से बँटेगा। यह 'मैं' का अहंकार छोड़कर समर्पित हो जाओ, जीवन में सब कार्य घटित हो जाएगा। तुम केवल एक माध्यम हो। अपने-आपको केवल माध्यम समझो। जब भी कभी अधिक कार्य हो, तो अपने-आपको माध्यम समझो। माध्यमभाव होना कार्य को सरलता व सहजता प्रदान करेगा। जो कार्य मेरे गुरुदेव ने मुझे सौंपा था, वह मैं पूर्ण करके जा रहा हूँ। अब तुमसे वह कार्य कैसे होगा, वह सोचना तुम्हारा कार्यक्षेत्र नहीं है; यह तुम अनुभव करोगे। और यह स्थान तुम्हारा कार्यक्षेत्र नहीं है, इसलिए कह रहा हूँ कि एक दिन तुम्हें इस स्थान से जाना ही होगा। पर तब तक आनंद से रहो। यहाँ से जाने का प्रयास मत करना। जाने का समय आएगा, खुद ही चले जाओगे। मुझे भी जब मेरे गुरुदेव ने यह सजीव ज्ञान का भंडार सौंपा था और कहा था कि तुम्हारे आने तक संभालकर रखना है, तब मेरी भी तुम्हारी जैसी ही दशा थी—"कुछ मिला ही नहीं है, ऐसा लगता है तो फिर संभालूँ क्या?" पर जब तुम्हें प्रदान किया, तब देते समय पता चला—ज्ञान का कितना विशाल भंडार था! क्योंकि जब आया तो मेरे प्रयत्न से नहीं आया और जो आया, वह गुरुकृपा में आया। इसलिए आते समय पता भी नहीं चला था कि कुछ आया भी है, पर जब दिया, तब पता चला कि क्या आया था। ठीक वैसा ही जब तेरे माध्यम से विशाल स्तर पर कार्य होगा, तब पता चलेगा कि कितने विशाल स्तर पर आया था!" फिर अँधेरा

होने लग गया और हमने विश्राम का निर्णय लिया। गुरुदेव के साथ समय कब बीत जाता था, पता ही नहीं चलता था।

सुबह-सुबह ठंडी-ठंडी हवाओं के कारण नींद खुल गई। पहाड़ी का शिखर होने के कारण बहुत ही ठंडी हवा थी और हमारे पास तो ओढ़ने-बिछाने के लिए भी कुछ नहीं था। गुरुदेव तो शांत सोये थे। वे सोते थे तो लगता था एक नन्हा-सा शिशु शांतचित्त से सो रहा है। उनको सोये हुए देखना एक अलग ही अनुभव था। फिर थोड़ी देर बाद वे भी उठ गए। "अब मेरे पास समय बहुत थोड़ा रह गया है। आज तुझे मानवजीवन की उत्क्रांति का ज्ञान कराता हूँ। मानवदेह परमात्मा की निर्मिति का सर्वश्रेष्ठ नमूना है। अनेक योनियों में जन्म लेने के बाद आत्मा मानवयोनि में आती है। उसकी उत्क्रांति अनेक योनियों में जन्म लेने के बाद ही संभव होती है। कई मनुष्यों पर, मनुष्य-योनि में जन्म लेने के बाद भी पूर्वजन्म के प्रभाव, पूर्वयोनियों के प्रभाव पाए जाते हैं। मनुष्य-योनि में आने के बाद भी क्रमबद्ध तरीके से उसका विकास होता है और सारा विकास इन बातों पर निर्भर करता है—उसे कैसा सान्निध्य मिला, कैसी संगत मिली, कैसे माता-पिता मिले। ये सब बातें मनुष्य की उत्क्रांति में सहायक होती हैं।"

"साधारणत: आत्मा प्रथम अत्यंत दरिद्र के घर में जन्म लेती है और दो समय के भोजन की व्यवस्था में ही सारा जीवन चला जाता है। सारा समय भोजन की व्यवस्था करने में ही बीतता है। ऐसे समय आत्मा इच्छा करती है कि कम-से-कम दो समय का भोजन तो ठीक से मिलना चाहिए, तभी आगे कुछ किया जा सकता है। तो अगले जन्म में थोड़ा ठीक-सा परिवार मिलता है। दो समय के खाने की समस्या नहीं होती है। कपड़े, मकान, शिक्षा की आवश्यकता होती है। फिर इन सब आवश्यकताओं पर चित्त रहता है। तो अगले जन्म में एक मध्यमवर्गीय परिवार में जन्म लेती है। इस जन्म में ये सब बातें उपलब्ध हो जाती हैं। फिर अधिक सुविधाएँ, अधिक धन मिलना चाहिए, ऐसे विचार आते रहते हैं। विचार अधिक आने के कारण कार्य कम ही हो पाता है और विचार करने में सारा जीवन चला जाता है। फिर अगले जन्म में किसी धनवान के यहाँ जन्म लेती है। इस बार सभी आवश्यकताओं को पूर्ण करने के लिए पर्याप्त धन रहता

है, फिर भी शरीर की आवश्यकताएँ असीमित होने के कारण, और भौतिक सुख प्राप्त होने चाहिए, और अधिक भौतिक सुख-सुविधाएँ प्राप्त होनी चाहिए, ऐसी इच्छा रहती है और वह इच्छा पूर्ण करने के लिए अधिक, और अधिक धन होना चाहिए, ऐसी इच्छा होती है। और यह इच्छा रहते हुए ही मृत्यु हो जाती है। अगले जन्म में अत्यधिक धनवान के घर जन्म लेती है, जहाँ पर जन्म से ही सारी सुख-सुविधाएँ होती हैं। और फिर भी मनुष्य अत्यधिक धनवान होने के कारण अत्यधिक भौतिक सुख-सुविधाएँ प्राप्त करता है। और अत्यधिक धन और अत्यधिक भौतिक सुख-सुविधाएँ प्राप्त करने के बाद भी अपने वृद्धत्व के समय यह महसूस करता है—जिस धन को कमाने में मैंने सारा जीवन व्यतीत कर दिया और मैंने सोचा था कि अधिक धन से अधिक सुख प्राप्त होगा, पर सुख तो मुझे मिला ही नहीं! प्रत्येक भौतिक साधन थोड़े समय के लिए सुख प्रदान करता था और उस समय लगता था—यही सुख है। पर बाद में पता चलता था कि वह क्षणिक सुख था और बाद में फिर वही खालीपन, फिर वही, नए सुख की तलाश रहती ही थी। यानी मनुष्य को यह ज्ञान हो जाता है कि भौतिक साधन शाश्वत सुख नहीं दे सकते हैं। भौतिक साधन जो सुख देते हैं, वह शरीर का सुख है और वह सुख क्षणिक ही होता है। पर ज्ञान होते-होते उसका जन्म ही समाप्त हो जाता है, पर उस आत्मसुख को पाने की इच्छा बाकी रह जाती है जिसे पाने के बाद, कुछ भी पाने की इच्छा नहीं रह जाती है। फिर उसकी उस सुख को पाने की इच्छा रह जाती है और उसकी मृत्यु हो जाती है। और फिर वह अगला जन्म लेता है तो उस आत्मसुख को प्राप्त करने के लिए ही लेता है। और फिर अपने बचपन से ही इस ओर चलने लगता है। और फिर उस जन्म में उसने जिस घर में जन्म लिया है, उस घर के धर्म को वह आत्मसुख-प्राप्ति का साधन समझकर उसे ही पकड़ लेता है और फिर जीवनभर धर्म को ही पकड़े रहता है। वह जीवन में एक धार्मिक व्यक्ति भी कहलाता है जो जीवनभर अपने धर्म के रास्ते पर चला। ऐसे मनुष्य जन्म से ही बड़े धार्मिक होते हैं। धर्म में उनकी बड़ी आस्था होती है। बड़ी से बड़ी कठिनाई में वे अपने धर्म को पकड़े ही रहते हैं और उस शाश्वत सुख की खोज करते रहते हैं। फिर वे इस सुख की खोज में अनेक कर्मकांड

भी करते हैं जो उस धर्म के अनुसार होते हैं। कोई पूजा करता है, कोई प्रार्थना करता है, कोई जाप करता है, कोई हवन करता है। ये सब कर्मकांड उसको थोड़ा सुख देते हैं और उस समय उसे लगता है कि वह उसकी मंजिल तक पहुँच गया, लेकिन आत्मा की खोज बाकी रहती है। यानी शरीर कहता है—पहुँच गया और आत्मा कहती है—नहीं, अभी आत्मा का सुख और है। और अपने धर्म को जीवनभर अपनाकर भी उसके जीवन में पाने के लिए कुछ बाकी रह जाता है। फिर जो रह जाता है, वह है आत्मसुख। फिर वह आत्मा आत्मसुख की इच्छा करने लगती है। फिर मृत्यु हो जाती है।"

"अगले जन्म में अपने अनुभव के साथ रहता है। जिस घर में जन्म लिया, उस घर का धर्म अबकी बार अलग ही होता है और वह जान जाता है—यह धर्म नहीं है, यह उपासना की पद्धति है और यह प्रत्येक जन्म के साथ बदलती रहती है। फिर उस घर की उपासना-पद्धति को आधार बनाकर आगे बढ़ता है। पर उपासना पद्धति को ही पकड़े नहीं रहता है और फिर आत्मसुख की खोज में किसी जीवंत गुरु तक पहुँच जाता है। और फिर उस जीवंत गुरु की कृपा से आत्म-अनुभूति प्राप्त करता है और बाद में आत्मसुख का अनुभव करता है। और उस आत्मसुख को पाने के बाद सारी इच्छाएँ पूर्ण हो जाती हैं। वह अनुभव करता है कि मैंने मनुष्यजीवन में सबकुछ प्राप्त कर लिया है। और ऐसी तृप्त स्थिति में आत्मसमाधान को प्राप्त करता है और अपने जीवनकाल में ही मोक्ष की स्थिति को प्राप्त करता है। फिर भले ही देह से उसकी मृत्यु बाद में होती है, इस मृत्यु के बाद फिर उसका जन्म नहीं होता है, क्योंकि अब जन्म लेने के लिए कोई इच्छा ही कारणीभूत नहीं रही और उसका उत्क्रांति का चक्र पूर्ण होता है। मनुष्य को इतने लंबे चक्र को पार करना पड़ता है। अपनी संगति के अनुसार मनुष्य इन जीवन चक्रों को जल्दी या देर से प्राप्त करता है। आत्मा किसके सान्निध्य में रही, सब कुछ इस पर निर्भर है, क्योंकि अच्छे सान्निध्य के कारण आत्मसुख का मार्ग जल्दी भी प्राप्त हो सकता है। पर सामान्यत: मनुष्य-योनि में यात्रा इस प्रकार की ही होती है। मनुष्य अपनी इच्छा को पूर्ण करने के लिए ही जन्म लेते रहता है। जब इच्छा ही बाकी नहीं रही तो जन्म का कोई उद्‌देश्य ही नहीं रह जाता है। और यही स्थिति मोक्ष है।"

"अब मेरा अंतिम समय आ गया है। और मैंने यह इसलिए बताया कि मैं अपने साथ कोई ज्ञान लेकर जाना नहीं चाहता हूँ। मैं खाली होकर जाना चाहता हूँ। अगले दिन सुबह, सूर्योदय के साथ मैं देहत्याग करूँगा और सूर्यास्त के पूर्व ही तुम मेरा दाहसंस्कार करोगे।" गुरुदेव यह सब बड़ी आसानी से बता रहे थे और मैं था कि गुरुदेव के बिना इस जगत में रहने की कल्पना से ही काँप उठता था। उनके शरीर की कोई गतिविधियाँ नहीं होती थीं, कोई क्रियाकलाप नहीं होते थे, वे पड़े रहते थे। फिर भी मेरे लिए बड़ा सहारा था। इतने बड़े, वीरान टापू में एकमात्र सहारा थे। कल वे भी चले जाएँगे, यह सोचकर ही मैं अस्वस्थता महसूस करने लग गया। उन्होंने बताया, "मेरे देहत्याग के बाद तीन दिनों तक यहाँ रहना। उसके बाद कुटीर में जाकर रहना। देहत्याग के बाद भी तीन दिनों तक मैं इसी स्थान पर रहूँगा। शरीर के प्रभाव से आत्मा को मुक्त होने में तीन दिन लगते हैं और तीन दिनों के बाद आत्मा मुक्त होकर अगली गति को प्राप्त होती है। मेरा भी यह आखिरी जन्म था और तुम्हारा भी यह आखिरी जन्म है। तुम्हें अपने आखिरी जन्म के कर्तव्यों को अभी पूर्ण करना है। तुम्हारे हाथ से ही मेरा दाहसंस्कार हो, यही मेरी अंतिम इच्छा थी। मेरी मृत्यु के बाद मेरी मोक्ष की प्राप्ति में तुम साधन बनने वाले हो। मैंने इस ध्यानमार्ग से सबकुछ प्राप्त कर लिया, अब पाने के लिए कुछ नहीं रह गया और तुम भी इसी ध्यानमार्ग से सबकुछ प्राप्त कर लोगे।" और गुरुदेव सूर्यास्त के समय सूर्य को नमस्कार कर रहे थे। उन्होंने कहा, "यह मेरा अंतिम सूर्यास्त है। कल का सूर्यास्त मैं नहीं देख सकूँगा। सूर्यास्त भी आत्मा को बड़ी शांति प्रदान करता है।"

वास्तव में बड़ा सुंदर दृश्य था। सूर्यास्त के बाद सूर्य की सारी लालिमा आकाश में छा गई थी। जिस स्थान पर सूर्यास्त हुआ, उस स्थान पर गहरे लाल रंग की छटा थी। बाकी सारे आकाश में हल्की पीली व सुनहरी छटा छाई हुई थी। सारे पक्षी भी अपने घरों की ओर लौटकर आ रहे थे। पहाड़ी के शिखर के नीचे घनी झाड़ियाँ थीं। उस जंगल में, अपने घोंसलों में पक्षी आ गए थे और उनके बच्चे भी उन्हें पाकर खुश हो गए थे। वे भी बड़ी सुंदर आवाजें निकाल रहे थे। ठंडी हवाएँ चल रही थीं। सारा आकाश ही सुनहरे रंग का

हो गया था। नीचे ब्रह्मपुत्र नदी का वह किनारा दिख रहा था, जहाँ मैं गुरुदेव के साथ नहाता था। आज सबकुछ शांत था, मानो सब जगह सृष्टि गुरुदेव को विदाई दे रही थी। धीरे-धीरे पक्षियों की आवाजें शांत हो गईं और धीरे-धीरे अँधेरा छाने लग गया। मैंने कुछ पत्ते तोड़कर, उन्हें अच्छे से छाँटकर, पत्थर पर कूटकर, गुरुदेव को भोजन के रूप में खाने के लिए दिए। पर उन्होंने मुस्कराकर मना कर दिया और मुझे प्रसाद के रूप में दे दिए और खाने के लिए कहा। उन्होंने कहा, "मैं तेरे भक्तिभाव के पत्तों से बहुत खुश हूँ। ये पत्ते तुम ही प्रसाद समझकर ग्रहण कर लो।" फिर अँधेरा होने लग गया था। सूर्यास्त पूर्णतः हो गया था।

गुरुदेव ने कहा, "आत्मज्ञान प्राप्त करना व आत्मज्ञान बाँटना, ये दोनों अलग-अलग क्रियाएँ हैं। और ये दोनों करने के लिए मनुष्य का जीवन थोड़ा है। तूने मुझे पूर्ण समर्पण किया। वह समर्पण एक व्यक्ति के प्रति नहीं है, एक गुरुशक्ति के प्रति है। तूने इस कार्य में तेरे निजी कर्तव्य भी समर्पित कर दिए, अब उन कर्तव्यों का निर्वाह करने का कार्य मेरा है। एक बेटे का कर्तव्य, एक पति का कर्तव्य, एक पिता का कर्तव्य, वे सब कर्तव्य भी (तुमने) पूर्ण नहीं किए हैं। वे अब मुझे पूर्ण करने हैं। गुरुतत्त्व की विशेषता है—जिस भाव से तुम अर्पित करते हो, उससे हजार गुना करके वह वापस करता है। वह अपने पास कुछ नहीं रखता है। और तेरी भी इच्छा है ना कि यह ज्ञान जनसामान्य तक पहुँचे। तेरी इसी इच्छा को पूर्ण करने के लिए तुझे वापस समाज में जाना होगा और समाज में आध्यात्मिक क्रांति लानी होगी। और यह क्रांति समाज में सामान्य रूप में रहकर ही लानी होगी। आज समाज में बाहर की खोज चल रही है। यह खोज मनुष्य को भौतिक सुख-सुविधाएँ प्रदान कर सकती है, पर आत्मशांति नहीं। और आत्मशांति के लिए भीतर की ओर जाना होगा, भीतर की यात्रा करनी होगी। आत्मसुख और आत्मशांति कभी बाहर से प्राप्त नहीं हो सकते हैं। बाहरी यात्रा के साथ-साथ भीतर की यात्रा भी करनी होगी, तभी मनुष्य समाज में संतुलित रह सकता है। अन्यथा, बाहरी खोज करते-करते मनुष्य का चित्त इतना बाहर हो जाएगा कि संतुलन ही समाप्त हो जाएगा। और असंतुलित समाज संयमविहीन होगा। और संयम समाप्त होने पर वह अपने-आपको ही नष्ट कर

लेगा। आज बाहरी खोजों से समाज अपने-आपको ही नष्ट करने के साधनों का निर्माण कर रहा है। मनुष्य के प्रयत्न से जो भी निर्माण होगा, वह नाशवान ही होगा। मनुष्य कभी भी शाश्वत, चिरस्थाई निर्माण नहीं कर सकता है। और अस्थाई वस्तुओं के निर्माण से चित्त भी अस्थिर होगा।"

"समाज में सदैव संतुलन बनाए रखना आवश्यक है। समाज में, केवल गति की वृद्धि समाज को अस्थिर करेगी। गति के साथ-साथ संतुलन भी आवश्यक है और संतुलन बाहर से नहीं हो सकता है। आत्मसंतुलन ही वह संतुलन है जो समाज को संतुलित रख सकता है। और समाज में रहकर ही संतुलन किया जा सकता है। यह अत्यंत कठिन है, मैं भी जानता हूँ, पर तुम्हें समाज में रहकर यह कार्य करना ही होगा। समाज में केवल यह कार्य ही तो तुम्हें करना है, कार्य करा लेने वाली शक्तियाँ तो दूसरी हैं। तुम्हें कार्य करवाना नहीं है, केवल करना है। तुम केवल एक माध्यममात्र हो, क्योंकि कार्य इतना बड़ा है कि वह कार्य कोई भी अकेले नहीं कर सकता है। तुम भी वह कार्य न कर सकते और न कर सकोगे। वह कार्य तुम्हारे द्वारा होगा यानी तुम्हारे माध्यम से होगा, पर तुम करोगे नहीं। क्योंकि जब कोई कार्य करता है तो एक निश्चित सीमा में कार्य होता है। और जब कार्य उसके द्वारा होता है, तो फिर कार्य संपन्न होने की कोई निश्चित सीमा नहीं होती है, वह अपार मात्रा में संपन्न होता है। आज भी समाज में कई पुण्यवान आत्माएँ हैं जो इस कार्य में मदद कर सकती हैं, पर अभी वे ही गलत दिशा में जा रही हैं। वे आत्माएँ भटक रही हैं। वे आत्मशांति को पुस्तकों में खोज रही हैं। आत्मशांति पुस्तकों में से कभी नहीं मिल सकती। अरे बाबा, निर्जीव पुस्तकें सजीव आत्मशांति कैसे दे सकती हैं? पुस्तकों में जो है, वह भूतकाल है। भूतकाल कभी वर्तमानकाल का निर्माण नहीं कर सकता है। भूतकाल केवल जानकारी दे सकता है, ज्ञान नहीं। ज्ञान पुस्तक से प्राप्त ही नहीं हो सकता। ज्ञान एक जीवंत अनुभूति है। वह जीवंत गुरु के माध्यम से ही प्राप्त हो सकती है। आज मनुष्य आत्मशांति पुस्तकों में पढ़कर प्राप्त करना चाहता है। पुस्तकें केवल, भूतकाल में क्या हुआ, इसकी जानकारी दे रही हैं। अगर पुस्तकों से ही ज्ञान प्राप्त हो जाता तो शिक्षा में शिक्षक की आवश्यकता ही नहीं

है। जबकि सारी शिक्षापद्धति शिक्षक पर ही आधारित है। शिक्षक ही समाज का आधारस्तंभ है। इस विश्व में, अपनी बात दूसरों के मस्तिष्क तक पहुँचाने की कला केवल शिक्षक ही जानता है। इसलिए शिक्षक के हाथ में ही सारा आधार है। वह चाहे तो अच्छे समाज का निर्माण कर सकता है। वह चाहे तो खराब समाज का निर्माण कर सकता है। निर्जीव पुस्तकें किसी के जीवन में क्रांति नहीं ला सकती हैं। जीवन में जीवंत क्रांति केवल शिक्षक के माध्यम से ही लाई जा सकती है। तू भी समाज में जा और आध्यात्मिक शिक्षक का कार्य कर। प्रत्येक शिक्षक में एक गुरु छुपा होता है। किसी शिक्षक से आप कुछ विशेष पाना चाहते हो तो उसके सामने विशेष झुकना होगा। और आप झुकोगे तो आपका झुकना शिक्षक के शरीर के सामने नहीं, शिक्षक की आत्मा के सामने होगा। उस शिक्षक की आत्मा ही कुछ विशेष दे सकेगी।"

"तू समाज में एक सामान्य मनुष्य का चोला पहनकर जा। वैसे भी तू एक सामान्य मनुष्य ही है। अपने सत्यस्वरूप में ही समाज में जा क्योंकि समाज सामान्य मनुष्य ही है। उससे संपर्क करने के लिए उसके स्तर तक जाना ही होगा, उसके जैसा बनना ही होगा, उसके जैसा कार्य करना ही होगा। तभी मनुष्य से निकटता हो सकती है। मानव-समाज का निर्माण मनुष्यों से हुआ है।"

"प्रत्येक मनुष्य समाज का आईना है। जैसा मनुष्य है, वैसा ही समाज है। अगर मानव-समाज को समझना है, तो एक मनुष्य को समझ। वह समाज की जानकारी दे देगा। मनुष्य समाजप्रिय प्राणी है। वह समाज में ही रहना पसंद करता है और वह वही सोचता है जो उसके आसपास का समाज सोचता है। और समाज के साथ रहते-रहते मनुष्य खो गया है। उसका अपना अस्तित्व ही खो गया है और रह गया है—सामान्य मनुष्य। वास्तव में, उस मनुष्य जैसा बनकर ही सामान्य मनुष्य तक पहुँचा जा सकता है। एक बार तू वहाँ तक पहुँचने में सफल हो गया, तो तेरे भीतर की महान आत्मा अपनी विशालता का परिचय तो सामने वाली आत्मा को करा ही देगी। तेरे भीतर असामान्य है आत्मिक शक्ति क्योंकि यह आत्मिक शक्ति सामूहिकता के साथ है। लाखों आत्माओं की सामूहिक शक्ति,

वह सामूहिक शक्ति जो पिछले आठ सौ सालों में एकत्र की है, वह सामूहिक शक्ति ही वह चुंबकीय शक्ति है जिससे सामने वाली आत्मा आकर्षित होगी। पर इस सामूहिक शक्ति का ज्ञान, सामूहिक शक्ति की अनुभूति किसी आत्मा को तब होगी, जब वह मनुष्य सामान्य रूप में ही सही, तेरे सान्निध्य में रहेगा। उस आत्मा को उत्क्रांति के लिए सामूहिकता का सान्निध्य मिलना चाहिए। बस एक बार वह सान्निध्य मिल गया, तो अनुभूति तो स्वयं ही हो जाएगी। वह स्वाभाविक रूप से घटित हो जाएगी। उसके लिए कुछ करना नहीं पड़ेगा।"

"तू समाज में एक सामान्य मनुष्य बनकर जा। तू कौन है, यह समाज की पुण्यात्माएँ जान लेंगी। तेरे भीतर की आत्माओं की सामूहिकता को जान लेंगी। तेरे भीतर की सामूहिकता ही तेरी विशेषता है। तुझे कुछ नहीं करना है, बस यह शरीर लेकर, इस शरीर को ढोकर समाज तक पहुँच, आगे का कार्य तो शक्तियाँ स्वयं ही कर लेंगी। और शक्तियाँ अपना कार्य करेंगी। जो आत्मशांति को बाहर पुस्तकों में ढूँढ़ रहे हैं, उन्हें नई दिशा देंगी। फिर मनुष्य उस भीतर की दिशा में खोज करेगा। आत्मशांति की दिशा भीतर ही है। इसका ज्ञान मनुष्य को नहीं है। वह ज्ञान एक बार मनुष्य को हो जाए, वह आत्मशांति पा ही लेगा। क्योंकि मनुष्य आत्मशांति चाहता तो है, खोज भी रहा है, पर आत्मशांति की खोज बाहर हो रही है। बस उसे सही दिशा देने की आवश्यकता है।"

गुरुदेव के इतने समझाने पर भी मेरा उनके शरीर के प्रति मोह कम नहीं हो रहा था। मैंने कहा, "आप देह-त्याग करने वाले हो तो मुझे छोड़कर क्यों जा रहे हो? मुझे भी अपने साथ लेकर चलो। मुझे इस अँधेरे में क्यों छोड़कर जा रहे हो? मुझे भी आपके साथ देह-त्याग की अनुमति दे दीजिए। मैं आपके बिना नहीं रह सकता। मैं भी आपके साथ देह-त्याग करना चाहता हूँ। मैं आपके बिना इस जगत की कल्पना भी नहीं कर सकता हूँ। और फिर मैं रहूँ ही क्यों? रही बात समाज को दिशा बताने की, तो और कोई आएगा और समाज को दिशा बताएगा। मेरी आपके साथ देह-त्याग करने की इच्छा है। कृपया अनुमति दीजिए। अपने साथ मुझे भी लेकर चलिए। मुझे यहाँ छोड़कर मत जाइए। माँ अपने बच्चे को कभी आधे रास्ते में छोड़कर

जाती है क्या? आप मुझ पर क्यों नाराज हो? क्यों मुझे छोड़कर जा रहे हो? मैं आपके साथ देहत्याग करना चाहता हूँ।"

गुरुदेव ने हँसते हुए मुझे देहत्याग की अनुमति दे दी। गुरुदेव ने कहा, "ठीक है। मैं मेरी चिता के साथ ही तुझे भी देहत्याग की अनुमति दे रहा हूँ।" यह सुनकर मैं खुश हो गया और मेरी आँखों से पानी झर-झर बहने लग गया। मैं खुशी से पागल हो गया। अब मुझे गुरुदेव छोड़कर नहीं जाएँगे, मैं भी गुरुदेव के साथ जाऊँगा! मैं आँखें बंद करके मन-ही-मन गुरुदेव का आभार व्यक्त करने लग गया। गुरुदेव ने कहा, "तुमने मेरी चिता के साथ कल देहत्याग करने की इच्छा की है तो शरीर से तो कल समाप्त हो ही जाओगे। कल तुम अपना देह का भाव नष्ट कर दो। देह का भाव त्याग दिया तो वह देहत्याग करने जैसा ही है। कल मेरी चिता की अग्नि में देह का भाव त्याग दो। कल मेरे साथ तुम्हारा देह का भाव भी जलकर नष्ट हो जाएगा। देह का भाव त्यागने के बाद फिर रहेगी आत्मा। और तब शुब्द्ध, पवित्र, निर्मल आत्मा बनकर रहो। और फिर करने के लिए कुछ रह ही नहीं जाएगा। आत्मा परमात्मा का शुब्द्ध स्वरूप है, ऐसी शुब्द्ध, पवित्र आत्मा बनो और आत्मा बनकर ही कार्य करो। तो देह का भाव ही कल मुझे अर्पित करो। और रही बात साथ रहने की तो मेरी आत्मा सदैव तुम्हारे साथ ही रहेगी।" मैंने रोते हुए कहा, "नहीं, मैं सचमुच में मरना चाहता हूँ।" गुरुदेव ने कहा, "ठीक है। तुम सोचो—कल मैंने नहीं, तुमने ही सूर्योदय के साथ देहत्याग किया है। जो जीवित रहा, वह तुम नहीं, मैं हूँ। बस अब यही समझ लो। सारा समझ का खेल है। जैसा भी समझो, चलेगा। आज के बाद अपनी जगह मुझे रखकर कार्य करो। तो जब कार्य तुम कर ही नहीं रहे हो, कार्य मैं करने वाला हूँ, तो सारा मामला ही समाप्त हो गया। अब चलो, सो जाओ। मुझे भी आराम करने दो।"

गुरुदेव तो बड़ी शांति के साथ सो गए, मुझे रातभर नींद नहीं आई। मैं रातभर तारे देखता रहा। मैं सोच रहा था—गुरुदेव को कल देहत्याग करना है, फिर भी आराम से सो रहे हैं। मानो कल की यात्रा के लिए आराम कर रहे हैं! कितने शांत हैं, कितने निश्चिंत हैं!

एकदम छोटे-से, अबोध बच्चे की तरह सो रहे हैं। मुझे उन्हें सोते हुए देखने का बड़ा आकर्षण था।

आज की रात मुझे छोटी लग रही थी। चंद्रमा तीव्र गति से चल रहा था। एक-एक पल हाथ से निकल रहा था। ऐसा लग रहा था मानो यह रात ही सदैव बनी रहे, कभी सूरज उगे ही नहीं और गुरुदेव कभी देहत्याग करें ही नहीं। फिर जैसे-जैसे रात बीतती चली गई, वैसे-वैसे मेरे भीतर भी बदलाव होता चला गया। रात बीतने के साथ मेरे मन का अँधेरा भी दूर होता चला गया और मेरे भी मन में भाव आने लग गए, "मैं जो सोचता हूँ, वे मेरे विचार हैं; गुरुदेव क्या कहते हैं, वह उनकी आज्ञा है। उनकी आज्ञा सर्वोपरि है। अब उनकी आज्ञा के अनुसार ही सब होना चाहिए। सूर्योदय भी होना चाहिए। गुरुदेव की इच्छानुसार, सूर्योदय के साथ गुरुदेव को देहत्याग भी करना चाहिए। और मुझे गुरुदेव के जाने के बाद भी कार्य करना चाहिए। मेरे गुरुदेव अमर हैं। वे कभी मर नहीं सकते। जो मर सकता है, वह शरीर है। आत्मा तो अमर है। वह तो मेरे साथ ही है। गुरुदेव कार्य के रूप में जीवित रहेंगे।" मैंने जीवनभर गुरुदेव का कार्य करने का निश्चय किया। मैं गुरुदेव का कार्य कर उनके साथ कार्य के रूप में जुड़े रहना चाहता था।

समय तो अपनी गति से बीत ही रहा था। धीरे-धीरे, सूर्योदय का समय आ रहा था। सूर्योदय के पूर्व का प्रकाश दिखाई देने लग गया। मैं तो रातभर जाग ही रहा था, पर गुरुदेव अब उठ गए थे। सूर्योदय भी होने ही वाला था। गुरुदेव ने मुझे इशारे से बुलाया। मैंने गुरुदेव की चरण-वंदना की। गुरुदेव ने बड़ी शांति से, मुस्कराकर कहा, "अब मुझे प्रसन्नता के साथ विदा करो। मैंने अपने जीवन में जो पाना चाहा, सब पा लिया। केवल ध्यान-साधना से तुम भी सब पा लोगे। इस ध्यान-साधना को कभी मत छोड़ना। यह अंतिम साँस तक तुम्हें मदद करेगी, क्योंकि यह ध्यान-साधना सामूहिक शक्ति है। अब ऐसा करो, वह जो पूर्व दिशा से सूर्य उग रहा है, उसे नमस्कार करो और उसकी ओर पीठ करके उस ऊँचे पत्थर पर बैठ जाओ और ध्यान की स्थिति में बैठो।" मैं जाकर उस पत्थर पर बैठ गया। फिर गुरुदेव मेरे सामने बैठ गए। और फिर जो हुआ, वह एक अतिदिव्य

अनुभूति थी जिसे केवल अनुभव ही किया जा सकता है, शब्दों में लिखा नहीं जा सकता है। उनके सहस्रार से चैतन्य का एक प्रवाह निकला और मेरे सहस्रार पर बरसने लग गया और मैं अनुभव करने लग गया कि मैं ही सूर्योदय देख रहा हूँ। उस दिन मैंने सूर्योदय मानो पश्चिम से होते हुए देखा था। गुरुदेव का शरीर दिख ही नहीं रहा था। एक सुनहरा, शक्ति का पुंज ही था मानो सूर्योदय हो रहा हो। और उस सूर्य से हजारो किरणें मेरे ऊपर बरस रही थीं और मेरे भीतर चैतन्य भरा जा रहा था। मेरा रोम-रोम जागृत हो गया था। और थोड़ी देर बाद ऐसा लगा, सामने के उस प्रकाश का वलय बढ़ते ही जा रहा है और उस प्रकाश के पुंज में मैं अपना अस्तित्व खो रहा हूँ। और धीरे-धीरे सभी ओर प्रकाश ही प्रकाश फैल गया। एक अभूतपूर्व तेज अनुभव हो रहा था। एक बिजली-सी अनुभूति हो गई और मैं बाद में अपनी चेतना खोने लग गया। बाद में थोड़े समय के बाद आँखे खुलीं तो देखा—गुरुदेव नीचे बैठकर मुझे ही नमस्कार कर रहे थे। पहले मुझे लगा कि मेरे पीछे के सूर्य को नमस्कार कर रहे हैं। पर देखा तो सूर्य काफी ऊपर आ गया था। सूर्य मेरे ऊपर था। गुरुदेव ने मुझे कहा, "गुरुदेव, आपने आपका कार्य करने का सौभाग्य मुझे दिया, इसके लिए मैं हृदय से आपका आभारी हूँ।" और फिर नमस्कार करके देहत्याग कर दिया।

मैं समझ ही नहीं पाया—उन्होंने मुझे गुरुदेव कहकर क्यों संबोधित किया? और ऐसा क्यों किया? और फिर मैं कौन हूँ? और जैसे ही, मैं कौन हूँ, जानने की कोशिश की तो शून्य की स्थिति निर्मित हो गई। फिर उस स्थिति से मैं धीरे-धीरे बाहर निकला। गुरुदेव की देह को अच्छी तरह से पत्थर पर लिटाया और उन्हें नमस्कार करके फिर अगली तैयारी में लग गया। आसपास से लकड़ियाँ चुन-चुनकर इकट्ठा कीं। अच्छी-अच्छी लकड़ियाँ इकट्ठा करके गुरुदेव के लिए लकड़ियों का एक आसन-सा बनाया और बड़ी अच्छी भावना के साथ उन लकड़ियों को भी नमस्कार किया, "आपको मेरे गुरुदेव की महायात्रा में साथ जाने का सौभाग्य मिला है। आप कितनी भाग्यवान हैं कि आपको गुरुदेव का सान्निध्य मिल रहा है!" यह सब करते-करते दोपहर हो गई थी। बाद में, शिखर से थोड़ा उतरने पर एक झरना था, उस झरने से कुछ बाँसों में पानी

भरकर ले आया। पानी से गुरुदेव को स्नान कराया। अभी गुरुदेव बड़े शांत सो रहे थे। मानो अभी जाग जाएँगे, ऐसा लग रहा था। जंगल से थोड़े फूल लाए थे वे उनके चरणों पर रखे, नमस्कार किया और प्रार्थना की, "गुरुदेव, शरीर से आप ही मेरे गुरुदेव हैं। आपकी इच्छा के अनुसार मैं कार्य कर सकूँ, ऐसा आशीर्वाद मुझे दीजिए।" और फिर मैं उठा, गुरुदेव के शरीर को उठाकर चिता पर लिटाया और उनके अंतिम दर्शन करके फिर उनके शरीर पर भी लकड़ियाँ रख दीं। फिर दो बाँसों को रगड़-रगड़कर चिंगारी का निर्माण किया। उससे घास को जलाया और घास से चिता को अग्नि दी। चिंगारी जलाने में मुझे काफी मेहनत करनी पड़ी। मानो अग्नि भी आज जलना नहीं चाहती थी और सूर्यास्त होने का डर लग रहा था। गुरुदेव की आज्ञा थी सूर्यास्त के पहले अग्नि देने की। फिर सूर्यास्त होने लग गया और सूर्यास्त के पूर्व चल रही हवाओं ने चिता प्रज्ज्वलित करने का कार्य किया। चिता जल रही थी और मेरे गुरुदेव का शरीर पंचमहाभूत में विलीन हो रहा था और सूर्यास्त भी हो रहा था। मैंने सूर्य को नमस्कार किया तो मुझे सूर्य में ही गुरुदेव के दर्शन हो गए। बड़ी प्रसन्न मुद्रा में वे थे। बड़े शांत लग रहे थे। और फिर धीरे-धीरे अँधेरा होने लग गया। मैं थोड़ी देर वहाँ पर बैठा रहा और बाद में कब ध्यान में चला गया, उसका मुझे भी पता नहीं चला। गुरुदेव द्वारा दी हुई माला मेरे पास थी, जिसमें दो रुद्राक्ष व दो स्फटिक के मणि लगे हुए थे। वह माला ही अब मेरा सहारा थी।

उनकी इच्छा के अनुसार उनका दाह-संस्कार उसी ओटलानुमा पत्थर पर किया था, जहाँ पर उनके गुरु का भी दाह-संस्कार हुआ था। पूरी रात बीत गई थी। सुबह फिर शिखर से थोड़ा नीचे उतरकर झरने पर गया। वहाँ पर खूब देर तक नहाया। अब कहीं जाना भी नहीं था और किसी तक पहुँचना भी नहीं था। मुझे विचार आ रहे थे कि यह शरीर एक धर्मशाला जैसा है जिसमें आत्मा कुछ समय व्यतीत करने के लिए आती है और बाद में अपने घर चली जाती है। और जो आत्मा पूर्णत्व को पाकर अपने घर जाती है, वह प्रसन्न रहती है क्योंकि उसे मृत्यु का भय नहीं लगता है। मृत्यु से वह खुश होती है, क्योंकि उस आत्मा को उसके घर जाने को मिल रहा है। अभी भी आसपास के वातावरण में गुरुदेव की उपस्थिति अनुभव हो

ही रही थी। कहते हैं, मृत्यु के तीन दिनों तक आत्मा उस वातावरण में ही रहती है। शरीर के वातावरण से निकलने के लिए उसे तीन दिन लगते हैं। यही कारण होगा कि अभी ऐसा लग रहा था, मानो वे पास ही लेटे हुए हैं। उनकी उपस्थिति वहाँ पर अनुभव हो रही थी। मैं खूब नहाया। बाद में सूर्योदय हुआ तो हाथ से सूर्य को भी अर्घ चढ़ाया और मेरे गुरुदेव की आत्मा के लिए प्रार्थना की कि वे मोक्ष के मार्ग पर आसानी से अग्रसर हो। फिर झरने से बाहर आया। एक लता की जड़ को कमर पर बाँधकर रखा था, उसे भी निकाल दिया। उस रस्सीनुमा लता से लगे दो पत्ते भी निकाल दिए। पिछले दो-तीन दिनों में वे भी खराब हो गए थे। वे ही मेरे वस्त्रस्वरूप थे। और गुरुदेव ने भेंट में दी हुई रुद्राक्ष व स्फटिक की माला गले में डाल ली। और फिर झरने के किनारे पर ही, निर्वस्त्र ही ध्यान करने बैठ गया। अब सब हल्का-हल्का लग रहा था। गुरुदेव के शरीर की देखरेख में मेरे स्वयं के शरीर का बड़ा बेहाल हो गया था। अँगूठे का जख्म अब ठीक हो गया था। थोड़ी सूजन अभी बाकी थी। अब फिर ध्यान करने बैठ गया। अब ध्यान में वही प्रश्न उठ रहा था—देहत्याग के पूर्व गुरुदेव ने मुझे 'गुरुदेव' कहकर क्यों संबोधित किया? और मैं कौन हूँ? ये प्रश्न रह-रहकर आ रहे थे। मैंने गुरुदेव से ही प्रार्थना की, "गुरुदेव, आपने मुझे नमस्कार करके पहेली निर्माण की है। आप ही कृपया इसे हल कीजिए।" और मानो गुरुदेव ही मार्गदर्शन कर रहे हैं, ऐसा लगा।

गुरुदेव कह रहे थे, "मैं तो एक सामान्य मनुष्य के समान पैदा हुआ था। यानी एक सामान्य मनुष्य में और मेरे में कोई अंतर नहीं था। फिर मैं गुरुदेव के सान्निध्य में आया। और मेरे गुरुदेव के सान्निध्य में अनेक आत्माओं की सामूहिकता महसूस की जो जागृत आत्माएँ थीं और उन जागृत आत्माओं की सामूहिकता के सान्निध्य में मेरी आत्मा को भी जागने की प्रेरणा प्राप्त हुई और मेरी आत्मा भी जागृत हुई। तब यह जाना कि मेरे गुरुदेव केवल एक व्यक्ति नहीं हैं, सामान्य से दिखने वाले उस व्यक्ति में सामूहिक आत्माओं की असामान्य शक्ति छुपी हुई है। जो छिपी है, उसे अनुभव ही किया जा सकता है। उसे देखा नहीं जा सकता है और न ही वे उसका प्रदर्शन कर सकते हैं। यह उन्हें मानने पर ही अनुभव हो सकती है।

और देखना शरीर का भाव है और मानना आत्मा का भाव है। पर मानना पवित्र, निर्मल भाव से ही होना चाहिए। मानते समय शरीर की कोई आवश्यकता नहीं होनी चाहिए। यानी शारीरिक स्तर पर मानना नहीं चाहिए, अन्यथा वह गहराई ही नहीं आती है। आत्मा को आत्मा से मानना होता है। तभी उस आत्मा के साथ की सामूहिकता का अनुभव किया जा सकता है। आत्मा अकेली ही होती है, पर परमात्मा आत्माओं का विशाल समूह है। ऐसे विशाल समूह के साथ जो आत्मा जुड़ जाती है, जुड़कर अपना स्वयं का कोई अलग भाव नहीं रखती है; यह तभी होता है, जब वह शरीर के भाव से मुक्त होती है; परमात्मा उस आत्मा के माध्यम से प्रतिबिंबित होता है। परमात्मा को उसी एक आत्मा के सान्निध्य में अनुभव किया जा सकता है। और इसीलिए ऐसी पवित्र आत्माओं को 'गुरु' कहा है; गुरु, जो शरीर से परे हैं; शरीर में हैं, पर शरीर में नहीं हैं। वे शरीर की कोई गतिविधि स्वयं नहीं कर सकते हैं। उनका अपना कोई अस्तित्व ही नहीं हैं। वे परमात्मामय हो गए हैं। परमात्मा उनके माध्यम से संकेत देते रहता है। वे परमात्मा का माध्यम हो जाते हैं। परमात्मा सदैव ऐसे माध्यमों के द्वारा इस धरती पर प्रकट होते रहते हैं। उनकी गतिविधियों का अर्थ हम नहीं समझ सकते हैं क्योंकि गतिविधियाँ उनके स्तर पर की जाती हैं। उन गतिविधियों पर, जो होने वाला है, उसका प्रभाव होता है। वे माध्यम भविष्य के संकेत सदैव देते रहते हैं। इसीलिए 'गुरु' एक तत्त्व है जिस शरीर ने अपने शरीर के संपूर्ण अस्तित्व को ही खो दिया है। तो उसे शरीर समझना तो नासमझी होगी। 'गुरु' शरीर नहीं है। आत्माओं की एक बड़ी सामूहिक शक्ति है। उसे गुरुतत्त्व कहते हैं। ये शरीर से इतने विलीन हो चुके रहते हैं कि इनकी एक-एक साँस पर भी सामूहिकता की शक्ति अनुभव होती है।"

"मेरे गुरुदेव भी ऐसे ही थे। वे जो गतिविधियाँ करते थे, वे अलग-अलग प्रतीत होती थीं, पर अलग-अलग गतिविधियाँ थीं नहीं। यदि शरीर के स्तर पर देखें तो गतिविधियाँ अलग-अलग लगती थीं, विभिन्न लगती थीं, पर भीतर से अनुभव करो तो ना गतिविधि अलग थी और न व्यवहार। जो शरीर से होते थे, वे अलग-अलग लगते थे, पर भीतर से एक ही कार्य वे करते थे 'चैतन्य प्रवाहित'। ये कहने से अच्छा यह कहा जा सकता है—उनके शरीर के माध्यम से सदैव

चैतन्य प्रवाहित होता रहता था। लेकिन यह चैतन्य जो प्रवाहित होता था, वह केवल अनुभव होता था। और अनुभव होता था आत्मा को, शरीर को नहीं। क्योंकि आत्मिक चैतन्य को आत्मा ही अनुभव कर सकता है। गुरुदेव का मौन हो या गुरुदेव बोल रहे हों, वे गालियाँ दे रहे हों या किसी की प्रशंसा कर रहे हों, वे पलकें भी झपकाते हों, तो भी चैतन्य का प्रवाह छूटता था। उनके चलने में चैतन्य था। उनके बैठने में चैतन्य था। उनके सोने में चैतन्य था। उनके शरीर की छोटी से छोटी गतिविधि भी चैतन्य से भरी होती थी। वे हाथ की उँगली भी सामान्य हिलाते थे तो चैतन्य का सैलाब अनुभव होता था। वे हाथ भी सामान्य हिलाते तो भीतर कुछ जगने लग जाता था। जो भीतर जगता था, वह बताया नहीं जा सकता, अनुभव ही किया जा सकता है। अपने भीतर ही सूर्योदय हो रहा है, धर्ममार्तंड भीतर ही जग रहा है, ऐसा अनुभव होता था। ऐसा होता था, इसीलिए उनके शरीर के सान्निध्य में आत्मा पुलकित होती थी। आत्मा को उनका सान्निध्य बड़ा भाता था। कभी आत्मा की इच्छा नहीं रहती थी कि उनसे दूर जाया जाए। मेरी आत्मा सदैव उनके सान्निध्य में ही रहना चाहती थी। और ऐसा क्यों चाहती थी, मेरा शरीर नहीं समझता था। पर मेरा शरीर न समझते हुए भी उनके सान्निध्य में रहता था। यह सब इसीलिए होता था, क्योंकि गुरुदेव के शरीर का तो कोई अस्तित्व ही नहीं रहा था। संपूर्ण शरीर विश्वचैतन्य का माध्यम बन गया था। इसीलिए शरीर की स्वयं की तो गतिविधि थी ही नहीं, सारी गतिविधियाँ चैतन्य के द्वारा ही संपन्न होती थीं। इसी कारण उनकी प्रत्येक गतिविधि अच्छी लगती थी। वे गालियाँ भी देते थे तो ऐसा लगता था मानो अमृतवर्षा हो रही हो। इसीलिए, वे किसी को गालियाँ भी दे रहे हों तो सुनते रहने की इच्छा होती थी, वहाँ से हटने का दिल नहीं करता था। उनके देह के ऊपर परमात्मा का आधिपत्य सदा रहता था। और यह तभी संभव है, जब वे उनके शरीर का अस्तित्व ही नहीं रखें। ऐसे परमात्मामय शरीर का सान्निध्य तो छोड़ो, शरीर का दर्शन भी किसी को मिल जाए तो उस दर्शनमात्र से भी आत्मा इतनी ऊर्जा पाती है कि वह मोक्ष का मार्ग पता लगा सके। एक दर्शन से भी घटना घटित हो जाती है। ऐसे परमात्मामय शरीर के दर्शन केवल पुण्यात्माएँ ही कर सकती हैं। उनके सामने

केवल पुण्यात्माएँ ही आ सकती हैं। इसीलिए गुरु को सदैव अनुभव करना चाहिए। तो अनुभव सदैव एक-सा ही रहेगा। अनुभव एक ही होगा, क्योंकि सदैव परमात्मा के चैतन्य का प्रवाह ही बहता रहता है। ऐसे गुरुदेव का सान्निध्य मुझे मेरे जीवन में प्राप्त हो गया था और उन्होंने इस गुरुतत्त्व के प्रवाह को, तुम्हें सौंपने के लिए, मेरे भीतर प्रवाहित किया था।"

"उस गुरुतत्त्व को मैंने बाकी जीवनकाल में संभालकर रखा और बाद में तुम्हारे भीतर प्रवाहित कर दिया। गुरुतत्त्व एक प्रवाह है। मैं उस गुरुतत्त्व के प्रवाह को नमस्कार कर रहा था। मैं गुरुतत्त्व के प्रवाह को 'गुरुदेव' कह रहा था। जब वह मेरे भीतर था, तब मैं दर्शन न कर सका। पर जब मेरे गुरुदेव के शरीर में था, तब दर्शन कर सका और फिर जब तुम्हारे शरीर में प्रवाहित किया, तब दर्शन कर सका। मुझे तुम्हारे शरीर में मेरे गुरुदेव के ही दर्शन हुए और मैंने उन्हें ही नमस्कार किया। वह नमस्कार यह बताता है कि शरीर का नाता समाप्त हो गया और अब ध्यान भी समाप्त हो गया।"

अब मैं समझ गया कि क्यों मुझे मेरे गुरुदेव के शरीर से मोह था। क्योंकि उनके भीतर से भी वही चैतन्य का प्रवाह अनुभव होता था। अब मैं समझा कि उनकी एक-एक गतिविधि क्यों मन को भाती थी, क्यों मैं भँवरे जैसा उनके आसपास मँडराते रहता था। क्योंकि उनके भीतर से परमात्मा की सुगंध आती थी। कभी वह चंदन की खुशबू लगती थी, तो कभी गुलाब की महक लगती थी। और कभी तो दोनों की मिश्रित खुशबू का एहसास होता था। कभी लगता था कि यह खुशबू इस धरती की है ही नहीं। यह कोई निर्मित सुगंध नहीं है, यह तो परमात्मा की सुगंध है जिस सुगंध को पाकर आत्मा प्रसन्न हो रही है। इस सुगंध का तो बस अनुभव करके ही जाना सकता है।

अब वह सुगंध गुरुदेव ने मेरे भीतर प्रवाहित कर दी और अब मैं अपने भीतर की सुगंध को कैसे ले सकता हूँ? अब तो वह सुगंध तभी ले सकूँगा, जब कोई आत्मा उस सुगंध को प्राप्त करेगी। फिर उन आत्माओं को मिलने की इच्छा जागी जो इस सुगंध को ग्रहण कर सकें। सही बात है—प्रसाद कितना भी हो, वह सदैव बाँटने के लिए होता है। और बाँटा तब जा सकता है, जब प्रसाद लेने के लिए

कोई हो। प्रसाद कितना भी हो, पर अगर लेने वाला ही कोई न हो, तो उसे बाँटेंगे किसे? और लेगा कौन? और कोई लेगा ही नहीं तो प्रसाद बँटेगा कैसे? यानी गुरुदेव ने मुझे ऐसे चक्कर में डाल दिया था, जहाँ सामूहिकता आवश्यक थी, प्रसाद बाँटने के लिए दिया था, पर यहाँ दूसरा कोई था ही नहीं। यानी इस प्रसाद को बाँटने के लिए मुझे कोई लेने वाले चाहिए। लेने वाले नहीं हैं यानी गुरु का कार्य इस वीरान टापू पर तो कभी संपन्न नहीं हो सकता है। यानी बाँटने का कर्म इस टापू पर, इस ब्रह्मपुत्र नदी के किनारे तो नहीं हो सकेगा। अब यहाँ से जाना ही होगा। पर जाएँगे कैसे? गुरुदेव ने कहा था—यहाँ से जाने का प्रयत्न मत करना। जब उचित समय आएगा तो स्वयं ही हो जाएगा।

मैं भी उठा और फिर जंगल में गया। एक नई लता खोजी ताकि मैं उसे कमर पर रस्सी जैसे बाँध सकूँ। और दो केले के पत्ते लिए और उन्हें मोड़कर लंगोट जैसे कसकर बाँध लिया। फिर मैं उस ओटलेनुमा पत्थर के पास जाकर बैठ गया। अभी भी गुरुदेव का सान्निध्य उस स्थान पर मैं अनुभव कर रहा था। शाम हो गई थी। गुरुदेव को नमस्कार किया और ढलान पर तीन पत्थरों के बीच बनी हुई छोटी-सी खड्डेनुमा जगह पर सोने का निर्णय लिया।

रातभर काफी ठंड थी और इसके कारण ठीक से नींद नहीं आई थी। सुबह फिर झरने पर चला गया। यह झरना काफी ऊपर से आ रहा था, इस कारण इसमें गति थी। और झरने का पानी भी काफी ठंडा था। और पानी एकदम स्वच्छ था। खूब आराम से नहाया। अब कोई काम बाकी नहीं था। न कहीं जाना था और न कोई राह देख रहा था। नहाने के बाद फिर एक लता को ढूँढ़ा। उसे रस्सी के समान कमर से बाँधकर, फिर दो केले के लंबे पत्तों के टुकड़े लिए और उन्हें लंगोट जैसा बाँध लिया। अब यही मेरा वस्त्र था। बाद में फिर गुरुदेव की चिता के पास जाकर ध्यान करने लग गया और ध्यान करते-करते ही गुरुदेव की ऊर्जाशक्ति का अनुभव हुआ। वे कह रहे थे, “हमारी भारतीय संस्कृति में, परंपरा से, शाश्वत शांति पर कार्य हुआ है और इसकी खोज में प्रत्येक संत-महात्मा ने अपना योगदान दिया है। और इसी आत्मशांति की खोज करते-करते

आत्मज्ञान की प्राप्ति हुई है। और आत्मज्ञान प्राप्त हो जाने के बाद मनुष्य को, क्या करना चाहिए और क्या नहीं करना चाहिए, इसका ज्ञान हुआ। और इसी आत्मज्ञान के आधार पर, उसने मनुष्य की जीवनपद्धति को कुछ नियमों व कर्मों के आधार पर तैयार किया। कौन से कर्म करने चाहिए और कौन-से कर्म नहीं करने चाहिए, इसका विकास हुआ। और जो कर्म उचित हैं, उन्हें किया जाना चाहिए, ऐसा अनुभव बताया गया और उन्हें पुण्यकर्म व अच्छे कर्म का नाम दिया गया। और जो कर्म अच्छे नहीं थे, उन्हें पापकर्म का नाम दिया गया। इस प्रकार से कर्मों का विभाजन हुआ। पुण्यकर्म और पापकर्म की दृष्टि से आत्मा के अलग-अलग वर्गीकरण हुए हैं। जो पुण्यकर्म करती है, वह पुण्यवान आत्मा के नाम से जानी जाती है। इस आत्मा के साथ अच्छे कर्मों का भंडार होता है। ठीक इसी प्रकार, बुरे कर्मों के भंडार वाली आत्मा, बुरी आत्मा या पापी आत्मा कहलाई। यानी किए गए कर्मों के कारण पुण्यवान आत्मा व पापी आत्मा कहलाई। और फिर कर्मों को प्रधानता दी गई।"

"कर्मों की प्रधानता से ही कुछ 'धर्मों' या उपासना पद्धतियों का निर्माण हुआ जिनमें परमात्मा के अस्तित्व को ही नकारा गया। अच्छा कर्म करोगे तो अच्छा फल मिलेगा और बुरा कर्म करोगे तो बुरा फल मिलेगा। फिर परमात्मा का कोई महत्व ही नहीं रह गया। सारा जीवनढाँचा कर्मों के आधार पर ही खड़ा किया गया। कर्मों को इतना महत्व दिया गया कि कर्म कराने वाली कोई शक्ति भी है, उस पर ध्यान ही नहीं दिया गया। कर्म ही सबकुछ हो गए। कोई ऊर्जाशक्ति है जो कार्य करने में सहायक होती है, इस बात को भुला दिया गया। और कई वर्षों तक जब कर्म-प्रधानता की बात की गई, तो फिर बाद में सारे नियम पुस्तक में सिमटकर रह गए। "ये पुण्यकर्म हैं, इन्हें करना ही चाहिए," ये नियम... "ये पापकर्म हैं, इन्हें नहीं करना चाहिए," ये नियम... मनुष्य तो नियमों में ही फँसकर रह गया। "अगर मोक्ष की प्राप्ति चाहते हो, तो इन नियमों का पालन करना ही होगा।" ...सारे मनुष्य समाज को विकसित करने के लिए इन नियमों का आधार बनाया गया। इस ताने-बाने के आधार पर ही कुछ शास्त्र भी तैयार हो गए, पर परमात्मा दूर हो गया। और फिर सारा सजीव ज्ञान जो अनुभूति पर आधारित था; जिस ज्ञान के

कारण, क्या करना चाहिए और क्या नहीं करना चाहिए, को समझा गया; वह सजीव ज्ञान छूट गया और फिर पुस्तकों में लिखा गया निर्जीव ज्ञान ही समाज में प्रसिद्धि पा गया। और इसका मुख्य कारण था—किताब को पढ़ना आसान था, किताब को पढ़कर सुनाया जा सकता था।"

"किताब पढ़ना, किताब पढ़कर सुनाना और किताब का पठन सुनना—सब शारीरिक क्रियाएँ थीं जो कोई भी मनुष्य आसानी से कर सकता था। और मनुष्य स्वभाव से आलसी है। जो आसानी से मिल जाए, वह जल्दी पकड़ता है। इसीलिए इन पुस्तकों को ही पकड़ लिया और फिर इसी आधार पर शास्त्र बनाए गए। और जो शास्त्र पढ़ने का कार्य करते थे, वे शास्त्री कहलाए। यह सब आसान था। इसी कारण बड़ी आसानी से प्रचार हो गया और शास्त्र के नियमों को ही पकड़ लिया। और जिन्होंने पकड़ा, उन शास्त्रियों और पंडितों की समाज में इज्जत होने लग गई, उन्हें सम्मान प्राप्त होने लग गया। वे अनुभूति के सजीव ज्ञान से तो दूर ही थे, पर समाज से प्राप्त हुए सम्मान के कारण अब अहंकार आना प्रारंभ हुआ। ज्ञान का अहंकार, शास्त्र का अहंकार निर्जीव ज्ञान का अहंकार ही था, क्योंकि ज्ञान कभी पुस्तक से प्राप्त ही नहीं हो सकता है। आत्मज्ञान तो एक अनुभूति है जो जीवंत गुरु के माध्यम से प्राप्त हो सकती है। अनुभूति का सजीव ज्ञान धीरे-धीरे समाज से दूर होता चला गया। वास्तव में, यह ज्ञान ही मनुष्य का सच्चा धर्म था। क्या करना चाहिए और क्या नहीं करना चाहिए, इस बात का ज्ञान अपने भीतर से ही होता था। यह अनुभूति की प्रक्रिया कठिन थी, क्योंकि इसमें अनुभूति को कराने वाले माध्यम सद्‌गुरु नहीं थे।"

"सद्‌गुरु समाज से दूर जाकर, जंगल में ध्यान-साधना करते थे और उस जंगल में ही उस ज्ञान को प्राप्त करते थे। पर वे बाद में समाज में जाते ही नहीं थे। इसलिए, अनुभूति पर आधारित सजीव ज्ञान का प्रसार नहीं हुआ। वह जंगल में छुपा रहा। इसलिए सबसे महत्वपूर्ण कारण यही था। ऐसे सद्‌गुरु समाज में आते तो उन्हें देख, उनके सान्निध्य में मनुष्य इस ओर भी प्रभावित होता। पर ऐसा हुआ नहीं। दूसरा कारण था—यह साधना का मार्ग था। यानी आत्मज्ञान

की अनुभूति पाने के लिए 12 सालों की तपस्या की आवश्यकता होती थी। कठिन मार्ग था। जो श्रेष्ठ होता है, वह कठिन होता है। जो कठिन होता है, दुर्लभ होता है। जिस प्रकार हम देखते हैं—कौए अधिक संख्या में, सहजता से पाए जाते हैं, पर मोर दुर्लभ होते हैं। वे आसानी से देखे भी नहीं जा सकते हैं। ऐसा ही कुछ वहाँ भी हुआ। महापुरुषों के जो अनुभव थे, उपदेश थे, वे अनुभूति पर आधारित थे। उस अनुभूति को अनदेखा करके अनुभव और उपदेशों को ही पकड़ लिया और उन्हीं के आधार पर विभिन्न धर्मों की स्थापना होने लग गई। और फिर सारा धर्म पुस्तकों में ही सिमटकर रह गया। यानी धर्म अनुभूतिविहीन हो गया। पुस्तकें तो निर्जीव होती हैं। वे सजीव ज्ञान की अनुभूति कभी नहीं करा सकती हैं। पुस्तकें केवल भूतकाल में हुई घटनाओं की जानकारी दे सकती हैं। इसलिए निर्जीव पुस्तकों से हम केवल जानकारी ही प्राप्त कर सकते हैं, आत्मज्ञान की अनुभूति नहीं। यह ठीक ऐसे ही है कि पुस्तक के द्वारा गाय का चित्र देख सकते हैं और गाय के बारे में सारी जानकारी प्राप्त कर सकते हैं—गाय कौन-से रंग की होती है, गाय के चार पैर होते हैं, गाय के दो सींग होते हैं, गाय की एक पूँछ होती है, गाय दूध देती है, दूध का स्वाद मीठा-मीठा लगता है। यह सब जानकारी हमें पुस्तक से प्राप्त हो सकती है, पर गाय का दूध पीने नहीं मिल सकता है। और अगर गाय के दूध का स्वाद लेना हो तो हमें जीवंत गाय के पास ही जाना होगा। पुस्तक की गाय दूध नहीं दे सकती है। ठीक इसी प्रकार से, पुस्तकों से कभी आत्मज्ञान की अनुभूति प्राप्त नहीं हो सकती है। पर अनुभूति किन सद्गुरु से हो सकती है, उन सद्गुरु का वर्णन इन पुस्तकों में होता है। पुस्तक के ज्ञान से सद्गुरु पहचाने जा सकते हैं। ये पुस्तकें पढ़कर सद्गुरु से मिलने की इच्छा हो सकती है। यानी सद्गुरु के बारे में जानकारी मिल सकती है। और वास्तव में यही है। निर्जीव पुस्तकें केवल जानकारी ही दे सकती हैं। जानकारी भूतकाल की होती है और अनुभूति वर्तमान काल की। दोनों में जमीन-आसमान का अंतर होता है। एक सत्य है, तो एक सत्य की छायामात्र है। छाया से सत्य का अनुमान व आकार मालूम हो सकता है, पर सत्य नहीं प्राप्त हो सकता है। और फिर मानव-समाज ने इन पुस्तकों और शास्त्रों को ही पकड़ लिया, क्योंकि आसान था। जिन

महानुभावों ने इन शास्त्रों का निर्माण किया, उन्हें भुला दिया गया। और फिर इसी कारण इन पुस्तकों के ज्ञान का उपयोग मनुष्य ने अपनी आवश्यकता के अनुसार, अपने निजी स्वार्थ के लिए किया। और फिर इन पुस्तकों का उपयोग आधिपत्य स्थापित करने के लिए होने लग गया। पुस्तकें तो निर्जीव हैं। उनका सदुपयोग व दुरुपयोग, दोनों ही मनुष्य की इच्छा के अनुसार हो सकते हैं। जिस प्रकार से एक चाकू का उपयोग अच्छे कार्य व बुरे कार्य दोनों के लिए हो सकता है, क्योंकि चाकू निर्जीव है, ठीक वैसे ही, पुस्तकें भी निर्जीव हैं, पुस्तकों के ज्ञान का उपयोग भी अच्छा या बुरा हो सकता है।"

"एक ओर, अनुभूति पर आधारित आत्मज्ञान मानवजाति से दूर हो गया तो आत्मशांति भी चली गई और फिर मनुष्य आत्मशांति की खोज करने लग गया। और फिर आधार खोजने लग गया—किस आधार से आत्मशांति प्राप्त हो सके? आत्मशांति के माध्यम सद्‌गुरु तो उसकी पहुँच के बाहर थे, फिर पुस्तकों का निर्जीव आधार पकड़ने लग गया, आत्मशांति वहीं खोजने लग गया। और इसी गलत दिशा के कारण अनुभूति के सजीव ज्ञान से दूर होता चला गया। एक गलत दिशा ही पकड़ ली। इस प्रकार, एक दोहरी खाई मानव-समाज और सजीव ज्ञान के बीच निर्मित हो गई है जो आज तक भरी नहीं गई है। जिस सजीव आत्मज्ञान की अनुभूति से महात्माओं ने उपदेश दिए, वही आत्मज्ञान आज कल्पनामात्र रह गया है। इतने वर्षों में, उस आत्मज्ञान और समाज में एक बड़े अंतर का निर्माण हो गया है। और इसी कारण अध्यात्म समाप्त हो रहा है। उस अध्यात्म को जगाने के लिए इस खाई को पाटना ही होगा। यह कार्य थोड़े समय में नहीं हो सकता है। काफी समय इसमें लगने वाला है। लेकिन इस ओर प्रयत्न तो किया जा सकता है। इस मार्ग में किया गया प्रयत्न, हो सकता है, बड़ी आध्यात्मिक क्रांति न लाए, पर आध्यात्मिक क्रांति की नींव का पत्थर तो हो ही सकता है। किसी को तो नींव का पत्थर बनना ही पड़ेगा। मैं चाहता हूँ—यह कार्य तुम करो। मैं चाहकर भी यह नहीं कर सका। मेरे पास जीवन ही नहीं था। प्रत्येक गुरु चाहते हैं, जो कार्य उनके द्वारा अधूरा छूटा है, उसे शिष्य पूर्ण करे और यही सच्चे अर्थ में गुरुदक्षिणा होती है। मेरी इच्छा है—तुम समाज में जाओ और सजीव ज्ञान का प्रसार करो। हो सकता है, तुम्हारी

बातें लोगों को नई लगें, विचित्र लगें, पर यह सजीव ज्ञान भी कुछ है इसकी अनुभूति तो वे करके देख ही सकते हैं। शुरुआत किसी ना किसी को तो करनी ही होगी।"

"यहाँ जंगल में रहकर समाज-परिवर्तन की कल्पना करना आसान है, पर समाज में परिवर्तन करने के लिए, समाज में जाना ही होगा। कोयले की खदान के पास गए बिना कोयला निकाला नहीं जा सकता है। अगर समाज का अज्ञान दूर करना है, तो समाज के पास जाना ही होगा। और प्रत्येक कार्य संपन्न होने के लिए नियति ने एक समय निश्चित किया है। उस समय तक, वह समय बीते बिना, वह कार्य संपन्न नहीं हो सकता है। अब आठ सौ सालों की साधना के बाद, अब आठ सौ सालों तक कर्मक्षेत्र में उतरने का समय आ गया है। अब वह समय आ गया है कि यह महान कार्य प्रारंभ किया जा सकता है।"

"अभी सारी धर्म-व्यवस्था पुस्तकों पर आधारित है। पापकर्म और पुण्यकर्म, इनके बारे में सारा ज्ञान भी पुस्तकों पर ही आधारित है। पुस्तकें शास्त्र बन गई हैं और शास्त्र के आधार पर ही धर्म आधारित हैं। शास्त्र के आधार पर ही निर्धारित होता है—पुण्यकर्म कौन-से हैं और पापकर्म कौन-से हैं। परंतु पुस्तक निर्जीव है और इसलिए, तो वह वर्णन कर सकती है कि पुण्यकर्म क्या हैं और पापकर्म क्या हैं; पर पुण्यकर्म घटित हों, ऐसी प्रेरणा दे सकती है, पर ऊर्जा नहीं दे सकती है। और न ही, पापकर्म न हो, ऐसी कोई व्यवस्था कर सकती है। यानी पाप और पुण्य की केवल जानकारीभर मिलना एक अधूरा ज्ञान है।"

"संपूर्ण-समग्र ज्ञान वह ज्ञान है जिसमें आपके हाथों से केवल पुण्यकर्म घटित हों। पर ऐसी समग्र ज्ञान की व्यवस्था समाज में नहीं है। और वह व्यवस्था है—आत्मज्ञान। एक बार मनुष्य के भीतर आत्मज्ञान का दीपक जल जाए, तब सब ज्ञान भीतर से ही मिलना प्रारंभ हो जाता है। पर आत्मानुभूति प्राप्त किए बिना आत्मज्ञान प्राप्त नहीं हो सकता है और आत्मज्ञान के बाद आत्मधर्म जागृत होता है जो मनुष्य का स्वयं का, अपना धर्म है। इस आत्मधर्म से हमारा आशय उस ज्ञान से है कि मनुष्य को क्या कर्म करना चाहिए, क्या नहीं

करना चाहिए। यह आत्मधर्म जागृत होने के बाद मनुष्य को आत्मानंद प्राप्त होगा और आत्मानंद प्राप्त होने के बाद आत्मसमाधान मिलता है और आत्मसमाधान मिलने के बाद मनुष्य को आत्मशांति प्राप्त हो जाती है। यह वह शांति है जिसको पाने के लिए मनुष्य ने जन्म लिया है और जिसे पाने के बाद पाने के लिए कोई इच्छा ही बाकी नहीं रह जाती है। आत्मशांति प्राप्त होने के बाद आत्ममोक्ष की स्थिति मनुष्य को स्वयं ही प्राप्त हो जाती है। यह वह स्थिति है जिस स्थिति के प्राप्त होने पर मनुष्य का अपना अस्तित्व ही समाप्त हो जाता है। इस स्थिति को पाने के बाद आत्मा परमात्मामय हो जाती है। एक मानव महामानव हो जाता है। और आत्मा के परमात्मामय हो जाने के बाद मनुष्य परमात्मा की अपार शक्तियों का केवल माध्यममात्र रह जाता है। माध्यम से हमारा आशय उस मनुष्य से है जो मनुष्य देहधारी होते हुए भी देह के अस्तित्व से विहीन है। वह केवल माध्यममात्र है और देह का अस्तित्व खोने के कारण परमात्मा उसके माध्यम से प्रकट हो रहा है। उसके सान्निध्य में चैतन्यरूपी परमात्मा की अनुभूति हो रही है। और परमात्मा की अनुभूति की विशेषता है—अनुभूति सदैव आत्मा को होती है, इसलिए केवल अनुभव की जा सकती है, देह से देखी नहीं जा सकती है। परमात्मा की अनुभूति को केवल आत्मा ही अनुभव कर सकती है।"

"इस प्रकार के माध्यम का निर्माण हो जो अपने देह का अस्तित्व भी खोये, पर देह के व्यवहार कर सके, यह एक कठिन समस्या थी। इसलिए जो माध्यम की स्थिति को प्राप्त हुए, वे तो आँखों की पलकें भी नहीं झपका सकते हैं। तब वे चलकर समाज में जाएँ, समाज में रहें, समाज को समझाएँ, समाज को बताएँ, ऐसा संभव ही न हो सका। क्योंकि माध्यम की स्थिति पाने के पूर्व ही वे समाज का त्याग कर जंगल में आ गए थे। और फिर वह स्थिति प्राप्त कर समाज में जाएँ, यह हो नहीं सकता था। वे समाज से कटकर ही रह जाते थे। यानी जो अनुभूति को पा सकते हैं, वे कहने की स्थिति में नहीं रह जाते हैं। और जो समाज में रहकर कह रहे हैं, वे, अनुभूति को लिए बिना ही, केवल पुस्तकों के आधार पर कह रहे हैं। पुस्तकों का आधार निर्जीव आधार है। उसके आधार पर कहा जा सकता है, पर

अनुभव नहीं कराया जा सकता है क्योंकि पुस्तकें अनुभव नहीं करा सकती हैं। वे निर्जीव हैं।"

"गुरुशक्तियों के सामने पिछले आठ सौ सालों से यही समस्या थी कि चैतन्यरूपी पानी समाज तक पहुँचे। क्योंकि जिस माध्यम में डाला जाता था, वह (चैतन्य) पात्र से ही छलकने लग जाता था। यानी पात्र को चैतन्य से भरकर भी स्थानांतरित नहीं किया जा पा रहा था। इसलिए अब पात्र को ही समाज में रखकर फिर अलग से चैतन्य को उसमें डाला गया है। यानी एक ऐसे माध्यम का चुनाव किया गया जिसका पात्र बड़ा है और उसमें सामूहिकता में चैतन्य भरा गया है। इसलिए तुम केवल बड़ा पात्र हो, परमात्मा के चैतन्य नहीं हो, यह सदैव याद रखो। इस प्रकार, समाज के लिए तुम ही चैतन्य हो क्योंकि तुम्हारे माध्यम के कारण ही समाज तक चैतन्य पहुँचा है, पर तुम्हारे लिए परमात्मा ही सबकुछ है जिसने चैतन्य भरा है। यानी पात्र एक का, चैतन्य अनेक का, ऐसे माध्यम तुम हो। यहाँ पर रहकर चैतन्य ग्रहण करने में समय मत व्यतीत करो। क्योंकि यहाँ पर रहकर चैतन्य ग्रहण करोगे तो जाने के काबिल ही नहीं रह जाओगे। और फिर मेरी जैसी स्थिति तुम्हारी भी हो जाएगी। तुम समाज में जाओ और भक्त और भगवान्, इन दोनों के बीच सेतु का कार्य करो। सेतु के बिना न तो भगवान भक्त तक पहुँच सकता है और न भक्त भगवान तक। ये दोनों एक-दूसरे को देख सकते हैं, पर स्पर्श नहीं कर सकते हैं। इसलिए तुम यहाँ पर बैठकर परमात्मामय मत बनो, क्योंकि ऐसा होने पर जाने वाला ही बाकी नहीं रहेगा। तो जाएगा कौन?"

"परमात्मामय मत बनो, परमात्मा का सेतु बनो ताकि तुम्हारे माध्यम से परमात्मा अपने भक्तों तक पहुँच सके। मिष्टान्न का भोजन करना आसान होता है, पर स्वयं भूखे रहकर मिष्टान्न का भोजन खिलाना बड़ा कठिन कार्य है। पर यह कठिन कार्य करने के लिए ही तुम्हारा जन्म हुआ है और यह कार्य करना ही तुम्हारा उद्देश्य है। अपने जन्म का उद्देश्य पहचानो और अपने जन्म के उद्देश्य के अनुसार कार्य करो। समाज में अनुभूति को पहुँचाओ। इस अनुभूति से समाज का आत्मधर्म जागृत होगा और आत्मज्ञान प्राप्त होगा।"

"हो सकता है, यह कार्य कठिन मालूम हो, नया मालूम हो, पर शुरुआत तो करनी ही होगी। तुम्हें बड़ी कठिनाइयों का सामना करना होगा। जो मंदबुद्धि हो गए हैं, उन्हें भी समझाना होगा। मनुष्य की समझ को जागृत करना होगा। लोगों को जगाना होगा। और जो भी मनुष्य किसी को जगाता है, वह समाज में प्रिय नहीं होता, क्योंकि वह जगा रहा है। इसलिए लोग तुम्हें पसंद भी नहीं करेंगे। हो सकता है, तुम्हें परिणाम देर से प्राप्त हों, पर परिणाम मिलेंगे अवश्य! अरे बाबा, किसान खेत में बीज तो एक जैसे ही बोता है, पर जो बीज गहराई में चले जाते हैं, दबे हुए रहते हैं, उन्हें उगने में समय लगता है, पर उगेंगे अवश्य। ठीक वैसा ही है। अनुभूति सबको प्राप्त होगी। सामने वाला अज्ञान में कितना दबा हुआ है, उस पर ही सब निर्भर है। पर यह तेरा कार्यक्षेत्र नहीं है—कौन-सा बीज कितना गहरा दबा है। तेरा कार्यक्षेत्र है—बीज बोना। तू केवल तेरा कार्य कर, बाकी सब बातों पर ध्यान मत दे। यह चैतन्यरूपी पानी समाज तक ले जाने के लिए एक बड़े पात्र की आवश्यकता थी। वह पात्र तू है। तेरे भीतर दूसरों को देने की अपार शक्ति है। उस पात्रता को वृद्धिगत करने में ही तूने आठ सौ साल बिताए हैं। इसलिए, सामने वाला ठीक से ग्रहण नहीं कर रहा है, ऐसा सोचकर तू अपनी देने की क्षमता मत कम कर। तू दे, देना तेरा कार्य है; लेना उसका कार्य है। उसे लेना हो तो लेगा, नहीं लेना हो तो नहीं लेगा। यह तेरा कार्यक्षेत्र नहीं है। तू अपना कार्य कर। पात्र का कार्य है, चैतन्य को संभालना और देना। बस अपने कार्य तक ही रह। इसीलिए मैं कहता हूँ कि तेरा हंडा बहुत बड़ा है।"

मुझे अचानक ही मेरे पहले वाले गुरुओं की याद आई। सब गुरु शरीर से, आकार से, रंग से अलग-अलग से लगते हैं, पर वह बाहर का चोला है। भीतर से सारा गुरुतत्त्व एक ही है। इसलिए इन गुरुओं को देखना नहीं चाहिए, क्योंकि देखकर हम भ्रमित हो सकते हैं। इनमें अलग क्या है, वह ही देखने लग जाएँगे और फिर, सब में समान क्या है, वह देख नहीं पाएँगे। सब में जो समान है, वह है—परमात्मा। वह सब गुरुओं में समान प्रवाहित होते रहता है। हमारा ध्यान सदैव उस प्रवाह पर ही होना चाहिए। उस प्रवाह पर ध्यान आत्मा से ही रखा जा सकता है। शरीर से तो केवल शरीर

पर ही ध्यान रखा जा सकता है। इसलिए कहते हैं कि गुरु शरीर नहीं है। यानी आप उसे न शरीर समझो और न देखो। सब बाहर से अलग-अलग दिखते हुए भी भीतर से सब एक ही हैं। इसलिए सब एक ही बात करते हैं। दूसरा, ऐसा प्रतीत हो रहा है—ये सारे गुरु मुझे किसी निश्चित दिशा में लेकर जा रहे हैं। वह दिशा क्या है, यह इन सबको मालूम है, बस मुझे ही मालूम नहीं है। प्रत्येक गुरु मेरे जीवन में आते हैं, मेरा हाथ थामते हैं, मुझे गोद में लेते हैं और एक निश्चित दिशा में लेकर चलते हैं। और एक निश्चित स्थान तक ही साथ चलते हैं। फिर किसी और को सौंप देते हैं। यानी मैं एक ऐसी नाव हूँ जो एक निश्चित दिशा में आगे बढ़ रही है, एक निश्चित समय में बढ़ रही है, एक निश्चित गति से बढ़ रही है, एक निश्चित दिशा में बढ़ रही है। उसे चलाने वाले समय-समय पर बदल रहे हैं, ऐसा प्रतीत होता है, पर वास्तव में, सब चलाने वाले एक ही हैं।

वह दिशा मुझे मालूम नहीं है। फिर मैंने भी हारकर अपनी नौका उस दिशा में छोड़ दी है। और यही सोचकर छोड़ी है कि नदी कितनी भी बड़ी हो, अंत में समुद्र तक ही पहुँचेगी। ठीक इसी प्रकार, किसी भी दिशा में जाऊँ, जाना मेरा कार्य है, पर लक्ष्य तो परमात्मा ही है; किसी भी रास्ते से पहुँचूँ, क्या फर्क पड़ता है? अब सबकुछ उसके ही हवाले कर दिया है। अब जीवन में जो होता जाएगा, वह होने देंगे और क्या हो रहा है, वह दूर रहकर देखेंगे। किसी स्थिति में, कहीं भी नहीं चिपकेंगे, न ही कहीं अटकेंगे, बस बहेंगे। और बहेंगे उस प्रवाह में जो प्रवाह समुद्र तक जाता है।

मैं बैठा ही रहा और कब अँधेरा हो गया, इसका पता भी नहीं चला। अब काफी अँधेरा हो चुका था। सारे पक्षी भी अपने घर जा चुके थे। मैंने फिर उन्हीं तीन पत्थरों के बीच लेटकर रात बिताई। रात के समय भी काफी हवा चल रही थी। पर चाँदनी रात में वहाँ पर बड़ा अच्छा लग रहा था। बड़ी शांति थी उस स्थान पर। कभी-कभी किसी जानवर की आवाज से शांति भंग होती थी। मुझे ठंड के मारे नींद भी नहीं आ रही थी। जिन पत्थरों पर सोया हुआ था, वे भी बड़े ठंडे हो गए थे। मैं अपने भीतर कुछ बदलाव-सा महसूस कर रहा था। वह बदलाव क्या था, वह बताया नहीं जा सकता। कुछ

भीतर-ही-भीतर घटित हो रहा था। सुबह-सुबह, भोर के समय, मैं फिर ध्यान करने लग गया और आज फिर मेरे गुरुदेव की चेतना के साथ मेरा संपर्क हुआ। गुरुदेव अपना अनुभव बताने लगे। वे बोले, "जब मनुष्य देह धारण करता है, तो अपने-आपको एक छोटे-से शरीर में सीमित कर लेता है। उस छोटे-से शरीर की छोटी-सी ही सीमा होती है और उस सीमा के भीतर ही रहकर जानना पड़ता है। शरीर के स्पर्श से, दृष्टि से, कान से आवाज सुनकर जान सकता है। यानी प्रत्येक बात को जानने के लिए भौतिक रूप में प्रमाण चाहिए। और वह प्रत्येक बात का प्रमाण माँगता है। और बिना प्रमाण के जान नहीं सकता है। यानी शरीर का जानने का माध्यम प्रमाण होता है। अगर प्रमाण हो तो ही वह जानेगा, मानेगा। और देह की सीमा के बाहर आत्मा की विशाल सीमा है। और इसमें अनुभूति होती है। प्रमाण नहीं होता क्योंकि प्रत्येक बात की अनुभूति होती है। अनुभूति न तो देखी जा सकती है और न दिखाई जा सकती है, अनुभूति केवल अनुभव की जा सकती है। और आत्मा की वह अनुभूति जब शरीर में रहते हुए होती है, तब वह केवल सूक्ष्म लहरियों, सूक्ष्म स्पंदनों के रूप में अनुभव होती है। पर वह इतनी सूक्ष्म होती है कि उसे देखा नहीं जा सकता है। उन चैतन्य लहरियों को शरीर केवल अनुभव करता है। दूसरा, आत्मा का शरीर पर नियंत्रण होने लगता है। और इसी कारण, शरीर चाहे, न चाहे, शरीर आकर्षित हो, न हो, आत्मा परमात्मा की ओर आकर्षित हो जाती है।"

"मैंने शरीर में रहते हुए जो कुछ तुम्हें दिया, वह गुरुआज्ञा समझकर दिया था। ज्यादा तुम्हें जाना नहीं था, ज्यादा तुम्हें पहचाना नहीं था। और ज्यादा जानने की आवश्यकता भी नहीं थी। गुरु की इच्छा थी, इसलिए उन्होंने ज्ञान देने के लिए कहा। ज्ञान दे दिया, पर गुरुदेव ने तुम्हें ही क्यों दिलवाया, यह अब शरीर छोड़ने के बाद पता चला। तुम्हें जानने का, समझने का अवसर प्राप्त हुआ। पहला, तुम्हें जो ज्ञान मिला, वह ज्ञान पाना ही तुम्हारे जीवन का उद्देश्य था। क्योंकि पिछले आठ सौ सालों से तुम्हारी आत्मा केवल इसी एक उद्देश्य से जन्म ले रही थी। और इन आठ सौ सालों में आत्मा जिन अन्य आत्माओं के सान्निध्य में आई, उन्हें आश्वासन देकर आई थी कि जब आत्मज्ञान मुझे प्राप्त होगा तो प्राप्ति का वह मार्ग मैं तुम्हें

भी बताऊँगी। अब इस जन्म में वे सब आत्माएँ तुम्हारे साथ जुड़ने वाली हैं। तुम्हारा यह शरीर अनेक, लाखों आत्माओं की इच्छापूर्ति का माध्यम बनने वाला है। तुम लाखों लोगों के माध्यम हो, इसलिए तुम्हारा हंडा बड़ा है। लाखों आत्माएँ उससे आत्मज्ञानरूपी अमृत का पान करने वाली हैं। और तुम्हारे पिछले सारे जन्म भी स्पष्ट-स्पष्ट दिख रहे हैं। इतने जन्मों में, इतने सालों तक, एक ही इच्छा रखना और केवल एक ही इच्छा से जन्म लेना, बड़ा कठिन कार्य है। प्रत्येक जन्म के कर्मों से दिशा बदलती रहती है, पर इतने जन्मों में भी तुम्हारी एक ही दिशा रही है। और इसी कारण, तुम्हें आत्मज्ञान प्राप्त हुआ है और इसी कारण, यह तुम्हारा अंतिम जन्म है। क्योंकि अब तुम्हारी आत्मा का उद्देश्य ही समाप्त हो गया है। तुम्हारा जीवन ही लाखों आत्माओं के युग की समाप्ति है। तुम्हारे जीवन के साथ ही एक आध्यात्मिक संतुलन बना हुआ है। वह आधार तुम्हारे जीवन के साथ ही समाप्त हो जाएगा, क्योंकि पवित्र आत्माओं की सामूहिक शक्ति ही समाप्त हो जाएगी। आगे का मार्ग कठिन रहेगा।"

"तुम्हारे पीछे लाखों आत्माओं की इच्छाशक्ति है। लाखों आत्माओं की सामूहिकता स्पष्ट-स्पष्ट दिख रही है। तुम्हारे जीवन के बाद भी आठ सौ सालों तक इसका प्रभाव बना रहेगा। यानी सोलह सौ सालों के बीच का बिन्दु तुम्हारा जीवन है। जिस प्रकार, चंदन संपूर्ण घिस जाए तो भी चंदन की खुशबू बाद में भी काफी समय तक अनुभव होती है; ठीक उसी प्रकार, तुम्हारे जीवन के बाद भी तुम्हारी खुशबू आठ सौ सालों तक अनुभव होगी। तुम्हारे द्वारा किए गए कार्यों का प्रकाश अगली पीढ़ियों का मार्गदर्शन करेगा। तुम्हारे पास चित्त की सामूहिक शक्ति है। तुम जो इच्छा करो, वह कर सकते हो। तुम जो प्रार्थना करो, वह फलीभूत हो सकती है। तुम परमात्मा के पवित्र माध्यम हो। तुम्हारे माध्यम से परमात्मा प्रकट होगा, अनुभव होगा। पर परमात्मा के माध्यम तक पहुँचने के लिए भी आत्मा की स्थिति चाहिए। एक स्थिति तक पहुँचे बिना आत्मा भी तुम तक नहीं पहुँच सकती है। वे आत्माएँ कितनी पुण्यवान होंगी जिन्हें तुम्हारे साथ कार्य करने का अवसर मिलेगा, तुम्हारे सान्निध्य में रहने का अवसर मिलेगा, तुम्हें जानने और समझने का अवसर मिलेगा! और वे कितनी भाग्यशाली आत्माएँ होंगी जो अपने शरीर में रहते हुए तुम्हें मान

पाएँगी! क्योंकि मानना आत्मा का भाव है। आत्मीय स्तर पर मानना बहुत बड़ी घटना है। क्योंकि शरीर में रहते हुए शरीर के दोष बीच में आ ही जाते हैं। शरीरधारी आत्मा का चित्त सदैव शरीर पर ही होता है, परमात्मा पर नहीं।"

"वे पुण्यवान आत्माएँ होंगी जो शरीर के भीतर रहते हुए भी, शरीर के भाव से ऊपर उठकर आत्मा के स्तर पर जाएँगी और तुम्हारे भीतर के परमात्मा को जानेंगी और मानेंगी। जानने के साथ मानना जुड़ा ही हुआ है। पर जानना शरीर के स्तर पर नहीं, अनुभूति के स्तर पर हो। क्योंकि अनुभूति के स्तर पर जानने के बाद आत्मा मान ही लेती है। क्योंकि मानना आत्मा का शुद्धतम भाव है। जानने का फल ही मानना है। पर यह, मानना, शरीरधारी आत्मा के लिए बड़ा कठिन होगा। आत्मा शरीर छोड़ने के बाद तो सब जान ही लेगी, पर शरीर में रहते हुए यह कठिन है। इसीलिए, तुम जब तक शरीर में रहोगे, तब तक तुम्हें बहुत कम लोग संपूर्ण जान पाएँगे। तुम्हारा कार्य देह को त्यागने के बाद ही प्रारंभ होगा, क्योंकि शरीर का आवरण समाप्त हो जाएगा, सब स्पष्ट-स्पष्ट दिखाई देगा, सब स्पष्ट-स्पष्ट अनुभव होगा। इसलिए, अपने जीवनकाल में सभी आत्माएँ जान लें, सभी आत्माएँ आत्मज्ञान ग्रहण कर लें, यह अपेक्षा मत रखना। तुम्हारा कार्यक्षेत्र तो तुम्हारे देह को त्याग देने के साथ प्रारंभ होगा, क्योंकि तब तुम्हारा शरीर, जो सबसे बड़ी रुकावट है, वह नहीं रहेगा। पर तुम तो वह फूल हो जो मुरझाने के बाद ही खुशबू देना प्रारंभ करेगा। उसका एक और कारण भी है—देहत्याग के बाद जो भीतरी शक्तियाँ, सामूहिक रूप में, शरीर की सीमा में बाँधकर रखी थीं, वे शरीर की मृत्यु के बाद मुक्त हो जाएँगी। मेरे देहत्याग करने के साथ मेरा कार्य भी समाप्त हो गया। पर तुम्हारी बात अलग है। तुम्हारा कार्य देह को त्यागने के बाद ही प्रारंभ होगा, क्योंकि तुम्हारा कार्य शरीर के माध्यम से नहीं, आत्मा के माध्यम से संपन्न होने वाला है।"

"तुम्हारा शरीर भ्रमजाल है। उससे कोई जितना दूर होगा, उतना अच्छा है। और इस भ्रमजाल के कारण ही जीवन में कार्य होगा। अन्यथा, लोगों की भीड़ शरीर को कार्य ही नहीं करने देगी।

और कार्य करने के लिए शरीर मुक्त होना चाहिए। इसलिए अपने शरीर को धन्यवाद दे कि उसका भ्रमजाल, उसका मायाजाल तुझे मुक्त रख रहा है और इसी कारण शरीर से कार्य हो रहा है। इस भ्रमजाल के दूर होने के बाद तो सूर्योदय हो जाएगा और फिर सब स्पष्ट हो जाएगा। इसलिए जब तक तुम शरीर धारण किए हो, तुम्हारे शरीर के भ्रमजाल का आवरण और एक आत्मा शरीर धारण किए है, उसका अपना निजी आवरण; इन दोहरे आवरणों के कारण तुम्हें पहचानना कठिन है। तुम्हें मानना तब ही हो पाएगा, जब इन दो आवरणों में से एक आवरण टूट जाए। यानी जब मनुष्य देहत्याग करेगा, तब वह तुम्हें जान पाएगा या तो तुम देहत्याग करोगे, तब वह जान पाएगा। दोनों के देहधारी होने पर तो यह प्रक्रिया कठिन ही प्रतीत होती है। इसीलिए कह रहा हूँ, तुम्हारा कार्य तो तुम्हारे देह को त्यागने के बाद प्रारंभ होगा। अब मेरे भी शरीर का भाव संपूर्ण समाप्त हो गया है। इसीलिए आज ही मैं तुम्हें पूर्णतः जान पाया हूँ। तुम्हारे हाथ से दाह-संस्कार पाकर मैं तो धन्य हो गया। अब मेरी इच्छा है कि मेरी अस्थियों को उस ब्रह्मपुत्र नदी में विसर्जित कर दो। इस ब्रह्मपुत्र नदी से मेरा बड़ा लगाव हो गया था। इतने सालों तक मैं इसके सान्निध्य में रहा था। मैं शक्ति के रूप में सदैव तुम्हारे साथ रहूँगा ही। तुमने मेरे कार्य को पकड़ लिया है, तो मेरी शक्तियाँ तो कार्य के पीछे ही हैं। तुम्हारे कार्य में मैं तुम्हारे साथ ही हूँ।"

अब सूर्योदय होने वाला था। सूर्योदय के पूर्व की लालिमा संपूर्ण आकाश में छा रही थी। और गुरुदेव की आत्मा भी मोक्ष की ओर प्रस्थान कर रही थी। मानो, आत्मा भी सूर्य-दर्शन के लिए रुकी हो। फिर मैंने झरने पर जाकर स्नान किया। फिर केले के पत्तेरूपी वस्त्र बदले और चार केले के पत्ते तोड़कर लाया। और फिर गुरुदेव की चिता के पास पहुँचा तो देखा कि केवल हड्डियाँ ही रह गई थीं, चिता की सारी राख तेज हवा से सारे शिखर पर उड़ गई थी। फिर मैं समझ गया कि गुरुदेव ने केवल उनकी अस्थियों को ही ब्रह्मपुत्र नदी में डालने के लिए क्यों कहा। क्योंकि केवल वे ही रह गई थीं। उन केलों के पत्तों में उन अस्थियों को एकत्र किया और फिर एक बड़ी गठरी बना ली। और वह लेकर, मैं नमस्कार करके, अपनी कुटीर की ओर चल दिया। अब गुरुदेव अस्थियों के रूप में

मेरे साथ थे। उतरते समय बड़ी जल्दी उतर गया। शाम के समय मैं एक झरने के पास पहुँचा। और वहाँ पर ही मैंने रात बिताने का निर्णय लिया और रात के समय वहीं पर ठहर गया।

सुबह उठकर फिर ब्रह्मपुत्र नदी की ओर चल दिया। मैं नदी तक पहुँचा तो सूर्योदय हो गया था। मैंने स्नान किया, ध्यान किया और फिर आसपास के जंगल से लाए हुए फूलों को गुरुदेव की अस्थियों को अर्पित किया। और बाद में नदी के पात्र (पाट) में जाकर गुरुदेव की अस्थियों को बड़े भाव से विसर्जित किया। और विसर्जित करके अपनी कुटीर की ओर चल दिया। अब पता नहीं क्यों, मुझे एहसास हुआ कि मैं अकेला रह गया।

इतने समय तक गुरुदेव की अस्थियाँ साथ में थीं, तभी भी एक सहारा था। अब वह भी नहीं रह गया था। मैंने गुरुदेव को नमस्कार किया तो लगा—सफेद रंग का आकार लिए, एक बादल के समान, गुरुदेव की आत्मा मोक्ष की ओर जा रही थी। धीरे-धीरे उसका अस्तित्व भी समाप्त हो गया। कुटीर में अब बहुत ही सन्नाटा छाया हुआ था। इतने घने जंगल में, इस वीरान टापू पर एकमात्र गुरुदेव का सान्निध्य था। अब वह भी नहीं रहा था। अब उनकी बड़ी याद आ रही थी। भले ही वे मौन ही रहते हों, दिखाई भी न देते हों, अपनी कुटीर में ही रहते हों, पर उनका एहसास सभी स्थानों पर रहता ही था कि कोई साथ है। अब सब स्थानों पर, तुम अकेले हो, यही एहसास हो रहा था। अब रात में भी नींद नहीं आती थी और दिन में भी चैन नहीं था। बड़ी विचित्र स्थिति हो गई थी। बाहर सूनापन-सा छा गया था। क्या किया जाए, वही समझ में नहीं आ रहा था। जैसे-तैसे रात गुजारी और फिर सुबह ध्यान करने बैठ गया। बाहर का सूनापन, भीतर ही रहने के लिए वातावरण बनाने में सहायक हुआ। अब ध्यान करने में ही आनंद आने लग गया। ध्यान का यह फायदा था कि आसपास के वातावरण में जो उदासी छाई थी, वह भीतर जाने पर अनुभव नहीं होती थी। इसलिए भीतर ही ज्यादा अच्छा लगने लग गया। ध्यान में शरीर में होने वाली गतिविधियाँ महसूस होती थीं। साँस पर आया हुआ नियंत्रण मालूम होता था। और लगा कि आत्मज्ञान से, क्या करना चाहिए और क्या नहीं करना चाहिए,

इसका केवल ज्ञान ही नहीं होता था, बल्कि उसी प्रकार की ऊर्जा भी निर्मित होनी शुरू हो जाती थी।

ध्यान करने से दो प्रकार की घटनाएँ घटती हैं। प्रथम तो, खराब विचारों से शरीर के आसपास जो खराब ऊर्जा निर्मित होती है, वह इकट्‌ठा होनी बंद हो जाती है। और फिर जो खराब ऊर्जा जमा है, वह भी धीरे-धीरे समाप्त हो जाती है। दूसरा प्रभाव यह होता है—संपूर्ण खराब ऊर्जा समाप्त होने के बाद अच्छी, पवित्र, सकारात्मक ऊर्जा निर्मित होनी शुरू होती है और धीरे-धीरे, वह सकारात्मक, अच्छी ऊर्जा इकट्‌ठा होकर, अपने शरीर के आसपास अच्छी ऊर्जा का आभामंडल-सा बना देती है। और वह आभामंडल बन जाने के बाद नकारात्मक विचार नहीं आते हैं। और शरीर कहीं भी रहे; खराब सामूहिकता में रहे, खराब, दूषित ऊर्जा वाले स्थान पर रहे; उस बुरी सामूहिकता का, उस बुरे स्थान का प्रभाव हम तक पहुँच ही नहीं पाता है। इस प्रकार मनुष्य बुरे प्रभाव से सदैव बचा रहता है। यानी आत्मज्ञान केवल, अच्छे और बुरे कर्म क्या हैं, इसका ज्ञान ही नहीं देता, बल्कि बुरे कर्म से बचाता भी है। वास्तव में, कोई भी कर्म करने के लिए ऊर्जा-शक्ति की आवश्यकता रहती है। जब मनुष्य के आसपास बुरी ऊर्जा ही नहीं होगी तो बुरा कर्म घटित ही कैसे हो सकता है? बुरे कर्म से बचने का ध्यान ही एक मार्ग है। मैंने तो यह ज्ञान प्राप्त कर लिया, पर यह ज्ञान मनुष्य तक पहुँचेगा कैसे?

अब यही प्रश्न मेरे सामने खड़ा था। मैं इच्छा करके, सभी मनुष्यों तक तो यह ज्ञान नहीं पहुँचा सकता, पर कुछ मनुष्यों तक भी यह पहुँचा पाया, तो भी एक आत्मसुख मिलेगा कि कुछ लोगों ने तो यह पाया। फिर मैं गुरुशक्तियों की शरण चला गया कि मैं आपको संपूर्ण समर्पित हूँ। आत्मज्ञान के प्रसार का यह कार्य आप मुझसे करा लीजिए और जो पुण्यात्माएँ यह पाना चाहती हैं, आप भी उन्हें देना चाहते हो, उन्हें दे दीजिए। ऐसी प्रार्थना करके मैं बड़ी आत्मशांति अनुभव करने लग गया। पहले, यह कार्य मुझे करना है—यह भाव ही समाप्त हो गया। और फिर बाद में, उनकी इच्छा होगी, तभी होगा, यह भाव कार्य की जल्दबाजी से बचाता रहा। और फिर मुझे आसपास के वातावरण से एकरूप होने में आसानी हो गई। ऐसा

लगा कि मनुष्य ने मनुष्य को सुधारने के लिए कितने कानून-कायदे बनाए हैं! वे मनुष्य ने ही बनाए हैं और मनुष्य ही उन्हें तोड़ता है और मनुष्य ही उनसे बचने का रास्ता ढूँढ़ता है। इसलिए मनुष्य के द्वारा बनाया हुआ कानून मनुष्य को सुधारने के लिए पर्याप्त नहीं है। मनुष्य तब तक नहीं सुधर सकता, जब तक वह स्वयं ही सुधरना न चाहे। और मनुष्य स्वयं तब सुधरेगा, जब अपनी आत्मा के अधीन होगा। और आत्मा के अधीन तब होगा, जब आत्मा सशक्त होगी। आत्मा भी सशक्त तभी होगी, जब आत्मज्ञान प्राप्त होगा। यानी विश्व की सुख-शांति के सारे रास्ते आत्मज्ञान पर जाकर समाप्त होते हैं, ऐसा लगा। और लगा—यह आत्मज्ञान मनुष्यमात्र तक पहुँचना ही चाहिए। कम से कम, उन मनुष्यों तक तो पहुँचना ही चाहिए जो उसे पाने की शुद्ध इच्छा रखते हों। मैं रोज इसके लिए प्रार्थना करने लग गया और इस प्रार्थना ने मुझे उस समय बड़ा सहारा दिया था। जब आपके पास दूसरों के लिए कुछ करने की इच्छा हो, पर दूसरों को देने के पर्याप्त साधन न हों, तो ऐसे समय अपनी सद्भावना दूसरों तक पहुँचाने का मार्ग प्रार्थना है। वह एक ओर तुम्हारे लिए मार्ग का निर्माण करती है और दूसरी ओर, तुम्हें कुछ करने मिला, इसका समाधान भी प्रदान करती है। क्योंकि कुछ करने की इच्छा रखना व साधनों के अभाव में कुछ न कर पाना, एक प्रकार की खोज का निर्माण करता है जो अतृप्ति को जन्म देती है। और प्रार्थना इस अतृप्ति से मनुष्य को बचाती है। इसीलिए प्रार्थना उन बेसहारों का सहारा है जिनके पास साधन नहीं होते हैं। और कभी-कभी जीवन में कुछ परिस्थितियाँ ऐसी निर्माण हो जाती हैं कि उन परिस्थितियों में से निकलने का कोई मार्ग ही नहीं रहता। ऐसे समय में भी, यह प्रार्थना आपको संतुलित बनाती है। प्रार्थना मनुष्य को आत्मशांति व आत्मसमाधान देती है। मेरे जीवन में भी, इस समय, प्रार्थना मुझे बड़ी आत्मशांति प्रदान कर रही थी।

मैं सोच रहा था—मेरे जैसी इच्छा कुछ लोगों को जंगलों में हुई भी होगी, पर वास्तव में, वे इच्छा ही करके रह गए होंगे और वे वापस समाज तक पहुँच ही नहीं पाए होंगे। इसी कारण यह ज्ञान मनुष्य तक पहुँचा ही नहीं होगा। या फिर तभी मानव-समाज को यह ज्ञान मिलने का उचित समय नहीं आया होगा, क्योंकि सदैव

देने की इच्छा पर निर्भर नहीं करता है, बल्कि पाने वाले की इच्छा पर अधिक निर्भर होता है। क्योंकि पाने वाले की इच्छा शुद्ध है, तो ऊर्जाशक्ति को खींच सकती है। पाना आसान है, पर देना कठिन प्रतीत होता है। पाना आसान इसलिए होता है कि स्वयं इच्छा करने से ही वह स्थान प्राप्त हो जाता है, जहाँ पाया जा सकता है। पर देने के लिए लेने वाले की भी इच्छा, लेने वाले की भी स्थिति, दोनों की, आवश्यकता होती है।

मनुष्य अपनी देने की स्थिति बना सकता है, पर सामने वाले की लेने की स्थिति नहीं बना सकता है। लेने की स्थिति उसकी स्वयं की आत्मा की इच्छा है। वह ले या न ले, दोनों उस लेने वाले पर ही निर्भर करते हैं। जैसे किसी ने हमें गाली दी, तो वह दे सकता है, पर वह गाली लेना, न लेना, अपने ऊपर ही निर्भर करता है। अगर गाली ली, तो अशांति निर्माण कर सकती है, पर ली ही नहीं तो कुछ भी नहीं होगा। लोग संत-महात्माओं को भी गाली देते हैं, पर वे लेते नहीं है। इसीलिए बुद्ध पुरुष सदैव प्रसन्न रहते हैं।

मैंने आज सुबह लाईपत्ते तोड़ने जाने का मन बनाया और लाईपत्ते तोड़ने चला गया। बहुत दिनों से मैं उधर गया ही नहीं था। अब रास्ते में बहुत झाड़ियाँ उग गई थीं। उन्हें हटाना पड़ा और मार्ग बनाना पड़ा। काफी दिनों के बाद वहाँ गया तो कई लाईपत्ते बड़े होकर पीले हो गए थे, कई काफी बड़े-बड़े हो गए थे। कुछ पत्ते तोड़े, उन्हें केले के पत्तों में रखकर उनके बंडल बनाए और ऐसे बंडल लेकर वापस कुटीर में आ गया। आकर उन पत्तों को बाँस के टुकड़ों में डाला, उनमें जाईपत्ता डालकर, पकाया और खाया। अब यह भोजन ही अच्छा लगने लग गया था। यहाँ पर खाने के लिए ज्यादा प्रकार नहीं थे। बस जो मिले, खा लेते थे। फिर रात में सो गया। दिनभर चलने के कारण जल्दी नींद लग गई।

दूसरे दिन उठा तो पता नहीं क्यों ऐसा लगा, जैसे गुरुदेव कुटीर में ही हों वह मेरा भ्रम था। वास्तव में, वे थे नहीं, मुझे वहाँ उनकी याद बहुत आती थी, क्योंकि प्रत्येक स्थान पर उनके चिह्न महसूस कर रहा था। आज मैंने गुरुदेव की कुटीर की साफ-सफाई करने का मन बनाया था। कुटीर की साफ-सफाई की और बाद में

गुरुदेव के शयनस्थान को नमस्कार किया तो अचानक, गई बार जब लाईपत्ते तोड़कर आया था और दूसरे दिन ऐसे ही उन्हें नमस्कार किया था, वह बात याद आ गई। उनसे पूछा था, "गुरुदेव, नमस्कार करना चाहता हूँ।" उन्होंने गर्दन हिलाकर सम्मति दी थी और मैंने नमस्कार किया था।

तब उन्होंने कहा था, "'गुरुदेव' कहता है, 'गुरुदेव' शब्द का अर्थ जानता है? इस एक शब्द में ही बहुत बड़ा अर्थ छिपा हुआ है। मनुष्य के शरीर में तीन प्रमुख नाड़ियाँ होती हैं। एक—बाई ओर की चंद्रनाड़ी, दूसरी—दाहिनी ओर की सूर्यनाड़ी और तीसरी—बीच की मध्यनाड़ी। मनुष्य या तो सूर्यनाड़ी में होता है या चंद्रनाड़ी में होता है। और ये दोनों नाड़ियाँ सूर्य व चंद्र के प्रभाव में रहती हैं। और रात और दिन के समान, मनुष्य भी सूर्यनाड़ी, चंद्रनाड़ी में ही रहता है। मध्यनाड़ी वर्तमान समय की है, उसमें कभी नहीं रहता है। और इन नाड़ियों के प्रभाव के कारण ही वह अति में ही रहता है। और किसी भी बात की अति ठीक नहीं है। मनुष्य जब सूर्यनाड़ी में रहता है तो वह भगवान को मानता है और भगवान को पाना चाहता है और एकदम मोक्ष पाना चाहता है। यह आध्यात्मिक मार्ग की अति है। भगवान को पाने के लिए भूतकाल में जाकर कुछ नहीं होगा, वर्तमान में आना होगा। प्रत्येक मनुष्य जो कार्य करता है, उस कार्य का आभामंडल बन जाता है। और समय बीतने के साथ-साथ, यह आभामंडल मनुष्य से दूर होने लगता है। वास्तव में, यह सब शक्तियों के रूप में होता है और यह मनुष्य की पहुँच के बाहर हो जाता है। उस आभामंडल को पकड़ा नहीं जा सकता है। जैसे, एक सद्गुरु इस धरती पर आए और उन्होंने अपने कुछ उपदेश दिए, अनुभव बताए और उनके माध्यम से इस धरती पर परमात्मा प्रकट हुए, क्योंकि वे परमात्मा के माध्यम थे। बाद में, उनके देह-त्याग के बाद, लोग उन्हें भगवान समझने लग गए जबकि वे भगवान नहीं थे, भगवान के माध्यम थे। क्योंकि वास्तव में, भगवान कोई मनुष्य है ही नहीं। भगवान या ईश्वर एक अविनाशी शक्ति है जो सदैव रहती है और समय-समय पर अलग-अलग माध्यमों से प्रकट होती रहती है। पर जिस माध्यम से प्रकट होती है, वह केवल माध्यम है, भगवान नहीं, परमात्मा नहीं। लेकिन सद्गुरु की शक्ति इतने ऊँचे क्षेत्र में चली जाती हैं कि

वह परमात्मा-क्षेत्र में पहुँचकर परमात्मामय हो जाती है और मनुष्य उस सद्‌गुरु को ही परमात्मा समझकर पकड़ने का प्रयास करता है, जब वे 'सद्‌गुरु' माध्यम थे, अब नहीं हैं और दूसरा, वे भगवान नहीं हैं। आध्यात्मिक प्रगति के लिए ये दो रहस्य समझने आवश्यक हैं। पहला यह कि परमात्मा एक विश्वव्यापी अविनाशी शक्ति है, कोई मनुष्य, देहधारी नहीं है। दूसरा, वह भूतकाल का माध्यम थे, आज के नहीं है। इसलिए भूतकाल के माध्यम से वर्तमान का माध्यम पकड़ना आसान होता है। हम जिन्हें परमात्मा मानते हैं, वे उनके काल के ही सद्‌गुरु थे। समय बीतने के साथ-साथ वे भगवान हो गए हैं। दूसरा, परमात्मा तो प्रत्येक समय होते ही हैं। आज के वर्तमान समय में भी होंगे ही। अब वर्तमान काल में उनका माध्यम कौन है, वह वर्तमान में रहकर, वर्तमान में ही खोजना होगा।"

"मनुष्य सूर्यनाड़ी में जाएगा तो एकदम परमात्मा को प्राप्त करना चाहेगा, माध्यम को नहीं। एकदम मोक्ष पाना चाहेगा, मोक्ष की स्थिति को नहीं। भूतकाल में भगवान की खोज ही गलत दिशा है। आप उसे पाना चाहते हो जो तुम्हारी पकड़ के बाहर है। मनुष्य की उम्र छोटी-सी है। उस जीवन में वह हजारों साल पूर्व के परमात्मा के माध्यम को कैसे पकड़ सकता है? ये सब अति-असंतुलनवाली बातें है। जो मनुष्य वर्तमान में है ही नहीं, वह भूतकाल में जाकर कैसे पकड़ सकता है? जिसे पास के, वर्तमान माध्यम को पकड़ना नहीं आ रहा है, वह हजारों साल पहले के भगवान कैसे पकड़ सकता है? यानी भगवान को पाने का प्रयास करना ही एक गलत दिशा है। क्योंकि भगवान का आकार नहीं है और पकड़ा तो आकार को जाता है। जिसका आकार ही नहीं है, उसे पकड़ेंगे कैसे? पकड़ ही नहीं सकते। तो यह शरीर से पकड़ने की चीज नहीं है, इसलिए इस प्रकार की दौड़ व्यर्थ है।"

"भगवान मानने की चीज है, एक भाव है। आप इस भाव के सहारे शक्ति को पकड़ नहीं सकते, शक्ति में अपना अस्तित्व शून्य कर सकते हो। यानी अपने अस्तित्व को विश्वचेतना में खोना ही भगवान को पाना है और यह पाने की क्रिया जीवंत है। यानी मानना, भाव करना ये सब देह की क्रियाएँ हैं। इसलिए, शरीर के बिना हम

अपने अस्तित्व को विश्वचेतना में समाहित नहीं कर सकते। अरे बाबा, समाहित करने के लिए पहले तुम्हारे पास जीवंत शरीर का अस्तित्व तो होना चाहिए। यानी यह सब केवल और केवल जीवित रहते ही हो सकता है।"

"यानी 'मोक्ष' भी, कोई वस्तु नहीं है जो तुम्हें कोई दे सकता है और तुम्हें कहीं से मिल सकती है। मोक्ष के लिए मनुष्य को स्वयं को पाना होगा। मोक्ष वह स्थिति है जिसमें मनुष्य विश्वचेतनारूपी परमात्मा से एकाकार हो जाता है और अपना स्वयं का अस्तित्व खो देता है।"

"इस प्रकार, अति में जाकर परमात्मा को नहीं पाया जा सकता है। परमात्मा को पाने के लिए वर्तमान में रहना होगा और किसी वर्तमान के माध्यम से परमात्मा को मानना होगा और वर्तमान के माध्यम से अपने अस्तित्व को समर्पित करना होगा। भूतकाल के भगवान को पकड़ने की कोशिश भी अति है। और दूसरी अति है कि भगवान को मानते ही नहीं है। वे कहते हैं कि भगवान ही नहीं है। यह दूसरी अति की स्थिति है। अतिनकारात्मक स्थिति है। वे दूसरे सिरे को पकड़ लेते—भगवान नाम की कोई वस्तु या शक्ति नहीं है। वह दूसरा सिरा है। तुम भगवान को मानो या न मानो, उस शक्ति को कुछ फर्क नहीं पड़ता है। उसकी स्थिति, दोनों परिस्थितियों में, आपके साथ समान व्यवहार की होती है। परमात्मा कल भी था, आज भी है और कल भी रहेगा। पर हम केवल आज ही हैं। इसलिए हमें आज के परमात्मा का माध्यम खोजना होगा। आज के माध्यम से हमारा आशय, आज के उस व्यक्ति से है जिसने अपना अस्तित्व परमात्मा में विलीन कर दिया है और जिसके शरीर के माध्यम से परमात्मा बहता है। वह माध्यम सद्‌गुरु है। इसलिए सद्‌गुरु को जब पूर्ण मानते हैं और उसे माध्यम समझकर, जब हम उसके सामने झुकते हैं, तो वास्तव में, हम उसके सामने नहीं, उसके भीतर से बहती शक्तियों के सामने झुकते हैं। इसीलिए, सद्‌गुरु को हम गुरु + देव = भगवान कहकर संबोधित करते हैं। 'गुरुदेव' कहना, यानी, मैं आज के भगवान के माध्यम को मानता हूँ, यह कहना हो जाता है। 'गुरुदेव' शब्द में ही सबकुछ आ गया है।"

"मनुष्य भूतकाल के भगवान को मानता है जबकि यह इतिहास रहा है कि एक रूप बाद में कभी नहीं आया। यानी भगवान भी रूप बदलता रहता है, माध्यम बदलता रहता है। आज का रूप आज की परिस्थिति के अनुसार होगा। वह आज की परिस्थिति के अनुसार इसलिए होगा, क्योंकि वह माध्यम आज का है। इसका गुण यह है कि इसे आसानी से पकड़ा जा सकता है। कोई भी व्यक्ति पास व वर्तमान में होने के कारण आसानी से पकड़ा जा सकता है। और दोष इसलिए है कि आज-सा है, आपकी कल्पना जैसा नहीं है। आपकी कल्पना के अनुरूप नहीं है, इसलिए इसे पकड़ना कठिन है। आज के माध्यम को आसानी से पकड़ा जा सकता है, पर माना नहीं जा सकता है। और पुराने माध्यम को केवल माना जा सकता है, पकड़ा नहीं जा सकता। क्योंकि वह पहुँच के बाहर है। इस परिस्थिति में, बीच का मार्ग ही अवलंब करना होगा, मध्य में ही रहना होगा। और मध्य में रहने के लिए दोनों के गुणों को लेकर ही आगे बढ़ना होगा। माध्यम का गुण है—वर्तमान में होने के कारण आसानी से पकड़ सकते हैं, तो माध्यम को पकड़ लीजिए। दूसरा, भगवान को मानना आसान होता है, तो मानने का गुण पकड़ ले। यानी माध्यम को ही पकड़कर मानना, ईश्वरप्राप्ति का मार्ग होता है। ऐसा ही मैंने अपने जीवन में किया। मेरे गुरुदेव को ही भगवान का माध्यम समझकर पकड़ा और उन्हें ही भगवान माना और इसी कारण मैं मोक्ष की स्थिति अपने जीवनकाल में ही प्राप्त कर सका।"

"यह मेरा अपना निजी अनुभव है और यह अनुभव ही उपदेश समझ ले। अपने सद्‌गुरु के माध्यम से परमात्मा को पाना शुरू करें। सद्‌गुरु के माध्यम से पाना आसान है, क्योंकि सद्‌गुरु ने पा लिया है। और उनके साथ एक बड़ी सामूहिकता है तो और भी आसान हो जाता है। परमात्मा एक अविनाशी शक्ति है जिसे उसके वर्तमान के माध्यम से पाना आसान है। और वह परिस्थिति के अनुसार रूप बदलती रहती है, इसलिए उसके रूप पर हमारा ध्यान नहीं होना चाहिए। परमात्मा सदैव माध्यम के भीतर से प्रकट होता है। परमात्मा का माध्यम भी परमात्मा बनाता नहीं है। जिस आत्मा ने शरीर में रहते हुए ही, अपने शरीर का अस्तित्व मिटा दिया और अपने सारे शरीर के अस्तित्व को परमात्मा में विलीन कर दिया, ऐसी आत्मा

ही परमात्मा का माध्यम बनती है और ऐसी आत्मा से परमात्मा तक पहुँचा जा सकता है। और ऐसी पवित्र आत्मा तक पहुँचने का मार्ग उसका शरीर है। जिस शरीर में वह रहती है, उस शरीर को पकड़ लोगे तो उस आत्मा को पकड़ सकते हो। वह आत्मा उसी शरीर में छुपी हुई है। और शरीर में छुपी है, इसीलिए पकड़ी जा सकती है। क्योंकि शरीर के त्याग के बाद तो आत्मा का क्षेत्र बड़ा हो जाएगा। फिर पकड़ना कठिन होगा, मानना आसान होगा। आज मानना कठिन है और पकड़ना आसान है। इसी कारण से, पवित्र आत्माओं को शरीर में रहते हुए पकड़ना कठिन प्रतीत होता है, पर है नहीं। मानना कठिन है, इसलिए पकड़ना कठिन लगता है। इसीलिए, अपने सद्गुरु को 'गुरुदेव' कहना यानी सद्गुरु के शरीर को पकड़कर भगवान मानना है। वास्तव में तो सद्गुरु का शरीर भी भगवान नहीं है।"

"किसी माध्यम को भगवान मानना हमारे मन का भाव है। आप किसी को भी भगवान मान सकते हैं, पर जिस माध्यम को हम भगवान मान सकते हैं, वह माध्यम अगर हमारे पास हो, तो मानने में आसानी हो जाती है। इसलिए मैंने मेरे गुरुदेव को ही भगवान माना और यह जानते हुए माना कि वे एक सामान्य मनुष्य हैं। लेकिन परमात्मा की शक्तियों ने मुझ तक पहुँचने के लिए उनके शरीर को माध्यम बनाया और ईश्वरीय अनुभूति मुझे उनके माध्यम से मिली, इसलिए वे मेरे लिए भगवान हो गए और मैंने अपना भगवान उन्हें ही माना। वास्तव में, इस जगत में परमात्मा एक ही है और वह सर्वत्र शक्ति के रूप में फैला हुआ है। लेकिन हम हमारे छोटे-से जीवन में उसके सर्वत्रव्याप्त स्वरूप को नहीं जान सकते हैं। इसलिए जब हम उसके किसी एक माध्यम को अनन्य भाव से मानते हैं। तो ही हमारी भीतर की यात्रा प्रारंभ होती है और आत्मज्ञान प्राप्त होता है।"

"आत्मज्ञान का अर्थ है—अपने-आपको जानना। जिसने अपने-आपको जान लिया, बस उसने परमात्मा को भी जान लिया। क्योंकि अपने-आपको जानना केवल आत्मा के स्तर पर ही हो सकता है। आप आत्मा बनकर जानेंगे कि मैं एक आत्मा हूँ और यह मेरा शरीर है जिसे मैंने धारण किया है, पर मैं यह नहीं हूँ। तब शरीर की सारी मोहमाया समाप्त हो जाएगी। और आप शरीर से अलग होकर, आत्मा

बनने का अनुभव प्राप्त करोगे तो फिर शरीर के दोषों से भी परे हो जाओगे। यानी शरीर के मायाजाल से मुक्त हो जाओगे। यह मुक्त हो जाना ही मोक्ष है। यह जीते-जी ही मनुष्य को प्राप्त करना पड़ता है। ऐसी मोक्ष की स्थिति आपको तब मिल सकती है, जब तुमने ऐसी स्थिति प्राप्त किए मनुष्य को अपना समर्पण किया हो। तब ऐसी स्थिति आपको उसके सान्निध्य में प्राप्त हो सकती है।"

"परमात्मा समय-समय पर अलग-अलग माध्यमों से प्रकट होते रहते हैं। ऐसे मनुष्य जिन्होंने शरीर में रहते हुए भी आत्मतत्त्व को प्राप्त कर अपना अस्तित्व परमात्मा में विलीन कर लिया, तो फिर उनका अपना निजी, अलग, कुछ नहीं रह जाता है और फिर उनका अस्तित्व समाप्त होने के कारण वे परमात्मा के माध्यम बन जाते हैं। परमात्मा इनके माध्यम से अलग-अलग प्रकार से प्रकट होते रहते हैं। इनके दर्शनमात्र से ही हमारी आत्मा आनंदित हो जाती है। क्योंकि आत्मा जानती है—मैं किसके सामने खड़ी हूँ। ऐसे माध्यम की वाणी से भी परमात्मा प्रकट होते रहते हैं। वह माध्यम क्या बोल रहा है, किस भाषा में बोल रहा है, किस विषय पर बोल रहा है, उसको कोई मायने नहीं। मायने हैं—वह बोल रहा है। माध्यम के शब्दों के माध्यम से परमात्मा प्रकट होता है। फिर आत्मा का नियंत्रण शरीर पर हो जाता है। शरीर उस स्थान से जाना भी चाहे, तो भी आत्मा अपने शरीर को वहाँ से हटने ही नहीं देगी। माध्यम के नाम में ही बड़ी शक्ति होती है। केवल नाम, मंत्र से ही मानव-शरीर की शक्तियाँ जागृत होती हैं। और इससे मानव-शरीर की सुषुप्त शक्तियाँ जागृत होने लगेंगी। मानव-शरीर की बहुत-सी सुषुप्त शक्तियाँ, जो मनुष्य के भीतर ही छुपी हुई होती हैं, प्रकट हो जाती हैं और एक सामान्य मनुष्य से भी असामान्य कार्य होने लग जाते हैं। और यह सब तभी संभव है, जब वह अपना अस्तित्व विश्व के अस्तित्व में खो दे। अस्तित्व से हमारा आशय शरीर के अस्तित्व से है यानी शरीर का अस्तित्व खोकर आत्मा के स्तर पर जीए। और जब आत्मा के स्तर पर जीता है तो मनुष्य को बड़ी सूक्ष्मता प्राप्त हो जाती है।"

"अतिसूक्ष्मता प्राप्त होने पर ही भीतर की सूक्ष्म शक्तियाँ जागृत होती हैं। मनुष्य के शरीर में सकारात्मक शक्तियों का भंडार है।

मनुष्य इतने बड़े भंडार के साथ जीवन व्यतीत करता है और मनुष्य का जीवन भी समाप्त हो जाता है, पर उसे अपने पास की शक्तियों का एहसास ही नहीं होता है। और एहसास इसलिए नहीं होता कि उसे जगाने वाले कोई सद्‌गुरु उसके जीवन में नहीं आए। यह ठीक ऐसा ही है कि एक दीपक में तेल संपूर्ण भरा हुआ है, भीतर बाती भी है, पर ऐसे दीपक को जलाने वाला कोई नहीं है। यह मनुष्य का शरीर दीपक है, आत्मा बाती है जो प्रकाशित होने के लिए तैयार है, पर जलाने वाला चाहिए। और मनुष्य के भीतर की शक्तियाँ दीपक का तेल है, जो बाती के जले बिना बेकार ही है। जब तक कोई प्रकाशित करने वाला दीपक पास में नहीं आता, सबकुछ होकर भी बेकार है, अँधेरा बना ही है। और अँधेरे में पड़ा हुआ ऐसा दीपक अपने आसपास का अँधेरा देखता रहता है और यह भी ढूँढ़ता रहता है कि अँधेरा कहाँ तक है? और उसका चित्त अँधकार खोजने में ही होता है और उसे दुनियाभर में अँधेरा ही अँधेरा नजर आता है, कहीं भी कोई प्रकाश नजर नहीं आता है। और प्रकाश होता नहीं, ऐसा नहीं है, पर दिखता नहीं है। और प्रकाश इसलिए नहीं दिखता है, क्योंकि प्रकाश पर चित्त ही नहीं है, प्रकाश खोजना ही नहीं चाहते हैं। इस दुनिया में प्रकाश है—यह पता ही नहीं है। खोजा जा रहा है तो बस अँधेरा। ढूँढ़ा जा रहा है तो बस अँधेरा। जब आपका चित्त ही प्रकाश पर नहीं है, आपकी खोज ही प्रकाश की नहीं है, और आप कहते हो कि प्रकाश कहीं है ही नहीं! प्रकाश है, पर आपको इसलिए नहीं मिल रहा है, क्योंकि आप प्रकाश पाना ही नहीं चाहते हैं। आप तो अँधेरा खोज रहे हो। आप तो देख रहे हो कि अँधेरा कहाँ तक है। आप तो प्रत्येक स्थान पर अँधेरा देखकर खुश हो रहे हो; सारी दुनिया में अँधेरा ही अँधेरा है, यह सोचकर खुश हो रहे हो, तो प्रकाश कैसे दिखेगा? आपको अगर प्रकाशित होना है, तो अपनी खोज को ही बदल दो। यह मत देखो—अँधेरा कहाँ तक है। क्योंकि उस अँधेरे की खोज में सारा जीवन ही समाप्त हो जाएगा, पर अँधेरा कहीं समाप्त नहीं होगा। अँधेरे से प्रकाश की ओर जाना चाहते हो, तो प्रकाश आपके ही भीतर है, प्रकाश के स्रोत तुम स्वयं हो। प्रथम भीतर जाओ, अपने भीतर प्रकाश पाने की इच्छा करो और प्रकाश पर ही चित्त रखो। तो आपकी भीतर की, प्रकाश की इच्छा

के कारण, एक दिन एक प्रकाशवान दीपक आपके दीये के करीब आएगा। और ऐसा लगेगा कि वह दीपक आपके पास आया है, पर होगा यह कि आपके भीतर की, प्रकाश की इच्छा के कारण आप स्वयं ही एक प्रकाशित दीये की कक्षा में चले गए हो। और उस प्रज्वलित दीये के अधिक निकट जाने पर, उसकी बाती से आपकी बाती के टकराने पर, वह दीया आपके दीये को नहीं जलाता, आपका दीया उस प्रज्वलित दीये के सान्निध्य में जल जाता है। जलना उस दीये का स्वभाव है। वह किसी अन्य दीये को जला ही नहीं सकता है, पर उसके सान्निध्य में दूसरे दीये जल ही जाते हैं। इस प्रक्रिया में आपकी इच्छा सर्वोपरि है क्योंकि उस इच्छा के कारण ही प्रकाश के ऊपर चित्त गया और प्रकाश पर चित्त जाने के कारण ही प्रकाश तक पहुँचा गया। और प्रकाशित दीया तो जल ही रहा था। वह तो पहले से ही प्रकाशित था। वह कोई हमारे लिए नहीं जला, वह तो जल ही रहा था। जले तो हम उसके सान्निध्य में। और जब किसी प्रकाशित आत्मा के सान्निध्य में हमारा दीया प्रकाशित हो जाता है, तो हमारे दीये के चारों ओर प्रकाश ही प्रकाश दीखने लगता है। अपना स्वयं का दीया प्रकाशित होने पर सभी ओर प्रकाश ही प्रकाश अनुभव होता है। इसका मतलब यह कदापि नहीं है कि सारी दुनिया में ही प्रकाश हो गया है। सारी दुनिया में अँधेरा हो और आपके आसपास उजाला हो, तो उस अँधेरी दुनिया से तुम्हें क्या लेना-देना? कितने दीये प्रकाशित होकर इस दुनिया में आए और चले गए। वे भी इस दुनिया का अँधेरा दूर न कर सके, क्योंकि कुछ दीये अँधेरा दूर करना ही नहीं चाहते हैं। इसलिए जीवन में यह कभी मत देखो कि अँधेरा कहाँ तक है, बस अपना दीया जला लो। अगर प्रत्येक दीया केवल अपने-आपको जला ले, तो हो सकता है कि इस दुनिया से सारा अँधेरा समाप्त हो जाए। लेकिन, इस दुनिया से सारा अँधेरा हटाना है तो उसकी शुरुआत स्वयं से ही करनी होगी। दुनिया को प्रकाशित करना असंभव है, लेकिन स्वयं को प्रकाशित करना आसान है, आपके दीये का आकार छोटा है, उसमें थोड़ा-सा ही तेल है। तेल इतना नहीं है कि दुनिया में प्रकाश कर सको। तेल इतना ही है कि स्वयं प्रकाशित हो सको। परमात्मा भी यही चाहता है कि प्रत्येक दीया जले और स्वयं प्रकाशित हो और अपने आसपास का अँधेरा हटाए।

इसीलिए प्रत्येक दीये का निर्माण ही परमात्मा ने छोटा बनाया है। इसलिए प्रकाश की शुरुआत प्रत्येक दीये को स्वयं जलकर ही करनी चाहिए। प्रत्येक दीपक स्वयं को ही प्रकाशित कर ले, तो हो सकता है कि एक दिन सारी दुनिया में प्रकाश ही प्रकाश हो जाएगा। पर प्रकाश की शुरुआत हमें स्वयं से करनी होगी। इसलिए, सर्वप्रथम, दीये को प्रकाशित होने की इच्छा रखनी चाहिए ताकि फिर उसका चित्त प्रकाश की ओर जाएगा। और चित्त प्रकाश की ओर जाएगा, तो वह प्रकाश तक पहुँचेगा और एक दिन स्वयं प्रकाशित होगा।"

"इस दीये के समान मनुष्य का आकार भी छोटा है। मनुष्य में शक्तियाँ सीमित हैं, जैसे दीये में सीमित मात्रा में तेल होता है। दीये में बाती रहती है, वैसे ही मनुष्य में आत्मा होती है और आसपास बुराइयाँ रहती हैं। ये बुराइयाँ अँधेरे के समान सारी दुनिया में फैली हुई हैं। उन्हें कोई चाहकर भी हटा नहीं सकता है। और प्रत्येक मनुष्य की बुराइयों पर अगर चित्त रखेंगे तो हमारा सारा जीवन समाप्त हो जाएगा, पर इस दुनिया की बुराइयाँ समाप्त नहीं होंगी। इसलिए हमें हमारी खोज की दिशा ही बदलनी होगी। हमें सामने वाले मनुष्य की अच्छाइयाँ ढूँढ़नी होंगी और सदैव उसी पर चित्त रखना होगा। तभी एक दिन अपने अंदर की भी अच्छाइयाँ जागृत होंगी। और सर्वप्रथम, अपने-आपको प्रकाशित होने की इच्छा करनी होगी, तभी हम किन्हीं प्रकाशित सद्‌गुरु के पास पहुँच सकेंगे। और उन सद्‌गुरु के सान्निध्य में जाने मात्र से ही हम प्रकाशित हो जाएँगे। वे सद्‌गुरु हमें प्रकाशित करेंगे नहीं, क्योंकि वे तो कुछ करने के भी परे चले गए हैं। पर प्रकाशित रहना उनका स्वभाव हो गया हैं। उनका सान्निध्य इतना पवित्र है कि हम उनके सान्निध्य में ही प्रकाशित हो जाते है।"

"इसी प्रकार आत्मसाक्षात्कार किया नहीं जाता, क्योंकि यह ईश्वरीय क्रिया है। यह कोई कर ही नहीं सकता। यह हो जाती है। एक आत्मसाक्षात्कारी सद्‌गुरु के सान्निध्य में यह क्रिया स्वयं ही घटित हो जाती है। आत्मसाक्षात्कार भी प्राप्त होता है आपकी शुद्ध इच्छा के कारण। क्योंकि प्रथम आप इच्छा करते हो, फिर आपका चित्त उस पर जाता है और फिर आप किन्हीं आत्मसाक्षात्कारी सद्‌गुरु के सान्निध्य में जाते हो और उनके सान्निध्यमात्र से आत्मसाक्षात्कार

प्राप्त होता है। आत्मसाक्षात्कार के बाद आत्मा का दीया प्रकाशित हो जाता है और उसके प्रकाश में चारों ओर उजाला ही उजाला हो जाता है और अँधेरा दूर हो जाता है। अगर अपने आसपास का अँधेरा हटाना है तो स्वयं को प्रकाशित करना होगा। और अपने-आपको प्रकाशित कर सको, इतना ही जीवन है। इसीलिए इस छोटे-से जीवन को यह देखने में मत गँवाओ कि इस दुनिया में अँधेरा कहाँ तक है, बस अपना दीया जला लो। मनुष्य अपने-आपको सुधारने की जगह दुनिया को सुधारने का प्रयास करता है और जब अपने ही आसपास अँधेरा है, तो दुनिया में उजाला कैसे कर सकता है? कर ही नहीं सकता है। ठीक इसी प्रकार से, दूसरों की बुराइयाँ देखकर स्वयं में अच्छाइयाँ कभी आ ही नहीं सकती हैं, क्योंकि अपना चित्त ही अच्छाइयों पर नहीं है। हमें हमारे चित्त की दिशा बदलने की आवश्यकता है। केवल दिशा बदलने से ही सब घटित हो जाएगा। लेकिन सर्वप्रथम हमें उसकी इच्छा होनी चाहिए। सर्वप्रथम इच्छा ही है। सदैव अपने-आपको प्रकाशित करने की इच्छा करो। और यह इच्छा ऐसी है जो तुम अपने जीवनकाल में पूरी कर सकते हो। दुनिया को सुधारने की इच्छा मत करो। उसमें तुम्हारा जीवन ही समाप्त हो जाएगा, पर दुनिया ना सुधरी है, न सुधरेगी। बस अपना दीया जला लो।"

"कितने लाखों दीये इस जगत में तेल और बाती लेकर आते हैं और बिना प्रकाशित हुए ही इस दुनिया से चले जाते हैं, क्योंकि उन्हें कोई जलाने वाला नहीं मिला। तुम लाखों-करोड़ों दीयों जैसा मत बनना जो प्रकाशित न हो सके। तुम प्रकाशित नहीं होओगे तो परमात्मा भी दुःखी होगा। उसने तुम्हें प्रकाशित होने के लिए भेजा था। बाती और तेल के साथ भेजा था। परमात्मा ने तो जो कृपा करनी थी, वह कर दी। परमात्मा ने तो सबको जलने का समान अवसर दिया है, पर जलने की इच्छा तो तुम्हारी निजी है। परमात्मा वह इच्छा तुम्हारे में नहीं डाल सकता है, वह तो स्वयं तुम्हें ही निर्माण करनी होगी। तुम्हारे इस मानव-जीवन का उद्देश्य ही प्रकाशित होना है। मनुष्य के शरीररूपी दीये का आधार ही उर्ध्वगामी है। इसीलिए शायद मनुष्य की रीढ़ की हड्डी सीधी है ताकि अपने भीतर की शक्तियों को उर्ध्वगामी कर सके। पर मनुष्य का आकार अनुरूप होते

हुए भी, वह प्रकाशित होने की इच्छा न कर अँधेरे को ही जीवनभर देखते रहता है। तू ऐसा दीया बनना जिसे प्रकाशित होने की इच्छा है और जिस दीये का पात्र बहुत बड़ा है और जिस दीये में काफी बड़ी मात्रा में तेल आया है।"

फिर मैंने भी निश्चय किया—बस अब मुझे जलना है, प्रकाशित होना है। और कौन-कौन से दीये मुझसे प्रकाशित होंगे, उन्हें खोजना नहीं है, स्वयं जलते रहना है। दीये प्रकाशित हों, यह कार्य गुरुदेव का है। वे उनका कार्य करेंगे। जिन्हें प्रकाशित करना चाहें, उन्हें मेरे पास इसलिए भेजेंगे ताकि वे जल सकें और तब तक मुझे जलना ही है और जलने का कार्य ही गुरुदेव ने मुझे सौंपा है। मैं जीवन की अंतिम साँस तक जलता रहूँगा और जलने का गुरुकार्य जो मुझे सौंपा है, वह करता ही रहूँगा। जो जलने की इच्छा रखेंगे, उन दीयों को गुरुदेव मेरे पास भेजेंगे ही। मुझे बस अपना कार्य करना है। और मैंने गुरुदेव से प्रार्थना की—गुरुदेव, आपने मेरे पात्र में जो शक्तिरूपी तेल डाला है, उससे मैं जीवनभर जलता रहूँ, यही आशीर्वाद दीजिए।

मैं इस टापू पर अकेला था, पर कभी ऐसा नहीं लगा कि मैं यहाँ पर अकेला हूँ। गुरुदेव का सान्निध्य सदैव अनुभव होता रहता था। इतने सालों तक वे इसी टापू पर रहे थे। एक बार जो वे आए, वे वापस नहीं गए। बड़ा शांत वातावरण था। कई पक्षियों ने यह स्थान सुरक्षित समझकर यहाँ अपना घोंसला बनाया था। कुछ निचले भाग में, बरसात में कभी-कभी पानी भर जाता था, पर शांत, सुरक्षित चैतन्य के कारण ही, वह स्थान कभी भी न मुझे असुरक्षित लगा और न पशु-पक्षियों को। हम सभी सदैव बड़े आनंद से वहाँ रहते थे। अब पक्षी भी मेरे मित्र बन गए थे, वृक्षों से ही मैं बातें कर सकता था। पक्षियों की अलग-अलग जातियाँ, उनके अलग-अलग रंग बड़े अच्छे लगते थे। माता-पिता नहीं होने पर पक्षियों के बच्चे भी झाड़ से झाड़ पर ही उड़ने की कोशिश करते थे। प्रकृति का सर्व कार्य चल रहा था। उत्पत्ति और विनाश और फिर उत्पत्ति, दोनों तरफ से चक्र बराबर चल रहा था और मैं एक दर्शक के समान यह सब देख रहा था।

आज नदी पर जब मैं नहाने गया तो एक बड़े पत्थर से नीचे उतरने के लिए पानी में जगह देख रहा था कि कहाँ पर उतरूँ, तो शांत पानी में मुझे मेरी ही छवि दिखाई दी और मैं चौंक गया। मैं अपने-आपको ही पहचान नहीं पा रहा था। किसी आदिवासी, वनमानव जैसा मेरा चेहरा हो गया था। दाढ़ी बढ़ी हुई थी। बाल बढ़ गए थे। बालों को कई दिनों से सँवारा ही नहीं था। सब बाल गुत्थी-गुत्थी हो गए थे। दाढ़ी के बाल भी गुत्थी हो रहे थे। मैंने अपने-आपको देखा नहीं था। मुझे लगा—मेरी आत्मा ने इस शरीर के साधन को अपनाया है और इस साधन की मैंने क्या दुर्गति कर दी! जिस शरीर के माध्यम के कारण ही इतनी मेहनत व परिश्रम सहन करके भी मैं गुरुदेव तक पहुँच सका, उसी शरीर की मैंने क्या दुर्गति कर रखी थी। मेरा मन आत्मग्लानि से भर गया और सर्वप्रथम मैंने अपने शरीर से माफी माँगी, "मेरी व्यस्तता के कारण मैं तुम्हारा ध्यान नहीं रख सका। तुम्हारी मदद के बिना मैं यहाँ तक पहुँच ही नहीं सकता था। तुम्हारी मदद के कारण ही मैं गुरुसेवा कर सका। तुम मेरे वह साथी हो जो बिना बोले मेरा सब कार्य करते रहते हो। कभी मुझे कोई शिकायत नहीं करते हो। तुम्हारी सहायता से ही मैं गुरुप्रसाद प्राप्त कर सका, पर अब इस प्राप्त प्रसाद को बाँटने में भी मेरी सहायता करो, क्योंकि गुरुप्रसाद बाँटने के लिए ही मुझे मिला है। एक अच्छा कार्य करना और एक अच्छे कार्य में सहायता करना, दोनों ही एक समान है। मेरे गुरु के आत्मज्ञान के प्रसाद को बाँटने का कार्य मैं करने वाला हूँ। मैं चाहता हूँ—इस कार्य में तुम भी मेरी सहायता करो। गुरुदेव ने कहा है—इसी शरीर के साथ होने वाला है। यानी इस महान कार्य में सहभागी होने का अवसर तुम्हें भी मिलने वाला है।"

"मैं तो अदृश्य हूँ, तुम तो दृश्य हो। तुम्हें तो लोग देख सकते हैं। तुम ही मेरे गुरु के कार्य का माध्यम कहलाओगे। लोग तुम्हें ही जानेंगे, मुझे नहीं। तुम आसानी से दिख सकते हो पर मैं आसानी से सबको नहीं दिख सकता हूँ। मुझे देखने के लिए विशेष आँख चाहिए। तुमने मेरे जीवन के इतने उतार-चढ़ाव देखे, बदलती परिस्थितियाँ देखीं, इतने अलग-अलग गुरुदेव देखे, इतने स्थानों पर तुम मुझे लेकर भटके। तुमने कभी शारीरिक सुख-सुविधाओं का ध्यान नहीं

रखा। सदैव खराब से खराब परिस्थितियों में मेरा साथ दिया है। तुम कितने बड़े हो गए हो, मैं तो उतना का उतना ही हूँ। गुरुदेव कहते हैं—तेरा हंडा बहुत बड़ा है। तेरे माध्यम से लाखों लोगों तक आत्मज्ञान पहुँचेगा। लोगों तक पहुँचने की बात गुरुदेव मुझसे कह रहे हैं, पर लोगों के लिए तो यह आत्मज्ञान तुम ही पहुँचाओगे। वे तुम्हें ही जानेंगे, वे तुम्हें ही मानेंगे। लोग तुम्हारी ही सुख-सुविधाओं का ध्यान रखेंगे। लोग तुम्हारी ही सेवा करेंगे। क्योंकि लोग गुरु यानी शरीर ही समझेंगे। तुम्हें ही हार चढ़ाएँगे, तुम्हें ही सजाएँगे, तुम्हें ही भेंट देंगे। तुम्हारे ही आगे-पीछे घूमेंगे। तुम्हें ही सुनेंगे क्योंकि तुम ही बोलते हो। वही भाषा लोगों को समझ में आती है। मेरी भाषा तो मौन है। वह भाषा तो कोई सुनना ही नहीं चाहता है। मेरी भाषा केवल अनुभव होती है। कितने लोग अनुभव कर पाएँगे? कितने लोगों को अनुभव का ज्ञान है? गुरुदेव मुझे कह रहे थे—तुम्हारा कार्य तुम्हारे देहत्याग के बाद ही प्रारंभ होगा। अच्छा है, तुम्हें ज्यादा कार्य नहीं करना पड़ेगा। तुम्हें तो अच्छा आराम है। अभी तुम मेहनत करो, मैं आराम करता हूँ। बाद में मैं मेहनत करूँगा और तुम्हें आराम दूँगा। तुम्हें आराम देना मेरा कर्तव्य भी है। तुमने बहुत सहन किया है।"

"पवित्र आत्माओं के शरीरों ने सदैव बड़े कष्ट सहन किए हैं और करने पड़ते हैं। कष्ट, मेहनत शरीर को मजबूत बनाती हैं। ये सब कष्ट किसी बड़े कार्यक्रम की आदत डालने के लिए हैं, किसी महान कार्य की शुरुआत भर हैं। तुम अपने-आपको परमात्मा की शक्तियों का केवल माध्यम समझो। परमात्मा अपना कार्य अपनी शक्ति से कर ही लेता है। हम केवल निमित्त बनते हैं। पर जितना सुख उस माध्यम से दूसरों को मिलने वाला रहता है, उन सबके हिस्से का दुःख उस माध्यम को भोगना ही पड़ता है।"

"तो तू ये सब कष्ट व दुःख भोग रहा है, इसका अर्थ है—तेरे माध्यम से उतने ही अधिक लोग सुख भोगने वाले हैं। यह प्रकृति का नियम है, उसका क्या कर सकते हैं? इसलिए इस आध्यात्मिक क्षेत्र में जितने भी शरीर माध्यम बने हैं, उन सब माध्यमों को पूजा गया है। पर उन माध्यमों ने अपने जीवनकाल में दुःख भोगे ही हैं। तुझे दूसरों के दुःख ग्रहण करने ही होंगे, तभी तू दूसरों को सुख दे

सकता है। तुम्हारे माध्यम से दूसरों की बीमारियाँ ठीक होंगी, तो वे बीमारियाँ तुम्हें ग्रहण करनी ही होंगी। यह प्रकृति का नियम है—कोई चीज नष्ट नहीं होती है, रूपांतरित/स्थानांतरित हो जाती है। लोगों की बीमारियाँ भी तुम्हारे में रूपांतरित होंगी ही। इन सबके लिए तुम्हें तैयार होना है। अरे बाबा, चंदन दूसरे को खुशबू देता है, पर स्वयं तो नष्ट होता ही है। यह चंदन की नियति है। तुम्हारी भी नियति दूसरों के लिए घिसना ही है।"

"तुम मेरे आखिरी शरीर हो, इसके बाद मैं कोई शरीर धारण नहीं करूँगा। तुम्हें अंतिम शरीर बनने का अवसर मिला है। तुम यहीं रह जाओगे। मैं तो चला जाऊँगा। मेरे बाद भी तुम्हारे ही माध्यम से मैं जाना जाऊँगा। तुम ही पहचाने जाओगे। अरे बाबा, वृक्ष बनने के लिए बीज को अपना अस्तित्व मिटाना ही पड़ता है। तुम्हें भी मिटाना ही पड़ेगा। तुम वह शरीर हो जिसने मेरी आत्मा का अंतिम यात्रा तक साथ दिया है।"

"सब तुम तक पहुँचेंगे, मुझ तक पहुँचने वाले तो बहुत कम होंगे। पर ये कम लोग ही मोक्ष का एक नया मार्ग बनाएँगे जिस मार्ग पर आने वाली पीढ़ियाँ अपना सफर, अपनी यात्रा पूर्ण करेंगी। तुम तक पहुँचना आसान है, मुझ तक पहुँचना कठिन है। पर तुम्हारे बिना मुझ तक पहुँचा भी नहीं जा सकता है। तुम मेरे मार्ग के द्वार हो। तुम मोक्ष के महाद्वार हो जिससे लाखों लोग गुजरने वाले हैं।"

बाद में नदी के पानी में उतरा, खूब नहाया। आज कहीं जाने की जल्दी नहीं थी और न ही किसी तक पहुँचना था। अब पता नहीं क्यों, शारीरिक गतिविधि धीरे-धीरे होने लग गई। कुछ भीतर ही भीतर ठहराव-सा आ गया था। एक प्रकार की शांति भीतर छा गई थी। दृष्टि एकदम सूक्ष्म हो गई थी। छोटी-छोटी-सी घटना में भी बड़ा अर्थ मालूम होने लग गया था। मानो मुझे गहराई प्राप्त हो गई हो और उसी गहराई से मैं सारे वातावरण को ही देख रहा था, बड़ी सूक्ष्मता के साथ अनुभव कर रहा था। आसपास के वातावरण में फैला चैतन्य अनुभव हो रहा था। भीतर एक प्रकार की प्रसन्नता अनुभव हो रही थी। अब यह समझ में नहीं आ रहा था कि सचमुच

कुछ पा लिया है या आसपास के वातावरण में ही ऐसा अनुभव हो रहा है।

नदी के आसपास पड़े हुए छोटे-छोटे गोल पत्थरों में भारी चैतन्य अनुभव होता था। हजारों सालों तक ये पत्थर नदी में रहें थे और लुढ़कते-लुढ़कते इन्हें छोटा आकार प्राप्त हो गया था। और पानी की सामूहिकता में हजारों साल रहने के कारण उन्हें एक चुंबकीय शक्ति प्राप्त हो गई थी। चैतन्य का पहला प्रभाव ये चुंबकीय तरंगें ही होती हैं जो हमारी आत्मा को अपनी ओर खींचती हैं। और शरीर चाहे, न चाहे, आत्मा शरीर को जाने-अनजाने में उस ओर ले ही जाती है। और आत्मा यह इसलिए भी करती है, क्योंकि शरीर की अपेक्षा आत्मा चैतन्य का अनुभव जल्दी करती है। क्योंकि चैतन्य परमात्मा की शक्ति है और इस, परमात्मा की शक्ति को आत्मा पहचानती है। इसीलिए आत्मा परमात्मा की शक्ति की ओर आकर्षित होती है। और दूसरा, आत्मा का शरीर पर नियंत्रण हो जाता है। मनुष्य आत्मसम्मोहित हो जाता है और आत्म-नियंत्रित हो जाता है। और फिर आत्म-नियंत्रित हो जाने के कारण वह वही कार्य करता है जो उसकी आत्मा चाहती है और इसीलिए आत्मा शरीर को चैतन्य के पास बार-बार ले जाती है। और इसी प्रकार का चुंबकत्व उन पत्थरों में निर्माण हो जाता है और ऐसे पत्थर शालिग्राम कहलाते हैं। ये काले रंग के होते हैं। उन पर हलकी रेखाएँ भी होती हैं। इन पत्थरों के बीच एक छोटा-सा छेद भी होता है। उस छेद में सोना पाया जाता है। इन पत्थरों में बहुत चैतन्य होता है। इसीलिए, कुछ लोग ये पत्थर अपने पूजाघर में भी रखते हैं। चाँदी के स्टैंड बनाकर उन पर रखते हैं। हजारों सालों तक पानी में रहकर लुढ़कते रहने से इन पत्थरों में एक प्रकार की ऊर्जा शक्ति निर्मित हो जाती है जिसे उस पत्थर के पास जाकर भी अनुभव किया जा सकता है। उन्हें पूजाघर में इसके लिए भी रखते हैं ताकि पूजा के बहाने ही क्यों न सही, मनुष्य उनके पास रहे और अच्छा चैतन्य ग्रहण कर सके। चैतन्य को देखा नहीं जा सकता है, केवल अनुभव किया जा सकता है।

ये पत्थर दिखने में कोई खूब आकर्षक नहीं थे, पर ये अन्य पत्थरों से अलग ही प्रतीत होते थे। और यह अलगपन ही उनका

चैतन्य था। इनके सान्निध्य में श्वासोच्छ्वास की प्रक्रिया एकदम नियंत्रित हो जाती थी। हृदय को भी एक आत्मशांति का अनुभव होता था। इन पत्थरों को तो उनके स्पंदनों से ही पहचाना जा सकता था। पानी में जिस स्थान पर वे पड़े हों, उस स्थान पर जाने पर शरीर के स्पंदन बढ़ जाते थे। और जैसे-जैसे उन पत्थरों के पास जाते थे तो हथेलियों और तलुवों में स्पंदन महसूस होता था। हमारे सारे शरीर में ही करोड़ों छिद्र हैं, पर ये छिद्र हथेलियों और तलुवों पर बहुत बड़ी संख्या में हैं। और यही कारण है कि मनुष्य के हाथ और पैर अतिसंवेदनशील होते हैं। और इसी कारण, हाथ के पंजों और पैर के तलुवों में हमें इन पत्थरों के स्पंदन शीघ्र मालूम होते हैं। और जब ये स्पंदन मनुष्य के हाथ-पैर ग्रहण करके सारे शरीर में प्रसारित कर देते हैं और सारा शरीर ही स्पंदनमय हो जाता है, तो फिर वे स्पंदन मनुष्य के तालू भाग पर भी महसूस होने लग जाते हैं।

इन पत्थरों को अगर हाथों में उठाया जाता था, तो उन स्पंदनों से सारा शरीर ही स्पंदित हो जाता था। और फिर वे स्पंदन मेरे तालू भाग पर भी महसूस होने लगे। मैंने ऐसे दस पत्थर इकट्ठा किए और पानी के बाहर आ गया और फिर एक प्रयोग किया—नदी की रेत पर ही औंधे मुँह लेट गया। बदन को पौंछा भी नहीं क्योंकि पौंछने के लिए आज मैं पत्ते लेकर नहीं आया था, अन्यथा एक विशिष्ट झाड़ के पत्ते मैं रोज लेकर आता था। उनसे नहाने के बाद बदन पौंछता था तो उन पत्तों का रस शरीर को अतिसंवेदनशील कर देता था, पवित्र कर देता था। फिर लेटकर एक पत्थर उठाया और मेरे कूल्हे के बीच में रखा। दूसरा पत्थर उठाया, उसे कमर के पीछे के भाग पर रखा। तीसरा पत्थर उठाया और रीढ़ की हड्डी पर, नाभि के ठीक पीछे वाले भाग पर रखा। चौथा पत्थर उठाया और रीढ़ की हड्डी पर हृदय चक्र के पीछे रखा। पाँचवाँ पत्थर उठाया और गर्दन जहाँ पर शुरू होती है, वहाँ रखा। छठा पत्थर उठाया और सिर के पीछे रखा। सातवाँ पत्थर तालु भाग से सटाकर रेत पर ही रखा। और बाद में, शरीर पर उन पत्थरों के स्पंदनों का क्या प्रभाव पड़ता है, वह अनुभव करने लग गया। तो धीरे-धीरे पता चला—प्रत्येक पत्थर में से स्पंदन निकल रहे हैं और प्रत्येक पत्थर अपने स्थान को स्पंदित कर रहा है। और धीरे-धीरे, उन पत्थरों से निकले स्पंदन

सारे शरीर में ही फैल गए। फिर धीरे-धीरे एक पत्थर से दूसरे पत्थर तक ऊर्जा का एक प्रभाव अनुभव होने लग गया और सारे शरीर में ठंड से कंपकंपी-सी दौड़ने लग गई। ठंड खूब लग रही थी, पर फिर भी अच्छी लग रही थी। बड़ा आनंद अनुभव हो रहा था। और तालू भाग पर अनुभव हुआ—भीतर से कुछ गरम निकल रहा था। और जो निकला, उसके बाद चैतन्य की एक ठंडी लहर अनुभव हो रही थी। जो लहर चैतन्य के रूप में तालू भाग से निकल रही थी, वही लहर फिर मूलाधार चक्र से भीतर आ रही थी और सारे चक्रों में से निकलकर फिर सहस्रार चक्र से, तालू भाग से बाहर निकल रही थी और फिर वही मूलाधार चक्र से वापस आ रही थी। मानो प्रकृति के चैतन्य के साथ एक चक्र-सा बन गया था।

मैं रोज नहाने के बाद एक लता को रस्सी जैसी कमर पर बाँधता था और दो केले के पत्ते लंगोट की तरह बाँधता था। पर आज वे भी बाँधे हुए नहीं थे। संपूर्ण शरीर बंधनमुक्त था और इसी कारण छोटी-से-छोटी संवेदना को भी अनुभव कर रहा था। इन छोटी-छोटी संवेदना को महसूस करने के लिए कहते हैं, ध्यान करते समय आपके बदन पर कपड़े कम हों, कपड़े हल्के हों, सूती हों और शरीर कहीं भी बँधा हुआ नहीं हो। और न ही बदन के कपड़ों में कहीं गाँठ लगाई गई हो, क्योंकि यह गाँठ भी चैतन्य में रुकावट डालती है। इसीलिए ध्यान करते समय धोती को गाँठ नहीं मारते हैं, केवल शरीर पर लपेटते हैं। शरीर पर होने वाली संवेदनाएँ तो बड़ी सूक्ष्म होती हैं और उस सूक्ष्मता को महसूस करने के लिए शरीर बंधनमुक्त होना चाहिए। शरीर बंधनमुक्त होने पर संपूर्ण आभामंडल विकसित होने में भी सहायता मिलती है। आज तो मैं वस्त्रों के बंधन से मुक्त ही था और इन पत्थरों के स्पंदन बड़ी गहराई के साथ महसूस कर रहा था। ऐसे स्थिति में कब ध्यान लग गया, उसका पता भी नहीं चला। फिर यह प्रयोग करने का मेरा दैनिक उपक्रम ही हो गया।

एक दिन मैंने एक और प्रयोग किया। उन लाए गए पत्थरों में से एक पत्थर अपने तालू भाग पर रखना चाहा। पर वह टिक नहीं रहा था। फिर एक झाड़ के पत्ते पर रखकर उसे ध्यान करते समय अपने तालू भाग पर रखा, तो भी वैसा ही अनुभव हुआ कि सारे बदन

में चैतन्य बहने लग गया। एक तो तालू भाग पर पत्थर का वजन होने से चित्त तालू भाग पर जल्दी ही स्थिर हो गया और फिर एक चेतना का अनुभव सारे शरीर में हो गया। नए साधकों के लिए यह प्रयोग अच्छा लगा ताकी साधक का चित्त इस पत्थर के वजन से ऐसे ही तालू भाग पर स्थिर हो जाए और फिर चित्त स्थिर होने से ध्यान ऐसे ही लग जाए। क्योंकि साधना के समय चित्त का भटकना बड़ी समस्या होती है। और जो कमजोर कड़ी है, उधर चित्त अधिक भटकेगा। जैसे किसी मनुष्य की कामवासना की तृप्ति नहीं हुई है, तो चित्त सूक्ष्म हो जाने पर कामवासना जागृत हो जाएगी। अगर भौतिक जगत में अतृप्ति है, तो वस्तुवासना में चित्त भटकेगा। मुझे यह चाहिए, वह चाहिए, ऐसा भाव जागृत होगा। अगर आत्मग्लानि का भाव शरीर में है तो सम्मान मिलना चाहिए, प्रशंसा मिलनी चाहिए, उसमें चित्त भटकेगा। यानी आपकी जो कमजोर कड़ी है, ध्यान करते समय वही खुल जाएगी और ध्यान वहीं पर टूटेगा। इसीलिए, कमजोर कड़ी को लेकर ध्यान कभी नहीं करना चाहिए। वह कमजोर कड़ी ही हमारे लिए घातक सिद्ध होती है।

इसीलिए कहा जाता है—ध्यान की पहली सीढ़ी ही समाधान है। संपूर्ण समाधान को प्राप्त किए बिना ध्यान में प्रगति नहीं हो सकती है। मनुष्य समाधान और असमाधान के बीच में ही झूलते रहता है। मनुष्य में दोनों प्रवृत्तियाँ समभाग होती हैं, इसीलिए वह संपूर्ण समाधानी नहीं बन सकता। और संपूर्ण समाधानी तब बनेगा, जब उसे संपूर्ण समाधानी लोगों की सामूहिकता प्राप्त हो जाए। यानी संपूर्ण समाधान भी केवल सामूहिकता में ही प्राप्त हो सकता है। क्योंकि मनुष्य को समाधान नहीं होगा तो फिर अतृप्ति रहेगी। अतृप्ति रहेगी तो चित्त तृप्ति की ओर होगा और जिस प्रकार की अतृप्ति है, उस प्रकार के विचार आएँगे और चित्त उन्हीं विचारों में भटकेगा। और जब चित्त ही स्थिर नहीं है, तो ध्यान कैसे लग सकता है? इसलिए, समाधान व असमाधान समभाग में होने के कारण कोई मनुष्य ध्यान नहीं कर सकता है। ध्यान तो समाधानी लोगों की सामूहिकता में लग जाता है। फिर प्रश्न आता है, समाधानी लोगों की सामूहिकता लाए कहाँ से? वह सामूहिकता हमें गुरुचरण पर मिलती है। यह वह स्थान है, जहाँ समाधानी, तृप्त आत्माओं की बड़ी

सामूहिकता सदैव विद्यमान होती है। यह वह स्थान है, जहाँ से गुरु की शक्तियों से अपने-आपको जोड़ा जा सकता है। अब समाज में इतना वैचारिक प्रदूषण होने वाला है कि कोई व्यक्ति अकेला ध्यान कर ही नहीं सकता है। और ऐसे समय ही, सामूहिक ध्यान की आवश्यकता अनुभव होगी। और जब सामूहिक ध्यान की आवश्यकता होगी, तो यह आवश्यक होगा कि 'पहले जो आत्मज्ञान की परंपरा एक गुरु अपने जीवनकाल में एक ही शिष्य को अपने चैतन्य की अनुभूति करा सकते थे', उस अनुभूति को भी सामूहिक करना होगा।

अनुभूति को सामूहिक किए बिना आत्मज्ञानी लोगों की सामूहिकता निर्मित नहीं हो सकती है। और समय की इस आवश्यकता को समझते हुए मैं ध्यान में मेरे गुरुओं को प्रार्थना करने लग गया, "गुरुदेव, आप चाहते हो ना, यह आत्मज्ञान का प्रसाद प्रत्येक मनुष्यमात्र तक पहुँचे? तो पहुँचे कैसे, इसका मार्ग बताओ। सामान्य मनुष्य इस ब्रह्मपुत्र नदी के बीच इस वीरान टापू पर नहीं आ सकते हैं और मैं यहाँ से जा नहीं सकता तो क्या यह ज्ञान मेरे साथ ही यहाँ समाप्त हो जाएगा? और क्या मैं अपनी अनुभूति दूसरों को बाँट नहीं सकूँगा? गुरुदेव, मेरा आत्मज्ञान पाने का उद्‌देश्य ही दूसरों को बाँटना था। अगर वह न हो सका तो मेरे जीवन का उद्‌देश्य ही समाप्त हो गया। और उद्‌देश्य ही समाप्त हो गया तो जीवित रहूँ क्यों? क्यों नहीं मुझे अपने साथ चिता में जलने दिया? क्यों? गुरुदेव, माना, कुछ लोग ही आस्तिक हैं, भगवान को मानते हैं और सच्चे हृदय से परमात्मा को पाना चाहते हैं। और जो सचमुच पाना चाहते हैं, कम से कम उन्हें तो परमात्मा की अनुभूति प्राप्त हो। कई लोग नास्तिक हैं, भगवान को मानते नहीं हैं। पर हैं तो भगवान के ही बनाए हुए। उनमें भी परमात्मा का अंश तो है ही। गुरुदेव, सब पर दया कीजिए। वे अज्ञानी हैं, इसलिए नहीं मानते। उन्हें सुबुद्धि दीजिए। वे भी अनुभूति से तो जान ही जाएँगे। उनके भीतर भी परमात्मा का अंश, आत्मा, है। वह आत्मा तो परमात्मा को अवश्य पहचान ही लेगी। आत्मा तो कभी आस्तिक, नास्तिक नहीं हो सकती है। गुरुदेव, आप सबको दुआ दीजिए। सबको अनुभूति का प्रसाद दीजिए। उपासना पद्धतियों के आडंबर से हो सकता है, कुछ लोग उपासना पद्धतियों से विमुख हुए हों, पर वह थोड़े समय के लिए ही है। सबका निर्माण

परमात्मा ने किया है। सबसे परमात्मा का संबंध है। परमात्मा सबको सुबुद्धि दे सकता है। गुरुदेव, मैंने परमेश्वर को नहीं देखा और न ही मैं उसे जानता हूँ और न मैं जानना चाहता हूँ। मेरे परमेश्वर तो आप ही हैं। परमेश्वर भी तो आप ही के माध्यम से मुझे मिला है। आपके लिए परमेश्वर होगा, मेरे लिए आप ही परमेश्वर हैं, आप ही परमात्मा हैं, इसलिए मैं आपसे कह रहा हूँ। माँ के पास ही बच्चा प्रथम अपनी आवश्यकता के लिए जाएगा। आप ही मेरी माँ हो। आप ही कृपा करो, आप ही दया करो। कोई मार्ग, कोई रास्ता निकालो ताकि आपका अनुभूति का प्रसाद मैं मेरे जीवन में बाँट सकूँ। यह बाँटे बिना तो मेरे यहाँ प्राण भी नहीं निकलेंगे और न मैं जी सकूँगा। ऐसी विचित्र स्थिति मेरी हो जाएगी। यह सब तुम्हें अच्छा लगेगा क्या? नहीं ना! फिर कोई मार्ग निकालो।"

"आज मनुष्य जाति के नाम पर, धर्म के नाम पर, देश के नाम पर, भाषा के नाम पर, रंग के नाम पर, बुद्धिमत्ता के नाम पर, धन के नाम पर, रूप के नाम पर बँट रहा है। यह बँटने वाला मानवसमाज जीवित है। इसीलिए सजीव चैतन्य की अनुभूति तो समझ ही सकता है। यह चैतन्य की अनुभूति उसकी आत्मा को अनुभव होगी। और सारी आत्माएँ जागृत होंगी और ये सब भेदभाव छोड़कर अनुभूति के नाम पर एक होंगी और सारा विश्व अनुभूति के नाम पर एकत्र होगा। एक सुंदर, शांत विश्व का निर्माण होगा, जहाँ सबको समान अवसर होंगे, जहाँ युद्धविहीन समाज का निर्माण होगा। गुरुदेव, माना यह लक्ष्य बहुत बड़ा है। हो सकता है, मैं अपने जीवनकाल में यह न दे सकूँ, पर अपने जीवनकाल में इसकी शुरुआत तो कर दूँ। हो सकता है, ऐसे कल्याणकारी विश्व की मंजिल मैं अपने जीवन में न पा सकूँ, पर ऐसी मंजिल की ओर मैं कुछ चला, इसका समाधान तो मुझे मिलेगा ही। आत्मा की जागृति ही एकमात्र उपाय है जिससे आत्मा के प्रकाश में सारा सत्य अनुभव होगा। सत्य के सूरज का उदय होगा और अज्ञानता का फैला हुआ अँधेरा दूर हो जाएगा। इन सब भेदभावों का एक ही कारण है—अज्ञानता। जब आत्मसाक्षात्कार मनुष्य को प्राप्त होगा तो अज्ञानता स्वयं ही दूर हो जाएगी। सारा विश्व एक कल्याणमय विश्व होगा। आपकी कृपा के बिना यह नहीं हो सकता है।"

अब यह रोज का ही क्रम हो गया था। गुरुदेव द्वारा सिखाई गई साधना से ही साधना प्रारंभ की। रोज सूर्यास्त के समय सूर्य को अर्घ्य देकर, नदी में खड़े रहकर ही साधना प्रारंभ करता और रातभर नदी में ही खड़े रहकर साधना करता और रोज सूर्योदय तक साधनारत रहता था। पहले तीन दिन थोड़ी तकलीफ हुई, फिर मुझे नदी में एक अच्छा स्थान भी मिल गया।

अब साधना नियमित रूप से चल रही थी। यह साधना शुरू करने से मुझे एक आत्मसमाधान मिला कि मैं इस कार्य में कुछ सेवा दे रहा हूँ। खूब देर तक पानी में रहने से पैरों की चमड़ी भी बहुत नरम हो गई थी। बड़ा संभलकर चलना पड़ रहा था। छोटे-छोटे पत्थर भी पैर में बड़े जोर से चुभते थे। साधनारत रहने से मुझे बड़ी आत्मशांति का अनुभव होने लग गया। एक समाधान प्राप्त हुआ कि मैं भी कुछ कर पा रहा हूँ। साधना कितनी सफल हो रही थी, कितनी नहीं, पता नहीं, पर मुझे बड़ा आनंद आ रहा था। और मैं जानता था—चैतन्य एक से एक तक देने की जो वर्षों की परंपरा है, वह सार्वजनिक होने में प्रयत्न तो करना ही पड़ेगा और यह आसान कार्य नहीं है। यह कार्य एक नदी को समुद्र में पहुँचाने जैसा है। पर मैं साधनारत था। मैंने विचार किया—अगर साधना से सफल हुआ तो सारे मानव-समाज को अनुभूति का आत्मज्ञान मिल जाएगा और नहीं हुआ तो मैंने मेरे जीवन को एक अच्छे कार्य में लगाया, यह समाधान तो होगा ही। और गुरुकार्य करते समय मृत्यु भी हो जाए तो इससे अच्छी मृत्यु कभी हो ही नहीं सकती। दोनों तरफ से सोचने पर मुझे मेरा निर्णय सही लगा और मैं साधना में लगा रहा।

साधना में बड़ा कष्ट हो रहा था। नदी का पानी बड़ा ठंडा होता था। जब सुबह बाहर निकलता था तो सारा शरीर अकड़ जाता था। पर मुझे लगता था—मेरे शरीर को ही तो तकलीफ होगी, पर अनुभूति लोगों तक पहुँचा सका तो मनुष्य कितना सुख अनुभव करेगा! मानव-समाज का सुख देखने के लिए मुझे मेरे शरीर का सुख छोड़ना ही होगा। वैसे भी वह अनुभूति का ज्ञान पाकर मैं क्या करूँगा? अगर बाँट सकूँ तो ही अच्छा है।

रोज शाम के समय जब घर से निकलता था, तो सब वृक्षों से, लताओं से, पक्षियों से, विशेष रूप से पक्षियों के बच्चों से मिलकर निकलता था कि पता नहीं, आज की रात मेरे जीवन की अंतिम रात हो। अब मैं वहाँ भावुक हो गया था। रास्ते के पेड़, झाड़ी, पत्थर भी मेरे मित्र हो गए थे। उनसे भी मिलते हुए आता था। रोज ब्रह्मपुत्र नदी में खड़े रहकर सूर्यास्त देखता था। वह दृश्य मुझे याद रहता था। सूर्यास्त के समय अर्घ्य देकर, प्रार्थना करके, बाद में पूर्व दिशा में मुँह करके ध्यान-साधना प्रारंभ करता था जो सूर्योदय पर ही समाप्त होती थी। पानी रातभर थपेड़े मारता था। पानी का बहाव तेज होने पर बह जाने का, डूब जाने का पूरा-पूरा खतरा रहता था। पर मुझे डर कभी भी नहीं लगता था। बह गए तो बह गए और डूब गए तो डूब गए, अब जिंदा रहकर भी क्या करना है? अब जीवन का कोई मोह नहीं रह गया था। अब एक ही लक्ष्य था—आत्मज्ञान को एक मनुष्य से अनेक मनुष्यों तक पहुँचाना। उस समय मेरा आदर्श भगीरथ महाराज थे। सुना था—उन्होंने गंगा को धरती पर लाने के लिए कठिन साधना की थी। भारतीय संस्कृति के इस महान तपस्वी को आदर्श मानकर मैं भी साधना कर रहा था।

आत्मज्ञान की यह गंगा सामान्य से सामान्य मनुष्य तक पहुँचे, यही मेरी इच्छा थी। और एक मनुष्य से एक मनुष्य तक तो वर्षों से चला आ रहा था। एक मनुष्य से लाखों मनुष्यों तक पहुँचाना एक बड़ा कार्य था। और कार्य कठिन भी था क्योंकि उन लाखों आत्माओं की बाधाएँ इस कार्य में रुकावट डाल रही थीं, जिन आत्माओं को यह लाभ मिलने वाला है। और इसीलिए ही कठिनाई आ रही थी।

पर मुझे मेरे गुरुओं पर संपूर्ण विश्वास था। इस पवित्र कार्य के लिए उन्होंने मुझे आशीर्वाद दिए थे। और मेरी साधना योग्य न हो, पर मेरे गुरुओं की साधना की शक्ति तो योग्य थी ही। मेरे अनेक गुरुओं की साधना की शक्ति मेरे पीछे थी जो इस कठिन साधना में मेरा मार्गदर्शन कर रही थी। यह मेरा प्रयास नहीं था। मैं तो एक माध्यम था अनेक गुरुओं का। और सब गुरुशक्तियाँ ही माध्यम से साधना करवा रही थीं। उन्होंने ही मुझे इस साधना को करने का

मार्ग बताया था। आगे का मार्ग भी वे ही दिखाने वाले थे। अनेक के प्रयत्नों से मुझे अनेक तक पहुँचने का माध्यम बनाया गया था। वे जैसा आदेश देते, वैसे-वैसे मैं करता था। बस, सदैव गुरुओं से प्रार्थना करता था, "गुरुदेव, वे अज्ञानी बच्चे हैं। वे प्रार्थना भी नहीं कर सकते हैं। मैं उनकी ओर से प्रार्थना करता हूँ। उन्हें सत्य का मार्ग बताइए। ऐसा ना हो—आपकी साधना मुझ तक ही सीमित रहे, जबकि मुझ तक ही रखना आपकी साधना का उद्देश्य नहीं था। आपकी साधना का उद्देश्य था—आत्मसाक्षात्कार की अनुभूति सामान्य जनमानस तक पहुँचे।"

और वह पहुँचेगी भी, पर उन आत्माओं की ओर से मुझे कष्ट सहने पड़ेंगे। यह मुझे मालूम था, पर और कितने कष्ट सहने हैं, वह पता नहीं था। बस साधनारत था। प्रत्येक सूर्योदय मेरे लिए आशा की नई किरण लेकर आता था। मैं गुरुदेव के सान्निध्य में साधनारत रहता था। मैं भी अनुभव कर रहा था कि भगीरथ ऋषि के प्रयत्न को क्यों 'भगीरथ प्रयत्न' कहा जाता है। साधना प्रारंभ करते समय, कहीं तो साधना पूर्ण होगी या नहीं होगी, का भाव था। यानी सफलता व असफलता, दोनों सिरों के बीच मैं था। पर साधना के सिवा और कोई रास्ता भी नहीं दिखाई दे रहा था। मैं था यानी कहीं 'मैं' का अस्तित्व सूक्ष्म भाव से था। लेकिन साधना करते-करते गुरुसान्निध्य प्राप्त होता चला गया और बस साधना ही रह गई। उस साधना की सफलता व असफलता का भाव समाप्त हो गया। यानी 'मैं' का भाव समाप्त हो गया। एक बीज भी जब तक पूर्णतः फूटता नहीं है, अपने-आपको नष्ट करता नहीं है, तब तक उसमें से अंकुर निकलता नहीं है। यह एक प्राकृतिक क्रिया है, पर सारे नवनिर्माण का रहस्य इस एक घटना में छिपा हुआ है। यह प्रकृति का चक्र है और इस चक्र को सबको पार करना ही होगा। अब तो बस साधना ही रह गई थी। अब साधना भी मैं करता नहीं था, साधना स्वयं ही हो जाती थी। अब इस ध्यान-साधना में ही समय कब निकल जाता था, उसका पता भी नहीं चलता था। मैं स्वयं ध्यान-साधना में लीन हो गया।

आज भी, रोज की तरह, सूर्योदय के बाद ब्रह्मपुत्र नदी से नहाकर बाहर निकला और पहाड़ी पर बनी अपनी कुटीर की ओर चल दिया। रास्ता भी मेरा रोज का हो गया था और कब कुटीर तक पहुँचा, इसका पता भी नहीं चला...

# गुरुतत्त्व

*"गुरु शरीर नहीं है। परमात्मा की शक्ति को ग्रहण करने के लिए जो माध्यम है वह गुरुतत्त्व है।"*

**श्री शिवकृपानंद स्वामीजी**

कभी-कभी गुरुतत्त्व की यात्रा एक कल्पना मात्र लगती है। किसने सोचा था की तक़रीबन 2 दशक पहले बोया गया एक नन्हा सा बीज, आज एक सुंदर उपवन बनके संसार के सारे जीव को निस्वार्थ प्रेम की अनुभूति करवाएगा? किसने सोचा था की हिमालय का इतना सरल ध्यान संस्कार सेंकड़ों लोगों का जीवन बदल देगा? गुरुतत्व का सिर्फ एक ही लक्ष्य था—'हिमालय के 800 साल प्राचीन ध्यान संस्कार को लोगों तक निःशुल्क पहुंचाना।' आज इस छोटे से लक्ष्य की वजह से गुरुतत्त्व ध्यान और आध्यात्मिकता का एक वैश्विक मंच बन चुका है।

आज की भागदौड़ भरी दुनिया में लोग बहुत ही तनावभरे दौर से गुजर रहे हैं। लोग ब्रीदिंग तकनीक, योगासन, प्राणायाम, त्राटक, संगीत, मनोरंजन आदि से थोड़ी देर के लिए तो तनाव मुक्त हो जाते है पर उस आनंदित स्थिति को बनाए नहीं रख पाते। इसीलिए कई बार हमको जंगलों में या पहाड़ों के बीच बस जाने की इच्छा होती है। आज के मॉडर्न ज़माने में जहाँ पर क्षणिक आनंद पाना भी इतना कठिन मालूम पड़ता है, वहां पर मोक्ष की तो क्या ही बात करें? ऐसी परिस्थिति में श्री शिवकृपानंद स्वामीजी ने सन् 1994 में

समर्पण ध्यान के माध्यम से इस ८०० साल प्राचीन ध्यान संस्कार को लोगों में निशुल्क बांटना शुरू किया जो आगे जाकर गुरुतत्त्व में परिवर्तित हुआ। जब एक शिष्य इस ध्यान में प्रतिदिन केवल 30 मिनट अपने गुरु के प्रति संपूर्ण रूप से समर्पित हो जाता है तो गुरु की आध्यात्मिक स्थिति अनायास ही शिष्य को प्राप्त हो जाती है। यह एक अनुभूति का मार्ग है। सुनने में विचित्र मालूम पड़ता है पर एक बार आज़माकर देखिएगा ज़रूर, शायद यह एक प्रयोग आपका जीवन बदल देगा।

गुरुतत्त्व एक ऐसा स्थान है जो सभी उम्र, जाति, लिंग, धर्म, सामाजिक समूह और राष्ट्र जैसे सभी भेदभाव को छोड़कर के लोगों का स्वागत करती है। आज गुरुतत्त्व २० से भी अधिक देशों में मौजूद है, जहाँ पर सेंकड़ों स्वयंसेवकों द्वारा संचालित १० से भी अधिक आश्रम और हज़ारों ध्यानकेन्द्र दुनिया के सभी मनुष्यों को निःशुल्क ध्यान और अनुभूति का ज्ञान बाँट रहे है। इसके अलावा, गुरुतत्व 24*7 प्रार्थना केंद्र, नामकरण, गर्भ संस्कार, तत्त्वनाद, लाइव चैट सपोर्ट जैसी अन्य सेवाएं भी प्रदान करता है। ये सभी सेवाएं लोगों के जीवन को सरल और आनंदमय बनाने के उद्देश्य से निःशुल्क उपलब्ध हैं।

यदि आप एक पाठक के रूप में और अधिक जानने के इच्छुक हैं या इस ध्यान को अनुभव करना चाहते है तो नीचे दिए गए लिंक से हमसे जुड़ें।

gurutattva.org

youtube.com/gurutattva

instagram.com/gurutattva

facebook.com/gurutattvaworld

twitter.com/gurutattvaworld

# श्री गुरुशक्ति धाम एवं मंगलमूर्ति

सामान्यतः मन में एक सवाल आता है कि एक पत्थर की मूर्ति पूजनीय कैसे हो सकती है? सही बात है। आखिरकार वो एक पत्थर ही तो है! परंतु, जब किसी मूर्ति की स्थापना होती है तो उसके पहले उसकी प्राण प्रतिष्ठा की जाती है। यह एक दिव्य संस्कार संक्रमण की विधि है, जिसके बाद मूर्ति कोई साधारण पत्थर नहीं रह जाती। वह एक दिव्य ऊर्जा का माध्यम बन जाती है और सालों तक उसके सान्निध्य में आने वाले मनुष्य को ऊर्जा प्रदान करती है।

आज तक मूर्ति और मूर्ति की प्राण प्रतिष्ठा करने वाले दोनों अलग थे। गौतम बुद्ध ने कभी अपने जीवन में मूर्ति का निर्माण नहीं किया, परंतु उनके जाने के बाद उनकी सैंकड़ों मूर्ति विश्वभर में मौजूद है। यह पहली बार एक ऐसी घटना हुई है जिसमें मूर्ति और उसकी प्राण प्रतिष्ठा करने वाले गुरु, दोनों एक है।

> "प्रत्येक मंदिर चैतन्यपूर्ण हो यह आवश्यक नहीं। क्योंकि मंदिर का चैतन्य कई बातों से होता है। सबसे महत्त्वपूर्ण है मूर्ति। किस भगवान् की मूर्ति है यह महत्त्वपूर्ण नहीं है। मूर्ति कैसे पत्थर से बनी है? उसे किस कारीगर ने बनाया? उसमें प्राणप्रतिष्ठा किसने की? उसका रखरखाव कैसा है? इन सारी बातों के योग पर चैतन्य होना-न-होना, कम-ज्यादा होना आधारित है।"

**—श्री शिवकृपानंद स्वामीजी**

इसी कारण मंगलमूर्ति के पत्थर के चुनाव से लेकर उसकी प्राण प्रतिष्ठा और स्थापना होने तक रख-रखाव के नियम आदि पर स्वामीजी का बहुत बारीक ध्यान रहता है। 45 दिवसीय गहन ध्यान अनुष्ठान के दौरान स्वामीजी संपूर्ण एकांत में मूर्ति के साथ रहकर उस मूर्ति की प्राण प्रतिष्ठा करते हैं। उसके बाद 8 दिवसीय विश्वचक्र अनुष्ठान के दौरान गर्भगृह में मूर्ति स्थापन किया जाता है। ये घटनाएं सुनने में आसान लग रही हो परंतु यह अद्वितीय है। ध्यान की एक उच्च अवस्था में जाकर ही यह संस्कार संक्रमण की प्रक्रिया संभव हो पाती है और उस उच्च अवस्था में समय तो क्या शरीर का भी ख़याल नहीं रहता। यहाँ तक की इस दौरान आसपास का वातावरण, पेड़-पौधे और प्राणियों तक का व्यवहार भी अलग मालूम पड़ता है मानो वे भी साक्षी के तौर पे वहां अपनी हाज़री दे रहे हो। इस घटना को जिन लोगों ने अपनी आँखों से देखा है और वहाँ रहकर अनुभव किया है उन लोगों के लिए यह एक दिव्य चमत्कार से कम नहीं है।

> 'श्री गुरुशक्ति धाम' आध्यात्मिक जगत की पहली घटना है कि किसी सद्‌गुरु ने अपने जीवनकाल में अपनी मूर्ति का निर्माण कर उस मूर्ति के भीतर अपने प्राण डाले हों। ऐसा इसलिए भी नहीं हुआ क्योंकि इसमें प्राण डालने वाले के प्राण जाने की पूरी संभावना होती है या सद्‌गुरु की फिर जीने की इच्छा ही नहीं रह जाती है।'
>
> —**श्री शिवकृपानंद स्वामीजी**

आज विश्व के कई दिव्य स्थानों पर श्री गुरुशक्ति धाम का निर्माण हो रहा है और श्री मंगल मूर्ति की स्थापना हो चुकी है। आज सैंकड़ों आध्यात्ममार्गी, श्री गुरुशक्ति धाम में मंगल मूर्ति के सान्निध्य में ध्यान करने के लिए देश-विदेश से आते हैं और दिव्य अनुभव को प्राप्त करते हैं। आप सभी आध्यात्ममार्गी खोजियों का श्री गुरुशक्ति धाम में ध्यान करने हेतु हृदयपूर्वक स्वागत है।